# 现代农业园区规划方法概论

◎ 朱绪荣　张忠明　付海英　徐 鑫　等 编著

中国农业科学技术出版社

图书在版编目（CIP）数据

现代农业园区规划方法概论 / 朱绪荣等编著. —北京：中国农业科学技术出版社，2017.10（2024.5 重印）

ISBN 978-7-5116-1160-4

Ⅰ.①现… Ⅱ.①朱… Ⅲ.①农业园区－规划－方法－中国 ②农业园区－规划－案例－中国 Ⅳ.①F323.1

中国版本图书馆 CIP 数据核字（2012）第 291396 号

责任编辑　崔改泵
责任校对　贾海霞

| | |
|---|---|
| 出 版 者 | 中国农业科学技术出版社 |
| | 北京市中关村南大街12号　邮编：100081 |
| 电　　话 | （010）82109194（编辑室）（010）82109702（发行部） |
| | （010）82109709（读者服务部） |
| 传　　真 | （010）82106626 |
| 网　　址 | http://www.castp.cn |
| 经 销 者 | 全国各地新华书店 |
| 印 刷 者 | 北京捷迅佳彩印刷有限公司 |
| 开　　本 | 700mm×1 000mm　1/16 |
| 印　　张 | 27.5 |
| 字　　数 | 668千字 |
| 版　　次 | 2017年10月第1版　2024年5月第2次印刷 |
| 定　　价 | 98.00元 |

◄ 版权所有·翻印必究 ►

某省农业科技园区规划效果图

某省农业物流园区会展中心规划效果图

某省农产品加工园规划效果图

某省农业物流园区仓储中心规划效果图

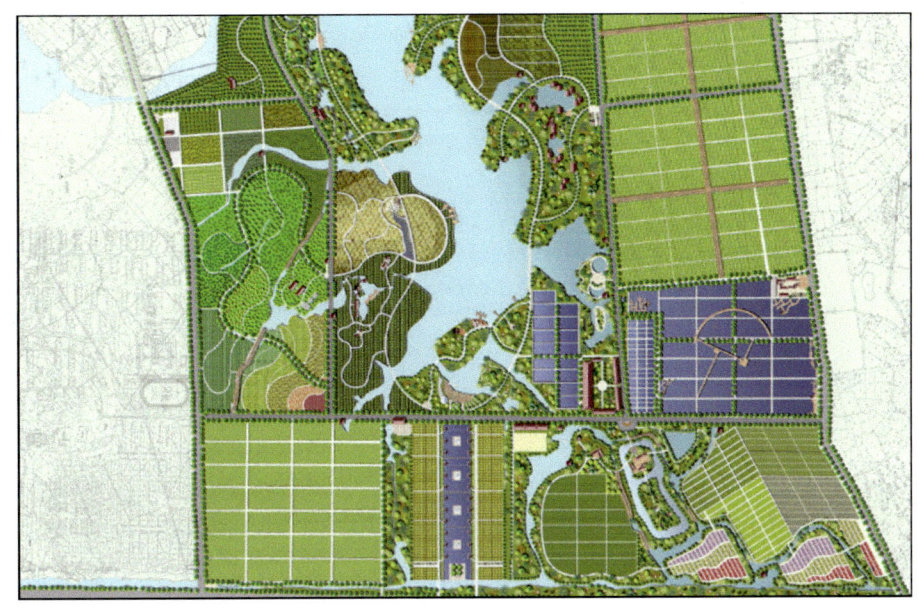

某省现代农业园区规划效果图

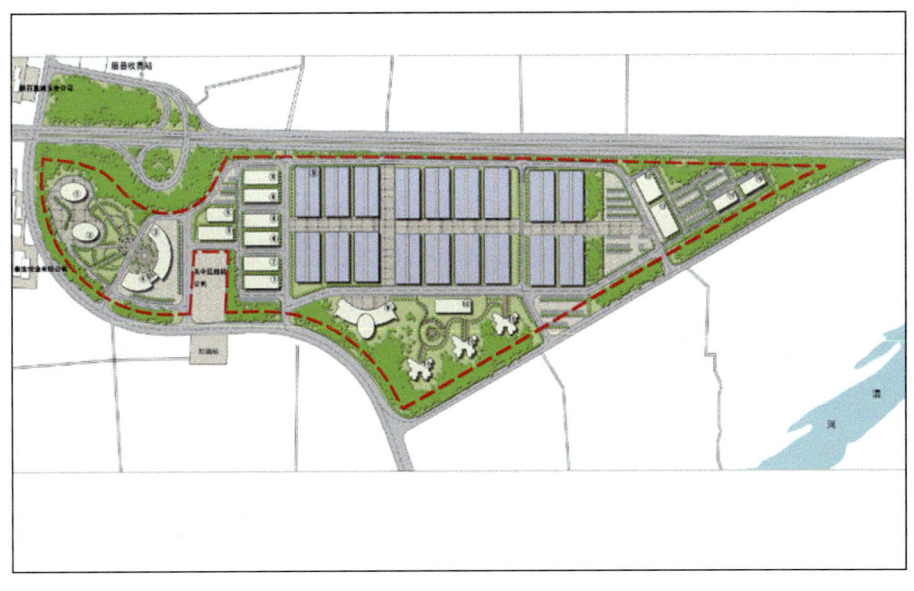

某省特色水果产地批发市场规划效果图

山东寿光农产品物流园总体规划沙盘

成都三圣花乡总体规划沙盘

杨凌农业科技园创业中心规划效果图

某省现代农业园区规划效果图

某省现代农业园水稻种植区"见龙在田"创意图

某省现代农业园水稻种植区"伊人茶语"创意图

# 《现代农业园区规划方法概论》
## 编著名单

**主编著** 朱绪荣　张忠明　付海英　徐　鑫

**编著人员** 童　俊　张高振　王能波　毛翔飞
　　　　　　张秋玲　黄　杰　许灿光　田立亚
　　　　　　聂宇燕　张新民　冯潇潇　单守良
　　　　　　连镜清　马振梅　李　靖　叶　云
　　　　　　胡照轩　张致远　刘　欣　闫伟昌
　　　　　　张正尧　王　莉　谭利伟　孙海龙
　　　　　　张　静　曹立聪　杨　一　张黎华
　　　　　　肖圣勇　崔　帅　柯杨敏

# 前　言

当前，我国已进入全面建成小康社会的决胜阶段，我国农业也进入了加快改造传统农业、实现农业现代化的关键时期。党的十八大明确指出，要在新型工业化、信息化、城镇化深入发展中同步推进农业现代化，要加大统筹城乡发展力度，加快推进现代化建设进程。现代农业园区是先进生产要素的集聚区，是现代产业发展的重要载体，是示范带动区域农业发展的先行区。建设现代农业园区，是在点上寻求突破，进而带动区域现代农业发展的一项创新性举措。实践证明，现代农业园区已成为许多地方政府建设现代农业、推进农业供给侧结构性改革的重要抓手。2017年中央一号文件明确指出，在推进农业供给侧结构性改革的过程中，要启动建设现代农业产业园，把"五区、一园、四平台"作为推动现代农业发展的抓手、平台和载体。《全国农业现代化规划（2016—2020年）》也把创建国家现代产业园作为主要任务之一，要求积极探索具有区域特色、顺应现代农业发展要求的建设模式，发挥示范引领作用。

自20世纪八九十年代农业园区建设起步以来，尤其是进入21世纪以来，各地农业园区犹如雨后春笋迅速发展。据不完全统计，截至目前，科技部分7批共认定批准177个国家农业科技园区，农业部分3批共认定了283个国家现代农业示范区、分两批创建了41个国家现代农业产业园，中央其他部委也认定了相应的农业综合示范园，以及河北、浙江、江苏等10多个省份开展了省级现代农业园区创建工作。这些农业园区表现出强大的生命力，园区成为许多地区现代农业的亮点、支撑点和引领点，成为区域农业发展最高水平的展示窗口、带动区域农业发展的增长极。但是，从实践来看，现代农业园区发展理念上还存在不少误区，实际建设中还面临不少问题与挑战：如"形象工程"偏多、内容同质化严重、规划依据不充分、建设标准不规范等。究其原因，园区建设缺乏规划引领或者规划水平不高是重要因素。

为进一步提高园区规划编制水平，通过规划指导推动各地农业园区又好又快发展，编委会在整理总结近年来农业规划最新研究成果和农业园区规划实践经验的基础上，结合现代农业园区发展的新趋势与新要求，特编纂了《现代农业园区规划方法概论》一书，并配套出版了《现代农业园区规划案例精选》。本书主要包括以下几方面的内容。

第一篇为引论篇，包括第1章和第2章。为了使规划更好地引领园区建设，更好地顺应现代农业发展最新趋势，更好地借鉴国内外成功经验，分别对现代农业发展新趋势和国内外农业园区发展概况进行了搜集、分析和整理，为本书后面章节的论述提供可参考的背景资料。

第二篇为前期研究篇，包括第3章和第4章。本篇对农业园区相关理论和研究进行了分析、搜集和整理，对相关概念、编制的一般流程、相关成果等做了介绍。通过对相关理论、概念的梳理，为读者进一步了解园区规划方法，奠定理论基础。

第三篇为规划编制篇，包括第5章至第22章，共18章。本篇是全书的主体部分，按照园区规划的一般框架，分别对园区规划的背景意义、基础条件分析、总体方案、资源环境平衡、各功能板块规划、配套基础设施、生态环境保护、投资与效益分析、组织管理与运行机制、保障措施等章节的编写方法进行了论述；其中，在各功能板块规划部分，根据园区主导产业类型（主导功能），对相关分类板块进行了专门论述。本篇各章节内容组合在一起，就构成了一个系统完整的、相互配合的规划整体。

第四篇为规划附图制作篇，包括第23章。顺应园区规划日益重视表现形式、日益重视图件制作的趋势，本书将规划附图制作单列为一篇，作为农业园区规划的附属篇。本篇既介绍了规划绘图的一些规范性要求，同时也从资料收集、图件绘制方法等方面对操作性问题进行了简要描述。

一个好的规划，来源于对当地的自然条件、社会经济状况和产业发展基础的翔实分析，来源于对现代农业和园区发展方向的准确判断，来源于对国家及地方政策的准确掌握，更来源于规划人员的知识、经验积累与大胆创新，而不仅仅是对某个理论、方法和实践案例的照搬照抄。因此，本书更多的是抛砖引玉，读者在阅读本书时，应重点参考农业园区规划的思维方式与方法，进而举一反三、灵活运用、大胆实践。

由于农业园区分布广泛、类型多样，加之编辑时间仓促，参编人员专业知识及能力有限，书中难免存在不足或纰漏，希望广大园区规划爱好者、专家学者对本书提出宝贵的意见与建议。希望通过大家的共同努力，把现代农业园区规划工作提高到一个新的水平，示范引领区域现代农业迈上新台阶。

在此，特别感谢农业部规划设计研究院农业与农村规划研究所领导的指导与大力支持，并向全体参编、审稿、绘图等单位与个人，致以诚挚的谢意！

编著组

2017年07月于北京

# 目 录

## 第一篇　引论篇

### 第1章　现代农业发展新趋势　3
- 1.1　突出"五大理念"　3
- 1.2　突出供给侧结构性改革　5
- 1.3　突出农村产业融合发展　6
- 1.4　突出产业精准扶贫　7
- 1.5　突出可持续发展　9
- 1.6　突出生态循环农业　10
- 1.7　突出全产业链发展　11
- 1.8　突出都市现代农业　13
- 1.9　突出创意农业　14
- 1.10　突出智慧农业　15

### 第2章　国内外农业园区发展概况　18
- 2.1　主要国家或地区农业园区发展状况　18
- 2.2　国内农业园区发展状况　24

## 第二篇　前期研究篇

### 第3章　规划基础理论集成与应用　43
- 3.1　概述　43
- 3.2　通用理论　44
- 3.3　特定理论　49

### 第4章　园区前期研究与规划编制流程　55
- 4.1　园区规划前期研究　55
- 4.2　园区规划工作流程　57
- 4.3　规划编制大纲　60
- 4.4　规划成果　61

# 第三篇 规划编制篇

## 第5章 规划背景与意义 ............................................. 65
- 5.1 规划由来 ............................................. 65
- 5.2 规划意义 ............................................. 65
- 5.3 规划依据 ............................................. 66
- 5.4 规划范围与规划期限 ............................................. 67

## 第6章 园区现状与环境条件分析 ............................................. 68
- 6.1 基本概况 ............................................. 68
- 6.2 上位规划解读 ............................................. 70
- 6.3 综合条件分析 ............................................. 71

## 第7章 总体规划方案 ............................................. 73
- 7.1 指导思想 ............................................. 73
- 7.2 规划原则 ............................................. 74
- 7.3 发展思路 ............................................. 75
- 7.4 发展定位 ............................................. 76
- 7.5 规划目标 ............................................. 80
- 7.6 发展战略与步骤 ............................................. 87
- 7.7 总体布局 ............................................. 91

## 第8章 农业资源综合平衡与产业融合发展分析 ............................................. 97
- 8.1 土地资源平衡分析 ............................................. 97
- 8.2 水资源平衡分析 ............................................. 102
- 8.3 农业环境承载力平衡分析 ............................................. 110
- 8.4 产业融合发展分析 ............................................. 116

## 第9章 设施农业功能板块规划 ............................................. 119
- 9.1 概述 ............................................. 119
- 9.2 规划编制 ............................................. 120

## 第10章 大田作物种植功能板块规划 ............................................. 140
- 10.1 概述 ............................................. 140
- 10.2 规划编制 ............................................. 141

## 第11章 林果种植功能板块规划 ............................................. 158
- 11.1 概述 ............................................. 158

11.2 规划编制 …………………………………………………………… 159

## 第12章 畜牧养殖功能板块规划 …………………………………… 176
12.1 概述 ………………………………………………………………… 176
12.2 规划编制 …………………………………………………………… 177

## 第13章 水产养殖功能板块规划 …………………………………… 195
13.1 概述 ………………………………………………………………… 195
13.2 规划编制 …………………………………………………………… 197

## 第14章 农产品加工功能板块规划 ………………………………… 212
14.1 概述 ………………………………………………………………… 212
14.2 规划编制 …………………………………………………………… 213

## 第15章 农产品物流功能板块规划 ………………………………… 235
15.1 概述 ………………………………………………………………… 235
15.2 规划编制 …………………………………………………………… 237

## 第16章 农业休闲观光功能板块规划 ……………………………… 253
16.1 概述 ………………………………………………………………… 253
16.2 规划编制 …………………………………………………………… 256

## 第17章 科技创新与配套服务功能板块规划 ……………………… 289
17.1 概述 ………………………………………………………………… 289
17.2 规划编制 …………………………………………………………… 290

## 第18章 园区基础设施专项规划 …………………………………… 305
18.1 概述 ………………………………………………………………… 305
18.2 现状与问题 ………………………………………………………… 307
18.3 规划原则、建设思路与发展目标 ………………………………… 308
18.4 各项工程规划 ……………………………………………………… 310
18.5 投资与效益 ………………………………………………………… 362

## 第19章 园区农业资源环境保护规划 ……………………………… 364
19.1 概述 ………………………………………………………………… 364
19.2 现状调查与分析 …………………………………………………… 365
19.3 总体规划方案 ……………………………………………………… 366
19.4 探索农业可持续发展模式 ………………………………………… 368
19.5 示范推广资源节约型技术 ………………………………………… 374

第 20 章　规划投资与效益分析 ················································· 375
　　20.1　规划投资 ································································· 375
　　20.2　效益分析 ································································· 379
　　20.3　风险评估 ································································· 382
第 21 章　组织管理与运行机制 ················································· 383
　　21.1　组织管理架构 ···························································· 383
　　21.2　几种典型的经营管理模式推荐 ······································· 387
　　21.3　运行机制 ································································· 390
第 22 章　规划保障措施 ··························································· 393
　　22.1　概述 ······································································· 393
　　22.2　规划重点 ································································· 393

## 第四篇　规划图件制作篇

第 23 章　规划图件制作与表达 ················································· 399
　　23.1　概述与绘图原则 ························································ 399
　　23.2　资料收集 ································································· 399
　　23.3　绘图要求 ································································· 400
　　23.4　主要图纸绘制方法 ····················································· 402

参考文献 ··············································································· 413
照　　片 ··············································································· 415

# 第一篇　引论篇

现代农业园区是示范引领区域农业发展的重要主体，也是先进生产力的重要载体，必须顺应现代农业发展的最新趋势，充分吸收借鉴国内外成功经验。本篇包括第1章和第2章，分别对现代农业发展新趋势和国内外农业园区发展概况进行了搜集、分析与整理，为本书后面章节的论述提供背景依据。

# 第1章 现代农业发展新趋势

现代农业园区是区域范围内农业先进生产要素和现代农业产业的集聚区,是现代农业技术装备集成、新主体"双创"和农村一二三产业融合的综合践行区,代表了区域范围内农业发展的最高水平,对发展现代农业、破解农业发展障碍具有重要的示范引领作用。

党中央国务院高度重视现代农业产业园建设。2017年中央1号文件将"三区三园一体"作为现代农业建设抓手、平台和载体,其中"三园"是指现代农业产业园、农业科技园、农业创业创新园。农业部将把"五区、一园、四平台"建设作为推进农业供给侧结构性改革的重要抓手,其中"一园"是指现代农业产业园。

农业园区要真正发挥示范引领的作用,担当现代农业发展抓手的重任,就必须顺应县农业发展的新趋势。规划是对未来的设计,编制好规划,园区的建设就有了科学的依据和指引。农业园区要顺应现代农业发展趋势,园区规划首先要顺应这些趋势。

## 1.1 突出"五大理念"

### 1.1.1 概述

2015年10月29日,中国共产党第十八届中央委员会第五次全体会议通过了《中共中央关于制定国民经济和社会发展第十三个五年规划的建议》(以下简称《建议》)。《建议》总结了"十二五"时期我国发展取得重大成就,分析了"十三五"时期我国发展环境的基本特征,提出了"十三五"时期我国发展的指导思想、主要目标和基本理念。

《建议》指出,"十三五"时期是全面建成小康社会决胜阶段,提出了"十三五"时期保持经济中高速增长、人民生活水平与质量普遍提高、国民素质与社会文明程度显著提高、生态环境质量总体改善等发展目标,为了尽快实现上述目标,必须破解发展难题,厚植发展优势,牢固树立"创新、协调、绿色、开放、共享"的发展理念。

### 1.1.2 特征

**第一,创新是引领发展的第一动力**。必须增强创新意识,把创新摆在核心位置,作为引领发展的源动力;不断创新生产方式、经营模式和体制机制,促进发展由资源驱动向创新驱动转变,推动产业转型升级。

**第二,协调是持续健康发展的内在要求**。必须正确处理发展中的重大关系,重点促进城乡区域协调发展、经济社会协调发展、"四化同步"发展,在增强硬实力的同时注重提升软实力,不断增强发展整体性,推动健康、稳定发展。

**第三,绿色是永续发展的必要条件**。必须坚持节约资源和保护环境的基本国策,坚持可持续发展,坚定走生产发展、生活富裕、生态良好的文明发展道路,加快建设资源节约型、环境友好型社会,形成人与自然和谐发展的现代化建设新格局,推进美丽中国建设,为区域生态安全作出新贡献。

**第四,开放是繁荣发展的必由之路**。必须顺应世界经济发展的新趋势,奉行互利共赢的开放战略,坚持内外需协调、进出口平衡、"引进来"和"走出去"并重、引资和引技引智并举,发展更高层次的开放型经济,积极参与公共产品供给,提高我国的话语权，构建广泛的利益共同体。

**第五，共享是特色社会主义的本质要求**。必须坚持发展为了人民、发展依靠人民、发展成果由人民共享，做出更有效的制度安排，使全体人民在共建共享发展中有更多获得感，增强发展动力，增进人民团结，朝着共同富裕方向稳步前进。

### 1.1.3 规划启示

**第一，对园区规划的总体思路指明了方向**。《建议》将五大理念定位为"关系我国发展全局的一场深刻变革"。农业园区作为引领现代农业发展方向的重要载体，是一个区域现代农业要素的集聚区和现代农业最高水平的展示窗口，在规划中，需要将五大理念贯彻到总体思路尤其是指导思想中，只有这样才能更好地发挥园区的示范引领作用。

**第二，园区规划中要突出创新的理念**。在园区规划中要突出技术创新、机制创新、发展模式创新等。技术创新就是要将科技研发、展示示范和推广应用作为园区规划的重要内容，在各地农业科技园区的规划中尤其需要重视，有些园区还划出了专门的科技研发区域，为推动园区发展作后盾。机制创新就是园区要在构建发展适度规模经营与新型经营管理体系、整合项目资金、促进土地节约集约利用等方面开展试验示范，通过园区的先行先试，为区域范围内农业机制创新提供经验与借鉴。发展模式创新就是园区在一二三产业融合、种养循环等产业发展模式，订单协作、股份合作、产销联动等利益联结方式等方面开展探索。

**第三，园区规划中要突出协调的理念**。在园区规划中要突出产业协调、区域协调。产业协调就是要依据园区所在区域的产业发展方向，根据园区资源禀赋、区位条件、产业基础等合理确定园区主导产业、产业规模、发展方式，发挥园区的示范引领、辐射带动作用。区域协调，一方面，要在充分考虑园区发展优势劣势、机遇挑战的前提下，找准发展特色，合理确定园区功能定位和发展目标，实现与周边园区的差异化、互补化发展；另一方面，要根据自然条件和产业基础，与所在区域城乡总体规划、土地利用总体规划、生态环境保护规划衔接，优化园区空间布局，合理配置生产、生活、生态用地，实现与所在区域的协调发展。

**第四，园区规划中要突出绿色的理念**。园区规划在坚守耕地保护红线、生态红线、城镇发展边界三条红线的基础上，以建设资源节约型、环境友好型园区为导向，加强高标准农田、标准园艺园、标准化规模养殖场等绿色生产设施建设；示范推广标准化生产、生态农业模式、新品种新技术新设施新机械等绿色生产方式；示范推广农业废弃物资源化利用、农业农村面源污染综合防控等生态环境保护方式，辐射带动周边区域现代农业可持续发展。

**第五，园区规划中要突出开放的理念**。重点要发挥市场在资源配置中的决定性作用，面向市场多元化、优质化的需求态势，优化园区产业结构、产品结构和品质结构；园区要作为区域内农业对外开放的龙头，既要积极引进推广国内外先进的品种、技术、装备和模式，为我所用，又要积极培育具备较强实力的农业产业化龙头企业，带领合作社、农民推动园区的优质农产品和服务"走出去"，开拓国内外市场。

**第六，园区规划中要突出共享的理念**。在园区建设中要重要尊重农民经营自主权和创造性，培育和扶持一大批积极投身农业、具备较高专业技能的新型职业农民。同时要将保障农民权益作为园区建设的必要条件，建设新型农民经营主体与农户之间紧密型的利益联结机制，让农民分享到园区发展的成果，发挥园区带动产业发展、带领农民增收的作用。

## 1.2 突出供给侧结构性改革

### 1.2.1 概述

2015年中央财经领导小组第十一次会议上,习近平总书记首次提出"供给侧结构性改革",他指出,在适度扩大总需求的同时,着力加强供给侧结构性改革,着力提高供给体系质量和效率,增强经济持续增长动力。为落实中央指示精神,在2015年年底举行的全国农业工作会议上,农业部部长韩长赋表示,当前,我国农业经济运行中有总量平衡问题,但结构性问题更为突出,要加快推进农业供给侧结构性改革,下力气推进种植业、畜牧业、渔业结构调整,其中重点调减玉米种植面积,调整生猪、牛羊、渔业生产布局,巩固提升粮食产能,推动粮经饲统筹、农牧渔结合、种养加一体、一二三产业融合发展。2017年中央一号文件明确提出了当前工作应围绕推进农业供给侧结构性改革这根主线,加快推进农业转型升级,积极推动农业现代化快速发展。

### 1.2.2 特征

**第一,改善供给体系,推进产品创新。** 当前农业供给侧最突出的问题,就是生产还没能很好地适应市场需求变化,"买难"与"卖难"并存。推进农业供给侧结构性改革,要把市场需求作为"导航灯",调整优化农业生产结构和产品结构,增强农产品供给结构的适应性和灵活性,创新产品供给,为消费者提供更丰富、更优质、更适销对路的产品。

**第二,改善要素使用,推进科技创新。** 水、土、肥、药、技、机等,是农业生产的主要投入要素。这些年,水、土要素已经绷得很紧,肥、药使用过量,机械、技术支撑能力与发达国家相比仍有较大差距。必须大力实施科技创新战略,尽快推动农业发展由依靠物质要素投入驱动向依靠科技进步驱动转变,提高农业全要素生产率。

**第三,改善资源配置,推进制度创新。** 目前我国农业资源配置不合理的问题较为突出,生产区域布局结构与资源禀赋条件不尽匹配,资源循环利用不够,农作物秸秆、农膜回收利用率和畜禽粪污有效处理率都较低,一些地区还将水土等资源配置到产销不对路的产品生产上。要坚持市场取向改革,加快完善农产品价格和收储、农业补贴、金融保险、流通贸易、生态环保等政策,促进农业资源有效配置。

**第四,改善经营方式,推进管理创新。** 推进农业供给侧结构性改革,关键在人。要充分调动各类经营主体积极性,加快构建以农户家庭经营为基础、合作与联合为纽带、社会化服务为支撑的现代农业经营体系,大力培育新型经营主体和职业农民,发挥其在推广新技术、开拓新市场、打造新业态等方面的引领作用,鼓励其成为推进农业供给侧结构性改革的主力军。

### 1.2.3 规划启示

现代农业园区作为现代农业发展的示范区和引领区,在农业供给侧结构性改革中要发挥先导作用。在园区规划中,要注意以下几个方面:

**第一,要围绕市场需求开展生产。** 供给侧结构性改革要求围绕需要开展生产,随着居民收入增长,居民的消费结构也在不断提档升级,园区在生产中需要顺应消费升级的趋势,不断扩大有效和中高端农产品生产,要调优、调高、调精农业产品结构,减少市场需求少的产品,增加适销对路的农产品生产,减少低端低质农产品,增加安全优质健康农产品生产。品种上,重点是在市场条件分析的基础上,满足城乡居民健康养生的需求,挖掘特色农畜产品资源,积极引进优新品种,丰富品种结构;品质上,要适应城乡居民消费结构升级的需要,大力推进标准化生产,示范推广绿色生产技术,大幅提高"三品一标"产品比重,促进农畜产品安全化、绿色化。

**第二，要重视降低生产成本**。当前，我国农业存在的主要短板是生产成本高、产业竞争力弱和产业效益不足，因此，在园区规划中要将降成本、增效益放在重要位置。要强化农业科技创新，发展现代种业，占据产业链高端，加强新品种、新技术的集成配套转化应用示范，实现科技增效；要加强农业机械化、信息化、示范推广新机械新设施，推进"互联网+"生产，提高劳动生产率，集成推广节肥、节药、节水、节种等先进适用技术，提高农业投入品利用效率，实现节本增效；要积极发展农产品加工、冷链物流，大力发展农产品电子商务、休闲农业和乡村旅游，推进农业与旅游、教育、文化、健康等产业深度融合，实现产业融合增效。

## 1.3 突出农村产业融合发展

### 1.3.1 概述

推进农村一二三产业融合发展是主动适应经济发展新常态、拓宽农民增收渠道、构建现代农业产业体系的重要举措，是加快转变农业发展方式、探索中国特色农业现代化道路的必然要求。2015年中央一号文件指出，要围绕促进农民增收，加大惠农政策力度，并首次提出要推进农村一二三产业融合发展。2016年中央一号文件指出，要大力推进农业现代化，必须着力强化物质装备和技术支撑，着力构建现代农业产业体系、生产体系和经营体系，实施藏粮于地、藏粮于技战略，推动粮经饲统筹、农林牧渔结合、种养加一体、一二三产业融合发展，让农业成为充满希望的朝阳产业。2015年国务院办公厅印发了《关于推进农村一二三产业融合发展的指导意见》，对一二三产业融合做出了总体部署。2016年国家发改委联合农业部等七部委印发了《关于农村产业融合发展试点示范方案的通知》，拟在全国范围内组织实施农村产业融合发展"百县千乡万村"试点示范工程。

### 1.3.2 特征

农村产业融合具有多种模式，每种模式具有不同的特征。总体来看，农村产业融合有以下几种类型：

**第一，农业内部融合型**。以农牧结合、农林结合、循环发展为导向调整优化农业种植养殖结构，无公害、绿色、有机农产品和地理标志农产品比例高，农业废弃物综合利用水平高，实现经济效益和生态保护统一，种养结合等循环农业、生态农业发展形成规模。

**第二，产业链延伸型**。农业向后延伸或者农产品加工业、农业生产生活服务业向农业延伸，促进农业产业链各环节紧密结合，提高农产品附加值。通过农业产业化龙头企业和农产品加工领军企业带农产品加工原料基地建设，发展农业规模经营；支持农民合作社和家庭农场发展农产品加工和农产品直销等。

**第三，功能拓展型**。农业通过与其他产业的功能互补，赋予农业新的附加功能。如农业与旅游业、文化创意产业、能源工业等相结合衍生出的休闲农业或乡村旅游、创意农业和能源农业等新业态项目。

**第四，新技术渗透型**。技术密集或信息化程度高，农产品生产、交易和农业融资方式先进。例如，信息技术、物联网技术等新技术在农业中的应用，产生的涉农电子商务、农业互联网金融、智慧农业等项目。

**第五，多业态复合型**。同时兼有上述四种类型或者融合其中几个类型，一般以龙头企业为主要投资主体，农业资源集约利用程度高、产业链条完整、农业多功能性明显、示范带动作用较强。

**第六，产城融合型**。农村产业融合与新型城镇化联动发展，县域内城乡产业布局规划合理，二三产业在县城、重点乡镇及产业园区等集聚度较高，较好发挥对人口集聚和城镇建设的带动作用，形成了一批农产品加工、商贸物流、休闲旅游等专业特色小城镇。

### 1.3.3 规划启示

农业园区是区域农业发展的龙头，龙头带动作用的发挥很重要的一个方面就是产业链的带动，这就意味着一方面园区需要在一二三产业融合发展方面率先示范，另一方面园区在一二三产业融合发展方面具有很大的优势。在园区规划中，需要重视一二三产业融合发展，重点要做到以下几个方面：

**第一，产业选择重视农业内部融合**。园区在主导产业选择上应以资源循环利用、提高资源利用率为导向，因地制宜选择农牧结合模式，配套沼气工程、有机肥加工厂，实现种养平衡，实现秸秆、畜禽粪便等农业废弃物资源化利用；推广林下经济，合理利用土地立体空间；推广轮作、间作套种等耕作制度，合理利用光热资源。

**第二，园区规划应重视培育农业产业化"龙头"**。园区具有聚集资金、人才、科技的先天优势，规划应注重培育引进农业产业化龙头企业，大力发展农产品精深加工和冷链物流，打造农产品加工、物流核心区，采用"企业+基地+农户"等经营模式，带动园区及周边区域规模化原料基地建设，形成产加销一体全产业链，促进一产二产深度融合，提高农业效益。

**第三，园区规划应重视农业功能拓展**。园区规划中应注重拓展农业的休闲功能，园区空间布局、产品品种选择、基础设施建设时应兼顾园区景观打造，尽量融入区域旅游圈或区域精品旅游线路，挖掘园区产品品牌文化、企业文化、乡村民俗文化，开发多种形式的休闲旅游产品，促使园区变景区、农田变公园、农房变客房、农产品变礼品，将园区打造成优质农产品生产区、休闲农业与乡村旅游示范园区。

**第四，园区规划应重视发展农业新型业态**。园区应推进现代信息技术应用于农业生产、经营、管理和服务，发展"互联网+"农业。对大田种植、畜禽养殖、渔业生产等进行物联网改造，改进监测统计、分析预警、信息发布等手段，健全农业信息监测预警体系，发展农产品电子商务，完善配送及综合服务网络。推动科技、人文等元素融入农业，发展农田艺术景观、阳台农艺等创意农业。试验示范农产品个性化定制服务、会展农业、农业众筹等新型业态。

## 1.4 突出产业精准扶贫

### 1.4.1 概述

确保到2020年农村贫困人口实现脱贫，是全面建成小康社会最艰巨的任务。我国扶贫开发已进入啃硬骨头、攻坚拔寨的冲刺期。实现到2020年让7 000多万农村贫困人口摆脱贫困的既定目标，时间十分紧迫、任务相当繁重。2015年11月底，中央召开了扶贫开发工作会议，习近平总书记、李克强总理和汪洋副总理做重要讲话，对新时期脱贫攻坚工作作出全面部署，吹响全党全国全社会脱贫攻坚的冲锋号。特色产业是我国农村贫困人口生活和收入的主要来源，发展特色产业是提高贫困地区自我发展能力的根本举措。特色产业扶贫是贯彻落实中央脱贫攻坚决策战略的重要举措，是实现贫困地区贫困人口如期脱贫进而迈向小康社会的主要途径，是加快贫困地区农牧业发展、促进农牧民增收的重要任务，是保护生态环境、实现可持续发展的重要保障。《中共中央国务院关于打赢脱贫攻坚战的决定》提出分类施策确保按时脱贫，即"五个一批"工程（发展特色产业脱贫一批，实施易地搬迁脱贫一批，结合生态保护脱贫一批，发展教育脱贫一批，社会保障兜底一批）。产业扶贫是脱贫攻坚的重头戏，涉及对象最广、涵盖面最大，不仅要解决3 000万贫困人口脱贫，而且易地搬迁脱贫、生态保护脱贫等其他"四个一批"都离不开产业扶贫这个支撑。

### 1.4.2 特征

产业扶贫具有以下特征：

**第一，贫困户受益精准。**紧紧瞄准建档立卡贫困户，加大政府支持，加强社会动员，调动贫困人口积极性，凝聚合力，加快推动特色产业发展。牢固树立负面清单理念，明确帮扶边界，确保建档立卡贫困户长期受益，避免扶农不扶贫、产业不带贫，防止在实施中脱轨走样。

**第二，产业选择精准。**综合考虑资源禀赋、产业基础、市场需求、技术支撑等因素，立足资源环境承载力，选准特色产业，优化产业布局，合理确定产业发展方向、重点和规模，提高产业发展的持续性和有效性。

**第三，项目设计精准。**整合资金、技术等要素资源，围绕良种繁育、基地建设、加工物流、电子商务、休闲农业等环节，兼顾长期效益和短期收益，科学设计项目。找准项目实施与贫困户受益的结合点，构建有效的利益联结机制。

### 1.4.3 规划启示

现代农业园区是产业发展的重要平台，通过建设园区，可以降低基础设施建设成本，通过产业集聚效应，提高产业效益。由于园区的这些特点，多个贫困地区将建设现代农业园区作为产业精准扶贫的重要平台和抓手加以打造。在园区尤其是贫困地区园区建设中，应重视将园区建设与产业脱贫有机结合，尤其需要重视以下几个方面：

**第一，园区规划应注重扶贫特色产业。**园区要与当地扶贫部门合作，摸清贫困户生产经营情况，分析当地产业现状、市场空间、环境容量、新型主体带动能力以及产业覆盖面。以特色种养业、加工物流业、传统手工业和休闲农业为主要内容，重点选择市场相对稳定、获益期相对快、收益期相对长的3～5项特色产业。考虑到2020年脱贫的目标，在产业选择中要做到短、中、长结合，例如短期可发展蔬菜、畜禽养殖等产业，保障贫困户当年受益；中期可以发展林果等产业，种植3～5年后可见效；长期可发展珍稀苗木等产业，实现长期性受益。

**第二，园区规划应注重新型经营主体培育。**新型经营主体在发展特色种养业、农产品加工业、生产性服务业、物流业、休闲农业等方面具有先天优势，园区规划应注重培育新型经营主体，探索"新型经营主体+基地+农民"的经营模式，发挥新型经营主体在产前、产中、产后等环节带动农民提高经营性收入。产前环节向农民提供种子（苗）、种畜禽、肥料、农药、农膜等优质农资；在产中环节提供统一播种、机耕、机收、动物疫病防控、植物病虫害统防统治、测土配方施肥、废弃物集中处理等生产性服务；在产后环节提供农产品烘干、分级、包装等产后初加工、精深加工、农产品收购、仓储、运输和销售等产后服务。新型经营主体还可为农民提供就业机会，增加农民工资性收入。

**第三，园区规划应注重发挥辐射带动作用。**促进农民增收是现代农业园区建设的重要目标，园区规划应从科技推广、产业带动、环境改善等多方面带动农民增收、农村发展。应重视新品种、新技术、新设施、新模式的试验示范和推广，重视教育培训功能的发挥，建成现代农业先进适用新科技的辐射源，带动农民科技增收；应从完善区域产业链条、带动区域现代农业转型升级的角度，建设加工物流中心、产品展销中心、电子商务中心等，扶持产业发展龙头，以建设原料基地、订单农业等模式带动周边区域农业规模化、产品优质化、销售品牌化，提升农业效益；应从保护区域生态环境和提升农业农村景观的角度，示范推广资源节约型、环境友好型生态模式，有效控制农业面源污染，建设农村宜居环境。

**第四，园区规划应重视利益联结机制构建。**在农业园区建设中，在培育新型经营主体的同时，要探索建立利益联结机制，让农民在园区建设中更多分享发展成果，防止"产业不带贫"情况的发生。从各地实践情况来看，股份合作帮扶机制和订单帮扶机制是两种行之有效的利益联结机制。股份合作帮扶机制，就是农村承包土地经营权、农民住房财产权等折价入股；集体所有的耕地、林地、草地、山岭、荒地、滩涂等资源性资产，用于经营的房屋、建筑物、机械设备等经营性资产可以折价入股，集体组织成员享受集体收益分配权；政府财政扶持资金可以折价入股，按一定比例落实到集体和贫困户，企业控股并负责生产经营。订单农业帮扶机制，就是鼓励新型经营主体和有产业发展能力的贫困对象，共同开发特色产业，签订利益共享、风险共担的合作协议，贫困户按照协议生产、提供产品，新型经营主体提供产前、产中、产后服务，确保收购农产品；政府扶贫资金通过以奖代扶、贷款贴息等方式支持新型经营主体和贫困户。鼓励各地创新其他行之有效的帮扶模式。

### 1.5 突出可持续发展

#### 1.5.1 概述

农业可持续发展是贯彻党的十八大对全面建成小康社会"五位一体"（经济、政治、文化、社会和生态文明建设）总体布局的要求，也是贯彻"十三五"规划"五大理念"（创新、协调、绿色、开放、共享）的要求。2015年，农业部等8部委联合印发了《全国农业可持续发展规划（2015—2030年）》，为我国农业可持续发展提供了纲领性指导。

#### 1.5.2 特征

农业可持续发展有其独特的标志特征，与以往农业发展模式的区别主要表现在：

**第一，农业发展的可持续性。**农业发展的可持续性首先表现为农业资源与环境利用的可持续性。资源与环境是人类生存与发展的根本，人类在谋求实现农业产业发展的同时不能超越资源与环境的可承受度。其次，农业发展的可持续性还表现为农业产业发展过程的可持续性。农业产业是基础产业，农业生产的大起大落不但伤害农业生产者的利益，更是违背可持续发展原则。因此，农业产业在发展的过程中要追求平稳的可持续发展。

**第二，农业发展的协调性。**在发展农业生产满足当代人需求的同时，实现农业经济效益、社会效益与生态效益的相统一是农业可持续发展的目标。这就要求在农业发展过程中必须要协调市场、环境与农业生产者三者的利益关系，只有三者相互合作、共同发展才能保证实现农业可持续发展目标的实现。

**第三，增长方式的集约性。**农业可持续发展的动力源泉在于农业科技的研发与应用。这种根本性的变化，使传统的农业增长方式由过去粗放式的拼环境、拼资源转变到拼农业科技、拼劳动者素质上。

**第四，农业发展的公平性。**农业可持续发展的公平性主要表现为两点：第一，发展成果由人民共享，让人民有平等的机会去实现更好物质条件的愿望；第二，公平利用农业生产资源，不损害后代人的权利与利益。

**第五，发展目标的多元性。**既要追求农业生产的经济效益，又要注意保护农业发展所依赖的生态环境，还要兼顾社会的可承受度，可以说农业可持续发展的目标是多元性的。

### 1.5.3 规划启示

**第一，园区农业生产发展与资源环境承载力相匹配。**园区规划中，首先需要摸清当地资源家底，包括耕地、水资源、生态环境等，在此基础上，要明确园区的耕地、水资源和生态环境三条红线，处理好农业生产与环境治理、生态修复的关系，适度有序地开展农业资源休养生息，加快推进农业环境问题治理，不断加强农业生态保护与建设，促进资源永续利用。同时，要根据土地、水和生态环境状况优化农业生产力布局，宜林则林、宜牧则牧、宜农则农，提高规模化集约化水平，提高生态环境资源的有效利用水平。

**第二，园区要加强农业生态环境保护。**园区要遵守最严格的耕地保护制度，执行严格的耕地占补平衡制度。园区要注重提升耕地质量，通过深耕深松、保护性耕作、秸秆还田、增施有机肥、种植绿肥等土壤改良方式，增加土壤有机质，提升土壤肥力。要充分整合农业、发改、财政等部门的资金，开展高标准农田建设，提高土地生产能力。园区要加强水资源的保护和有效利用，尤其是地下水超采区域的园区要明确水资源红线，根据水资源红线合理确定产业规模，要率先推广节水灌溉，通过工程节水、农艺节水、品种节水等方式，提高水资源利用率；干旱缺水地区的农业园区要率先发展雨养农业，扩大优质耐旱高产品种种植面积，严格限制高耗水农作物种植面积，率先种植耗水少、附加值高的农作物。

**第三，园区要积极探索农业面源污染治理措施。**园区要率先普及测土配方施肥，改进施肥方式，使用有机肥、生物肥料和绿肥种植，提高化肥利用率，率先实现化肥施用量零增长目标。园区要积极推广高效、低毒、低残留农药，生物农药和先进施药机械，推进病虫害统防统治和绿色防控，率先实现农药施用量零增长。要重视畜禽养殖粪污治理，合理规划布局和控制养殖规模。园区内养殖场（小区）要配套建设畜禽粪污收集处理设施、病死畜禽无害化处理设施。要引导园区内的养殖企业与种植业合作共建粪污消纳基地，发展种养循环农业。

**第四，园区要重视美丽乡村建设。**要统筹考虑园区内农业农村发展，与美丽乡村建设相衔接，将园区环境综合整治作为规划的重要内容，保护和修复自然景观和田园景观，开展农户及院落风貌整治和村庄绿化美化，注重农耕文化、民俗风情的挖掘展示和传承保护，推进休闲农业持续健康发展。

## 1.6 突出生态循环农业

### 1.6.1 概述

生态循环农业，是按照生态学和经济学原理，运用现代科学技术成果和现代管理手段，以及传统农业的有效经验建立起来的，能获得较高的经济、生态和社会效益的现代化农业。

1979年，我国著名生态学家、中国科学院院士马世骏先生最先提出实现"农业生态化"的构想，20世纪80年代初，叶谦吉教授首次提出了"生态农业"的概念。进入21世纪，重视生态环境保护、大力发展生态农业提到了议事日程，并明确了"要加快建设资源节约型、环境友好型社会"。党的十八大把生态文明列入"五位一体"建设之中，2015年，《农业部关于打好农业面源污染防治攻坚战的实施意见》提出大力发展现代生态循环农业，推进10个循环农业示范市建设，深入实施现代生态循环农业示范基地建设，积极探索高效生态循环农业模式，构建现代生态循环农业技术体系，标准化生产体系和社会化服务体系。

当前我国部分地区根据地域特点形成了特有的循环发展模式，如北方地区的"四位一体"模式、南方地区的"猪—沼—果"模式和"桑基鱼塘"模式、丘陵坡地的"水土保持综合治理"模式等。

#### 1.6.2 特征

**第一，农业生产清洁化**。在农业生产、产品流通、消费直至废弃物处理全过程中关注生态效益，使用有机肥、生物农药、生物质能源等环境友好型农业生产资料，改善农业生产技术，降低农业废弃物数量和危害。

**第二，生产技术生态化**。大力应用保护性耕作、农艺节水保墒、水肥一体化、喷灌、滴灌等节水技术，实施化肥农药零增长行动，鼓励开展秸秆还田、种植绿肥、增施有机肥，推进专业化统防统治与绿色防控融合，因地制宜推广畜禽粪污综合利用模式，推广加厚地膜使用，开展秸秆肥料化、饲料化、基料化、原料化和能源化利用。

**第三，生产过程"零"排放**。在农业生产中应用清洁技术、物质循环技术和生态产业技术等成熟技术，实现对自然资源的完全循环利用。农业生产的"零"排放并非绝对不排放，而是把原有的经济模式转化为循环经济模式，使得传统农业生产中的废弃物循环到生产过程中再利用，实现生产链系统的循环，避免或尽可能减少对系统外的排放。

#### 1.6.3 规划启示

对于园区规划的指导意义在于充分融入生态农业理念，重视农业生产清洁化和农业废弃物利用资源化，探索和推广生态农业技术。

**第一，园区规划要融入生态农业原理**。在规划现代农业园区过程中，按照物质转化守衡定律和能量流动逐级耗散规律，充分发挥农业生态经济系统的能量转化、物质循环、价值增值和信息传递功能，促进能量和物质在产业链中不断转化循环，有效利用农作物秸秆、畜禽粪便、加工下脚料等有机废弃物资源，实现最佳生产、最大效益、最适度消费和最少废弃。

**第二，园区规划应重视产业过程"三化"**。一是农业生产清洁化，包括清洁投入（清洁的原料、清洁的能源）、清洁生产（使用无毒无害化肥、农药等）和清洁产出（不危害人体健康和生态环境的清洁农产品）。二是产业内部资源利用梯度化。合理安排产业内部的生产方式，优化生产空间结构，尽可能地减少水、肥、土、药等资源浪费，提高资源利用效率。三是产业间废弃物利用资源化。合理安排农业产业的时间和空间结构，在相关产业间建立废弃物资源化循环利用的互惠互利关系，降低生产成本，提高经济效益，改善生态环境。

**第三，园区规划要突出生态农业技术**。因地制宜采用不同生态农业技术。在地下水严重超采地区，突出保护性耕作、农艺节水保墒、水肥一体化、喷灌、滴灌等节水技术；在面源污染严重地区，突出配方施肥、绿色防控技术，秸秆肥料化、饲料化利用等生产技术；在耕地重金属污染严重地区，突出健康安全生产模式，增施有机肥、实施秸秆还田、施用钝化剂等技术。同时要在规划中突出低碳技术、种养循环技术、资源回收利用技术等。

### 1.7 突出全产业链发展

#### 1.7.1 概述

农业全产业链模式是我国农业经济发展过程中出现的一种新兴发展模式，是在居民食品消费升级、农产品产业升级、食品安全形势严峻的大背景下应运而生的，是对传统农业的重要创新突破，能促进区域经济发展、龙头企业崛起、参与农户增收以及消费者满意的多赢局面，有效解决农业产品附加值较低的问题。

比较有代表性的例如中粮集团打造的食品全产业链，作为国内第一个提出全产业链的龙头企业，通过纵向打通、横向协同，形成了以消费品引领、上下游结合、产业链打通的企业，实现了"从田间到餐桌"的全程控制，实现食品安全可追溯。

### 1.7.2 特征

**第一，产业链关系紧密化**。通过不同的产业合作方式接通产业链的断环、孤环，使之形成一条或多条完整的产业链。龙头企业通过产业链整合，与上下游企业形成一种紧密的联盟关系，一方面龙头企业能获得稳定的原料来源与市场服务，另一方面也降低了签约成本和监督成本。

**第二，生产、技术、管理与销售协同化**。生产协同效应就是企业在生产设备、原材料、生产技术等利用上实行资源共享；技术协同效应就是企业可以共同利用同类产品生产的核心技术，或联合开发新产品，以减少新产品研发费用，分散风险；管理协同效应就是在一个经营单位里运用另一个单位的管理经验与专门技能，降低管理费用；销售协同效应就是企业之间可以使用共同的营销人员、分销渠道、仓储运输服务等，节约营销成本。

**第三，产业链产品增值化**。产业链条延长时，从实物形态看，由于产品加工的深化，产业的外部特征和物化特性发生转变，功能和作用得以增强扩大，意味着同样多的原料，可以生产更多更好的最终产品。产业的拓宽也同样具有增值效应，产业链越宽则产品的综合利用程度越高，由于它对同一产品不同角度进行拓展利用，真正实现物尽其用，是资源的节约和效率的提高，也同样意味着产品的增值。

### 1.7.3 规划启示

面对新形势，农业园区规划在产业体系构建时，需要在产业链主体关系协同、农业经营管理创新方面突出全产业链发展。

**第一，园区规划要引入全产业链设计理念**。现代农业产业体系构建是在分析现状、明确思路、确定目标的基础上，对园区产业如何发展的总体构思，对于具有一定产业基础和企业集聚的农业园区，应着重引入全产业链设计理念，通过单一产业链纵向一体化与多个产业链横向一体化的不断发展，形成相互关联、相互依存的协同关系，实现产业链上的价值增效。

**第二，园区规划要注重上下游关联产业的协同关系**。单一纵向产业链是指从农资供应、生产、加工与市场营销等全过程与相关产业群构成的网络结构，是由"链条""实体""链主"和"组织链"形成的集合体。"链条"是以若干企业和产品为节点，以物流、能流、信息流、资金流构成的一条空间虚拟链；"实体"是指产业链上关键节点的合作企业；"链主"是链上起支配地位的龙头企业；"组织链"是一种组织连接方式。通过"链条""实体""链主"和"组织链"的有机连接，最终构成一条整体产业链。规划要根据园区产品的目标市场定位，促进各链条上相关联的上游或下游主体在生产、技术、管理和销售方面协同发展，实现优势产业的联动优化效益。

**第三，园区规划要注重"链主"与"实体"的培育**。为了在园区中打造出完整的农业产业链，"链主"与"实体"的培育是关键环节。一般"链主"是指具有一定规模和经济实力的产业化龙头企业；"实体"是指上下游合作的农业企业、相对接的原料生产专业合作社、家庭农场等新型经营主体。针对"链主"和"实体"的培育包括土地、资金等方面政策支持，通过对"链主"和"实体"给予适当的照顾与倾斜，促进产业链各环节的顺利实施，充分发挥其协同效应，提高园区的核心竞争能力。

## 1.8 突出都市现代农业

### 1.8.1 概述

都市型现代农业是工业化高度发展的城市及其周边地区，依托城市的资金、科技、人才、信息和市场等优势发展起来的，并与城市发展紧密融合的一种集经济、社会、生态效益于一体的现代新型农业。都市型农业与优势农产品生产区、特色农产品生产区一起构成了我国农业的"三大板块"。据统计，全国36个大城市耕地面积接近全国的1/9，蔬菜产量占全国的1/6。相对于其他农区，大多数城市更具备工业反哺农业、城市带动农村的条件，有可能率先完成从传统农业向现代农业的转型。随着我国进入新型城镇化加速推进的历史时期，都市农业在"十三五"时期迎来了发展的重要战略机遇期。

### 1.8.2 特征

**第一，"三新"相结合**，即新城市规划、新功能拓展、新农村建设相结合。都市农业在用地、生产、流通、消费、空间布局、结构安排，以及与其他产业衔接关系等方面服从城市的需要和总体规划设计，为城市的建设发展和生活质量提高服务。市民的需求决定了都市农业的发展必须充分体现与大都市相互作用、相互促进的城乡融合的一体化关系。

**第二，"三产"相融合**，即一二三产业相互融合。都市农业具有高度的产业化、市场化，并形成产加销、产研教、农工贸的一体化。加强农产品加工与物流设施装备建设，加快培育农业新业态，不断推进农业接二连三，促进一二三产业融合发展。

**第三，"三生"为一体**，即生产、生活、生态为一体。随着人们生活质量的提高，城市对都市农业的需求不仅是新鲜、营养、多样化的食物供给，还有生态环境、科学实验、绿色文化、科普教育、休闲娱乐的多元化功能。都市农业不仅要开发经济功能，还要进行生态、社会等功能的开发，进而实现全功能性的协调发展，这样才能使都市农业全方位的服务市民，最优化提高城市的生活质量和生态文化品位。

### 1.8.3 规划启示

位于大中城市郊区的农业园区，其未来发展路径应参考国内外都市农业发展的成功经验，避免走弯路，编制规划时应着重从以下几方面进行考虑：

**第一，园区规划指导思想要突出城乡一体。**都市农业在用地、生产、流通、消费、空间布局、结构安排，与其他产业的关系等方面要服从城市的需要和总体规划设计，加强与当地国民经济和社会发展规划、城乡规划、土地利用规划、生态环境保护规划等多个规划的衔接与融合，为城市建设发展和提高城市生活质量提供更好的服务。

**第二，园区规划要突出高产高效。**依托当地高等院校和农业科研院所等单位，在园区围绕农业可持续发展、种业科技创新、精品农业、休闲农业等都市农业重点领域，重点开展节地、节水、节肥、节药等重大关键技术研发与推广。以各地资源环境条件、优势品种产业为基础，统筹规划建设一批特色突出、各有侧重的设施蔬菜基地、规模化畜禽养殖场和水产健康养殖示范场；依托城市群内交通节点，合理布局农产品产地、销地、集散地市场和终端销售网点，大力发展农产品冷链物流，打造城市群高效鲜活农产品物流圈。通过构建错位竞争、联合保供的鲜活农产品生产流通格局，提高区域"菜篮子"产品保障能力。

**第三，园区规划要突出产城融合。**依托城镇资金、技术和人才等优势，优化现有产业布局，调整合并现有发展不力、交通不便的产业园，引导园区向基础好、集聚效应强的城镇集中；打造"一乡（镇）一产"，培育主导特色产业，完善产业链，促进产业园与乡镇的有效对接；创新产城融合投融资机制，撬动社会资本参与产业园区建设；遵循和谐、协调的产城融合观，加强园区基础设施建设，形成功能完备、布局有序、协同配套的涵括生产、生活、生态等功能于一体的产城融合新模式。

**第四，园区规划要突出多功能性。**一是优质农产品供给功能和生态功能。大力推进现代生态循环农业发展，建设绿色食品生产区、生态园林区，为都市居民提供丰富的名特优、鲜活嫩农副产品，满足不同层次的物质消费需要，发挥农业园区的生态平衡、生态屏障功能。二是休闲旅游功能。园区要结合文明乡村整治和美丽乡村，建设一批功能完备、特色突出、服务优良的休闲农业专业村和休闲农业园。特别是在休闲农业和乡村旅游项目用地上，要争取尽快纳入土地利用总体规划和年度计划，在基础服务设施建设上，要积极争取资金投入，采取以奖代补、财政贴息、产业投资基金等方式给予支持。三是示范与教育功能。充分利用城市地区基础设施完善、文化教育资源集中、受众广泛的优势，大力发展集展销展示、观摩体验、科普教育等功能为一体的会展农业，让居民在城里就能近距离学习农业知识，接触农业文化。强化非耕地资源的拓展利用，培育阳台农业、楼顶农业等新型农业形态，在改善城市环境、陶冶大众情操的同时，营造全社会关心农业、了解农业的良好氛围。

## 1.9 突出创意农业

### 1.9.1 概述

创意农业是借助创意产业的发展理念，将科技创新、文化创意与农村的生产、生活、生态资源高度融合，对农业生产经营的过程、形式、工具、方法、产品等进行创意和设计，从而创造价值和增加财富，是提升农业产业的一种新方式。创意农业颠覆了传统农业的经济发展模式，对催生农业产业化开发、生态环境保护、城乡一体化发展具有重要意义。

创意农业主要表现形式为：**一是农田景观创意**。利用多彩多姿的农作物，通过设计与搭配，在较大的空间上形成景观，使得农业的生产性与审美性相结合。如利用花卉打造绚丽的花田景观，或是利用农田勾画优美的艺术图案。**二是农业节庆活动**。依托当地的主导产业，将农耕文化、民俗风情融入传统节日或主题庆典中，进行节庆开发，通过农业节庆活动推动旅游、会展、贸易及文化等行业发展，体现"农业搭台、经济唱戏、文化传承"的产业创意活动。**三是农业主题公园**。通过对特定农业主题的整体设计，按照公园的经营思路，把农业生产场所、消费场所和休闲旅游场所结合在一起，对农业主题文化进行挖掘展示，创造出特色鲜明的体验空间，使游客获得一站式游览经历。**四是科技创意**。利用现代科技手段对农业生产方式进行创意，改变传统农业在人们心目中的固有形象。如垂直农业、植物工厂等，将农业与工作、生活在空间上融为一体。

### 1.9.2 特征

**第一，主题个性化**。创意农业强调唯一性、差异性，主要以农业的产中、产前、产后全过程的投入品、生产过程及产出品为主要创意对象，主要对传统农业思维方式实施变革，以创造核心价值为目的。创意农业要突破传统农业园区种植果树、农作物，以观光、采摘为主打的经营模式，采取差异化经营战略，选取差异化主题，开发出现代农业的时尚元素，避免因趋同现象导致的不必要竞争。

**第二，产业融合化**。创意农业着重产业链上各环节的关联与整合，以文化创意为核心，通过与当地的特色资源、文化要素、市场需求和人文环境等有机结合起来，构筑多层次的全景产业链。创意农业既是产业融合的产物，也是产业融合的表现形式。

通过一二三产高度融合,不断升级产品附加值空间,从而将利润放大,获得六次产业的综合收益。

**第三,现景美观化。**创意农业突出的特征是用美学价值表现农作物的观赏价值和农作物的特征结构,包括农作物收获的喜悦、农耕与田园、具有地方特色的乡村生活以及现代高科技农业带来的新奇发明与对未来的展望。这种新型的农业景观除了满足生产功能之外,同时带动了乡村旅游的发展,直接促进了农民的经济收入大幅增加。

### 1.9.3 规划启示

**第一,园区规划要突出主题创意。**发展创意农业关键在于结合当地的文化特色,整合生产、生活、生态资源,构建完善的创意产业体系,促进产业升级。农业园区具体项目策划应根据农业的生物特性和文化内涵选好主题,如"花卉+婚庆产业∝爱心谷""苗木+休闲娱乐∝美丽生态城""田园养生+度假模式∝休闲度假庄园""民俗技艺+情景化体验设计∝梦回十八坊""大田种植+创意景观∝大地景观""水产养殖+渔乐体验∝百渔乐园""果业+创意体验∝创意瓜果王国""牧场+生活体验∝狩猎乐园""林业+游乐体验∝树上穿越乐园"等创意。

**第二,园区规划要突出经营创意。**实行极致化的创意打造,让游客实现全感官的游憩体验,进而成为地方特色的展示窗口,推动农业产业的进一步优化发展。目标群体锁定中高端市场,满足个性化的市场需求,有效地规避与传统农业的低价竞争,赢得独特的市场占有率。通过高度情境化的游憩方式设计,以休闲体验式的田园旅游为市场卖点,将农业特性与旅游业以及拓展训练巧妙地进行结合,使市民、青少年享受自然风光、农业风情,了解农业科普知识,进行娱乐、休闲和健身。

**第三,园区规划要突出景观创意。**在编制农业园区规划时,结合农业科技的引进与运用,积极挖掘地方文化传统价值,运用文化元素提升农业附加值。利用多彩多姿的农作物,通过设计与搭配,在较大的空间上形成美丽的景观,使得农业的生产性、可持续性同审美性结合起来,让居民望得见山、看得见水、记得住乡愁,成为生产、生活、生态三者的有机结合体。

## 1.10 突出智慧农业

### 1.10.1 概述

智慧农业是农业生产的高级阶段,是充分应用物联网、移动互联网、云计算、大数据、遥感等现代信息技术创新农业生产方式、经营方式、管理方式和服务方式的新型农业。智慧农业着眼的不是农业信息技术在农业中的单项应用,而是把农业看成一个有机联系的系统,信息技术综合、全面、系统地应用到农业系统的各个环节,是信息技术在农业中的全面应用。

2015年,《国务院关于积极推进"互联网+"行动的指导意见》指出,要利用互联网提升农业生产、经营、管理和服务水平,培育一批网络化、智能化、精细化的现代"种养加"农业新模式,培育多样化农业互联网管理服务模式,逐步建立农副产品、农资质量安全追溯体系,形成示范带动效应,促进农业现代化水平明显提升。2017年,为了加快全国农业现代化规划的实施,提高农业信息化水平,农业部颁布了《关于做好2017年数字农业建设试点项目前期工作的通知》,推动大数据、云计算、物联网、移动互联网、遥感等现代信息技术在农业中应用,在大田种植、设施园艺、畜禽养殖、水产养殖等领域开展精准作业、精准控制建设试点,探索数字农业技术集成应用解决方案和产业化模式,打造一批数字农业示范样板,全面提高农业现代化水平。

### 1.10.2 特征

**第一，农业生产智能化。** 通过应用物联网、移动互联网、3S等现代信息技术创新农业生产方式，实现农业生产的环境感知、数据传输、智能控制、远程服务、决策分析等功能，为农业生产调控提供科学依据，达到增产、改善品质、调节生长周期、提高经济效益的目的。

**第二，农业经营网络化。** 以农业电子商务发展为突破，促进农产品流通方式创新，解决"农产品买难卖难"问题，通过现代信息技术实现农产品流通扁平化、交易公平化、信息透明化，建立最快速度、最短距离、最少环节、最低费用的农产品流通网络。

**第三，农业管理智慧化。** 以大数据开发和应用为基础，集"信息采集、指挥调度、监管监测、科技服务、生产指导、系统集成、统计分析"等功能，构建智慧农业综合信息管理服务平台。

**第四，农业服务信息化。** 以新型信息服务体系为保障，提升农业科技、农产品质量安全、农业执法等各类农业公益性服务的信息化水平。引导高等院校、科研院所、社会中介组织围绕服务农业全产业链，开展信息技术研究和示范应用，为农业经营主体提供信息服务，构建主体多元化、运行市场化、服务专业化的农业信息服务体系。

### 1.10.3 规划启示

园区规划中要融入"互联网+"理念，全面推进互联网与农业生产、经营、管理、服务的深度融合。

**第一，园区规划应体现"互联网+生产"。** 围绕农业生产智能化、精准化、数字化、可控化和全程监管，建设园区农业物联网技术综合服务平台，推进气象信息观测、温室环境监控、植物生长管理、肥水药精准实施、设施自动化控制等物联网技术聚合应用；开展园区高标准农田的土壤墒情、作物长势以及病虫害防控的智能控制管理。推广设施养殖环境监控系统、自动饲喂、疫病诊断与辅助决策等健康养殖管理信息技术，实现健康养殖管理的智能化；推进渔船自动识别、捕捞作业、调度指挥等信息技术的应用，提高渔业生产作业的信息化水平。

**第二，园区规划应体现"互联网+经营"。** 园区应培育一批农业电子商务平台，提供生产、流通、交易等服务。培育农业电子商务主体，支持农业产业化龙头企业、农产品市场、连锁超市等主体发挥标准化、规模化、品牌化优势，创新电子商务模式。鼓励和引导信息技术企业开展农产品电子商务业务，构建以电子商务为导向的物流配送系统。园区建设统一的电子商务平台，主要农产品交易完全实现电子结算。在园区及周边建设农产品市场分析预警信息采集点，统一进入园区平台分析，并向入园市场主体定期发布。

**第三，园区规划应体现"互联网+管理"。** 搭建园区统一的农产品质量安全追溯信息管理平台，建立覆盖园区并向周边地区延伸的农产品质量安全追溯数据库和质量信息查询系统，强化上下游追溯体系对接和信息互通共享，通过现代信息技术实现对生产和经营农产品的全程监管，实现农副产品"从农田到餐桌"全过程可追溯，保障"舌尖上的安全"。支持新型农业经营主体及供销合作社利用互联网技术，对农产品生产、加工、仓储、包装、运输、销售等环节进行精细化管理，将农业企业、农民合作社纳入质量追溯系统，加快推动移动互联网、物联网、二维码、无线射频识别等信息技术在生产加工和流通销售各环节的推广应用。

**第四，园区规划应体现"互联网+服务"。** 搭建园区农业科技服务平台，推动农业科技服务便捷化。重点建设体现集智慧农民培育、农技推广服务、科技创新支撑、成果转化服务和美丽乡村创建等领域，形成现代农业科教信息管理与服务平台。强化农民创业培训，围绕园区产业发展，精确瞄准农民生产经营需要，开展针对性培训，提升农民创业水平；要大力开展园区创业孵化器建设，建立起"培训—孵化—成熟"的创业支持体系，带动农民利用互联网致富，打造园区发展新引擎。

# 第 2 章　国内外农业园区发展概况

## 2.1　主要国家或地区农业园区发展状况
### 2.1.1　发展概况

由于各国及地区资源禀赋、产业基础、经济发展与文化氛围等方面不同，其农业园区也在实践探索中形成了各具特色的发展模式，既有以推广先进技术为主题的园区，如示范农场、农业科技园、示范中心、实验农场等；也有以农业观光、休闲为主题的园区，如观光农园、休闲农（牧）场、市民农园、农业公园、体验农园（场）等；还有以青少年学生为服务对象，主要提供农业认知、体验与教学服务为主题的园区，如教育农园（场）、试验农场等。

#### 2.1.1.1　美国农业园区发展概况

美国农业园区发展主要有3类：一类主要依托强大科技实力来开展农业技术研发、示范与推广的园区，如示范农场、农业科技园等；另一类是以发挥农业的多功能性，鼓励以农业体验为主，如观光农园、体验农园等；还有一类则是以服务青少年学生为主，如教育农场。

**（1）农业技术研发、示范与推广类园区**

**示范农场**。美国示范农场多数设立在州立试验站内部，如UMORE，该农场位于明尼苏达州圣保罗大学校园10多千米外，下属农业研究中心和试验站，农场每年夏秋两季向参观者展示他们的研究成果、试种出来的新品种，如花卉和树木等。每年还为当地农民和农业指导员举办田间农业专业教学，让他们学习田间检测技术和新的生产方式。另外，还教农民如何根据市场需求种植高附加值的农产品。除试验站内部示范农场外，还有一些由企业家和私人投资的示范农场，如斯塔尔斯（Stiles）和卢林（Luling）示范农场。

**农业科技园**。在美国，主要是指农业相关企业的集聚区，旨在促进农业、生物产业及食品产业相关的创新技术的研发及技术向产业化应用方面的转移，大量企业在科技园区集聚共存，有利于农业科技外溢，并且共享园区内公共设施，减少企业运行成本。如美国康奈尔农业和食品技术园，成立于2005年，紧邻纽约州农业试验站，由纽约州政府提供部分建园经费，在农业企业、食品科学和生物技术方面将其打造成地区或全国的领先地位；还有位于美国新泽西州的罗格斯食品创新中心，成立于2000年，旨在为大西洋和西北地区中小型食品企业和农业企业提供技术、经营上的支持。

**（2）休闲体验类园区**

美国休闲农业的兴起可追溯到19世纪上流阶层的乡村旅游，到1970年，仅美国东部就有500处以上的休闲农场。费雷斯诺（Fresno）市位于美国加利福尼亚州，是世界著名的农业区，年均农业产值高达56亿美元，农业发达且自然条件优越，年均吸引游客量超过300万人，区内形成了成片的休闲农业区，且内部还划分成了不同发展方向的功能区。

**观光农园**。主要位于城市近郊或风景区附近，将其开辟成各具特色的果园、菜园、茶园、花圃等，让游客直接参与到农场的摘果、种菜、赏花、采茶等活动中，尽享田园劳作乐趣。如Aspen Acres农场。

**体验农园**。如Smonizn农场,以全年蔬果采摘、农具机械虚拟漫游为特色;以度假为主的Kellys Beach农场,内有13英亩(1英亩≈6.07亩≈4 046.86平方米)农业公园,设置餐饮美食、露营地、漂流等体验项目。

(3) 科普教育类园区

此类园区是兼顾农业生产与科普教育功能的农业经营农园,即利用农园中所栽植的作物、饲养的动物以及配备的设施,以此进行农业科技示范和生态农业示范,向游客传授农业知识。如位于纽约市北威郡县索墨斯附近的Muscoot农场,占地777英亩,该农场在1888—1924年间是霍普金斯家庭农场,其后一直到1967年间变成奶牛场,后来才归威郡县公园娱乐和保护部门管辖。现在这里还保留着当年农场房屋建筑和饲养场的原貌,例如1900年的儿童饭桌椅、19世纪末20世纪初的木柜、19世纪晚期的自行车等,以及多数饲养房和厂房都基本上保持原貌,在露天处还摆设当年的拖拉机,以此吸引儿童和学生,附带组织各种普及农业畜牧知识的活动,成为青少年的重要教育基地。

#### 2.1.1.2 欧洲农业园区发展概况

以荷兰、德国、法国为代表的欧洲国家依托各国资源禀赋优势,发展形成了不同形态的农业园区,如荷兰的科技示范中心和农业主题公园;德国的市民农园;法国的农业科技园和休闲农场。

(1) 以荷兰为代表的科技示范中心和农业主题公园

荷兰农业园区并没有进行专门规划和刻意建设,而是随着材料设备不断创新、科学技术不断进步和生产管理水平逐步提高而自发发展起来的。荷兰农业园区主要分为科技示范推广和休闲观光类别。

**科技示范中心**。荷兰是世界上人口密度最大的国家之一,土地面积十分有限,决定了荷兰农业必须走一条高度集约化、高附加值的发展道路,也正是在此发展战略下,以奶业为主的畜牧业、附加值高的园艺产业开始迅速发展。荷兰园艺作物大部分在温室里进行生产,荷兰温室面积约占世界的1/4。在此背景下,科技示范中心主要从事现代温室技术的研究、实验和示范等方面的工作。例如,荷兰艾德市温室园艺技术示范与培训中心(PTC),主要通过建立各种类型的温室和配套设施,展示蔬菜、花卉的栽培模式和配套技术体系,供国内外的温室园艺用户参观学习,并进行各种形式的科技培训,从而实现温室技术的辐射与传播。

**农业主题公园**。是通过对特定农业主题的整体设计,按照公园的经营思路,把农业生产(包括新品种、新技术展示)、农产品消费和休闲旅游等场所结合在一起,对农业主题文化进行充分挖掘展示,创造出特色鲜明的体验空间,使游客在获得游览经历的同时,还兼有休闲娱乐和教育普及的收获。如库肯霍夫公园是世界上最大的郁金香主题公园,公园内郁金香的品种、数量、质量以及布置手法堪称世界之最。每到三四月鲜花盛开的季节,这里都将举行为期8周左右的花展,公园内除了大片的花海之外,还会有各种各样的花展、花卉的栽培示范活动、插花艺术展、绘画和摄影展等。此外,还特别为儿童设计的探险之旅、花园迷宫、牧场等活动。

(2) 以德国为代表的市民农园

在德国,市民农园非常普遍,主要是面向国内消费者。德国市民农园最早出现于19世纪初,最早是以市民农园为生产组织形式。19世纪后半叶,正式建立市民农园体制,并在1919年制定了《市民农园法》,1983年又进一步对该法进行了修订与完善,增加了社区发展的概念。近些年,市民农园发展主要以耕作体验与休闲农业为主。

德国市民农园的具体做法是：① 由当地政府提供公有地或向农民租地，再出租给没有农地的市区居民来耕作，体验农业；② 每个市民农园的用地约为2公顷，分为50个单元，每一单元100坪（1坪约为4平方米），分别出租；③ 承租户依政府公告条件申请，通过审核后，与政府签订25~30年的租赁契约，管委会负责区域内的管理事宜；④ 承租人每人一年的租金为150德国马克，另付会费50德国马克，同时要求承租人每年参与义务劳动1小时以上，主要是整理园区环境；⑤ 在市民农园内，由承租人自己决定经营的内容（种花、种草、种果、种菜、养鱼或开展庭院式的经营等），但所生产的农产品不能出售，只能分赠亲朋好友享用；⑥ 承租人中途退出或转让，应向管委会提出，并从其他申请人中遴选愿意承租者递补，保证市民农园正常有序运转。

**（3）以法国为代表的农业科技园和休闲农场**

法国农业园是法国政府加快农业技术创新和发挥农业多功能性的重大举措，通过多年的实践发展较为成功，其具体形式包括农业科技园和各种模式的休闲农场。

**农业科技园**。法国农业科技园起源于20世纪80年代，1982年法国政府颁布了关于权利分治的法令，中央给地方政府更多的财政和土地整治自主权，同时集中于首都巴黎的一批高等院校和科研机构根据这一法令迁往外省，促进了农业科技园区的发展。1986—1994年间，法国创办了25个农业科技园区，目前全国农业科技园多达45个；近年仍有新的园区建成，但是增长速度有所放缓。比较有代表性的Agropolis科技园，位于法国南部的蒙彼利埃地区，园区主要开展基础研究和农业科技超前研究，通过研究教育机构与产业的合作与对接，不断推进科技成果的商业化转化。

**休闲农场**。自从19世纪70年代法国推出农业旅游后，以农场经营为主的休闲农业得到较快发展。目前，随着全国33%的游人选择乡村度假，法国有1.6万多农户建立了家庭旅馆，每年接待游客200多万人，能给农民带来约700多亿法郎的收入，相当于全国旅游收入的1/4。例如比较有代表性的是法国农家乐，该国的农家乐联合会按周边环境、软硬件设施配套、房间舒适度及各项服务，将其分为五个级别，并定期派人检查服务质量和卫生条件，最高级别农家乐甚至还拥有私家花园、停车库、网球场、游泳池及桑拿等休闲设施。法国休闲农场不单是都市休闲生活的再延伸，而是真正地让游客实际接触大自然，完全体验农村生活，满足人们对田野生活的向往。

### 2.1.1.3 日本农业园区发展概况

日本农业园区有许多值得我们借鉴的地方。其形态包括实验农场和农业休闲类，前者以研发、实验、农业新技术推广为主；后者以鼓励休闲观光、科普教育和寓教于乐，提倡参与中获得知识、感悟和提升，以满足不同体验者的各类需求。

**（1）以农业技术实验研究为主题的园区**

在日本，这类园区最具代表性的是实验农场。该农场始于1909年当地政府建立的一座独立农场，于1910年转交给国家管理局，成为北海道农业实验站大岛分站。该站主要从事水稻、小麦和豆类等作物的实验，并于1911年开始从事水果实验与研究。此后多年，该站为当地提供了水稻种植新技术、土地耕作技术、园艺技术，以及水稻与大豆适育良种。20世纪60年代，随着农业生产与需求变化，该站开始致力于园艺作物研究，特别是温室蔬菜和花卉的种植，并对当地农民进行技术指导与培训。并于1972年，建立了项目专家办公室，以应付农业生产形势的变化。自1981年，该站装备了园艺研究设施，研究众多植物的环境影响因素，如花卉种植与水果专项实验研究，成立了推广专家部，向农村技术员提供作物新品种、种植与管理技术，收集与分析该地区农业需要解决的课题，对农民开展长期、中期和短期培训。

**（2）以休闲农业为主题的农业园区**

近些年，日本将现代农业园建设作为一项重要的农业政策来推进，而休闲农业又是现代农业园区的重要组成部分。在此政策引导下，日本国内呈现出多种多样的休闲农业形式。

**市民农园**。在日本也称休闲农园或接触农园，是指都市居民以休闲的生产方式种菜、养花、种植果树，使用小面积农地生产自己农产品的农园。随着体验经济的发展，这种农业体验经营方式便被更多人所接受，除了综合性的市民农园外，很多地区还建立了一些专业性较强的农园，如老年人农园、学童农园、残疾人农园等。

**观光农园**。一般位于城市近郊，采用现代农业栽培技术培育出名、特、优、新等农作物品种，包含花园、果园、茶园等。如日本的樱花园、梅花园、苹果园让游客在观赏中愉悦心情，开拓眼界，还具有农业宣传教育功能。如群马县川场村，主要以发展"农业+观光农业"为基本思路，该村于1981年与东京都世田谷区合作，出资建设"世田谷区民健康村"，开办森林教室、农业教室、木工教室和茅草屋教室等各类教室，以及苹果树认种、梯田认植、野外宿营等活动，促进了全方位的城乡交流。

**农业公园**。按照公园的经营思路和特点，把农业生产、加工、实习、进修等与公园休闲场所相结合，体现了专业性、多功能性和综合性等特征。该类公园主要集中于东京、大阪、名古屋三大都市圈，除种植果树、蔬菜、花卉等专业性农业公园外，其综合性农业公园居多，且占地面积也偏大。最具代表性的便是位于东京足立区的"都市农业公园"，该公园一年四季可以观赏到应季的郁金香、大波斯菊等鲜花；公园还开辟了插秧、除草、收割、采摘瓜果等农活体验区；公园中的"旧农具展示室"以及名为"旧和井田家住宅母屋"的老房子也别具特色。

**体验农业园**。主要是指城市居民直接参与农业的耕种、生产、加工等活动，体验性较强，能够满足体验经济时代下游客的更高要求。目前日本已经将体验农业作为一项重要的农业政策来推动，鼓励全民参与农业体验活动，尤其注重孩童对农业的参与体验，使他们在体验中了解农业生产的重要性。体验农业园在规划设计上，依据不同游客的年龄、爱好等特点提供丰富的体验方式。位于日本三重县伊贺市郊区有一座名叫mokumoku的农场，该农场以家庭为主要需求群体，以亲子教育为出发点，主要提供观光游览、科普教育、产品展览、餐饮美食、休闲体验、商品购买、度假住宿等服务；农场还巧妙设计了小猪训练园，让游客能零距离观赏接触小猪，同时也可饲喂小猪；或在牧场学习奶牛的挤奶过程，也可观赏各类牛、羊、矮脚马等动物。

#### 2.1.1.4 中国台湾地区农业园区发展概况

台湾地区的农业园区比较有代表性的是生物科技园和休闲观光农业园，其中生物科技园已经形成了自上而下的发展模式。而休闲观光农业园也由观光农园、市民农园、休闲农场延伸出观光渔场、农业公园、教育农园、屋顶农业园等多种形态。

**（1）以生物科技为主题的农业园区**

**农业生物科技园**。我国台湾历来特别重视农业问题，尤其是在生物产业方面，台湾地区建立了多个"农业生物科技园"。该类园区分为"台湾行政当局"主导型园区和"地方"主导型园区两种。其中"台湾行政当局"主导型生物科技园区重点产业包括植物种苗、畜禽良种、水产种苗、功能性食品、生物农药及肥料、动物用疫苗、植物病虫害鉴定试剂及农业生物技术服务等种类。"地方"主导型园区：一是指彰化县的"花卉生物科技园区"，主要集花卉生产、交易、展览、观光等多功能于一身的产业园区；二是指台南县的"兰花生物科技园区"，主要依托现有产业基础及生物科技人才，重点拓展兰花研发、育种、生产、展览、交易等多种功能；三是指嘉义县的"香草药草生物科技园区"，主要发展香草、药草及保健食品等；四是指宜兰县的"海洋生物科技园区"，重点发展鱼类育种、海藻应用、水产废弃物再利用及水产品检测等。

**（2）以休闲观光为主题的农业园区**

台湾休闲农业始于20世纪五六十年代，当时主要利用农业资源吸引游客前来游憩消费、享受田园之乐，并促进农产品生产。1995年以后，为了规范休闲农业，台湾农业主管部门又出台了《休闲农场设置管理要点》《休闲农业设施设置标准》等法令规章。如今，台湾休闲农业园区发展呈现多种类型，比较有代表性的有观光农园、休闲农场和休闲牧场等。

**观光农园**。观光农园指开放成熟的果园、菜园、花圃等，让游客入园采果、摘菜、赏花等，享受田园乐趣。台北市自从1980年开办台湾地区第一个观光农园后，目前已建成柑橘园、花圃、牧草园、菜园、百香果园和茶园，以及莲雾园、柚子园、香菇园、海芋园等品种园，经营面积达300多公顷，共有500多个农户参加。

**休闲农场**。这类农场属于综合性休闲农业区，游客不仅可观光、采果，体验农作，了解农民生活，享受乡土情趣，而且还可住宿、度假和游乐等。例如龙头休闲农场是一个高山农场，位于嘉义市至阿里山旅游区的交通要道上，农场内形成了茶园区、自然景观区、竹林游乐区、滑草区和度假山庄等功能区，游客来此可采茶、烘焙、品茗、滑草、烤肉、享受竹林浴等，是一个休闲、度假的好去处，也是游客去往阿里山旅游中途的必经之地。

**休闲牧场**。这类农场比较有代表性的是初鹿牧场，该牧场位于台东县卑南乡明峰村，占地面积约54公顷，位于高台地，坡度不大，排水良好，景色秀美，不断吸引过往游人；加上气候温和，雨量丰沛，牧草生长旺盛，终年可供应青割牧草；该牧场主导产业以奶牛饲养为主，自产牛奶、奶酪和牛肉等供游客品尝，效益十分可观。

**（3）以科普教育为主题的农业园区**

该类园区最具代表性的是教育农场。该农场位于南投县埔里镇，占地面积约13公顷，拥有全亚洲最大的蝴蝶生态馆，还建成了甲虫生态馆、押花生活馆、亲子戏水区、浪漫花屋、可爱动物区、度假木屋、景观花园与各类生态标本区等，主要接待对象是儿童和青少年学生，通过昆虫活体、标本和橱窗等多种形式展示，为孩子们到室外学习和游玩提供了场所。近年来，农场还增加了水上花园餐厅、光合广场、仙人掌生态区等功能区。园区另设了观光部，负责旅游推介、接待与导游业务，同时还制作与花卉有关的食品。

### 2.1.2 主要借鉴与启示

#### 2.1.2.1 园区定位方面的启示

园区定位是园区规划、建设以及发展的前提，不同定位下农业园区发展的路径不尽相同。从国外和中国台湾地区农业园区发展的经验中可以看出，农业科技园区定位主要涉及：一是园区的经营性质，即园区是公益性还是盈利性，公益性园区更侧重于农业技术研发、示范带动或农业资源特色展示，重点关注的是示范带动与社会影响等方面所起的作用；而盈利性园区则要考虑农业技术推广与应用，产品的市场需求等方面，以市场化运作为主，重视园区的经营绩效。二是园区的辐射范围，即园区是面向全国性的还是局部区域的，国家级农业园区要从全国农业发展的层面来规划建设园区，园区参与主体也要面向全国，园区科技研发重点是解决全国农业生产普遍存在的问题；而地方性农业园区重点解决局部区域农业生产问题，以局部地区农业生产需求为主。如休闲类农业园区则主要结合园区所在地自然资源优势、经济发展水平以及区位地理状况等，其发展定位为农业观光类、生产体验类和旅游度假类。针对不同的定位，研究开发不同的旅游产品，来满足不同层次消费者的需求。

#### 2.1.2.2 园区运行机制方面的启示

**第一，政府扶持和引导**。主要体现在财政支持和园区规划布局两个方面。在财政支持方面，园区建设发展需要一个较长周期，往往伴随着较高的资金投入，此时通过政府有限财政资金投入吸引社会资金投向园区，是园区发展的主要筹资渠道。如对于国家级或区域性公益性园区，发展资金重点来源于政府财政资金，而对于盈利性园区，政府财政资金投入有限，主要用于园区公共基础设施建设，园区发展资金重点来源于社会资金。在园区规划与布局方面，要发挥政府的引导作用，首先在国家级园区选址方面要综合考虑全国农业生产现状，结合园区功能定位，合理布局园区；而对于区域性园区要注重园区在城市总体规划布局中的地位，综合考虑园区和其他区域之间的互动关系，并要重视生态建设，尤其是休闲农业园区建设要尽量保持园区的原貌。

**第二，相关法律法规建设**。健全的法律法规体系是保证园区正常有序运转的关键。一方面相关法律法规对园区选址、投入规模等做出了具体规定，有助于减少园区建设成本。另一方面对园区参与主体权利与义务进行了规定，有助于提高园区运转的效率。为保证各类农业园区有序运行，首先在国家层面上要制定针对农业园区的专门法律法规，其次要适时修改现有的一般法律法规；并在地方层面要因地制宜制定有关税收、融资、人才引进等方面的法律法规，尤其对科技类园区要注重完善知识产权方面的法律法规。

**第三，园区管理**。国外农业园区管理机构可以分为两类：一类是以园区创建者及园区内中小企业共同协作管理；另一类由政府机构主导管理，中介机构发挥作用来维持园区运行。以美国为例，在农业科技园管理方面，美国联邦政府不直接主管园区的工作，而是由属地大学管理；日本主要是政府、地方公共团体、协会、企业和农民共同参与。对于公益性园区，管理主体既可以是政府机构也可以是市场主体或中介机构；而对于盈利性园区，应以市场主体管理为主，政府主要侧重于制度、环境、公共基础设施等方面，很少直接参与管理。

**第四，金融支持**。国外农业园区金融支持包括风险投资、优惠信贷、资金融通和金融工具等多种方式。通过这些金融支持来满足园区投资资金需求，保证园区的资金运转。除此之外，各国政府或园区管理部门为了吸引更多企业进入园区，一般在资金、税收、法律等方面提供较好的政策保护。如荷兰温室园艺示范与培训中心，在建设初期，政府给予了大量优惠贷款；法国的农业科技园区，政府在用电、厂房、土地、雇员等方面也提供优惠政策，并适当给予了一定额度的现金补助。

**第五，市场需求导向**。盈利性科技园区与休闲农业园区要特别坚持以市场需求为导向发展园区，及时了解消费者需求变化，必要时可以聘请专门调研机构对目标市场消费者做市场调研，实地考察消费者消费特征与消费习惯，以此开发出适销对路的产品。

#### 2.1.2.3 园区技术体系建设方面的启示

**第一，科技研发**。国外农业科技园区是农业基础研究、应用研究和产业化延伸的重要组成部分，一般都是建立在大学或科研单位基础之上。比如新加坡的农业公园，由政府划拨土地和资金，在园区内兴建大型集约农场，园区内引进了动物学家、昆虫学家、遗传学家、农业学家、微生物学家等专业人员参与园区的建设与管理，这些学者或专家大都来自政府的研究部门和大学。园区还专门将农业农园10%的土地拨出，供国内外专家与学者研究高端农业技术，提供农业技术咨询服务。再如美国衣阿华州的示范农场，由联邦政府、州政府和地方政府共同运作，衣阿华州立大学研究顾问委员会负责示范计划，各个农场在园区辐射区互为关联的发展。

**第二，科技推广**。国外农业园区，尤其农业科技园区很大一部分功能就是为本地区农业提供生产服务、技术示范和推广服务。以示范农场为例，从成立起，就建立了为当地农业生产者提供服务的各类平台，如农场开放日、主题开放日、农民学校、农民技术培训班等，不仅建有研究、教育、推广机构的研究人员、专家与农民之间的交流互动平台，而且使当地农民之间的交流互动成为常态，这也有利于农业新技术在农村地区的广泛传播与应用。美国的示范农场特别强调示范的技术要为农民带来盈利的机会，关注当地农民面临的实际问题。

**第三，人才培养**。国外农业发达国家都非常重视农业人力资源的开发。一方面，农业科技园区设立专门的农业高新技术研发机构，如美国的试验站、新加坡的农业技术园，培养高素质的农业技术高端人才；另一方面，政府、农业院校和农业科技园区经常举办培训班，直接培训农民，如美国UMORE示范农场。

## 2.2 国内农业园区发展状况

### 2.2.1 概述

#### 2.2.1.1 涵义界定

为顺应新时期我国现代农业发展趋势，亟待解决当前转变农业发展方式、产业链条短、农牧结合不紧、结构调整不到位等问题，现代农业园区正是顺应这种需求应运而生的，目前建成的各类园区也正在发挥其相应的作用。

由于现代农业园区是随着现代农业发展起来的新兴事物，目前还没有统一的标准化定义，各部委、各地其叫法也不一，如农业部称之为现代农业产业园，科技部称呼农业科技园，财政部称之农业综合开发现代农业园，农业部与国家旅游总局联合打造的称为休闲农业与乡村旅游示范点；各地还有现代农业示范园、农业生态园、农业休闲园或观光园、农业公园等称呼。但不论叫什么，主要看农业园区具体聚集的主题与特色，以及今后发展的功能与定位。编者在总结多年农业园区规划工作经验的基础上，通过收集整理大量资料后认为现代农业园区是涵盖上述所有含义的总称。

陈阜（2008）认为农业科技园区实质上是一个以现代农业科技为依托，立足于本地资源开发和主导产业发展的需求，按照现代农业产业化生产和科学经营管理要素配置，在特定地域范围内建立起的科技先导型现代农业示范基地。

俞菊生（2006）认为现代农业园区是以市场需求为导向，以高新技术为支撑，以现代经营为手段，以充分发挥当地自然、社会优势，带动当地及周边甚至更大区域的经济发展。

张天柱（2008）认为农业产业园区是依靠当地独特农业优势，投入较高资金，投建或引进有规模的、有密切关联的农产品生产、加工、销售、研发、金融等企业以及配套服务机构，形成现代化产业体系，发挥聚合辐射效应，对当地和周边产生重要影响和带动的产业区域。

> 编者认为：现代农业园区是指在一定的时间和空间范围内，立足区域资源禀赋和优势特色产业，围绕推进农业供给侧结构性改革这根主线，以市场需求为导向，以规模化种养基地为依托，以加工物流为引领，以科技创新为支撑，以三产融合发展为推力，以培育壮大新型经营主体为重点，按照"绿色发展、产出高效、环境友

好"的要求，实施相对集中的技术、物质、资金、人力等要素投入，不断壮大优势特色产业，拓展农业多种功能，培育休闲农业、创意农业、智慧农业等新业态，创新农民利益共享机制，带动农民持续稳定增收，使之成为区域现代生产要素集聚区、可持续发展试验示范区和三产融合发展先导区，并将其打造为区域农业现代化建设的排头兵和先行区，发挥区域典型的示范引路作用。

为了叙述方便，全书将现代农业园区简称为"农业园区""农业园"或"园区"等。

#### 2.2.1.2 类型

我国农业园区没有可循的统一模式，不同部委有不同称呼，或不同地区可能存在多种类型，或同一园区不同时段可以不同类型出现。为了理顺农业园区各种分类，本着揭示其差异性和相似性，在广泛调查和资料收集基础上，按照创建主体和功能性质进行分类。如图2-1。

#### 2.2.1.3 按照创建主体分类

按照创建主体划分有政府和其他主体等形式。

**（1）政府组织创建**

以政府为主体组织创建的主要包括中央各部委创建和地方各级政府创建的农业园区。

**1）中央各部委创建的农业园区**

**科技部**。自2001年起，科技部会同农业部、水利部、国家林业局、中国科学院及中国农业银行等部门启动了国家农业科技园区试点建设工作，15年来科技部分七批先后共认定了177个国家农业科技园区，逐步形成了覆盖范围广泛、特色鲜明、模式典型、示范效果显著的国家农业科技园区发展格局。其部分建设资金通过科技项目予以支持。

**农业部**。自2009年起，农业部计划利用五年时间创建一批国家现代农业示范区，其中2010年认定批准了第一批52个，2012年认定了第二批101个，2014年认定了第三批157个。计划在"十三五"期间，继续认定100多个国家现代农业示范区。

**财政部**。为了加快发展现代农业，按照推进"四化同步"的总体要求，财政部大力支持规模化高标准农田建设，不断提高农业特别是粮食的综合生产能力，以保证国家粮食安全。国家农业综合开发办公室拟从2013年起，通过3年试点，在全国打造一批规模化、生态化、标准化、机械化、科技化、信息化、专业化、集约化、市场化水平高的国家农业综合开发现代农业园区。其中第一批批准了17个现代农业园区试点项目；第二批、第三批已经按照计划完成了现代农业园区试点任务。其中每个试点项目包含土地整治和产业化经营项目（种植、养殖、加工、物流、综合、批发等综合项目），今后将继续按照年度滚动计划，不断推进高标准农田规模化建设，着力提高农业综合生产能力。

**农业部、财政部**。为了贯彻中央农村工作会议、2017年中央一号文件精神和汪洋副总理多次重要指示要求，农业部、财政部认真进行工作部署，计划在"十三五"期间，在已批准的国家现代农业示范区范围内，推动各省创建一批国家农业产业园。在各方面共同努力下，目前已取得阶段性成果，首批创建了11个产业园创建国家现代农业产业园，第二批创建了30个产业园。

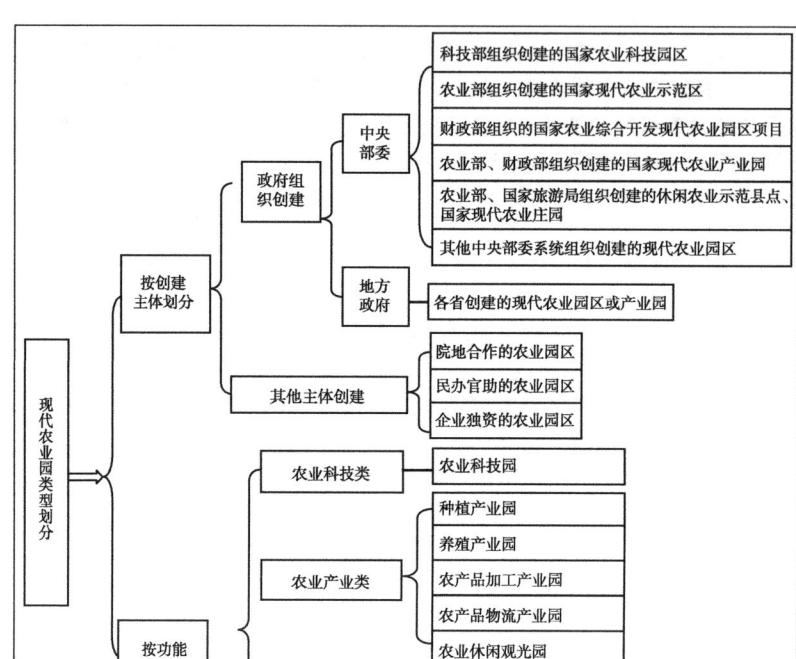

**图 2-1　现代农业园区分类及构成框架**

**农业部、国家旅游局。**为推进现代农业发展和社会主义新农村建设，促进农民就业增收，满足城乡居民休闲消费，坚持"农旅结合、以农促旅、以旅强农"方针，农业部联合国家旅游局，决定从2013年开始组织开展全国休闲农业与乡村旅游示范县（点）创建活动，推动我国休闲农业与乡村旅游持续健康发展。其建设资金主要通过招商引资，构建投融资平台进行筹融资。目前已经分四批认定了217个全国休闲农业与乡村旅游示范县（市、区）和336个示范点。为了进一步推进现代农业和旅游业深度融合，培育和发展新型农业旅游业态，更好地满足优质安全食品和旅游消费需求，2016年国家旅游局与农业部又联合发文，决定在全国国有农场范围内组织开展国家现代农业庄园创建工作，计划到2020年，建成100个国家现代农业庄园，在全国基本形成布局科学、结构合理、特色鲜明、效益显著的庄园经济带，成为引领农旅融合发展的新名片。

**2）地方各级政府创建**

由于中央各部委对农业园区申报条件、建设标准要求较高，且认定批准数量有限，但是各地对园区建设的热情又比较高涨，所以形成了一批省级、地市级和县级现代农业园区。初步统计，目前已有河北、江苏、浙江、江西、陕西、贵州、四川等20多个省开展了农业园区创建工作。如河北省于2015年、2016年分两批认定了120个省级现代农业园区；浙江省"十二五"期间认定了100个现代农业综合区，200个主导产业示范区、500个特色产业精品园；江西省2013年下发意见，计划用3~5年建设100个现代农业示范园区；陕西省"十二五"期间分6批认定了300多个省级现代农业园区；另外江苏、四川、贵州、广东、广西壮族自治区（以下简称广西）等省份也在积极组织创建省级现代农业示范园区。这些园区的建设资金部分由地方政府出资补助，大部分是通过引入工商资本和金融机构筹集而来。以便更好地发挥园区各类经营主体在农业综合开发方面的示范引领作用。

**（2）其他形式投资建设**

**院地合作建设的农业园区。**是指教学、科研单位与地方政府合作投资兴建的农业园区。主要是把教研单位取得的科技成果直接应用到农业园区中，促进成果转化与农业生产有机结合。如中国农业科学院廊坊农业高新技术产业园、河南省农业科学院农业科技示范区等。

**民办官助建设的农业园区。**由龙头企业、合作社、种养大户等作为投资主体，地方政府配合与协助，促进园区顺利实施。如北京通州科技示范区、吉林西部现代农业产业园等。

**企业投建的农业园区。**是指由产业化龙头企业独资兴办，坚持独立经营、自负盈亏的方针，推行建立现代企业管理制度，以此形式建设的农业园区。如河南唐河农业科技园区、深圳光明畜牧养殖园等。

#### 2.2.1.4 按功能性质划分

根据园区功能、关注点、经营对象的不同，将不同农业园区划分为农业科技类、农业产业类、农业双创类和农业综合类四种类型。

**（1）农业科技园**

农业科技园区功能主要体现在农业科技研发和成果转化等方面，一般以实力较强的科研单位为建设主体，将现代农业的高新技术进行引进、组装、研发与集成创新，再通过成果转化推广辐射带动区域农业发展。比较有代表性的是科技部组织创建的国家农业科技园区。如上海孙桥国家农业科技园区、辽宁阜新国家农业科技园区等。

**（2）农业产业园**

主要包括种植产业园、养殖产业园、农产品加工物流园和农业休闲观光园等类别。

这类园区功能主要体现在产业培育和全产业链开发等方面，一般依托某个或多个明确的优势或特色产业，如粮食作物、园艺作物或畜禽养殖、水产养殖等，通过专业化、标准化、规模化生产，形成各类种植产业园或养殖产业园等。在此基础上，通过引进和培育龙头企业，配置完善基础设施和服务配套设施，不断推动产业集聚和全产业链开发，形成农产品加工产业园或农产品物流产业园等。如海南罗牛山农产品加工产业园、山东寿光蔬菜物流产业园等。农业休闲观光园主要是为了拓展农业功能，促进农旅有机融合，依托优势特色产业，打造田园风光、农事体验和乡土风情等娱乐项目，不断吸引游客前来参观、观赏、体验与休闲等，如四川成都"五朵金花"观光园、北京蟹岛生态度假村等。

**（3）农业创业创新园**

在经济转型升级、传统产能过剩的背景下，大批农民工、中高等院校毕业生、退役士兵、科技人员、农村青年和农村能人等返乡下乡进行农业创业创新建设。为了顺应农村返乡创业潮的趋势，各地各部门出台系列政策措施，"输出打工者、引回创业者、带动就业者"，通过"筑巢引凤"，实施"回家工程"，发展"归雁经济"，营造浓厚的返乡创业氛围，返乡创业正在由"星星点点"向"星罗棋布"转变，必将对于发展现代农业、增加农民收入、建设社会主义新农村具有一定的推动作用。

**（4）农业综合类园区**

主要包括产业融合、生态循环、区域示范和田园综合体等类别。

**田园综合体类**。是借鉴田园城市理论和新田园主义，探索出的美丽乡村和特色小镇的发展模式，倡导人与自然的和谐共融与可持续发展，通过"三生"（生产、生活、生态）、"三产"（农业、文旅、地产）的有机结合，集现代农业、休闲旅游、田园社区为一体的乡村综合发展模式，以农民合作社、龙头企业与地方政府的合作方式，在乡村社会进行整体设计、综合开发、经营管理等，培育农村发展新动能，推动园区城乡一体化发展。如江苏阳山田园东方就是我国首例田园综合体样板。

**产业融合类**。该类园区阐述农村一二三产业融合发展的多种形式，包括农业产业内部融合，以及与农产品加工、仓储物流、电子营销、休闲观光与乡村旅游等产业的相互渗透、相互交叉，最终融合为一体，逐步形成新产业的动态发展过程。如南京江宁区白鹭农业三产融合示范园、贵州平坝区三产融合示范园等。

**生态循环类**。该类园区主要是指以"减量化、资源化、再利用"为原则，贯彻落实绿色发展的理念，推进农业资源综合利用，实现农业投入减量化、生产过程清洁化、废弃物利用资源化，走出一条产出高效、产品安全、资源节约、环境友好的可持续发展路子。如湖北郧县区域生态循环农业示范园、河北威县生态牧场等。

**区域示范类**。这类园区在加快发展现代农业、推进"四化同步"、培育新型农业经营主体和加强农业生态环境保护等方面，发挥着先行先试、以点带面的作用，有利于促进传统农业向现代农业转变。比较有代表性的是农业部组织创建的国家现代农业示范园、国家旅游局与农业部组织创建的国家现代农业庄园和财政部农综办开展的国家农业综合开发现代农业园区试点项目等。如陕西延安市国家现代农业示范区，河北张北县国家农业综合开发现代农业示范园区和广东湛江农垦现代农业庄园等。

### 2.2.1.5 特征

许越先认为，我国农业园区具有代表农业生产力发展新的制高点、农业现代化建设新的生长点、农业科技与农村经济的紧密型结合点等主要特征。

陈卓等认为，农业园区是区域性农业科技创新基地，具有技术密集和资金密集特点，能按照现代农业总体要求组织生产和经营管理，同时引导和带动区域农业经济快速发展。

蒋和平等提出，农业园区基本特征是集科技、生产、市场于一体，产前、产中、产后一条龙，设施、品种、技术相融合，生物工程、农业工程、新材料多学科相结合，高新技术、常规技术、传统技术组装配套，实现了专业化生产、规模化经营和企业化管理，能提供高科技含量、高附加值产品和高产、优质、高效的现代化农业发展模式。

综上所述，通过归纳总结，现代农业园区基本特征主要概括为：

**微缩性**。一般而言，农业园区的规模都不太大，从某种意义上可以说是特定区域现代农业发展的一个缩影，比较侧重于点上的建设、微观的创新。因此编制园区规划应立足区域资源优势，挖掘特色产业，彰显本土文化，集约利用土地、资金、技术资源，实现生产效率的提升，形成区域现代农业发展的缩影。

**引领性**。农业园区是培育农业新业态的试验区，是现代农业技术与装备应用的展示区，发挥着典型示范和辐射带动作用。因此园区规划编制应着眼未来、展望前景、描绘蓝图、找准产业等，发挥区域现代农业发展的引领作用。

**集约性**。农业园区是在有限的土地资源条件下，通过对园区优势特色产业进行密集性开发，使得土地产出率、劳动生产率和农业资源利用率大幅度提高，形成了标准化、集约化的经营方式。

**融合性**。综合型园区依托规模化种养基地,以加工业带动农业"接二连三",以旅游业促进农业"跨二连三",以互联网和人工智能技术推动农业"加二连三",延长了农业产业链,拓展了农产品价值链,培植了农村新型业态,以此推动了农村产业高度融合发展。

**高科技性**。农业园区坚持科技是第一生产力的宗旨,不断利用高新技术改造传统农业,用现代装备来武装农业,配套自动化、网络化、信息化等设施设备,推广无土栽培、物联网、水肥一体化、生物防治等多种高新技术。充分体现规划的科学性。

**专业性**。园区主导产业开发一般是与产品核心技术相匹配,重点在于做强做大某一特定的主导产业,体现出很强的专业化水平。如山东寿光蔬菜产业科技园、河南鄢陵花卉产业科技园等园区就是围绕蔬菜和花卉产业进行系列产品的开发。

**多功能性**。随着农业发展条件的不断改变,农业区域比较优势和多功能性日渐显现,园区规划应顺应新趋势,明确主导功能,拓展教育培训、休闲观光、健康养老等多种功能,促进一二三产业高度融合。

**差异性**。由于农业生产具有很强的地域性,不同区域应体现各地的本土特色。规划应结合当地的自然条件、社会经济状况、产业基础和乡土文化等,提出不同的发展路径,在内容和形式上不能千篇一律、生搬硬套,应从实际出发,反映出明显的特色和差异来。

**前瞻性**。规划编制要有高度的前瞻性,避免因方案的再调整带来巨额损失。这就要求规划工作者应具备一定的战略眼光和科学思维,通过不断学习、与时俱进,逐渐提高预见能力和判断能力。

**系统性**。农业园区是一个复杂的综合系统,涉及种植、养殖、加工、物流、服务、旅游等子系统,各系统间相互渗透、相互依存,为实现物流、能流和信息流的良性循环,应重点体现规划的整体性和相互间联系的紧密性。

**可操作性**。我国地域辽阔,发展水平、自然条件差异很大,避免千篇一律、崇洋媚外、重于形式的假大空规划,应本着从实际出发,因地制宜,落到实处。具有一定的可操作性。

**综合效益性**。农业园区的规划与建设应以经济效益为中心,使有限的资源得到高效合理的配置。坚持以经济效益为中心,并与社会效益、生态效益相统一,促进农业集约化、规模化、产业化经营,从而提高园区的综合效益。

**机制创新性**。农业园区的运作打破了传统的小农经济模式,政府引导、企业运作、社会参与、农民受益的运行机制已逐渐被广泛采用。在资金筹措上,形成以若干经营主体投资为主导、社会融资为补充、政府投资为补助的多元化投资新机制。在经营管理上,建立了现代化企业制度,实现了企业化运作。

#### 2.2.1.6 建设意义

我国已进入全面建成小康社会的关键时期。改革开放以来,我国农业现代化取得了巨大的成就,但农业结构有待进一步优化、农业发展方式有待进一步转型,农业科技支撑能力有待进一步增强,农村体制机制有待进一步创新,农业可持续发展水平有待进一步提高。农业园区是区域先进生产要素的集中区、现代产业的集聚区、区域农业最高水平的展示区,全面建成小康社会、全面推进农业现代化的新形势,对农业园区提出了新的要求,园区建设的必要性进一步增强。

**第一,有利于引领农业供给侧结构性改革**。建设现代农业示范园区,有利于在更高标准上促进农业生产、加工、物流、研发、示范、服务等相互融合,激发产业链、价值链的重构和功能升级，促进产业转型、产品创新、品质提升，创造新供给、满足新需求、引领新消费，提高农业供给侧产品的质量和效益。

**第二，有利于提升农业科技水平**。园区通过与国内外农业科研院所建立技术协作关系，充分利用科研院所的科技研发优势，着力提升园区整体科技研发实力，加速农业技术集成，有效提高科技成果转化率。

**第三，有利于农业转方式、调结构**。园区实现规模化、机械化、标准化和产业化现代农业生产，有利于推动粗放经营、数量优先、效益低下的传统农业向更具竞争力的现代农业转变，从依赖资源消耗向科技创新转变。同时，现代农业园区更加注重市场的导向作用，在种植作物品种的选择上、项目的安排上等方面按照市场需求布局，从根本上推动农业产业转型升级。

**第四，有利于创新农业体制机制**。首先，现代农业园区一般要求土地相对集中，且具备一定的规模。因此，园区建设能引导一家一户分散经营的耕地向园区集中，带动土地资源优化配置和土地流转机制创新。其次，现代农业园区建设，有利于专业化、适度规模经营，激发农业生产活力。再次，有利于推动农村投融资机制创新，为农业发展提供资金保障。

**第五，有利于促进农业可持续发展**。现代农业园区的建设将统筹考虑资源和环境的承载能力，走资源节约型和环境友好型发展道路。更加注重农业废弃物资源化利用"和农业生产过程的"节能减排"，农业生产投入品的消耗量大大减少，资源利用率明显提高。通过实施土地综合治理工程，有利于耕地资源保护；通过加强绿地建设，有利于园区环境美化与生态保护。

**第六，有利于探索农民利益联结机制**。建设现代农业园区，有利于在更大范围上发挥政策优势和服务优势，为龙头企业、农民合作社开展规模种养、农产品加工、电商物流等提供"大舞台"，农民可通过股份合作等方式参与分享二三产业增值收益，为构建利益联结机制、共享机制提供有力保障。

#### 2.2.1.7 现代农业园区发展阶段

多年来，农业园区发展起起伏伏，经历了不同的发展阶段。

**起步开始阶段**。20世纪80年代末期，开始出现了科研院所与地方政府合作建设农业园区的初步设想，自此拉开了农业园区建设的序幕。到了90年代初期，以北京中以示范农场为示例，向外充分展示了以色列设施农业和节水灌溉技术，此举成为现代农业园区发展的里程碑。到了90年代末期，各类农业园区在全国各地开始兴建。

**全面推进阶段**。从21世纪初期到2010年，以科技部创立的国家农业科技园区建设为标志，随着《农业科技发展纲要的总体部署》《农业科技园区建设指南》和《农业科技园区管理办法（试行）》的颁布，农业园区进入全面推进阶段。科技部于2001年、2002年认定了36个国家农业科技园区；2006年又制定了《"十一五"国家农业科技园区发展纲要》，计划"十一五"期间在全国发展建设80~100个国家农业科技园区试点，认定30~50个区域代表性和引导、示范与带动作用强的国家农业科技园区，建成一批具有国际先进水平的农业科技基地。

**蓬勃发展阶段**。2010年至今，在国家农业科技园区的示范带动下，各部委、地方各级政府、科研院所等单位积极开展各类现代农业园区建设。为了发挥以点带面的辐射作用，农业园区建设工作进入蓬勃发展时期。如科技部分7批共认定了177个国家农业科技园区，标志着国家农业科技园区工作已经从试点建设转向全面推开；农业部分3批共认定了283个国家现代农业示范区，农业部计划在已经建成国家现代农业示范区的基础上，到"十三五"末，推动各省创建一批省级现代农业产业园，有条件的县市建成1个有特色、有竞争力、后劲强的县级产业园，助推其发挥示范引领作用。这些都将农业园区建设工作推向一个新的发展时期。

农业园区经过近30年的快速发展，有人把此阶段称之为园区发展的"1.0模式"，即主要表现出"政策、行政化、硬基础"等特征。如政策方面，政府为园区发展提供了土地、财税、人才等方面的政策倾斜；行政化方面，是指园区被赋予了很多行政的职能和相应的功能服务；硬基础方面，是指园区管委会或开发公司以大量资金投入用于场地平整、园区道路、给排水、电力通信、通风供暖等基础设施建设。园区发展到现阶段，大多数农业园区已经不同程度地具备了上述"三要素"，处于新常态下的农业园区，为了尽快适应创新升级时期发展的要求，增加了"制度、融合化、软环境"等方面的要素，称之为园区可持续发展的"2.0模式"，为园区"1.0模式"的升级版。其中制度方面，主要是指政府层面要求制定并完善园区管理条例，从顶层设计上明确园区的定位、功能等，制定并完善政府与园区间的沟通协调机制，方便规范管理；融合化方面，是指园区内的企业之间、企业与学研界的融合，三产之间的融合，以产兴城、以城促产的融合，通过多层面的融合促进园区快速发展；软环境方面，是指园区应重视智能化和信息化的建设，集约化和生态循环的发展。

### 2.2.2 几类主要园区认定

#### 2.2.2.1 国家农业科技园区认定

从2000年至2017年，科技部分七批认定批准了177个国家农业科技园区。其中第一、第二批共认定批准了36个国家农业科技园区，如2001年第一批认定批准山东寿光等21个国家农业科技园区，2002年第二批认定批准了宁波慈溪等15个国家农业科技园区。详见表2-1。

表2-1 第一、第二批国家农业科技园区认定名单

| 序号 | 园区名称 | 序号 | 园区名称 |
|---|---|---|---|
| 一 | | 第一批 21个 | |
| 1 | 北京昌平国家农业科技园区 | 12 | 广东广州国家农业科技园区 |
| 2 | 天津津南国家农业科技园区 | 13 | 广西白色国家农业科技园区 |
| 3 | 河北三河国家农业科技园区 | 14 | 重庆渝北国家农业科技园区 |
| 4 | 辽宁阜新国家农业科技园区 | 15 | 河南许昌国家农业科技园区 |
| 5 | 吉林公主岭国家农业科技园区 | 16 | 湖北武汉国家农业科技园区 |
| 6 | 黑龙江哈尔滨国家农业科技园区 | 17 | 湖南望城国家农业科技园区 |
| 7 | 上海浦东国家农业科技园区 | 18 | 四川乐山国家农业科技园区 |
| 8 | 江苏常熟国家农业科技园区 | 19 | 甘肃定西国家农业科技园区 |
| 9 | 浙江嘉兴国家农业科技园区 | 20 | 宁夏吴忠国家农业科技园区 |
| 10 | 福建漳州国家农业科技园区 | 21 | 新疆生产建设兵团国家农业科技园区 |
| 11 | 山东寿光国家农业科技园区 | | |
| 二 | | 第二批 15个 | |
| 1 | 宁波慈溪国家农业科技园区 | 9 | 云南红河国家农业科技园区 |
| 2 | 青岛即墨国家农业科技园区 | 10 | 新疆昌吉国家农业科技园区 |
| 3 | 大连金州国家农业科技园区 | 11 | 内蒙古赤峰国家农业科技园区 |
| 4 | 深圳宝安国家农业科技园区 | 12 | 青海西宁国家农业科技园区 |
| 5 | 海南儋州国家农业科技园区 | 13 | 陕西渭南国家农业科技园区 |
| 6 | 安徽宿州国家农业科技园区 | 14 | 贵州贵阳国家农业科技园区 |
| 7 | 江西南昌国家农业科技园区 | 15 | 西藏拉萨国家农业科技园区 |
| 8 | 山西太原国家农业科技园区 | | |

2010年，科技部第三批认定批准了北京顺义等27个国家农业科技园区；2011年，第四批认定批准了河北唐山等8个国家农业科技园区。详见表2-2。

表2-2　第三、第四批国家农业科技园区认定名单

| 序号 | 园区名称 | 序号 | 园区名称 |
|---|---|---|---|
| 一 | | 第三批　27个 | |
| 1 | 北京顺义国家农业科技园区 | 15 | 广西北海国家农业科技园区 |
| 2 | 天津滨海国家农业科技园区 | 16 | 海南三亚国家农业科技园区 |
| 3 | 山西晋中国家农业科技园区 | 17 | 重庆忠县国家农业科技园区 |
| 4 | 内蒙古和林格尔国家农业科技园区 | 18 | 四川雅安国家农业科技园区 |
| 5 | 辽宁海城国家农业科技园区 | 19 | 贵州湄潭国家农业科技园区 |
| 6 | 黑龙江建三江国家农业科技园区 | 20 | 陕西杨凌国家农业科技园区 |
| 7 | 江苏南京白马国家农业科技园区 | 21 | 甘肃天水国家农业科技园区 |
| 8 | 浙江杭州萧山国家农业科技园区 | 22 | 青海海东国家农业科技园区 |
| 9 | 安徽芜湖国家农业科技园区 | 23 | 宁夏银川国家农业科技园区 |
| 10 | 江西新余国家农业科技园区 | 24 | 新疆伊犁国家农业科技园区 |
| 11 | 山东滨州国家农业科技园区 | 25 | 深圳宝安国家农业科技园区 |
| 12 | 河南南阳国家农业科技园区 | 26 | 厦门同安国家农业科技园区 |
| 13 | 湖北仙桃国家农业科技园区 | 27 | 新疆生产建设兵团阿拉尔国家农业科技园区 |
| 14 | 湖南永州国家农业科技园区 | | |
| 二 | | 第四批　8个 | |
| 1 | 河北唐山国家农业科技园区 | 5 | 云南昆明石林国家农业科技园区 |
| 2 | 山西运城国家农业科技园区 | 6 | 西藏日喀则国家农业科技园区 |
| 3 | 吉林松原国家农业科技园区 | 7 | 大连旅顺国家农业科技园区 |
| 4 | 山东东营国家农业科技园区 | 8 | 新疆生产建设兵团五家渠国家农业科技园区 |

2013年，科技部第五批认定批准了北京通州等46个国家农业科技园区。详见表2-3。

表2-3　第五批国家农业科技园区认定名单

| 序号 | 园区名称 | 序号 | 园区名称 |
|---|---|---|---|
| | | 第五批　46个 | |
| 1~2 | 北京通州、延庆，2个 | 21~22 | 江苏盐城、淮安，2个 |
| 3 | 河北邯郸，1个 | 23~24 | 福建宁德、泉州，2个 |
| 4 | 山西吕梁，1个 | 25 | 甘肃武威，1个 |
| 5 | 内蒙古乌兰察布，1个 | 26~28 | 山东烟台、济宁、泰安，3个 |
| 6 | 辽宁铁岭，1个 | 29 | 陕西榆林，1个 |
| 7~8 | 河南鹤壁、濮阳，2个 | 30~31 | 浙江湖州、金华，2个 |
| 9~10 | 宁夏石嘴山、固原，2个 | 32 | 四川宜宾，1个 |
| 11 | 广西桂林，1个 | 33~34 | 广东湛江、珠海，2个 |
| 12 | 重庆璧山，1个 | 35~36 | 黑龙江黑河、大庆，2个 |
| 13~15 | 湖南衡阳、岳阳、湘潭，3个 | 37~38 | 湖北荆州、潜江，2个 |
| 16 | 云南楚雄，1个 | 39~40 | 贵州黔西南、毕节，2个 |
| 17 | 江西上饶，1个 | 41~42 | 吉林延边、通化，2个 |
| 18~20 | 新疆和田、乌鲁木齐、哈密，3个 | 43~46 | 安徽铜陵、合肥、蚌埠、安庆，4个 |

2015年，科技部第六批认定批准了共41个国家农业科技园区；2016年，第七批认定批准了共19个国家农业科技园区。详见表2-4。

## 表2-4 第六、第七批国家农业科技园区认定名单

| 序号 | 园区名称 | 序号 | 园区名称 |
|---|---|---|---|
| 一 | | 第六批 41个 | |
| 1~3 | 江西丰城、赣州、萍乡，3个 | 22~24 | 河北定州、石家庄、沧州，3个 |
| 4~8 | 江苏徐州、泰州、南通、无锡、连云港，5个 | 25~29 | 安徽淮北、阜阳、马鞍山、池州、滁州，5个 |
| 9~10 | 重庆潼南、丰都，2个 | 30~31 | 河南郑州、兰考，2个 |
| 11~12 | 四川内江、南充，2个 | 32~33 | 甘肃酒泉、张掖，2个 |
| 13~15 | 陕西咸阳、宝鸡、汉中，3个 | 34~36 | 云南嵩明、滇中、玉溪，3个 |
| 16~17 | 贵州安顺、黔东南，2个 | 37~38 | 湖北十堰、荆门，2个 |
| 18 | 内蒙古锡林，1个 | 39 | 新疆塔城，1个 |
| 19 | 山东临沂，1个 | 40 | 广东河源，1个 |
| 20 | 浙江象山，1个 | 41 | 兵团五一农场，1个 |
| 21 | 湖南湘西，1个 | | |
| 二 | | 第七批 19个 | |
| 1~3 | 四川巴中、遂宁、绵阳，3个 | 13~14 | 云南宣威、马龙，2个 |
| 4~6 | 青海海西、海南、海北，3个 | 15~17 | 贵州铜仁、赤水、六盘水，3个 |
| 7~10 | 重庆江津、涪陵、长寿、永川，4个 | 18 | 河南驻马店，1个 |
| 11 | 内蒙古鄂尔多斯，1个 | 19 | 海南陵水国，1个 |
| 12 | 广西贺州，1个 | | |

在"十三五"时期，科技部计划新建一批国家农业科技园区，力争到2020年，建成以国家农业高新技术产业开发区为引领，以国家现代农业示范区为支撑，以国家农业科技园区为骨干，以省级农业科技园区为基础的层次分明、功能互补、特色鲜明、创新发展的农业科技园区体系。

#### 2.2.2.2 国家现代农业示范区认定

2010年以来，农业部根据《全国现代农业发展规划（2011—2015年）》（国发〔2012〕4号）的有关部署，按照《农业部关于创建国家现代农业示范区的意见》和《国家现代农业示范区认定管理办法》，先后分3批认定了283个国家现代农业示范区；示范区作为资金、技术、人才等先进生产要素聚集的平台，通过先行先试、大胆探索、率先突破，即将成为现代农业发展的先行者、排头兵。

2010年，农业部第一批认定批准了52个国家现代农业示范区；2012年，第二批认定批准了101个国家现代农业示范区；2014年，第三批认定批准了157个国家现代农业示范区。如表2-5至表2-7。

## 表2-5 第一批52个国家现代农业示范区名单

| 序号 | 名称 | 序号 | 名称 |
|---|---|---|---|
| 一 | | 第一批 52个 | |
| 1 | 北京市顺义区，1个 | 27 | 天津市西青区，1个 |
| 2~3 | 河北省藁城市、玉田县，2个 | 28~29 | 河南省济源市、鹤壁市，2个 |
| 4~6 | 黑龙江省肇东市、五常、垦区，3个 | 30~32 | 山东省寿光市、滕州市、平度市，3个 |
| 7~8 | 内蒙古扎赉特旗、西乌珠穆沁旗，2个 | 33~34 | 湖北省武汉市黄陂区、监利县，2个 |
| 9~10 | 吉林省公主岭市、榆树市，2个 | 35~36 | 湖南省长沙市、岳阳市屈原管理区，2个 |
| 11~12 | 江苏省昆山市、铜山市，2个 | 37~38 | 广东省开平市、湛江垦区，2个 |
| 13~14 | 浙江省平湖市、诸暨市，2个 | 39~40 | 陕西省西安市长安区、延安市，2个 |
| 15~17 | 辽宁省辽中县、台安县、瓦房店市，3个 | 41~43 | 四川省成都市、广安市广安区、南充市，3个 |

（续表）

| 序号 | 名称 | 序号 | 名称 |
|---|---|---|---|
| 18~19 | 江西省南昌县、吉安县，2个 | 44~45 | 安徽省宿州市埇桥区、南陵，2个 |
| 20 | 上海市浦东新区，1个 | 46 | 山西省太谷县，1个 |
| 21 | 福建省福清市，1个 | 47 | 广西合浦县，1个 |
| 22 | 贵州省湄潭县，1个 | 48 | 海南省乐东黎族自治县，1个 |
| 23 | 云南省宣威市，1个 | 49 | 重庆市潼南县，1个 |
| 24 | 西藏曲水县才纳乡，1个 | 50 | 宁夏贺兰县，1个 |
| 25 | 甘肃省张掖市甘州区，1个 | 51 | 新疆呼图壁县，1个 |
| 26 | 青海省大通县，1个 | 52 | 新疆兵团农六师五家渠垦区，1个 |

表2-6　第二批101个国家现代农业示范区名单

| 序号 | 名称 | 序号 | 名称 |
|---|---|---|---|
| 第二批　101个 | | | |
| 1 | 北京市房山区，1个 | 58~61 | 江西省分宜县、万载县、赣县、抚州市临川区，4个 |
| 2 | 天津市武清区，1个 | 62 | 西藏白朗县嘎东镇，1个 |
| 3~6 | 河北定州市、武强县、肃宁县、武安市，4个 | 63~66 | 湖南省永州市冷水滩区、华容县、益阳市大通湖管理区、常德市西湖西洞庭管理区，4个 |
| 7~8 | 山西省运城市盐湖区、大同市南郊区，2个 | 67~68 | 广东省河源市灯塔盆地、仁化县，2个 |
| 9~11 | 内蒙古鄂温克旗、开鲁县、赤峰松山区，3个 | 69~71 | 湖北省荆门市、枣阳市、宜昌市夷陵区，3个 |
| 12~16 | 辽宁省沈阳市于洪区、海城市、开原市、盘山县、庄河市，5个 | 72~75 | 四川省攀枝花市、眉山市东坡区、泸州市江阳区、苍溪县，4个 |
| 17~20 | 吉林永吉县、农安县、前郭县、敦化市，4个 | 76~77 | 广西壮族自治区田东县、兴业县，2个 |
| 21~26 | 黑龙江省富锦市、双城市、宝清县、安达市、宁安市、庆安县，6个 | 78~79 | 海南省海口市、澄迈县，2个 |
| 27 | 上海市崇明县，1个 | 80~81 | 重庆市南川区、荣昌县，2个 |
| 28~36 | 江苏省无锡市、太仓市、东台市、海安县、沛县、泰州市、苏州市、相城区、建湖县，9个 | 82~87 | 河南省许昌市、固始县、中牟县、永城市、新野县、泌阳市，6个 |
| 37~42 | 浙江省湖州市、杭州市萧山区、金华市婺城区、温岭市、三门县、宁波市慈溪市，6个 | 88~93 | 山东省威海市、东营市、莱州市、泰安市岱岳区、沂水、陵县、莱西市，6个 |
| 43~46 | 安徽省铜陵市、颍上县、涡阳县、庐江县，4个 | 94~95 | 贵州省清镇市、松桃县，2个 |
| 47~50 | 福建省漳浦县、永安市、仙游县、上杭县，4个 | 96~97 | 云南省嵩明县、砚山县，2个 |
| 51~52 | 陕西省富平县、安康市汉滨区，2个 | 98~99 | 甘肃省酒泉市肃州区、定西市安定区，2个 |
| 53~54 | 宁夏永宁县、农垦，2个 | 100 | 青海省互助县，1个 |
| 55~57 | 新疆沙湾县、沙雅县、泽普县，3个 | 101 | 新疆兵团农一师阿拉尔垦区，1个 |

表2-7　第三批157个国家现代农业示范区名单

| 序号 | 名称 | 序号 | 名称 |
|---|---|---|---|
| 第三批　157个 | | | |
| 1 | 北京市，1个 | 83 | 天津市，1个 |
| 2 | 上海市，1个 | 84 | 西藏自治区乃东县，1个 |

第 2 章 国内外农业园区发展概况

（续表）

| 序号 | 名称 | 序号 | 名称 |
| --- | --- | --- | --- |
| 3~9 | 河北省石家庄市、昌黎县、围场县、永清县、威县、张家口寒北管理区、唐山曹妃甸区，7个 | 85~82 | 辽宁省辽阳市、大连市、凌源市、北镇市、东港市、昌图县、铁岭县、绥中县，8个 |
| 10~14 | 山西省长治市、高平市、晋中市、定襄县、曲沃县，5个 | 93~97 | 内蒙古包头市九原区、巴彦淖尔临河区、阿荣旗、达拉特旗、土默特左旗，5个 |
| 15~19 | 吉林省梅河口市、洮南市、梨树、东辽县、抚松县，5个 | 98~102 | 浙江省宁波市、乐清市、遂昌县、嘉兴市秀洲区、衢州市衢江区，5个 |
| 20~27 | 黑龙江省大庆市、密山市、绥化市、克山县、逊克县、萝北县、铁力市、桦川县，8个 | 103~110 | 江苏省南京市、常州市、南通市、句容市、洪泽县、扬州市江都区、苏州市吴江区、连云港赣榆区，8个 |
| 28~34 | 安徽省桐城市、六安市金安区、黄山市黄山区、当涂县、全椒县、太和县、郎溪县，7个 | 111~117 | 广东省梅州市梅县区、惠州市惠城区、汕头市澄海区、佛山市顺德区、阳东县、廉江市、徐闻县，7个 |
| 35~39 | 福建省漳州市、建瓯市、福安市、安溪县、尤溪县，5个 | 118~122 | 江西省贵溪市、乐平市、万年县、信丰县、芦溪县，5个 |
| 40~52 | 山东省潍坊市、青岛市、德州市、聊城市、枣庄市、章丘市、招远市、金乡县、莒县、巨野县、博兴县、滨州市滨城区、淄博市临淄区，13个 | 123~128 | 新疆维吾尔自治区玛纳斯县、博乐市、克拉玛依市克拉玛依区、生产建设兵团第三师图木舒克市、生产建设兵团第八师石河子垦区、生产建设兵团第六师，6个 |
| 53~60 | 河南省漯河市、新郑市、鹤壁市、安阳县、新乡县、渑池县、叶县、温县，8个 | 129~136 | 湖北省武汉市、襄阳市、仙桃市、天门市、潜江市、随县、孝感市孝南区、鄂州市梁子湖区，8个 |
| 61~69 | 湖南省湘潭市、益阳市、涟源市、桃源县、株洲县、衡南县、洞口县、临武县、靖州县，9个 | 137~143 | 四川省江油市、泸州市、蓬溪县、大竹县、安岳县、红原县、犍为县，7个 |
| 70~73 | 广西壮族自治区贵港市港北区、全州县、横县、武鸣县，4个 | 144~148 | 陕西省敦煌市、宝鸡市陈仓区、平利县、武威市凉州区、西咸新区泾河新城（泾阳），5个 |
| 74~76 | 海南省屯昌县、南田农场、琼海市，3个 | 149~151 | 贵州省兴义市、龙里县、金沙县，3个 |
| 77~78 | 重庆市忠县、江津区，2个 | 152~155 | 云南省红河州、石林县、保山隆阳区、新平县，4个 |
| 79~80 | 宁夏回族自治区吴忠市利通区、中卫市沙坡头区，2个 | 156~157 | 沈阳军区讷嫩片区农副业基地、绥北片区农副业基地，2个 |
| 81~82 | 青海省海晏县、门源县，2个 | | |

2015年，通过对上述283个国家现代农业示范区进行检查验收，目前已认定83个示范区基本实现了农业现代化。

在"十三五"时期，农业部计划再新认定批准100个国家现代农业示范区。

#### 2.2.2.3 国家现代农业产业园认定

党中央、国务院高度重视现代农业产业园建设工作，2017年中央一号文件和全国春耕生产暨现代农业产业园工作会议专门作出部署，汪洋副总理多次作出重要指示。农业部、财政部认真贯彻中央的部署和汪洋副总理的要求，在各方面共同努力下，目前已取得阶段性成果，2017年上半年首批创建了11个国家现代农业产业园，下半年创建了30个农业产业园（表2-8）。

表 2-8　国家现代农业产业园创建名单

| 序号 | 名称 | 序号 | 名称 |
|---|---|---|---|
| 第一批　11个 | | | |
| 1 | 四川省眉山市东坡区现代农业产业园 | 7 | 山东省金乡县现代农业产业园 |
| 2 | 浙江省慈溪市现代农业产业园 | 8 | 江西省信丰县现代农业产业园 |
| 3 | 黑龙江省五常市现代农业产业园 | 9 | 湖北省潜江市现代农业产业园 |
| 4 | 黑龙江省庆安县现代农业产业园 | 10 | 贵州省水城县现代农业产业园 |
| 5 | 江苏省泗阳县现代农业产业园 | 11 | 广西壮族自治区横县现代农业产业园 |
| 6 | 浙江省诸暨市现代农业产业园 | | |
| 第二批　30个 | | | |
| 1 | 安徽省宿州市埇桥区现代农业产业园 | 16 | 河北省邯郸市滏东现代农业产业园 |
| 2 | 重庆市潼南区现代农业产业园 | 17 | 福建省安溪县现代农业产业园 |
| 3 | 宁夏回族自治区贺兰县现代农业产业园 | 18 | 海南省陵水县现代农业产业园 |
| 4 | 湖南省靖州县现代农业产业园 | 19 | 江苏省无锡市锡山区现代农业产业园 |
| 5 | 陕西省洛川县现代农业产业园 | 20 | 四川省蒲江县现代农业产业园 |
| 6 | 吉林省集安市现代农业产业园 | 21 | 广西壮族自治区来宾市现代农业产业园 |
| 7 | 湖南省宁乡县现代农业产业园 | 22 | 安徽省和县现代农业产业园 |
| 8 | 贵州省湄潭县现代农业产业园 | 23 | 青海省都兰县现代农业产业园 |
| 9 | 山东省栖霞市现代农业产业园 | 24 | 陕西省杨凌示范区现代农业产业园 |
| 10 | 内蒙古自治区扎赉特旗现代农业产业园 | 25 | 北京市房山区现代农业产业园 |
| 11 | 广东农垦湛江垦区现代农业产业园 | 26 | 甘肃省临洮县现代农业产业园 |
| 12 | 四川省峨眉山市现代农业产业园 | 27 | 山西省太谷县现代农业产业园 |
| 13 | 广东省江门市新会区现代农业产业园 | 28 | 广东省徐闻县现代农业产业园 |
| 14 | 黑龙江省宁安市现代农业产业园 | 29 | 云南省普洱市思茅区现代农业产业园 |
| 15 | 河南省正阳县现代农业产业园 | 30 | 山东省潍坊市寒亭区现代农业产业园 |

#### 2.2.2.4　全国休闲农业与乡村旅游示范点认定

根据农业部、国家旅游局《关于开展全国休闲农业与乡村旅游示范县和示范点创建活动的意见》和《关于开展全国休闲农业与乡村旅游示范县、示范点创建工作的通知》的总体要求，通过自愿申报、地方主管部门审核和专家评审等程序，截至目前，已经分四批认定了217个全国休闲农业与乡村旅游示范县（市、区）和336个示范点。其中2013年认定了北京市延庆县等38个示范县（市、区）、北京市怀柔区白河湾沟域经济产业带等83个示范点；2014年认定了北京市平谷区等37个示范县（市、区）、北京市通州区第五季富饶生态农业园等100个示范点；2015年认定了北京市大兴区（市、县）等68个示范县（市、区）、北京市中农春雨休闲农场等153个示范点；2016年认定了北京市昌平区等74个县（市、区）为全国休闲农业和乡村旅游示范县。

### 2.2.3　取得的成效

农业园区作为现代农业发展的载体，如雨后春笋般破土而出，各地陆续建成了一大批不同层次、不同类型、不同主体的农业园区。园区在推进区域现代农业发展、功能拓展、产业融合、投融资创新、经营管理等方面取得了一定的成效。

**第一，立足规划培育特色产业**。各地立足资源禀赋和产业优势，科学制定园区产业发展规划，以园区为平台加快培育特色产业。如河北省现代农业园区形成了五大产业，优化了区域布局：太行山与燕山地区发展了林果、蔬菜、花卉、蘑菇、中药材、小杂粮等特色产业；沿海地区发展了规模化、特色化海洋渔业；城市毗邻地区发展了现代都市农业、休闲观光农业；平原地区发展了粮食作物、设施蔬菜等产业。并推动产加销、贸工农一体化，加快一二三产融合发展。

**第二，探索出多种建设模式。**各地园区因地制宜地探索出多种建设模式：一是特产聚合型。围绕区域特色产业，加大提档升级力度，做大做强、做精做深特色产业，形成区域知名品牌。二是科技引领型。运用高新技术，改造升级传统产品，研发名特优新产品，提升产品竞争力。三是加工带动型。扶持壮大龙头企业，密切与农户利益联结，依托龙头企业调结构、建基地，提高农业整体效益。四是休闲观光型。拓展农业功能，促进"农业+旅游业"融合发展，变农区为景区，拉长价值链条。五是两区共建型。近年来，浙江省从统筹城乡发展、推进农业现代化的战略出发，协同推进粮食生产功能区和现代农业园区（简称"两区"）共建方略，以"两区"建设为主要抓手，集聚要素资源、培育新型主体、示范带动等方面，持续深化推进"两区"建设。六是农垦改制型。依托集体农场资源，培育新型主体创新现代农业体制机制，促进农垦农业规模化、现代化发展。七是沟域开发型。统筹推进浅山地区生态治理、特色种养业、休闲旅游业发展，促进生态和效益双丰收。

**第三，注重开发层次多样性。**在多层次开发方面主要表现为：一是园区体系多级化。如江苏省在创建省级现代农业园区明确指出，各县市区都要创建1～2个重点农业园区，并同步建设一批专业性园区，实现省级园区县市全覆盖，市级园区乡镇全覆盖。二是参与主体多元化。农业园区建设秉承"政府搭台、多元投入、市场运作、产业兴园"的发展思路，基本实现"政府、企业、合作社、家庭农场、种养大户等各类主体共同开发、多元经营"，并成为园区的建设主体、经营主体和成果共享主体。三是管理模式多样化。按照开发与管理分离、企业与政府分离的原则，分别成立园区管委会和发展有限公司，管委会负责园区发展的规划和日常管理事务，公司负责园区投资和开发建设。

**第四，加强农业科技支撑。**大多数农业园区所在市县政府与高等院校和科研单位签订了战略合作协议，引进和建立了一批科研团队和人才队伍。如广东灯塔盆地现代农业园区成立了广东省农业科学院分院，促进了农业科技成果转化应用，提升了现代农业产业园的科技含量和发展水平；四川眉山市现代农业示范园与东坡泡菜产业技术研究院建立了合作关系，协同开展泡菜产业共性、关键技术的研发和成果转化，优化了泡菜产业结构，提升了泡菜产业工艺装备水平，进一步促进了泡菜产业的健康快速发展。

**第五，创新投融资机制。**各地政府将农业园区列入重点项目予以支持，有力推进了农业园区建设。一是整合财政资金。例如江西省财政每年整合5 000万元，优先支持省级重点园区建设；陕西省累计投入财政资金近50亿元用于园区建设；广东省统筹整合省级财政资金，实施现代农业"十大工程、五大体系"，累计投入园区建设资金达10多亿元。二是拓宽融资渠道。各地政府探索推出财政惠农信贷试点，建立省市县三级政策性融资担保体系。例如江西省实施了"财政惠农信贷通"融资试点，支持新型经营主体发展，累计获得信贷资金200多亿元，受益主体6万多户。三是创新投入机制。引导和鼓励农民加入园区，推动"资源变资产、资金变股金、农民变股东"，带动农民增收致富。例如江西省峡江市农业园区在不改变资金使用性质及用途的前提下，整合退耕还林、公路建设、涉农项目等资金，将其转变为资本金投入到各类经营主体中，让其按持股比例分享收益。

**第六，尝试大融合发展思路。**一是园区的融合。一个园区往往包括多个特色园，即"园中园""园外园"等新模式，将园区打造成"多园一体"的现代农业综合体；各个"小园"既相互独立，又互为补充，共同构成"大园"。二是产业的融合。以加工业带动农业"接二连三",以旅游业带动农业"跨二连三",以互联网和人工智能技术带动农业"加二连三",延长了农业产业链,拓展了农产品价值链,创新了多方利益联结,培植了农村新型业态。三是服务的融合,在农业园区内整合各种农业服务力量,打造农业综合服务平台,为入园主体、周边农户提供种苗繁育、农情信息、技术指导、电子商务、仓储物流、农产品检测等农业全程服务。

第七,**经营管理与运行机制良好**。各地农业园区都在积极探索经营管理模式和运行机制,为园区发展创造良好的运行环境。一是组建专门机构,加强园区组织领导。例如早在2010年,陕西省就成立了现代农业园区建设领导小组,主管副省长任组长,成员单位有农业厅、发改委、科技厅、财政厅等部门;后经省编办批准,还成立了陕西省现代农业园区管理指导中心,为全额拨款事业单位,为园区建设提供了组织保障。浙江省政府专门成立了"两区"建设工作协调小组,统筹协调农口、发改、国土资源、水利、科技、环保、交通、金融、电力等部门和科研院校,协同推进"两区"建设。二是出台规范文件,促进园区科学发展。例如河北省出台了《河北省现代农业园区认定管理办法》《关于加快现代农业园区发展的意见》和《省级现代农业园区建设规范(试行)》等文件;陕西省出台了《关于深入持续推进现代农业园区建设的意见》《关于推进现代农业园区提质增效建设的通知》《陕西省现代农业园区条例》等指导性文件,极大地推进了园区建设。三是制定相关标准,促进创建工作有序开展。例如广东省印发了《广东农业公园评定标准及申报创建评价体系》,列出了一系列量化指标,规范了农业园区的评定标准;浙江省制定了《浙江省现代农业园区农田水利建设标准》《浙江省现代农业园区考核验收办法》,细化了考核内容和评分标准,为每年定期考核提供了参考。

### 2.2.4 存在问题

现代农业园区建设目前还处于探索发展阶段,在取得一定经验和成效的同时,仍然还存在一些问题与不足,急需系统性总结与规范性引导,以利于今后健康的发展。主要表现在以下几个方面:

第一,**乱打旗号,用地性质更改**。如许多地方发展生态旅游、搞农业园区建设,最后是工商企业进入搞房地产开发,名义上是搞农业综合体,其实剥夺了农民土地和农民发展权。或者有的园区内只有加工,加工企业与农民只是简单的原料买卖关系,或者搞开发区、工业园区,实际上是"飞地",即为汪副总理指出的穿着农业马甲的工业项目,或称为"机器人戴草帽"。

第二,**数量偏多,特色不明显**。由于有些地方政府对园区建设目的和意义领会不深,出现了很多花架子、形象工程,加上入园建设缺少门槛限制,导致各地遍地开花、园区数量众多、盲目性建设现象严重等。例如有些县市建设农业园区几百个,除了建设主体不一样外,建设类型大同小异,大多都是重复性建设。结果导致投资浪费、重点不突出、特色不明显等现象。

第三,**缺乏顶层设计,功能定位不明确**。有些地方农业园区出于某种特殊的目的,时间比较仓促,建设工期比较短,大部分是照搬已有农业园区的建设模式,没有做好园区建设的顶层设计,缺少总体发展思路,导致功能定位不明确、规划目标不清晰、产业结构雷同、空间布局混乱等,使得园区的资源特色优势、示范推广作用很难发挥。

第四,**缺少深度沟通,规划与实施差异较大**。一方面由于受编制时间、团队专业方面的限制,加上对园区调研不深入、了解认知不够,导致规划方案与预期存在一定的差距。另一方面出于各自的角色、出发点不同，当地政府与实施主体之间没有很好地统一思想，结果不能按照已经确定好的规划蓝图组织实施，导致规划方案与实施建设存在两张皮的现象。

**第五，土地流转渠道不畅，无法实现规模化生产**。一方面由于土地承包受历史条件制约，目前农民土地经营权存在地证不符、四至不清、位置不明等现象，导致土地纠纷不断出现、土地流转困难重重等；另一方面由于存在土地散、乱、小状况，无法实现统一化耕作和规模化生产。

**第六，园区基础设施不够完善，影响综合效益发挥**。农业园区需要道路网络、农田水利、供电供水、管理服务等基础设施，才能提高现代农业的展示度。而有些园区存在基础设施不配套、基建投资力度不够、农业综合效益不高等问题；且有些园区仅配套了水利、道路等设施，缺乏管理和服务的设施，造成园区管理混乱，影响园区经济效益和社会效益的正常发挥。

**第七，特色产业不鲜明，品牌打造不响亮**。有些园区由于现场考察、前期准备的时间不够，导致园区主题不突出、产业特色不鲜明、景观表达不明显等；还有的园区只注重农业的生产功能和经济效益，缺乏对园区主题文化的营造，难以给人留下深刻的印象。结果造成特色不突出、品牌影响力不大，缺乏有效的核心竞争力，对周边的带动和辐射作用不大。

**第八，人才缺乏，科技创新不够**。从技术层面上看，各园区科技水平参差不齐，有些园区缺少懂技术、精通业务的专业人员，自身研发实力不强，自主创新能力较弱；加上与科研单位合作不够，使得引进先进成果费用较高，承担转化的风险较大，出现了新技术与新品种来源不固定、产品结构单一、市场竞争力弱等现象，很难达到高技术所带来的高收益效果。

**第九，融资渠道不畅，后劲不足**。农业园区具有标准高、投资大等特点，尤其对资金需求量较大。而许多园区面临融资渠道狭窄、资金缺口大等共性问题，结果导致建设项目搁浅、工程进展缓慢等现象，导致园区建设缓慢。

**第十，运行机制有待完善，引领作用很难发挥**。大多数园区由各级政府搭台建设，政府在经营过程中发挥扶持、引导的作用，由企业进行全面的经营管理。但有些园区受行政干预较多，"政企不分"，导致产权不明晰、行动约束力较多、运行效率低下、经营动力不足等，难以建起与大市场相适应的现代企业管理运营机制，导致园区引领作用很难发挥。

**第十一，利益联结机制不完善，产业红利不能分享**。有的园区过度重视企业的引进与培育，忽视了企业对农民的带动作用，有的企业与农民之间仅仅是简单的雇用、买卖关系，对农民的带动作用严重不足，农民不能分享到产业发展的红利。

### 2.2.5 发展趋势

当前我国总体上已进入加快改造传统农业、走中国特色农业现代化道路的关键时期，创建国家现代农业产业园、促进城乡统筹发展、建设社会主义新农村等都对农业园区建设提出了新的要求，提供了重大的发展机遇。

**第一，园区建设的政策环境更加有利**。《全国农业现代化规划》提出到2020年全国农业现代化取得明显进展，农业部将国家现代农业示范区、全国农业可持续发展试验示范区和现代农业产业园作为落实《规划》的重要抓手加以推进，不断制定出台扶持政策，推动各类资源向"三区"集中。各地也将现代农业园区作为推动现代农业发展的重大工程，河北、浙江等多个省份已出台系统性的园区扶持政策。可以说，全国已进入了现代农业园区建设的加速推进期，各类扶持政策将陆续出台，园区建设的政策环境将更加有利。

第二，**产业类园区将成为园区建设的重点**。经过多年发展，我国涌现出了多种多样的农业园区，总体上可以分为两类：一类是以种植业、养殖业、农产品加工与物流等产业发展为主要内容的产业园区；另一类是通过科技研发示范、种养循环、休闲观光等支撑产业发展的支撑类园区。"十三五"时期，未来进一步做实农业园区、使园区真正成为各地现代农业发展的核心区、产业的集聚区，真正示范带动各地农业发展，农业部将陆续出台国家现代农业产业园及相关配套政策，产业类园区将成为农业园区建设的重点。

第三，**园区要更加强调体制机制创新**。农业存在规模小分散经营、高素质劳动力缺乏、资金不足等问题，是现代农业发展面临的制约瓶颈。在农业体制机制创新方面进行探索，是现代农业园区建设的初衷之一和应有之意。"十三五"时期，农业园区要率先推进"三权分置"，为发展适度规模经营创造条件。要积极引进培育龙头企业、合作社、家庭农场、种养大户等，壮大新型经营主体队伍。要进一步完善支农金融体系，创新金融产品和服务，探索推进政府和社会资本合作（PPP）等新型融资模式。逐步形成一批可复制、可推广的模式，为区域体制机制创新探索路子、积累经验。

第四，**园区产业发展更加突出一二三产业融合**。一二三产业融合、发展"六次产业"是提高延长农业产业链、拓展农业多种功能、提高产业效益的重要方式。国家发改委、农业部等多部门相继出台了促进一二三产业融合发展的政策，不断加大资金支持力度。一二三产业融合发展，需要具备较强实力和带动作用的新型经营主体，需要一批发展的平台。园区作为农业新型经营主体最为集中的区域，是天然的融合发展平台，因此，"十三五"时期，园区要更加注重扶持能够有效带动产业融合发展的主体，招商引资中更加注重产业融合项目的引进。

第五，**园区更加突出对农业可持续发展的示范引领**。生态文明建设是"五位一体"的重要内容，绿色发展是"五大理念"的重要内容，《全国农业可持续发展规划（2015—2030年）》的印发，标志着农业可持续发展正式上升为国家战略。园区建设中，要坚持生产发展与资源环境承载力相匹配，发展资源节约型、环境友好型和生态保育型农业，不断推进"一控两减三基本"，发展种养循环生态农业等产业发展模式，不断探索符合当地资源环境特点的农业可持续发展道路。

第六，**园区将成为"双创"的重要载体**。随着经济社会发展步入新常态，必须不断培育经济发展新动能。大众创业、万众创新就是鼓励有意愿和能力的主体，发挥自身积极性和创造性，开展创新、创业。农业园区基础设施完善、先进生产要素密集、产业的集聚效应明显、相关政策相对配套，具备"双创"的良好条件。"十三五"时期，随着国家对"双创"支持力度的不断加大，各类农业园区将率先受益，成为大众创业、万众创新的热土。

# 第二篇　前期研究篇

　　现代农业园区规划要具有高度的科学性，必须要有科学的理论指导，必须进行明确的概念界定。本篇包括第3章和第4章，第3章对农业园区相关理论和研究进行了分析、搜集与整理，第4章对相关概念、编制的一般流程、相关成果等做了介绍。本篇通过对相关理论、概念的梳理，为读者进一步了解园区规划方法，奠定理论基础。

# 第3章 规划基础理论集成与应用

## 3.1 概述

农业园区相当于一个浓缩的"小社会",涉及的部门与领域相对较多,规划前应了解和学习相关的基础理论,有助于掌握事物发展的内在规律,提高园区规划的效率。本章结合园区规划编制大纲相关章节和不同类型园区,系统地收集与梳理了农业园区规划的基础理论,以便于抓住关键节点,有的放矢,正确指导农业园区规划与实施。

本章将指导农业园区规划理论人为划分为通用理论和特定理论,所谓通用理论是指适合于指导所有类型园区的理论;特定理论是指为一些具有典型代表性的园区专门设定的,如科技类、产业类、生态循环类、产业融合类和休闲观光类等类园区,但它们之间并没有严格的区分界限,只是各有偏重,特定型园区是在通用理论指导的同时,还需要特定理论作补充和引领;反之,对于综合类园区,通用理论和特定理论都是其规划的理论依据。

指导农业园区规划的基础理论很多,本章仅推荐了在规划实践中应用较多的几种理论,下面通过表格(表3-1)和框图(图3-1)的表现形式,重点诠释基础理论在农业园区规划各章节中的集成与应用。

表 3-1 现代农业园区规划理论集成与应用推荐

| 类别 | 序号 | 类别 | 基础理论集成 | 在园区规划各章节中的应用 |
|---|---|---|---|---|
| 通用理论 | 一 | 园区位置选择 | 农业区位理论 | 园区位置选择 |
| | | | 资源禀赋理论 | 园区位置选择 |
| | | | …… | |
| | 二 | 功能定位 | 农业基础地位理论 | 功能定位 |
| | | | 农业现代化理论 | 功能定位 |
| | | | 农业多功能性理论 | 功能定位 |
| | | | …… | |
| | 三 | 总体规划方案 | 运筹学理论 | 总体规划方案 |
| | | | 产业结构优化理论 | 总体规划方案 |
| | | | …… | |
| | 四 | 空间布局 | 圈层理论 | 总体布局 |
| | | | 空间集聚理论 | 总体布局 |
| | | | …… | |
| | 五 | 组织管理机制 | 企业孵化器理论 | 组织管理与运行机制 |
| | | | 核心竞争力理论 | 组织管理与运行机制 |
| | 六 | 规划效益 | 投入产出理论 | 投资估算与经济效益 |
| | | | 城乡统筹理论 | 社会效益 |
| | | | 可持续发展理论 | 生态效益 |

（续表）

| 类别 | 序号 | 类别 | 基础理论集成 | 在园区规划各章节中的应用 |
|---|---|---|---|---|
| 特定理论 | 一 | 产业类园区 | 产品生命周期理论 | 各功能区产业规划 |
| | | | 供给侧理论 | 各功能区产业规划 |
| | | | 波士顿矩阵理论 | 各功能区产业规划 |
| | | | 全产业链理论 | 各功能区产业规划 |
| | | | …… | |
| | 二 | 科技类园区 | 技术诱变理论 | 核心区规划 |
| | | | 技术创新集群理论 | 核心区规划 |
| | | | …… | |
| | 三 | 生态循环类园区 | 循环经济学理论 | 农业资源环境保护 |
| | | | 生态学理论 | 农业资源环境保护 |
| | | | …… | |
| | 四 | 产业融合类园区 | 分工与协作理论 | 产业融合发展 |
| | | | 产业融合理论 | 产业融合发展 |
| | | | …… | |
| | 五 | 休闲观光类园区 | 风景园林学 | 农业休闲观光区规划 |
| | | | 景观生态学 | 农业休闲观光区规划 |
| | | | 旅游资源学 | 农业休闲观光区规划 |
| | | | …… | |

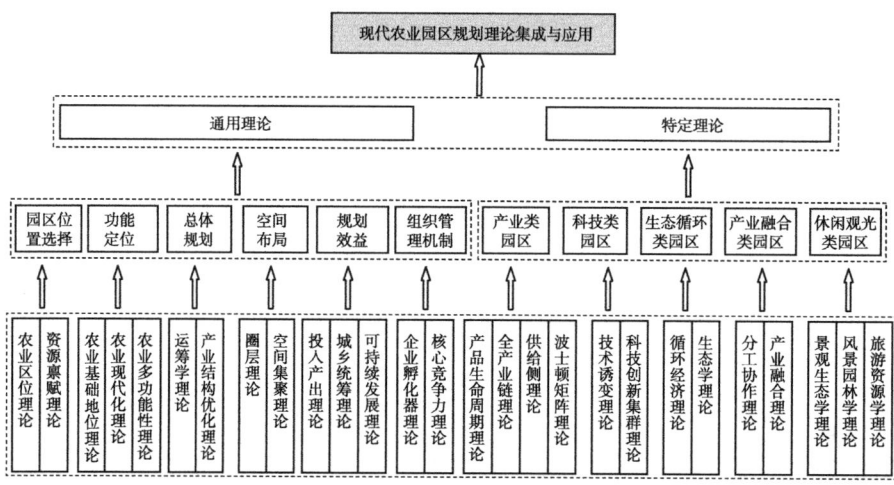

图 3-1 现代农业园区规划主要基础理论集成与应用构建

## 3.2 通用理论

所有类型园区在规划中都要涉及位置选择、功能定位、总体规划、空间布局、规划效益和组织管理等方面，本章把所涉及章节的规划理论定义为通用理论。古今中外，众多学者研究规划的理论较多，本节重点介绍在园区规划中常用的几种理论。

### 3.2.1 园区位置选择

选择农业园区位置应综合考虑区域资源禀赋、交通条件和产业基础等影响因素，不同类型的园区其位置选择的要求与标准具有相对一致性，下面推荐与园区位置选择密切相关的两种理论。

#### 3.2.1.1 农业区位理论

**理论概述**。区位理论是研究自然地理区位、经济地理区位和交通地理区位在空间地域上有机结合的具体表现。农业区位理论是德国农业经济学家杜能于1826年在其出版的《孤立国对于农业及国民经济之关系》一书中首次提出的。他采用抽象分析法研究最优农业布局可以使得单位土地利润最大化的问题,对城市外围地区农业生产的合理分布进行了详细的论述。其主要结论有:一是以城市作为消费中心,其距离是衡量地租高低和土地利用集约化的重要标志,并以此对农业生产进行布局。二是按距离消费中心远近确定地租高低,距离越近地租越高,土地利用集约程度越高。三是针对受气候、土壤等自然条件限制的农产品,必须在特定产区进行生产,通过加工转形销往消费市场。四是对易腐保鲜农产品、单位产品体积大而价值低廉、且为消费者必需的农产品,为缩短运距和节省成本,其产地应靠近消费中心布置。区位理论认为以消费中心向外呈"同心圆状"扩展的农业圈层,其规律是土地单位面积产量和收益由中心向外逐渐递减,农业集约化水平也由内向外逐渐降低。

**规划借鉴**。农业区位理论对农业园区的位置选择起着至关重要的指导作用,规划时应根据距离消费中心远近,布置不同类型的园区和品种,靠近消费中心的园区主要以高效园艺作物为主,远离消费中心的园区主要以耐储藏的品种为主,通过发挥不同区域的地缘优势,不断提高土地资源利用率。

#### 3.2.1.2 资源禀赋理论

**理论概述**。资源禀赋理论认为区域是分工和贸易的基本地域单元,由于生产要素分布不均,导致产品相对价格的差异;由于存在不同区域地理位置、气候条件、自然资源等方面的差异,导致不同的生产要素比例,影响农业生产布局和区域间生产分工:一是生产要素资源的"有与无"分工;二是生产要素资源的"多与少"分工;三是生产要素资源的相对比较优势分工。

**规划借鉴**。就农业而言,光、热、水、土、地貌等是影响动植物生长的自然因素,不同动植物的生长发育要求不同的自然条件。不同的纬度、土壤、地形条件适宜发展不同类型的农业,例如在我国低纬度地区适宜发展热作农业;南方带酸性土壤的地区适合发展茶叶、部分果树等;平原地区地势平坦,土层深厚,适合发展粮食产业;山区地形复杂,耕作不便,且易水土流失,适宜发展固根防失的果树与林木等。因此应根据不同区域资源禀赋,因地制宜地布置不同类型的农业园区。

### 3.2.2 功能定位

功能定位决定园区未来发展方向。下面推荐与功能定位密切相关的三种理论。

#### 3.2.2.1 农业基础地位理论

**理论概述**。马克思在批判地继承资产阶级古典政治经济学农业基础地位理论的基础上,提出农业(特指粮食生产)是一切人类生存的第一前提,为农业基础地位理论的创立奠定了基础,形成了马克思主义理论宝库的重要组成部分。农业基础地位理论自产生以来,就具有举足轻重的作用,它是农业发展以及加强农业基础地位的理论指导和行动指南,该理论在不同的历史阶段与中国的实际情况相结合,解决了中国诸多关于农业发展的实际问题,促进了农业和农村极大的发展。

**规划借鉴**。农业基础地位理论不仅能为农业园区发展提供理论指导,而且还能提供实践参考。因此在园区建设过程中,应始终坚持农业的基础地位,加强农业基础设施建设,加快农业发展方式转变,确保粮食生产安全和重要农产品有效供给,是园区现代农业发展的必然选择。

#### 3.2.2.2 农业现代化理论

**理论概述**。20世纪50年代,经济学家普遍重工轻农,把经济发展等同于工业发展,认为农业对经济增长无所裨益,甚至还拖了工业的后腿。例如,在刘易斯著名的二元经济结构模型中,农业的作用只是为工业扩张提供无限丰富的劳动力。但舒尔茨坚决反对轻视农业的观点,在他看来,农业也可以成为经济增长的原动力,但同时也强调,对于经济增长,传统农业很难作出多大贡献,唯有现代化的农业,才能推动经济腾飞。因此,如何把传统农业改造成现代农业,也就很自然地成了研究讨论的重要问题。传统农业存在结构单一、生产规模小、生产技术落后、抗灾能力差和商品价值不高等特点,必须引进现代化的生产要素和好的经营管理制度,才能促进农业产业升级,加快农业增值提效。

**规划借鉴**。在传统农业向现代农业转变的大背景下,农业园区必然要遵循自然规律和经济规律,通过引进农业生物技术、信息技术和设施技术等,建立现代农业产业体系,不断促进农业结构优化升级,提高农业整体素质,改变农业增长方式,促进园区生产力发展。

#### 3.2.2.3 农业多功能性理论

**理论概述**。农业多功能性是指农业在向人类提供日益增多、品质更优的特定产品的同时,还应该承担社会与生态服务等方面的功能,具备经济、生态、社会和文化等多方面的功能。经济功能是指农业为农产品供给和收入提供功能,它是农业的基本功能;生态功能是指土地与其生物构成的生态系统所具有的调节气候、改善环境和维持生物多样性等方面的功能;社会功能是指包括确保粮食安全、维护社会和政治稳定、提供就业与农民增收等方面的功能;文化功能是指土地本身构成的自然和人文景观带给人们的休闲、审美和教育方面的功能。随着我国现代农业的不断发展,应注重开发农业的多种功能,不断向农业的广度和深度拓展,促进经济、社会和生态协调发展。

**规划借鉴**。农业多功能性理论对于现代农业园区的意义在于,不仅要开发满足人们生产、生活的基本需要,还应开发满足不同消费人群的生活、娱乐需要,将特色产业、生态产业、休闲观光产业和文化产业等新兴产业纳入农业产业范畴,在发挥园区生产、经济功能的同时,充分挖掘生态、休闲、观光、文化、教育等多种功能,促进园区农业现代化、标准化和产业化发展。

### 3.2.3 总体规划方案

总体规划方案是园区规划的核心,作为园区的顶层设计,总体规划直接指导和约束各功能区规划,各功能区规划反过来也促进总体规划不断调整与完善。作为指导园区总体规划的理论主要推荐运筹学理论和产业结构理论。

#### 3.2.3.1 运筹学理论

**理论概述**。运筹学是20世纪30年代初发展起来的一门新兴学科,其目的主要是为管理决策人员提供科学依据,是实现有效管理、正确决策和现代化管理的重要方法之一。该学科是对应用数学和形式科学的跨领域研究,通过统计学和数学模型的分析与运算,寻求复杂系统中的最佳方案,使有限资源发挥更大效益,能为决策者选择提供定量依据,并做出综合性的合理安排。运筹学理论已广泛应用于工业、农业、交通运输和城市建设等各个领域。

**规划借鉴**。借助统筹学的理论与方法,将园区所涉及的生产、加工、销售、服务等各部门看成一个庞大的系统,通过采取建立数学模型的方式,求解园区最优规划方案,通过良性互动、循环发展,实现总体方案的最优化,促进园区现代农业健康发展。

#### 3.2.3.2 产业结构优化理论

**理论概述**。产业结构理论主要是指在社会再生产过程中,一个国家或地区的产业组成即资源在产业间配置状态,产业发展水平即各产业所占比重,以及产业间的技术经济联系即产业间相互依存相互作用的方式。主要包括两方面内容:一是区域内部各产业经济活动之间的相互联系与比例关系;二是区域农业与有关的工业服务和服务业的相互联系和比例关系。在区域发展过程中,区域经济发展水平与产业结构是密切相关、相互制约的,而产业结构在一定程度上决定了区域经济的快速发展。所谓产业结构优化就是在产业结构形成的基础上通过政府有关产业政策调整影响产业结构变化的供给结构和需求结构,实现资源优化配置与再配置,推进产业结构的合理化和高度化发展。

**规划借鉴**。农业园区规划的重点就是调整农业结构,将该理论应用到总体规划方案中,通过分析农林牧渔和各业内部细化结构,不断促进农业产业结构的调整与优化,通过示范辐射功能,产生"乘数效应",从而带动整个区域农业经济的发展。

### 3.2.4 空间布局

空间布局是指规划各要素在空间上的合理分布。指导园区空间布局的理论主要推荐圈层理论和空间集聚理论。

#### 3.2.4.1 圈层理论

**理论概述**。19世纪30年代,德国人杜能从孤立化和区位地租出发,得出了农产品生产围绕消费市场呈环带状分布的理论化模式,即以城市(市场)为中心,依次为自由农作区、林业区、轮作农业区、谷草农作区、三圃农作区和畜牧业区,揭示了即使在同样的自然条件下,也能够出现农业的空间分异,这种空间分异源于生产区位与消费区位之间的距离,致使各种农业生产方式在空间上呈现出同心圆结构。

**规划借鉴**。根据农业布局圈层理论,一个功能完善的农业园区,在空间布局上可分为3个层次,即核心区、示范区和辐射带动区,3个层次之间紧密相连、互为依存。核心区是园区的主体,是新技术的扩散源、新知识传播源、经济技术信息的信息源;示范区一般在中心区附近,将中心区新技术、新品种率先示范应用;辐射区在中心区更远的范围,使园区技术产品远距离传播。示范区和辐射区属核心区的外延。

#### 3.2.4.2 空间集聚理论

**理论概述**。空间集聚理论认为,区域经济活动的空间集聚现象的发生,是由于集聚经济在现代技术和社会经济条件下产生巨大的效益所引起。一方面,产业集群以其规模经济、科技创新和灵活的管理机制等效应形成强大的磁场效应,日益成为产业组织、产业发展占主导地位的空间布局形态;另一方面,由于存在各区域间自然资源状况、经济发展水平和产业结构等的不同,从而形成区域的比较优势,导致区域间的一致性和差异化的地域分工。

**规划借鉴**。农业园区空间布局需要体现农业产业集聚的空间结构,实现各类生产功能的合理分工,从而促进同一类型区域产业结构现状及发展趋势的相似性,形成分工完善、优势互补的经济综合体,实现企业集中的资源共享和规模经济。

### 3.2.5 组织管理机制

组织管理机制是发展现代农业的保障,只有引入现代农业企业管理制度,才能促进农业园区顺利实施。指导农业园区经营管理理论主要推荐企业孵化器理论和核心竞争力理论。

#### 3.2.5.1 企业孵化器理论

**理论概述**。孵化器理论又称为苗圃理论,是关于新建企业在建立和发展的最初阶段所需的地理人文环境条件的假说。该理论认为，鉴于新创办的中小型高新技术企业往往存在水土不服、资金短缺、经营管理缺乏和市场开拓能力有限等问题，其存活率普遍不高，企业处于待"孵"状态，通过有组织的、及时的供给其"孵化"期所需的"营养"条件，使其顺利孵化成生命力较强的"小鸡"，其存活率也得到相应提高。一般认为，一个成功的孵化器离不开3个要素：一是综合性配套服务设施，如提供创业咨询、教育、培训和管理支持，或以低廉的价格提供用地、生产设施和办公空间等；二是提供良好的创业环境和优惠政策，为高新技术成果转化提供便利的条件，创造企业之间交流的机会，简化高新技术企业创办的程序，减免相关税负等；三是提供资金支持，为企业提供资金方面的帮助，或协助其开展融资活动。

**规划借鉴**。孵化器理论是现代组织管理机制在园区应用的重要体现，在核心区搭建企业孵化平台，建立中小微企业创业发展基金，鼓励龙头企业的示范带动，建立和完善基础设施和配套服务体系，创造优越的工作、生活和文化环境，增强企业的经济实力，让其逐渐成长壮大，并不断繁衍与孵化，从而实现园区的快速与持续发展。

#### 3.2.5.2 核心竞争力理论

**理论概述**。核心竞争力是指能使整个企业保持长期稳定的竞争优势，或获得稳定超额利润的竞争力，是将技能培育和运作机制有机融合的自身经营组织能力，是企业推行内部管理和市场竞争战略的结果。核心竞争力具有增值性、独特性、难以模仿性和不可替代的特点，它一般由4个方面构成：一是生产要素核心竞争力，主要是指自然资源、劳动力资源、资本投入和农业技术等方面的竞争优势；二是企业内部核心竞争力，主要是指企业具有的商品竞争力、销售竞争力和形象竞争力；三是运行机制核心竞争力，主要是指农业产业发展的运行机制环境；四是农业政策核心竞争力，主要是指农业管理部门在基本制度背景下，所制定的促进农业产业可持续发展的各项农业政策的有效性。

**规划借鉴**。促进农业园区可持续发展，需要核心竞争力理论作指导，只有充分发挥生产要素核心竞争力、企业内部核心竞争力、运行机制核心竞争力和农业政策核心竞争力等综合核心竞争力，形成一股强大的核心竞争优势，才能勇敢地面对外部环境的严峻挑战，园区才能持续健康地发展。

### 3.2.6 规划效益

规划效益主要体现园区的经济、社会和生态效益，反映规划实施后所产生的综合效果。下面推荐与规划效益密切相关的投入产出、城乡统筹发展和可持续发展理论。

#### 3.2.6.1 投入产出理论

**理论概述**。投入产出理论是由美国W.里昂惕夫于1936年最早提出来的，主要是分析特定经济系统内投入与产出间数量依存关系的原理和方法。该理论认为，生产就是通过一定量的物质投入产出一定量产品的过程，生产一定数量的产品必须有一定比例的物质投入。生产力就是由物质投入决定和反映的产出能力。该理论能够清晰地反映区域经济各部门、各产业之间在生产过程中的直接与间接联系，以及各部门、各产业生产与分配使用、生产与消耗之间的平衡关系。是协调处理各经济生产部门之间错综复杂联系的最佳选择，从而为区域经济发展指明了前进的方向。

**规划借鉴**。农业园区规划不仅要求技术方案的合理性，还需要论证经济上的可行性，良好的投入产出指标能衡量一个园区经济运行的状况，并能协调园区各部门、各产品之间的平衡关系，达到实现规划方案合理性的目的。

#### 3.2.6.2 城乡统筹发展理论

**理论概述**。城乡统筹发展是社会发展到一定阶段的产物,是解决"三农"问题的根本途径,是促进城乡居民生产、生活方式改变的主要方式,是城乡人口、技术、资本、资源等要素相互流通、互为融合、互相服务,逐步达到在经济、社会、文化、生态上协调发展的过程。城乡统筹发展就是要把工业与农业、城市与乡村、居民与农民作为一个整体,统筹谋划、综合研究,促进城乡在产业发展、基础设施建设、市场信息和社会服务等方面的一体化,改变长期形成的城乡二元经济结构,实现城乡在政策上平等、产业上互补、国民待遇上的一致。

**规划借鉴**。农业园区作为城乡发展的重要载体,在城乡统筹发展理论的指导下,要打破城乡之间长期分割的壁垒,推动生产要素的合理流动和优化组合,促进城乡融合、协调发展,优化生产力分工与合理布局,统筹考虑城镇化与新农村建设,做到统一规划、分步实施,推进城乡一体化发展。

#### 3.2.6.3 可持续发展理论

**理论概述**。可持续发展理论在美、日等国家的发展历史不长。1987年Barbier等人发表了一系列有关经济、环境可持续发展的文章引起了国际社会的注意。同年,布伦特兰夫人在世界环境与发展委员会的《我们共同的未来》中正式提出了可持续发展的概念,标志着可持续发展理论的产生。按照《我们共同的未来》中的表述,可持续发展为"既满足当代人的需要,又对后代人满足需要的能力不构成危害。"具体来说,就是谋求经济、社会与自然环境的协调发展,维持新的平衡,制衡环境恶化和环境污染,控制重大自然灾害的发生。

**规划借鉴**。可持续发展的理论实践告诫我们,在不断促进园区经济快速增长的同时,要依靠科技进步和提高劳动者素质,提倡适度规模和清洁化生产,控制环境污染,改善生态环境,探索"低消耗、高收益、低污染"的良性循环发展模式,促进园区资源的永续利用。

### 3.3 特定理论

下面介绍的尽管是重点指导特定园区的一些相关基础理论,但这些理论也同样适用于一般综合类园区,应根据园区的建设思路和功能定位来确定,下面推荐指导产业类、科技类、生态循环类、产业融合类和休闲观光类等园区相关的一些理论。

#### 3.3.1 产业类园区

产业类园区规划除包含一般通用理论指导外,还需要突出与产业发展有关的一些基础理论,如产品生命周期理论、波士顿矩阵理论、供给侧理论和产业链理论等。

#### 3.3.1.1 产品生命周期理论

**理论概述**。产品生命周期是指产品的市场寿命,即一种新产品从开始进入市场到被市场淘汰的整个过程。1966年,弗农将产品生命周期划分为引入期、成长期、成熟期和衰退期四个不同阶段。即引入期是指产品从设计投产到投入市场测试阶段,该阶段由于受生产技术方面的限制,产品生产批量小,制造成本高,广告费用大,企业获利较少;成长期是指当产品销售获取一定成功后,需求量和销售额迅速上升,生产成本大幅度下降,利润迅速增长;成熟期是指产品步入大批量生产并稳定地进入市场,市场需求趋于饱和,产品普及并日趋标准化,企业成本低且产量大;衰退期是指随着科技发展以及消费习惯的改变,产品已经老化,不能适应市场需求,销售量和利润持续下降,该类产品的生命周期结束。新产品出现后又重复上述产品生命周期,导致区域产业处于一个永续的动态过程。

**规划借鉴**。产品生命周期理论指导我们在制定农业产业园区规划时,要有动态发展的理念,既要科学地选择带动园区产业结构发展的主导产业,又要培育和发展新兴产业,促进园区各产业不同发展阶段的合理搭配,推进园区产业结构协调发展。

#### 3.3.1.2 波士顿矩阵理论

**理论概述**。波士顿矩阵的基本原理是将产业划分为"现金牛"型、"瘦狗"型、"问题"型和"明星"型几类产业。如"现金牛"型产业是指具有低产业增长率和高市场份额的产业;"瘦狗"型产业是指具有低市场份额和低产业增长率的产业;"问题"型产业是指具有低市场份额和高产业增长率的产业;"明星"型产业是指具有高增长率和高市场份额的产业,其高增长率和高市场份额,能为企业提供最好的利润增长和投资机会。

**规划借鉴**。利用波士顿矩阵理论,通过分析产业型园区所有产品的销售增长率和市场占有率指标,按其各自归入不同的产业类型,园区现有产品组合一目了然,同时针对不同类型的产品做出不同的发展决策,逐步淘汰无发展前途的产品,保持"问题""明星""现金牛"产品的合理组合,实现产品及资源分配结构的良性循环。

#### 3.3.1.3 供给侧理论

**理论概述**。20世纪初,以凯恩斯为代表的需求管理学派,认为经济危机是由有效需求不足引起的,要求政府制定相应的需求管理政策,来消除失业,促使经济恢复;以此推动了美国等西方国家20世纪五六十年代经济的腾飞。到了70年代初,以"滞胀"宣告了凯恩斯需求管理政策的失灵;以拉费尔、萨伊为代表的供给学派提出,通过降低税赋减少成本,达到创新供给满足需求,以此实现了美国长达25年的经济繁荣。

**规划借鉴**。供给是推动经济发展的动力,供给与经济增长呈正比关系,供给增则经济涨,反之亦然。产业园区规划应灵活运用供给侧理论,加强供给侧结构性改革,不断消化过剩的产能与库存,加强农业技术研发与创新,生产适销对路的农产品,努力提高产品的市场竞争性,不断促进生产的有效供给。

#### 3.3.1.4 全产业链理论

**理论概述**。产业链是以市场前景比较好、科技含量高、产业关联度性强的优势企业和优势产品为链核,以产品技术为联系,资本为纽带,上下联结、前后联系形成的链条。这样,一个企业的单体优势可以因此得到加强,从而转化为整体优势,形成一个区域和产业的核心竞争力。从产业链的组成角度看,它是"链""体""链主"三者的统一体:"链"是以若干企业和产品为节点,以企业之间的物流、信息流、资金流为联系构成的一条空间链;"体"是指产业链这条"链"并不是松散的,而是有很多紧密相连的新型的经济实体;"链主"是在链条上居支配地位的龙头企业。在产业链拓展和延伸的过程中,一方面使得整条产业链产生了原来所不具备的利益共享、风险共担方面的整体功能;另一方面衍生出一系列新兴的产业链环,进而增加产业链附加值。

**规划借鉴**。长期以来,我国传统农业存在产业链短、产品附加值低等问题。对于农业园区规划,应全方位构建主导产业链条。一是延伸产业链的长度,不断提高农产品精深加工、仓储物流、商品营销、休闲观光等方面的比重,实现二三产业的增值;二是增加产业链宽度,不断提高综合利用水平,使链条上各个环节和产品功能得到扩充;三是扩大产业链的厚度,壮大农业产业链的规模,增强市场核心竞争力。

### 3.3.2 科技类园区

此类园区规划除包涵一般通用理论指导外,还需要突出与科技创新相关的一些基础理论,如技术诱变和科技创新集群理论等。这些理论同样也适用于创业创新类园区。

#### 3.3.2.1 技术诱变理论

**理论概述**。技术诱变理论是由美国学者费农拉坦和日本学者速水雄次郎在1985年各自分析世界农业发展的研究中提出来的。该理论认为,农业技术结构的形成及变革完全具有诱导性和非自发性。资源供给、社会需求结构及其变化,决定着农业投入要素的相对价格水平及其变动,投入要素相对价格的变动又诱导着生产者不断调整各要素的投入比例,以相对廉价的要素来代替昂贵的要素,选择最优技术或引进生产要素与生产条件的"新组合",如通过"产品创新、市场创新、生产方式创新、资源配置创新和制度创新"等来突破资源供给对社会需求的限制,从而协调生产与需求的平衡关系。

**规划借鉴**。农业科技园发展必须以当地自然资源供给为依托,通过打造科技诱导平台,积极引进和创新农业高新技术,不断促进园区农业结构调整与升级,加快生产方式和运行机制创新,全面提升产品市场核心竞争力,推动农业科技园快速发展。

#### 3.3.2.2 科技创新集群理论

**理论概述**。科技创新集群理论是产业集群的一种高级形式,是基于科技创新的产业集群,是指企业、研发机构和大专院校等相互影响、相互关联的创新组织和机构集中在同一区域的现象,承担着技术创新、机制创新和知识更新的任务,共享技术创新成果,不断拓展集成空间,促进集群功能优化,达到提高科技创新效率的目的。

**规划借鉴**。科技创新集群理论在指导农业科技园规划时,应以搭建科技创新集群平台为核心,重点研究集群创新主体合作模式,营造创新环境条件,增强集群主体的创新能力和核心竞争力。

### 3.3.3 生态循环类园区

生态循环类园区规划除具备一般通用理论的指导外,还需要突出循环经济、生态学等理论。

#### 3.3.3.1 循环经济理论

**理论概述**。循环经济理论的核心是促进资源的高效和循环利用,坚持"减量化、再利用、资源化"原则。"减量化"就是要求减少进入生产和消费流程的物质量,有利于避免先污染、后治理的传统发展方式;"再利用"就是延长产品和服务的时间强度,减少生产和消费中废弃物的产生;"资源化"就是要求物品在完成使用功能后重新变成可以利用的资源。循环经济理论的核心是把传统的"资源—产品—污染排放""单向单环式"改造成"资源—产品—再生资源—产品—再生资源"的"多向多环式"发展模式,促进资源高效利用、清洁开发和绿色生产,最终实现节能减排和可持续发展。

**规划借鉴**。在指导园区农业资源环境保护规划时,应把农业经济发展和生态环境保护、资源高效利用有机融为一体,不断提高农业系统物质能量的多级循环利用,达到清洁生产、废弃物零排放的目的。

#### 3.3.3.2 生态学理论

**理论概述**。生态学是德国生物学家恩斯特·海克尔于1869年提出来的一个概念:生态学是研究生物与其周围环境之间的相互关系的科学。达尔文提出了生物的进化论学说,成为世界上最有影响的进化和生态学理论家。生态学研究的是自然界中生物在分布、多度和动态等方面所表现出来的现象,以及在时间和空间上发生变化的状况,并将个体、种群和群落构成一个整体的生态系统,其种群和群落的结构、功能、时空动态等为其主要影响因素,健康的生态系统能够维持其复杂性,同时能满足人类的需求,生态学理论在农业生产、捕捞业、物种保护以及应对全球气候变化中得到广泛应用。

**规划借鉴**。该理论在指导农业资源环境保护规划时,首先要了解园区所处的大的生态系统以及生态功能区的发展方向与定位,以此选择适合园区发展方向的主导产业,构筑生态产业链,保护与修复园区生态系统的多样性,在提高园区综合效益的同时,维持好园区生态系统的稳定性,促进园区农业可持续发展。

#### 3.3.4 产业融合类园区

此类园区规划除具备一般通用理论外,还需要突出分工协作、产业融合等方面的理论。

##### 3.3.4.1 分工协作理论

**理论概述**。分工协作理论的发展源远流长。在《理想国》中,柏拉图论述到分工取决于人的先天禀赋,它会对社会福利的增进有益处;亚当·斯密在《国家财富的性质和原因的研究》中指出人与人之间存在交换的需求导致了分工的出现,并论述了分工可提供劳动生产力,进而促进社会的普遍富裕;马克思对亚当·斯密的分工理论作了补充和发展,他认为分工不仅提高了生产力,而且也创造了生产力,并强调除了分工之外,最重要的原因是协作,协作能节约非生产费用。产业协作是在生产力高度发展、产业高度分工的基础上发展起来的,是有分工的统一,是在原有产业边界发生部分重叠和交叉基础上发展起来的,是分工的统一或重新分工。研究表明分工曾是社会财富迅速积累的根本来源,但随着经济的发展,市场的大小和交易成本使得分工存在一定的局限,而产业协作可以打破这一局限。

**规划借鉴**。该理论指导产业融合发展规划时,首先要明确园区发展的主导产业和各产业未来发展的重点与方向,在此基础上,创造各种条件促进各产业在空间上、技术上、时间上的分工与协作统一,尽量减少中间环节,促进园区工农一体、绿色生态、产业融合发展。

##### 3.3.4.2 产业融合理论

**理论概述**。产业融合是伴随技术变革与扩散过程而出现的一种现代产业发展的新特征和趋势,受到学术界的高度关注。对产业融合的讨论,源于实业界关于"电脑和通信"融合图景的描绘。早在1978年,麻省理工学院媒体实验室的尼古路庞特用3个重叠的圆圈来描述计算、印刷和广播业三者的技术边界,认为3个圆圈的交叉处将成为成长最快、创新最多的地方。此后一段时间里,学术界对产业融合的研究成果也只是零星的出现,直到20世纪90年代中后期,美国新电信法案通过后,通信领域里跨媒体、跨产业、跨地域的企业并购风起云涌之时,才出现了产业融合研究的高潮。产业融合就是通过技术革新和放宽限制来降低行业间的壁垒,促使各产业的企业群处于相互竞争的状态,原有产业的激烈竞争必然造成企业合并或倒闭,最终直至产业合并,导致产业界限的模糊化。

**规划借鉴**。现代农业发展路径主要表现为"两维"的特征,即纵向上表现出种养加销旅产业;横向上产业交叉融合发展。因此,产业融合理论在指导农业园区规划时,应用工业化的思维、"三产"的视角来确定园区的发展思路,不断拓展农业的产品供应、商贸服务、文化传承和休闲观光等多种功能,实现接二连三、产城互动、农旅融合的发展理念,促进园区一二三产业高度融合发展。

### 3.3.5 休闲观光类园区

此类园区规划除具备一般通用理论指导外，还需要突出休闲观光旅游、景观打造相关的一些基础理论，如风景园林学理论、景观生态学理论和旅游资源学理论等。

#### 3.3.5.1 风景园林学理论

**理论概述**。园林美源于自然，而又高于自然，是大自然造化的典型概括。风景园林学是一门古老而又年轻的学科，是指导规划设计、实施建设和经营管理自然和人工境域的综合理论，其核心内容是户外空间营造，协调人和自然之间的关系，总体上包括空间与形态营造、景观生态和风景园林美学三大理论，其中空间与形态营造理论是关于规划和设计不同尺度户外环境的理论，是风景园林学的核心基础理论；景观生态学理论是以景观结构、功能和动态特征为主要研究对象，解决人与自然的协调关系；风景园林美学理论是关于风景园林学价值观的基础理论，反映的是风景园林学科学与艺术、精神与物质的有机结合。

**规划借鉴**。在休闲观光农业园区规划中，从宏观的总体布局、空间结构、景观节点，到细部的景素布置、空间构造、节奏控制等方面系列设计，都离不开风景园林学理论。其功能与价值主要体现在如下几方面：一是园区规划能够充分考虑周边环境并结合场地地势条件，在现有既定条件下实现不同产业间的合理布局；二是最大化发挥田园场景的特色景观优势，巧妙穿插观光休闲互动项目，打造符合当地地域特色的田园游赏场地；三是充分发挥多元的文化要素，塑造形式和内容相得益彰的观光主题；四是改变园区缺陷地势为景观优势地势，并与其他功能区平滑衔接；五是通过多样统一、参差划齐、尺度对比、韵律齐奏等合理化处理，营造出和谐的景物组合模式和不同的空间尺度；六是有效整合农业产业、地域文化、新农村建设与农业观光景点，推动农业休闲观光产业快速发展。

#### 3.3.5.2 景观生态学理论

**理论概述**。景观生态学理论是在1939年由德国地理学家C.特洛尔提出的。是研究在一个相当大的区域内，由许多不同生态系统所组成的景观空间结构相互作用、功能协调及动态变化的一门生态学科。景观生态学是研究在较大的空间和时间尺度上生态系统的空间格局、生态过程和空间动态，如景观空间异质性的发展和动态、异质性景观的相互作用和变化、空间异质性对生物和非生物过程的影响等。景观生态学也直接涉足到农业、城市等人类景观方面的研究。

**规划借鉴**。农业生态系统是一种非独立性的景观生态系统。景观生态规划与设计充分强调景观的自然属性，本质上是对资源进行空间配置。有效的景观生态规划对保持园区的景观特色、景观质量以及确保该产业可持续发展十分有益。通过景观生态学的理论研究，使得园区内部能够更好地发挥其生态功能。

#### 3.3.5.3 旅游资源学理论

**理论概述**。旅游资源是在现实条件下，能够吸引人们产生旅游动机并进行旅游活动的各种因素的总和。亦指一切可以利用于发展旅游业的自然资源和人文资源的总称，是旅游业发展的前提和基础，是吸引游客和满足其精神享受及进行旅游活动的载体。按照旅游资源的功能分类可分为观赏游览型（自然风光、古建园林等）、知识型（文物古迹、博物展览、自然奇观等）、体验型（民风民俗、节庆活动、宗教仪式等）和康乐型（度假疗养、康复保健、人造乐园等）等。旅游资源吸引力的大小是由时间、时空和环境差异形成，时间差异表现为古代与今天；空间差异表现为发达地区和落后地区或城市与乡村；环境差异表现为居住地与旅游地。一般差异大，旅游资源的吸引功能越强,其经济辐射力、辐射范围也越大。如作为经济文化中心的旅游城市,其产业经济、文化旅游资源,对商务、会议等公务旅行人员具有极大的吸引力。又如居住地与旅游地环境差异越大,游憩生态环境保持较原始自然状态、旅游资源品位高的旅游地,对游客吸引程度和旅游吸引范围也越大。

**规划借鉴**。众所周知,旅游资源是休闲观光园区的根本,因为拥有某种或多种旅游资源才能吸引游客,通过开发旅游业,逐渐发展成为休闲农业园区。借鉴如下:一是明确客源市场定位,激发游客旅游动机,有针对性地打造高重访率的旅游园区。二是依托园区产业资源、景观资源以及人文资源,实现产品设计与产业资源、规划布局与资源分布相协调。三是充分挖掘园区旅游资源、景观资源以及人文资源潜能,结合农业产业发展,深度开发休闲、观光、体验、科普、人文等系列旅游产品,设计合理的旅游线路,促进园区休闲农业快速发展。

# 第4章 园区前期研究与规划编制流程

## 4.1 园区规划前期研究
### 4.1.1 规划界定与深度把握

目前农业园区规划五花八门、百家争鸣，没有统一的标准格式和深度要求，为推进规划编制工作的规范化和科学化，各归口管理部门和编制单位在不断追寻和探究其规划路径。下面推荐目前应用比较多的几种规划类别。

#### 4.1.1.1 农业规划

相对于城镇规划，农业规划具有起步晚、涉及面广、综合强等特点，依据《国务院关于加强国民经济和社会发展规划编制工作的若干意见》《国家级专项规划管理暂行办法》《农业部关于加强规划编制工作的意见》和《农业部规划管理办法》等相关文件精神，按照规划层次，一般将农业规划划分为总体规划、专项规划、区域规划和重大工程建设规划。

**总体规划**。是指以区域农业农村经济发展为对象编制的战略性、纲领性、综合性规划，为确定农业发展总体方向和目标、协调空间布局等所作的一定时期内的综合部署和具体安排，是农业规划编制工作的第一阶段，属于顶层设计，是编制本级和下级专项规划、区域规划以及制定相关政策和年度计划的依据，其他规划要符合总体规划的要求。如《全国农业和农村经济发展第十三个五年规划》《全国农业现代化"十三五"规划》等。

**专项规划**。是指以区域农业农村经济发展的特定行业、特定领域或特定产品为编制对象，充分发挥市场配置资源的基础性作用，突出其指导性和预测性。原则上要求规划期限、发展方向、规划目标基本与总体规划保持一致，并做到相互衔接。如《全国种植业结构调整规划》《全国草食畜牧业发展规划》等。

**区域规划**。是指以跨行政区的特定区域农业农村经济发展为编制对象，是总体规划在特定领域的细化，主要突出区域的自然条件和资源禀赋，充分发挥区域优势产业的先行作用。如《全国优势或特色农产品区域布局规划》《全国主体功能区规划》等。

**重大工程建设规划**。是指以公益性、基础性等重点领域为编制对象，突出某一项工程的重要性和特殊性，能充分发挥其关键性作用。如《全国农业科技创新能力条件建设规划》《农业资源与生态环境保护工程规划》等。

#### 4.1.1.2 城乡规划

按照由抽象到具体、从战略到战术的层次决策原则，一般将城乡规划划分为概念性规划、总体规划和详细规划几个阶段。

**概念性规划**。为了便于工作的开展，在正式编制总体规划前，可以先组织编写概念性规划，从宏观层面对规划区发展轮廓进行大致勾画，对即将编制的总体规划所涉及的发展方向和战略部署提出概括性的意见，作为总体规划的纲领性文件。

**总体规划**。根据当地自然经济社会条件，在一定区域内作出空间上、时间上的总体安排和布局，重点研究规划区的规划原则、发展思路、规划目标、功能定位和总体布局等重大问题，并提出规划实施的步骤与措施等，为下一步制定详细规划提供依据。

**详细规划。** 根据规划区不同的需求、任务、目标和深度要求，进一步编制详细规划，详细规划又分为控制性详细规划和修建性详细规划。其中控制性详细规划，是指以总体规划为依据，结合规划区土地使用性质，确定各地块建筑高度、建筑密度、容积率、绿地率等指标，提出各建筑群、道路网和工程管线的布置位置以及环境控制的规划要求等；修建性详细规划，是指以总体规划或控制性详规为依据，确定各类建筑、道路系统、工程管线和绿地景观等空间布置位置，估算工程量和总造价等。

#### 4.1.1.3 农业园区规划

农业园区规划属于上述规划分类中由当地农业部门或建设主体牵头组织、区域性与综合性较强的总体规划，其编制深度要求达到总体规划的深度。通常沿用城乡规划的编制思路与方法，并结合区域农业发展总体规划、农业经济发展规划或产业发展专项规划、重点工程建设规划等，根据园区实施进度确定规划深度与安排。

当地政府组建的园区管委会或独办企业发展思路一旦确定后，就开始着手安排园区规划编制工作。首先一般采用招标方式邀请各地规划编制单位前来投标，其投标文件一般为概念性规划或实施方案深度，通过评标最后确定具体的编制单位，由中标单位开始着手编制园区总体规划，当规划方案经过专家评审通过或地方主管部门批准后，下一步再开始编制详细规划，以此类推。但也有园区由于赶工期或有良好合作基础的单位，从总体规划到修建性详规全权委托某个特定的编制单位一并完成，即所谓的"交钥匙工程"。总之应根据委托方的具体要求，编制不同深度的园区规划。

### 4.1.2 研究内容与技术路线

#### 4.1.2.1 规划路径探讨

目前农业园区规划主要表现出三种思路：第一，以产业为核心的园区规划，其规划思路是围绕农业产业这个核心，展开对园区的功能定位与分区、规划目标与战略选择等方面的研究，并探索适合园区发展的管理模式与运行机制等；第二，以土地利用为核心的园区规划，其规划思路是围绕土地这个核心，通过资源要素最佳配置、土地适宜性评价和国土资源综合整治等，不断挖掘土地潜力，合理确定各项用地的功能与布局；第三，以绿色发展为导向的园区规划，融合了上述两种规划思路，明确了园区绿色发展方向，找出推进农业废弃物资源化利用的核心因素，选择园区发展战略，进行产业和空间布局，促进园区农业可持续发展。

本书从园区现状分析入手，寻找园区目前存在的突出问题和发展潜力，以此确定未来发展思路和规划目标，明确功能定位和战略选择，并结合土地适宜性评价进行功能板块划分和用地布局，在此基础上进行各功能板块详细规划、农业资源平衡与产业融合发展分析，以及基础设施专项规划、农业资源环境保护规划等，然后进行投资汇总与效益测算，最后提出园区组织管理模式与运行机制以及规划保障措施等。本书规划思路基本综合了上述3种规划思路的主要观点，在此基础上引入了现代农业发展的"五大理念"，突出了农业供给侧结构性改革，融入了区域生态循环农业和农村产业融合发展思路，践行了农业园区规划基础理论的应用，具有一定的科学性、全面性和实用性。

#### 4.1.2.2 研究出发点

由于农业园区规划的综合性、多学科性和系统性，规划没有现成的标准模式可供参考，本书融合了主导产业规划、土地利用规划、城乡总体规划、农村产业融合发展规划、农业资源环境保护规划、现代农业发展规划等多种规划的思路开展重点研究，试着探索出适合现代农业园区总体规划的编制模板。

本书以综合型农业园区业务范围为研究对象，集种植（设施、大田作物、林果等）、养殖（畜牧、水产等）、加工与物流以及科技研发、产业融合、休闲观光、农业生态循环、居民点与基础设施建设等内容为一体，开展了全方位介绍与说明。但是现实编制中应针对某个具体园区实际情况而定。另外，本书各分项规划，都是按照各功能板块独立分章进行描述的，实际中也有可能把各功能板块看作一个单独成型的园区进行规划；或者把设施农业、大田种植、林果种植等合并为一个种植产业园来进行规划；或者园区仅有农业旅游一个功能，其重点编制农业休闲观光园规划。因此，规划时应针对具体园区现状和需求进行相应的取舍。

#### 4.1.2.3 技术路线

本研究在借鉴前任学者或专家研究成果的基础上，对现代农业园区规划方法进行了粗略的分析与研究，本书研究技术路线如图4-1。

第一篇，为研究的引论部分。主要介绍现代农业发展新趋势和国内外农业园区发展概况。通过相关文献梳理，首先罗列了目前讨论比较热烈的一些论点，阐述了其对园区规划的启发与影响；其次描述了一些发达国家与地区农业园区的发展概况和主要类型，分析了其发展经验对我国园区未来发展的启示与借鉴作用。

第二篇，为前期研究部分。主要是系统地梳理了农业园区规划的相关基础理论，为后续园区规划的具体应用奠定了理论基础。

第三篇，为规划编制部分。分章节系统地介绍了农业园区规划编制的具体方法和规划图制作过程，形成了本研究的主要结论。

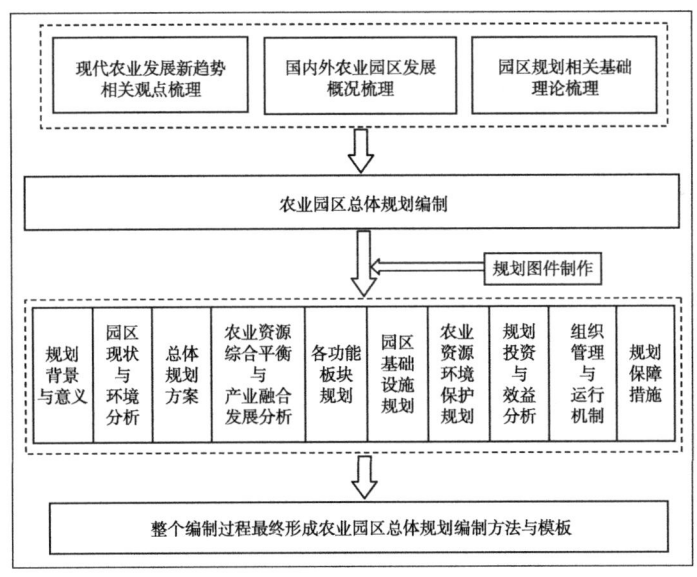

图 4-1　农业园区总体规划研究技术路线

### 4.2　园区规划工作流程

假设某园区拟申报省级现代农业园区，需要报送园区建设总体规划，这样园区方就会发出规划邀请，编制方接到任务后开始着手厘清思路、安排工作进度。其工作流程主要包括任务确定、前期准备、现场调查、规划编制、征求意见、评审认定等阶段，简称"六段多环节"流程，详见图4-2。

**（1）任务确定阶段**

合作双方经初步沟通后，是否接受规划任务，应根据对方要求和完成时间来判断，衡量一下本单位目前规划工作安排和现存技术实力。预估在规定时间内能否完成规划工作，可以接受任务，双方达成合作意向并签定规划合同，同时明确双方目标和任务；否则拒绝接受。

**（2）前期准备阶段**

前期准备工作充分与否，对规划工作顺利开展关系甚大，必须予以高度重视。一般包括组织准备、技术准备、物质准备和资料准备等。

**组织准备**。规划合同签订后，应立即组织各方面专业人士成立规划编制组，初步拟定调研大纲，分解内容、明确分工，选定主要负责人和多个专业负责人；为了保证规划质量，还应成立由相关领导、专家组成的顾问咨询团。

**技术准备**。由规划主持人首先编制工作计划和调研大纲，召开规划启动会，明确各自承担的任务和完成的时间；各专业负责人还要提出资料清单、编制调查表格、拟定问题现场答疑等。对以前没有涉及过的领域，还应组织技术培训或聘请外援专家。

**物质准备**。绘制现场调查的工作底图和工作表格；准备现场调查所用的GPS、指北针和录音笔等，有时还要联系现场勘查备用车辆。

**资料准备**。主要通过网络查询、电话交流、邮件传递等方式进行初步资料收集；还应提前制订各专业调查资料清单、调查问卷或访谈提纲等。

**（3）现场调查阶段**

规划组奔赴现场进行实地调研，收集相关资料，与当地领导和专家座谈，熟悉当地情况，了解当地政府的想法和规划需要解决的问题。发放调查表和补充资料清单，与相关人员进行深入沟通与交流。

**召开座谈会**。规划组提前发给对方调研方案，要求到达现场后，园区主要负责人邀请当地的建设局、规划局、土地局、环保局、水利局、农业局、畜牧局、水产局、乡企局、科技局和旅游局等部门的分管领导或技术人员参与座谈、讨论，听取各单位介绍本部门的基本情况、发展思路和相关建议等，大致了解到园区和周边区域农业发展状况、典型的成功案例、目前存在的问题以及今后发展的思路等。

**典型勘察**。重点勘察当地比较典型的标准化种植基地、规模化养殖场，或重点龙头企业、农民合作社等单位，并根据调查提纲与当地专家或一线生产人员进行深入的接触和广泛的交流，充分获取难得的一手材料。

**资料收集**。在与当地各部门交流的同时，还应提出收集各业发展的统计数据和规划资料、产业分布图、相关建设标准和地方优惠政策等。

**（4）规划编制阶段**

**大纲拟订**。根据双方沟通和实地调查资料，拟订规划编制大纲，提出各章节所涵盖的规划内容，双方通过交流达成一致意见后，根据各自专业分配到个人，并明确任务完成时间。

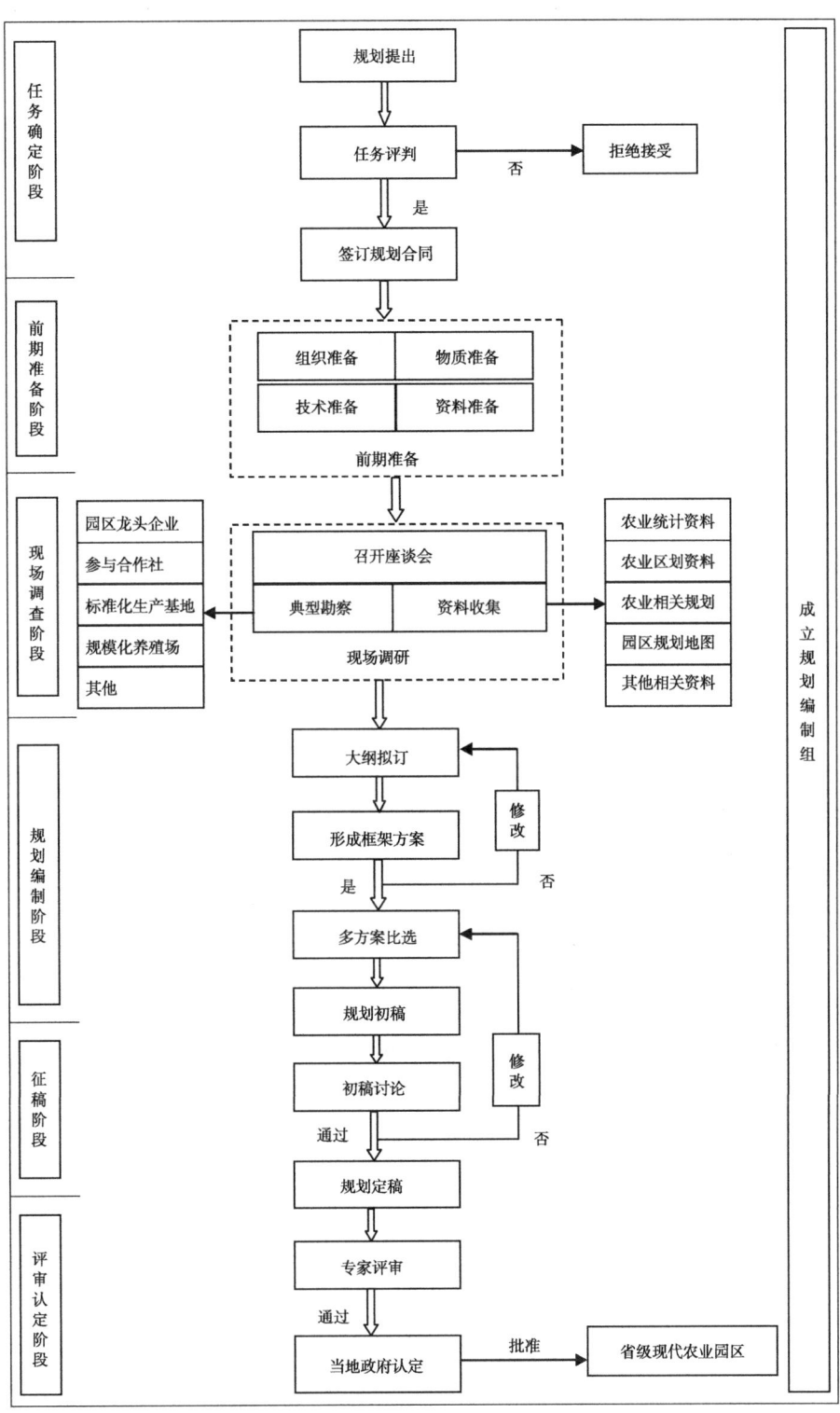

图 4-2 现代农业园区规划工作流程

**形成框架方案**。根据现场座谈内容和收集的基础数据资料分析，确定规划思路、功能定位与分区，形成总体框架方案。

**规划起草**。负责各专业的相关人员，根据调查所掌握的资料，通过与委托方多次沟通后，在规定时间内分章节完成各自承担的规划内容和相关图纸。在此基础上，由规划负责人完成文本整合，并召集全体编制组成员充分讨论后形成规划初稿。

（5）征求意见阶段

**初稿研讨**。编制方将规划初稿提交给委托方，由委托方审阅后，提出修改意见，反馈给编制方。或到现场与委托方交流规划初步的成果并听取反馈意见；若初稿与委托方的想法出入较大，还要派相关专业人员到现场进行必要的补充调研，进行再次分工及项目研究。

**规划定稿**。根据委托方的反馈意见和补充调查后，通过多次讨论与研究，进行规划文本的修改完善，提交规划修改稿；再与相关领导及职能部门进行多次沟通交流后，再次修改完善规划，并形成规划送审稿。

（6）评审认定阶段

**召开评审会**。由双方商定组织召开评审会，或由当地农业主管部门根据园区申报文件要求组织评审，由编制方负责制作PPT、汇报并答疑，各专家对规划稿进行评审，并形成评审意见。

**提交终稿**。根据专家评审意见做最后的修改完善，形成最终报告。并将规划终稿报告、表格、图纸一并装订成册，加盖公章，提交甲方。

**审定认定**。经当地农业系统最后认定批准该园区为省级现代农业园区。

## 4.3 规划编制大纲

规划大纲是园区规划的骨架，需要按照逻辑思维要求，结合园区实际设计好规划大纲，规划大纲不可能一步到位，需要多次反复、不断优化调整才能确定，一个好的规划大纲是规划编制组对园区未来整体框架的构建及条理化脉络的勾画，对于下一步规划研究和编制都起着非常重要的作用。详见图4-3，由于园区规划目前没有统一、标准的编制格式，编者通过多年的工作经验和规划实践，总结出综合型园区规划编制大纲主要包括以下几方面。

**规划背景与意义**。主要包括规划由来、规划意义、规划依据、规划范围与规划期限。

**园区现状与环境条件分析**。主要包括园区基本概况、环境条件和SWOT分析等方面内容。

**总体规划方案**。主要包括指导思想、规划原则、发展思路、发展定位、规划目标、发展战略与步骤、功能分区与布局等方面内容。

**农业资源综合平衡与产业融合发展分析**。主要包括土地资源、水资源、农业环境承载力等方面平衡分析和产业融合发展分析。

**各功能板块规划**。根据主导产业选择，针对综合型园区主要包括设施农业、大田种植、林果种植、畜牧养殖、水产养殖、农产品加工、农产品物流、休闲观光、科技创新与配套服务等多个功能板块规划。

**基础设施专项规划**。为了更好地推进园区总体规划和各功能板块规划的顺利实施，相应配套了园区基础设施专项规划。

**投资估算与效益分析**。按照各功能板块和专项规划进行投资汇总，计算出园区规划投资总额；再根据各级政府相关扶持政策，提出财政资金、社会资本和自筹资金等多种资金筹措方案；并分析园区规划实施后即将产生的经济、社会和生态效益。

**组织管理与运行机制**。主要包括园区管理模式的设置和运行机制的设计。

**规划保障措施**。为了更好地推动园区的顺利实施,提出组织保障、政策保障、资金保障、科技保障、品牌建设等方面的措施。

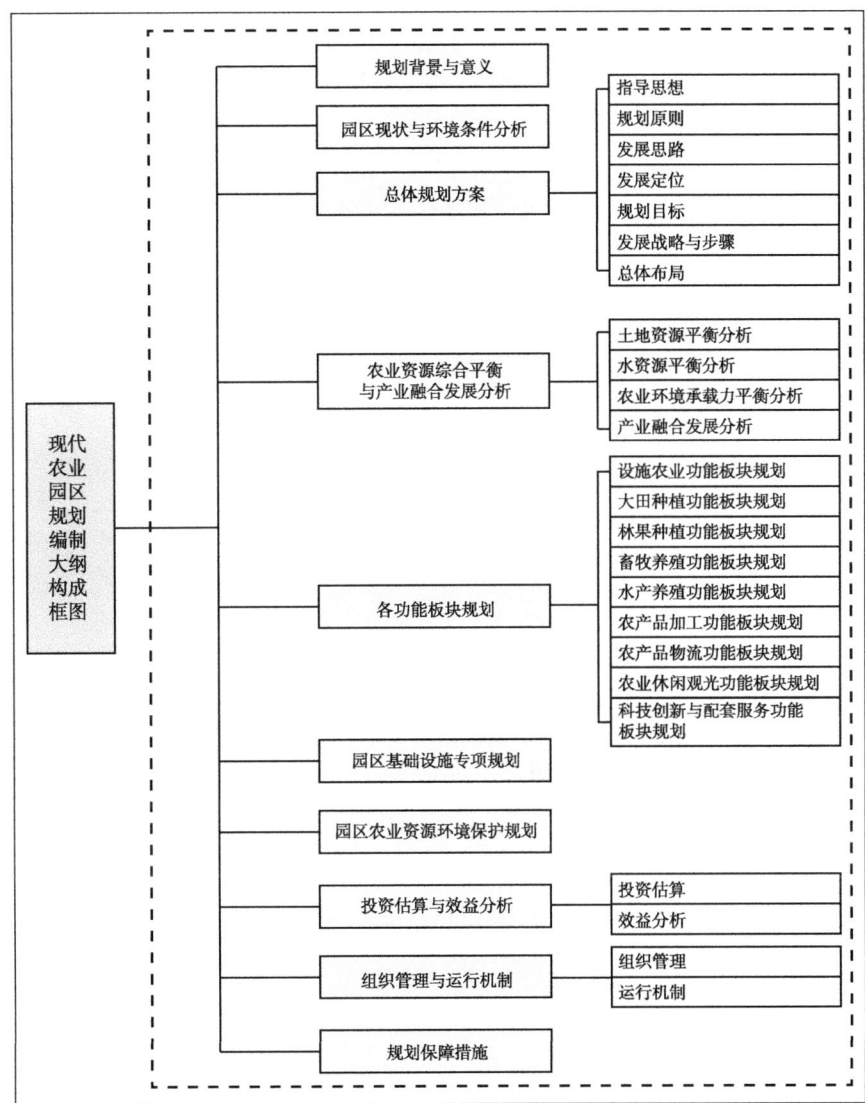

图 4-3 现代农业园区规划编制大纲构成

## 4.4 规划成果

要将规划大纲结构转化成审批部门要求的规划成果,需要加强与其他行业规划的有机衔接。现代农业园区规划成果大致包括"一本一图一表":一本规划文稿、一套规划图和一张重点项目建设内容与投资估算表。

### 4.4.1 规划文本

规划文本内容详见上述框图4-3编制大纲。借助OFFICE软件以WORD或WPS格式进行报告的编写,根据双方约定的(A4或A3)幅面装订成册。好的规划文本具有内容全面、思路清晰、重点突出、层次分明、逻辑严谨、文字精炼、数据翔实和图文并茂等特点。为了使得规划语句更加通顺、简洁与流畅，规划文本中要使用简单句、判断句和祈使句等。

### 4.4.2 规划图件

根据总体规划和委托方对规划深度的表述，按照国家制图标准绘制相关规划图件。具体制作要求详见第23章。综合型农业园区规划图大体上包括以下图件。

**（1）现状分析图**
① 区位分析图
② 土地利用现状图
③ 上位规划解读图

**（2）总体布局图**
① 空间结构分析图
② 园区总体规划布置图
③ 总体平面布置效果图

**（3）各功能板块规划布置图**
① 设施农业功能板块规划图
② 大田作物种植功能板块规划图
③ 林果种植功能板块规划图
④ 畜牧养殖功能板块规划图
⑤ 水产养殖功能板块规划图
⑥ 农产品加工功能板块规划图
⑦ 农产品物流功能板块规划图
⑧ 农业休闲观光功能板块规划图
⑨ 科技创新与配套服务功能板块规划图

**（4）园区基础设施专项规划图**
① 园区出入口与围墙设施规划图
② 园区道路系统规划布置图
③ 农田灌溉系统规划布置图
④ 园区电力系统规划布置图
⑤ 园区给水系统规划布置图
⑥ 园区排水系统规划布置图
⑦ 园区燃气系统规划布置图
⑧ 园区供热系统规划布置图
⑨ 园区信息化系统规划布置图
⑩ 园区环卫设施布置图
……

### 4.4.3 规划附表

规划附表主要包括：
① 主要建设内容与投资估算表
② 资金筹措表

# 第三篇　规划编制篇

本篇是全书的主体部分，包括第5章至第22章，共18章。本篇按照园区规划的一般框架，分别对园区规划的背景意义、基础条件分析、总体方案、资源环境平衡、各功能板块规划、基础设施配套、生态环境保护、投资与效益分析、组织管理、保障措施等章节的编写方法进行了论述；其中，在各功能板块规划部分，根据园区主导产业类型（主导功能），对相关功能分类进行了专门论述。本篇各章节内容组合在一起，就构成了一个系统性、相互配合的规划整体报告。

# 第5章 规划背景与意义

本章主要介绍规划的背景资料，包括规划由来、规划意义、规划依据、规划范围与规划期限等方面的内容。

## 5.1 规划由来

规划由来主要是说明园区规划提出的背景与前后起因过程。

首先从国家宏观政策、行业发展和园区所在区域社会经济发展战略等方面介绍园区建设的宏观背景，即"天时"；再从园区所在区域产业发展现状、基础设施条件等方面介绍园区发展现状，即"地利"；再从促进经济转型发展、示范带动产业升级、促进农民增收、加快美丽乡村建设等方面分析园区建设的必要性和迫切性，即"人和"。最后从园区发展面临的问题入手，描述园区面临的机遇和规划的主要任务。

## 5.2 规划意义

规划意义是指规划实施后对园区所在区域发展发挥的示范带动作用和影响。可以从推动农业科技创新、推进农业产业结构调整、推动农村产业融合发展、促进农民就业与增收、改善区域生态环境等方面论述规划的意义。

**第一，阐述园区规划对农业科技创新驱动的意义**。科学制定园区规划，突出科技创新、研发应用或试验示范、科技服务与培训等功能，引导园区与科研单位合作建设农业科技成果转化平台、科技人员创业平台、高新技术产业孵化基地等，打造区域现代农业创新高地。在此基础上，不断优化从业人员结构，提升新型职业农民与农民工职业技能，培养适应现代农业发展需要的新农民。总之，通过园区规划引导，不断提高园区农业生产科技含量。

**第二，阐述园区规划对优化农业产业结构的意义**。主要从以下几个方面进行阐述：一是通过园区规划，不断引进与推广新品种、新技术、新模式等，促进园区产业结构调整；二是围绕市场需求变化，培育地方特色产业，通过高标准农田、标准示范园（菜园、果园、茶园）或规模化养殖场的建设，不断提高农业供给质量水平；三是推动土地快速流转，引导农民合作社规范生产，发展适度规模经营。总之，通过发挥园区示范引领作用，带动区域产业结构调整，不断推进农业提质增效。

**第三，阐述园区规划对推进产业融合发展的意义**。重点从以下几个方面进行阐述：一是通过加强种养基地建设，促进标准化生产；二是通过大力发展农产品加工物流产业，延伸农业产业链条；三是通过休闲观光点打造和美丽乡村建设，拓展农业多元功能；四是通过"互联网+农业"、电商平台建设，将信息技术应用到农业生产各个环节，示范带动区域信息化发展。总之，通过全产业链条打造，促进一二三产业深度融合发展。

**第四，阐述园区规划对促进农民就业与增收的意义**。主要从以下几个方面进行阐述：一是通过大力发展现代农业，不断提高农业效益，增加农民家庭经营性收入；二是通过发展二三产业，促进劳动力转移就业，不断增加农民的工资性收入；三是园区建设带动区域经济全面发展，促进农民资产升值，增加农民的资产性收入；四是园区建设不断探索利益补偿机制，增加农民的转移性收入。

**第五，阐述园区规划对农业资源环境保护的意义**。主要从以下几个方面进行阐述：一是通过园区规划实施畜禽粪便、农作物秸秆、农用残膜等综合利用，减少化肥农药施用，加强产地环境监测，示范推广节水、节肥、节药和病虫草害绿色防控技术，减少园区农业面源污染；二是通过园区基础设施规划与建设，加强农村危房改造、饮用水安全、生活垃圾处理、房前屋后绿化等方面的整治，带动园区生态宜居村庄建设；三是通过水土资源保护、水土流失治理与生物多样性恢复等，推动园区生态环境向良好方向发展。

针对园区不同类型，可以从上述各个方面选择性地阐述园区规划的意义。

## 5.3 规划依据

主要描述规划编制所依据的法规条例、方针政策、上位规划与相关规程、规范与标准等。

### 5.3.1 法规条例

主要包括土地、水资源、森林、野生动植物等资源保护，环境保护、产权制度等方面的法规条例，如农村土地承包法、物权法、基本农田保护条例、饮用水源保护条例、建设项目环境保护管理条例等。

### 5.3.2 方针政策

① 党的十八大以来有关推进现代农业发展的方针政策；

② 近年来，中央一号文件有关"三农"服务的惠农强农富农政策；

③ 各部委、地方政府发布的有关推进现代农业、优势特色产业发展、休闲农业与乡村旅游等方面规划文件与实施方案；

④ 农业部创建园艺作物标准示范园、粮棉油糖高产示范片、标准化规模养殖场和健康水产养殖场、农村产业融合发展、区域生态循环农业、农业废弃物资源化利用等方面的文件精神；

⑤ 所在省份发布的关于现代农业示范园、农业科技园、农业产业园、休闲农业园、创意产业园、创业创新园等方面创建的指导意见；

⑥ 其他相关方针政策。

### 5.3.3 上位规划

① 园区所处区域国民经济与社会发展规划纲要；

② 园区所处区域农业和农村经济发展规划；

③ 园区所处区域现代农业发展规划、优势/特色农产品区域布局规划、粮油产业发展规划、果蔬产业发展规划、畜牧业发展规划、渔业发展规划、农产品加工物流规划、农产品商贸发展规划、休闲农业与乡村旅游发展规划等相关规划；

④ 园区所处区域主体功能区规划、城乡统筹发展规划、土地利用总体规划、道路交通发展规划、工业发展规划、全域旅游发展规划、生态环境保护规划、水利工程建设规划等相关规划；

⑤ 其他相关上位规划。

### 5.3.4 规程规范标准

主要指园区规划中采用的国家、行业、地方标准，以及规程与规范等。如《高标准农田建设标准》《农田建设规划编制规程》《人工造林技术规程》，或无公害食品、绿色食品、有机食品产地认证规范和生产技术标准等。

实际工作中，应根据具体园区规划要求，通过收集整理相关资料后，列出详细名录归入上述编制依据范畴。

## 5.4 规划范围与规划期限

### 5.4.1 规划范围界定

一般指园区规划涉及的地理空间大小,综合考虑甲方需求、地形地貌、产业类型、水土资源条件等因素来确定。规划范围的描述应阐述园区所在的具体位置、四至情况、地理坐标、涉及的乡镇或村落、占地规模、耕地面积、涉及人口等方面的内容。

### 5.4.2 规划期限界定

规划期限界定主要是指规划实施的具体时间,对于政府主导型园区,规划期原则上应与当地国民经济和社会发展五年规划一致;对于企业主导型的园区,规划期限应与企业发展战略、总体发展规划要求相一致。还要划分规划的实施阶段,如近期规划年限为1~3年,中期规划年限为3~5年,长期规划年限为5~10年。

除此之外,还应确定规划基准年,以便进行定量比较。一般选择规划的前一年为基期年,收集该年正式出版的农业统计年鉴数据为主要官方参考资料,若基期年为特殊年份,其统计数据没有代表性,可取前3年的平均数作为规划基期数据。

# 第6章 园区现状与环境条件分析

本章主要是厘清家底，分析现状，找出园区发展的有利条件与存在的问题，分析园区发展面临的机遇与挑战，为规划方案的选择提供参考依据。主要包括园区基本概况、上位规划解读和综合条件分析等方面的内容。

## 6.1 基本概况

基本概况主要包括所在区域的区位条件、自然资源条件、社会经济条件、产业发展现状、园区基础设施条件和园区经营状况等方面。

### 6.1.1 区位条件

区位条件主要包括地理区位、交通区位和经济区位。

**地理区位**。明确园区的地理位置。主要指园区所处的行政区域、方位、四至（指四周如东、南、西、北与地物、地名相连）、地理坐标（经度和纬度）等。描述园区所处的大致位置，以及该位置的区位优势所在。

**交通区位**。明确园区与外界通达的便捷程度。主要指园区与主要交通要道、站场节点的相对位置，如与飞机场、火车站、港口、高速公路、国道或省道的相对位置、时间距离等。分析园区所处的交通优势。

**经济区位**。近几年随着经济一体化的快速发展，中央不断推出了不同类型的经济板块规划（如某大城市、某地理区域等），它所辐射的范围一般用车时来表示，如半小时、一小时、两小时城市（经济）圈等。

### 6.1.2 自然资源条件

影响园区发展的自然条件有多种类型，主要包括气候条件、地形地貌、土壤状况、土地资源、水资源、生物资源等。

**气候条件**。是影响农业生产的重要因素，主要介绍园区所处的气候带及所表现的气候特征。重要指标包括：年平均气温、大于10℃积温天数、年均降水量及月际分布、无霜期、日照时数、风向等。不同气候条件直接影响到产业结构调整、功能区选址和温室布置方向等。

**地形地貌**。指园区所在区域的地貌形态。主要介绍园区地貌类型、地势倾斜度与方向、平均海拔、微形地貌等，这些因素直接影响到空间结构与功能区布局等。

**土壤状况**。土壤是农作物生长的基础。主要介绍园区土壤类别、有机质含量、氮磷钾含量、pH值、土层厚度等指标。较好的土壤状况能适宜多种农作物生长。

**土地资源**。主要指园区拥有的各类土地。如根据《县级土地利用总体规划编制规程》（TD/T 1024—2010），将县级土地类型划分为农用地、建设用地和其他土地等三个一级类和多个二级类，调查各类土地面积及利用构成情况。还要重点关注基本农田保护区分布位置与范围，主体功能区的重点开发区、适宜开发区和禁止开发区的空间管制区域以及畜禽养殖划分的禁养区、限养区和适养区的分布位置与范围。为园区功能分区提供依据，并制定土地利用现状调查表，详见第八章表8-1；绘制土地利用现状图，详见第23章图23-3。

**水资源**。包括园区地表水、地下水资源情况。地表水资源主要包括所属流域、境内主要河流名称、径流量、枯水与丰水季节水流量，坑塘水面、水库水面及其功能定位、可利用水量、灌溉范围等；地下水资源主要包括地下水种类、蕴藏总量与可开发量、埋深、出水量等。了解园区目前农业生产需水量、水源方式、灌溉方式等情况。

**生物资源**。主要是指园区及周边地区的动植物种类，了解园区现有的农业种植与养殖活动的种类及优势农产品资源、特色农产品资源、本地表现良好的品种资源、农民习惯种植的品种资源等，以及当地主要农产品的种类与数量、市场竞争优势所在等。

### 6.1.3 社会经济条件

**经济状况**。主要描述园区所在区域或所属企业的经济发展概况，如实反映园区的经济发展水平。如园区所属区域经济发展概况，包括地区生产总值、第一二三产业增加值、产业结构、农业总产值、农业产值内部结构、地方财政收入与支出、城镇居民可支配收入和农民人均纯收入等；园区下属企业经济发展概况，如营业收入、利润总额、上缴税收、职工构成、人均年收入、营业范围和主导产业发展情况等。

**社会状况**。主要介绍园区覆盖范围、人口结构及农村劳动力接受教育情况等。如园区所涉及的县市或区、乡镇、行政村的名称和个数；园区总人数与构成以及在所属区域所占比重，其中常住人口数、乡村户数以及农业人口数量；农村劳动力总数、分布在各产业内的数量以及接受教育情况；园区城镇化率等。了解园区科技研发机构及农技人员配备数量、与科研院所技术合作情况、新品种与新技术示范与推广情况、科技培训情况等。

### 6.1.4 产业发展现状

任何地区的农业生产与布局，均存在一定的历史继承性，其现状必将影响未来产业的发展。对粮食产业着重了解粮食作物种类、单产水平、种植方式、加工能力和品牌影响力，以及阻碍粮食产业发展的制约因素等；对蔬菜产业重点了解蔬菜品种、单产水平、设施蔬菜规模、标准蔬菜示范园创建数量、知名品牌数量、经营模式、销售渠道与区域等；对林果业着重了解种植品种、种植面积、林种结构、单产水平、加工与仓储能力等；对畜牧业着重了解畜禽品种、养殖规模、养殖方式、饲草料来源、良种覆盖率、规模化养殖水平、防疫措施和粪污资源化利用情况等；对渔业主要了解养殖品种与规模、鱼类结构、可养殖水面、养殖水环境、良种覆盖率、健康养殖方式和水生动物防疫情况等。详见表6-1。

**表 6-1 基期年园区主要农产品生产现状一览**

| 品种 | 面积/存栏量<br>（万亩/万头） | 产量/出栏量<br>（万吨/万头） | 最近三年<br>年均增长率 |
|---|---|---|---|
| 粮食 | - | - | - |
| …… | | | |
| 蔬菜 | - | - | - |
| …… | | | |
| 果品 | - | - | - |
| …… | | | |
| 畜禽产品 | - | - | - |
| …… | | | |
| 水产品 | - | - | - |
| …… | | | |

另外还应着重了解园区内及周边范围自然景观、旅游资源、农业观光资源、乡土风情和特色美食等，以及年接待游客数量、潜在游客市场等。

产业发展现状描述详见各功能板块规划现状分析部分内容。

### 6.1.5 园区基础设施状况

**规模化与标准化**。主要调查园区内经营耕地50亩以上的农户数量；年出栏生猪500头以上、羊100只以上、肉牛50头以上、奶牛年存栏100头以上、肉鸡年出栏10 000只以上和蛋鸡年存栏2 000只以上的规模化养殖场数量。了解经部、省级认定的旱涝保收高标准农田、粮食作物高产创建示范、园艺作物标准示范园创建、标准化规模畜禽养殖场（小区）和健康水产养殖示范场等建设规模与数量。

**农田基础设施**。主要了解农田灌排设施水利工程、田间道路和水田林路沟综合治理等方面的情况；调查园区有效灌溉面积、旱涝保收面积、节水灌溉面积和设施农业面积等指标，并计算其所占耕地总面积的比例，从中了解园区农田灌排条件、抗旱保收能力农业设施建设水平，并与全国及所在省份平均水平进行比较，了解其排位。

**农业机械装备**。主要了解园区现有农机总动力，调查大中小型拖拉机、拖拉机配套农具、农用排灌动力机械和联合收割机的台数，了解园区主要农作物的机耕率、机播率和机收率等，测算主要农作物耕种收综合机械化率指标，并与当地所在省份和全国平均水平进行比较，了解其排位。

### 6.1.6 经营管理状况

了解园区内产业化龙头企业、农民合作社、家庭农场和种养大户等新型经营主体情况。重点介绍各级龙头企业数量及经营情况、认证级别、产业集聚状况、销售网络、产品市场占有率和订单农业面积等；园区内农民合作社发展数量、合作社带动农户参与数量和参与农户收入增加状况；园区内种养大户和家庭农场拥有数量，主要经营类型与建设规模等。

## 6.2 上位规划解读

通过分析园区所在区域的上位规划和国家、省份发布的区域经济发展意见，了解园区在宏观层面的功能和产业发展定位，为后续园区规划方案的制定提供依据。上位规划主要包括：

**主体功能区规划解读**。主体功能区规划是一定区域内国土空间开发的战略性、基础性和约束性规划，是根据不同区域资源环境承载能力、现有开发强度和发展潜力，统筹谋划人口分布、经济布局、国土利用和城镇化格局，确定不同区域的主体功能，明确开发方向。园区规划需要重点了解园区所在区域承担的主体功能，属于城市化地区、农产品主产区和生态功能区的哪种类别，对接功能区的发展类型与定位，明确园区在区域内承担的主体功能和发展方向。

**国民经济与社会发展规划解读**。国民经济与社会发展规划是对一定时期内国民经济的主要活动、科学技术、教育事业和社会发展所作的总体规划和安排，是指导经济和社会发展的纲领性文件。根据园区类型，重点了解园区所在区域对相关产业的发展定位、建设思路、规划重点和发展目标。如产业型园区，应重点了解其主导产业的发展方向和重点等。

**优势/特色农产品区域布局规划解读**。优势/特色农产品区域布局规划是优化我国农业生产力布局的重要指导性文件，对园区规划具有一定的指导意义。如《全国特色农产品区域布局规划》确定了特色蔬菜、果品、粮油、饮料、花卉、纤维、中药材、草食畜、猪禽蜂和水产等10类特色农产品，应了解该区域优势或特色农产品的类别和发展重点，园区规划应寻找融入区域优势或特色产业带的切入点。

**土地利用总体规划分析**。土地利用总体规划是在一定区域内，对土地的开发、利用、治理、保护在空间、时间上所做的总体安排和布局，是国家实行土地用途管制的基础依据。园区规划应了解园区内土地利用类别、所属管制区域、基本农田范围和不可触碰的红线。并在此基础上，做好园区土地未来发展的总体规划。

### 6.3 综合条件分析

综合条件分析采用SWOT分析法，该方法主要分析园区内部存在的优势与劣势，外部面临的机遇和挑战，并提出可供选择的应对措施。

#### 6.3.1 优势与劣势分析

优势分析主要阐述园区发展的内部有利条件，应着重从区位、资源、技术等方面叙述：

**区位优势**。是指园区与外界联系的便捷程度，具有汇聚人才、物资、技术的便利和快速通达市场、吸引旅游客流的优势条件。可从以下角度进行分析：一是分析园区是否位于某经济中心地段、某区域发展经济圈内、某产业发展板块、优势产品布局区域内、区域旅游黄金线路等位置；二是分析园区是否靠近农产品物流中心、产地批发市场、旅游景区、大中城市等周边位置；三是分析园区是否临近主要交通要道、重要港口或货物集散地等位置。

**资源优势**。主要分析园区内水资源、土地资源、光热资源、土壤资源、植被资源和文化资源等的富集程度，具有某方面资源禀赋的优势。如园区水面宽广、水质优良，具有发展健康水产养殖和休闲观光农业的优势；生态环境良好、土壤肥沃，具有发展绿色生产的优势；民俗文化突出、美食资源丰富，具有发展休闲农业与乡村旅游的优势等。

**产业优势**。指园区或园区所在区域的某项产业具有规模优势、特色突出等，便于打开市场，提高产品市场竞争能力。同时，规模优势又使该产品生产成本降低，进而形成产业优势。

**技术优势**。包括技术人才、劳动力素质和科研条件等。如良好的生产技术和设备可以生产出低成本、高品质的产品，形成竞争优势。拥有某项核心技术可能是当地历来传承的，或是从国外引进的，或是自主创新的，与同类园区相比，较能形成一定的技术优势。

优、劣势的表现多种多样，不管存在区位、资源还是技术、产业等方面的潜力，只要对园区发展有利，而相对于其他区域又表现较好，都属于优势；反之，则属于劣势，如水资源贫乏、产业结构不合理、基础设施薄弱、产业链条短等。

#### 6.3.2 机遇与挑战分析

机遇与挑战是评价园区面临的外部环境。外部机遇主要包括涉农政策、产业融合发展和市场升级等方面的因素。

**涉农政策机遇**。如近年来，中央高度关注的"三农"问题，连续几年发布的聚焦"三农"的中央一号文件，强农惠农富农政策不断出台，逐步加大了高标准农田建设、水利工程建设、农业科技创新条件建设、产业融合发展示范工程、区域生态循环农业试点项目等方面的投资力度；这些政策均为园区发展带来了一定的机遇。

**产业融合发展机遇**。为了加快转变农业发展方式，促进农业结构调整，增加农民收入，国家提出了促进农村产业融合发展的指导意见，计划在全国创建一批产业融合示范园和先导区，旨在丰富产业业态，延长全产业链条，不断促进农业提质增效。作为引领区域现代农业的园区，促进农业接二连三发展，同样面临前所未有的机遇。

**消费升级机遇**。随着人们生活水平的不断提高，以及拉动内需战略的实施，将进一步扩大农产品消费需求，特别是高档、绿色、安全产品的消费需求，势必将迎来消费升级的需求。

外部因素若不利于园区发展，则被看作是"挑战"。如国际债务危机、汇率风险、进口限制等导致国内部分农产品出口受阻；还有如周边园区同类产品的竞争、生态环境制约、农产品质量安全、资源匮缺、土地流转受阻、农村劳动力减少等方面的因素，都可能是园区发展面临的挑战。

### 6.3.3 综合分析结论

根据上述分析，运用系统分析方法，依次将影响园区发展的因素清单排列，构造出SWOT矩阵图，在排列过程中，将对园区发展有直接的、重要的、久远的影响因素优先排列相应的象限内，见图6-1。在此基础上，综合评价园区的优势与劣势、机遇与挑战，提出园区发挥优势、克服弱势、挑战机遇、化解威胁的对策和相应的行动计划，为总体规划方案制订提供参考。

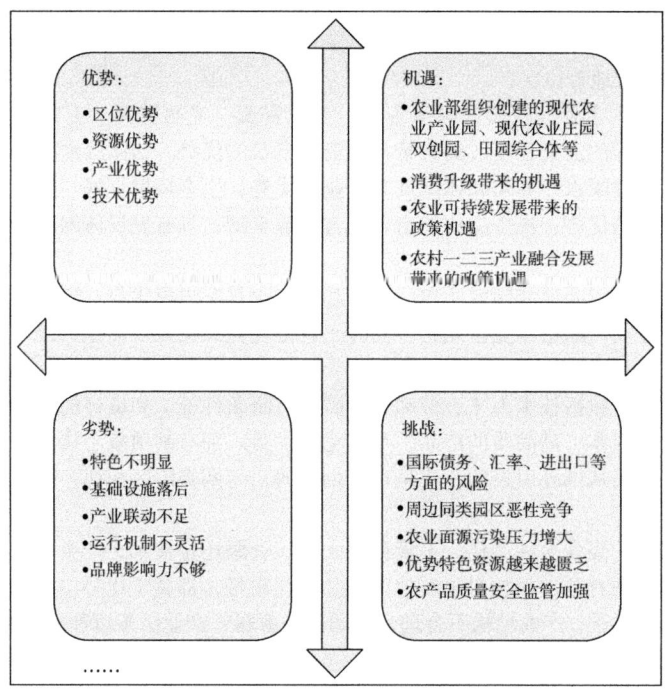

图6-1　现代农业园区综合分析示例

# 第 7 章 总体规划方案

农业园区总体规划方案设计应从全局出发，做好统筹安排，充分利用有限的地域空间，满足园区各种功能，因地制宜，促使各功能板块相互配合、联系紧密、协调发展，构成一个完整的有机整体。本章主要介绍园区规划的指导思想、基本原则、发展思路、发展定位、规划目标、发展战略与步骤、总体布局等，旨在通过整体谋划，厘清园区发展思路，确定发展方向与目标，进行合理的功能定位与分区，调整与优化空间布局。

## 7.1 指导思想

指导思想是园区总体规划方案的重要组成部分，是对园区发展的整体把脉与定向，是园区未来建设的行动指南。指导思想的撰写要求简明扼要，概括全面，条理清楚，重点突出。

以《安徽省马鞍山承接产业转移示范园区》为例，其指导思想是：贯彻党的十八大精神，按照《安徽省政府关于创建省级现代农业示范区的意见》要求，立足马鞍山区位优势、资源优势和市场优势，紧抓皖江承接产业转移示范带建设和"芜马"同城化机遇，突出"智慧农业、都市农业"主题，围绕"高端生产、科技示范和休闲观光"三大功能，构建现代农业产业体系、优化区域布局、配套基础装备、理顺运行管理机制，建设特色鲜明、功能多样、效益突出的安徽省级现代农业示范区，引领示范皖江地区现代农业发展。

从上述表述可以看出，在指导思想中，一般要阐述清楚以下几个方面的内容。

**园区规划的依据是什么？** 通常情况下，园区规划的依据是指中央以及地方政府有关园区建设、区域经济发展的相关政策、方针等，在撰写这部分内容时，要重点分析近年来中央发布的重要文件、经济发展规划和产业布局规划等，地方政府出台的现代农业发展规划、农业园区建设意见以及相关优惠政策也应在依据之列。

**园区规划立足的突出优势是什么？** 园区建设的优势一般包括资源、区位、产业和市场等优势，分析优势时应在现场调查、准确把脉的基础上，总结出有利于园区发展的突出优势，便于园区差异化发展。

**园区规划的主题是什么？** 农业园区的主题各有特色，一般常见的主题有智慧农业、都市农业、生态农业和休闲观光农业等。

**园区规划确定的总体目标是什么？** 园区发展要实现的总体目标一般包括多个，例如到规划期末，将其打造成国家级农业科技园区、区域性现代农业示范园、农业产业聚集区等，在指导思想中应根据园区发展现状，突出核心目标，如上述案例就选择了省级现代农业示范园区。

**园区建设的重点内容是什么？** 应根据农业园区的比较优势、存在的问题、发展方向等，确定园区建设的重点内容，重点内容主要包括构建现代农业产业体系、加强科技创新与技术支撑、强化基础设施建设与物质装备、探寻组织管理与运行机制模式等。

**园区建设要发挥的作用是什么？** 主要是指园区规划实施后所要达到的效果，应从经济、社会和生态等方面阐述，包括在科技示范与辐射带动、产业集聚与技术集成、带动农民就业与增收等方面所发挥的作用。

## 7.2 规划原则

规划原则是园区规划和项目设置需要遵循的基本方针，对园区建设起重要的指导作用。基本原则的撰写应根据园区的指导思想、功能定位和发展战略加以确定，做到普遍性与特殊性相结合、前瞻性与现实性相结合、理论性与可操作性相结合。农业园区规划在遵循"创新、协调、绿色、开放、共享"基本原则的基础上，还应结合具体园区实际突出特色，下面推荐几项比较有代表性的原则：

**在总体构思方面，坚持以农为本，"四农"齐驱的原则。** 这是园区规划的基本所系、本质所在和根本出发点。姓农，就是要以农业为基础、以农民为核心。务农，就是要围绕农业干，推广应用新品种新技术，做大做强农业产业。为农，就是要为农业发展和农民增收服务。兴农，就是要吸引和集聚现代要素，提高农业质量和效益，使农民、企业双方受利。规划应把"四农"作为园区规划的宗旨，不能偏离这一定位。

**在产业选择方面，坚持因地制宜、突出特色的原则。** 如结合园区所处的自然条件、资源禀赋、产业基础和市场容量等方面的因素，因地制宜地确定园区的主导产业，宜农则农、宜牧则牧、宜游则游，特色要鲜明，成长性要良好，有利于可持续发展。

**在功能定位方面，坚持示范引领、市场主导的原则。** 农业园区是区域产业升级的窗口，起着示范引领和辐射带动作用。在市场经济条件下，园区产业的选择必须以市场需求为导向，生产的产品、提供的服务市场竞争力必须要高，才能发挥市场主体在产业发展、商贸流通等方面的主导作用，进而推动区域农业经济的快速发展。

**在总体要求方面，坚持全面发展、提升标准的原则。** 农业园区建设在全面推进、协调发展的同时，应从高起点、高标准、高品质和高效益等方面重点突破，应站在现代农业发展的制高点上，采用国内外农业高新技术和现代物质装备，向市场提供最具特色和最优品质的农产品，最终实现高效益。

**在总体布局方面，坚持优化空间布局、推进产城融合发展的原则。** 合理选择园区主导产业，引导二三产业向重点区域集中，发挥产业集聚优势，提高园区综合竞争力和经济效益。通过农产品加工、商贸物流、休闲观光等方面的培育与提升，实现主导产业与企业在集聚区的相互促进、融合发展，为园区所在区域的新型城镇化发展提供产业支撑，推进产城融合快速发展。

**在实施建设方面，坚持政府引导、多方参与的原则。** 建设现代农业园区，要发挥好政府、企业和农民三方各自的作用，三者要分工明确，不能错位。政府要发挥引导作用，如成立一定级别的园区管委会，党委和政府主要负责同志要亲自挂帅，并围绕园区基础设施和公共服务，创设和出台相关支持政策；企业要经营产业发展、产品开发与市场营销等具体业务，政府不能干预；农民应参与到产业发展的各环节，分享产业发展的增值收益。这样农业园区才能健康快速地发展。

**在示范推广方面，坚持科技创新、技术实用的原则。** 园区示范推广的技术应是国内成熟的实用技术，便于各层次参与人员的接受与使用。农业园区又是农业科技研发与创新的基地，因此要引进国内外先进的技术、新的品种和创新团队或人才，不断增强园区科技实力，着力提高农业科技含量，引领当地农业技术水平的整体提升。

**在规划推进方面，坚持统筹规划、分步实施的原则。** 园区总体规划的设计，要充分体现规划的全局性和长远性，要突出重点区域和重点产业。一般在园区发展初期，应集中建设核心区，重点发展科技研发、高端高效产业；在具备一定基础后，再建设园区其他区域，发展其他产业。要实现园区的长远发展与近期建设、重点产业与配套产业有机结合，做到分期推进，分步实施，达到边建设边生产、边运营边收益的目的。

**在统筹发展方面，坚持产业融合、协调发展的原则**。农业园区建设要依托当地优势特色资源，引导市场主体在园区内集群发展，如建设标准化生产基地、发展农产品加工业，以此牵引全产业链发展，形成龙头企业带动，生产基地与加工互为依托、上下游协作紧密、相生相融的发展格局，有力地促进现代生产要素的集聚，推动园区主导产业做大做强。

**在生态保护方面，应坚持绿色发展、生态友好的原则**。农业园区建设要秉承绿色、低碳、循环发展的理念，选择绿色产业，推广绿色生产模式，倡导种养结合、资源循环利用、清洁生产和节能减排等生产方式，集成推广环境友好型、资源节约型农业技术，示范应用节水、节电农业设施装备，率先实现"一控两减三基本"，做到污水、废气达标排放，垃圾、固体废弃物有效处理，促进园区农业可持续发展。

园区发展定位不同，对规划原则的表述也不尽相同，规划时应根据具体园区实际情况，参照上面原则进行适当的取舍。

## 7.3 发展思路

发展思路是农业园区规划的灵魂与核心，是对园区未来发展的整体统领，是在对外部环境、资源优势和产业条件等综合分析的基础上，对园区未来发展方向、功能定位和发展路径做出的总体评判。园区发展思路应与外部环境相适应，只有立足农业建设现状，明确各级政府的意图与愿景，才能推进现代农业发展，确保未来园区立于不败之地。农业园区发展思路表述方式有多种，下面列举比较有代表性的两种。

### 7.3.1 第一种表述方式

采用"1234……"阿拉伯数字来表述。这种方式由于顺口，记起来比较方便，且带有一定的口号性。如河北衡水某个农业园区规划，其发展思路概括为："112233"，即"坚持一条主线，抓住一个引领，严守两条底线，围绕两大任务，构建三大体系，形成三大功能板块"。下面以此为案例，对园区规划思路的撰写方法进行剖析。

**规划思路要明确园区建设的立足点**。即园区所处区域有什么资源环境、产业基础、政策条件等特点，这些特点就成为园区建设的逻辑起点，离开了这些，园区规划就会脱离实际。某园区地处黑龙港流域，属于严重缺水地区，治理地下水超采是当地农业发展的重中之重；同时，该园区也包含了几个贫困村，习近平总书记提出，到2020年贫困人口要实现脱贫摘帽。因此，在该园区规划中提出"严守两条底线"，即严守水资源红线和脱贫红线。

**规划思路要提出建设的主线**。即在对立足点分析基础上，提出未来建设的根本路径。在此基础上，园区各个项目的建设才能有向心力，各个项目相互配合，共同实现园区建设的目标。缺少了这条主线，园区内各个项目就缺乏有效的联结，项目就会"散"。根据某地农产品产量大、种类多，但高端、优质、绿色农产品少，产品结构无法适应京津高端市场需求的情况，园区规划提出了建设一条主线——农业供给侧结构性改革，园区的项目安排要突出调结构，促进产品升级换代。

**规划思路要提出园区建设的抓手**。即提出园区建设的关键领域和核心环节。园区建设是一项系统工程，需要大量的资金、技术、人才和项目。在资源有限的情况下，必须明确重点、有序推进，不能"胡子眉毛一把抓"。在该园区规划过程中，要推进农业结构调整、提升产品档次、打造园区品牌，依靠传统农业难度很大。培育引进龙头企业、农民合作社、家庭农场、种养大户等新型经营主体，带动发展多种形式的适度规模经营，有效提高农业的规模化、标准化、科技化水平，从而起到纲举目张的作用。因此，提出园区建设的"一个引领"，即农业适度规模经营。

**规划思路要提出园区的总体布局**。功能分区域布局是园区规划的重点内容，是园区规划与一般产业规划的重要区别之一。某园区所处区域为河北省重要的粮食主产区，也是重要的蔬菜、林果、畜产品产区。园区规划中，必须将粮食生产、重要农产品的生产放在突出的位置。同时，要推进农业转型升级、提高效益，也必须有适当的区域用于发展农产品加工物流、休闲农业与乡村旅游。因此，规划提出"三大功能板块"，即粮食生产、特色农产品生产区或重要农产品生产、产业融合板块，其中产业融合板块则是农产品加工物流、休闲农业与乡村旅游的集中区，是整个园区的核心区和引领区。

**规划思路要提出园区建设的重点任务**。习近平总书记提出，推进农业现代化，重点要构建"现代农业产业体系、生产体系和经营体系"三大体系。可以说，构建三大体系是全国农业现代化的重点。因此，规划也将构建三大体系作为园区建设的重点。

在这一表述方式中，数字的顺序往往是按照园区的特点专门设计的，具体撰写时，数字的顺序也不一定都是连贯的，可以跳跃或重复。

### 7.3.2 第二种表述方式

针对某一综合型园区，其发展思路大致描述为：以园区现状为基础，以目标市场需求为导向，以农业科技为支撑，以产品质量效益为目标，稳定发展××产业，适度发展××产业，加速培育××产业，重点发展××产业，着力提升××产业，做大做强××产业，促成以点串线、以线带面，形成优化的产业布局，推进规模化生产，促进园区现代农业又好又快发展。这种表述方式在实际规划中应用比较多，套路比较明显，表达比较平稳，逻辑思维比较强。

## 7.4 发展定位

园区发展定位包括总体定位、市场与产品定位和功能定位等。

### 7.4.1 总体定位

总体定位决定园区未来的发展方向，一般用词比较精炼，内涵比较丰富。总体定位一般从不同层面、不同角度和产业特色等方面来进行描述。如通过打造几张名片或提出几个比较形象的愿景词，来完成园区的总体定位，以此突出园区的地方特色，有利于塑造园区良好形象、扩大区域影响力。下面从"打造几张名片"这一角度来示范总体定位的撰写。

**从不同层面打造特色名片**。如通过规划与实施，将农业园区打造成"国家农业科技园区"（国家层面）、或"省级综合型现代农业示范园"（省级层面）、或"市级农产品加工物流集聚中心"（市级层面）等多个层面，以此打造园区的特色名片。

**结合主导产业打造特色名片**。如园区内某产业在当地或全国具有一定的知名度和影响力，可结合该产业打造特色名片。如湖北夷陵区某农业园区盛产柑橘和茶叶，其核心区总体定位为"橘都茶城"；陕西洛川县某农业园区盛产苹果和葡萄，其总定位为"果都葡乡"等。

**从不同角度打造特色名片**。如从形象展示的角度，将园区打造成"现代农业建设的样板区"；从生态保护的角度，将园区打造成"农业可持续发展试验示范区"；从主体培育的角度，将园区打造成"龙头企业孵化区；从产业融合的角度，将园区打造成"农村一二三产业融合发展的先导区"。

上述名片可以单张打造也可多张组合打造，其目的是不断扩大园区的社会影响力，以此确立园区的总体定位。

### 7.4.2 市场与产品定位

#### 7.4.2.1 市场定位

市场定位包括目标市场定位和客流群体定位。下面以休闲观光型农业园区规划为例，示范市场定位的撰写。

**（1）目标市场定位**

目标市场定位又称消费者定位，即确定目标顾客群。按照空间距离来分，休闲观光农业市场定位可分为一级、二级和三级市场。如**一级市场**主要指园区周边区域（1小时交通圈内），是发展短线休闲旅游的重点；**二级市场**主要指园区2~3小时交通圈内的区域，是发展中线休闲旅游的重点；**三级市场**主要指园区3小时交通圈以外的区域，是未来发展长线需要开拓的市场。

**（2）客流群体定位**

客流群体一般可分为家庭群体、学生群体、考察群体和购物群体等。如**家庭群体**主要以一级市场客源为主，一般在节假日及周末出行；**学生群体**主要以一级市场客源为主，多以教育、体验、郊游等集体活动形式出行；**考察群体**主要以一、二级市场客源为主，多因学术交流、考察学习等目的来到园区；**购物群体**主要以一、二级市场客源为主，主要是以采摘鲜嫩的绿色蔬菜、有机水果等为目的，购买特色农产品为主，辅以观光旅游。

#### 7.4.2.2 产品定位

园区产品应立足产业发展现状和市场基础，从不同角度、不同侧面进行定位。

**高科技农产品**。如依托现代农业科学技术，向人们展示农业科技发展带来的成果，为顾客提供科技含量高的特色农产品，如有机农场生产的稻米、蔬菜、果品、鱼类和畜禽产品等；垂直农场生产的设施栽培农产品；精准农业条件下生产的各类农产品。

**名特优新产品**。如依托良好的农业生产设施和技术，引进或培育出的"高、新、名、特、优"等产品，同时打造出田园美景、生态农庄等景观，让人在园区坐享"不出农业园，吃遍天下，观遍天下"的美感。

**高品位文化产品**。通过利用节假日，在园区举办各种会展、节庆、文体等丰富多彩的活动，促进现代农业与乡村文化的融合，培育和打造园区文化品牌，挖掘文化内涵，让人感受到美丽园区、秀丽乡村的无穷魅力。

### 7.4.3 功能定位与分区

功能定位是农业园区规划的重点内容之一，也是园区发展的主要方向。应根据园区的自然条件、社会经济状况和未来发展趋势等，形成科学、合理的功能定位。功能定位还应结合园区发展思路、总体目标和基本原则来确定。随着现代农业的发展，农业已经从传统的种植业、养殖业发展成为了一二三产业融合的"六次产业"，在具备传统的生产功能之外，还衍生出一些其他功能。本节主要介绍功能分类和园区主导功能推荐两方面内容。

#### 7.4.3.1 功能分类

园区的功能定位是在分析园区资源禀赋、基本特征、潜在价值和外部需求等多方面因素的前提下，对园区具备的基本功能、拓展功能和辅助功能所做出的具体界定。

**（1）基本功能**

园区的基本功能主要体现在"三生"（生产、生活、生态）功能上。

**生产功能**。国以民为本，民以食为天，无农不稳，无食则乱，无论社会发展到哪个阶段，衣食住行永远都是人类生存与发展的基本问题，因此农业生产是所有农业园区最基本的功能，这是由农业自身的特性所决定的。

**生活功能**。农业园区所提供的农事体验、农耕文化和乡土民情等休闲氛围，是人们精神生活不可或缺的内容，也是体现社会功能的重要组成部分，园区的这一功能可以激发市民返璞归真的情怀，促进区域经济和文化娱乐的协调发展。

**生态功能**。农业作为生态系统的组成部分，其发展必然会对生态环境产生影响。园区通过采取一系列保护措施，大面积种植绿色植被，倡导种养结合、资源循环利用和清洁化生产等，推行"一控两减三基本"，促进园区生态环境向着更好的方向发展。

**（2）拓展功能**

农业园区的功能还可拓展为旅游、科教、融合等方面的功能。

**休闲旅游功能**。农业园区将田园景观、农事体验、农耕文化、科技展示、特色餐饮和农时节庆等融合为一体，促进农区变景区、田园变公园、农房变客房等，让游人享受到农家体验、节气娱乐、文化传承所带来的乐趣。

**科普教育功能**。农业园区一方面可以提供学习农业知识的场所，加深市民对现代农业科普知识的了解。另一方面，依托科技、人才、土地等优势，还可开展形式多样的技术培训活动，培养一批农村实用人才和新型职业农民，发挥其科普教育功能。

**融合功能**。农业园区要通过发展规模种养、精深加工、商贸营销和休闲观光等，推进全产业链发展和产业集群发展，实现全环节升级、全链条增值，真正把区域资源优势、要素优势转为产品优势、市场优势和竞争优势，促进一二三产业深度融合和农业产业换代升级。

**（3）辅助功能**

辅助功能是为促进基本功能和拓展功能顺利实施而附带形成的功能，如示范功能、展示功能等。

**示范功能**。如在农业园区内开展新技术、新品种的引进试验与示范，带动农民不断采用新品种、学习新技术，促进农业科技成果的快速转化。

**展示功能**。农业园区是区域现代农业的引领区，随着规划的实施，最终将其打造成区域现代农业成果展示的窗口或平台，不断向社会展示新业态、新技术、新品种、新设施和新模式等，对区域现代农业发展具有辐射带动作用。

#### 7.4.3.2 主导功能定位推荐

主导功能是在基本功能、拓展功能和辅助功能的基础上，集中体现未来园区发展定位和方向的重要功能，作为主导功能应涵盖生产、生活、科技、社会和生态等多方面，包括精品生产、产业融合等多种功能。

**精品生产功能**。农业园区在传统农业生产的基础上，不断加强农业标准化建设，集成推广精准生产、测土配方施肥、水肥一体化、病虫草害绿色防控、健康养殖等先进适用技术，推进优质农产品"三品一标"认证和登记，实现精品农业生产，辐射带动区域农业提质增效。充分体现园区的精品生产功能。

**产业融合功能**。园区发展立足于主导产业，通过产业链的拓展延伸，将加工物流、电子商务、休闲旅游、文化娱乐等有效链接，发挥产业衔接整合集聚效应，实现农业、工业、旅游业以及文化产业的协调发展。充分体现园区的产业融合功能。

**科技创新功能**。农业园区通过搭建技术研发和成果转化平台，通过与国内外科研机构、科技企业等单位的合作，开展新品种、新技术、新设施的引进、研发与推广，实现自主创新和引进吸收创新相结合，辐射带动区域科技农业发展。充分体现园区的科技创新功能。

**企业孵化功能**。农业园区大胆创新组织管理与运行机制，积极尝试发挥园区生产企业孵化器的引领作用，着力引进和培育产业化龙头企业、农民合作社、家庭农场和种养大户等新型经营主体，在园区孵化一批区域竞争力较强的高新技术企业集团，形成总部集聚效应，辐射带动区域经济发展。充分体现园区的企业孵化功能。

**休闲观光功能**。有些农业园区在主抓农业生产的同时，还不断开发特色农业景观和休闲旅游项目，挖掘浓郁的乡土文化，为人们回归自然、享受田园生活提供好去处。充分体现园区的休闲观光功能。

**城乡统筹功能**。在大力推进四化同步的宏观背景下，农业园区作为新农村建设的重要载体，在加强园区基础设施和生态文明建设的同时，还承接城市产业和功能的转移，促进城乡高度融合、统筹发展。充分体现园区的城乡统筹功能。

**生态循环功能**。园区发展立足生态，保护生态，促进农业废弃物综合利用，通过调节气候、植被恢复和水土保持等生态保护措施，建立人与自然和谐发展的生态环境，促进农业的可持续发展。充分体现园区的生态循环功能。

#### 7.4.3.3 功能分区

根据园区产业基础、主导功能定位与未来发展方向，农业园区可划分为多个功能区（本书通称功能板块）。以综合型农业园区为例，其功能板块一般划分为设施农业生产、大田作物种植、林果种植、畜牧养殖、水产养殖、农产品加工与物流、休闲观光、科技创新与配套服务等。如表7-1。

**表7-1 农业园区功能板块划分参考表**

| 序号 | 功能区名称 | 规模（亩） | 所占比例（%） | 位置 |
|---|---|---|---|---|
| 01 | 设施农业功能板块 | — | — | — |
| 02 | 大田作物种植功能板块 | — | — | — |
| 03 | 林果种植功能板块 | — | — | — |
| 04 | 畜牧养殖功能板块 | — | — | — |
| 05 | 水产养殖功能板块 | — | — | — |
| 06 | 农产品加工功能板块 | — | — | — |
| 07 | 农产品物流功能板块 | — | — | — |
| 08 | 农业休闲观光功能板块 | — | — | — |
| 09 | 科技创新与配套服务板块 | — | — | — |
| | …… | | | |
| | 合计 | — | | |

注：为叙述方便，表中功能板块序号为人为设定，不作为规划时唯一参考依据

表7-1中农业休闲观光功能板块一般很难单独成为一个独立的功能板块，大多依附

于生产功能板块，通过田园风光、农耕文化、古朴村落等景观的塑造，最终将整个农业园区打造成一个农业休闲观光功能板块或园区，走三产促一产的道路。

## 7.5 规划目标

规划目标是指园区规划实施所期望达到的目的和效果，包括宏观层面的总体目标和落实总体方向的具体目标。科学、合理的规划目标是评价和监督园区规划实施效果的重要依据。

### 7.5.1 总体目标

总体目标是对园区未来发展蓝图的大致描绘，反映的是园区最终所要实现的状态，是具体目标制定的基础和依据。概括相对宏观，但具有针对性。总体目标涉及的方面比较多，应重点从以下几方面进行叙述。

**实现最终成效方面**。应对规划实施后取得的最终成效进行概括性描述，要求与园区发展定位相呼应，总体反映园区规划实施后所处的状态。如围绕做大做强主导产业，将园区建成优势特色产业引领区；或围绕促进生产要素集聚，将园区建成现代技术与装备的集成区；或围绕推进产加销、贸工农一体化发展，将园区建成一二三产业融合发展先导区；或围绕农业废弃物资源化利用，将园区建成可持续发展试验示范区；或围绕推进适度规模经营，将园区建成新型经营主体创业创新的孵化区；或围绕提升农业质量效益和竞争力，将园区建成现代农业示范的核心区。

**实现目标全局性方面**。主要从主导产业培育、农业科技与信息服务、基础设施与物质装备程度、绿色发展、运行机制建立等方面加以阐述。如到规划期末，园区主导产业不断发展壮大，基础设施与物质装备条件明显改善，农业科技与信息服务水平进一步提高，组织管理与运行机制更加灵活等。

**空间布局形成方面**。如到规划期末，产业布局科学合理，土地资源配置更加有效，区域布局不断优化，最终形成不同用途的多种功能区或功能板块。

**综合效益方面**。如到规划期末，经济、社会、生态效益得到了明显提升，土地产出率、劳动生产率和资源利用率达到实现农业现代化的相应水平等。

**农民增收方面**。如到规划期末，参与产业各环节的农民能够分享到产业增值收益，农民可支配收入持续增长并明显高于当地平均水平。

### 7.5.2 具体目标

#### 7.5.2.1 概述

具体目标应满足总体目标的要求，需要对总体目标进一步分解，是实现总体目标的基础条件，要尽可能地考虑资源配置的可能性和市场容量的潜在性。选择具体目标时，应重点考虑以下几方面的因素：

——注重主要目标与次要目标、定性目标与定量目标、预期性目标与约束性目标的有机结合；

——便于项目验收和进度考核，具体目标应与不同规划期的目标保持一致；

——为便于比较分析和数据的易于获得，尽可能采用国家统计部门公布的生产经济指标。

#### 7.5.2.2 规划目标指标体系构成

根据科技部《农业科技园建设管理办法》《农业科技园区建设规范》（NY/T 2365—2013）和农业部、财政部制定的国家农业产业园创建的相关资料等，结合各类农业园区具体条件及自身特点，可通过构建一系列规划指标体系来完成具体目标的制定，其具体目标主要包括园区经济效益、农业产出、农业基础设施与物资装备、农业科技与信息服务、农业经营管理、辐射示范带动、农业可持续发展等7大类、多个小项等。如图7-1所示。

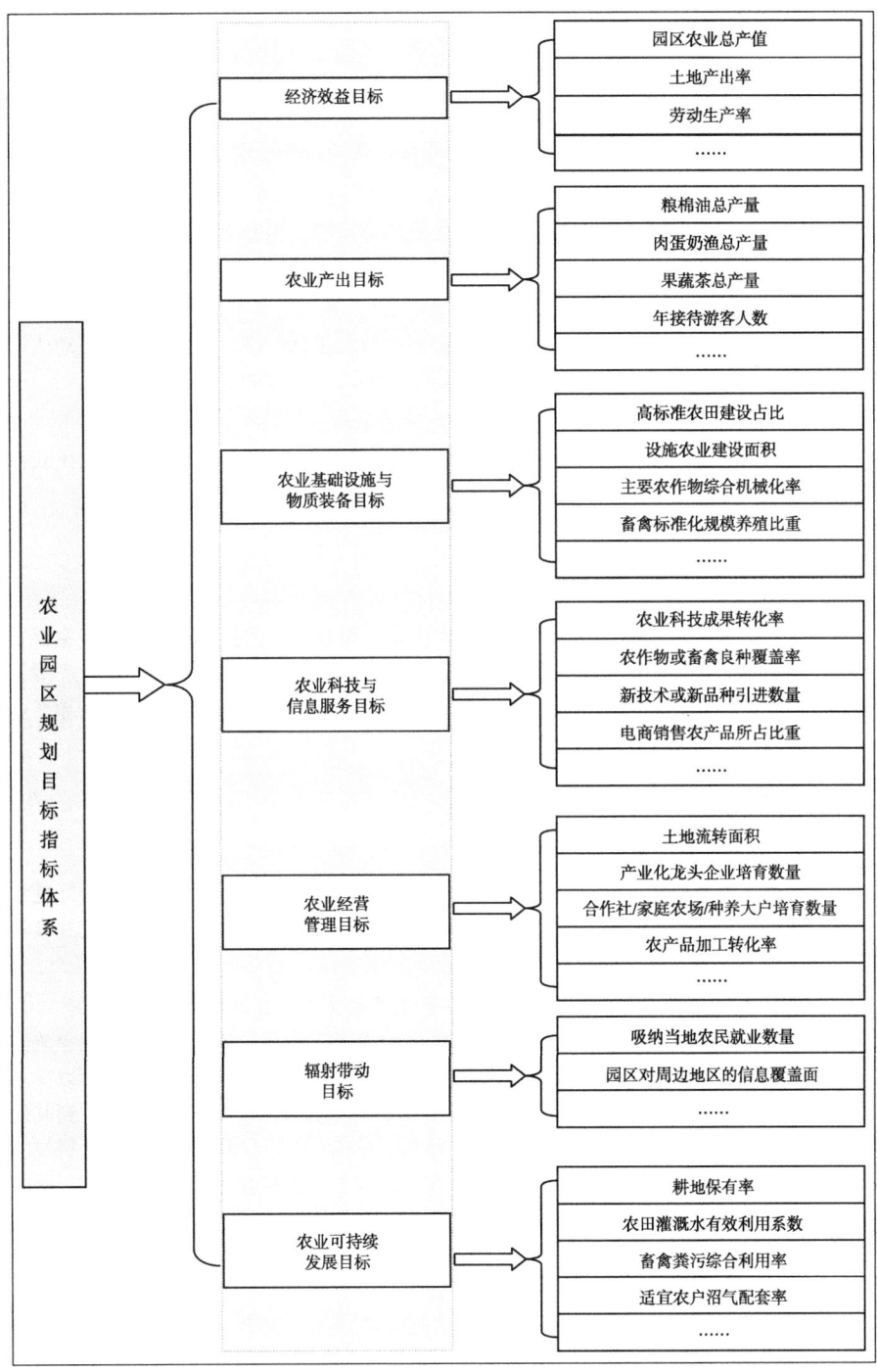

图 7-1 农业园区规划目标指标构成框图

### 7.5.3 主要规划指标说明与测算

#### 7.5.3.1 经济效益目标

该类指标主要反映农业园区实施的最终经济效果。反映经济效益的指标有很多，下面介绍比较常用的几种，如园区农业总产值、土地产出率、劳动生产率和参与农民可支配收入与当地平均水平之比等。具体解释和测算方法如下。

**园区农业总产值**。是指以货币表现的农、林、牧、渔、服务全部产品的总量，反映一定时期内园区农业生产总规模和总成果，是衡量园区经济效益的重要指标。

农业总产值=种植业产值+林业产值+牧业产值+渔业产值+农业服务业产值

**土地产出率**。是指单位土地面积的产出效率，反映了园区土地集约化利用程度。一般要求园区土地产出率要高于所在区域平均水平的20%以上。

土地产出率=园区农业总产值/园区土地总面积×100%

**劳动生产率**。是指农业劳动力人均能够创造的农业总产值，是反映农业劳动生产率的重要指标。一般要求园区劳动生产率要高于所在区域平均水平的20%以上。

劳动生产率=园区农业总产值/园区劳动力总人数×100%

**参与农民可支配收入与当地平均水平之比**。是指园区从事生产与服务的农民获得的可支配收入与当地农民平均水平相比较，一般要求该指标要超过30%以上。

参与农民可支配收入与当地平均水平之比=
园区参与农民可支配收入/当地农民可支配收入平均水平

#### 7.5.3.2 农业产出目标

**主要农产品产出指标**。主要包括园区粮棉油、果蔬茶、肉蛋奶、水产品等主要农产品产量指标。根据园区前五年发展趋势，测算出各规划年主要农产品的单位产量，然后乘以生产规模，预测出主要农产品各规划年的产量，该指标反映园区各主导产业的生产能力。

$$\lambda_i = \lambda_0 (1+r)^t$$
$$Y_i = \lambda_i \cdot S$$

其中：$Y_i$为预测产量，$\lambda_i$为预测单产，$S$为生产规模，$t$为规划年限

**农产品商品率**。指农产品商品量在农产品生产总量中所占的百分比。该指标是农业从自给性生产向商品经济转化的重要指标，与农业人口、专业化程度、农业规模经营等密切相关。

农产品商品率=农产品商品量/农产品生产总量×100%

**年接待游客数量**。是指园区每年接待的标准定义的"游客"的数量。根据国家旅游局和国家统计局共同制定的旅游统计调查制度，所谓"游客"是指大陆居民中不以谋求职业或获取报酬为目的，离开惯常居住地，在外停留超过6小时但不足12个月，到其他地方（旅行距离超过10千米）参观、游览、度假、探亲访友、疗养或从事经济、科技、文化、教育、宗教等方面活动的人。在"人次"计算上，按照旅游统计调查制度，国内游客按每出游1次统计1人次，包括过夜游游客和一日游游客，其中过夜游按照住宿天数统计游客人次；一日游比较复杂，一般按照景区门票数统计游客人次。

#### 7.5.3.3 农业基础设施与物质装备目标

反映园区农业基础设施与物质装备水平的规划指标有很多，下面介绍比较常用的几种，如高标准农田建设占比、设施农业建设面积、主要农作物综合机械化率、畜禽标准化规模养殖比重、水产健康养殖示范面积占比、土地适度规模经营占比和果蔬茶

预冷处理率等。

**高标准农田建设占比**。按照《高标准农田建设标准（NY/T 2148—2012）》相关要求，是指园区内能形成"田成方、地平整、土肥沃、旱能灌、涝能排、路相通、树成行"格局的高标准农田建设面积与园区耕地总面积之比。一般要求该指标要超过50%以上。

**设施农业建设面积**。是指农业园区所建的智能化温室、日光温室、中小拱棚和网室等设施的建设面积，该指标在一定程度上反映了园区抵御自然灾害的能力。依据各功能板块农业设施建设面积进行统计汇总。

**主要农作物综合机械化率**。是指各种农作物耕作、播种、收获等生产环节使用农业机械综合作业所占的比重，反映了园区的农业技术装备水平。一般要求该指标要超过65%以上。

$$主要农作物耕种收综合机械化率= \\ （40\% \times 机耕水平）+（30\% \times 机播水平）+（30\% \times 机收水平）$$

**畜禽标准化规模养殖比重**。是指生猪、肉牛、奶牛、羊、肉鸡、蛋鸡等畜禽按照标准化规模养殖的要求进行养殖的数量与养殖总量的比值，在具体计算中进行加权合计，该指标反映了园区畜牧业发展水平。一般要求该指标要超过85%以上。

$$畜禽标准化规模养殖比重 = \sum_{i=1}^{6} A_i \times X_i$$

其中，$A_i$为生猪、肉牛、奶牛、羊、肉鸡、蛋鸡规模化养殖场年出（存）栏量分别占其养殖总量的比重；$X_i$为生猪、肉牛、奶牛、羊、肉禽、禽蛋产值分别占猪、牛、奶产品、羊、肉禽、禽蛋产值之和的比重；$i$为畜产品代码。规模化养殖量是指年出栏500头以上的生猪、100只以上的羊、年出栏50头以上的肉牛、年存栏100头以上的奶牛、年出栏10 000只以上的肉鸡、年存栏2 000只以上的蛋鸡的数量。

**水产健康养殖示范面积占比**。是指园区水产健康养殖示范面积占园区水产养殖总面积的比例。一般要求该指标要超过85%以上。

**土地适度规模经营占比**。是指土地适度规模经营面积与园区总耕地之比。一般要求该指标要超过40%以上。

**果蔬预冷处理率**。是指经过预冷处理过的果蔬产量与园区果蔬生产总量之比。反映园区农产品初级处理能力。

$$果蔬预冷处理率 = 果蔬茶预冷处理产量 / 园区果蔬茶生产总量 \times 100\%$$

#### 7.5.3.4 农业科技与信息服务目标

反映该类规划的指标有很多种，下面介绍比较常用的几种，如农业科技成果转化率、良种覆盖率、新技术或新品种引进数量、电商销售农产品所占比重、物联网技术应用覆盖率等。

**农业科技成果转化率**。是指已推广实用科技成果数量与科技成果研发总量之比。反映农业科技成果转化、推广应用状况。一般要求该指标要超过60%以上。

$$农业科技成果转化率 = 已推广的科技成果应用数量 / 科技成果研发总量 \times 100\%$$

**良种覆盖率**。是指应用良种的农作物种植面积占农作物总播种面积的比重或应用良种养殖畜禽的数量占总的饲养数量的比重。反映优质良种覆盖情况，一般要求超过90%以上。

现代农业园区规划方法概论

农作物良种覆盖率=采用良种作物的种植面积/该作物总的播种面积×100%
畜禽良种覆盖率=采用良种畜禽品种饲养量/该畜禽总饲养量×100%

**新技术或新品种引进数量**。是指各功能板块、各产业每年引进新技术、新品种的总数量。

**电商销售农产品所占比重**。是指通过电商平台销售农产品的数量与园区农产品生产总量的比值。反映园区农业生产信息化水平。

**物联网技术应用覆盖率**。是指园区农业生产应用物联网技术所能覆盖的范围,反映园区农业信息传播的效率。

#### 7.5.3.5 农业经营管理目标

反映该类规划的指标有很多种,下面介绍比较常用的几种,如土地流转面积、新型经营主体培育数量、农民参与合作社的比重、农产品加工转化率、"三品一标"农产品认证数量、著名商标或公共品牌、知名品牌培育数量、农产品例行抽检合格率等。

**土地流转面积**。是指通过各种形式将农户承包的土地流转给园区的总面积。反映园区土地规模化水平。

**新型经营主体培育数量**。是指参与各功能板块经营的产业化龙头企业、农民合作社、家庭农场、种养大户的培育数量。

**农民参与合作社的比重**。是指农户参与合作社的数量与农户的总数量之比。一般要求该指标要超过65%以上。

**农产品加工转化率**。是指农产品经过加工的产量占该产品生产总量的比值。一般要求该指标要超过60%以上。

农产品加工转化率=经过精深加工的产品数量/该品种生产总量×100%

**"三品一标"农产品认证数量或面积**。是指园区获得无公害农产品、绿色食品、有机食品或地理标志认证的基地面积或产品数量等。

**著名商标或公共品牌、知名品牌培育数量**。是指园区培育著名商标或公共品牌、知名品牌的数量。

**农产品例行抽检合格率**。是指农产品质量被例行抽检监测中合格农产品所占的比重。一般要求该指标要达到100%。

#### 7.5.3.6 辐射带动目标

反映该类规划的指标有很多种,下面介绍比较常用的几种,如吸纳当地农民就业数量、园区对周边地区信息覆盖面和年培训农民人数、参与农民可支配收益增速、企业与农民利益联结模式等。

**吸纳当地农民就业数量**。是指园区直接或间接带动区域农民参加农业产业生产和服务的劳动力人数。

**园区对周边地区信息覆盖面**。是指园区各种现代信息技术应用所辐射的范围。

**年培训农民数量**。是指园区每年召开的高新技术培训、技能培训和经营管理人员培训所参加的人次数量。

**参与农民可支配收入增速**。是指参与到园区各生产环节的农民获得的可支配收入年均增长速度。一般要求该指标要超过10%以上。

**企业与农民利益联结模式**。是指为了激活经营主体、盘活生产要素而探索的"龙头企业+合作社+农户""中介服务组织+农户"和"合作社+农户"等利用联结模式的数量。

#### 7.5.3.7 可持续发展目标

反映该类规划指标的种类有很多，下面介绍比较常用的几种，如耕地保有率、农田灌溉水有效利用系数、畜禽粪污综合利用率、农作物秸秆处理率、适宜农户沼气普及率、高效节水灌溉面积占比、农膜回收率、化肥农药利用减少率、果菜茶有机肥替代化肥使用率、绿色植被覆盖率等，主要反映园区农业可持续发展的水平。

**耕地保有率**。是指园区本年末耕地总面积与上年末耕地总面积的比值，反映耕地面积的变动幅度。一般要求该指标要达到100%。

耕地保有率=本年末耕地总面积/上年末耕地总面积×100%

**农田灌溉水有效利用系数**。是指灌入田间可被作物利用的水量与灌溉系统取用的总水量的比值，反映园区农田灌溉用水利用效率的水平。一般要求该指标要超过0.65以上。

农田灌溉水有效利用系数=灌入田间可被作物利用的水量/灌溉系统取用的总水量

**畜禽粪污综合利用率**。是指为促进园区农业资源循环利用，需将畜禽粪污进行综合处理再利用。一般要求该指标要超过80%以上。

畜禽粪污综合利用率=畜禽粪污综合利用数量/园区畜禽粪污产生总量×100%

**农作物秸秆处理率**。是指将农作物秸秆进行综合处理再利用的一种途径。反映园区农作物秸秆还田的程度。一般要求该指标要超过75%以上。

农作物秸秆综合利用率=秸秆综合利用数量/园区农作物秸秆产生总量×100%

**适宜农户沼气普及率**。对于畜禽养殖园区，应大力推广农户使用沼气工程，促进畜禽粪便循环利用，反映养殖园区粪污处理程度。

适宜农户沼气普及率=适宜农户沼气建设数量/农业园区适宜农户总量×100%

**高效节水灌溉面积占比**。是指高效节水灌溉面积占耕地有效灌溉面积的比例。一般要求该指标要超过30%以上。

**农膜回收率**。是指农膜回收的数量占农膜使用总量的比例。一般要求该指标要超过80%以上。

**化肥农药利用减少率**。是指耕地实施"一控二减三基本"措施以后，园区农药化肥使用减少量占往年农药化肥使用总量的比例。一般要求该指标要超过40%以上。

**果菜茶有机肥替代化肥使用率**。为了推进农业绿色发展，针对果菜茶生产，实施有机肥替代化肥使用，促进园区土壤肥力大幅度提高。是指果菜茶生产基地施用有机肥面积占往年化肥施用面积的比例。

**绿色植被覆盖率**。是指园区林地与绿地的覆盖程度。反映园区绿化水平。

绿色植被覆盖率=林地、绿地种植面积/农业园区土地总面积×100%

将上述预测的规划目标指标填入下列相应表格位置（表7-2）。

**表 7-2 农业园区规划目标指标参考表**

| 目标类 | 目标指标名称 | 单位 | 现状值（基期年） | 年均增长率（%） | 规划年预测值 | 指标属性 |
|---|---|---|---|---|---|---|
| 经济效益目标 | 农业总产值 | 万元 | — | — | — | 预测值 |
| | 土地产出率 | 万元/hm² | — | — | — | 预测值 |
| | 参与农民可支配收入与当地平均水平之比 | % | — | — | — | 预测值 |
| | 劳动生产率 | 万元/人 | — | — | — | 预测值 |
| | …… | | | | | |

（续表）

| 目标类 | 目标指标名称 | 单位 | 现状值（基期年） | 年均增长率（%） | 规划年预测值 | 指标属性 |
|---|---|---|---|---|---|---|
| 农业产出目标 | 农产品商品率 | % | — | — | — | 预测值 |
| | 粮棉油总产量 | 万t | — | — | — | 预测值 |
| | 果菜茶总产量 | 万t | — | — | — | 预测值 |
| | 肉蛋奶总产量 | 万t | — | — | — | 预测值 |
| | 水产品总产量 | 万t | — | — | — | 预测值 |
| | 年接待游客数量 | 人次 | — | — | — | 预测值 |
| | …… | | | | | |
| 农业基础设施与物质装备目标 | 高标准农田建设占比 | % | — | — | — | 预测值 |
| | 设施农业建设面积 | 万亩 | — | — | — | 预测值 |
| | 主要农作物综合机械化率 | % | — | — | — | 预测值 |
| | 畜禽标准化规模养殖比重 | % | — | — | — | 预测值 |
| | 水产健康养殖示范面积比重 | % | — | — | — | 预测值 |
| | 土地适度规模经营占比 | % | — | — | — | 预测值 |
| | 果蔬预冷处理率 | % | — | — | — | 预测值 |
| | …… | | | | | |
| 科技信息服务目标 | 农业科技成果转化率 | % | — | — | — | 预测值 |
| | 农作物良种覆盖率 | % | — | — | — | 预测值 |
| | 畜禽良种覆盖率 | % | — | — | — | 预测值 |
| | 新品种或新技术引进数量 | 个 | — | — | — | 预测值 |
| | 电商销售农产品所占比重 | % | — | — | — | 预测值 |
| | 物联网技术应用覆盖率 | % | — | — | — | 预测值 |
| | …… | | | | | |
| 经营管理目标 | 土地流转面积 | 万亩 | — | — | — | 预测值 |
| | 新型经营主体培育数量 | 个 | — | — | — | 预测值 |
| | 农民参与合作社的比重 | % | — | — | — | 预测值 |
| | 农产品加工转化率 | % | — | — | — | 预测值 |
| | "三品一标"农产品认证数量/面积 | 个/亩 | — | — | — | 引导值 |
| | 著名商标或公共品牌、知名品牌数量 | 个 | — | — | — | 预测值 |
| | 农产品例行抽检合格率 | % | — | — | — | 约束值 |
| | …… | | | | | |
| 辐射带动目标 | 吸纳当地农民就业数量 | 人 | — | — | — | 预测值 |
| | 园区对周边地区信息覆盖面 | % | — | — | — | 预测值 |
| | 年培训农民数量 | 人次 | — | — | — | 预测值 |
| | 参与农民可支配收入增速 | % | — | — | — | 预测值 |
| | 企业与农民利益联结模式 | 个 | — | — | — | 预测值 |
| | …… | | | | | |
| 可持续发展目标 | 耕地保有率 | % | — | — | — | 约束值 |
| | 农田灌溉水有效利用系数 | | — | — | — | 预测值 |
| | 畜禽粪污综合利用率 | % | — | — | — | 引导值 |
| | 农作物秸秆处理率 | % | — | — | — | 引导值 |
| | 适宜农户沼气普及率 | % | — | — | — | 预测值 |
| | 高效节水灌溉面积占比 | % | — | — | — | 引导值 |
| | 农膜回收率 | % | — | — | — | 引导值 |
| | 化肥农药利用率 | % | — | — | — | 引导值 |
| | 果菜茶有机肥替代化肥使用率 | % | — | — | — | 引导值 |
| | 绿色植物覆盖率 | % | — | — | — | 约束值 |
| | …… | | | | | |

## 7.6 发展战略与步骤
### 7.6.1 发展战略选择

发展战略是对全局的筹划和谋略,是实现园区发展目标和定位的路径选择,是对园区整体发展的分析、判断做出的重大谋划。

古人云:"知己知彼,百战不殆",因此,发展战略选择首先要了解对方的底细,弄清楚"你是谁""想做什么""能做什么""市场有需求吗"等问题,这是任何园区进行战略选择时都必须要考虑的。其次,随着形势的发展和市场的变化,园区发展到不同阶段或面临不同的环境还要进行战略选择,规划时应根据园区所处的状态和面临的处境,提出符合园区实际发展路径的构想。

如图7-2,四个象限列出了不同园区所处的阶段和境况:第Ⅰ象限——代表园区内部有优势、园区外部环境存在机遇,园区发展处于上升期;第Ⅱ象限——代表园内自身条件存在劣势,但园区外部环境有机遇;第Ⅲ象限——代表园内自身条件存在劣势,园区外部环境也面临威胁;第Ⅳ象限——代表园区内具有较大的优势,但园区外部环境面临严峻的挑战性。

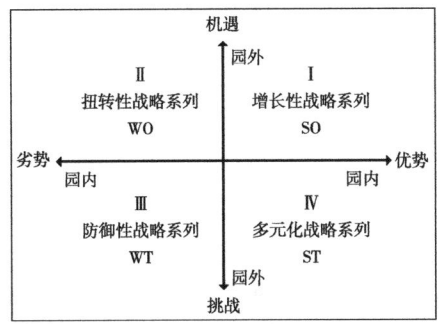

**图 7-2 园区发展战略象限分析**

由于园区所处的状态不同,其发展战略选择也应因园而异,针对不同的园区,下面介绍几种不同的发展战略,供园区规划时参考。

#### 7.6.1.1 第Ⅰ象限园区发展战略选择

处于第Ⅰ象限的园区,园区内外发展条件均较好,应通过增加建设投资、扩大生产规模、提高市场占有率等手段促进其发展。据此,应主推增长性战略系列,具体园区应参考下列战略进行菜单式选择。

**经济增长性战略**。增长速度是衡量园区经济发展的战略目标之一。高速度的经济增长必须以丰富的资源、大量的投资、高端的技术和现代的物质装备作基础,才能推动园区加快改造传统农业的进程,尽早实现农业现代化。

**多元化投资战略**。突出政府引导,鼓励龙头企业、外资企业以及工商资本等投入园区建设,形成资金多渠道筹措、利益共享和风险共担的良好格局。

**"园内建平台园外建基地"战略**。注重空间优化布局,一般把产业链前端和后端增值部分布置在园内,发挥龙头引领作用;把产业链中端原料生产基地布置在园外,起辐射带动作用。通过集结点和扩散枢纽并存,提高园区产业竞争力,有利于发挥辐射带动作用,促进区域农业经济快速发展。

**人才为本战略**。落实以人才为核心的发展战略,把人才资源开发摆在园区发展的优先位置,响应园区创新创业人才引进的优惠政策,培育和壮大一批创新创业领军人才、现代企业经营管理人才和高新技术研发团队，以及掌握高水平实用技术的生产人才等，为园区发展提供技术支撑。

**协同共享战略**。紧密结合园区发展目标，整合共享资源，协同主体战略行动，促进"核心区、扩展区、辐射带动区"联动协同发展。搭建合作平台，疏通合作渠道，拓展合作领域，探索建立跨行政区域的科技成果共享、经济利益分享和补偿机制。以聚焦园区、服务周边为目标，强化区域共享协同发展。

#### 7.6.1.2 第Ⅱ象限园区发展战略选择

处于第Ⅱ象限的园区，园外充满了发展机遇，但园内自身条件不足。应夯实园区基础，不断发挥优势、扭转局面，争取发展机会。据此，应主推扭转性战略系列，具体园区应参考下列战略进行菜单式选择。

**基础保障战略**。应以完善高标准农田、设施农业基地、规模化养殖场和加工物流区等基础设施为抓手，配套农业机械、自动化监控等设施装备，增强园区抵御自然灾害的能力，为园区发展提供物质装备支撑。

**精品发展战略**。园区产出不应局限于普通农产品，而应是通过农业高新技术、现代物质装备、先进的加工工艺等生产出来的精致农产品，以满足消费者的多元化需求，有利于增强园区的核心竞争力，达到可持续发展的目的。

**创新驱动战略**。坚持创新是引领发展的第一动力。完善促进创新的管理体制、运行机制和政策环境，依靠创新驱动产业升级，建立开放共享、合作共赢的农业科技创新服务平台和成果转化基地，构建以企业为主体、产学研相结合的产业技术创新战略联盟。

**产业融合发展战略**。园区在发挥传统农业生产功能的基础上，还要积极开发农产品加工配送、仓储物流与线上线下销售等领域，扩展休闲观光、科普教育、养生养老等功能，促进现代农业"接二连三"延伸、产业深度融合发展等。

**生态保护战略**。运用生态学、生态经济学原理与系统科学相结合的方法，构建生态合理、功能良性循环的新型农业产业链，加强园区生态环境治理，推广多种生态农业循环模式，打造生态品牌，建设资源节约型、环境友好型农业园区。

#### 7.6.1.3 第Ⅲ象限园区发展战略选择

处于第Ⅲ象限的园区，园外环境条件恶劣，自身条件也存在问题，各方面都不利于园区快速发展。制定发展战略时，应避开威胁，消除劣势，寻找其他发展机会。据此，应主推防御性战略系列，具体园区应参考下列战略进行菜单式选择。

**科技兴农战略**。全面增强农业园区科技创新、技术集成、转化应用等能力，搭建技术集成平台，提高要素配置效率，努力实现良种良法配套、农机农艺结合、增产增效并重和生产生态协调等目标，不断提高农业科技进步贡献率和科技成果转化率。

**龙头带动战略**。着力培育一批科技含量高、研发能力强、辐射带动广的龙头企业、农民合作社和家庭农场等新型经营主体，加强原料生产基地建设，探索科学合理的利益联结机制，形成"龙头带基地、基地连农户"的产业发展模式，推动园区产业一体化快速发展。

**绿色发展战略**。遵循"产业经济生态化、生态经济产业化"的理念，改变传统的农业发展方式，把生态建设和环境保护放在重要位置，把资源承载能力、生态环境容量作为产业发展的重要依据，不断加强生态环境保护，推行绿色生产方式，不断提高农产品质量与档次。

**功能拓展战略**。依托园区自然资源和特色乡土文化，促进园区向生产、生活、生态等方面并重发展。以田园风光、农事体验、农展节庆、科普教育等为载体,发展休闲农业与乡村旅游,充分拓展农业的"三生"功能,不断增加农民收入。

#### 7.6.1.4 第Ⅳ象限园区发展战略选择

对于处于第Ⅳ象限的园区,外部环境面临挑战,但自身条件比较优越,应充分发挥自身优势,避开或降低外部威胁的打击和挑战,分散各种风险。据此,应主推多元化战略系列,具体园区应参考下列战略进行菜单式选择。

**产业集聚发展战略**。处于此阶段的园区,应通过政府引导和市场运作,集聚各种要素资源,促进创新要素充分流动,在重点产业的关键、共性技术上率先突破,加快应用。围绕现代种业、农产品加工物流、农业信息化等领域,推进农业高新技术产业集群式发展,实现规模效益和集聚效益。

**一体化发展战略**。打造农业产业链条,加强各环节专业分工与协作,促进产前、产中、产后有效衔接,实现种养加、产供销、农工旅一体化发展,形成一定的区域规模和产业规模,架起园区小生产与园外大市场的连接桥梁,推动园区向规模化、标准化、集约化方向发展。

**错位发展战略**。结合园区自然条件、产业基础和发展潜力等,充分发挥比较优势,因地制宜发展特色产业,选择适合当地发展典型的建设模式,推广先进适用的生产技术,形成差异化竞争优势,避免与其他园区的雷同建设,实现"你无我有、你有我新、你新我奇、你奇我绝"的错位发展战略。

**产城互动战略**。通过规划引领,力争在布局上形成产城一体、三产相融的空间格局。通过以产兴城,促进产业向城区集聚,为城镇化提供产业支撑;通过以城带乡,充分发挥城镇化在工业化、农业现代化建设中的纽带作用,形成产城一体的城镇发展新形态。

**主导产业开发战略**。主导产业是指能引导、带动园区整体发展的产业,是园区比较优势突出、市场前景广阔、辐射带动能力强、产业发展后劲足的优势产业,其影响具有乘数效应。在制定发展战略时,要重视对主导产业的培育与开发,以此带动园区综合效益的全面提升。

**品牌创建战略**。品牌是目标消费者及公众对于某一特定产品的肯定性感受和综合评价的标示。品牌创建战略是指园区以品牌作为核心竞争力,以获取差别利润与价值而选择的一种经营性战略。通过品牌创建与树立,园区将逐渐获得竞争优势,并逐渐发展壮大。

园区发展战略包括并不局限于上述推荐的几种战略。在具体制定时,要根据具体园区的实际情况灵活组合,不可生搬硬套。例如某园区发展介于Ⅱ与Ⅳ象限之间,其发展战略组合选择可借鉴示例中的战略。

---

**示例:某农业园区总体规划方案——发展战略选择**

该园区发展战略主要包括以下几项:

**主导产业开发战略**:加快发展园区粮食、园艺、养殖、农产品加工、休闲观光农业五大重点产业,完善"公司+中介组织+基地+农户"利益联盟机制,推行农业产业化经营。

**基础保障战略**:加强园区基础设施与设施装备建设,完善农技、质检等配套服务工作条件,提高农业生产和服务工作效率,提升农业整体效益。

**科技兴农战略**：建立健全园区农业技术推广服务机构，围绕重点产业的发展，加快新技术、新成果的推广应用。强化农民职业教育培训，造就新型的农业劳动者队伍。

**品牌创建战略**：着力打造和壮大特色品牌，培育出在全省乃至全国范围具有影响力的品牌。以优质的特色产品和服务扩大、占领市场。

**生态保护战略**：优化资源配置，提高资源利用率，发展绿色农产品生产与加工，保护与改善农业生态环境，实现低消耗、高增长、可持续发展。

### 7.6.2 发展步骤

根据规划期限的长短，一般将农业园区建设划分为起步示范、全面推进、巩固提高等三个阶段。详见图7-3。

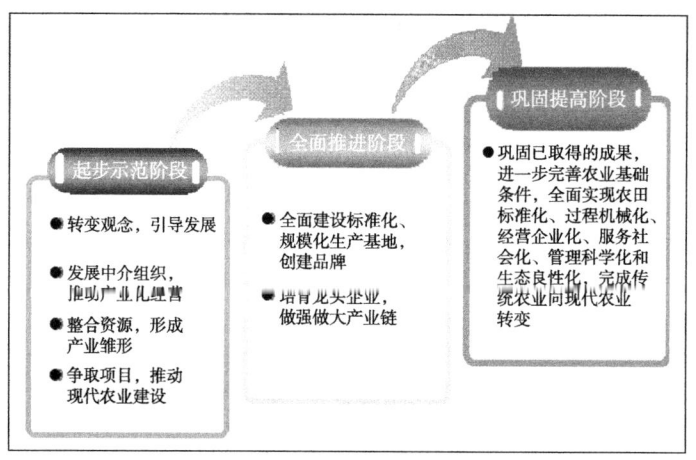

**图 7-3　园区规划发展步骤构成**

#### 7.6.2.1 起步示范阶段

该阶段是由传统农业向现代农业转型做准备，发展驱动力为资源开发与规模扩张。本阶段的主要任务如下：

**转变思想观念，引导发展。**用现代农业的发展理念转变传统农业，加快高新技术改造传统农业的生产经营方式探索和实践。

**发展中介服务组织，推动产业化经营。**积极培育可提供农资统供、技术指导、产后初加工、仓储物流等产前、产中和产后服务的中介服务组织，提高服务新型经营主体的能力，不断推动园区主导产业发展。

**整合资源要素，逐步形成产业带雏形。**充分整合园区农业资源，以项目建设为载体，逐步形成产业带雏形。充分发挥其示范、引领、带动作用，以点带线、以线带面，推动园区现代农业发展。

**积极争取项目，推动现代农业建设。**围绕规划制定具体实施方案，抓紧重点项目的立项与申报，通过重点项目的启动和推进，完善农业基础设施条件，为现代农业发展夯实物质基础，为实现要素组合、产业集聚，形成园区发展的"增长极"创造条件。

在此基础上，园区管委会应积极引导土地流转，对园区各类用地进行具体安排，耕地通过转包、出租、互换、转让及入股等形式进行流转，落实好生产设施用地和建设用地，引导和鼓励新型主体发展多种形式的农业经营，推动农业集约化规模经营。

#### 7.6.2.2 全面推进阶段

本阶段重点是全面实施规划，在前一阶段"点"的示范基础上，推进到本阶段农业产业的"线"和"面"上，将驱动力转化到"主导产业初步形成、特色产业突出发展、产业集聚加快形成"等方面上来。本阶段核心圈层基本建成现代农业样板区，并不断发挥扩散效应，向外围层、外缘层辐射推进，示范带动周边区域发展。这个阶段的主要任务如下。

**全面建设标准化生产基地、规模化养殖场，创建品牌。**全面实施核心区高标准农田基本建设或标准化规模养殖场建设，初步完成由传统农业向现代农业的转变，并不断向示范区域辐射推进。根据产业开发的进程，积极申请绿色、有机、无公害农产品的产地认证，联合打造农产品品牌，并加强推广与宣传，不断提升园区的核心竞争力。

**鼓励资源向优势企业集中，做强做大产业链。**按照"扶优、扶强、扶大"的原则，培育壮大起点较高、规模较大、带动力较强的龙头企业。鼓励龙头企业形成发展战略联盟或一体化经营战略联盟，做强做大主导产业。

#### 7.6.2.3 巩固提高阶段

本阶段的重点是对前几个阶段成果的巩固。以前几个阶段发展为基础，进一步完善农业基础条件，全面实施农田标准化、过程机械化、经营企业化、服务社会化、管理科学化和生态良性化等方略，促进经济效益、社会效益和生态效益的同步提升，全面完成传统农业向现代农业转变。

### 7.7 总体布局

总体布局是空间结构和用地布局的集合。其中空间结构是园区各要素在空间地域上的相互关系和组合形式，是各要素的空间聚集规模和集聚形态；用地布局是各要素的落地过程。空间结构与用地布局科学与否，关系到园区功能组织是否合理、建设投资是否经济、园区发展是否可持续等。

#### 7.7.1 空间结构

##### 7.7.1.1 空间结构组成要素

空间结构组成要素主要包括聚集点、发展轴线、聚集区和点（轴线、区）间的连接网络。

**聚集点。**是指园区内某一要素（如科技、管理、加工物流、文化等）或几个要素在特定位置集中形成的一种空间布局形态，与其所在区域相比，可抽象为面上的一个点，即为聚集点。聚集点一般表现为农业园区的科技核、文化核、管理服务核、加工物流核等，是整个园区的科技辐射源、文化交流中心、管理服务中心、产业增长极等。

**发展轴线。**是指某一产业或经济活动在地理空间上依托水陆交通干线呈线状分布的空间形态。在农业园区中，发展轴线表现为聚集点（核）辐射影响周边区域的路径，具有一定的方向性和时序性；也可表现为某一产业具有较大发展潜力的线状地带，吸引资金、技术等要素向该线状地带聚集，形成特定产业发展轴线。根据发展轴线上聚集要素的数量、密度、质量及重要性的不同，可将发展轴线分成不同的等级，高等级别发展轴线上的要素逐步向低等级别轴线扩散，进而带动整个园区的发展。

**聚集区。**是指园区内某些经济活动在地理空间上所表现出的面状分布状态，园区规划主要表现为优质农产品规模化种养基地（如设施农业、畜禽水产养殖等）、农产品加工物流基地以及农业休闲观光基地等。

点（轴线、区）连接网络。聚集点、发展轴线、聚集区作为园区的有机组成部分，彼此之间通过人流、物流、信息流、能源流等相互联系、相互作用，这种联系和作用形成的网络即为点（轴线、区）连接网络，能够推动园区有序发展。

#### 7.7.1.2 空间结构影响因素分析

空间结构受地理区位、自然条件、产业基础、技术条件和交通格局等因素的影响，这些因素为园区空间结构的选择和用地布局提供基础信息。

**区位分析**。重点分析园区的地理区位、经济区位和交通区位。具体为：分析园区的地理位置，在城镇体系中的定位；分析主体功能区规划、农业发展规划等上位规划对园区所在区域的定位；分析园区距离机场、火车站等交通站点和高速公路等高等级公路的时间距离，园区与重要景点、大型市场、农产品加工物流区的距离等。

**自然条件分析**。重点分析园区的地形地貌、气候条件、水文地质、土壤土地等条件。具体为：分析园区的地貌类型、地面坡度和坡向等；分析园区所在区域的年降水量及时空分布、年蒸发量、年日照时数、无霜期、主导风向和自然灾害等；分析园区可利用水资源量（地表水、地下水）、水质状况和工程地质条件等；分析园区土壤类型、土壤肥力和土壤重金属含量，以及土地利用类型、各类用地面积及比例等。

**产业基础分析**。重点分析园区所在区域的产业规模与结构。具体为：分析园区所在区域的一二三产业结构；分析主导产业规模及潜力；分析土地产出率、劳动生产率和资源利用率等指标；分析主导产业全产业链情况；分析休闲观光农业发展情况等。

**技术条件分析**。重点分析园区所在区域科技推广、科技研发等条件。具体为：园区所在区域相关的科研院所研究团队及研究方向，园区所在区域农技推广队伍及配套设施情况、区域主推品种和主导技术等；园区所在区域新型职业农民、农村实用人才、农业经营管理人才的现状等。

**交通格局分析**。主要分析园区内部交通和对外交通。具体为：分析园区内部交通网络，主干路网；对外联系的主要通道，区域交通规划对园区交通格局的影响等。

#### 7.7.1.3 空间布局模式选择

布局是对有关事物事项的全面安排，农业园区的空间布局主要是园区各项要素的空间安排，即聚集点、聚集区、发展轴线及其相互联系的网络在特定区域内的空间组合，不同的组合方式即为空间布局模式。模式的选择应因地、因时、因势而异，比较常用的有圈层布局模式、点—轴布局模式和园中园布局模式等。

**（1）圈层布局模式**

以聚集点为辐射源、带动聚集区发展的"点—区"空间组合形式。在圈层布局模式中，聚集点一般为园区的核心区，聚集区围绕核心区展开布局，呈现"一核多区"的空间结构。圈层布局模式适用于地貌类型相对单一、地势平坦、产业发展核心要素相对聚集的农业园区。

如国家农业科技园区，各主要功能区呈同心圆形式展开布局，形成嵌套的功能区域格局，核心区处于内圆区域，圆心向外依次为示范区、辐射区。核心区（聚集点）具体以科技研发、现代农业优新技术集成配套为主，是园区的管理机构、龙头企业、科研开发与培训等支撑中心、组培与自动化温室等高端设施的集中区；核心区外围依次布局示范区、辐射区，示范区主要为农业优新技术的中试和小范围推广区域，是试验展示示范的聚集区；辐射区是利用高新技术的规模化农产品生产区，是以生产功能为主的聚集区。圈层式结构有利于充分发挥核心区的技术集成和核心作用，以核心区为基础带动示范区，以示范区拉动辐射区，相互之间技术转移和衔接顺畅，呈现核心区—示范区—辐射区的梯度扩散态势。如图7-4。

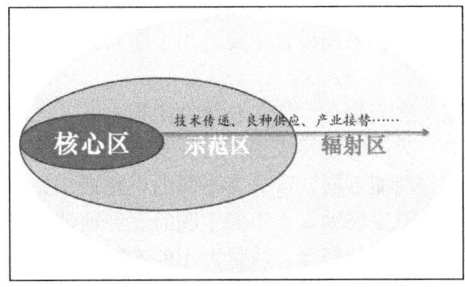

**图 7-4　现代农业科技园区圈层式布局示意图**

例如，产加销一体化的产业园区，聚集点以农产品加工、物流、特色农产品展销为主，是园区管理服务、产后加工、品牌化销售的集中区域；核心区外围布局规模化农产品生产区（聚集区），是核心区农产品加工、销售的原料供给基地（图7-5-1）。

又如，休闲体验为主的休闲农业园区，聚集点以游客服务、游客体验为主，聚集点外围是大地景观、田园风光、特色种养、运动休闲、科普观光等区域（聚集区），为游客提供亲近大自然、体验农业的旅游资源（图7-5-2）。

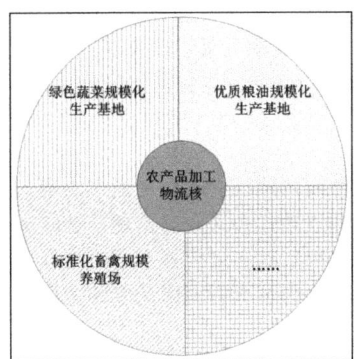 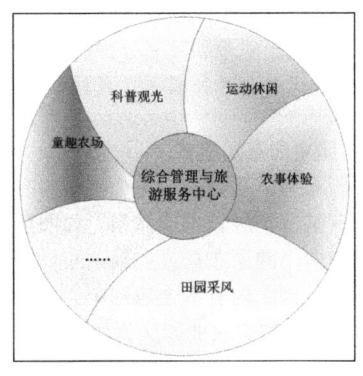

**图 7-5-1　产加销一体化产业园区　　图 7-5-2　休闲农业园区圈层式布局**
　　　　　圈层式布局示意图　　　　　　　　　　　示意图

---

**示例：圈层布局模式**

　　以江西某省级现代农业园区为例，综合考虑园区自然条件、资源特点、产业基础及园区主导功能等因素，规划建设核心区、示范区和辐射区，并在辐射区内建设多个示范点。其中核心区面积9000亩，是县域农业先进技术研发引进、集成配套与转化中心和现代农业经营模式探索试验基地、园区管理培训中心；示范区面积6.80万亩，是绿色林果、烟叶、蔬菜、中药材等主导产业规模化生产展示基地，承担技术示范、精品生产、新型经营主体培育等功能；辐射区面积40万亩，是核心区、示范区的新技术、新品种、新模式的承接区，并根据产业发展的区域性布局，在辐射区内建设11个示范点。

---

**（2）点—轴布局模式**

　　"点"是园区内不同层级的产业节点（聚集点），是带动产业发展的增长极；

"轴"是园区内沿主干道路或河流水系聚集技术、资金、人才等先进生产要素的发展轴带，以轴带串联各节点，梯次带动整个园区现代农业的发展。呈现"一（多）核多轴多区"的空间结构。点—轴布局模式主要适用于增长极清晰、产业轴向发展趋势明显的园区。

增长极一般为科技要素集聚点、加工仓储物流集中区、优质农产品种养示范点、农产品消费市场等节点，为园区发展或提供科技支撑、或提供市场需求、或带动产业提质增效。发展轴按主导功能不同，可分为不同的主题轴，如休闲观光体验轴、高效园艺发展轴、种养结合生态发展轴等，不同主题的发展轴带动沿线区域的相关产业发展。根据发展轴聚集相关要素的密度、质量大小的不同，可划分为主轴、副轴等不同等级的轴带。不同主题、不同等级的发展轴与不同类型的增长极相连，形成各类空间要素相互作用的骨干网络，推动整个园区的快速发展，如图7-6。

> **示例：点—轴布局模式**
>
> 　　以江西某休闲农业园区为例，立足园区山水农田湿地资源优势、产业发展基础和资源要素亮点，规划布局为"一核一轴两带五区"。"一核"依托现有的休闲农庄，形成一个占地1.7万亩的休闲农业观光核心区域；"一轴"指沿着中心公路形成的休闲景观轴线，该轴线整合了园区内的休闲旅游观光资源，将各个休闲旅游景点串联起来形成一个完整的休闲观光旅游体系；"两带"指赣江中支和赣江南支堤岸的休闲游憩景观带，可充分的展现驳岸景观，渗透江景；"五区"指休闲农业观光园区、现代农业科技园区、乡村旅游区、康体养生度假区、湿地科普教育区。

### （3）园中园布局模式

园中园布局模式是指在一个园区内有两种或两种以上的布局模式出现，每种布局模式在园区某一个区域自成体系，如圈层式和点轴式布局同时出现一个园区，或同一个园区内有两个圈层布局或点轴式布局等。这种空间布局模式主要出现在地形复杂的山地丘陵区，园区内有多个地理单元，不同的地理单元有不同的发展主题，由多个主题小园有机构成整个农业园区，如图7-7。

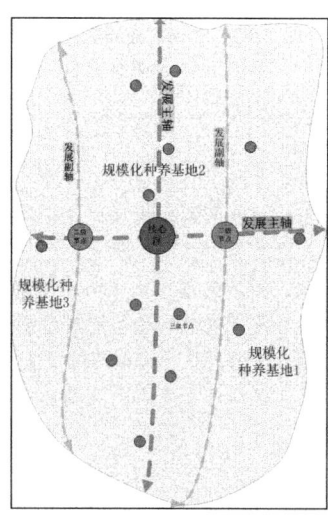
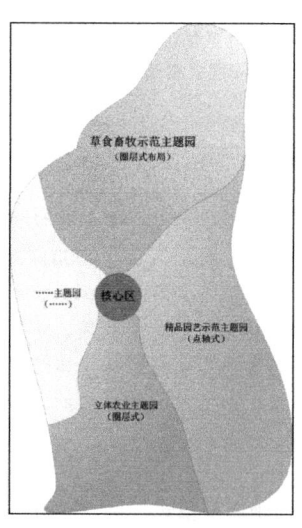

图 7-6　点轴式空间布局示意图　　图 7-7　园中园空间布局示意图

> **示例：园中园布局模式**
> 　　以浙江省某台湾农民创业园为例，规划建设农副产品加工园、对台小额贸易园、滨海休闲观光园、古文化观光园、畲族民俗风情园五个主题园区，分别承担创业园区的各项主导功能。其中：农副产品加工园布局在沿浦镇，规划面积10940亩，是创业园引进、研究、开发、创新的核心和商业服务中心，重点建设农副产品综合加工、创业园管理活服务区等；对台小额贸易园布局在霞关镇，规划面积3172亩，承担两岸经贸交流，承载仓储、分销、物流运输等功能，重点发展对台农副产品贸易和物流业；滨海休闲观光园布局在渔寮乡，规划面积2445亩，重点开发建设水上游艺园、星级酒店、主题花园、渔家乐等现代化旅游观光设施开展滨海自然观光、休闲度假等旅游活动；古文化观光园布局在蒲城乡，规划面积2611亩，主要利用国保文物单位带动旅游观光业，开展历史文化探究考察等观光活动；畲族民俗风情园布局在岱岭畲族乡，规划面积2641亩，主要展示当地畲族的特色民俗文化及园区特色景观，进行山区民俗风情等体验活动。

### 7.7.2　用地布局

用地布局是在具体分析园区立地条件的基础上，根据园区发展需要，将各要素落实到地块的过程，是对空间结构的细化。

#### 7.7.2.1　聚集点布局

聚集点主要是核心区，核心区用地类型一般以建设用地为主，用地布局需重点分析土地供需平衡、上位规划约束等因素。布局思路如下。

**明确用地需求**。根据园区的功能定位和发展目标，确定核心区规模，重点明确建设用地（城乡建设用地、交通水利用地、其他建设用地）规模及用地性质、设施农用地（包括生产设施用地、附属设施用地、配套设施用地）的规模等。

**土地供给分析**。重点分析土地利用现状和土地利用规划情况。分析现有建设用地规模、现有建设用地的集约节约利用程度及可以进一步挖掘的利用潜力，规划建设用地空间（包括允许建设区和有条件建设区），一般农田（非基本农田的空间分布），明确可以布局永久建筑物、可以布局设施农业的空间。

**用地布局**。对接用地需求与土地供给，进行核心区用地布局。

当有多个可供选择的空间时，应遵循以下原则进行布局：节约集约用地原则，尽量少占或不占耕地，必须占用耕地时应占劣不占优；有利于核心区主要功能发挥原则，如有利于服务功能发挥，应选择与其他功能区交通便捷的空间进行布局；有利于基础设施、公共设施共享的原则，减少投资成本。

当园区内没有合适的土地满足核心区用地需求时，应调整园区空间布局，甚至调整园区功能定位和发展目标，直至能满足用地需求。

#### 7.7.2.2　发展轴线布局

发展轴线主要是沿现有的交通干线、河流水系进行布局。应重点分析交通条件现状、交通路网规划、河流水系现状及规划等。布局思路如下：

分析园区主要交通干线与园区内外城镇、居民点、重要市场、加工物流园区、科研院所的通达性，选取最有利于园区信息、技术、产品流动的交通干线作为园区发展轴线，并根据沿线区域的主导产业、发展模式、主导功能等确定轴线的主题。

#### 7.7.2.3　聚集区布局

聚集区主要是园区的规模化生产基地，一般以农用地为主。布局思路如下：

依据园区拟发展的主导功能及其用地要求（详见各功能区规划），进行土地适宜性评价，如规划发展高端园艺，需要进行园地适宜性评价，甚至是针对单一作物种类的适应性评价。规划发展规模养殖，需要进行养殖用地适宜性评价等。

土地往往具有多种适宜性，如既适宜发展园艺产业也适宜发展畜牧养殖等，用地布局时应统筹考虑园区各项功能用地需求，遵循比较效益原则，进行聚集区用地布局。

# 第8章 农业资源综合平衡与产业融合发展分析

作为一个综合型农业园区，在研究未来各行业发展的同时，还应着力寻求和建立包括水土平衡、种养平衡、环境与开放平衡等多种平衡关系，才能促进区域产业融合发展与农业可持续发展。下面以土地资源、水资源、农业环境承载力和产业融合发展为重点研究对象，将其进行分别阐述与分析。

## 8.1 土地资源平衡分析

### 8.1.1 概述

随着城镇化、工业化快速推进，建设用地需求快速增长，土地资源紧缺对可持续发展构成一定的约束，在严把土地关的环境背景下，土地供需问题研究尤显突出，科学地协调各类土地关系，集约利用好园区每块土地，是农业园区可持续发展的关键。本节通过分析园区土地利用现状特点和供给潜力，针对未来用地需求预测和耕地保护之间的矛盾，对土地资源进行供需平衡分析，并提出实施建议。

土地资源平衡分析是根据园区社会经济发展和土地资源条件，分析规划年度内各类用地需求量和供给量之间的变化趋势，为编制园区总体规划、各功能板块规划与空间布局提供依据。

在土地利用现状分析、土地适宜性评价和土地需求预测的基础上开展土地供需平衡分析，了解土地供需方面存在的问题，寻求协调土地供需矛盾的途径和方法（图8-1）。

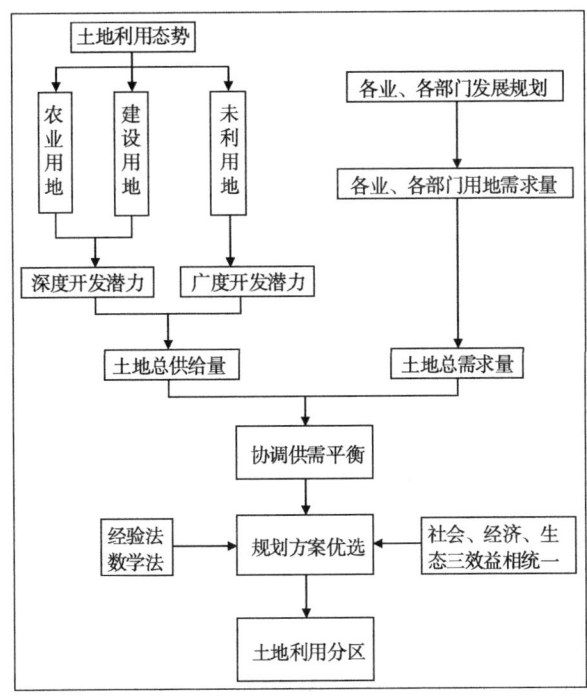

**图 8-1 土地供需平衡分析路线图**

### 8.1.2 土地供给量分析

了解园区土地利用类型与特征,找出存在的问题,为园区土地利用结构调整和空间布局提供依据。

土地供给量是指园区供应给产业开放利用的各种土地类型的数量之和。依据土地利用现状分类体系,参考《土地利用现状分类》标准,按照土地用途、经营特点、利用方式和覆盖特征等,将土地利用类型划分为12个一级类和56个二级类。参考《县级土地利用总体规划编制规程》要求,将上述用地类型通过调整和归并,形成农用地、建设用地、其他土地3个一级类,具体地类及其含义详见相关资料。为方便与上位土地利用规划的衔接,农业园区规划建议采用县级土地利用规划分类体系。如表8-1。

表8-1 园区土地利用现状分析表

| 编码 | | 土地利用类型 | 土地面积 | 所占比例(%) |
|---|---|---|---|---|
| 1 | | 农用地 | — | — |
| | 11 | 耕地 | — | — |
| | 12 | 园地 | — | — |
| | 13 | 林地 | — | — |
| | 14 | 牧草地 | — | — |
| | 15 | 其他农用地 | — | — |
| 2 | | 建设用地 | — | — |
| | 21 | 城乡建设用地 | — | — |
| | 22 | 交通水利用地 | — | — |
| | 23 | 其他建设用地 | — | — |
| 3 | | 其他土地 | — | — |
| | 31 | 水域 | — | — |
| | 32 | 自然保留地 | — | — |
| | 33 | 未利用土地 | — | — |
| | 34 | 其他 | — | — |
| 合计 | | | — | — |

**农用地**。主要包括耕地、园地、林地、牧草地和其他农用地等,通过统计各类土地面积,计算园区用地结构、人均耕地占有量和耕地生产力水平等指标,找出影响土地利用差异、区域分布和土地利用效率的主要制约因素。

**建设用地**。主要包括城乡建设用地、交通水利用地和其他建设用地等。一是计算居民点用地、工业用地等建设用地的面积及所占比重、人均居住面积、单位面积产出或投资强度等指标;二是计算各级交通用地面积、所占比重和道路网密度等指标;三是计算灌排站用地面积、排灌渠系占地面积和水工建筑占地面积等指标;四是计算风景名胜设施用地的面积及其所占比重等指标。通过对比分析,评价其合理性。

**其他用地**。包括水域、自然保留地、未利用地和其他等。一是分析河流、湖泊等水面所占比重及水域分布特点,以及可利用水面和已利用水面面积;二是分析自然保留地的面积及其结构;三是分析未利用土地可开发的面积、分布位置、适宜利用方向、开发潜力及存在的制约因素等。

#### 8.1.2.1 土地资源潜力分析

主要叙述土地适宜性评价和土地资源潜力分析两方面内容。

**(1)土地适宜性评价**

土地适宜性反映土地对特定用途的适宜程度或改良利用的可能性。土地适宜性评价是对全园土地和相应的各种土地利用方式进行评定,但由于评价工作量较大,一般只针对特定的土地如农业、林业或畜牧业用地进行评价。其基本程序如下：

**评价单元划分**。选择土地质量性状相对一致性的地段，作为适宜性评价的基本单位。主要采用叠置法、地块法、网格法和多边形法等方法进行划分。

**评价因素选择**。一般遵循主导性、稳定性和可测定性原则选择评价因素。如评价土地的宜耕性，可以选择土层厚度、地形、有机质含量、坡度、土壤质地、灌溉保证率、排涝能力和海拔高度等评价因素。

**相关指标确定**。首先选择性地采用经验法或模糊聚类法进行评价因素分级，一般划分为4~5个级别为宜，各级的分值常采用等距（差）赋分法。如评价土地的宜耕性时，坡度因素可以分为<6°、6°~15°、15°~25°和≥25°四个级别，相应的赋分值为4分、3分、2分和1分。然后选择性地采用经验法、多元回归分析法、主因子分析法或层次分析法等确定各级的权重系数，再将评价因素权重与其等级分值相乘，即为评价因素指数，最后将所有评价因素指数和进行汇总后即为评价单元综合分值。

**划分土地适宜性等级**。依据各评价单元的综合分值，划分土地适宜性等级，判定评价单元对特定土地利用方式的适宜程度。如以某园区土地适宜性评价为例，所有评价单元的综合分值在400~100分，通过经验法将综合分值在300分以上的评价单元划分为一等地，规划为保护性耕地，适宜种植粮食、蔬菜等作物；综合分值在200~300分的评价单元划分为二等地，适宜种植水果、花卉等作物；综合分值在200分以下的评价单元划分为三等地，适宜种植林果、草地，或用于畜牧养殖或设施农业用地等。

（2）土地资源潜力分析

主要包括土地整理潜力、土地复垦潜力和未利用土地开发潜力分析等三个方面。

1）土地整理潜力分析

假设园区土地开发历史悠久，土地利用程度较高，依靠开发未利用土地来增加土地供应量将变得越来越困难，今后发展方向只能以土地整理为主要途径。从近十年来各地土地整理实践来看，通过土地整理所达到的效果远高于土地开发的成果。土地整理潜力分析又包括农用地整理潜力分析和建设用地整理潜力分析。

**农用地整理潜力分析**。是指在充分分析各类农用地实际生产水平、利用程度的基础上，测算通过整理和集约化利用所能增加的农用地的面积和潜力。从实践来看，通过格田成方、渠路配套等方面的改造，一般可增加有效耕地面积10%左右。

**建设用地整理潜力分析**。在分析各类建设用地实际利用水平的基础上，根据园区人均占地标准、集约化程度和当地容积率要求，分析通过置换、改造的方式增加建设用地的可能性。

2）土地复垦潜力分析

在生产建设过程中，可能会存在因挖损、塌陷、压占等人为活动或自然灾害造成的土地破坏，应调查其面积、分布、破损程度等，通过适宜性评价，分析其复垦利用方向和土地规模数量。

3）未利用土地开发潜力分析

每个园区或多或少还存在一定数量的未利用土地，按照"因地制宜、逐步开发"的原则，在其适宜性评价的基础上，通过配套相应的工艺、工程和生物措施，因势利导地加以开发与利用，使之逐渐演变为可利用状态，分析其开发利用方向和土地规模数量。

8.1.2.2 土地资源可供量确定

一般园区土地供给量为上级土地部门分配的固定供给量和通过开发整理后可利用土地的数量之和。其中后者面积数量主要由当地政府出台的相关政策和资金支持力度来确定,只有通过土地整理或土地复垦等方式,开发出一定数量可利用的土地面积后,规划期内土地总供给量才能完全确定。

#### 8.1.3 土地需求量分析

土地需求量是根据园区产业规划和经济发展规划要求,对规划期内各业用地规模动态变化所进行测算的面积数量,可为因地制宜、科学合理地安排各类用地提供依据。土地需求系指园区从事生产与消费活动对土地的需要。随着园区人口增长和社会经济迅速发展,人们对土地的需求也在不断增长。土地需求量受人口发展规模、产业结构调整和园区所处的区位条件等因素的影响。

##### 8.1.3.1 土地需求量预测

土地需求量主要根据园区建设规模的大小来衡量。一般园区建设要有适度的建设规模,在综合考虑农业功能区划、环境承载能力、生产技术条件、产业集中度和产业链内在联系等因素的基础上科学确定其规模范围。

一般农业园区用地规模确定有两条路径:一是按照各级政府对所申报园区大小的最低门槛要求确定;二是按照各功能板块土地需求量的预估值进行汇总后确定。

**(1)政府要求的园区用地规模确定**

申报各级政府的农业园区,其用地规模可参考表8-2。

表8-2 申报各级政府的园区用地规模参考表

| 园区类型 | 建设规模 | | | 备注 |
| --- | --- | --- | --- | --- |
| | 核心区 | 示范区(倍数) | 辐射区(倍数) | |
| 国家农业科技园区 | 1 500~7 500亩 | 5~15倍 | 20~75倍 | 以核心区为基数,NY/T 2365—2013 |
| 国家现代农业示范区 | 整县推进或县域内整乡整村推进 | | | 国家现代农业示范区管理办法 |
| 国家现代农业产业园 | 范围过大、过小的不列入,支持有型的园与无边界的园有机结合 | | | 农业部、财政部联合发文要求 |
| 省级现代农业园区 | 2 000~10 000亩 | 5~10倍 | 20~80倍 | 各地政府部门相关要求 |

**国家农业科技园区**。包括核心区、示范区、辐射区,规范要求各区具有一定的边界和规范,其中核心区面积宜为1 500~7 500亩(15亩=1公顷。全书同),为园区建设和投入的主体部分;示范区承接和转移核心区的科技成果,其面积为核心区的5~15倍;辐射区接受核心区的技术服务,其面积没有明确界定,应根据实际需要确定,一般为核心区的20~75倍。

**国家现代农业示范区**。拟申报创建国家现代农业示范区的单位,要按照做大做强区域优势农业产业带(区)的要求科学确定规模范围。原则上以整县推进为创建单位,也可以是县域内的若干个乡镇为创建单位,最好是整乡、整村推进。

**国家现代农业产业园**。按照农业部、财政部关于开展国家现代农业产业园创建工作的通知,对地方政府尚未批准设立产业园、范围尚未确定的,或者创建范围过大、过小的,比如,整县或跨县规划的,或仅仅规划几个村的,一般都不予支持。产业园可形象地概括为"有围墙、无边界",其中围墙体现为有形的园,特指核心产业要素的集聚地和经营主体的汇聚地,形成相互关联配套、资源高效共享的产业集群,为有形的园;所谓无边界的园,体现农业产业园的独有特性,即基地在外或市场在外,影响力可以辐射一个区域或全省或全国甚至全球,面积完全不受限制;通过有形的园与无边界的园的有机结合,大大激活现代农业产业园的活力。

**省级现代农业园区**。各省申报指南要求园区用地规模不等,如河北省计划利用三年时间,打造100个万亩以上的现代农业园区;江西省要求农业园区核心区用地面积3000亩以上,省级示范区3万亩以上等。

另外,各地、各企业也在建设实施的一批小型、特色的农业园区,其用地规模一般为1000~10000亩不等,其用地规模应综合当地土地政策、企业资金实力、技术力量和劳动力参与人数等因素来确定。

**(2)各功能板块土地需求量汇总**

根据园区总体功能定位、产业发展方向和规划目标等,一般将综合型园区划分为设施农业、大田作物种植、林果种植、畜牧养殖、水产养殖、农产品加工、农产品物流、农业休闲观光、科技创新与配套服务等多个功能板块。如表8-3所示。

表 8-3　园区各功能板块土地需求参考表

| 序号 | 各功能区名称 | 规划面积 | 所占比例(%) | 位置 |
|---|---|---|---|---|
| 01 | 设施农业功能板块 | — | — | — |
| 02 | 大田作物种植功能板块 | — | — | — |
| 03 | 林果种植功能板块 | — | — | — |
| 04 | 畜牧养殖功能板块 | — | — | — |
| 05 | 水产养殖功能板块 | — | — | — |
| 06 | 农产品加工功能板块 | — | — | — |
| 07 | 农产品物流功能板块 | — | — | — |
| 08 | 农业休闲观光功能板块 | — | — | — |
| 09 | 科技创新与配套服务功能板块 | — | — | — |
| 10 | …… | | | |
| | 合计 | — | | |

注:为方便叙述,表中各功能板块序号是人为设定的,后续各功能板块规划章节内容以此为基础顺延

本着遵循节约集约利用土地、优先保障园区主导产业用地、兼顾设施用地与远期发展的原则,预测与确定各功能板块用地面积,将其数据填入表8-3中,然后将其汇总后即为园区总用地规模。其预测方法详见各功能板块规划章节规模确定相关内容。

### 8.1.4　土地平衡结论

土地供需分析就是在土地供给量和土地需求量预测的基础上,通过比较分析,找出矛盾所在,分析供不应求或供过于求所处的状况,通过不同方法或途径进行协调,最后达到供需平衡状态,促进土地利用效率最大化。详见表8-4。

表 8-4　土地资源供需平衡表　　　　　　　　　　(单位:亩)

| 序号 | 地类名称 | 土地资源供给量 | | | 土地资源需求量 | 供需平衡后增减 | 调整方向 |
|---|---|---|---|---|---|---|---|
| | | 小计 | 土地固定供给量 | 土地整理与复垦量 | | | |
| 1 | **农用地** | — | — | — | — | — | — |
| 1.1 | 耕地 | — | — | — | — | — | — |
| 1.2 | 园地 | — | — | — | — | — | — |
| 1.3 | 林地 | — | — | — | — | — | — |
| 1.4 | 牧草地 | — | — | — | — | — | — |
| 1.5 | 其他农用地 | — | — | — | — | — | — |
| 2 | **建设用地** | | | | | | |

(续表)

| 序号 | 地类名称 | 土地资源供给量 | | | 土地资源需求量 | 供需平衡后增减 | 调整方向 |
|---|---|---|---|---|---|---|---|
| | | 小计 | 土地固定供给量 | 土地整理与复垦量 | | | |
| 2.1 | 城乡建设用地 | — | — | — | — | — | — |
| 2.2 | 交通水利用地 | — | — | — | — | — | — |
| 2.3 | 其他建设用地 | — | — | — | — | — | — |
| 3 | **其他土地** | | | | | | |
| 3.1 | 水域 | — | — | — | — | — | — |
| 3.2 | 自然保留地 | — | — | — | — | — | — |
| 3.3 | 未利用地 | — | — | — | — | — | — |
| 3.4 | 其他 | | | | | | |
| | 合计 | | | | | | |

随着表8-4中土地用途变更面积的增加或减少，土地利用规划图上也要反映各地块用途的变更情况，尽量做到变更前后图上面积与表上数据一致，促使土地利用规划和空间布置达到综合平衡。

### 8.1.5 推进措施

为了不断提高土地利用水平，高效使用、统筹协调园区土地供需平衡，在促进土地平衡过程中，重点应关注以下几方面。

——遵循国家有关土地利用方针，有效落实耕地占补平衡政策。

——围绕园区主导产业，合理调整种植结构，增加优势特色产业用地面积，促进土地利用结构不断优化。

——不断优化各功能板块空间布局，引导主导产业和新型经营主体向重点功能区或产业集聚区转移，不断提高园区集约化用地水平。

——综合协调园区基础设施建设、优势特色产业发展和重点民生工程等类别的项目建设用地。

——在土地供需矛盾日益严峻的情况下，充分体现保护耕地原则和城乡统筹发展要求，管好用好园区每寸土地。

## 8.2 水资源平衡分析

### 8.2.1 概述

水资源平衡分析旨在揭示区域水资源供需关系的内在规律，探讨水资源开发利用的途径与潜力，加速农业生产发展和水利设施建设。由于水资源在空间和时间上分布的不同步性、经济发展对水资源开发利用的不平衡性以及农产品对水资源需求的不均等性，造成了一定区域范围内的水资源供需矛盾。本节通过水资源余缺情况分析，揭示水资源供需之间的矛盾，合理协调水资源供求关系，尽可能维持水资源平衡状态，达到有效利用水资源的目的。农业灌溉用水主要来自于大气降水、地表径流、地下水和净化处理后的中水等方面。一般来讲，小规模的园区由于缺少水文、灌溉等相关资料，很难做到水资源平衡分析；对于乡级以上的农业园区，通过全面收集水文资料，系统地完成水资源平衡分析。

### 8.2.2 水资源供水量预测

#### 8.2.2.1 水资源总量及可利用量分析

一定区域的水资源总量是指由流入本区的入境水与大气降水直接补给所产生的地表水与地下水资源量之和。水资源可利用量分地表水资源可利用量和浅层地下水可开采量；而地表水资源可利用量指在可预见的时期内，通过配套经济合理、技术可行的相关措施后，可供河道外一次性利用的最大水量。地下水资源可开采量是指在可预见的时期内，在不引起生态环境恶化条件下允许从含水层中获取的最大水量。园区水资源总量及可利用量，可从所在行政区划或流域内的水资源综合研究成果中获得。

#### 8.2.2.2 水利工程现状供水能力分析

可供水量是指在不同规划年和不同保证率条件下，考虑需水要求和供水工程措施条件下，可提供的总水量。基准年水利工程设施的供水能力，包括水利工程的分布状况、设计供水量和供水现状。根据水资源可利用量及水利工程建设规划，估算规划年保证率分别为$P=50\%$、$P=75\%$和$P=90\%$时园区的可供水量。

#### 8.2.2.3 可供水量计算

可供水量分为地表水可供水量、地下水可供水量以及其他水源可供水量。而其他水源开发利用主要指参与水资源供需分析的雨水集蓄利用、污水处理再利用和海水利用或微咸水利用等。由于其他水源开发利用所占比例较小，下面仅介绍地表水及地下水可供水量的计算方法。

**（1）地表水可供水量**

地表水可供水量是以各河系、各类供水工程及各供水区所组成的供水系统为研究对象，进行自上而下、先支流后干流的逐级调算，预测不同规划水平年工程状况的变化，综合考虑现有工程更新改造或续建配套后新增的供水量、工程老化或水库淤积或上游用水增加造成的来水量减少等对供水能力的影响。

——对于大型水库，或控制面积大、可供水量大的中型水库，应采用长系列方式进行调节计算，估算出不同规划年、不同保证率的可供水量，并将其分解到相应的功能用水区，初步确定其供水范围、供水目标、供水用户以及工程措施等。

——对于一般中型水库、小型水库及塘坝工程，可简化计算。如中型水库可采用典型年法，小型水库及塘坝采用兴利库容乘复蓄系数法。复蓄系数可通过对不同地区各类工程进行分类，采用典型调查法，或参照邻近及类似地区的研究成果分析确定。

——对于引提水工程，根据取水口的径流量、引提水工程的能力以及用户需水要求计算可供水量。引提水工程可供水量依据《水资源供需预测分析技术规范》里的公式计算：

$$W_{可供}=\sum_{i=1}^{t}\min(Q_i,H_i,X_i)$$

式中：$Q_i$、$H_i$、$X_i$分别为$i$时段取水口的可引流量、工程的引提能力、用户需水量；$t$为计算时段数。

上式中，引水工程的引水能力与进水口水位及引水渠道的过水能力有关，提水工程的提水能力与设备能力与开机时间有关，计算时应综合考虑其相关因素。

**（2）地下水可开采量**

结合园区地下水实际开发情况、地下水资源可开采量以及地下水位动态特征，综合分析确定具有地下水开发潜力的分布范围和开发利用潜力的数量，提出地下水供水的地域和可供水量。

**1）地下水资源可开采量计算**

一般根据地下水资源评价绘制浅层地下水资源可开采量模数分区图，以及园区各规划年井区分布状况，估算各规划水平年供水范围内的地下水资源可开采量。对于平原地区，地下水可开采量主要采用实际调查法、可开采系数法、多年调节计算法和类比法等方法估算。

**2）地下水可供水量计算**

地下水可供水量与当地地下水资源可开采量、机井供水能力、开采范围和用户的需水量等因素有关。其计算可参考《水资源供需预测分析技术规范》里的公式：

$$W_{可供} = \sum_{i=1}^{t} \min(H_i, W_i, X_i)$$

式中：$H_i$、$W_i$、$W_i$分别为$i$时段机井提水能力、当地地下水资源可采量、用户需水量；$t$为计算时段数。

以上述可提供的水量为基础，根据规划期间不同发展水平年地表和地下的可供水量，预测出全园区的可供水量，将其预测结果填入表8-5。

表8-5 园区可供水量预测参考表

| 功能分区 | 规划期（近期、远期）可供水量（万m³） | | | | | | | | |
|---|---|---|---|---|---|---|---|---|---|
| | P=50% | | | P=75% | | | P=95% | | |
| | 小计 | 地表水 | 地下水 | 小计 | 地表水 | 地下水 | 小计 | 地表水 | 地下水 |
| 设施农业板块 | - | - | - | - | - | - | - | - | - |
| 大田种植板块 | - | - | - | - | - | - | - | - | - |
| 林果种植板块 | - | - | - | - | - | - | - | - | - |
| 畜牧养殖板块 | - | - | - | - | - | - | - | - | - |
| 水产养殖板块 | - | - | - | - | - | - | - | - | - |
| 农产品加工板块 | - | - | - | - | - | - | - | - | - |
| 农产品物流板块 | - | - | - | - | - | - | - | - | - |
| 农业休闲观光板块 | - | - | - | - | - | - | - | - | - |
| 科技创新与配套服务板块 | - | - | - | - | - | - | - | - | - |
| …… | | | | | | | | | |
| 合计 | - | - | - | - | - | - | - | - | - |

### 8.2.3 水资源需求量预测

#### 8.2.3.1 水资源需求类别

影响水资源需求增长的因素主要是人口增加与经济发展，制约需求增长因素主要包括水资源、水工程、水市场和水管理条件等。需水一般分为工农业生产、生活和生态等一级类别用水，每个一级类下又分若干个二级至四级类。详见表8-6。

表8-6 水资源需求分类参考表

| 一级类 | 二级类 | 三级类 | 四级类 |
|---|---|---|---|
| 农业需水 | 种植业 | 水田<br>水浇地<br>菜田 | 水稻、油菜等<br>小麦、玉米、棉花等<br>果菜、叶菜等 |
| | 畜牧业 | 大牲畜<br>家禽 | 牛、马等牲畜<br>鸡、鸭等家禽 |
| | 林果业 | 林地<br>果园 | 经济林、防护林等<br>水果、干果等 |
| | 渔业 | 鱼塘 | 渔塘补水及换水 |

(续表)

| 一级类 | 二级类 | 三级类 | 四级类 |
|---|---|---|---|
| 加工物流业需水 | 农产品加工 | 粮油加工<br>果蔬加工<br>畜禽产品加工<br>水产品加工<br>…… | 水稻、玉米、小麦、油菜等<br>蔬菜、水果等<br>肉蛋奶等<br>鱼、虾、贝等 |
| | 农产品物流 | 农产品物流<br>农产品电子商务 | 粮油线上线下销售<br>果蔬线上线下销售<br>畜禽产品线上线下销售<br>水产品线上线下销售 |
| 生活需水 | 城镇生活 | 居民家庭<br>公共设施 | 居住小区<br>市政设施 |
| | 农村生活 | 农民家庭用水 | 生活用水 |
| 生态需水 | 人工生态<br>天然生态 | 防护林<br>绿地 | 田边、路边、屋边、渠边防护林带用水<br>街道、小区绿化用水 |
| 其他需水 | …… | …… | …… |

引自《水资源管理与规划》

#### 8.2.3.2 各业需水量预测

**（1）农业需水量预测**

农业需水包括农田灌溉和林牧渔用水等部分，农田灌溉所占比重较大，是农业需水的主体。

**1）农田灌溉需水量预测**

① 农田灌溉需水量的影响因素

主要包括水浇地和水田，一般采用灌溉定额预测方法。农田灌溉需水量估算主要考虑灌溉面积、灌溉方式、灌溉定额、灌溉水有效利用系数和灌溉设计保证率等方面因素。

一旦确定灌溉面积、灌溉定额后，即可由下式求得净灌溉需水$W_{净}$。

$$W_{净} = m \cdot A$$

式中：$m$—灌溉定额，立方米/亩；$A$—灌溉面积，亩。

在此基础上，再根据灌溉水利用系数计算出农田灌溉毛水量。

**灌溉面积**。根据园区产业发展目标、产业结构调整和单产水平，确定农作物种植面积和有效灌溉面积。

**灌溉定额**。是指某个作物整个生育期各次灌水的灌水定额之和；而灌水定额实际上是一次灌水的水量。该指标与作物品种、土壤含水率、降水量有关。不同地区、不同作物其灌溉定额不同。表8-7是不同地区主要作物的灌水定额、灌溉定额范围参考表。

表8-7 我国不同地区主要作物灌溉制度参考表

| 作物种类 | | 生育阶段 | 灌水次数 | 灌水日期 | 灌水定额（m³/亩） | 灌溉定额（m³/亩） |
|---|---|---|---|---|---|---|
| 华北地区 | 冬小麦 | 播前 | 1 | 9—10月 | 50~80 | 150~230<br>（6次） |
| | | 越冬 | 1 | 11—12月 | 30~60 | |
| | | 返青 | 1 | 2月下旬至3月上旬 | 35~45 | |
| | | 拔节 | 1 | 拔节后5天 | 35~50 | |
| | | 抽穗 | 1 | 4月上旬至中旬 | 30~45 | |
| | | 灌浆 | 1 | 5月中旬至下旬 | 20~30 | |

（续表）

| | 作物种类 | 生育阶段 | 灌水次数 | 灌水日期 | 灌水定额（m³/亩） | 灌溉定额（m³/亩） |
|---|---|---|---|---|---|---|
| 陕西省泾惠渠灌区 | 棉花 | 播前 | 1 | 4月下旬至5月上旬 | 20 | 150～190（6次） |
| | | 苗期末期 | 1 | 5月底至6月初 | 20～25 | |
| | | 现蕾 | 1 | 6月下旬 | 20～30 | |
| | | 初花 | 1 | 7月上、中旬 | 30 | |
| | | 盛花 | 2 | 7月上旬至8月中旬 | 30～40 | |
| | | 吐絮 | 1 | 8月下旬至9月上旬 | 20～25 | |
| 长江流域北部 | 单季稻 | 泡田 | 1 | 5月10日至6月20日 | 75～100 | 525～720（20次） |
| | | 复苗 | 4 | 5月20日至6月10日 | 25～35 | |
| | | 分蘖盛期 | 7 | 6月10日至7月10日 | 25～35 | |
| | | 分蘖末期 | 2 | 7月10日至7月20日 | 25～35 | |
| | | 孕穗 | 3 | 7月20日至8月10日 | 35～45 | |
| | | 抽穗开花 | 2 | 8月10日至8月20日 | 25～35 | |
| | | 乳熟 | 1 | 8月20日至8月30日 | 25～35 | |
| | | 黄熟 | 1 | 8月15日至9月30日 | 20～25 | |

资料来源：《农业工程手册》第2册．中国农业出版社

**灌溉水有效利用系数**。是指在一轮灌水期间或一定时期间被作物吸收的水量与渠首从水源引入的总水量之比，反映了由水源经各级渠（管）道输送到田间有水量的损失程度，毛灌溉需水量$W_{毛}$为：

$$W_{毛} = \frac{W_{净}}{\eta_{水}}$$

式中：$\eta_{水}$为灌溉水利用系数，参照《全国农业现代化规划（2016—2020年）》规划目标，$\eta_{水}$应大于0.55。

**灌溉设计保证率**。是指灌区在某个时段能够充分满足灌溉用水的几率。其影响因素包括水文气象、水土资源、作物组成、灌区规模、灌水方式及经济效益等。灌溉设计保证率大小确定如表8-8。

表8-8 灌溉设计保证率确定参考表

| 灌水方式 | 地区 | 作物种类 | 灌溉设计保证率（%） |
|---|---|---|---|
| 地面灌溉 | 干旱地区或水资源紧缺地区 | 以旱作为主 | 50～75 |
| | | 以水稻为主 | 70～80 |
| | 半干旱、半湿润地区或水资源不稳定地区 | 以旱作为主 | 70～80 |
| | | 以水稻为主 | 75～85 |
| | 湿润地区或水资源丰富地区 | 以旱作为主 | 75～85 |
| | | 以水稻为主 | 80～95 |
| 喷灌、微灌 | 各类地区 | 各类作物 | 85～95 |

资料来源：《灌溉与排水工程设计规范》GB 50288—1999

从表8-8可以看出，灌溉设计保证率一般在50%～95%；缺水区或以旱作为主的地区，灌溉保证率较低一些；而丰水区或以水稻为主的地区，保证率稍高一些。

灌溉设计保证率还可以采用经验频率法来确定，如以正常供水的年数占总年数的百分比来表示，计算公式为：

$$P = \frac{M}{N+1} \times 100\%$$

式中：P—灌溉设计保证率（%）；M—按设计灌溉用水量供水的年数；N—计算总年数（计算系列不宜少于30年）。

② 农业灌溉需水量汇总

根据灌溉设计保证率和灌溉制度，结合园区规划和作物种植制度，分年计算出各作物灌溉需水量，汇总后即为园区农田灌溉总需水量（表8-9）。

表8-9　园区农田灌溉需水量汇总表

| 大田作物 | 种植面积（万亩） | 灌溉保证率（%） | 灌水定额（m³/亩） | 灌溉定额（m³/亩） | 净灌溉需水量（万m³） | 毛灌溉需水量（万m³） |
|---|---|---|---|---|---|---|
| 粮食作物 | - | - | - | - | - | - |
| 经济作物 | - | - | - | - | - | - |
| 其他作物 | - | - | - | - | - | - |
| …… | | | | | | |
| 合计 | | | | | | |

**2）畜牧业需水量预测**

畜牧业需水量按园区饲养种类分别计算，根据各规划年畜禽存栏数量分别乘以相应的用水定额进行汇总后即为园区畜牧业总需水量。通过下列公式进行计算：

$$W_{畜}=\sum n_i m_i$$

式中：$W_{畜}$—全园畜牧业用水总量；$n_i$—各种牲畜或家禽头数或只数；$m_i$—各种牲畜或家禽用水定额。

畜牧业用水定额可参考表8-10。

表8-10　畜牧养殖用水定额参考表

| 畜禽种类 | 单位日用水量（L/d） |
|---|---|
| 成母牛 | 80 |
| 种公牛 | 40～60 |
| 母猪 | 80～90 |
| 公猪 | 16～18 |
| 成鸡 | 1 |
| 育雏、育成鸡 | 0.3～0.6 |
| 肉鸡 | 0.5～0.8 |
| 母羊 | 4 |
| 公羊 | 2 |
| …… | …… |

资料来源：农业部颁布的《种牛场建设标准》《种猪场建设标准》《种鸡场建设标准》等

**3）林果业需水量预测**

林果业用水同农田灌溉用水一样，采用灌溉定额预测方法，通过确定发展面积，调查灌溉定额（大致为150～250立方米/亩），最终确定总需水量。

**4）渔业需水量预测**

渔业需水量仅指养殖水面蒸发和渗漏所消耗水量的补充值：

$$W_{渔}=\omega[\alpha \cdot E - P + S]$$

式中：$\omega$—养殖水面面积；$E$—水面蒸发量，由水文气象部门蒸发器测得；$\alpha$—蒸发器折算系数(可根据附近水文气象部门资料获得)；$P$—年降水量；$S$—年渗漏量(由调查、实测或经验数据估算)；

渔业需水量还可以根据调查补水定额和养殖面积进行估算：

$$W_{渔}=\omega \cdot m$$

式中：$\omega$—养殖水面面积；$m$—鱼塘补水定额。

**（2）加工物流业需水量预测**

加工物流业用水预测比较复杂，涉及因素较多，常用的有以下两种方法：

1）**趋势法**

由于加工物流业发展比较稳定，历年用水量的增长有一定规律，一般以现状加工物流业用水量为基础，按平均递增率计算不同水平年需水量。其计算公式为：

$$S_i = S_0(1+d)^n$$

式中：$S_i$—预测的某一水平年加工物流业需水量；$S_0$—预测起始年份加工物流业用水量；$d$—加工物流业用水年平均增长率；$n$—从起始年份至预测某一水平年份所间隔时间（年）。

该法推算简单易行，从历年资料中选取加工物流业稳定阶段用水增长率。

2）**经验计算法**

加工物流业需水量也可以用下面公式进行计算：

$$W_{工}=S \cdot V \cdot A \cdot T$$

式中：$W_{工}$—加工物流业需水量（万立方米）；$S$—加工物流业占地面积（公顷）；$V$—容积率（%）；$A$—单位加工物流业用地平均产值（万元/公顷），调查获取；$T$—每万元加工物流业产值平均用水量（立方米/万元），调查获取。

规划时加工物流业用水定额可以参考表8-11。

表8-11 全国流域（片）加工物流业用水定额参考表

| 流域（片） | 加工业产值增加值（万元） | 工业用水定额（m³/万元） | 年用水量（万吨） |
| --- | --- | --- | --- |
| 东北诸河 | — | 595 | — |
| 淮河及山东半岛诸河 | — | 488 | — |
| 黄河 | — | 642 | — |
| 长江 | — | 630 | — |
| 华南诸河 | — | 844 | — |
| 东南诸河 | — | 733 | — |
| 西南诸河 | — | 731 | — |
| 内陆河 | — | 1 260 | — |

资料来源：《中国水资源利用》，水利电力出版社

**（3）生活需水量预测**

包括城镇及农村生活需水量，采用人均日用水量方法计算。

1）**城镇生活需水量**

根据经济社会发展水平、人均收入和水价等，结合生活用水习惯和现状用水水平，参照建设部门已制定城镇用水标准或同类地区用水定额，分别拟定各规划年生活用水定额，结合人口预测成果，估算居民生活需水量（表8-12）。

表 8-12  不同地区城镇居民生活用水定额参考表

| 地域分区 | 日用水量[L/(人·天)] | 适用范围 |
|---|---|---|
| 一 | 80~135 | 黑龙江、吉林、辽宁、内蒙古 |
| 二 | 85~140 | 北京、天津、河北、山东、河南、山西、陕西、宁夏、甘肃 |
| 三 | 120~180 | 上海、江苏、浙江、福建、江西、湖北、湖南、安徽 |
| 四 | 150~220 | 广西、广东、海南 |
| 五 | 100~140 | 重庆、四川、贵州、云南 |
| 六 | 75~125 | 新疆、西藏、青海 |

资料来源：《城市居民生活用水量标准》

2）农村生活需水量

根据农村人均生活用水量指标，考虑未来生活用水定额的不断提高，按预测的经济社会发展指标进行估算（表8-13）。

表 8-13  农村生活用水量标准参考表

| 给水设备类型 | 社区类型 | 最高日用水量[L/(人·天)] | 时变化系数 |
|---|---|---|---|
| 从集中给水龙头取水 | 村庄 | 20~50 | 3.5~2.0 |
|  | 镇区 | 20~60 | 2.5~2.0 |
| 户内有给水龙头，无卫生设备 | 村庄 | 30~70 | 3.0~1.8 |
|  | 镇区 | 40~90 | 2.0~1.8 |
| 户内有给水排水卫生设备、无淋浴设备 | 村庄 | 40~100 | 2.5~1.5 |
|  | 镇区 | 85~130 | 1.8~1.5 |
| 户内有给水排水卫生设备和淋浴设备 | 村庄 | 130~190 | 2.0~1.4 |
|  | 镇区 | 130~190 | 1.7~1.4 |

资料来源：全国爱国卫生运动委员办公室《中国农村给水工程规划设计手册》，化学工业出版社

**（4）生态需水量预测**

主要是估算园区绿化需水量。根据规划方案了解到园区绿化占地面积，调查当地单位绿化面积灌水定额，估算出绿化需水量。

**（5）其他需水量计算**

其他需水量主要包括未预见用水量，可按上述需水量总量的5%进行计算。

**（6）需水量汇总**

农业用水量=∑（农田灌溉用水量+林果业用水量+畜牧业用水量+渔业用水量）

园区需水总量=∑（农业用水量+加工物流业用水量+生活用水量+生态用水量+其他用水量）

### 8.2.4  水资源平衡结论

通过对基期不同水平年和不同频率的代表年水资源平衡分析，摸清园区水资源丰歉和开发利用中存在的问题，评价水资源供需结构、利用效率和工程布局的合理性，预测未来不同水平年水资源供需平衡状况，做好园区农业规划和水利工程规划的有效衔接。针对资源性缺水或工程性缺水较严重的园区，提出解决水资源供需矛盾的途径、措施和建议，并编制不同水平年和不同频率下水资源供需平衡表。如表8-14。

表 8-14　各水平年水资源供需平衡情况表　　　　　　　（单位：万立方米）

| 水平年 | 保证率 | 水量 | 合计 | 功能板块1 | 功能板块2 | 功能板块3 | …… |
|---|---|---|---|---|---|---|---|
| 现状年 | 50% | 供水量 | - | - | - | - | - |
| | | 需水量 | - | - | - | - | - |
| | | 余缺水量 | - | - | - | - | - |
| | 75% | 供水量 | - | - | - | - | - |
| | | 需水量 | - | - | - | - | - |
| | | 余缺水量 | - | - | - | - | - |
| | 90% | 供水量 | - | - | - | - | - |
| | | 需水量 | - | - | - | - | - |
| | | 余缺水量 | - | - | - | - | - |
| 规划年 | 50% | 供水量 | - | - | - | - | - |
| | | 需水量 | - | - | - | - | - |
| | | 余缺水量 | - | - | - | - | - |
| | 75% | 供水量 | - | - | - | - | - |
| | | 需水量 | - | - | - | - | - |
| | | 余缺水量 | - | - | - | - | - |
| | 90% | 供水量 | - | - | - | - | - |
| | | 需水量 | - | - | - | - | - |
| | | 余缺水量 | - | - | - | - | - |

### 8.2.5　推进措施

综合上述水资源供需平衡分析，结合水利工程布置状况，特提出如下措施与建议：

——加强水利和节水灌溉设施建设。着力完善园区灌排系统，采用防渗渠道或管道输水设施，推广不同的节水灌溉模式，尽量减少用水损耗，不断提高灌溉用水效率。

——推行综合性节水技术。在干旱缺水地区，因地制宜推广膜下保墒、节水补灌等旱作农业技术，建立自动化监测管理系统，配置田间量水设施，提高水资源利用率。

——加强用水管理，在配套完善量水设施基础上，将用水量收费替代按面积平摊收费，不断提高农户节约用水的积极性和自觉性。

——建立和完善农民用水户协会，严格执行计划用水、节约用水和定额供水，推行小型水利工程和用水管理的承包责任制。

## 8.3　农业环境承载力平衡分析

### 8.3.1　概述

我国已进入全面深化改革、建成小康社会的关键时期。但是由于长期过度开发，农业面临资源短缺、面源污染、耕地质量下降和地下水超采等问题，如何提升农业可持续发展能力，成为当前现代农业发展必须应对的重大挑战。2015年中央一号文件将农业生态治理、农业可持续发展作为未来现代农业建设的重点任务。农业部韩长赋部长在全国农业工作会议上也明确提出：着力实现"农业用水总量控制，化肥、农药施用总量减少，地膜、秸秆、畜禽粪便基本资源化利用"（一控两减三基本）的总体目标。本节主要针对畜牧养殖类园区开展研究，该类园区发展生态循环农业尤显重要。

衡量一个区域生态农业良性循环的重要指标就是区域环境承载能力。区域环境承载力是指在一定时期、一定状态条件下和一定区域范围内，在环境功能不遭破坏的前提下，区域环境系统所能承受的人类各种社会经济活动的能力。然而随着人们对畜禽产品需求不断增加，畜禽养殖所引起的环境污染问题日益严重，已逐步开始对生态环境造成污染影响。

本文以某个种养结合的园区为例，通过分析生态环境承载力来确定各规划期畜群养殖结构与规模。一般要求，畜群养殖规模与结构应与种植规模与结构相匹配，否则农业生态系统中的"肥料"就会变成"废料"，继而造成二次环境污染。园区应以提高资源利用效率和实现区域农业废弃物"零排放和全消纳"为目标，采用种养结合的循环发展方式，以减量化、再利用、资源化为原则，重点开展农药化肥减量施用、养殖废弃物处理和秸秆综合利用等相关建设，促进园区农业生产废弃物生态消纳和循环利用、种植业与养殖业相互融合，实现农业资源利用节约化、生产过程清洁化、产业链条生态化、废物循环再生化，推动资源节约型、环境友好型和生态保育型农业发展，不断提升园区农业可持续发展水平。

#### 8.3.1.1 研究方法

本节分别以N、$P_2O_5$等元素为研究对象，根据作物养分需要量和畜禽粪便养分产量来确定单位农用地承载的畜禽数量。其研究技术路线如图8-2。

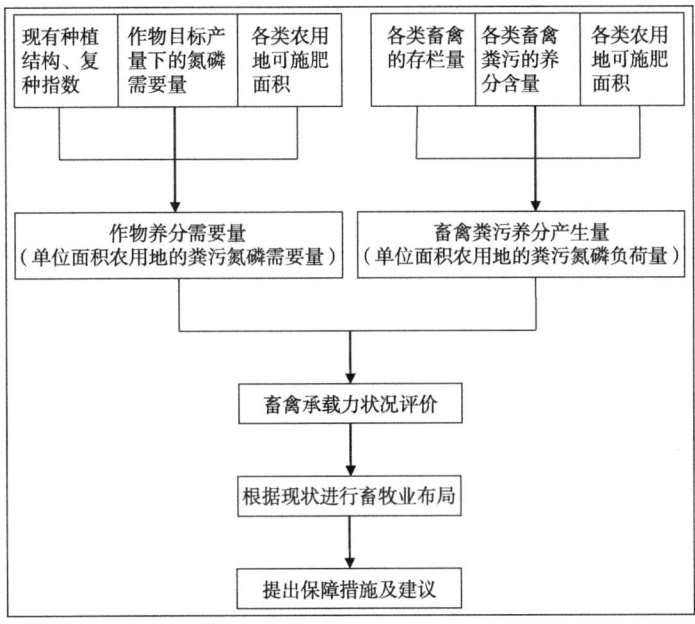

**图 8-2 环境承载力研究技术路线图**

根据不同作物的收获物和目标经济产量，确定每公顷作物在目标经济产量下每季的养分移除量作为作物的养分需求量。

$$Q_{max} = D/S$$

式中：$Q_{max}$—每公顷农用地所能承载的最大畜禽数量，头（只）/公顷；$D$—每公顷农作物养分消耗量，千克/公顷；$S$—畜禽粪便养分年可利用量，千克/年。

$$D = \sum (E_i \times F_i)$$

式中：$E_i$—i作物的产量；$F_i$—i作物单位产量养分消耗量。

$$S = \sum A_i = \sum (365 \cdot T \cdot C \cdot L)_i$$

式中：$A_i$—第i个畜种的年粪便养分可利用量，千克/年；$T$—每头存栏动物日平均粪尿产量，千克/天；$C$—粪尿养分百分含量，%；$L$—养分损失率，%。

由于目前尚未形成统一的畜牧养殖环境承载能力计算方法，根据有关资料显示，农田作物生产过程中肥料投入养分（氮磷钾）含量需要合适的比例搭配，为此本文确定以肥料养分为主要研究对象。即首先测算养殖场各养殖品种单位粪便养分含量和农作物单位面积产出物肥料养分消耗量，通过比较后得出单位面积各类养殖品种的承载量，即为单位面积畜禽养殖环境承载力。

对于畜禽养殖环境承载力计算主要是基于土壤养分平衡原理，即"输入—输出"的物质守恒定量，投入为畜禽粪便中的养分，输出主要为农作物带走的养分。目前，一般根据农地的氮、磷承载力计算养殖环境容量。

$$q = S/D$$

式中：$q$—畜禽养殖环境承载力；$S$—粪便养分可利用量；$D$—农作物养分消耗量。

假定农作物生长所需氮磷等养分全部来自畜禽粪便，当环境承载力（$q$）大于1时，表明畜牧养殖规模过大，其粪便养分排放超出了农作物养分的需求；当环境承载力在0.8~1时，由于有化肥可作为养分的补充，此时种养规模接近平衡，是较为理想的状态；当环境承载力小于0.8时，表明区域畜牧养殖排放的粪便养分不能满足农作物生长的需要，畜牧业还有较大的环境容量，可以扩大畜禽养殖规模。

### 8.3.2　种养平衡分析

#### 8.3.2.1　畜禽粪污养分可利用量测算

以园区畜牧业养殖为基础，根据规划前五年平均发展速度，预测出各规划期园区畜禽养殖结构和养殖规模。针对一个具体的养殖园区，其养殖规模不可能无限扩大，环境条件的制约反过来促其养殖规模的调整。由于不同畜种粪便排泄量和养分含量具有一定的差异，依据《畜禽养殖业污染物排放标准》，了解到正常营养水平和饲养条件下单位存栏畜禽日均粪污产生量和全年粪污产生量，并结合不同种类畜禽粪污中养分含量，估算出单位存栏畜禽全年所排粪污所含的养分总量。畜禽养殖粪污主要包括粪便、尿液两大类，单位存栏畜禽粪便、尿液产量分别见表8-15至表8-17。

表8-15　单位存栏动物年平均粪便养分可利用量

| 畜种 | 单位存栏动物日平均粪便产量 [kg/(d·头)] | 养分百分含量 (%) | | 单位存栏动物年平均粪便养分总产量 [kg/(d·头)] | | 单位存栏动物年平均粪便养分可利用量 [kg/(d·头)] | | 畜禽粪便养分比 N/P$_2$O$_5$ |
|---|---|---|---|---|---|---|---|---|
| | | N | P$_2$O$_5$ | N | P$_2$O$_5$ | N | P$_2$O$_5$ | |
| 奶牛 | 30 | 0.48 | 0.18 | 52.56 | 19.71 | 42.05 | 17.74 | 2.37 |
| 肉牛 | 24 | 0.51 | 0.38 | 44.68 | 33.29 | 35.74 | 29.96 | 1.19 |
| 猪 | 4 | 0.51 | 0.45 | 7.45 | 6.57 | 5.96 | 5.91 | 1.01 |
| 羊 | 2.3 | 1.05 | 0.42 | 8.81 | 3.53 | 7.05 | 3.17 | 2.22 |
| 蛋鸡 | 0.09 | 1.50 | 2.18 | 0.49 | 0.72 | 0.39 | 0.64 | 0.61 |

注：1. 粪便为鲜粪，含水量65%~85%。

2. N以粪便年平均养分总产量的80%计算，P$_2$O$_5$以粪便年平均养分总产量的90%计算。

3. 数据来源《畜禽养殖业污染物排放标准》《畜禽养殖业规划环境影响评价方法与实践》《基于畜禽粪便养分含量的畜禽承载力及北京畜牧业布局研究》等。下同。

表 8-16  单位存栏动物年平均尿液养分可利用量

| 畜种 | 单位存栏动物日平均尿液产量 [kg/(d·头)] | 养分百分含量 (%) | | 单位存栏动物年平均尿液养分总产量 [kg/(d·头)] | | 单位存栏动物年平均尿液养分可利用量 [kg/(d·头)] | | 畜禽粪便养分比 |
|---|---|---|---|---|---|---|---|---|
| | | N | $P_2O_5$ | N | $P_2O_5$ | N | $P_2O_5$ | N/$P_2O_5$ |
| 奶牛 | 22.5 | 0.7 | 0.05 | 57.49 | 4.11 | 28.74 | 3.70 | 7.78 |
| 肉牛 | 17.6 | 0.7 | 0.05 | 44.97 | 3.21 | 22.48 | 2.89 | 7.78 |
| 猪 | 3.5 | 0.3 | 0.05 | 3.83 | 0.64 | 1.92 | 0.57 | 3.33 |
| 羊 | 1.55 | 0.7 | 0.05 | 3.96 | 0.28 | 1.98 | 0.25 | 7.78 |

注：1、家禽粪便和尿液一起排出体外，没有单独的尿液。

2、尿液可利用N以尿液年平均养分总产量的50%计算，尿液可利用$P_2O_5$以尿液年平均养分总产量的90%计算。

由表8-15、8-16得出单位存栏畜禽粪污养分可利用量，见表8-17。

表 8-17  单位存栏动物年平均粪污养分可利用量

| 畜种 | 单位存栏动物日平均粪污产量 [kg/(d·头)] | 养分百分含量 (%) | | 单位存栏动物年平均粪污养分总产量 [kg/(d·头)] | | 单位存栏动物年平均粪污养分可利用量 [kg/(d·头)] | | 畜禽粪污养分比 |
|---|---|---|---|---|---|---|---|---|
| | | N | $P_2O_5$ | N | $P_2O_5$ | N | $P_2O_5$ | N/$P_2O_5$ |
| 奶牛 | 52.50 | 0.57 | 0.12 | 110.05 | 23.82 | 70.79 | 21.43 | 3.30 |
| 肉牛 | 41.60 | 0.59 | 0.24 | 89.64 | 36.50 | 58.22 | 32.85 | 1.77 |
| 猪 | 7.50 | 0.41 | 0.26 | 11.28 | 7.21 | 7.87 | 6.49 | 1.21 |
| 羊 | 3.85 | 0.91 | 0.27 | 12.78 | 3.81 | 9.03 | 3.43 | 2.63 |
| 蛋鸡 | 0.09 | 1.50 | 2.18 | 0.49 | 0.72 | 0.42 | 0.64 | 0.65 |

注：每公顷大田作物地、菜地、园地每年可承载的畜禽数量须在此基础上乘以复种指数A

#### 8.3.2.2 农作物养分消耗量测算

以园区种植业规划为基础，根据调整后的作物品种、种植结构和单产水平，计算出各类作物单位面积产量，依据单位作物产后养分消耗量，测算全年养分消耗总量。

根据收获物以及经济产量的不同，常见大田作物、蔬菜和水果单位产量下的养分移除量、每公顷每季的养分移除量。如表8-18。

表 8-18  不同作物目标经济产量下的养分移除量及每公顷每季的养分移除量

| 作 物 | 收获物 | 养分移除量 (kg/100kg) | | 目标经济产量 (t/hm²) | 养分移除量 [kg/(hm²·s)] | | 所需养分比 |
|---|---|---|---|---|---|---|---|
| | | N | $P_2O_5$ | | N | $P_2O_5$ | N/$P_2O_5$ |
| 一、大田作物 | | | | | | | |
| 水稻 | 籽粒 | 2.17 | 0.95 | 10.50 | 227.85 | 99.75 | 2.28 |
| 小麦 | 籽粒 | 2.87 | 1.20 | 7.50 | 215.25 | 90.00 | 2.39 |
| 玉米 | 籽粒 | 2.75 | 1.23 | 12.00 | 330.00 | 147.60 | 2.24 |
| 二、蔬菜 | | | | | | | |
| 番茄 | 果实 | 0.24 | 0.17 | 67.50 | 162.00 | 114.75 | 1.41 |
| 花椰菜 | 花球 | 1.23 | 0.31 | 29.50 | 362.85 | 91.45 | 3.97 |
| 黄瓜 | 果实 | 0.34 | 0.10 | 67.50 | 229.50 | 67.50 | 3.40 |
| 茄子 | 果实 | 0.37 | 0.09 | 52.50 | 194.25 | 47.25 | 4.11 |

（续表）

| 作 物 | 收获物 | 养分移除量 (kg/100kg) | | 目标经济产量 (t/hm²) | 养分移除量 [kg/(hm²·s)] | | 所需养分比 |
|---|---|---|---|---|---|---|---|
| | | N | $P_2O_5$ | | N | $P_2O_5$ | $N/P_2O_5$ |
| 芹菜 | 全株 | 0.22 | 0.12 | 90.00 | 198.00 | 108.00 | 1.83 |
| 三、水果 | | | | | | | |
| 苹果 | 果实 | 0.30 | 0.08 | 12.80 | 38.40 | 10.24 | 3.75 |
| 葡萄 | 果实 | 0.60 | 0.30 | 16.10 | 96.60 | 48.30 | 2.00 |
| 梨 | 果实 | 0.59 | 0.14 | 13.00 | 76.70 | 18.20 | 4.21 |
| 桃 | 果实 | 0.48 | 0.20 | 17.60 | 84.48 | 35.20 | 2.40 |

注：1、假设农作物秸秆、尾菜、修剪枝叶等最终还田。
2、种植地区、耕地质量、种植方式等对种植物产量影响较大，应根据实际情况测算。

从表8-18中可以看出，作物在形成100千克收获物时，大田作物的养分移除量相对较高，N移除量为2.17~2.87千克，$P_2O_5$移除量为0.95~1.23千克；除了花椰菜之外，蔬菜和水果的养分移除量相差不大，N移除量为0.22~0.60千克，$P_2O_5$移除量为0.08~0.31千克。

对于作物每公顷每季的养分移除量，大田作物地、蔬菜地的养分移除量远高于园地。如果按作物每公顷每年的养分移除量计，并计入各地的复种指数A（如北京市2012年大田作物、蔬菜和水果的复种指数分别为1.46、2.28和1.00），以此计算出农用地养分移除量。

#### 8.3.2.3 种养平衡测算

根据表8-17中的每头存栏动物年平均粪污养分可利用量，以及表8-18中常见大田作物、蔬菜和水果每公顷每季的养分移除量，由式（1）计算出每年每公顷大田作物地、蔬菜地、果园地所能承载的畜禽数量。如表8-19。

**表8-19　每公顷大田作物地、蔬菜地、果园地每季可承载的畜禽数量*（头/只）**

| 作物类别 | 承载标准 | 奶牛 | 肉牛 | 猪 | 羊 | 蛋鸡 |
|---|---|---|---|---|---|---|
| 一、大田作物 | | | | | | |
| 水稻 | 基于N | 3.2 | 3.9 | 28.9 | 25.2 | 544.0 |
| | 基于$P_2O_5$ | 4.7 | 3.0 | 15.4 | 29.1 | 154.8 |
| 小麦 | 基于N | 3.0 | 3.7 | 27.3 | 23.8 | 513.9 |
| | 基于$P_2O_5$ | 4.2 | 2.7 | 13.9 | 26.3 | 139.6 |
| 玉米 | 基于N | 4.7 | 5.7 | 41.9 | 36.5 | 787.9 |
| | 基于$P_2O_5$ | 6.9 | 4.5 | 22.8 | 43.1 | 229.0 |
| 二、蔬菜 | | | | | | |
| 番茄 | 基于N | 2.3 | 2.8 | 20.8 | 18.2 | 391.6 |
| | 基于$P_2O_5$ | 5.5 | 3.6 | 18.2 | 34.4 | 183.1 |
| 花椰菜 | 基于N | 5.1 | 6.3 | 46.2 | 40.3 | 869.1 |
| | 基于$P_2O_5$ | 4.2 | 2.8 | 13.9 | 26.4 | 140.4 |
| 黄瓜 | 基于N | 3.2 | 3.9 | 29.2 | 25.4 | 547.9 |
| | 基于$P_2O_5$ | 3.0 | 2.0 | 9.9 | 18.8 | 100.1 |
| 茄子 | 基于N | 2.7 | 3.3 | 24.4 | 21.3 | 458.4 |
| | 基于$P_2O_5$ | 2.1 | 1.4 | 6.9 | 13.1 | 69.8 |
| 芹菜 | 基于N | 2.8 | 3.4 | 25.1 | 21.9 | 472.7 |
| | 基于$P_2O_5$ | 4.9 | 3.2 | 16.1 | 30.5 | 162.1 |

（续表）

| 作物类别 | 承载标准 | 奶牛 | 肉牛 | 猪 | 羊 | 蛋鸡 |
|---|---|---|---|---|---|---|
| 三、水果 | | | | | | |
| 苹果 | 基于N | 0.5 | 0.7 | 4.9 | 4.3 | 91.9 |
| | 基于$P_2O_5$ | 0.5 | 0.3 | 1.6 | 3.0 | 16.0 |
| 葡萄 | 基于N | 1.4 | 1.7 | 12.2 | 10.7 | 230.2 |
| | 基于$P_2O_5$ | 2.2 | 1.5 | 7.4 | 14.1 | 74.8 |
| 梨 | 基于N | 1.1 | 1.3 | 9.8 | 8.5 | 183.6 |
| | 基于$P_2O_5$ | 0.9 | 0.6 | 2.8 | 5.3 | 28.4 |
| 桃 | 基于N | 1.2 | 1.4 | 10.7 | 9.3 | 201.5 |
| | 基于$P_2O_5$ | 1.6 | 1.1 | 5.4 | 10.3 | 54.6 |

\*注：每公顷大田作物地、菜地、园地每年可承载的畜禽数量须在此基础上乘以当地的复种指数A。

整体看来，每公顷每季大田作物、蔬菜地可以承载的畜禽数量较多，果园地相对较少。各地可以大田每季的承载力为基础，根据当地实际的复种指数A，计算出每公顷每年大田承载的畜禽数量。除奶牛、羊部分数据以外，以N为标准时，农用地所承载的畜禽数量比以$P_2O_5$为标准时要多，这是因为奶牛和羊的粪尿养分比例（N/$P_2O_5$）高于其他动物至少1倍以上。所以在承载标准相同的情况下，农用地对其承载的数量也因动物不同有所差异。

由于上述计算是在假定畜禽粪尿中的N、$P_2O_5$完全被作物吸收的条件下，按照不同作物不同产量及其不同收获物时的养分需求量进行估算的。但实际施入农用地的畜禽粪尿除了被作物吸收利用以外，大部分养分（N）会通过氨挥发、氮素的硝化和反硝化、硝态氮淋洗、地表径流等形式损失掉。对于氮，由于季节、施肥方式等因素，挥发、硝化的损失程度是不同的；对于磷，由于磷肥易在土壤中累积，其利用效率与施用量、土壤质地有关。如果考虑养分利用率，氮、磷的施用量应该是理论需求量的3～5倍，农用地的畜禽承载力也相应增加。

### 8.3.3 生态环境承载力评估

由上述测算可知，根据单位面积作物产出养分消耗量和单个畜禽粪便养分可利用量，考虑各类作物复种指数和养分利用率，可大致估算出单位面积农用地承载的畜禽数量。如表8-20。

表8-20 每公顷农用地全年承载的畜禽数量参考表

| 品种 | 大田农作物类 | 蔬菜类 | 水果类 | … |
|---|---|---|---|---|
| 肉牛（头） | 6～12 | 4～10 | 0.5～1.5 | |
| 奶牛（头） | 4～10 | 4～10 | 0.5～1.5 | |
| 羊（只） | 40～80 | 40～70 | 3～12 | |
| 生猪（头） | 25～50 | 20～40 | 2～10 | |
| 蛋鸡（只） | 280～450 | 200～400 | 20～80 | |
| …… | | | | |
| 合计 | － | － | － | |

注：1、假设项目区大田农作物的复种指数为2，蔬菜复种指数为2，水果的复种指数为1。
2、上表数据是从相关课题试验组的研究数据整理而来。

### 8.3.4 推进措施

根据上述测算结果，为了实现园区资源节约型、环境友好型的发展目标，在促进区域农业可持续发展的过程中，重点应关注以下几点：

——实现投入品的减量化。围绕投入品的生态化、无害化目标,推进投入品的减量与替代。实施化肥的减量与精量使用,用生物农药替代化学农药,以高效无害化配方饲料降低"畜产公害",以可降解农用薄膜替代不可降解的塑料薄膜。

——积极推行干清粪工艺。为了控制畜禽养殖污染范围,减少畜禽粪污产生量和处理量,节约处理成本,应积极推行干清粪工艺,以便及时将粪便运至处理场所,减少粪肥的损失量。

——以农养牧,农牧结合。加强种植业与畜牧业紧密结合,以农养牧、以牧促农,既可减轻畜禽粪便对环境的污染,又可为绿色食品及有机食品生产提供肥料保障,实现生态系统的良性循环。

——促进畜禽粪便肥料化。畜禽粪便含有大量有机质和氮、磷、钾等植物必需的营养元素,是一种优质的有机肥,将其加工成性质稳定、耐储运、具有商品性能的生物有机肥后,既可补充缺肥区所需肥料,又避免局部地区过量使用,有利于改良土壤结构,保护园区生态环境。

——建设大中型沼气工程。对于拥有多个规模化养殖场的园区,应加强大中型沼气工程建设,产生的沼气可作为农村能源使用,而沼渣和沼液还是很好的有机肥料,能实现生态系统的良性循环。

——建设有机肥加工厂。鼓励地方政府出台相关扶持政策,引导和培育企业从事有机肥生产,推广有机肥还田利用,促进农牧循环发展。

——大力推行标准化规模养殖。鼓励投资建设规模化养殖场(区),不断提高标准化养殖水平,推动养殖密集度较高的地区配套建设畜禽粪污处理设施,促进畜禽粪污综合利用。

——探索第三方综合治理机制。在种养密度较高的地区建设集中处理中心,探索规模养殖粪污的第三方治理与综合利用机制。

——推广农业清洁生产模式,提高资源利用效率。推广清洁生产,有利于提高资源利用效率,缓解部分地区"缺地、缺水、缺能"等问题。

### 8.4 产业融合发展分析

#### 8.4.1 概述

当前我国正处于城乡一体化加快推进、四化同步协调发展的关键时期。加快破解"三农"问题难题,已成为各级政府工作的重心。2015年国务院颁布了《关于推进农村一二三产业融合发展的指导意见》(国办发〔2015〕93号),明确指出推进农村一二三产业融合发展,是拓宽农民增收渠道、构建现代农业产业体系的重要举措。2016年4月,按照《意见》中开展试点示范工作的要求,国家发改委与农业部等七部门联合颁布了《农村产业融合发展试点示范方案的通知》(发改农经〔2016〕833号),拟在全国范围内组织实施农村产业融合发展"百县千乡万村"试点示范工程,2016年年底确定了137个试点示范县。2016年11月,农业部印发了《全国农产品加工业与农村一二三产业融合发展规划(2016—2020年)》,并配套制定了《农村一二三产业融合发展先导区推进工作方案》,计划于2016—2018年,在全国范围内选择产业基础良好、新型业态丰富、产城融合协调、利益联结紧密、运行机制完善的农产品加工园区或集聚区,将其创建成300个左右产业融合发展先导区。2017年8月,国家发改委印发了关于《国家农村产业融合发展示范园创建工作方案的通知》(发改农经〔2017〕1451号),计划到2020年建成300个融合特色鲜明、产业集聚发展、利益联结紧密、配套服务完善、组织管理高效、示范作用显著的农村产业融合发展示范园,其中2017

年首批创建100个;要求2016年农林牧渔业总产值超过5 000亿元的省(区)创建数量不超过5个,其他省(区)不超过3个,直辖市和兵团不超过2个,计划单列市不超过1个。各地园区应立足当地实际,借助已形成的特种类型园区平台,积极申创产业融合发展示范园,抓紧成立专门的工作领导小组,开展规划编制与申报工作。

### 8.4.2 创建思路与目标

**创建思路**。牢固树立"五大"发展理念,以"基在农业、惠在农村、利在农民"为目标,以市场需求为导向,以培育新型经营主体为依托,以农产品加工园区、现代农业园区、休闲农业园区等为抓手,结合推进新型城镇化、新农村建设的相关要求,促进镇(村)区、园区、农区"三区互动"融合发展,实现全产业链和全价值链的提升,充分发挥先行先试和辐射带动作用,为农业强、农村美、农民富提供有力支撑。

**创建目标**。通过规划实施,将产业融合发展示范园建成标准化种养的生产基地、农产品加工发展的示范区、休闲农业与乡村旅游发展的样板区、农产品市场流通的展示区等,充分发挥示范引领作用,带动区域农村产业融合发展,促进农业提质增效和农民就业增收,推动农业竞争力明显提升。

### 8.4.3 建设任务

根据不同区域特点,探索产业融合发展不同途径,重点加强以下几方面任务建设。

**优化空间布局,推进产城融合发展**。发挥产业集聚优势,探索产业融合发展新路径,促进示范区或先导区形成"一核多镇(村)、多区多带多点"的发展新格局,实现产业发展和人口集聚相互促进、融合发展。其中"一核"代表三产融合发展驱动核,即园区的核心区,该区信息、科技、资本等先进生产要素齐备,重点突出农产品加工、商贸物流、科技交流、文化创意和旅游服务等功能,是全园三产融合发展的动力源。"多镇(村)"是指园区所涉及的专业特色小镇(村),如休闲旅游型特色小城镇(村)、现代物流特色小镇(村)、农林牧综合开发特色小镇(村)等。"多区"一般依园区的地形地貌而定,对于平原、丘陵或浅山等地形复杂的园区,推荐平原地区发展高效农业、丘陵地区发展特色农业或浅山地区发展生态农业等。"多带"主要是指沿主要交通要道或河流山川等,推荐打造高效农业展示带、田园风光休闲带或生态农业保育带等。"多点"是指多个示范点或示范基地,如建设特色突出、生态良好、环境优美、农民富裕的休闲观光农业示范点;或水稻、蔬菜、果茶、畜禽等标准化生产示范基地等。

**探索多种产业融合模式,构建现代农业产业体系**。统筹考虑示范园产业基础、资源禀赋和生态环境等优势,以农业生产为本底,以农产品加工物流为引领,以电子商务、智慧农业、休闲农业与乡村旅游等为功能拓展,构建三产交叉融合的现代农业产业体系。一是发展种养结合型生态农业。主要以提高资源利用效率、实现农业废弃物"零排放和全消纳"为目标,以沼气工程和有机肥加工为纽带,发展粮油、果蔬、畜禽、水产等绿色种植业和生态养殖业,促进种养业相互融合、农业废弃物循环利用。二是延伸绿色生态农业产业链。重点扶持龙头企业,促进产业链各环节紧密结合,提高产品附加值。三是推进农旅深度融合。依托园区生态农业、美丽乡村等基础条件,发展"六养"农业,即以五彩田园、山水景观养眼,以芳香植物、新鲜空气养肺,以蛙鸣鸟叫、民族歌舞养耳,以天然美食、有机食品养胃,以休闲慢生活养心,五养叠加交互而养身,以此促进农旅深度融合发展。

**培育多元化新型经营主体,激发产业融合发展活力**。在稳定家庭承包经营的基础上,积极发挥新型经营主体的带动作用。一是培育农民合作社、家庭农场和种养大户，发挥其规模经营的基础性作用；二是引导龙头企业向特色优势产业集中，形成一批功能互补、联系紧密的企业集群，发挥其引领示范作用；三是推动供销信用社与农民合作社、家庭农场等主体有效对接，探索供销社与互联网金融发展的新模式。

**健全产业链利益联结机制，让农民分享产业增值收益。**围绕订单农业、股份合作、服务协作等利益联结模式，建立龙头企业与合作社、农户风险共担的利益共同体，创新产业融合投融资机制，拓宽资金渠道，加强农业基础设施建设，不断提升物质装备水平，健全风险防范机制，让农民更多分享产业增值收益。

**创新体制机制，破解产业融合发展瓶颈约束。**按照企业主导、政府支持、社会参与、市场运作的原则，完善农村产业融合投融资体制机制，吸引社会资本投入农村产业融合发展示范园建设和运营。鼓励金融机构与农村产业融合发展示范园建立紧密合作关系，推广产业链金融模式，加大信贷支持。挖掘农村资源资产资金潜力，探索通过"资源变股权、资金变股金、农民变股东"，把闲置和低效利用的农村资源、资金优化用于农村产业融合发展。

### 8.4.4 推进措施

为了促进国家农村产业融合发展示范园尽快创建成功，重点应关注一下几方面：

**完善园区基础设施。**进一步完善园内水、电、路、讯、网等基础设施条件，培育新型经营主体成为园区建设主导力量，集聚现代生产要素，促进园区主导产业发展态势良好。

**加强组织领导。**引导当地政府要高度重视农村产业融合发展工作，成立由主要领导挂帅的创建工作领导小组。并在用地保障、财政扶持、金融服务、科技创新应用、人才支撑等方面有明确的政策措施，统筹整合各类资金优先用于示范园建设。

**培育主导产业。**培育具有一定规模的种（养）基地和产量的主导产业，其农业总产值要占示范园的50%以上，在全国、省内具有一定的引领作用，并占据一定市场份额。

**明确发展思路。**立足当地经济发展水平、自然资源和区位优势，围绕特色主导产业，构建农业与二三产业交叉融合的现代产业体系，形成与产业融合发展类型相应的生产、加工、冷链物流、休闲旅游、研发服务等功能板块。

**创新融合发展模式。**要充分依托和发挥第一产业的优势和特色，结合地方资源禀赋，创新第一产业同二、三产业深度融合发展模式，不断拓展农业产业链、提升价值链。

**明确绿色发展方向。**充分发挥生态优势，按照"一控两减三基本"的要求，促进农业生产废弃物资源化利用率不断提高，化肥、农药使用量明显下降，加大"三品一标"认证力度，实现主要农产品基地质量安全例行监测总体合格率98%以上。

**加大地方融资力度。**根据发展需要与财力可能，依法设立产业投资基金，吸引和带动社会资本、金融机构、国有企业参与投资，加大对示范园的投资力度，充分发挥政府资金的引导作用和放大效应。鼓励各地引导各银行加大对示范园入园企业的贷款投放，建立健全"政银担"合作机制和风险分担机制。

**建立紧密利益联结机制。**示范园内企业通过构建股份合作、订单合作、服务协作、流转聘用等模式，建立与基地农户、农民合作社"保底收益+按股分红"等紧密利益联结关系，让农民分享产业增值收益，促成园内农民可支配收入高于当地或全省平均水平30%以上。

注：具体编制此类园区规划时可参考《现代农业园区规划案例精选》一书第236-256页"农村产业融合发展示范园"相关章节内容。

# 第9章 设施农业功能板块规划

设施农业是发展高效农业的一个重要载体,是现代化农业的重要标志之一,是先进农业生产力的重要体现,是农业结构调整的主要内容。"十三五"是提升现代化物质装备水平的重要时期,也是设施农业发展的关键阶段。设施农业发展有利于"菜篮子"产品的均衡供应、城乡居民的生活改善和农民收入的不断提高。对于具有一定设施农业发展条件和经济实力的园区,可以开展设施农业功能板块的规划与研究。本章节研究方向与思路也同样适用于单独成型的设施农业产业园规划。

## 9.1 概述

### 9.1.1 涵义界定

设施农业也被称为环境控制农业,通过采用现代设施装备和农业生物技术、工程技术和信息技术等,对设施内温度、湿度、光照、通风、水分、二氧化碳等环境因素进行人为控制,为动植物生命活动创造一个适宜的生长、发育和储存环境条件,从而达到高效生产的一种现代农业生产方式。设施农业涵盖设施园艺、设施养殖等领域。本章主要研究的是设施园艺(也习惯称之为设施农业,下同,畜牧、水产养殖单列章节介绍)发展的相关内容。对于具有一定设施园艺生产基础和需求的农业园区,根据园区总体发展需求和建设条件可以设置设施农业功能区,重点确定园区功能定位、不断丰富产品类型和实现园区综合效益等,同时展示园区现代农业装备水平、带动区域设施农业快速发展。

### 9.1.2 特性

设施农业特性表现居多,通过归纳整理后,主要体现在以下几方面:

**第一,环境可控性强**。农业设施的覆盖物一般采用的是透光、半透明或遮光材料,根据作物生产需求,通过设施装配达到调节设施内部环境、抵御外界不良天气的效果,能促进作物生长、提高产品质量与产量,从而达到设施农业高效的目的。

**第二,投资强度大**。相对于露地生产,设施农业具有类型复杂、地域性强、涉及面广、工程量大等特点,其系统性和配套性也较强,需要动用大量的物力与财力,如果投资不足或工程不配套,很难达到预期的效果。因此,需要精心组织、周密安排和全面统筹。

**第三,技术集成度高**。由于设施农业是一项庞大的系统工程,如将多学科、多领域的工程装备技术、农业生物技术、无线传感器网络技术、现代通信技术、智能控制技术、计算机视觉技术、空间技术、水肥一体化技术、高效低量喷药植保技术和$CO_2$施肥技术等高科技引入设施农业,使设施环境监控系统朝着自动化、智能化和网络化方向发展。因此需要强大的科技支撑,将高端技术进行高度集成与应用。

**第四,长期性与动态性强**。一方面,由于设施农业建设内容多、覆盖面广、投资强度大,一旦建成不可能随时拆除或销毁,一般使用年限达十几年或几十年。另一方面,随着科技水平的进步与升级,不断对设施农业提出更高的要求,其设施装备不能一劳永逸,应与时俱进或根据生产需要,不断更新换代。

**第五,产品种类多样**。随着多样化的消费需求,不断推动设施农业产品的细分与细化，种类不断增多。如在温室内种植蔬菜、水果、花卉等常规作物基础上，还尝试栽培高附加值的香料、药材、食用菌、观赏苗木等。

### 9.1.3 规划意义

设施农业在现代物质装备、农业结构调整、农民增收、自然灾害防御和确保"菜篮子"稳定等方面意义重大，也是为休闲农业提供空间载体和丰富农业产品的一种重要手段，主要从以下几方面加以阐述：

**第一，从现代物质装备方面。** 农业现代化最突出的标志就是用设施化不断推进农业的集约化，用现代技术不断改造传统农业，用现代物质设施装备现代农业。规划应以此为切入点，论述发展设施农业的重要性。

**第二，从调整产品结构方面。** 发展设施农业，农业生产环境得到了有效控制，有利于改变传统的种植模式，能不断丰富种植品种，调整优化产品结构，满足不同消费人群多元化需求，不断提高农业的比较效益。规划应以此为切入点，论述发展设施农业的重要性。

**第三，从满足产品均衡供应方面。** 设施农业摆脱了自然条件的制约，能实现园艺产品周年均衡生产；并通过设施装备与生产工艺相结合，能促进设施农业从单纯的均衡供应向生产安全、鲜活、适口、多样产品方面转变，丰富了当地"菜篮子"产品，保障了产品有效供应。规划应以此为切入点，论述发展设施农业的重要性。

**第四，从农民就业增收方面。** 发展设施农业，改善了农业生产条件，转变了农业生产方式，增加了园艺作物收获次数，拓展了农民就业渠道，提高了农业生产效率，已成为园区农民持续增收的有效途径。规划应以此为切入点，论述发展设施农业的重要性。

**第五，从提高农业资源综合利用方面。** 设施农业能将先进技术、物质装备和生产工艺等进行综合运用，实现能源的减量化和资源的高效利用，节能、节地、节水、节肥、节药等效果明显，促进了低碳农业的可持续发展。规划应以此为切入点，论述发展设施农业的重要性。

**第六，从抵御自然灾害能力方面。** 与传统农业生产相比，设施农业生产环境相对封闭，即使在各种极端或恶劣天气条件下也能正常生产，具有较强的防灾减灾能力，为稳定市场、保障民生发挥了重要作用。规划应以此为切入点，论述发展设施农业的重要性。

**第七，从拓展农业功能方面。** 如针对休闲观光农业的需求，应对温室大棚进行适当改造，采用特色品种选择、色彩搭配、播期调节和艺术造型等技术打造观光场景，开发采摘体验、生态餐厅和科普教育等娱乐项目，形成一年四季"有景可赏、有色可观、有物可采、有鲜可尝、有技可学"的观光园。规划应以此为切入点，论述发展设施农业的重要性。

## 9.2 规划编制

设施农业功能板块规划内容主要包括：首先要明确设施农业板块的布置位置与规划范围；再分析其所在区域设施农业发展现状、优势条件和存在的问题，明确产业发展的基础条件；在此基础上提出规划思路与目标，确定发展定位与功能区布局，并明确各功能分区规划内容、推荐系列重点或亮点项目、示范推广设施农业的高新技术，最后进行投资估算与效益分析等。

### 9.2.1 选址与规模确定

#### 9.2.1.1 影响因素

影响设施农业区功能板块位置选择的因素很多,归纳起来主要体现在以下几方面:

——符合当地土地利用总体规划、城乡建设总体规划和生态环境建设规划等专项规划的相关要求,有利于园区土地长久使用,设施设备作用得到永久发挥;

——尽量选择朝阳、背风、较开阔的场地或坡度10°以下的缓坡地,避开影响采光的建筑物,有利于园区获得最大的光照条件,使地温得到快速回升;

——最好选择地势平坦、土地集中连片的场地,有利于设施规模效应的发挥和多功能性的拓展;

——选择工程地质条件良好、地下水位较低的区域,尽量避开洪涝灾害频繁地段,有利于减少隐蔽工程量和前期工程的不必要投资;

——选择基础设施配套较好的地区,具有满足生产和生活条件的道路、水电、热源和通讯等相关设施,有利于园区尽快投入生产与经营;

——选择具有一定设施农业生产基础的地区,当地劳动力能满足设施建设与生产需求;

——其他与设施农业选址有关的影响因素。

#### 9.2.1.2 规模确定

设施农业功能板块建设规模应根据设施内资源条件、种植计划、栽培方式、社会与经济效益等方面综合分析确定。一般可以通过温室群规模大小乘以一定的配套系数进行粗略估算园区规模。温室建设规模大致可分为大型、中型、小型群体。

——大型温室群。通常是指温室建筑面积为20 000平方米以上、投资1 000万元以上的温室工程;

——中型温室群。通常是指建筑面积在5 000~20 000平方米、投资500万~1 000万元的温室工程;

——小型温室群。通常建筑面积为5 000平方米以下、投资小于500万元的温室工程。

另外,也可通过园区的功能定位来确定建设规模,如用作生产的温室,其规模应根据投资额度和产品目标市场需求而定,并充分体现规模效应;若用作休闲观光、示范展示、科技研发的温室,则规模不宜太大,满足需求即可;或用作特色生态餐厅的温室,应依未来用餐人数而定,考虑到运行成本,一般以建筑面积1 000~5 000平方米为宜。对于参与实施农业部组织的数字农业建设试点项目的园区,设施园艺基地规模不得低于100亩。

### 9.2.2 现状与问题

#### 9.2.2.1 现状调查与分析

主要了解园区及周边地区有关设施农业的发展概况,收集规划所需的基础资料,为后续规划作铺垫。主要从以下几方面开展调查:

**基础设施与物质装备**。主要调查了解园区及周边地区设施农业已建成面积、每年新增面积或闲置面积,以及主要设施类型、建设水平、分布位置和经营情况等;设施果蔬产品预冷所占比重、各类仓库建设数量、分布位置、仓储能力等;果蔬产品初加工所占比重、分级包装基地建设数量、分布位置。园区水源、灌排设施、水电热设施建设情况、灌溉方式、分布位置等。

**种植结构**。主要调查了解园区及周边地区设施农业种植品种、种植结构、种植模式、各品种栽培面积、单产水平及产出效益等指标。

**良种繁育**。主要调查了解园区及周边地区工厂化育苗基地建设数量、繁育能力、分布位置、繁育企业状况、良种覆盖率、辐射范围以及园区内种苗来源等。

**经营管理**。主要调查了解园区龙头企业、农民合作社、家庭农场、种植大户等主体的培育数量、认证级别、经营范围、销售状况、注册商标、"三品一标"认证数量、辐射带动基地数量与规模等配置情况。

**科技服务**。主要调查了解园区技术合作单位、研发团队、技术人员构成等,以及相关科研仪器设备配置情况等。

**功能拓展**。主要了解园区及周边地区旅游资源,各类农业设施用作休闲观光点的数量、娱乐类别、分布位置、建设标准、年接待人数和休闲观光收入等。

通过上述调查了解,计算园区人均占有设施面积、设施装备水平、设施农业产值等,与同类地区或发达地区相比较,分析其所处的地位与设施农业发展现状水平。

#### 9.2.2.2 存在问题

尽管设施农业是现代农业发展的重要标志,但从实际建成的效果来看,有些园区还存在或多或少的问题,主要从以下几方面进行查找:

**从农业设施利用方面**。如规划区有可能存在温室建设规模大、占用土地面积多、利用频率不高等问题。这些症状有可能导致当地设施农业发展缓慢、提升与再利用空间小、发展后劲不足等后果。

**从设施生产水平方面**。如规划区有可能存在人均设施面积小、人均蔬菜占有量少等,或园区存在设施产品单一、单位面积产量不高、茬口衔接不好、产品档次低等问题。这些症状有可能导致当地蔬菜均衡性供应或季节性供应失衡、综合效益不高、市场竞争性不强等后果。

**从设施标准化建设方面**。如有可能存在设施结构简单、类型单一、自动化设施没跟上、覆盖材料透光差、保温效果不好、节水灌溉设施不配套等问题。这些问题有可能导致设施内产业化水平低、自动化水平不高、抵御自然灾害能力差等后果。

**从设施种植方式方面**。如有可能存在设施内种子良莠不齐、种植品种偏多、土地连作频率高、栽培技术落后、生产管理粗放、化肥农药施用量偏多等问题。这些问题有可能会导致产量不高、品质不好、增收效果差等后果。

**从机械化水平方面**。我国设施农业机械化水平相对偏低,多数环节仍以人工劳作为主,生产效率不高,普遍存在用工多、劳动强度大等问题。特别是近年来出现的劳动力季节性、结构性短缺的矛盾,对设施农业发展产生直接影响。目前,发达国家人均种植面积都在1公顷以上,我国人均仅有0.07公顷左右,劳动生产率相差近15倍。因此,必须用机械化生产方式替代人工劳动,推进设施农业生产规模化、标准化和集约化发展。

### 9.2.3 规划方案

#### 9.2.3.1 规划原则

设施农业功能板块规划原则主要从以下几方面加以论述:

**第一,从坚持因地制宜原则方面**。如规划应根据各地的资源禀赋、气候条件、地域特色和产业特点,确定未来建设规模与发展目标,应尊重自然、顺应地形、体现特色,因地制宜地进行科学规划、合理布局、协调发展。

**第二,从坚持科技创新原则方面**。如规划应综合运用国内外高科技成果和现代农业设施装备,加强新品种、新技术、新模式的引进、集成、展示和推广,强化自主创新和引进集成创新，优化设施结构和种植结构，提升农产品竞争力，实现设施农业的科技化、集约化和高效化。

第三，从坚持市场导向原则方面。如规划应以产品目标市场需求为导向，以经济效益为目标，不断调整种植结构和品种结构，提高产品品质，创造知名品牌，实现周年均衡供应，提高设施农业产业化水平和农业综合效益。

第四，从坚持多元投入原则方面。高规格的设施农业片区，需要筹集大量资金建设各类温室和大棚，一般政府只是搭建平台，提供服务。而大多情况需要园区多渠道去筹措资金，如引入工商、民间和外商等资本进行集中开发，才能推进设施农业的快速发展。

第五，从坚持示范带动原则方面。如规划应集中全部的人力、财力、物力等将园区打造成有特色、成规模的设施农业典型样板，辐射带动整个区域设施农业的发展，才能促进其社会效益的明显发挥。

#### 9.2.3.2 规划思路

设施农业园区的规划思路因设施类型、所处的层级及规划区域不同而有所区别，没有统一的标准，应结合当地实际情况来定。但一般来说，在制定设施农业规划思路时应综合考虑以下要求。

第一，**从设施结构调整角度思考**。如在调查了解当地已建成的设施园艺面积、运行状况、栽培品种和年生产能力的基础上，结合区域设施农业发展定位、目标市场需求量，提出如何进行设施结构调整和产业提升的发展思路。

第二，**从标准化建设角度思考**。在调查了解园区设施农业类型，如连栋温室、日光温室或中小拱棚等建设标准和设施装备配置的基础上，参考设施农业建设相关规范和各类型温室建成的示范案例，提出如何进行设施改造与再利用、提高设施农业标准化与设施装备水平的发展思路。

第三，**从科技创新角度思考**。在调查了解园区农业科技创新与实用技术应用的基础上，提出如何依托当地农业技术推广队伍，加大与当地高等院校、科研院所等单位的紧密合作，不断提高自主创新、科技成果转化与智能化监控技术应用等方面的发展思路。

第四，**从品牌培育角度思考**。在调查了解园区及周边区域"三品一标"认证的基础上，结合农业部提出的创建园艺作物标准示范园的相关要求，提出如何生产绿色与有机农产品、重点培育和打造特色品牌、不断提高园区农产品质量安全水平等方面的发展思路。

第五，**从主体培育角度思考**。在调查了解园区龙头企业、农民合作社、家庭农场和种植大户等运营现状的基础上，结合重点培育与扶持相关新型经营主体，提出如何与农民建立良好利益联结机制、不断激发农业生产活力等方面的发展思路。

第六，**从销售途径角度思考**。在调查了解园区设施产品现行销售渠道的基础上，结合产品分级包装与商标注册，提出如何实现线上与线下（农超对接、农社对接、农校对接、农店对接等）销售的发展思路。

第七，**从功能拓展角度思考**。在调查了解规划区旅游资源的基础上，结合娱乐产品的多样化需求和农业景观艺术性打造，提出如何拓展农业多元化功能、不断增加农民收入的发展思路。

> **示例：某设施农业功能板块规划思路**
> 充分发挥区域资源与环境优势，从园区现状条件出发，以市场需求为导向，以科技创新为支撑，以实现综合效益与农民增收为目标，加大与当地高等院校、科研院所等单位的通力合作，加快农业基础设施建设与物质装备配置，不断提升设施农业建设标准，加快优化农业设施结构，着力培育与壮大新型经营主体，探索多种与农民合作的利益联结机制，积极创建农业部园艺作物标准示范园，培育与打造园区特色农产品品牌，开展多种营销渠道，拓展设施农业多种功能，促进园区一二三产业深度融合发展。

#### 9.2.3.3 规划目标

**（1）总体目标**

发展总体目标可以描述为：到规划期末，园区农业基础设施与物质装备逐渐增强，农业生产条件明显改善，农业抗灾能力不断增强，农业综合生产能力明显提高。最终形成农业标准化、生产集约化、经营产业化的基本格局，实现农业由数量型向效益型转变，促进农业现代化水平明显提升。

**（2）具体目标**

具体目标应通过制定一系列规划指标来实现，主要从以下几方面来考虑（表9-1）：

**经济效益目标**。主要制定实现规划所需的各阶段包括设施农业产值、劳动生产率和土地生产率等指标，并分析其增减幅度。

**设施产品目标**。主要制定实现规划所需的各阶段包括作物种植面积、年产量、初级加工能力和接待游客数量等指标，并分析其增减幅度。

**基础设施与物质装备目标**。主要制定实现规划所需的各阶段包括连栋温室建筑面积、大中型拱棚建筑面积、预冷库储藏容量面积、果蔬预冷处理率和高效节水灌溉面积占比等指标，并分析其增减幅度。

**农业科技与信息服务目标**。主要制定实现规划所需的各阶段包括种苗繁育能力、良种覆盖率、新品种引进或培育数量、各品种单产水平、物联网技术应用覆盖率、电商销售农产品占比等指标，并分析其增减幅度。

**农业经营管理目标**。主要制定实现规划所需的各阶段包括培育和扶持市级以上龙头企业、农民合作社、家庭农场、种植大户等经营主体的数量，以及"三品一标"认证面积或数量等指标，并分析其增减幅度。

**辐射带动目标**。主要制定实现规划所需的各阶段包括种植户人均纯收入、年培训农民人次、带动周边发展设施农业面积等指标，并分析其增减幅度。

表9-1 设施农业功能板块规划目标推荐表

| 类别 | 目标名称 | 单位 | 基期年 | 近期目标 | 远期目标 | 年均增减（%） | 指标属性 |
|---|---|---|---|---|---|---|---|
| 经济效益目标 | 1. 设施农业产值 | 万元 | - | - | - |  | 预测值 |
|  | 2. 劳动生产率 | 万元/人 |  |  |  |  | 预测值 |
|  | 3. 土地产出率 | 万元/万亩 |  |  |  |  | 预测值 |
|  | …… |  |  |  |  |  |  |
| 设施产品目标 | 1. 各作物种植面积 | 亩 |  |  |  |  | 预测值 |
|  | …… |  |  |  |  |  |  |
|  | 2. 各作物年产量 | 万t |  |  |  |  | 预测值 |
|  | …… |  |  |  |  |  |  |
|  | 3. 各产品初级加工能力 | 万t/年 | - | - | - |  | 预测值 |
|  | …… |  |  |  |  |  |  |
|  | 4. 年接待游客人数 | 人次/年 | - | - | - |  | 预测值 |
|  | …… |  |  |  |  |  |  |

（续表）

| 类别 | 目标名称 | 单位 | 基期年 | 近期目标 | 远期目标 | 年均增减（%） | 指标属性 |
|---|---|---|---|---|---|---|---|
| 基础设施与物质装备目标 | 1. 连栋温室建筑面积 | m² | — | — | — | — | 预测值 |
| | 2. 大中型拱棚建筑面积 | m² | — | — | — | — | 预测值 |
| | 3. 预冷库储藏能力 | m³ | — | — | — | — | 预测值 |
| | 4. 果蔬预冷处理率 | % | — | — | — | — | 预测值 |
| | 5. 高效节水灌溉面积占比 | % | — | — | — | — | 预测值 |
| | …… | | | | | | |
| 科技信息服务目标 | 1. 种苗繁育能力 | 万株/年 | — | — | — | — | 预测值 |
| | 2. 良种覆盖率 | % | — | — | — | — | 预测值 |
| | 3. 新品种引进或培育数量 | 个 | — | — | — | — | 预测值 |
| | 4. 各品种单产水平 | kg/亩 | — | — | — | — | 预测值 |
| | 5. 物联网技术应用覆盖率 | % | — | — | — | — | 预测值 |
| | 6. 电商销售农产品占比 | % | — | — | — | — | 预测值 |
| | …… | | | | | | |
| 经营管理目标 | 1. 市级以上产业化龙头企业数量 | 个 | — | — | — | — | 预测值 |
| | 2. 农民合作社数量 | 个 | — | — | — | — | 预测值 |
| | 3. 家庭农场数量 | 个 | — | — | — | — | 预测值 |
| | 4. 种植大户数量 | 个 | — | — | — | — | 预测值 |
| | 5. "三品一标"认证面积/数量 | 亩/个 | — | — | — | — | 引导值 |
| | …… | | | | | | |
| 辐射带动目标 | 1. 种植户人均纯收入 | 元/年 | — | — | — | — | 预测值 |
| | 2. 年培训农民 | 人次/年 | — | — | — | — | 预测值 |
| | 3. 带动周边发展设施农业面积 | 亩 | — | — | — | — | 预测值 |
| | …… | | | | | | |

注：本表仅供参考，具体园区应根据实际情况对本表规划目标进行适当取舍。下同。

#### 9.2.3.4 功能定位与功能分区

**（1）功能定位**

设施农业功能板块功能定位涉及的方面较多，一般主要从以下几方面进行阐述：

**高效生产功能**。在有条件的园区，结合现代设施物质装备的配置，不断优化设施内种植结构，确立适宜的种植制度，选好连作的合适茬口，推广立体栽培、无土栽培、生物防控等高效技术，强化生产规范与建设标准，挖掘设施农业的生产潜能，实现产量、质量和效益的协调发展。充分体现设施农业的高效生产功能。

**装备展示功能**。在有条件的园区，可以整合多渠道资金，集中配置现代温室主体、设施种苗繁育、设施栽培管理、营养与植保、农机具等设施设备，不断提高园区设施装备水平。充分体现现代设施园艺装备的展示功能。

**光农结合功能**。在具有一定光农结合基础的园区，将太阳能光伏发电设施与农业生产相结合，结合当地农业结构调整需要，选择适宜作物栽培，通过示范辐射，带动区域太阳能光伏发电与农业生产的融合发展。

**示范带动功能**。扶持与培育设施农业生产经营主体，进行新品种、新技术和新设施的展示，通过开展统一供种、统一施肥、统一防控、统一收获、统一销售和统一指导的经营管理模式，带动周边农户进行设施农业栽培。充分发挥设施农业的示范带动作用。

**生态循环功能**。贯穿循环经济发展理念，促进设施农业绿色生产，并将废弃的果蔬腐叶烂枝，加工生产成有机肥，供给设施作物栽培；或通过在温室及建筑物上安置光伏板,在进行设施农业生产同时,还能获得太阳发电能源,从而产生光农结合复合效益。充分发挥设施农业的生态循环农业功能。

**休闲观光功能**。结合当地旅游资源,在做大设施产业的同时,开展各种休闲观光、休闲采摘、科普教育、会议展览等活动,吸引游客前来参观考察,促进当地一二三产业交叉融合发展,不断拓展设施农业的休闲观光功能。

(2)功能小区划分

根据上述功能定位、发展目标、建设用地条件以及土地利用现状等因素,在园区一级分类的基础上,再次划分为工厂化育苗区、标准化生产示范区、设施园艺观赏区和配套服务区等二级功能区和多个三级功能区。如表9-2。

表9-2 设施农业功能板块分区规划参考表

| 序号 | 一级类 | | 二级类 | | 三级类 | | 名称 | 面积（亩） | 备注 |
|---|---|---|---|---|---|---|---|---|---|
| | 名称 | 编码 | 名称 | 编码 | 名称 | | | | |
| | 面积合计 | | | | | | | — | |
| 01 | 设施农业功能板块 | 011 | 工厂化育苗区 | 0111 | 组培与炼苗区 | | | — | 根据具体园区设施农业发展状况进行适当取舍 |
| | | | | 0112 | 幼苗培育区 | 蔬菜育苗区 | | — | |
| | | | | | | 花卉育苗区 | | — | |
| | | | | | | 特色果树育苗区 | | — | |
| | | | | | | 林木育苗区 | | — | |
| | | | | | | 食用菌繁育区 | | — | |
| | | | | | | 水生植物繁育区 | | — | |
| | | | | | | 其他品种繁育区 | | — | |
| | | | | …… | …… | | | | |
| | | 012 | 标准化生产示范区 | 0121 | 蔬菜生产示范区 | | | — | |
| | | | | 0122 | 花卉生产示范区 | | | — | |
| | | | | 0123 | 特色果树生产示范区 | | | — | |
| | | | | 0124 | 苗木生产示范区 | | | — | |
| | | | | 0125 | 食用菌生产示范区 | | | — | |
| | | | | 0126 | 水生植物生产示范区 | | | — | |
| | | | | 0127 | 其他品种生产示范区 | | | — | |
| | | | | …… | …… | | | | |
| | | 013 | 设施园艺观赏区 | 0131 | 科普展示区 | | | — | |
| | | | | 0132 | 采摘体验区 | | | — | |
| | | | | 0133 | 市民认种区 | | | — | |
| | | | | 0134 | 手工制作区 | | | — | |
| | | | | 0135 | 生态餐饮区 | | | — | |
| | | | | …… | …… | | | | |
| | | 014 | 配套服务区 | 0141 | 科技研发与试验区 | | | — | |
| | | | | 0142 | 教育培训与展示区 | | | — | |
| | | | | 0143 | 初级加工与预冷区 | | | — | |
| | | | | 0144 | 休闲观光接待区 | | | — | |
| | | | | 0145 | 生活管理区 | | | — | |
| | | | | …… | …… | | | | |

## 9.2.4 功能小区规划与布置
### 9.2.4.1 各功能小区规划
#### （1）工厂化育苗区

**建设思路**。一是引进国内外优质高效的蔬菜、果树、花卉、观赏苗木等新品种、新技术等，利用组培技术或工厂化育苗技术实现快速繁殖；二是立足本地特色蔬菜、果木产业发展需求，通过品种改良及规模化种苗生产，使园区成为区域蔬菜、果树的优质种苗供应基地。

**建设目标**。通过建设各类温室、大棚等育苗设施，采用先进的工厂化育苗技术，不断减少用种量，缩短育苗周期，推进育苗的机械化、规模化和集约化生产，不断提高种苗的发芽率和成活率；同时，开展工厂化育苗技术研究，加快优良品种的示范与推广，带动当地农民就业与增收。并预测年繁育各品种优质种苗的数量。

**功能小区划分**。该区还可进一步划分为组培与炼苗区、幼苗培育区等功能小区，并说明各功能小区划分的理由、繁育品种数量、边界范围、用地面积、分布位置、繁育方式与技术等。其中幼苗培育区还应根据培育的品种不同，再细分为蔬菜育苗区、花卉育苗区、特色果树育苗区、林木育苗区、食用菌繁育区、水生植物繁育区和其他等（表9-3）；具体根据园区实际繁育基础进行选择。

表9-3 工厂化育苗区规划参考表

| 序号 | 分区名称 | | 单位 | 占地面积 | 结构比例 | 分布位置 | 备注 |
|---|---|---|---|---|---|---|---|
| 1 | 组培与炼苗区 | | — | — | — | — | — |
| 2 | 幼苗培育区 | 蔬菜育苗区 | — | — | — | — | — |
| | | 花卉育苗区 | — | — | — | — | — |
| | | 特色果树育苗区 | — | — | — | — | — |
| | | 林木育苗区 | — | — | — | — | — |
| | | 食用菌繁育区 | — | — | — | — | — |
| | | 水生植物繁育区 | — | — | — | — | — |
| | | 其他品种繁育区 | — | — | — | — | — |
| | | …… | | | | | |
| | 合计 | | — | — | | | |

注：本表仅供参考，具体园区应根据实际情况对本表功能小区进行适当取舍。下同。

**建设内容**。分别说明各功能小区重点项目的建设名称、建设理由、布置位置，以及与相邻项目的衔接关系。一是土建工程，如为了提高区域设施农业良种覆盖率，需要建设育苗车间，根据良种生产量和集中生产时间确定车间建设规模，并说明该车间的占地面积、建设层数、建筑高度、建筑面积、结构形式、建筑尺寸、布置朝向和屋面覆盖材料等；考虑到生产衔接方便，该车间尽量布置在幼苗培育区的中心位置，并靠近生产示范区；以此类推，对其余如组培室、催芽室、种子处理车间、炼苗大棚等建筑也作类似说明；然后在此基础上，汇总出该区土建工程总建筑面积。二是田间工程，主要描述蓄水池、灌排设施、生产道路等分项的工程数量和具体做法；在此基础上，汇总出该区田间工程总量。三是仪器设备，主要描述需要配置的组培、苗床、穴盘、播种生产线等育苗设备；推车、拖拉机、冷链运输车等运输设备；灌排、通风、控湿、光照等环控设备等；在此基础上，汇总出该区仪器设备配置总量。

#### （2）标准化生产示范区
**建设思路**。结合设施农业现有基础，建成各类经济适用的温室群，培育与引进新品种与新技术，配套自动化环控设施，建设标准化生产示范基地，推行立体栽培技术、物联网监控技术、测土配方施肥技术、节水灌溉技术和病虫害综合防治技术等，建立和完善投入品管理、产品检测、基地准出和质量追溯等方面的规章制度，辐射带动区域设施农业发展。

**建设目标**。按照无公害与绿色食品的生产要求，推行设施农业标准化基地生产，配套初级加工和冷藏预处理设施，通过产业化开发，提高产品品质，实现区域农产品的全年均衡供应，不断增加农民收入。并预测年生产各种优质设施产品的产量。

**功能小区划分**。该区还可进一步划分为蔬菜生产示范区、花卉生产示范区、特色果品生产示范区、苗木生产示范区、食用菌生产示范区、水生植物生产示范区和其他品种生产示范区等功能小区（表9-4）。并说明各功能小区划分的理由、品种数量、功能作用、边界范围、用地面积、分布位置、栽培模式和工艺要求等。具体根据园区实际生产基础进行选择。

表9-4　标准化生产示范区规划参考表

| 序号 | 分区名称 | 单位 | 占地面积 | 结构比例 | 分布位置 | 备注 |
|---|---|---|---|---|---|---|
| 1 | 蔬菜生产示范区 | - | - | - | - | - |
| 2 | 花卉生产示范区 | - | - | - | - | - |
| 3 | 特色果品生产示范区 | - | - | - | - | - |
| 4 | 苗木生产示范区 | - | - | - | - | - |
| 5 | 食用菌生产示范区 | - | - | - | - | - |
| 6 | 水生植物生产示范区 | - | - | - | - | - |
| 7 | 其他品种生产示范区 | - | - | - | - | - |
| | …… | | | | | |
| | 合计 | - | - | - | | |

**建设内容**。分别说明各功能小区重点项目的建设名称、建设理由、布置位置和所发挥的功能作用，以及与临近项目的衔接关系。一是土建工程，如为了抵御冬季气候寒冷，实现北方地区冬季蔬菜、花卉等品种的正常生产，需要建设各类温室，并说明园区目前已建成的温室数量、根据规划目标还需新建温室的栋数；对于新建温室，还要说明占地面积、建筑高度、建筑面积、建筑结构、建筑尺寸、布置朝向和屋面覆盖材料等；为了生产方便，新建温室群尽量布置在示范区的中心位置，并靠近主要交通要道；以此类推，对其余如生产大棚、储藏间等建筑也作类似说明；然后在此基础上，汇总出该区土建工程总建筑面积。二是田间工程，主要描述生产道路、灌排设施、农电设施等分项的工程数量和具体做法；其中设施内作物灌溉应计算需水量与供水量的平衡关系，并说明应采取的灌溉方式；在此基础上，汇总出该区田间工程总量。三是仪器设备，主要描述需要配置的生产设备、灌溉设备、环控设备、水电设备和运输设备等；在此基础上，汇总出该区仪器设备配置总量。

（3）设施园艺观赏区

**建设思路**。主要以农业设施（温室、大棚等）和现代农业栽培工程技术为依托，通过对园艺作物的创意型栽培，实现设施栽培的生产性和观赏性有机结合，打造人造农业景观的主要看点，结合农业科普教育、农事体验等项目，不断拓展设施园艺的多种功能，提高农业资源的利用效率，营造集农业生产、创意产品展示、休闲采摘、生态餐饮、科普教育、品尝购物为一体的农业观赏园。

**建设目标**。按照游客的不同需求,打造多种园艺创意产品以供观赏,并提供果蔬采摘、市民认种、手工制作、生态餐饮等场所,不断丰富休闲观光产品内容。并预测年接待游客参观、采摘/餐饮、学习的人数。

**功能小区划分**。该区还可进一步划分为科普展示区、采摘体验区、市民认种区、手工制作区、生态餐饮区等功能小区(表9-5)。并说明各功能小区划分的理由、功能作用、边界范围、用地面积、分布位置、创意特色和打造的亮点等。具体根据园区实际观赏资源进行选择。

表9-5 设施园艺观赏区规划参考表

| 序号 | 分区名称 | 单位 | 占地面积 | 结构比例 | 分布位置 | 备注 |
|---|---|---|---|---|---|---|
| 1 | 科普展示区 | — | | | | |
| 2 | 采摘体验区 | — | | | | |
| 3 | 市民认种区 | — | | | | |
| 4 | 手工制作区 | — | | | | |
| 5 | 生态餐饮区 | — | | | | |
| | …… | | | | | |
| | 合计 | | — | | | |

**建设内容**。分别说明各功能小区重点项目的建设名称、建设理由、布置位置和所发挥的功能作用,以及与临近项目的衔接关系。一是土建工程,如生态餐厅主要是为来园区的参观、旅游、学习的游客及大型活动提供餐饮服务,通过营造自然的外部环境和四季如春的内部环境,实现生态式餐饮。该餐厅分为厨房操作间和就餐区,可容纳1000人左右同时就餐。餐厅内部采用中国古典园林的设计手法,运用小桥流水、亭台楼榭,配合特色作物种植、高新栽培技术展示,增加就餐的趣味性;餐厅外部与生产示范区由景点带连接过渡,配置绿化带、水系、台榭、趣味垂钓等景观小品,增加户外体验;餐厅内拟采用连动温室结构设计方案,采用矩形平面,中部设置参观走道,就餐位具备良好的景观朝向;同时为丰富建筑形体和空间需求,廊架采用拱形钢结构;以此类推,对其他如采摘温室、认种大棚、科普展示厅、手工制作间、直购店等建筑也作类似说明,并强调外立面建筑形式与外墙颜色等,以及相关配套的景观打造与具体工程做法;然后在此基础上,汇总出该区土建工程总建筑面积。二是配套工程,主要描述指示牌、宣传橱窗、参观走廊、景观小品、卫生间等分项的工程数量和具体做法;在此基础上,汇总出该区配套工程总量。三是仪器设备,主要描述需要配置的体验农具、餐饮设备、科普教育设备、手工制作设备、超市货架、休闲服务设施和水电设施等;并在此基础上,汇总出该区仪器设备配置总量。

(4)配套服务区

**建设思路**。构建科技研发和电商平台,完善物联网监控系统,配套产品初级加工和预冷设施,开展技术培训、产品展示、电商体验、信息咨询、宣传推介和观光接待等方面的服务,推动育苗和生产区的顺利实施、安全生产与正常运营。

**建设目标**。加强科技研发和信息化服务,不断提高自主创新能力和自动化水平,促进劳动生产率的提高;通过分级包装与预冷,提升产品品质和保存时间,加强农产品质量安全监测与管理,做好品牌培育与宣传,提高市场竞争力和营运效率。并预测年接待参观人数、培训人数、采摘人数和就餐人数等。

**功能小区划分与布置**。该区还可进一步划分为科技研发与试验区、教育培训与展示区、初级加工与预冷区、休闲观光接待区、生活管理区等功能小区（表9-6）。并说明各功能小区划分的理由、功能作用、边界范围、用地面积、分布位置和职责任务等。具体根据园区实际配套状况进行选择。

表 9-6 配套服务区规划参考表

| 序号 | 分区名称 | 单位 | 占地面积 | 结构比例 | 分布位置 | 备注 |
|---|---|---|---|---|---|---|
| 1 | 科技研发与试验区 | — | | | | |
| 2 | 教育培训与展示区 | — | | | | |
| 3 | 初级加工与预冷区 | | | | | |
| 4 | 休闲观光接待区 | | | | | |
| 5 | 生活管理区 | | | | | |
| | …… | | | | | |
| | 合计 | — | | — | | |

**建设内容**。分别说明各功能小区重点项目的建设名称、建设理由、布置位置和所发挥的功能作用，以及与临近项目的衔接关系。一是土建工程，如为了提高设施产品的质量安全水平，拟在该区建设质检室，根据园区具体实际，决定房屋是布置在新建办公区还是利用已有现房，若新建应说明该房屋的占地面积、建筑高度、建筑面积、建筑结构、建筑层数、建筑尺寸、布置朝向和墙面与屋面的材料与颜色等；以此类推，对其余建筑如实验室、培训室、办公室、初级加工车间、各类仓库、展销室、电商体验店、游客咨询室等建筑也作类似说明；然后在此基础上，汇总出该区土建工程总建筑面积。二是场区工程，主要描述配电室、锅炉房、水泵房、网络监控室、生态停车场等建筑的面积与具体工程做法；并在此基础上，汇总出该区场区工程总量。三是仪器设备，主要描述需要配置的实验、培训、办公、质检、初级加工、预冷、物联网系统、电商平台和水电等设施设备；并在此基础上，汇总出该区仪器设备配置总量。

#### 9.2.4.2 功能板块布置

**（1）布置形式**

设施农业功能板块布置主要呈现以下几种形式：

**设施群**。在进行总体布置时，应优先考虑种植区的温室群，使其处于场地的采光、通风的最佳位置；辅助设施应建在温室群的北面，以免遮阳；仓库等配套设施既要保证与种植区的联系，又要便于交通运输。

**集中连片**。在平原地区，应选择地势地形平坦、环境条件均一、边界规整的场地，集中连片布置温室，有利于最大化利用土地，便于道路管线铺设，提高运作效率。

**分片布置**。在山区或丘陵地区，在一定范围的等高线内地形相对平坦，但边界不规整，或现状已形成几个不同属性地块，应结合地形情况分片布置温室群，并对不同片区进行集中管理。

**（2）布置图绘制**

设施农业功能板块布置图绘制应按照相关制图标准，采用计算机专业软件进行绘制。其布置图主要包含二级、三级功能区分布；图内不同颜色代表不同的功能小区，其内还含有温室大棚、管理用房、观光点、生产道路等项目的具体布置位置。一般用平面布置图或平面效果图、意向布置图等形式表示。示例选择的是集中连片布置形式。

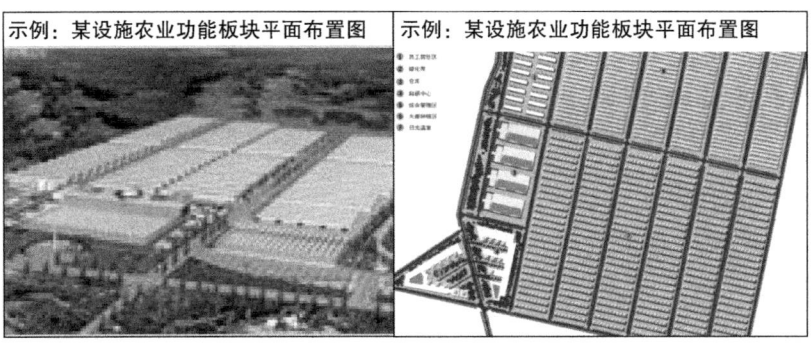

### 9.2.5 重点/亮点项目推荐

为了避免与周边园区的同质化发展，形成产业恶性竞争，本节主要推荐目前国内外发展比较前沿的一些工程项目，供园区规划与建设参考。

#### 9.2.5.1 工厂化育苗示范项目

**项目位置与用地规模**。一般布置在工厂化育苗区的中心位置，并靠近生产示范区。其用地规模应根据园区和周边对各类品种的种苗需求量来确定。

**项目内容**。工厂化育苗是一种对幼苗培养的工业化生产模式，采用集约化穴盘、营养块等育苗方法，有效缩短育苗周期，提高成苗率和种苗素质，充分发挥作物良种和土地资源利用潜力。在条件较好的园区，为了保证一年四季种苗均衡供应，应配置供暖设施、降温设施、移动式苗床和水肥一体化于一体的智能化温室或炼苗大棚，引进先进的全自动播种生产线、组培生产线或嫁接生产线，利用设施化、机械化、自动化等技术措施和手段，将现代生物技术、环境调控技术、施肥灌溉技术和信息管理技术贯穿育苗生产全过程，实现优质种苗的工厂化育苗。

#### 9.2.5.2 设施农业物联网示范项目

**项目位置与用地规模**。设施农业物联网是由服务管理平台、宽带网络和探头等部分构成的网络系统。一般服务管理平台布置在专门的监控中心内，随时可以观察温室内植物的生长、土壤肥料、空气湿度和温度等数据；监视探头布置在温室内的不同角落，按照从监控中心看到温室全貌进行布置。为便于监控管理，其用地规模最好以覆盖所有温室大棚范围为宜。

**项目内容**。物联网技术是在互联网技术基础上延伸和扩展的一项网络技术，它将物体本身与互联网相连接，进行信息交换与通讯传递，以实现智能化识别、定位、追踪、监控和管理。如设施农业智能专家平台，该平台利用物联网技术和通信技术，将大棚种植中的关键要素如空气、土壤中的温度、湿度等数据通过传感器动态采集，并利用中国移动网络通讯技术，将数据及时传送到智能专家平台，使设施农业管理人员、农业专家通过电脑、手机或手持终端随时了解农作物长势，以便及时采取有效控制措施。如在条件较好的园区，通过配置与推广物联网设施与技术，能在施肥、灌水、排涝、病虫害防控等方面做到有的放矢，有利于提高产品品质和提高设施种植效益。

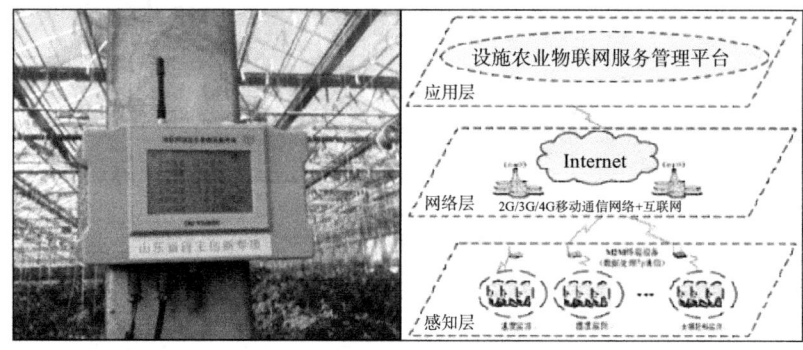

#### 9.2.5.3 光农结合示范项目

**项目位置与用地规模**。在太阳辐射比较充足的地区，具有当地政府主管部门出示的光伏发电备案证明，选择具有一定需求的园区，在其温室及建筑屋面上铺设光伏电池板，达到光农结合的目的。其用地规模根据园区需求和所批复的光伏发电容量来确定。

**项目内容**。光伏是将太阳光辐射能直接转换为电能的一种新型发电形式，通过利用非晶硅薄膜组件与传统农业大棚相结合，可以缓解大棚"升温、保温"关键环节问题。在夏季，高温可阻碍大棚各类作物正常成长，而"光伏农业大棚"可隔绝红外线，禁止过多热量进入大棚；在寒冷的冬季，"光伏农业大棚"可防止大棚内的红外波段光向外辐射，减少温度迅速下降，起到棚内保温的作用。"光伏农业大棚"还能供给大棚照明、加温等所需电能，剩余电量还能并网。在条件较好的园区，通过在温室大棚顶部布置太阳能电池板，建成"光伏农业大棚"，同时与绿色生产相结合，形成光农结合设施农业示范区。

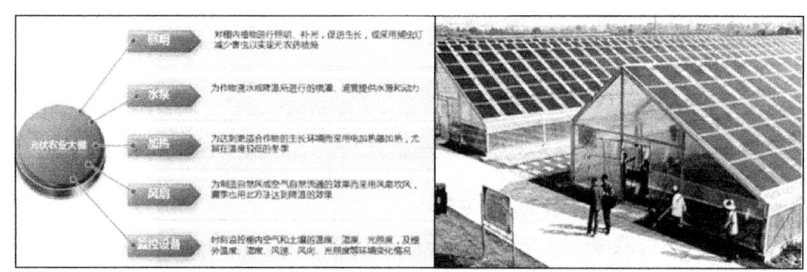

#### 9.2.5.4 创意农业示范项目

**项目位置与用地规模**。布置在园区的核心区或能形成创意项目的地方。其用地规模根据创意项目数量和相关建设内容的总体规模来确定。

**项目内容**。借助创意产业的逻辑思维和发展理念，有效地将科技和人文要素融入农业生产中，进一步拓展农业功能，形成融生产、生活、生态为一体的现代创意农业。垂直农业塔作为展示和示范设施农业最新科研成果的场所，也是创意农业的一种体现。其建筑方案设计展示了集文化符号、建筑美学、景观艺术、高新科技于一体的融合理念，在建设中引入了自动化控制、无土栽培、废物零排放与资源循环利用等高新技术与生态循环技术。还可在塔形建筑物顶部配置太阳能电池板，随太阳位置的移动而吸收更多的太阳能；室内还可安装自动化环境监控系统和物联网系统等。充分体现了该项目的实用、观赏和美学价值。

#### 9.2.5.5 食用菌智能栽培示范项目

**项目位置与用地规模**。选择特定区域建设食用菌工厂化栽培区。其占地规模根据市场需求和年生产能力来确定。

**项目内容**。重点建设现智能化控制生产车间，对室内温度、光照、湿度、氧气、二氧化碳等环境因子实现自动化监控，配套拌料、装瓶、搔菌、挖瓶等机械化生产设备，实现全年稳定供应，展示现代农业的智能化水平，丰富"菜篮子"产品供给品种。

#### 9.2.5.6 作物无土栽培示范项目

**项目位置与用地规模**。选择特定区域建设无土栽培示范区。其用地规模根据市场需求和园区科技实力来确定。

**项目内容**。无土栽培是指不用天然土壤而用基质，在定植以后用营养液进行灌溉的栽培方法，主要推广营养液膜、深液流、浮板水培等技术；由于无土栽培能人工创造根际环境取代土壤环境，可省水、省肥又省工。在条件较好的园区，建设智能化温室，尝试生菜、番茄、草莓、莴苣等蔬果无土栽培技术，达到生产高效、营养丰富和经济价值高等目标。

#### 9.2.5.7 特色生态餐厅

**项目位置与用地规模**。选择特定区域建设设施生态餐厅。其用地规模以容纳1 000人左右就餐为宜。

**项目内容**。该区依托温室环境控制技术，以绿色景观植物为主，蔬、果、花、草等植物为辅，配以假山、叠水的园林景观，为餐饮、聚会、婚宴等活动营造一个小桥流水、鸟语花香、翠色环绕的封闭休闲环境，让消费者体验到在一般餐厅、酒店享受不到的感受。

#### 9.2.5.8 环境自动化监控示范项目

**项目位置与用地规模**。选择在各类温室大棚内。其用地规模由具体园区的监控覆盖范围而定。

**项目内容**。设施农业环境自动化监控系统可以改变植物生长的自然环境，创造适合植物生长最佳的环境条件，避免外界恶劣的气候变化，达到调节植物温度、促进生长发育、防治病虫害发生的目的。在条件较好的园区，建立与完善计算机、环境智能控制器（温湿度、光照、二氧化碳含量等）、外围设备（风机、卷帘、喷灌、灯光等）、视频监控和语言广播等组成的系统，实现设施内自动化监控，不断提高园区智能化管理水平。

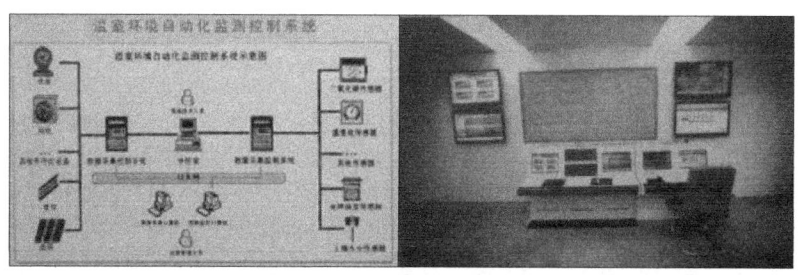

#### 9.2.5.9 园艺作物标准示范园创建项目

**项目位置与用地规模**。该项目布置在设施农业区中心位置。用地规模应不低于200亩。

**项目内容**。参照农业部开展的"园艺作物标准示范园创建"的相关标准与要求，建设各类温室、大棚等设施，购进全自动播种和生产设备，集成应用现代生物技术、环境调控技术、施肥灌溉技术、信息管理技术和绿色植保技术等，实现绿色生产，提高标准化生产水平。

#### 9.2.5.10 设施园艺数字农业建设试点项目

**项目位置与用地规模**。该项目布置在配套服务区内。其用地规模以园区所能覆盖的范围为宜。

**项目内容**。一是建设温室大棚环境监测控制系统。配置气象站、环境传感器、视频监控等数据采集设备，建设数据传输及云存储系统，改造和配置温度、湿度、光照等环境控制设施设备。二是建设工厂化育苗系统。配置播种、嫁接、催芽、移栽等集约化育苗装备，研发集约化种苗生产管理系统，实现育苗全程自动化管理、环境控制、智能移栽。三是建设生产过程管理系统。购置耕整机、移栽机、施肥机、施药机等农机具，配置水肥药综合管理设备，研发生产加工过程管理、病虫害监测预警和专家远程服务系统。四是建设产品质量安全监控系统，配置生产过程质量管理设施设备、质量追溯系统，实现生产全程监控和产品质量可追溯。

#### 9.2.5.11 产品采后分级处理项目

**项目位置与用地规模**。该项目布置在配套服务区。其建设规模应根据园艺产品的生产能力而定。

**项目内容**。以目标市场为中心，在农业标准化生产基地的基础上，引进先进的采后处理工艺技术和加工设备，进行采后清洗、分级、预冷、质检、包装、喷码和储运等产后商品化处理，处理后的产品，既可延长贮藏保鲜时间，又有利于保持优良品质，还能提高产品的商品价值，为电商物流提供基础支撑。

### 9.2.6 现代设施农业装备与技术示范

针对具有一定经济实力、有意探索工厂化种植生产模式的园区，通过现代化物质装备和高新技术一体化实现高效高质种植生产。

**（1）精准灌溉施肥、循环节水节肥利用技术**

采用国际新型的灌溉技术，满足大批量、多品种的植物精细灌溉的需求，实现全流程自动化智能管理。如潮汐灌溉技术是国内现阶段的应用典范，主要包括如下技术。

**水源处理**。根据水源水质特点，配置高压反渗透处理设备对灌溉水源进行净化处理，从源头上保证灌溉水质，满足高档品种生产要求。

**精准水肥灌溉系统**。该系统包含苗床式潮汐灌溉系统、地面潮汐灌溉系统和吊挂植物灌溉系统，以及顶喷灌系统与喷灌机打药系统等。各系统根据作物生育期对营养液的不同要求，实现对肥水的灌溉时间、灌溉水量、灌溉次数和灌溉方式等全过程的自动控制，通过定制化的施肥设施、完善的管道系统和人性化的智能控制软件，最大限度地实现精准、科学的灌溉过程。

**肥水循环利用**。为充分利用营养液，灌溉过程中回水需要循环复用。如通过配置全自动紫外线消毒设备对回水进行消毒处理，再将处理过的水回流到水池中储存起来，用于下一次灌溉。通过循环利用，可节省80%以上的肥水，从而有效降低生产成本。

（2）**环境调控与绿色节能利用技术**

参考国际先进标准，采用Venlo型温室形式，注重环境调控和绿色节能两方面。

**环境友好型热源**。针对当地热能资源特点，选择无污染零排放的热源，尽量避免使用传统石化能源对环境的破坏，减少区域雾霾产生的隐患。

**加温系统**。经初步测算，50%~60%温室耗热量来源于温室屋面，结合温室围护结构特点，充分考虑梯级或组合加温方式，并配置温度感应器，根据室外温度变化调节供回水温度，有效降低系统运行能耗。

**降温系统**。根据温室内环境及作物生长要求，合理配置微雾加湿系统、湿帘—风机降温系统，并促进其自动运转。

**人工补光光源**。由于温室人工补光光源的红外和绿光等光谱成分所占比重较大，而作物所需的红、蓝光成分较少。温室内配置LED光源能达到补光效果，该光源不仅体积小、寿命长、耗能低、波长固定与发热低等，还节能50%~80%，且能根据植物需要进行光谱的精确配置，实现传统光源无法替代的节能、环保和空间高效利用等功能。

（3）**设施内计算机自动控制技术**

主要推荐荷兰priva温室计算机控制技术，保证作物生产的高产与高质。

**环境气候控制系统**。在室外配置人工气象站监测温度、湿度、光照、风速与风向等气象数据；室内每个分区配置环境监测装置，监测各个分区的空气温度、湿度、二氧化碳浓度等参数。根据监测到的各种气候数据和生长环境指标，配置室内外遮阳、加温保温、开窗、湿帘、微雾加湿和循环风机等自动控制系统，使温室内各分区均达到各种作物最适宜的种植环境。

**温室灌溉自动控制系统**。根据各区不同作物的灌溉需求制定灌溉方案，通过配置潮汐灌溉、吊挂植物灌溉和顶喷灌溉等自动控制系统，达到最佳灌溉水量和灌溉周期。

（4）**流水线作业工艺集成技术**

由于不同品种作物在不同生长时期对光照、温度、湿度的需求不同，为满足设施生产的流程化、工艺化和生产多样化的要求，在充分整合工厂化育苗、立体栽培、精准灌溉、自动控制和先进物流等系统基础上，立足全程工艺，以工厂化生产组织模式为理念，设计流水线作业系统，形成真正意义上的种植工厂，摆脱园艺作业生产完全依赖用工多的局面，极大地提高劳动生产效率。主要包括：

**种植区**。采用地面潮汐灌溉方式种植各类盆栽植物。从种苗初栽到成品包装，采用电动输送平台车，实现盆栽产品从物流区到种植区再回到物流区的全程往返输送。

**物流区**。包括种植基质存储、容器存储、填土移栽、分级/筛选、产品包装、成品缓存、物流通道等多功能区域，各区域配备专业化的作业设备，实现各功能区无缝对接、作业环节流畅和市场输出畅通无阻。并通过配套先进的物流系统，在生产布局和设备选型方面实现优化效果：一方面充分利用温室空间，提高产品流转效率；另一方面，在物流区进行幼苗移栽、容器装床、定时洗盆、成品包装等集中作业，既避免人员频繁进入种植区的卫生防疫问题，也大大减少各个生产环节人员冗余，还能提高生产效率和种植均匀性与产品质量。

**（5）工厂化育苗技术**

该技术系统主要由提升机、搅拌机、加工机、清洗机、装盘机、移栽机、栽培床自动输送系统、跳移机和分级设备等，以及精量播种生产线、催芽室、环境调控室、种苗嫁接机、人工嫁接流水作业操作台等设备组成，实现花卉/蔬菜工厂化育苗过程的基质松软化处理、花盆填土、识别分级、基质填充、精量播种、覆土喷淋、快速催芽、种苗嫁接、盘苗移植等环节的机械化，充分展示花卉/蔬菜工厂化育苗全过程。

**（6）设施蔬菜立体栽培技术**

**设施蔬菜立体栽培技术**。利用墙体、圆柱、多层栽培床等装置，采用无土栽培技术，形成栽培平面，达到一地多用、立体栽培的效果。

**设施蔬菜树式栽培技术**。利用营养液槽等装置，结合无土栽培技术，采用果菜（辣椒、茄子和番茄等）无限生长的生物学特性，运用设施环境可控的优势，充分延长果菜作物的生育期，形成高大的树形体态，既能扩大生长空间，又具有观赏效果。

**甘薯根系功能分离栽培技术**。采用无土栽培技术，使甘薯块根和营养根空间分离，在甘薯茎蔓叶柄处诱导出块根，由于这种栽培模式根系养分吸收力好，冠层光合作用强，光合产物运输距离短，可明显提高产量和观赏价值。

### 9.2.7 投资与效益

#### 9.2.7.1 投资估算

设施农业功能板块投资主要是对其固定资产进行估算，包括工程费用、工程建设其他费用和预备费用的各项投资和投资构成。土建工程投资主要包括各类温室大棚、采后处理设施、休闲观光和配套工程投资；仪器设备包括生产性设施、休闲设施和公用设施投资等。其中基础设施投资参考同类项目相关标准；单位投资参照当地概算定额；将各单项投资汇总后即为设施农业功能板块的固定资产总投资。如表9-7。

表9-7 设施农业功能板块投资估算参考表

| 序号 | 项目名称 | 建设内容 | 投资额（万元） | 备注 |
|---|---|---|---|---|
| 一 | 工程费用 | | — | |
| （一） | 建安工程投资 | — | — | |
| 1 | 工厂化育苗区 | — | — | 见相应功能小区 |
| 2 | 标准化生产示范区 | — | — | …… |
| 3 | 设施园艺观赏区 | — | — | …… |
| 4 | 配套服务区 | — | — | …… |
| | …… | | | |
| （二） | 仪器设备购置 | — | — | 各功能小区汇总 |
| 1 | 组培仪器 | — | — | …… |
| 2 | 育苗仪器 | — | — | …… |
| 3 | 生产设备 | — | — | …… |
| 4 | 灌溉设备 | — | — | …… |
| 5 | 实验仪器 | — | — | …… |
| 6 | 质检仪器 | — | — | …… |
| 7 | 初级加工设备 | — | — | …… |

（续表）

| 序号 | 项目名称 | 建设内容 | 投资额（万元） | 备注 |
|---|---|---|---|---|
| 8 | 物联网监控系统 | — | — | …… |
| 9 | 电商平台系统 | — | — | …… |
| 10 | 休闲观光设备 | — | — | …… |
| 11 | 运输设备 | — | — | …… |
| 12 | 公用设施 | — | — | …… |
|  | …… |  | — |  |
| （三） | 其他基建投资 |  | — |  |
| 1 | 引种费 |  | — |  |
| 2 | 土地流转费 |  | — |  |
|  | …… |  |  |  |
| 二 | 工程建设其他费用 |  |  |  |
| 三 | 预备费 |  |  |  |
|  | 合计 |  |  |  |

#### 9.2.7.2 效益分析
（1）经济效益

设施农业功能板块规划实施后，其销售收入按照各功能分区产品生产量和销售单价进行估算汇总后求得。工厂化育苗区主要是种子种苗收入；生产示范区主要是综合产品的收入；配套服务区主要是接待游客所卖的门票收入、体验收入、顺带产品销售收入以及电商平台销售收入。扣除土地流转费、引种费、研发费、肥料与农药费、人工费用、能源消耗费和折旧费等，最后进行利润、投资回收期等经济指标的测算，其估算值可作为多个规划方案选择的判断依据。见表9-8。

表9-8 设施农业功能板块收入—支出估算参考表

| 序号 | 项目名称 | 单位 | 数量 | 单价 | 金额 |
|---|---|---|---|---|---|
| 一 | 经营收入 | — | — | — | — |
| 1 | 门票收入 |  |  |  |  |
| 2 | 采摘收入 |  |  |  |  |
| 3 | 认种管理收入 |  |  |  |  |
| 4 | 餐饮收入 |  |  |  |  |
| 5 | 种子种苗销售收入 |  |  |  |  |
| 6 | 游客顺带产品收入 |  |  |  |  |
| 7 | 采后加工产品收入 |  |  |  |  |
| 8 | 电商平台销售收入 |  |  |  |  |
| 9 | 其他产品收入 |  |  |  |  |
|  | …… |  |  |  |  |
| 二 | 直接支出 | — | — | — | — |
| 1 | 土地流转费 |  |  |  |  |
| 2 | 引种费 |  |  |  |  |
| 3 | 肥料费 |  |  |  |  |
| 4 | 农药费 |  |  |  |  |
| 5 | 人工费 |  |  |  |  |
| 6 | 水费 |  |  |  |  |
| 7 | 电费 |  |  |  |  |
| 8 | 油费 |  |  |  |  |
| 9 | 研发费 |  |  |  |  |

## 第9章 设施农业功能板块规划

（续表）

| 序号 | 项目名称 | 单位 | 数量 | 单价 | 金额 |
|---|---|---|---|---|---|
| 10 | 折旧与摊销费 | — | — | — | — |
| 11 | 宣传推广费 | — | — | — | — |
| 12 | 管理与维修费 | — | — | — | — |
|  | …… |  |  |  |  |
| 三 | 利润 |  | — |  | — |

**（2）社会效益**

设施农业功能板块规划实施后，其产生的社会效益主要体现在以下几方面：

——有利于园区农业结构调整，提高农业综合能力与生产效率；

——有利于完善园区基础设施，开展园艺作物标准示范园创建，大大提高园区标准化水平；

——有利于促进区域设施农业标准化、规模化生产，极大地促进农民就业增收；

——有利于丰富城乡居民的"菜篮子"，满足市场消费需求，保证农产品周年均衡供应；

——有利于扩大农民就业与增收，促进农村剩余劳动力就地转移，促进社会和谐与稳定。

应根据园区具体情况针对上述几方面进行分别展开叙述。

**（3）生态效益**

规划实施后，其生态效益主要体现在以下几方面：一是加强与专业公司合作，做到园区废弃薄膜尽快回收，促进废膜的处理与再利用，尽量减少农业的白色污染；二是针对废弃的蔬菜烂叶和果木枝条，通过粉碎或发酵后加工成饲料或有机肥，变废为宝，提高设施农业的资源利用率；三是由于设施园艺是一个能耗相对较高的产业，应大力推广节能、环保和空间高效利用设施，实现园区农业的低碳生产。

注：具体编写此类园区规划时，可参照《现代农业园区规划案例精选》中"设施农业园规划案例"第37～55页相关内容。

# 第10章 大田作物种植功能板块规划

种植业是农业的基础产业，是现代农业重要的组成部分，关系到国家粮食安全和普通居民日常生活的保障。近年来，种植业生产在实现粮食"连续十几连增"和蔬菜、豆类等重要农产品有效供给的同时，也面临着资源要素短缺、基础设施薄弱、综合生产能力低下、产业布局不合理等问题。当前，全国部分地区相继建成了一批批现代种植业园区，期望能破解目前种植业发展中遇到的一系列难题，力求探索一条符合国情、农情的种植业发展模式，促进种植业跨越式发展。但各地种植园区在资源条件、经济基础、产业配套等方面千差万别，具体建设时遇到的问题头绪多样，且国内外学者对其建设还没有形成一套系统、完整的科学理论作指导。因此，不断总结大田作物种植功能板块的成功案例与建设经验，开展其规划与研究意义重大。本章节研究的方向与思路也同样适用于单独成型的种植业产业园规划。

## 10.1 概述

### 10.1.1 涵义界定

种植业即植物栽培业，是指以土地为重要载体，通过绿色植物进行光合作用，把自然界中的二氧化碳、水和矿物质合成有机物质，同时把太阳能转化为化学能贮藏在有机物质的过程，并生产各种农作物以及取得植物性产品的农业生产部门。大田作物种植是指利用广阔的农田，生产粮食作物、经济作物、饲料饲草作物的生产部门。就其本质来说，大田作物特别是粮食作物的生产对畜牧业、工业的发展和人民生活水平的提高，有着十分重要的意义。正确处理好种植业与其他各业的关系，合理确定种植业内部各作物的种植比例，是加快促进现代农业发展的重要条件。

### 10.1.2 特性

大田作物种植的特性表现较多，比较突出的主要体现在以下几个方面：

第一，**弱质性**。主要表现在农业生产分散、经营规模小、抗御自然风险能力差、需求弹性小、比较效益低和市场风险大等方面。

第二，**适宜性**。大田作物对光、温、水、土等自然条件具有高度的依赖性，尤其在粮油等大宗作物生产上，如果没有合适的环境条件，即使利用再先进的技术与设备，也难以保证农产品的有效供给。因此，在选择大田种植园区位置时，需要考虑多方面因素，针对不同作物的生产习性和所在区域的自然条件，因地制宜地进行合理规划与布局。

第三，**季节性**。农作物生产表现出很强的季节性与周期性。如有的作物适合夏季种植、有的适合在冬季生产；有的生产周期为数月，有的要数年。规划时应针对不同生产品种和所处的区域，合理安排该区域的种植制度。

第四，**鲜活性**。产品的鲜活性往往是衡量产品价值的关键因素。而种植区生产的农产品大都具有保质期短、易腐烂等特性。因此，规划时应注重园区交通区位、储藏方式与冷链运输设施配置等。

### 10.1.3 意义

大田作物种植功能板块规划意义涉及的方面较多，归纳起来主要从以下几方面加以叙述：

**第一，有利于确保国家粮食安全和重要农产品有效供给。** 古往今来，足食是治国安邦的首善大举，粮食安全是国家安全的重要组成部分，农业是安天下稳民心的战略产业，是经济发展、社会稳定的重要任务。种植业作为农业的基础产业，发挥着举足轻重的作用。科学编制种植业园区规划，有利于加强农田基础设施与物质装备条件的建设，对于确保国家粮食安全和重要农产品有效供给、提高农业综合生产能力等方面意义重大。

**第二，有利于转变种植业发展方式。** 当前我国种植业发展面临资源环境约束加剧、劳动力大量转移等问题，传统外延式扩张的发展模式难以为继，要求必须加快转变种植业发展方式，加快发展现代种植业。通过科学编制种植业园区规划，可以促进园区内农产品供给由注重数量增长向质量提升方面转变，促进农产品产量由依靠增加化肥、农药等投入品向依靠科技和提高劳动者素质方面转变，促进农业生产由"靠天吃饭"向提高物质装备水平方面转变，促进种植业功能由单一农产品生产为主向三产加速融合方面转变。规划应以此为切入点，论述园区规划的重要意义。

**第三，促进种植结构调整和产业布局优化。** 近年来，随着社会经济的快速发展，城乡居民收入的明显提高，人们对农产品的需求越来越多元化。科学编制种植业园区规划，有利于充分发挥园区资源优势，合理调整园区功能定位和种植结构，促进生产要素在空间和产业上的优化配置，不断提高农业生产效益和产业竞争力。规划应以此为切入点，论述园区规划的重要意义。

**第四，有利于拓展农业功能。** 农业生产集生态涵养、文化传承等多功能性于一体，种植业生产更是如此。通过科学编制种植业园区规划，在促进园区综合生产能力提高的同时，还要为园区及周边地区提供良好的生态环境、城乡居民亲近自然的重要休闲场所，使游客体验浓郁的乡村文化、多彩的民俗风情等。规划应以此为切入点，论述园区规划的重要意义。

## 10.2 规划编制

大田作物种植功能板块规划内容主要包括：首先要明确设置该板块的具体位置与规划范围；再分析其及所在区域种植业发展现状、优势条件和存在的问题；在此基础上提出规划思路与目标，确定发展定位与功能区布局，并明确各功能分区规划内容、推荐系列重点或亮点项目、示范推广现代种植一系列高新技术，最后进行投资估算与效益分析等。

### 10.2.1 选址与规模确定

#### 10.2.1.1 影响因素

影响大田作物种植功能板块位置选择的因素很多，归纳后主要体现在以下几个方面：

——应符合当地土地利用总体规划、种植业发展规划、优势或特色农产品区域布局规划、城乡建设总体规划和园区功能分区要求等；

——应以园区现有农作物种植分布为基础，根据园区主导产业发展规划适当调整布局；

——尽量选择水量充足、土壤肥沃、灌排条件较好的区域，便于高标准农田建设；

——尽量选择地势平坦、土地集中连片、外形规整的区域，连片田块大小和朝向应基本一致，便于机械作业；

——尽量选择在交通枢纽、靠近加工厂的地方，便于原料与产品的运输，同时也便于各功能区之间的相互联系；

——应在满足农艺措施的前提下，因地制宜地安排好各类用地；

——尽量选择农业生产基础较好的地区，以便于合理组织劳动力，方便生产；

——尽量将杂交品种繁育基地布局在隔离条件较好的区域；将常规品种繁育基地布局在生产示范基地附近；将新品种展示区布置在交通枢纽、靠近居民点的地方；

——其他相关影响因素。

#### 10.2.1.2 规模确定

大田作物种植功能板块用地规模应综合考虑种植产品市场需求、产业基础、优势特色农产品区域布局、园区范围大小与功能定位、辐射范围等因素，结合农作物种植结构、种植制度、多年平均单产水平等确定其用地需求规模。

大田作物种植功能板块用地规模可由粮食作物种植区、经济作物种植区和饲草饲料作物种植区的面积汇总来确定。即：

$$S = S_{粮食作物} + S_{经济作物} + S_{饲草饲料作物} + \cdots\cdots$$

各种植区面积计算过程如下：

① 预测各作物需求量（$Y_n$）

② 根据历年平均单产或加权平均法求得单产水平

③ 确定各作物种植面积（$S_i$）

$$S_i = \frac{总需求量(Y_n)}{历年平均单产 \times 复种指数}$$

④ 确定各作物种植规模（$S_毛$）

$$S_毛 = S_i \times (1 + K)$$

式中：$K$—指田间路、沟、渠、林等占地比例（％）。

对于一些特殊园区或基地，一般根据各级主管部门要求确定其规模。如农业部组织的园艺作物标准示范园创建，要求用地规模为1 250亩、1 620亩和1万亩不等；农业部组织的粮棉糖油高产创建示范点，要求用地规模在1万亩以上；国家农综办组织的农业综合开发现代农业示范园项目，要求用地规模为1万亩、2万亩和3万亩不等。

另外，若以最小经营主体，如家庭农场建设的农庄为例，根据《农业部关于促进家庭农场发展的指导意见》，如以粮食生产为主的家庭农场，安徽省提出集中连片规模在200亩以上，重庆提出50～100亩、江苏提出100～300亩、上海提出100～150亩为宜。而以实施高标准农田建设项目的园区，河南省提出了"百亩方、千亩方、万亩方"为其建设规模。

对于参与农业部组织的"数字农业建设试点项目"的园区，大田种植基地规模不低于1万亩；对于参与农业部与国家旅游总局联合开展创建的"国家现代农业庄园"，种植类庄园面积原则上不小于5 000亩。

我国地域广阔，各地自然经济社会条件差异很大，很难提出一个在全国范围内普遍适用的规模确定计算方法和具体面积标准。各园区应从当地实际出发，依据自然经济条件、经营主体、建设用途、劳动力参与人数和农业机械化水平等因素，确定适宜的大田作物种植功能板块用地规模标准。

## 10.2.2 现状与问题

### 10.2.2.1 现状调查与分析

现状调查是了解园区种植业基本情况，收集规划所需的信息资源，调查内容可以通过下列指标来表示：

**产业结构**。主要调查园区种植业产值及占农业总产值的比重，农作物加工产值占农产品加工产值的比重。

**种植结构**。主要调查园区耕作制度、种植品种、种植面积、单产、总产等指标，并与园区周边种植区进行比较，了解其所处的地位。

**良种繁育**。主要调查园区农作物品种来源、良种繁育企业、繁育能力、繁育基地数量与规模、良种供给能力、良种覆盖率和辐射范围等。

**农资供应**。主要调查园区内农药、化肥等投入品供应渠道与数量、供应方式和经销商情况等。

**基础设施与物质装备**。主要调查园区农田灌排设施、有效灌溉面积、旱涝保收高标准农田面积、测土配方面积、农机总动力、主要农作物综合机械化率、农机具配套和农业节水面积等方面的情况。

**经营管理**。主要调查种植业龙头企业数量、级别、产品销售情况、带动基地生产数量与规模；各类种植大户、家庭农场、农民合作社数量及农户参与比重；农产品注册商标、知名品牌、"三品一标"认证数量等。

**种植效益与农民收入水平**。主要调查各农作物种植单位平均纯收益和农民人均纯收入（家庭经营收入、工资性收入、财产险收入、转移收入等）。

**科技服务支撑条件**。主要调查农业科技推广与新型农民培训情况，农业市场信息服务、统防统治情况等。

在对园区上述现状进行详细调查后，从园区全局角度，系统总结分析园区种植业发展优势与特色，为后续规划目标确定、功能分区和工程项目设计提供重要的参考。

### 10.2.2.2 存在问题

园区种植业经过多年的发展，在保障农产品有效供给方面取得了一定成效，但还存在一些问题，主要从以下几方面进行查找：

**农作物良种繁育**。可以从新品种引进与培育、良种生产企业育种创新能力、供种能力、良种加工工艺、繁育基础设施等具体环节方面查找可能存在的问题，为后续规划在提高农作物良种覆盖率和种子商品化水平等方面提供参考。

**农业基础设施配套**。可以从灌溉水源保障、灌排设施配套、道路林网、农机配置、中低产田改造等方面查找问题，为后续规划在提高农田建设标准、增加旱涝保收面积和抵御自然灾害能力等方面提供参考。

**经营管理水平提高**。可以从种植业新型经营主体数量、产后加工处理装备、品牌培育打造、农户参与数量等方面查找问题。为后续规划在提高经营管理水平、增强市场竞争能力与影响力等方面提供参考。

**支撑服务配套**。可以从实用技术推广、产品质量安全监督、新型农民技术培训等方面查找问题。为后续在加强农业科技推广、提高农产品质量安全水平等方面提供参考。

**农业面源污染**。可以从农膜残留、化肥与农药过量施用、农作物秸秆焚烧等方面查找问题。为后续规划在保护生态环境、促进农业可持续发展等方面提供参考。

综上所述，通过上述对园区现状条件分析，大致掌握了园区基本情况与信息，为后续开展规划奠定基础。

### 10.2.3 规划方案

#### 10.2.3.1 规划原则

大田作物种植功能板块规划遵循的原则较多,应根据具体园区进行有针对性的制定,以下推荐几项基本原则仅供参考:

**第一,坚持提高"三率"原则。** 规划应从提高土地生产率、劳动生产率和资源利用率等三方面进行论述:一是应加快完善农田水利设施,加强旱涝保收高标准农田建设,提升物质装备水平,不断提高土地产出率;二是在资源环境约束趋紧的情况下,要以节地、节水、节肥、节药、节能和资源综合循环利用为重点,着重提高资源利用率,促进循环农业和生态农业发展;三是在目前农业已进入高投入、高成本时期,要以大力发展自动化、机械化和信息化生产,不断提高劳动生产率。

**第二,坚持科技兴农原则。** 规划应注重增强园区自主创新能力,集成先进适用的农业技术,推进工程农艺结合、良种良法配套,不断提高良种覆盖率和单产水平,开展粮棉油糖高产示范创建,加强测土配方施肥和信息化服务,不断提高农业科技含量。

**第三,坚持适地适种原则。** 规划应重点研究不同生态区域农业种植模式,做到因地制宜与合理布局相结合,以水定地与适土种植相结合,提倡节约和集约化利用土地,不断提高农业综合生产能力。

**第四,坚持产业化开发的原则。** 规划应以培育与壮大各类新型经营主体为重心,不断延长种植产业链条,提高产品附加值,实施品牌战略,提高农产品核心价值和影响力。

#### 10.2.3.2 规划思路

为了探索园区种植业未来发展方向和建设路径,重点从以下角度考虑规划思路:

**第一,注重粮食安全。** 首先要紧紧抓住保障粮食安全这根主线,在了解与分析园区粮食作物品种、良种来源、单产水平和农田基础设施配套的基础上,预测区域内粮食自给量和外销量,在此基础上,提出如何提高园区农业综合生产能力、保证粮食安全生产的发展思路。

**第二,强化科技支撑。** 加强与当地高等院校、科研院所等单位的通力合作,不断提高科技研发与自主创新能力,加快农作物优良新品种的选育引进与示范推广,开展增产模式攻关,强化关键技术突破和技术集成推广。在此基础上,提出如何提高农作物育种能力、良种覆盖率和单产水平的发展思路。

**第三,促进结构调整。** 在了解与分析园区种植业内部结构、品种结构和所处区域位置的基础上,结合市场需求和土地适宜性评价,提出如何优化种植结构、调整作物布局和提高农产品市场竞争力的发展思路。

**第四,构建生产体系。** 在了解与分析园区农作物良种繁育、高标准农田建设、农作物加工物流和农事体验的基础上,提出如何提高农作物标准化种植水平、构建现代种植业生产体系的发展思路。

**第五,推行循环发展。** 在了解与分析园区农作物秸秆利用、薄膜回收处理和农药化肥施用减量等措施的基础上,提出如何增施有机肥、尽量减少农业面源污染、实现"一控两减三基本"目标、促进农业可持续发展的发展思路。

> **示例：某大田作物种植功能板块规划思路**
> 在分析园区种植业现状基础上，以保障农产品有效供给为核心，以改变传统种植方式为主线，以科技创新与实用技术推广为支撑，加强农田水利等基础设施建设，增加有机肥施用量，提高肥料利用率，加快农作物优良新品种的选育、引进与示范，开展增产模式攻关，强化关键技术突破和技术集成推广，不断提高农作物单产水平，进一步优化产业布局，不断促进种植结构调整，着力培育家庭农场或种植大户，推进粮食作物生产全程机械化，着力构建现代种植业生产体系，强化政策支持，加大投入力度，改善生产条件，提高物质装备水平，促进园区现代种植业健康发展。

#### 10.2.3.3 规划目标

（1）总体目标。

该板块发展总体目标可以描述为：按照"科学规划、综合配套、稳定面积、规模经营、集中投入、主攻单产"的原则，到规划期末，水、电、路、林等田间设施基本建成，集中建成一批旱涝保收高标准农田，园区基本实现生产规模化、标准化、集约化和机械化等，促进良种覆盖率、测土配方施肥、病虫害专业化统防统治等指标达到95%以上，土壤有机质明显提升，农产品品质全部达到无公害标准。最终将园区打造成区域现代种植业高标准示范区和高产示范引领区。

（2）具体目标。

大田作物种植功能板块具体目标需要通过制定一系列规划指标来完成，重点关注以下几方面（表10-1）：

**经济效益目标**。制定规划各阶段的种植业产值、种植业产值占农业总产值比重等指标及其增减幅度。

**农作物产出目标**。制定规划各阶段的粮食产量、蔬菜产量、油料产量和其他农作物产量等指标及其增减幅度。

**农业基础设施与物质装备目标**。制定规划各阶段的高标准化农田建设占比、有效灌溉面积、粮油棉糖高产示范创建面积、主要农作物综合机械化率和农机总动力等指标及其增减幅度。

**农业科技与信息服务目标**。制定规划各阶段的农作物良种覆盖率、新品种引进或培育数量、物联网技术应用覆盖率、农业信息服务覆盖率、各品种单产水平和电商销售农产品占比等指标及其增减幅度。

**农业经营管理目标**。制定规划各阶段的市级以上种植龙头企业数量、农民种植合作社数量、家庭农场数量、专业种植大户数量、农作物产品加工转化率和"三品一标"认证数量或面积等指标及增减幅度。

**辐射带动目标**。制定规划各阶段的种植户人均纯收入、年培训生产人员和带动种植户就业数量等指标及增减幅度。

表10-1 大田作物种植功能板块规划目标参考表

| 类别 | 目标名称 | 单位 | 基期年 | 近期目标 | 远期目标 | 年均增减% | 指标属性 |
|---|---|---|---|---|---|---|---|
| 经济效益目标 | 1.种植业产值 | 万元 | — | — | — | — | 预测值 |
| | 2.种植业产值占农业总产值比重 | ：| — | — | — | — | 预测值 |
| | …… | | | | | | |

（续表）

| 类别 | 目标名称 | 单位 | 基期年 | 近期目标 | 远期目标 | 年均增减% | 指标属性 |
|---|---|---|---|---|---|---|---|
| 农作物产出目标 | 1. 粮食产量 | 万t | — | — | — | — | 预测值 |
| | 2. 蔬菜产量 | 万t | — | — | — | — | 预测值 |
| | 3. 油料产量 | 万t | — | — | — | — | 预测值 |
| | …… | | | | | | |
| 基础设施与物质装备目标 | 1. 高标准农田建设占比 | % | — | — | — | — | 预测值 |
| | 2. 有效灌溉面积 | 万亩 | — | — | — | — | 预测值 |
| | 3. 粮油棉糖高产示范创建面积 | 万亩 | — | — | — | — | 预测值 |
| | 4. 主要农作物综合机械化率 | % | — | — | — | — | 预测值 |
| | 5. 农机总动力 | 马力 | — | — | — | — | 预测值 |
| | …… | | — | — | — | — | |
| 科技信息服务目标 | 1. 农作物良种覆盖率 | % | — | — | — | — | 预测值 |
| | 2. 新品种引进或培育数量 | 个 | — | — | — | — | 预测值 |
| | 3. 农业信息服务覆盖率 | % | — | — | — | — | 预测值 |
| | 4. 物联网技术应用覆盖率 | % | — | — | — | — | 预测值 |
| | 5. 各品种单产水平 | kg/亩 | — | — | — | — | 预测值 |
| | 6. 电商销售农产品占比 | % | — | — | — | — | 预测值 |
| | …… | | | | | | |
| 经营管理目标 | 1. 市级以上产业化龙头企业数量 | 个 | — | — | — | — | 预测值 |
| | 2. 农民种植合作社数量 | 个 | — | — | — | — | 预测值 |
| | 3. 家庭农场数量 | 个 | — | — | — | — | 预测值 |
| | 4. 专业种植大户数量 | 个 | — | — | — | — | 预测值 |
| | 5. 农作物产品加工转化率 | % | — | — | — | — | 预测值 |
| | 6. "三品一标"认证数量/面积 | 个/亩 | — | — | — | — | 引导值 |
| | …… | | | | | | |
| 辐射带动目标 | 1. 参与农户人均纯收入 | 元 | — | — | — | — | 预测值 |
| | 2. 年培训生产人员 | 人次/年 | — | — | — | — | 预测值 |
| | 3. 带动种植户就业数量 | 人 | — | — | — | — | 预测值 |
| | …… | | | | | | |

#### 10.2.3.4 功能定位与分区

（1）功能定位

大田作物种植板块功能定位表现方面很多，但主要表现在以下几方面功能：

**第一，示范展示功能**。这是园区需要表现的主要功能，重点示范展示新品种、新技术、新设施、新工艺和新模式等，为参观者提供一种比较直观的体验感。

**第二，教育培训功能**。一方面作为城镇居民、中小学生农业科普教育的园地；另一方面也是为新型农民开展农业技术培训提供场所。

**第三，休闲娱乐功能**。结合田园自然风光，开发特色的人工景观，挖掘浓郁的乡土文化，满足人们回归自然、享受宁静与回忆乡愁的心理需求。

**第四，生态保护功能**。农作物本身就是绿色植物，还具有提高园区绿色植被覆盖率的功能，通过林网绿化、湿地保护和农田景观开发，更加体现了区域范围内人与自然的和谐发展。

（2）功能分区

根据上述功能定位，综合考虑园区发展目标、土地利用现状等，在园区一级分类的基础上对该区进行更细致的划分。其二级功能分区主要包括良种繁育与新品种展示区、标准化种植示范区、大田种植观赏区和配套服务区以及多个三级功能区。详见表10-2。

表 10-2  大田作物种植功能板块分区划分参考表

| 一级类 | | 二级类 | | 三级类 | | 面积（亩） | 备注 |
|---|---|---|---|---|---|---|---|
| 序 | 名 | 编码 | 名称 | 编码 | 名称 | | |
| | | | | 面积合计 | | — | |
| 02 | 大田农作物种植功能板块 | 021 | 良种繁育与新品种展示区 | 0211 | 科技攻关试验区 | — | 根据具体园区种植业发展状况进行适当取舍 |
| | | | | 0212 | 新品种展示区 | — | |
| | | | | 0213 | 良种扩繁区 | — | |
| | | | | …… | …… | | |
| | | 022 | 标准化生产示范区 | 0221 | 粮食作物标准化生产示范区 | — | |
| | | | | 0222 | 经济作物标准化生产示范区 | — | |
| | | | | 0223 | 饲草料作物标准化生产示范区 | — | |
| | | | | 0224 | 其他作物标准化生产示范区 | — | |
| | | | | …… | …… | | |
| | | 023 | 大田种植观赏区 | 0231 | 田园风光观赏区 | — | |
| | | | | 0232 | 市民农园体验区 | — | |
| | | | | 0233 | 休闲采摘区 | — | |
| | | | | 0234 | 农家乐餐饮区 | — | |
| | | | | 0235 | 创意主体乐园 | — | |
| | | | | 0236 | 中小学教育基地 | — | |
| | | | | …… | …… | | |
| | | 024 | 配套服务区 | 0241 | 良种加工与仓储区 | — | |
| | | | | 0242 | 农产品加工与仓储区 | — | |
| | | | | 0243 | 办公管理区 | — | |
| | | | | …… | …… | | |
| | | …… | …… | | | | |

### 10.2.4  功能小区规划与布局

#### 10.2.4.1  功能小区规划

**（1）良种繁育与新品种展示区**

**建设思路**。加强与地方高等院校、科研院所等单位合作，围绕关键技术开展联合攻关，重点进行农作物新品种的引进、试种与展示，加强良种标准化生产基地建设，扶持壮大良种生产企业，强化基础设施建设，不断提升良种加工能力和供应能力。

**建设目标**。到规划期末，针对不同品种，完成推广几项常规或杂交育种新技术，扶持壮大1~2个良种生产企业，不同品种标准化和规模化良种生产基地基本建成，良种质量得到大幅度提升，能满足一定区域范围内对优质种苗的需求，区域良种覆盖率得到大幅度提高。并预测未来各年不同品种良种生产能力。

**功能小区划分**。该区还可进一步划分为科技攻关试验区、新品种展示区、良种扩繁区等功能小区（表10-3），并说明各功能小区划分的理由、繁育品种数量、边界范围、用地面积、分布位置、繁育方式与繁育技术等。其中良种扩繁区还可根据繁育的品种不同，再细分为粮食、经作、饲草等作物扩繁区；具体根据园区实际繁育基础与条件进行选择。

表 10-3  良种繁育与展示区规划参考表

| 序号 | 分区名称 | 单位 | 占地面积 | 结构比例 | 分布位置 | 备注 |
|---|---|---|---|---|---|---|
| 1 | 科技攻关试验区 | — | — | — | — | — |
| 2 | 新品种展示区 | — | — | — | — | — |
| 3 | 良种扩繁区 | — | — | — | — | — |
|  | …… |  |  |  |  |  |
|  | 合计 |  |  |  |  |  |

**建设内容**。分别说明各功能小区重点项目的建设名称、建设理由、布置位置，以及与临近项目的衔接关系。一是土建工程，如在东北水稻主产区，为了避开水稻育秧阶段寒冷天气，尽量降低育秧生产成本，一般采用水稻工厂化育秧，该技术是利用机械化生产线播种，采用温室大棚集中培育的一项大规模育秧方式，采用此方法育苗，能降低单位成本20%以上、成秧率达90%以上；由此需要配套建设育秧大棚，并根据秧苗需求量确定其建设规模，说明该建筑的占地面积、结构形式、建筑面积、布置朝向、屋面覆盖材料和单个棚的建筑跨度与长度等；为了方便生产，建议该建筑尽量布置在良种扩繁区的边缘位置，并靠近生产示范区；以此类推，对其余如仓库、网室等建筑也作类似说明；然后在此基础上，汇总出该区土建工程总建筑面积。二是田间工程，主要描述土地平整与土壤改良、田间道路、机井/泵房、灌排渠系/灌溉管道、蓄水池等分项的工程数量和具体做法；并在此基础上，汇总出该区田间工程总量。三是仪器设备，主要描述需要配置的育苗设备、灌溉设备、农机具和运输设备等；并在此基础上，汇总出该区仪器设备配置总量。

（2）标准化生产示范区

**建设思路**。通过"良种选用、测土配方、机械化生产、合理密植、生物防控"等技术措施，实现主要农作物标准化、规模化生产，并将农艺、农机、工程相结合，按照无公害与绿色食品的相关要求，集成应用和示范高产技术，配套初级加工和冷藏预处理设施，通过产业化开发，不断提高农产品品质，实现区域农产品的有效供应，不断增加农民收入。

**建设目标**。规划实施后，扶持与培育一批种植合作社和专业种植大户，初步建成几个大宗作物品种的旱涝保收高标准农田，初级加工与冷藏预处理设施基本配套齐全，农产品品质得到大幅度提高，区域农产品基本实现有效供应，农民收入会得到相应增加。并预测未来各年各作物的产量。

**功能小区划分**。根据种植品种不同，还可将该区划分为粮食作物生产示范区、经济作物生产示范区、饲草料作物生产示范区和其他作物生产示范区等（表10-4）。并说明各功能小区划分的理由、示范品种、功能作用、边界范围、用地面积、分布位置、栽培模式、工艺技术和单产水平要求等。具体根据园区实际生产基础进行选择。

表 10-4  标准化生产示范区规划参考表

| 序号 | 分区名称 | 单位 | 占地面积 | 结构比例 | 分布位置 | 备注 |
|---|---|---|---|---|---|---|
| 1 | 粮食作物生产示范区 | — | — | — | — | — |
| 2 | 经济作物生产示范区 | — | — | — | — | — |
| 3 | 饲草料作物生产示范区 | — | — | — | — | — |
| 4 | 其他作物生产示范区 | — | — | — | — | — |
|  | …… |  |  |  |  |  |
|  | 合计 |  | — |  |  |  |

**建设内容**。分别说明各功能小区重点项目的建设名称、建设理由、布置位置和所发挥的功能作用，以及与临近项目的衔接关系。一是土建工程，由于基本农田不允许建设固定建筑，所以该区只能配套建设一些生产所必须的、临时性的、比较简易的房屋，如为了产品周转或雨季遮风避雨等，需要建设简易仓库，供大田农产品临时周转之用，并说明新建仓库占地面积、建筑高度、建筑面积、建筑结构、建筑尺寸和布置朝向等；考虑生产和运输方便，该建筑尽量布置在示范区的中心位置，并靠近主要交通要道；以此类推，对其余建筑如凉棚、工具房等也作类似说明；然后在此基础上，汇总出该区土建工程总建筑面积。二是田间工程，主要描述土地平整与土壤改良、田间道路、灌排设施和供电设施等分项的工程数量和具体做法；其中大田作物灌溉应计算需水量与供水量的平衡关系，并考虑灌溉水源位置，说明所采取的灌溉方式和管道渠道等设施的配置；土壤改良应根据具体地块的配方施肥方案，计算有机肥、化肥、磷肥的施用量，杜绝为提高产量乱施化肥现象；并在此基础上，汇总出该区田间工程总量。三是仪器设备，主要描述需要配置的生产、灌溉、农机具、供电和运输等设施；并在此基础上，汇总出该区仪器设备配置总量。

（3）大田种植观赏区

**建设思路**。由于种植区的主要功能是生产功能，休闲观光仅起景观点缀和调节视线的作用，布局时没有设置单独的功能区域，规划时主要结合各生产区进行观光项目设置和布局。

**建设目标**。在保障农业基本生产功能的同时，努力开发农业多种功能，挖掘农业景观资源，大力发展休闲观光农业，突出创意创新，促进休闲农业提档升级，满足市民多元化需求。并预测未来各年接待游客人数、带动就业人数和休闲观光收入。

**功能小区划分**。如选择高标准建设农田作为田园风光欣赏区；在生产示范区划出一片特定区域作为市民认种、农事劳作、果蔬采摘等体验区；在居民点较集中的区域，选择几家有特色的餐饮店作为定点的农家乐餐饮供应区，在此基础上还形成了创意主体乐园、休闲采摘区、中小学教育基地等（表10-5）。并说明各功能小区划分的理由、功能作用、边界范围、用地面积、分布位置、创意特色和打造的亮点等。具体根据园区实际生产基础进行选择。

表10-5 大田种植观赏区规划参考表

| 序号 | 分区名称 | 单位 | 占地面积 | 结构比例 | 分布位置 | 备注 |
|---|---|---|---|---|---|---|
| 1 | 田园风光观赏区 | - | - | - | - | |
| 2 | 创意主体乐园 | - | - | - | - | |
| 3 | 市民农园体验区 | - | - | - | - | |
| 4 | 休闲采摘区 | - | - | - | - | |
| 5 | 农家乐餐饮区 | - | - | - | - | |
| 6 | 中小学教育基地 | - | - | - | - | |
| | …… | | | | | |
| | 合计 | - | - | - | - | |

**建设内容**。分别说明各功能小区重点项目的建设名称、建设理由、布置位置和所发挥的功能作用，以及与临近项目的衔接关系。一是土建工程，如结合场地特点，将农家乐分为两种特色，如一种体现水清荷香的滨水农家特色，一种体现鸟语花香的森林农家乐特色，在这里展示农家风情，体验农家特色，营造一个生态、舒适、自然的休闲环境，满足人们游玩度假的需求；而农家乐房屋可以利用现有民房改造也可以

新建，新建农家乐应代表当地的建筑特色，该建筑布置建议靠近居民区，并说明其占地面积、建筑高度、建筑面积、建筑结构、建筑尺寸和外墙颜色等；以此类推，对其他主要建筑如接待室、创意乐园、体验房、大田红飘带、瞭望台、休闲走廊、农家乐等建筑也作类似说明，并强调外立面建筑形式与外墙颜色等，以及相关配套的景观打造与具体工程做法；然后在此基础上，汇总出该区土建工程总建筑面积。二是田间工程，主要描述排灌系统、人行路等工程的建设面积与具体工程做法；然后在此基础上，汇总出该区田间工程总工程量。三是仪器设备，主要配置各类摄像机、娱乐用具、餐饮设施和游览车等；然后在此基础上，汇总出该区仪器设备配置总量。

**（4）配套服务区**

**建设思路**。有条件的园区，扶持壮大加工企业，配套建设良种加工和农产品加工设施；没条件的园区，可以和周边加工企业合作，发展订单农业生产。完善物联网监控系统，开展技术培训、产品检测、电商体验、宣传推介和产品销售等方面的服务，进一步推动功能分区的高效运营。

**建设目标**。围绕农作物良种繁育基地和生产示范区，以园区为载体，推进农产品加工企业集聚发展，延伸良种生产和农产品生产产业链条，做好品牌培育与宣传，实现全产业链发展，发展订单农业，不断发挥辐射带动作用。并分别预测年加工良种能力、年加工农产品能力等。

**功能小区划分**。该区还可进一步划分为良种加工与仓储区、农产品加工与仓储区和办公管理区等功能小区（表10-6）。并说明各功能小区划分理由、功能作用、边界范围、用地面积、分布位置和职责任务等，具体根据园区实际生产基础进行选择。

表10-6 配套服务区规划参考表

| 序号 | 分区名称 | 单位 | 占地面积 | 结构比例 | 分布位置 | 备注 |
|---|---|---|---|---|---|---|
| 1 | 良种加工与仓储区 | — | — | — | — | |
| 2 | 农产品加工与仓储区 | — | — | — | — | |
| 3 | 办公管理区 | — | — | — | — | |
| …… | | | | | | |
| | 合计 | | — | | | |

**建设内容**。分别说明各功能小区重点项目的建设名称、建设理由、布置位置和所发挥的功能作用、配套服务要求，以及与临近项目的衔接关系。一是土建工程，如为了提高园区农产品的商品价值性，拟在该区建设农产品初级加工车间，根据加工品种与工艺要求，布置加工车间的位置；根据建设性质，说明该房屋的占地面积、建筑高度、建筑面积、建筑结构、建筑层数、建筑尺寸、布置朝向和墙面、屋面的材料与颜色等；以此类推，对其余如良种加工车间、各类仓库、办公用房、检验室、挂藏室、考种室、种子烘干车间、电商体验馆等建筑也作类似说明；然后在此基础上，汇总出该区土建工程总建筑面积。二是场区工程，主要描述配电室、锅炉房、水泵房和网络监控室等房屋的建筑面积与工程做法；然后在此基础上，汇总出该区场区工程总量。三是仪器设备，主要描述所配置的办公、良种加工、产品初加工、烘干、培训、质检、物联网系统、电商平台、水电和货运车等设施设备；然后在此基础上，汇总出该区仪器设备配置总量。

**10.2.4.2 功能板块布置**

**（1）布置原则**

大田作物种植功能板块应根据上述功能定位和土地利用分区要求，布置时应重点把握以下几种原则：

**布局优化原则**。尽量靠近交通要道和加工物流区，减少原料运输的距离和成本，在考虑规模因素的情况下，耕地集中连片程度高的地区优先布局，达到布局最优的目的。

**集中连片原则**。连片性是指相同质地地块间相连程度，连片程度越高，灌溉、道路等基础设施的规模效益发挥就越好，在连片土地上大型机械作业的优势也更易发挥，集中管控土地更容易实现，更有利于农户联合生产，便于实现农业机械化。

**规模优先原则**。对于现代农业发展，最适宜的布局模式为规模优先模式，此模式更能发挥好农田集中连片程度高的优势，还能为塑造农田景观打下良好基础。

**质量优先原则**。把质量因素作为高标准农田布置的首选因素，把追求产量最大化作为规划目标之一，同时结合考虑集中连片程度、农田整治潜力等因素。

**潜力优先原则**。在现有农田数量一定的前提下，为增加规模和产量，应加大土地整理力度，通过土壤培土育肥，完善田间基础设施，不断提高耕地质量。

**综合最优原则**。各地块交通区位较好，土壤肥力均等，地形坡度起伏不大，灌溉条件均一，综合优势突出，是大田作物布置的最佳选择。

（2）布置形式

大田作物种植功能板块布置主要呈现以下几种形式：

**集中连片**。选择地势地形平坦、耕地质量均一、地界规整的农田，进行集中连片布置，有利于最大化利用土地，便于生产和管理，提高运作效率。

**环形布置**。各作物种植区围绕一个特色标志物呈现环状结构，该布置形式既能提高土地的利用效率，又有利于各功能小区的关联性密切。

**分片布置**。各作物种植小区依地形、地物分散于园区内，整体上构成了若干个分片小区，或现状已形成了几个不同作物种植地块，各功能片区间通过生产路相连，并对不同片区进行集中管理。

（3）布置图绘制

大田作物种植功能板块布置图绘制应符合相关制图标准，并采用计算机专业绘图软件进行绘制，要求工作底图清晰、图面要素丰富、表现方式直观和效果呈现美观，并按成册大小设置适当的比例尺。布置图上要标示田间道路、灌排渠系、河流水系、农村居民点等主要地物，并突出二级功能分区界限、范围内颜色与名称。示例选择环形布置形式。

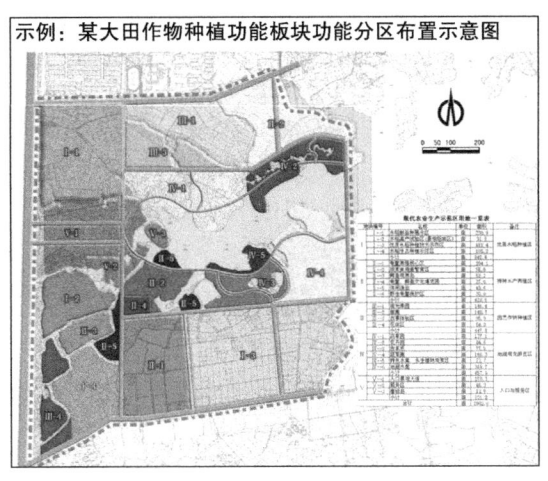

### 10.2.5 重点/亮点项目推荐

大田作物种植功能板块建设重点或亮点项目涉及的类别较多，本节主要推荐几个目前处于比较前沿的示范项目，仅供规划时参考。

#### 10.2.5.1 旱涝保收高标准农田建设项目

**项目位置与建设规模**。该项目布置在标准化生产示范区内，按照农业部该类项目申报指南，用地规模不低于20 000亩。

**项目内容**。按照农业部《高标准农田建设规划编制规程》《高标准农田建设标准》和国土资源部《高标准基本农田建设规范》等相关要求，加强农田土地平整、配方施肥、灌排配套、田间道路、农田防护林和农田电网等基础设施建设，不断推进整地、播种、中耕、植保、收获等全程机械化应用，按照绿色食品标准和循环农业生产要求，逐步扩大标准化生产基地规模，积极做好"三品一标"申报与认定工作，不断提高标准化生产水平和市场竞争力。

#### 10.2.5.2 粮食高产示范方创建项目

**项目位置与建设规模**。该项目布置在高标准农田区内，按照农业部相关要求，用地规模不低于1万亩，简称万亩方；按照有些省份相关要求，其用地规模也可以是千亩方、百亩方不等。

**项目内容**。在高标准农田区内开展更高层次的粮食作物高产创建工作，适当选择2~3个品种创建高标准粮田"万亩方、千亩方、百亩方"，不断完善农田基础设施建设，配套生产、灌溉、收获等农机设备，集成技术，集中要素，统一整地，统一品种，统一施肥，统一病虫害防治，科学管理，实现良田良种良法配套，不断挖掘增产潜力，实现单产突破到吨粮以上，力争发挥示范带动作用。

#### 10.2.5.3 粮食作物全程机械化示范项目

**项目位置与建设规模**。该项目布置在粮食作物标准化生产示范区内，为便于机械化作业，用地规模最好不低于1 000亩。

**项目内容**。在粮食主产区，结合国家农机补贴，配置耕作、播种、植保、收获等农机具。以农机合作社为载体，重点示范农机与农艺融合、农机与信息化融合的生产模式，主要推广小麦、玉米、水稻等全程机械化作业生产。小麦、玉米全程机械化重点示范深松整地、免耕播种、肥料深施、联合收获、秸秆还田和快速烘干等机械化作业技术；水稻全程机械化重点示范大棚育秧、机械插秧、联合收获、快速烘干等机械化作业技术。

#### 10.2.5.4　农业气象与信息综合服务站示范项目

**项目位置与建设规模**。该项目布置在良种繁育与新品种展示区内，用地规模根据科研实验观察站实际需要确定。

**项目内容**。整合农业信息资源，建设集农业气象服务、测土配方施肥、病虫害防控、墒情监测等于一体的农业气象与信息综合服务站，应用智能控制、远程诊断、灾害预警、地理信息服务等现代信息技术。强化农业气象服务，为区域性小气候提供精准的预报；加强测土配方施肥，及时把配方肥送到田块，推广"测—配—产—供"经营方式；设置病虫监测点和观测圃，实现测报系统的自动化、可视化和网络化。

#### 10.2.5.5　农用航空园示范项目

**项目位置与建设规模**。该项目布置在标准化生产示范区内，用地规模为标准化生产示范区所能覆盖的范围。

**项目内容**。为适应规模化植保统防统治发展新趋势，鼓励引进与支持植保小飞机或无人机植保示范项目，利用规模化农业生产条件首先进行试验与演练，然后进入常态化生产，以此吸引游客前来现场观摩。通过农用航空园建设，促使农民从高强度的植保劳动中解脱出来，不断提高农作物病虫害的防治能力，同时拓展了社会化服务空间。

#### 10.2.5.6 精准农业示范项目

**项目位置与建设规模**。布置在标准化生产示范区内,用地规模为该区集中连片、地势平坦的区域范围。

**项目内容**。精准农业强调通过精心计算出作物所需化肥、水分、农药的施用量来进行精准生产,达到降低各种原料投入、提高土地收益率的目的。即综合利用GPS技术、GIS技术和GPRS技术等,采用现代信息技术和智能化控制手段对农业生产过程进行准确、精量控制;实现种、肥、播、施的监控功能,田间信息采集功能,病虫防治功能,节水灌溉功能和精准变量施肥功能等。在条件较好的园区,在核心区和农机具上配置相关设施,展示精准农业生产过程,将园区农业带入数字和信息时代。

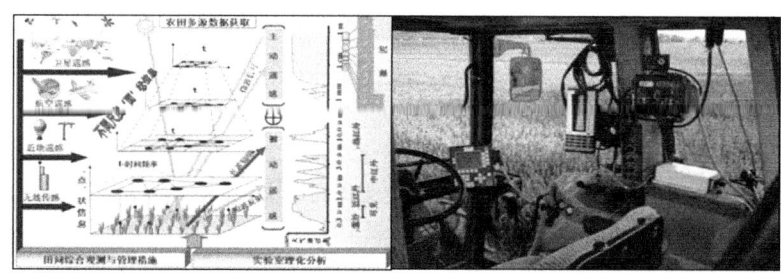

#### 10.2.5.7 智能节水灌溉示范项目

**项目位置与建设规模**。该项目布置在标准化生产示范区内,其用地规模为该区干旱或半干旱区域范围。

**项目内容**。针对农业干旱、半干旱地区,应加快改进灌溉方式,大力发展节水农业。如加强水源开发与节流,促进农业结构调整,配置节水灌溉设施,推广低压管灌、集雨节灌、膜下滴灌、水肥一体化灌溉等不同节水灌溉技术,强调工程与农艺措施相结合,加强水利数字化信息管理,培育节水耐旱新品种,选择节水保墒种植制度,实现节水丰产高效栽培。

#### 10.2.5.8 大田种植数字农业建设试点项目

**项目位置与建设规模**。该项目布置在标准化生产示范区内,用地规模为该区覆盖范围。

**项目内容**。一是在粮食主产区,配备精准时空服务基础设施。配置和升级改造动力机械、收获机械,实现高精度自动作业、精准导航与实时信息采集。二是建设农业生产过程管理系统。配置基于遥感信息、无人机观测、地面传感网等多源信息的耕整地、水肥一体化、精量播种、养分管理、病虫害防控、农情调度监测、精准收获等系统,加强物联网设施设备建设。三是建设精细管理及公共服务系统。配置农机远程监测装置,建立农机协同作业服务系统、农业生产管理系统,建立车载天空地一体化农情监测与决策平台,开发试点成果展示系统和技术管理平台。

### 10.2.6 现代种植技术推荐

目前各地推广的种植技术较多,通过收集归纳主要体现在以下几个方面:

**节水灌溉技术**。重点推广膜下滴灌、集雨节灌、渠道防渗灌溉、低压管道灌溉等工程技术,并配以用水计量、水利数字化信息系统等自动化管理方式,不断提高水资源利用率。

**先进种植技术**。北方地区重点推广覆膜栽培、土壤深松、大垄双行、催芽坐水种等生产技术;黄淮海地区重点推广节水压采、免耕直播等生产技术;西南地区主推育苗移栽、覆膜栽培等生产技术;水稻主产区重点推广大棚工厂化育秧、旱育秧、机插秧、免耕抛秧等生产技术;小麦主产区重点推广精播半精播、免(少)耕机条播、地膜覆盖、旱地套作等生产技术;大豆主产区重点推广窄行密植、行间覆膜、种子包衣等生产技术。同时,综合配套使用测土配方施肥、水肥耦合等技术。

**农机耕作技术**。重点推广机械化精细整地技术、机械化精量播种技术、机械化精确喷药技术、机械化快速收获技术;并实施推广保护性耕作、浅耕、少耕、免耕或深耕等耕作技术。

**精准农业技术**。将遥感、地理信息系统和全球定位系统(3S系统)、计算机技术、自动化技术、通讯和网络技术结合农学、地学、生态学规律和模型,对农作物生产过程实施机械精确定位、定量操作的一套现代农业集成技术。它使计算机控制的农业技术措施的空间操作与土壤状况的空间差异精确匹配,对每一地块精确控制种子、化肥和农药的施用量,从而大幅度提高产量、降低投入成本、减少对环境的污染。

**绿色与有机生产技术**。参照《绿色食品生产技术规程》《有机食品生产技术操作规程》等相关要求,开展农作物的选种、育秧、整地、移栽、灌溉、施肥、病虫害防治等生产,推广优良品种选育技术、有机肥合理施用技术、生物农药应用技术、生物防治技术和绿色生产、加工与保鲜技术等。

### 10.2.7 投资与效益

#### 10.2.7.1 投资估算

大田作物种植功能板块投资主要是对其固定资产进行投资估算,包括工程费用、工程建设其他费用和预备费用等方面的投资和构成。土建工程、田间工程和仪器设备为各功能分区投资汇总。其中土建、田间等基础设施投资参考同类项目相关标准;单位投资参照当地概算定额;将各单项投资汇总后即为大田作物种植功能板块固定资产总投资。详见表10-7。

表 10-7 大田作物种植功能板块投资估算参考表

| 序号 | 项目名称 | 建设内容 | 投资额（万元） | 备注 |
|---|---|---|---|---|
| 一 | 工程费用 | | — | |
| （一） | 建安工程投资 | — | — | |
| 1 | 良种繁育与新品种展示区 | — | — | 见相应功能小区 |
| 2 | 标准化生产示范区 | — | — | …… |
| 3 | 大田种植观赏区 | — | — | …… |
| 4 | 配套服务区 | — | — | …… |
| …… | | | | |
| （二） | 仪器设备 | — | — | 各功能小区汇总 |
| 1 | 检测仪器 | — | — | …… |
| 2 | 繁育仪器 | — | — | …… |
| 3 | 灌溉设备 | — | — | …… |
| 4 | 良种加工与烘干设备 | — | — | …… |
| 5 | 农机具 | — | — | …… |
| 6 | 公用设施 | — | — | …… |
| 7 | 休闲观光设施 | — | — | …… |
| …… | | | | |
| （三） | 其他基建投资 | — | — | |
| 1 | 引种费 | — | — | |
| 2 | 土地流转费 | — | — | |
| …… | | | | |
| 二 | 工程建设其他费 | — | — | |
| | 预备费 | — | — | |
| 三 | 合计 | | | |

#### 10.2.7.2 效益分析

**经济效益**。大田作物种植业功能板块规划实施后，最终产品收入主要包括良种外销、农产品外销、参观门票、观光采摘、餐饮服务、教育培训等方面的收入。支出包括种子、肥料、农药、包装材料、能源消耗、人工费用、广告宣传费、折旧与摊销费、管理与维修等方面的费用。最后进行利润、静态投资回收期等经济指标测算，其计算结果可作为评判规划方案合理与否的依据。详见表10-8。

表 10-8 大田作物种植功能板块收入—支出估算参考表

| 序号 | 项目名称 | 单位 | 数量 | 单价 | 金额 |
|---|---|---|---|---|---|
| 一 | 经营收入 | — | — | — | — |
| 1 | 门票收入 | — | — | — | — |
| 2 | 采摘收入 | — | — | — | — |
| 3 | 餐饮收入 | — | — | — | — |
| 4 | 良种外销收入 | — | — | — | — |
| 5 | 农产品外销收入 | — | — | — | — |
| 6 | 培训收入 | — | — | — | — |
| 7 | 其他产品收入 | — | — | — | — |
| …… | | | | | |
| 二 | 直接支出 | — | — | — | — |
| 1 | 土地流转费 | — | — | — | — |
| 2 | 引种费 | — | — | — | — |
| 3 | 肥料费 | — | — | — | — |

(续表)

| 序号 | 项目名称 | 单位 | 数量 | 单价 | 金额 |
|---|---|---|---|---|---|
| 4 | 农药费 | - | - | - | - |
| 5 | 人工费 | - | - | - | - |
| 6 | 水电费 | - | - | - | - |
| 7 | 代加工费 | - | - | - | - |
| 8 | 包装费 | - | - | - | - |
| 9 | 广告宣传费 | - | - | - | - |
| 10 | 折旧与摊销费 | - | - | - | - |
| 11 | 管理与维修费 | - | - | - | - |
|  | …… |  |  |  |  |
| 三 | 利润 | - | - | - | - |

**社会效益**。该规划实施后,其社会效益主要体现在以下几方面:

——有利于农作物结构的调整与优化,实现农业增效与农民增收;

——有利于完善农田基础设施建设,不断提高农业综合生产能力;

——有利于通过新技术、新品种的示范与展示,不断提高示范与辐射能力;

——有利于注重特色产品和名牌产品的培育与打造,不断提高农产品的美誉度与影响力;

——有利于进一步拓展农业功能与就业空间。如按照农产品加工每增加1.5万元产值可增加1个就业机会测算,可以加速农业剩余劳动力的就地转移。

因此,具体叙述应根据园区实践情况针对上述几方面进行展开阐述。

**生态效益**。大田作物种植功能板块规划主要注重农田基本建设和农作物结构调整方面,通过规划实施,可以有效利用光热资源,提高农田植被覆盖率,改善生态系统结构的稳定性和自我调节能力。针对水资源供缺状况,通过完善灌排渠系,做到适时适量补水,可以有效提高水资源的利用率。规划能促进种植业结构调整,无"三废"污染,有利于促进生态效益的良好发挥。

注:具体编制此类园区规划时可参考《现代农业园区规划案例精选》一书中"大田作物种植园规划案例"第2~15页相关章节内容。

# 第11章 林果种植功能板块规划

在着力调整优化农业结构的大背景下，特色林果业市场未来前景广阔，它不仅能为城乡居民提供丰富的"果盘子"，并能起到美化乡村环境、维护生态平衡的作用，还是现代农业重要的组成部分，已逐渐发展成为农村经济发展的增长点、农民收入增加的新亮点和新农村建设的着力点。对于具有一定资源优势和产业特色的农业园区，随着农业结构的不断调整，林果种植功能板块已成为不可或缺的重要内容，有待进一步规划与研究。本章节所研究的方向与思路也同样适用于单独成型的林果种植产业园规划。

## 11.1 概述

### 11.1.1 涵义界定

本章的林果业特指经济林和生态林。具体包括：

**经济林**。是指利用树木的果实、种子、树皮、树叶、树枝等资源，生产鲜果、干果、油料、香料、药材及其他特色产品为主要经营目的的乔木和灌木等。按照用途可分为以下几类：

——以生产水果为主的经济林。是指果实成熟后多汁且果肉新鲜的植物，如苹果、柑橘、桃子、梨等树种。

——以生产干果为主的经济林。是指果实成熟后果皮呈现干燥的植物，如核桃、板栗、榛子、银杏等树种。

——以生产饮料为主的经济林。包括茶叶、可可、咖啡等树种。

——以生产药材为主的经济林。包括杜仲、厚朴、枸杞等树种。

——以生产食用油为主的经济林。包括油茶、橄榄、油棕等树种。

——以生产香料为主的经济林。包括八角、花椒、桂皮等树种。

——以生产其他用途的经济林。

**生态林**。是指维护和改善生态环境、保护生物多样性、满足社会需求和可持续发展为主体功能的林木或林地，主要包括防护林和特种用途林。防护林主要包括水土涵养林、水土保持林、防风固沙林、农田防护林、护岸林和护路林等；特种用途林主要包括自然保护区林、环境保护林、风景林、国防林和革命纪念林等。本章节主要研究的是防护林类。

### 11.1.2 特性

林果业所表现出的特性较多，下面介绍比较突出的几点：

**第一，生长周期较长**。与粮食、蔬菜等农作物种植后当年采收或隔年采收不同，林果从幼苗栽植后，一般要经过3~5年才进入挂果期或采收期，进入盛果期则需要更长的时间，生产前期需要较多的人力、资金等要素的投入，市场信息具有明显的滞后性。因此，发展规模化林果业需要严把种苗关，防范投入风险、市场风险等。

**第二，品种繁多**。与农作物相比，林果业种类更多。如果树分乔木如核桃、银杏等，灌木如苹果、柑橘等矮化品种，藤本如葡萄、猕猴桃等。其生物学特性对环境条件的选择和栽培技术要求差异较大。

**第三，产业化要求程度高。** 由于林果业生长周期长、前期投资大、市场风险高，产业要发展必须培育或引进龙头企业，以市场为导向，促进产加销旅有机结合，实现产业化开发经营。

**第四，与旅游业融合潜力大。** 林果业一般以乔灌木为主，山地丘陵、坡地、河滩等地都可以发展，集中连片的林果种植区域生态环境优美、空气清新；所产出的花、果具有一定的观赏性；林果采摘具有很强的参与性等，拓展林果业的休闲观光功能潜力巨大。

### 11.1.3 规划意义

林果种植功能板块规划的意义涉及的方面较多，归纳起来主要从以下几方面加以阐述：

**第一，有利于丰富"果盘子"。** 随着居民生活水平的不断提高，丰富城乡居民的"果盘子"尤显重要。园区生产的水果或坚果等能不断满足城乡居民高水平生活的需要，若与设施农业相衔接，还能做到周年生产，均衡供应，满足市场多元化需求。

**第二，有利于促进农业结构调整。** 随着城乡一体化的快速发展，居民对果品质量、结构与档次不断提出新要求。尽管林果生长周期长，前期投资多，但只要培育与市场对接好的产品，加上龙头企业的带动，其比较效益明显，增值空间大，有利于产业化经营，对促进农业结构调整与升级意义重大。

**第三，有利于增加农民收入。** 林果业也是解决农民就业的重要渠道。通过园艺作物标准示范园创建，不断丰富特色品种，适当安排好各季的收获档口，做到绿色安全生产，与传统农业生产相比，能较多地解决劳动力就业，是确保农民家庭收入的重要来源。

**第四，有利于丰富休闲观光内容。** 林果产品不仅能满足居民生活的需要，而且还能促进休闲观光业的发展，姹紫嫣红的鲜花、郁郁葱葱的绿叶、琳琅满目的果品既可供游客欣赏，也可吸引他们前来采摘与品尝，还可以根据市民的意愿进行认种与命名，不局限于任何形式，发展休闲农业的空间较大。

**第五，有利于生态环境保护。** 林果产业具有很好的生态维护作用，通过林果树木的种植，能形成天然的绿色屏障，起到涵养水源、防风固沙、减少水土流失和调节微气候的生态作用，通过探索各种种植模式和树种搭配，不断增加绿化面积和林木蓄积量，有利于促进园区生态环境的可持续发展。

## 11.2 规划编制

林果种植功能板块规划内容包括：首先要明确该规划区的布置位置与边界范围；再分析其所在区域林果业发展的现状情况、优势条件和存在的问题，明确产业发展的基础条件；在此基础上提出规划思路与目标，确定功能定位与功能区布局，并明确各功能分区规划内容、推荐系列重点或亮点项目、示范推广现代林果业种植技术，最后进行投资估算与效益分析等。

### 11.2.1 选址与规模确定

#### 11.2.1.1 影响因素

林果种植功能板块选址应根据规划区现状、地形和具体品种来确定，为了实现科学区域布局，下面介绍几种影响选址的因素：

——符合区域果业、林业、花卉苗木、茶叶等产业布局规划，因地制宜地安排好各分区用地；

——尽量选择宜林地块进行布局，或者结合园区现有林果地分布，根据上位林果业规划，进行布局结构调整与优化；

——尽量选择缓坡地或向阳坡进行种植，少占或不占耕地，做到节约用地；

——尽量选择具有一定种植基础、生产者具有一定的经验积累、当地政府比较支持的区域进行布局；

——尽量选择地形不太复杂、用地相对集中连片的地方进行布局；

——尽量选择区位条件较好、靠近城镇周边、交通便利的地方进行布局；

——尽量选择地质条件较好，有一定水电、灌溉条件和土质良好的地方进行布局；

——尽量靠近果品、林品加工企业，并组织好原料供应和产品加工的有机衔接；

——其他相关因素。

#### 11.2.1.2 规模确定

林果种植功能板块用地规模的确定，主要结合适林、适果用地面积、市场发展空间和加工仓储能力等综合因素来考虑。一是适宜种植林果的土地面积，决定了在现有的立地条件下，有多少自然空间可用于发展林业业；二是市场发展空间，是指目标市场还能接纳多大规模的同等质量产品的进入，决定了林果业发展潜力的大小；三是加工仓储能力，是指现有或规划新建的加工生产线需要多少原料基地，产能过剩还是原料短缺？通过综合考虑上述因素后，才能确定该功能板块最佳用地规模。通过多年的实践与调查，集中连片的果园、茶园、花园、桑园等一般以200～2000亩为最适宜的经济规模。

林果种植功能板块用地规模测算还可与大田作物计算方法类同。即根据产业发展基础与产品定位、消费者需求、所占市场份额以及带动作用等，结合园区产品构成、种植制度、平均单产水平等计算各分区的种植面积，汇总后乘以一定配套系数即可确定为林果种植功能板块的用地总规模。

### 11.2.2 现状与问题

#### 11.2.2.1 现状调查与分析

（1）自然条件

**气候条件**。主要包括年日照时数、降水量、无霜期、极端低温、年均温度等因素；以年均温度为例，每一个树种都有其最适宜的温度要求，如苹果适宜的年均温度为7～15℃。

**土壤条件**。主要包括土层厚度、pH值、有机质含量、含盐量、土壤微生物等，其中土壤酸碱度、含盐量是树种选择的限制因子，每一个树种都有其最适宜的pH范围和耐盐碱程度，如苹果最适宜的pH范围为5.5～7.0，正常生长时含盐量<0.16%。

**水资源条件**。包括地下水和地表水，地下水需要了解地下水埋深、出水量、水质等因素；地表水需要了解可利用水资源量、水质等因素。

**地形地貌**。主要包括海拔高度、坡度、坡向等。

通过上述勘察与调查分析，了解到在一特定自然条件、生态环境的地域内所能形成的优势品牌，如云贵高山茶、稷山板枣、道地药材等。

（2）产业基础

调查了解规划区所在区域林果主推品种、供苗能力与来源、现有种植规模、产量与质量、年加工能力、仓储能力、产品品牌、目标市场、销售渠道、销售价格、生产成本、产业产值等。寻找在种苗繁育、示范种植、加工物流等不同环节发挥带动作用的龙头企业，调查了解"龙头企业+农户+基地""龙头企业+合作社+基地"等不同经营模式的典型案例。了解林果生产领域中的知名品牌、影响幅度和市场认可度等。如新疆库尔勒香梨、褚橙、洛川苹果、赣南脐橙和西湖龙井等品牌。

#### 11.2.2.2 存在问题

由于林果生长周期长，比较效益低，特别是幼苗抚育阶段成本较高，一般农民种植积极性都不高，因此推广该产业发展面临诸多问题，主要从以下几方面进行查找：

**第一，种苗供应**。优质种苗是林果业健康发展的基础条件。由于林果生产周期长，前期投入大，若种苗出现问题，将会带来无法挽回的经济损失。如有可能查出种苗企业生产规模小、技术人员少、上规格的种苗缺乏等问题。这些均是导致基地种苗成活率不高、树木长势不均匀、挂果时间推后等方面的影响因素。

**第二，基础设施配套**。如园地、林地道路通达度不高、排灌渠系不配套、坡改梯平整度不够、土壤肥力较差、采收机械化水平不高等。这些均是导致园地标准化水平低、抵御灾害能力差、产量质量不高等方面的影响因素。

**第三，加工储藏**。如果品采收后是否有足够的仓储设施保存其产品，其保藏条件能否实现周年均衡供应；产品采收后能否做到分级包装；精深加工设施是否配套等。这些均是导致园区产业化开发程度不高、产品价值提升空间小等方面的影响因素。

**第四，经营管理**。如可能存在经营主体规模小且分散、协作能力较差、"订单农业"营运较少、品牌意识薄弱等。这些均是导致园区组织化程度低、产业化水平不高和市场竞争力不强等方面的影响因素。

**第五，质量安全**。近年来，通过大力推广农业标准化、绿色食品、无公害食品生产，农产品质量安全有了很大的提高，但仍存在农产品质量安全隐患。如过分注重产量指标，忽视果品质量，或果品质量检测设备不配套，规范化程度不到位。这些均有可能导致产品竞争力低、经济效益不高等。

### 11.2.3 规划方案

#### 11.2.3.1 规划原则

林果种植功能板块规划是对林果产业未来发展、目标定位、结构调整、区域布局等方面进行整体策划。因此需要从实际出发，其规划原则应从以下几方面进行论述：

**第一，坚持适地适树原则**。在充分分析园区气候、土壤、地形等立地条件的基础上，选择合适地块发展林果种植。"适地适树"有两层含义：一是选择最适宜的生态条件的地区发展林果业；二是为既定的园地选择最适宜的树种或品种。在充分考虑地域性和季节性的基础上，进行因地制宜地规划与布局，并实现产业化开发。

**第二，坚持发挥优势原则**。如充分考虑区域生态环境优势、资源本底优势、品种优势、规模优势和产业化优势等，与周边区域实现差异化发展，主打名特优品牌，力争建成精品林果园区。

**第三，坚持市场导向原则**。因为需求决定供给，市场才是林果业发展的驱动力。林果业发展要紧密结合当地市场，兼顾周边市场，不仅要瞄准现实需求，更要着眼于潜在需求。同时提升林果产品的品质，开发特色产品，延伸产业链，不断提高产品的市场竞争优势。

**第四，坚持科技驱动原则**。要想科技创新驱动林果业持续发展，应加强与当地科研院所密切合作，建设科研成果转化基地或产学研试验基地，加强新品种、新技术、新设施的引进与示范,不断提高科技创新水平,实现由传统林果业向现代林果业的根本转变。

**第五,坚持全产业链开发原则**。如应从全产业链的角度思考园区的规划,产前如科技研发、种子种苗供应,产中如生产组织与管理,产后如精深加工、品牌营销等各个环节,都应统筹考虑。或者在园区设置全产业链的建设内容,或者与周边区域的相关机构合作,在园区只设置其中的某几个环节,其他的环节放在园区之外。

**第六,坚持环境友好原则**。因为现代农业的一个重要特征是"生态",林果种植园区应尽量采用生态种植模式,推广发展林下种植、林下养殖、林下休闲等立体生态经营模式,推广多施有机肥、少施化肥,采用生物防治、物理防治、化学防治相结合的病虫害绿色防控模式,推广节水灌溉等生态友好型技术等。

#### 11.2.3.2 规划思路

整合现有资源,充分发挥产业优势,以市场为导向,以科技为动力,以龙头为引领,发展优质、高产、高效、生态、安全的现代林果业。重点从以下几个角度考虑规划思路:

**第一,产品结构调整优化**。坚持差别化、错位发展的思路,坚持"人无我有,人有我特,人特我精",选择市场前景好、自然条件适宜、技术支撑跟得上的林果产品结构;引进新设施、新技术,采用露地栽培与设施栽培相结合,错季发展,力争形成产品周年供应;根据市场细分,通过产品分档分级,形成适销对路、综合效益较高的产品品质结构。

**第二,规模化生产和标准化种植**。主要从设施装备、栽培管理技术、质量安全监管等方面考虑。包括开展园地基础设施建设,配套水、电、路等田间设施,或根据需要建设日光温室、钢架大棚等生产设施,配套栽植、抚育、管理、采收等农业机械,以及生产资料储存设施,示范推广适用技术等,强化农药管理、档案记录、产品检测等。

**第三,产业融合发展**。主要从林果产品采后处理、产品精深加工、品牌化销售、农旅结合等方面考虑。以水果为例,采后处理主要包括整理、挑选、预冷、清洗、涂膜、分级、防腐、包装、喷码等环节,通过采后处理,可最大限度地减少产品采后损失,稳定并强化产品的商品性,以最优的内在品质和最吸引人的外观形态满足消费者的多样化需求,实现品质增效;产品精深加工包括加强加工产品研发,提升产品科技含量,实现加工产品的多样化,实现加工和科技增效;品牌化销售包括挖掘产品文化、培育特色品牌,拓展高端市场,实现文化和品牌增效;农旅结合主要指依托林果业生态环境、标准化基地、园地景观等效应,发展休闲农业,实现体验增效。

---

**示例:某林果种植功能板块规划思路**

整合园区现有资源,以市场需求为引导,以标准化种植基地为依托,以科技创新为动力,以良种繁育为源头,以实施水果标准化示范园或低产林改造建设为重点,不断促进产品结构不断优化,加强科技攻关和实用技术推广,不断提高单产水平,拓展示范功能,促进三产深度融合,推进林果产业不断升级,最终形成园区建设规模化、栽培管理园艺化、生产加工标准化、品牌经营市场化等基本格局,不断提高行业整体素质与效益。

### 11.2.3.3 发展目标

**（1）总体目标**

发展总体目标可以简述为：通过规划实施，园区林地、园地标准化水平明显提高，物质装备与科技支撑能力显著增强，产业布局空间集约高效，果品采后商品化处理率逐步提高，生态休闲与观光旅游蓬勃发展，园区森林覆盖率大幅提升，产品品质和质量安全水平明显提高，园区生态达到天蓝、山绿、水清、气洁，最终成为区域林果业发展的典型样板。

**（2）具体目标**

林果种植功能板块规划目标应通过制定一系列规划指标来体现（表11-1），主要从以下几方面来考虑：

**经济效益目标**。规划不同阶段要达到的林果业产值、林果业产值占农业产值比重等指标及其增减幅度。

**林果产出目标**。规划不同阶段要达到的各类林木年产量、鲜果年产量、干果年产量、茶叶产量、接待游客数量等指标及其增减幅度。

**农业基础设施与物质装备目标**。主要包括各阶段规划的标准化林木基地建设数量、果茶标准示范园创建数量、林果茶产品加工能力、果茶预冷仓储能力和林果茶采收机械化水平等指标及其增减幅度。

**农业科技与信息服务目标**。主要包括各阶段规划的优质种苗覆盖率、新品种引进或培育数量、物联网技术应用覆盖率、电商销售农产品占比等指标及其增减幅度。

**农业经营管理目标**。主要包括各阶段规划的市级以上龙头企业数量、农民专业合作社数量、家庭农场数量、专业种植大户数量、林果产品加工转化率和"三品一标"认证数量或面积等指标及增减幅度。

**辐射带动目标**。主要包括各阶段规划的种植户人均纯收入、年培训生产人员和带动种植就业数量等指标及其增减幅度。

**可持续发展目标**。主要包括各阶段规划的病虫害防治面积、林果废弃枝条利用率、果茶有机肥替代化肥使用率和森林覆盖率等指标及增减幅度。

表 11-1 林果种植功能板块规划目标推荐表

| 类别 | 目标名称 | 单位 | 基期年 | 近期目标 | 远期目标 | 年均增减(%) | 指标属性 |
|---|---|---|---|---|---|---|---|
| 经济效益目标 | 1. 林果业产值 | 万元 | — | — | — | — | 预测值 |
| | 2. 林果业产值占农业产值比重 | ： | — | — | — | — | 预测值 |
| | …… | | | | | | |
| 林果产出目标 | 1. 各类林木年产量 | m³ | — | — | — | — | 预测值 |
| | …… | | | | | | |
| | 2. 鲜果年产量 | 万t | — | — | — | — | 预测值 |
| | 3. 干果年产量 | 万t | — | — | — | — | 预测值 |
| | 4. 茶叶产量 | 万t | — | — | — | — | 预测值 |
| | 5. 其他产品产量 | 万t | — | — | — | — | 预测值 |
| | …… | | | | | | |
| | 7. 接待游客数量 | 人次/年 | — | — | — | — | 预测值 |
| | …… | | | | | | |

（续表）

| 类别 | 目标名称 | 单位 | 基期年 | 近期目标 | 远期目标 | 年均增减(%) | 指标属性 |
|---|---|---|---|---|---|---|---|
| 基础设施与物质装备目标 | 1. 标准化林木基地建设数量 | 个 | — | — | — | — | 预测值 |
| | 2. 果茶标准示范园创建数量 | 个 | — | — | — | — | 预测值 |
| | 3. 林果茶产品加工能力 | t/年 | — | — | — | — | 预测值 |
| | 4. 果茶预冷仓储能力 | m³ | — | — | — | — | 预测值 |
| | 5. 林果茶采收机械化水平 | % | — | — | — | — | 预测值 |
| | …… | | | | | | |
| 科技信息服务目标 | 1. 优质种苗覆盖率 | % | — | — | — | — | 预测值 |
| | 2. 新品种引进或培育数量 | 个 | — | — | — | — | 预测值 |
| | 3. 物联网技术应用覆盖率 | % | — | — | — | — | 预测值 |
| | 4. 电商销售农产品销售占比 | % | — | — | — | — | 预测值 |
| | …… | | | | | | |
| 经营管理目标 | 1. 市级以上产业化龙头企业数量 | 个 | — | — | — | — | 预测值 |
| | 2. 农民合作社数量 | 个 | — | — | — | — | 预测值 |
| | 3. 家庭农场数量 | 个 | — | — | — | — | 预测值 |
| | 4. 专业种植大户数量 | 个 | — | — | — | — | 预测值 |
| | 5. 林果茶产品加工转化率 | % | — | — | — | — | 预测值 |
| | 6. "三品一标"认证数量/面积 | 个/亩 | — | — | — | — | 引导值 |
| | …… | | | | | | |
| 辐射带动目标 | 1. 种植户人均纯收入 | 元 | — | — | — | — | 预测值 |
| | 2. 年培训生产人员 | 人次/年 | — | — | — | — | 预测值 |
| | 3. 带动种植户就业数量 | 人 | — | — | — | — | 预测值 |
| 可持续发展目标 | 1. 病虫害统防统治面积 | 亩 | — | — | — | — | 约束值 |
| | 2. 林果废弃枝条利用率 | % | — | — | — | — | 引导值 |
| | 3. 果茶有机肥替代化肥使用率 | % | — | — | — | — | 引导值 |
| | 4. 森林覆盖率 | % | — | — | — | — | 约束值 |
| | …… | | | | | | |

#### 11.2.3.4 功能定位与分区

（1）功能定位

林果种植功能板块功能定位涉及的方面很多，一般从以下几方面进行阐述：

**第一，生产示范功能**。按照生产标准化、管理集约化、产品优质化、经营产业化、销售品牌化等"五化"标准，开展林果标准示范园创建，努力发挥生产示范功能，提高林果产品市场竞争力。

**第二，休闲观光功能**。林果标准化种植本身就形成了一幅美丽的画卷，加上颜色搭配、树冠打理、地形起伏打理和小景修饰，更能吸引游客前来游览。配上鲜品采摘、手工制作、劳作体验等活动，可成为游客最理想逗留的场所。

**第三，生态保护功能**。林果种植在提供丰富产品的同时也增加绿色植被覆盖面积，起到造林绿化的作用，通过生态维护与园艺景观打造，实现人与自然的和谐发展。

（2）功能分区

根据上述功能定位与分区原则，综合考虑园区发展目标、建设用地条件以及土地利用现状等因素，在林果区一级分类的基础上进行下一级更详细的划分。如表11-2。

表 11-2　林果种植功能板块分区规划参考表

| 一级类 | | 二级类 | | 三级类 | | 面积（亩） | 备注 |
|---|---|---|---|---|---|---|---|
| 编码 | 名称 | 编码 | 名称 | 编码 | 名称 | | |
| | | | 面积合计 | | | - | |
| 03 | 林果种植功能板块 | 031 | 种苗繁育与新品种展示区 | 0311 | 种苗繁育区 | - | 根据园区林果种植业发展现状与承担的功能进行适当取舍 |
| | | | | 0312 | 新品种展示区 | - | |
| | | | | …… | …… | | |
| | | 032 | 标准化生产示范区 | 0321 | 苗木种植示范区 | | |
| | | | | 0322 | 水果种植示范区 | | |
| | | | | 0323 | 干果种植示范区 | | |
| | | | | 0324 | 花卉种植示范区 | | |
| | | | | 0325 | 茶叶种植示范区 | | |
| | | | | 0326 | 木本油料种植示范区 | | |
| | | | | …… | …… | | |
| | | 033 | 林果种植观赏区 | 0331 | 市民认种区 | | |
| | | | | 0332 | 果品采摘区 | | |
| | | | | 0333 | 主题茶（花）庄 | | |
| | | | | 0334 | 户外拓展区 | | |
| | | | | 0335 | 百果园观赏区 | | |
| | | | | …… | …… | | |
| | | 034 | 配套服务区 | 0341 | 办公服务区 | | |
| | | | | 0342 | 采后处理区 | | |
| | | | | 0343 | 产品直销区 | | |
| | | | | 0344 | 预冷仓储区 | | |
| | | | | …… | …… | | |
| | | …… | …… | | | | |

### 11.2.4　功能小区规划与布局

#### 11.2.4.1　功能小区规划

**（1）种苗繁育与新品种展示区**

**建设思路**。加强与当地科研院所密切合作，围绕关键技术开展联合攻关，加快林果新品种的引进、试种与展示，培育与扶持苗种生产企业，加强"三圃一园"（母本园、资源圃、采穗圃、育苗圃）建设，规范繁育程序，统一苗木分级标准，完善基础设施建设，强化种苗管理与监管，不断提高优质种苗的供种能力。

**建设目标**。统筹规划，合理布局，完善种苗基地基础设施建设，最终建成一个有质量保障的苗木繁育基地，促使育苗出圃率达90%以上、苗木移栽成活率95%以上，实现年繁育不同级别、不同品种、一定数量的优质种苗生产能力，推进区域优质林果业的健康发展。

**功能小区划分**。该区还可进一步划分为种苗繁育区和新品种展示区等功能小区（表11-3），并说明各功能小区划分的理由、繁育品种名称、边界范围、用地面积、分布位置、繁育方式与繁育技术等。其中种苗繁育区还可根据繁育的品种不同，再细分为果树、花卉、茶树、绿化苗和其他等品种的繁育区；具体根据园区实际繁育基础与条件进行选择。

表 11-3 种苗繁育与新品种展示区规划参考表

| 序号 | 分区名称 | 单位 | 占地面积 | 结构比例 | 分布位置 | 备注 |
|---|---|---|---|---|---|---|
| 1 | 种苗繁育区 | — | — | — | — | |
| 1.1 | 果树种苗繁育区 | — | — | — | — | |
| 1.2 | 茶树种苗繁育区 | — | — | — | — | |
| 1.3 | 花卉种苗繁育区 | — | — | — | — | |
| 1.4 | 其他品种种苗繁育区 | — | — | — | — | |
| 2 | 新品种展示区 | | | | | |
| …… | | | | | | |
| | 合计 | | | | | |

**建设内容。**一是土建工程,如为了保持植物优良品种形状,减少其自身携带的病毒,加快优质种苗的快速繁殖,对于具有一定繁育基础和技术经济实力的园区,一般建议采用组培育苗方法,如柑橘、苹果苗等,该方法需要在无菌的条件下进行,能大量减少种植空间、时间和劳动力需求。由此需要配套建设组培室,并说明该建筑的占地面积、结构形式、建筑尺寸、布置朝向、屋面材料等;为了方便生产,建议该建筑布置在繁育区的中心位置,并靠近炼苗区和展示区;以此类推,对其余如温室、大棚、网室、仓库等建筑也作类似说明;并在此基础上,汇总出该区土建工程总建筑面积。二是田间工程,主要描述土地整理与土壤改良、园区道路、机井/泵房、灌排渠系/灌溉管道、蓄水池、农用电线等方面的工程量和具体做法;并在此基础上,汇总出该区田间工程总量。三是仪器设备,主要描述需要配置的育苗设备、灌溉设备、环控设备、农机具和运输设备等;并在此基础上,汇总出该区仪器设备配置总量。

**（2）标准化生产示范区**

**建设思路。**按照"五化"标准要求,完善园地基础设施建设,开展林果作物标准化示范园创建,实现优质林果的标准化、规模化生产,引进推广先进适用的栽培管理技术,推行规范化生产,配套分级包装和冷藏预处理设施,实现林果的高产、高效和安全生产,不断提高林果作物标准化生产水平。

**建设目标。**规划实施后,培育与扶持一批林果种植合作社和种植大户,初步建成一批标准化生产示范基地,1~2个基地或果品获得了绿色或有机认证,分级包装与预冷设施配套齐全,果品品质得到大幅度提升,优质产品满足有效供应。并预测未来各年各品种产量。

**功能小区划分。**根据种植品种不同,还可将该区划分为苗木、水果、干果、花卉、茶叶、木本油料和其他等作物种植示范区（表11-4）。并说明各功能小区划分的理由、示范品种、功能作用、边界范围、占地面积、分布位置、栽培模式、工艺技术和单产水平等。具体根据园区实际生产基础进行选择。

表 11-4 标准化生产示范区规划参考表

| 序号 | 分区名称 | 单位 | 占地面积 | 结构比例 | 分布位置 | 备注 |
|---|---|---|---|---|---|---|
| 1 | 苗木种植示范区 | — | — | — | — | |
| 2 | 水果种植示范区 | — | — | — | — | |
| 3 | 干果种植示范区 | — | — | — | — | |
| 4 | 花卉种植示范区 | — | — | — | — | |
| 5 | 茶叶种植示范区 | — | — | — | — | |
| 6 | 木本油料种植示范区 | | | | | |
| 7 | 其他品种种植示范区 | | | | | |

（续表）

| 序号 | 分区名称 | 单位 | 占地面积 | 结构比例 | 分布位置 | 备注 |
|---|---|---|---|---|---|---|
| | …… | | | | | |
| | 合计 | | — | — | | |

**建设内容**。一是土建工程，由于基本农田不允许建设固定建筑，所以该区只能配套建设一些生产所必须的、临时性的、比较简易的房屋，如为了防止水果偷窃或植物病虫害连片侵蚀，需要建设看守棚，供看护人值班和临时休息之用，该建筑建议布置在示范区的中心位置，尽量靠近主要交通要道；并说明新建看守棚的占地面积、建筑面积、建筑结构、建筑尺寸、布置朝向与位置等；以此类推，对其余建筑如临时仓库、瞭望塔等也作类似说明；然后在此基础上，汇总出该区土建工程总建筑面积。二是田间工程，主要描述梯田整治与土壤改良、园区道路、灌排设施、蓄水池和供电工程等设施的建设规模与工程做法；并在此基础上，汇总出该区田间工程总量。三是仪器设备，主要配置所需的生产、灌溉、植保、农机具、供电和运输等设施；并在此基础上，汇总出该区仪器设备配置总量。

（3）林果种植观赏区

**规划思路**。配合林果业开发建设，充分挖掘林果区景观资源，突出创新创意，打造丰富多彩的休闲观光节点，设置精品休闲观光线路和观光宣传牌，开展休闲采摘、百果观赏、野外烧烤、树上穿越等娱乐活动，为游客提供亲近大自然的休闲场所，充分发挥林果区的休闲观光功能。

**建设目标**。规划实施后，林果业三产得到了深度融合，打造了一批不同类别、不同风格、特色鲜明的休闲观光节点，能满足人们体验、刺激、冒险、回归大自然等多项需求，力争将其打造成区域休闲观光示范点。并预测年接待游客人数、带动就业人数和休闲观光收入。

**功能小区划分**。该区还可进一步划分为市民认种区、果品采摘区、百果园观赏区、主题茶（花）庄园、户外拓展区、品果区和手工制作区等功能小区（表11-5）。如在苗木种植区划出特定区域，选择宜栽的品种供市民认种，开展纪念树、亲情树和见证树等认种活动；在水果、干果和木本油料等种植区划出特定区域，根据时令季节或采用错季栽培技术，实现四季有果可采，建成果品采摘区；在水果种植区，结合当地气候与土壤条件，引进不同的适宜品种，建设百果园观赏区，供游人鉴赏；在茶叶或花卉生产区，开辟主题茶艺或鲜花观赏等活动；在该区划出特定区域作为户外拓展区，如利用成片的树林建成树上穿越主题公园，让游客享受树上攀爬与高空穿梭的愉悦。在此基础上，说明各功能小区划分的边界范围、用地面积、分布位置、创意特色和休闲节点等。具体根据园区农业休闲实际基础进行选择。

表11-5 林果种植观赏区规划参考表

| 序号 | 分区名称 | 单位 | 占地面积 | 结构比例 | 分布位置 | 备注 |
|---|---|---|---|---|---|---|
| 1 | 市民认种区 | | — | — | — | |
| 2 | 果品采摘区 | | — | — | — | |
| 3 | 百果园观赏区 | | — | — | — | |
| 4 | 主题茶（花）庄 | | — | — | — | |
| 5 | 户外拓展区 | | — | — | — | |
| 6 | 品果区 | | — | — | — | |
| 7 | 手工制作区 | | — | — | — | |

（续表）

| 序号 | 分区名称 | 单位 | 占地面积 | 结构比例 | 分布位置 | 备注 |
|---|---|---|---|---|---|---|
|  | …… |  |  |  |  |  |
|  | 合计 |  | — | — |  |  |

**建设内容**。分别说明各功能小区重点项目的建设名称、建设理由、布置位置和所发挥的功能作用，以及与临近项目的衔接关系。一是土建工程，如应选择成片、高大的树林，在其上建设穿越主题公园，用两根粗麻绳分别绑定在两排成型的树上，并分段搭建各种难易不同、风格迥异、超强刺激的关卡，并在关卡上修建各种卡通式的小木屋，让游人在感受树上攀越活动的同时，还能像小鸟般在小亭屋中休闲或欢叫；并说明该公园占地面积、娱乐主题、建筑特色和主题颜色等；以此类推，对其他主要建筑如休闲亭、体验房、葡萄长廊和野外烧烤等建筑也作类似说明，并要注重外立面建筑形式、外墙颜色与园区建筑的协调性，以及相关休闲节点打造与具体工程做法；然后在此基础上，汇总出该区土建工程总建筑面积。二是田间工程，针对采摘园、百果园等，重点描述其灌排设施、园区道路等工程量与具体工程做法；并在此基础上，汇总出该区田间工程总量。三是仪器设备，主要配置各类娱乐用具、灌溉设施、摄像机和游览车等；并在此基础上，汇总出该区仪器设备配置总量。

**（4）配套服务区规划**

**建设思路**。该区是保障林果种植区正常运转所配套的各种服务的集中体现，承担着产品采后分级包装、鲜品预冷处理、产品直销、电商体验和质量监管等功能。该区可进一步划分为办公服务区、采后处理区、预冷仓储区和精品直销区等。

**建设目标**。以园区为载体，培育与扶持一批新型经营主体，发展一批订单农业生产，推动核心区"互联网+生产+销售"，完成林果全产业链条打造，形成了一批知名品牌，有利于发挥区域辐射带动作用。并预测未来各年不同品种果品年加工能力或储藏能力。

**功能小区划分**。该区还可进一步划分为办公服务区、采后处理区、精品直销区和预冷仓储区等功能小区（表11-6）。并说明各功能小区划分的理由、功能作用、边界范围、用地面积、分布位置和职责任务等。具体根据园区实际生产基础进行选择。

表11-6 配套服务区规划参考表

| 序号 | 分区名称 | 单位 | 占地面积 | 结构比例 | 分布位置 | 备注 |
|---|---|---|---|---|---|---|
| 1 | 办公服务区 | — | — | — | — |  |
| 2 | 采后处理区 | — | — | — | — |  |
| 3 | 精品直销区 | — | — | — | — |  |
| 4 | 预冷仓储区 | — | — | — | — |  |
|  | …… |  |  |  |  |  |
|  | 合计 | — | — | — |  |  |

**建设内容**。分别说明各功能小区重点项目的建设名称、建设理由、布置位置和配套服务要求等，以及与临近项目的衔接关系。一是土建工程，如为了提高园区果品的直观感和商品性，拟在该区建设电商产品体验馆，通过体验馆与电商平台购买的商品进行比较，其外观与质量的差异性可以作为退货的依据；为了方便体验与购物，一般将该馆布置在人多的中心区；根据果品生产品种与规模，说明该馆建设的占地面积、建筑面积、建筑结构、建筑尺寸、布置朝向和外墙颜色等；以此类推，对其余如果品分级包装车间、各类仓库、办公用房、检验室等建筑也作类似说明；然后在此基础

上,汇总出该区土建工程总建筑面积。二是公用工程,主要描述配电室、锅炉房、水泵房和网络监控室等设施的建筑面积与具体工程做法;并在此基础上,汇总出该区公用工程总量。三是仪器设备,主要描述所配置的办公、培训、质检、分级包装、物联网系统、电商平台、预冷机组、水电和货运车等设施;并在此基础上,汇总出该区仪器设备配置总量。

#### 11.2.4.2 功能板块布置

**(1)布置原则**

根据林果种植功能板块功能定位和各功能分区情况,其布置主要遵循以下原则:

——各功能区应相对独立并符合工艺布置要求。对林果区的种苗繁育、标准化种植、采后处理、配套服务等功能区应进行独立分开,并按工艺要求进行布局,方便生产和管理。

——协调好各类用地。根据国土部门要求,实现耕地占补平衡,因地制宜地安排好各类用地,协调好耕地与园地之间的关系。

——环境条件的一致性。根据当地的气候条件和种植基础,品种调整应与同一小区内的气候、土壤条件保持基本一致,以保证同一区内生产管理水平和外观长势效果的一致性,以便提高林果产品的标准化水平。

——人文景观点缀。充分利用园区树种生长的自然景观,打造丰富多彩、各具特色的人文景观,在功能布局的同时显得空间要素更加丰富、主题更加突出。

——合理布置园区道路。在做好各功能区布局时,要合理组织园区田间道路系统的布置,便于生产和观光,也利于各功能区之间的联系。

**(2)布置形式**

**成片布置**。选择平缓的山坡地进行果树成片种植,或者是选择一个山头进行灌乔木栽培,实现土地利用的最大化,便于规模化生产与经营管理。

**分片布置**。应根据园区不同的地形、朝向和品种等,将园区划分成不同的功能小区;或目前已经形成了不同的几个园地、林地,应在此基础上进行调整与优化后实现集中管理。

**带状布置**。主要是指沿着园区主干沟渠或主干道两旁种植的防风林或观赏林,形成的一条或多条生态景观带。

**环状布置**。是指大风或台风发生频率较大的风口地区,为了保护处于中心区植物的正常生长而环四周栽培的一圈大树林。

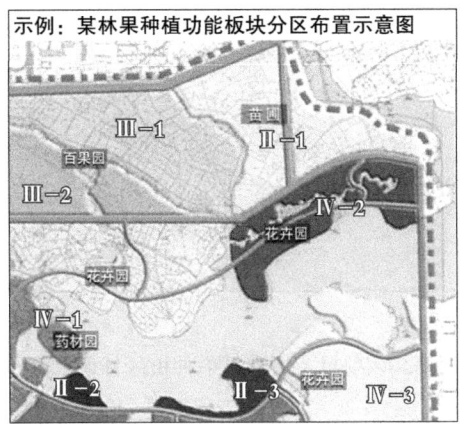

示例:某林果种植功能板块分区布置示意图

### （3）布置图绘制

林果种植功能板块布置图主要包含二级、三级功能分区，道路系统，灌排渠系，水系等方面的空间布局，具体绘制可参考以下示例。

#### 11.2.5 重点/亮点工程项目推荐

##### 11.2.5.1 水果标准化示范园创建

**项目位置与建设规模**。该项目布置在林果区中心位置，其用地规模应不低于500亩。

**项目内容**。根据农业部园艺作物标准示范园创建的总体要求，着力开展水果标准示范园创建工作，结合园区园艺产业现状，逐步实现生产标准化、管理集约化、产品优质化、经营产业化和销售品牌化，标准果园100%推行无公害水果生产规范，100%实行专业化统防统治，100%达到无公害果品标准，100%实行洗果、打蜡、包装等商品化处理，100%做到有品牌销售和产品订单化。通过标准园基础设施建设，不断提高果品市场竞争力。

##### 11.2.5.2 百果园

**项目位置与建设规模**。该项目布置在林果种植区休闲观光分区内，其用地规模根据市场需求和游客数量确定。

**项目内容**。按照标准果园建设标准，进行田、水、路、林综合工程整治，尽可能多地栽植不同品种的果树，形成百果园。要求百果园周年每个月都有果实成熟，以吸引游客一年四季有机会光顾。百果园中设置草地果园、复合果园、矮化密植果园、高效藤木果园等景观。依据各地的气候条件设置不同主题，如桃李园、常青果园、秋果园和野果园等，展示省工省时的种植技术和绿色生产技术，形成不同熟期、不同色彩、不同口味的果品大观园。

##### 11.2.5.3 花木大世界

**项目位置与建设规模**。该项目布置在林果种植区林果示范种植分区内，其用地规模根据市场需求而定。

**项目内容**。根据当地的区位优势和园区经济实力，建设区域规模较大的花卉苗木生产基地或交易市场，完善交易、养护、存储等基础设施，建成可供婚礼、庆典、生日、聚会等活动的鲜切花园，或观叶植物园或体现各种造型的盆景园，通过承办大型花卉苗木宣传、展示、推介等活动，促进花木产业集聚发展。

### 12.2.5.4 采摘体验园

**项目位置与建设规模**。该项目布置在林果种植区休闲观光分区内，其用地规模根据体验游客潜在市场而定。

**项目内容**。将杨梅、枇杷、柑橘、桑葚、梨、板栗、猕猴桃等多种果树进行合理配植，形成百果采摘园，做到一年四季有果采摘；或建设特色果品文化馆，内设果品历史、资源分布、文学艺术等文化展厅，通过丰富的展品、翔实的史料、多媒体展示和互动体验，传播悠久的果品历史和灿烂的果品文化；或建设水果酒庄，内设展示区、体验区、休闲区等，游客可品尝纯正的果酒，还可体验果酒的制作过程；或建设水果创意工坊，以手工DIY体验为主，融合特色餐饮、儿童游戏等，游客可参与制作果酱、水果拼盘、果雕、果糕、水果冰淇淋等美食甜品。

### 11.2.5.5 优质苗木标准化种植基地

**项目位置与建设规模**。该项目布置在苗木示范种植区内，其用地规模根据市场需求而定。

**项目内容**。按照林果树苗圃的相关要求，通过土地整治、土壤改良、灌溉和道路等田间工程建设，建成标准化林果苗圃，为百果园、标准化果园、园内绿化及周边市场提供优质苗木，同时其苗圃景观可供游客观赏，游客还可亲自参与苗圃生产活动。

#### 11.2.5.6 有机茶园标准化种植基地

**项目位置与建设规模**。该项目位置选择应特别慎重，对于新茶园应建在偏僻、没有污染源的地方；对于老茶园，要预留三年转换期。一般选择符合有机茶园建设标准的土地为项目的用地规模，不设置上限。

**项目内容**。按照有机茶园工程建设和生产技术标准，对茶园进行山、水、田、林、路等综合治理，建成现代化有机茶园。茶园内可设置茶场或茶庄。茶场内种植适宜于当地生长的茶树品种；茶庄内设置茶叶加工中心和品茶场所，游客既可在茶园观赏茶园风光，也可以了解茶叶加工过程，还可在采茶季节亲自参加采茶、制茶、品茶等活动，以及尝茶点、观茶戏、饮茶酒等，并能学习到中国茶文化科普知识。

#### 11.2.5.7 果品采后初级处理

**项目位置与建设规模**。该项目布置在林果种植区配套服务分区内，年生产能力根据园内标准化生产示范基地和辐射带动周边农民种植果树的规模而定。

**项目内容**。根据市场需求，在标准化种植基地建成的基础上，购置先进的采后初级加工设备，进行整理、分级、包装、喷码和仓储等工艺处理，生产上档次的优质果业产品；在生产水果和条件较好的园区，还可配置气调库及冷藏车，采用先进的保鲜技术，延长水果保鲜时间，不断提高果品质量和市场竞争力。

### 11.2.6 现代农业技术示范

目前林果种植功能板块现代种植技术主要体现在以下几方面：

**种苗脱毒技术**。即利用茎尖等没有被病毒感染的组织培养不带病毒的健康种苗，包括茎尖培养脱毒、热处理结合茎尖培养脱毒、愈伤组织培养脱毒、原生质体培养脱毒、繁殖组织培养脱毒、原生质体培养脱毒、繁殖组织培养脱毒、茎尖微体嫁接脱毒等技术。通过植物组培技术生产脱毒苗，可以消除病毒、植物菌原体、类细菌对植株的危害。如花卉苗木脱毒后花色鲜艳、品质优良，可大大提高其观赏价值和商品性；经济林和用材林苗木脱毒后，能保持其优良形状，生长迅速，增加结果量，提高果实品质和木材利用率。

**高效节水灌溉技术**。果树种植具有"两节、两高、两促进"的特征，即节水、节肥，高产、高效，如采用滴灌、喷灌等节水灌溉技术，能促进农业生态环境改善、促进农村生产经营方式转变。以新疆节水灌溉为例，滴灌、喷灌等高效节水方式与传统地面灌溉比较，减少灌溉水量30%~50%，提高氮肥利用率40%~50%，提高磷肥利用率10%~20%；不同作物采用高效节水技术后增产和增效均在20%~40%。另外，采用节水灌溉技术，还有利于控制农业面源污染和地下水位抬高造成的土壤次生盐渍化，是一项资源节约型、环境友好型现代农业发展的重要核心技术和措施。

**智慧林果业技术**。运用3S技术(遥感、地理信息系统、全球定位系统)、物联网技术、云计算等高新技术，构建智能化生产管理平台、智能化质量追溯服务平台、电子商务及会员服务平台、智能化采收及冷链配送服务平台四大平台，从林果适于种植区域、苗木、灌溉、施肥、生产管理、产量预测到收获、加工、保存、管理等整个林果业产业流程均实现数字化、网络化、智能化，以实现林果生产的信息驱动、科学经营、知识管理、合理作业、最大化销售。以林果的生产智能化管理为例，在林果园中安装摄像头和感应器，适时采集一些画面和数据自动传输到终端控制室，专家足不出户就可以准确判断当前林果的生长情况。比如，通过感知设备可以掌握土壤肥力、空气湿度等，确定是否需要浇水和施肥；通过视频设备可以监控到林果园的环境数据和生产数据，判断果树是否生病，若生病就开出良方，及时治理。

**立体种植技术**。该技术是指根据不同作物对环境的要求，为实现较好的利用光、热、时空条件，建设多层次配置、多种生物共处的一种林业生产形式。包括：林果幼苗期实行林果—粮间作，如在板枣幼园内间作玉米；林—药套作，利用林果树形成的遮阴条件，如在核桃林下种植中药材；林下养鸡，如在猕猴桃果园里散养草鸡，利用果树遮阴，鸡吃虫草同时鸡粪肥园；还有林下种草、林下蔬菜、林下食用菌、林下养鹅等多种立体农业模式。

### 11.2.7 投资与效益

#### 11.2.7.1 投资估算

林果种植功能板块投资主要是对其固定资产进行估算，即工程费用、工程建设其他费用和预备费用。土建工程投资主要包括各类育苗温室大棚、种苗处理间和配套工程等投资；田间工程投资主要包括园地整理、土壤改良、园地道路和灌排设施等方面的投资；仪器设备包括繁育仪器、灌排设施、农机具、加工设备、培训检验设施和公用设施等方面投资。其中基础设施投资参考同类项目相关标准；其他单位投资参照当地概算定额；将各单项投资汇总后即林果种植功能板块固定资产总投资。如表11-7。

表 11-7　林果种植功能板块投资估算参考表

| 序号 | 项目名称 | 建设内容 | 投资额（万元） | 备注 |
|---|---|---|---|---|
| 一 | 工程费用 | | | |
| （一） | 建安工程投资 | — | — | |
| 1 | 种苗繁育与新品种展示区 | — | — | 见相应功能区 |
| 2 | 标准化生产示范区 | — | — | …… |
| 3 | 林果种植观赏区 | — | — | …… |
| 4 | 配套服务区 | — | — | …… |
| | …… | | | |
| （二） | 仪器设备 | — | — | 各功能小区汇总 |
| 1 | 检测仪器 | — | — | …… |
| 2 | 繁育仪器 | — | — | …… |
| 3 | 灌溉设备 | — | — | …… |
| 4 | 分级包装设备 | — | — | …… |
| 5 | 农机具 | — | — | …… |
| 6 | 公用设施 | — | — | …… |
| 7 | 休闲观光设施 | — | — | …… |
| | …… | | | |
| （三） | 其他基建投资 | — | — | |
| 1 | 引种费 | — | — | |
| 2 | 幼苗抚育费 | — | — | |
| 3 | 土地流转费 | — | — | |
| | …… | | | |
| 二 | 工程建设其他费 | — | — | |
| 三 | 预备费 | — | — | |
| | 合计 | — | — | |

#### 11.2.7.2　效益分析

**经济效益**。林果种植功能板块规划实施后其销售收入按照各功能区产品生产量和销售单价进行汇总后求得。种苗繁育与新品种展示区主要为种苗外销收入；标准化生产示范区主要为各类果品产品收入和木材收入；林果种植观赏区为门票收入和体验产品收入；配套服务区主要是果品采后处理收入、参观与培训收入等。扣除引种费、研发费、肥料费、农药费、加工费、人工费用、能源消耗费和折旧费等后；最后进行利润、静态投资回收期等经济指标的测算，其计算结果可作为评判规划方案合理与否的依据。如表11-8。

表 11-8　林果种植功能板块收入—支出估算参考表

| 序号 | 项目名称 | 单位 | 数量 | 单价 | 金额 |
|---|---|---|---|---|---|
| 一 | 经营收入 | — | — | | — |
| 1 | 种苗外销收入 | — | — | — | — |
| 2 | 果品收入 | — | — | — | — |
| 3 | 木材收入 | — | — | — | — |
| 4 | 成品苗木收入 | — | — | — | — |
| 5 | 门票收入 | — | — | — | — |
| 6 | 体验产品收入 | — | — | — | — |
| 7 | 推广培训收入 | — | — | — | — |

（续表）

| 序号 | 项目名称 | 单位 | 数量 | 单价 | 金额 |
|---|---|---|---|---|---|
| 8 | 采后处理产品收入 | - | - | - | - |
| 9 | 其他产品收入 | - | - | - | - |
|  | …… |  |  |  |  |
| 二 | **直接支出** | - | - | - | - |
| 1 | 土地流转费 | - | - | - | - |
| 2 | 引种费 | - | - | - | - |
| 3 | 肥料费 | - | - | - | - |
| 4 | 农药费 | - | - | - | - |
| 5 | 人工费 | - | - | - | - |
| 6 | 水费 | - | - | - | - |
| 7 | 电费 | - | - | - | - |
| 8 | 油费 | - | - | - | - |
| 9 | 采后处理费 | - | - | - | - |
| 10 | 包装费 | - | - | - | - |
| 11 | 折旧与摊销费 | - | - | - | - |
| 12 | 宣传费 | - | - | - | - |
|  | …… |  |  |  |  |
| 三 | **利润** | - | - | - | - |

**社会效益**。社会效益分析主要体现以下几方面：

——通过规划实施，可优化园区林果种植结构，提高优良品种比例，推动林果生产向专业化、标准化、产业化和规模化方向发展；

——能保障水果、干果、茶叶、木本油料等相关农产品的有效供应，一定程度上缓解某些特色农产品的供需矛盾；

——通过园区的技术推广及培训，可提高当地农户的科技水平，增强科技致富能力，促进当地林果产业的可持续发展；

——通过从事林果种植业、林果加工业、林果物流业和林果休闲旅游业等方面的生产，能提供一定劳动岗位，并能促进农民增收；

——能间接带动交通运输、商业服务、旅游业等第二、第三产业的发展。

应根据园区具体情况对上述几方面进行展开叙述。

**生态效益**。林果业的生态效益显著，体现在提高森林覆盖率、发挥森林多种功能、涵养水源、调节气候、增加碳汇等多个方面。林果作为多年生常绿植物，能起到净化空气、防止水土流失、保护生态环境的作用。建设标准化园地与林地，进行坡改梯田建设，不仅能减少水土流失，还能提高地表覆盖率，美化乡村环境。项目施用有机肥或采用生物与物理的方式防治病虫害，能减少农药和化肥用量，避免土壤污染。通过土壤改良，可改善土壤结构，提高土壤肥力。因此，该区的生态效益比较明显。

注：具体编制此类园区规划时可参考《现代农业园区规划案例精选》一书第56~72页"林果种植园规划案例"相关内容。

# 第12章 畜牧养殖功能板块规划

畜牧业是农业的重要组成部分，是农业产业链最长的产业，同时也是对环境造成污染较大的行业。有的园区把它作为农业生产的支柱产业，而有些新建园区为了避开环境污染所带来的负面影响，不主张发展畜牧业。但从绿色农业、循环农业发展的角度来看，发展现代、健康的畜牧养殖业将会对农业园区建设起到重大的推动作用。对于具有一定畜牧养殖基础、未来有意大力发展畜牧业的园区可以开展畜牧养殖功能板块的规划与研究。本章节所研究的方向与思路同样适用于独立成型的畜牧养殖产业园规划。

## 12.1 概述
### 12.1.1 涵义界定

畜牧业是利用畜禽等动物的生理机能，通过人工驯化、繁殖和饲养等过程，将饲料和牧草等植物能转变为动物能，以取得肉蛋奶、毛皮药等畜产品的生产部门。畜牧业是人类与自然界进行物质交换的重要环节，是农业生产的重要组成部分。发展到当前，已经衍生出现代畜牧业和生态畜牧业。如现代畜牧业是立足当今先进的繁育技术和养殖工艺，配套现代化的畜舍、环控设施，通过建立现代企业管理制度，构建资源节约、环境友好、优质生态的高效畜牧产业体系，而发展形成的高效畜牧业；生态畜牧业就是以生态学理论为基础，通过畜牧业与种植业相结合、畜牧业与渔业相结合的生产方式，促进畜禽粪污循环再利用，实现畜牧业清洁生产而形成的低碳畜牧业。按照国家统计系统行业分类标准，本书将畜牧业划分为如下几类：

**牲畜类**。主要是指牛、羊、猪、马、骆驼等畜类。

**家禽类**。主要是指鸡、鸭、鹅等禽类。

**特种养殖类**。主要是指具有特殊使用价值，且具备新奇、珍稀特性的养殖类别，并在品种选择上、饲养难度上和市场需求上均表现其特殊性。如鸵鸟、鳄鱼、孔雀、梅花鹿等。

**其他养殖类**。是指上述未提及到的品种。

### 12.1.2 特性

畜牧养殖表现出的特性较多，下面简单介绍几种特性：

**第一，适应性**。畜禽养殖对自然条件适应性较大。尽管我国地域辽阔，南北区域差异性较大，但生猪、牛羊、家禽各地均有养殖。因此，园区在畜种选择上，应根据当地的养殖习惯选择其品种，有针对性地进行舍饲或放养。

**第二，再生性**。畜禽种类依靠特有的新陈代谢机能，进行繁殖、发育和生长等一系列生命活动过程，表现出明显的再生性，且再生过程中具有群体性、连续性和周期性。规划时应考虑其自然再生规律，合理布局功能区，以便科学管理，保持生产环节的连续性。

**第三，鲜活性**。由于鲜活的肉蛋奶商品价值较高，也能满足人们长期食用的消费习惯。如果保管不善，流通不畅，极易腐烂变质，造成商品价值降低。因此规划时应注重初加工、贮藏、冷链运输系统等关键环节。

**第四，污染性**。随着畜牧业的快速发展，有些地区呈现出污染加重、生态恶化的趋势。有些地区粪污随意排放，造成严重的面源污染；有些牧区超载放牧，带来草原退化、土壤沙化等。规划时应大力促进种养结合、循环发展，加强粪污无害化处理和资源化利用，提倡人工种草养畜，促进区域农业可持续发展。

**第五，商品性**。畜禽种类身上可利用资源丰富，饲养到一定阶段后可产出肉蛋奶等鲜活产品；待牲畜屠宰后其副产物还可再利用，如其皮可以加工成皮鞋或皮包、其毛可制造成各种纺织品、其血或骨头可以加工成多种保健品等。可见，畜禽全身都是宝，其综合开发商品价值较高。

**第六，高风险性**。畜牧业是广大农牧民就业增收的主要渠道，但受生产成本上升、比较效益下降、疫病风险与市场风险大等因素的影响，畜禽养殖波动较大。如近年来受人工成本、饲料成本等方面的影响，畜牧养殖成本不断上升，导致畜牧养殖增产不增收，饲养风险较大。

由于畜牧养殖业存在上述诸多特点，因此，进行畜牧养殖园区规划时应根据各地的自然经济条件，因地制宜，适度养殖，充分挖掘当地农业资源的潜力，促进园区畜牧业健康发展。

### 12.1.3 规划意义

畜牧养殖功能板块规划意义涉及的方面较多，重点从以下几方面加以阐述：

**第一，有利于调整农业产业结构**。由于畜牧业是农业产业链中最长的产业，但目前在农业结构中所占的比重不到40%，随着生态农业的发展和居民对畜产品需求的提高，畜牧业地位将会越显突出。在园区建设畜牧养殖板块将有利于调整农业产业结构，通过规模化、标准化、产业化开发，不断促进传统畜牧业向现代畜牧业转变。

**第二，有利于转变畜牧养殖方式**。由于在传统畜牧生产中，小规模低水平的分散饲养方式仍占相当大的比重，造成的影响是生产粗放、防疫条件差、标准化程度低、良种率不高等多方面问题。规划时应探索标准化、规模化养殖模式，加快转变畜牧养殖方式，推动现代畜牧业健康发展。

**第三，有利于推动标准化规模养殖**。园区规划可以试着探索多种适度规模的养殖模式，鼓励和引导创建标准化规模养殖示范场（小区），力争基础设施条件完善，不断增强畜牧养殖综合生产能力，促进畜牧业规模化、标准化水平不断提高。

**第四，有利于增加农民收入**。随着工业化和城镇化步伐的加快，畜产品消费快速增加，有力推动当地畜牧业的迅速发展，由此带动了相关产业的发展，给农民创造了大量的就业机会；同时促进了农民就业增收，进而也提高了养殖业现金收入占农民总收入的比例。

**第五，有利于促进循环农业发展**。针对畜禽粪便、污水造成的环境污染，规划要大力推广"畜牧养殖—有机肥—作物种植"等生态循环养殖模式，探索资源化、无害化和生态化综合利用方式，缓解畜禽粪便污染问题，促进畜禽养殖与生态环境保护协调发展。

## 12.2 规划编制

畜牧养殖功能板块规划是对园区未来整体性、长期性和基本性问题的思考、考量和设计。完整的规划包括选址与范围、现状与问题、规划思路与目标、功能定位与分区、功能分区规划、重点或亮点项目打造、现代畜牧养殖技术推荐、投资估算与效益分析等几大部分内容。

### 12.2.1 选址与规模确定

#### 12.2.1.1 影响因素

影响畜牧养殖功能板块选址涉及的因素较多，主要从以下几方面加以考虑：

——符合土地利用总体规划、城乡建设总体规划和生态环境保护规划等专项规划的要求；

——符合当地畜牧业发展规划、畜禽规模养殖污染防治条例等，并满足当地动物防疫条件，能通过环境影响评价；

——场址要求隔离条件较好，地势相对较高，通风良好、背风向阳；

——场址周围具备就地病死畜禽无害化处理足够的场地和排污条件；

——养殖场尽量远离生活饮用水源地，距铁路、高速公路等主要交通干线不小于1000米；距其他畜牧场、兽医机构、畜禽屠宰厂、活畜交易市场等不小于2000米；距居民区不小于3000米，尽量位于居民区及公共建筑群常年主导风向的下风处，以满足卫生防疫距离要求；

——水源充足，水质符合《无公害食品 畜禽饮用水水质》（NY 5027—2008）要求，排水畅通，供电可靠，交通便利，地质条件满足工程建设要求；

——尽量以园区现有畜牧养殖场分布为基础，根据产业发展规划对其规模进行适当调整与扩充；

——尽量做到节约用地，少占或不占耕地，因地制宜地安排好各类用地；

——尽量与当地环境容量、资源承载力相匹配；

——其他相关影响因素。

#### 12.2.1.2 规模确定

根据园区养殖现状、发展定位、主导产业选择结果、环境承载力和市场需求量预测等，在优化畜禽主养品种和畜禽结构的基础上，参照表12-1、表12-2推算畜牧养殖区建设用地规模。

表 12-1 畜牧养殖功能板块占地面积估算参考表

| 序号 | 畜禽类别 | 单位 | 养殖数量 | 每单位占地面积（m²/单位） | 总占地规模（亩） |
|---|---|---|---|---|---|
| 1 | 奶牛 | 头 | — | 160~180 | — |
| 2 | 肉牛 | 头 | — | 16~20 | — |
| 3 | 种猪 | 头 | — | 60~80 | — |
| 4 | 商品猪 | 头 | — | 50~60 | — |
| 5 | 绵羊 | 只 | — | 10~15 | — |
| 6 | 山羊 | 只 | — | 15~20 | — |
| 7 | 种鸡 | 只 | — | 0.6~1.0 | — |
| 8 | 蛋鸡 | 只 | — | 0.5~0.8 | — |
| 9 | 肉鸡 | 只 | — | 0.2~0.3 | — |
| 10 | 梅花鹿 | 只 | — | 20~25 | — |
| 11 | 兔 | 只 | — | 8~10 | — |
| 12 | 山鸡 | 只 | — | 0.25~0.3 | — |
| …… | | | | | |
| | 合计 | — | — | — | — |

表 12-2 畜牧养殖功能板块适度规模参考表

| 序号 | 品种 | 单位 | 小规模 | 中等规模 | 大规模 |
|---|---|---|---|---|---|
| 1 | 奶牛存栏 | 头 | ≤300 | 300~500 | ≥500 |
| 2 | 肉牛出栏 | 头 | ≤300 | 300~500 | ≥500 |
| 3 | 肉羊出栏 | 只 | ≤100 | 100~500 | ≥500 |
| 4 | 生猪出栏 | 头 | ≤1 000 | 1 000~5 000 | ≥5 000 |
| 5 | 蛋鸡存栏 | 只 | ≤2 000 | 2 000~5 000 | ≥5 000 |
| 6 | 肉鸡出栏 | 只 | ≤10 000 | 10 000~15 000 | ≥15 000 |
| …… | …… | …… | …… | …… | …… |

对于参与农业部开展的"数字农业建设试点项目"的畜禽养殖场，要求生猪出栏量不低于5万头、奶牛存栏量不低于1 000头、蛋鸡存栏量不低于25万只等，以各类畜禽养殖量参照上表确定其建设用地规模；对于参与农业部与国家旅游局联合开展创建的"现代农业庄园"的园区，原则上要求畜牧类庄园面积不少于1 500亩。

#### 12.2.2 现状与问题

##### 12.2.2.1 现状调查与分析

现状调查是了解规划区畜牧业生产基本情况，收集规划所需的相关基础资料，调查内容可以通过下列指标来表示：

**产业基础**。主要调查园区及周边范围畜禽的存栏量、出栏量、产量（肉类产量、产蛋量、产奶量等）、畜牧业产值等现状数据，以及特种畜禽养殖品种、养殖量与分布位置等，通过调查有助于摸清畜牧业家底。

**良种繁育**。主要调查园区及周边范围各级种畜禽场数量与规模、畜禽良种覆盖率、人工授精比例、新品种（品系）培育个数、供应范围等，有助于了解畜禽良种供给情况。

**饲料供给**。主要调查园区及周边范围饲料加工企业、饲料生产量与种类和供应方式以及未被利用的可开发为饲料资源的潜力状况等，有助于了解当地饲料均衡供应情况。

**生产设施**。主要调查园区及周边范围畜舍建设标准以及自动供料、自动供水、智能化舍内环境监控、机械清粪等现有生产设施状况，以此对当地畜牧养殖设施水平做出基本评判。

**经营管理**。主要调查园区及周边范围畜禽养殖龙头企业、农民专业合作社、养殖大户等经营主体的数量、级别、注册资金、业务范围、生产能力、年营业收入、带动能力等；调查屠宰加工方面如屠宰加工厂名称、数量、产能、现代化水平及深加工比重等；市场营销方面如销售方式、渠道、范围；品牌方面如"三品一标"畜产品认证数量、品牌的知名度、美誉度和影响力等。

**污染防控与处理**。重点调查园区及周边范围目前采用的粪污防控与处理方式、设施设备等方面，如清粪设备、污水收集设施、固液分离设备、雨污分离设施、沼气发酵设备、有机肥加工设备等，为后期规划选择合适的处理方式与设备做储备。

通过对上述资料的整理，分别计算园区畜牧业产值占农业总产值比重、畜禽年出/存栏量占全市（全省、全国）的比重、畜产品加工转化率、畜禽废弃物综合利用率等指标，分析其在该区域行业发展所处的位置，并不断寻找产业发展空间，为下一步规划做铺垫。

##### 12.2.2.2 存在问题

对畜牧养殖板块存在问题的剖析是一个完整规划的重要组成部分。通常从以下几方面查找问题。

**第一，基础设施配套**。主要从园区畜禽养殖的饲养方式、养殖设施、净道与污道划分、粪污处理、机械化与自动化管理等方面查找薄弱环节。上述问题有可能是导致园区畜禽产量不高、标准化水平低下、抗疫病能力差等方面的症结所在。

**第二，产业基础条件**。着重查找影响园区畜牧业发展方向、生产规模、综合效益等方面的问题。如可从畜禽良种繁育、示范生产、饲料供给、畜禽产品加工、销售渠道等方面加以分析，找出薄弱环节，分析问题的症结所在。

**第三，经营管理水平**。主要查找园区养殖经营主体、市场营销、品牌打造、示范带动、养殖方式、经营模式、利益联结机制等方面的问题，找出薄弱环节，分析问题的症结所在。

**第四，农业科技创新**。主要从畜禽良种繁育、动物防疫、畜禽废弃物资源化利用、有机肥替代化肥等方面技术推广，以及创新团队培育、领军人才培养、生产人员培训等方面查找问题，找出薄弱环节，分析问题的症结所在。

**第五，畜禽废弃物资源化利用**。近年来，各地畜牧业快速发展，规模化养殖水平显著提高，保障了肉蛋奶有效供给，但大量养殖废弃物没有得到有效处理和利用，成为农村环境污染的一大难题。规划应找出主要症结所在，为下一步污染治理提供参考。

上述问题是一般畜牧园区存在的普遍问题，但针对不同园区应通过详细调查和分析，进行客观评价和判定。

综上所述，通过对规划区现状条件的基本分析，了解到畜禽养殖的总体水平，为后期总体规划方案的制定提供参考。

### 12.2.3 规划方案
#### 12.2.3.1 规划原则

畜牧养殖功能板块规划原则较多，通常从以下几方面加以论述：

**第一，坚持产业化开发原则**。如应以各类经营主体为龙头，形成以市场为导向的产业化开发格局，大力发展畜禽加工业，延长产业链，提高附加值；配套实施品牌战略和差异化战略，提高畜禽产品市场竞争能力。

**第二，坚持科技兴牧原则**。如应注重提高畜牧产业科技创新能力，加强科技成果转化与推广应用，积极推广现代畜牧工程技术，全面提高规模化养殖设施水平；加强养殖人员的上岗技能培训，为发展现代畜牧业提供全面的科技支撑。

**第三，坚持标准化规模养殖原则**。如应转变养殖观念，调整养殖模式，大力开展标准化规模养殖示范场创建，加快改善畜舍、生产设施设备条件，着力实现养殖设施化、生产规范化、防疫制度化、粪污处理无害化等目标，不断提高标准化养殖水平。

**第四，坚持健康安全生产原则**。如应按照标准化生产要求配置畜禽圈舍、饲养与环控设施等，坚持合理化布局，严把畜产品加工、储藏运输等控制关，建立畜产品追溯制度，确保畜禽产品质量健康安全。

**第五，坚持畜牧业功能拓展原则**。如应加快拓展畜牧业的多功能性，推动传统畜牧业单一畜禽产品生产向生态畜牧业、有机畜牧业、休闲观光畜牧业等方面转变，力争将其打造成集生产、服务、生态、观光及教育培训等多功能于一体的产业园区。

**第六，坚持农业生态循环原则**。如应按照生态畜牧业发展要求，转变畜牧业发展方式，采用先进的生产技术、适用的工艺设备，大力开展秸秆养畜与畜禽粪污综合利用，探索资源节约型、环境友好型的循环畜牧业生产模式，促进畜牧业可持续发展。

#### 12.2.3.2 规划思路

畜牧养殖功能板块发展思路应从全面落实科学发展观、畜牧业可持续发展、标准化规模养殖方式和产业融合发展等方面加以叙述：

**第一，用现代科学技术支撑园区畜牧业发展。**如以科学发展观为指引，增强畜牧科技自主创新能力，把现代畜牧科技成果转化与推广应用放在突出位置，提高园区畜禽良种繁育能力，示范推广现代畜牧养殖技术，不断提高畜牧业科技含量和畜产品附加值。

**第二，用可持续发展观念引领园区畜牧业发展。**如应坚持畜牧业可持续发展观，兼顾当前发展与未来生存双重需求，坚持保护与开发相结合的原则；充分考虑当地生态环境容量，最大限度地降低对水体、土壤、产地环境造成的影响，不断探索种养结合、生态循环发展模式，促进园区畜牧业可持续发展。

**第三，用标准化规模养殖方式提升畜牧业发展。**应加快养殖方式转变，按照现代畜牧业"五化"生产管理要求，大力推行畜禽标准化规模养殖，制定科学的防疫制度，规范投入品使用，构建畜产品质量安全追溯体系，不断提升畜产品质量安全水平。

**第四，用产业融合发展思路推动畜牧业发展。**如应突破传统畜牧业单一畜禽产品生产功能的束缚，加快构建现代畜牧业产业体系，强化服务城乡功能，努力向效益、生态、休闲畜牧业等方面进行功能拓展，促使畜牧业从主要为居民提供鲜活畜产品和初级加工产品向生态畜牧业、有机畜牧业、休闲观光畜牧业等方向转变，成为具有科技创新、示范生产、畜产品加工与物流、产城融合、休闲观光以及教育培训等多项功能的现代畜牧业。

> **示例：某畜牧养殖功能板块规划思路**
>
> 立足当地畜牧养殖业现状，以科技研发与创新为支撑，以畜禽良种繁育为源头，以标准化规模养殖为重点，以畜禽产品加工与物流为引领，以畜禽养殖粪污资源化利用为配套，不断改变传统畜牧养殖方式，加快构建现代畜牧产业体系，不断拓展畜牧业功能，促进畜牧业三产交叉融合发展，积极创建畜禽标准化规模养殖示范场，不断提高畜牧业可持续发展能力。

#### 12.2.3.3 规划目标

**（1）总体目标**

发展总体目标大致可描述为：到规划期末，畜群结构和产业布局将进一步优化，标准化规模养殖场所要求的"五化"标准将基本实现，畜禽养殖废弃物资源化利用得以实现，畜牧业综合生产能力将显著增强，规模化、标准化、产业化程度将进一步提升，促进传统畜牧业向资源节约型、技术密集型和环境友好型等方面转变，不断提高畜产品均衡供给和质量安全水平。

**（2）具体目标**

畜牧养殖功能板块具体目标需要通过制定与预测一系列规划指标来完成，重点关注以下几方面（表12-3）：

**经济效益目标。**预测不同规划阶段的畜牧业产值、畜牧业产值占农业总产值的比重等指标及其增减幅度。

**畜禽产出目标。**预测不同规划阶段的各畜禽品种存栏量与出栏量、各类畜禽产品年产量等指标及其增减幅度。

**基础设施与物质装备目标。**预测不同规划阶段的规模化养殖场（小区）建设数量、标准化规模养殖场（小区）创建数量、畜禽养殖规模化率、畜禽屠宰加工生产能力、冷库储存能力和畜禽养殖机械化水平等指标及其增减幅度。

**农业科技与信息服务目标。**预测不同规划阶段的畜禽良种覆盖率、新品种引进或培育数量、舍内物联网技术应用覆盖率和畜禽养殖全自动化水平等指标及其增减幅度。

**农业经营管理目标。**预测不同规划阶段的市级以上龙头企业数量、养殖合作社数量、家庭牧场数量、养殖大户数量、畜产品加工转化率和"三品一标"认证数量等指标及增减幅度。

**辐射带动目标。**预测不同规划阶段的养殖户人均纯收入、年培训养殖户人数和带动养殖户就业数量等指标及增减幅度。

**可持续发展目标。**预测不同规划阶段的大中型沼气工程建设数量、有机肥加工能力、畜禽粪污综合利用率、病死畜禽无害化处理率、粪污处理设施装备配套率等指标及增减幅度。

表 12-3　畜牧养殖功能板块规划目标参考表

| 类别 | 目标名称 | 单位 | 基期年 | 近期目标 | 远期目标 | 年增长（%） | 指标属性 |
| --- | --- | --- | --- | --- | --- | --- | --- |
| 经济效益目标 | 1. 畜牧业产值 | 万元 | — | — | — | — | 预测值 |
| | 2. 畜牧业产值占农业产值比重 | ： | — | — | — | — | 预测值 |
| | …… | | | | | | |
| 畜禽产出目标 | 1. 各畜禽品种存栏量 | 万单位 | — | — | — | — | 预测值 |
| | 2. 各畜禽品种出栏量 | 万单位 | — | — | — | — | 预测值 |
| | …… | | | | | | |
| | 3. 肉类年产量 | 万t | — | — | — | — | 预测值 |
| | 4. 鲜蛋年产量 | 万t | — | — | — | — | 预测值 |
| | 5. 鲜奶年产量 | 万t | — | — | — | — | 预测值 |
| | …… | | | | | | |
| | 6. 畜产品质量安全例行抽检合格率 | % | — | — | — | — | 约束值 |
| 基础设施与物质装备目标 | 1. 规模化养殖场（小区）建设数量 | 个 | — | — | — | — | 预测值 |
| | 2. 标准化养殖示范场创建数量 | 个 | — | — | — | — | 预测值 |
| | 3. 畜禽屠宰加工生产能力 | 万t/年 | — | — | — | — | 预测值 |
| | 4. 畜禽规模化养殖比重 | % | — | — | — | — | 预测值 |
| | 5. 冷库储存能力 | m³ | — | — | — | — | 预测值 |
| | 6. 畜禽养殖机械化水平 | % | — | — | — | — | 预测值 |
| 科技信息服务目标 | 1. 畜禽良种覆盖率 | % | — | — | — | — | 预测值 |
| | 2. 新品种引进或培育数量 | 个 | — | — | — | — | 预测值 |
| | 3. 舍内物联网技术应用覆盖率 | % | — | — | — | — | 预测值 |
| | 4. 畜禽养殖全自动化水平 | % | — | — | — | — | 预测值 |
| | …… | | | | | | |
| 经营管理目标 | 1. 市级以上龙头企业数量 | 个 | — | — | — | — | 预测值 |
| | 2. 养殖合作社数量 | 个 | — | — | — | — | 预测值 |
| | 3. 家庭牧场数量 | 个 | — | — | — | — | 预测值 |
| | 4. 养殖大户数量 | 个 | — | — | — | — | 预测值 |
| | 5. 畜产品加工转化率 | % | — | — | — | — | 预测值 |
| | 6. "三品一标"认证数量 | 个 | — | — | — | — | 引导值 |

第 12 章 畜牧养殖功能板块规划

（续表）

| 类别 | 目标名称 | 单位 | 基期年 | 近期目标 | 远期目标 | 年增长（%） | 指标属性 |
|---|---|---|---|---|---|---|---|
| 辐射带动目标 | 1. 养殖户人均纯收入 | 元 | — | — | — | — | 预测值 |
| | 2. 年培训养殖户人数 | 人次/年 | — | — | — | — | 预测值 |
| | 3. 带动养殖户就业数量 | 人 | — | — | — | — | 预测值 |
| | …… | | | | | | |
| 可持续发展目标 | 1. 大中型沼气工程建设数量 | 个 | — | — | — | — | 引导值 |
| | 2. 有机肥加工能力 | 万t/年 | — | — | — | — | 引导值 |
| | 3. 畜禽粪污综合利用率 | % | — | — | — | — | 引导值 |
| | 4. 病死畜禽无害化处理率 | % | — | — | — | — | 约束值 |
| | 5. 粪污处理设施装备配套率 | % | — | — | — | — | 引导值 |
| | …… | | | | | | |

#### 12.2.3.4 功能定位与分区

（1）功能定位

由于区域位置不同，生产方式不同，其功能定位也因地而异。功能定位应结合当地畜牧业发展现状，充分发挥园区资源优势，明确畜牧业在园区发挥的具体作用。畜牧养殖板块功能定位涉及的方面很多，主要从以下几方面加以阐述：

**第一，标准化生产功能**。如通过推进标准化规模养殖场创建，完善各类标准化畜舍建设，配套自动化喂料、喂水、环控等设施，生产优质、鲜活和安全的畜产品，充分体现畜牧生产的基本功能。

**第二，示范展示功能**。主要探索现代畜牧业发展模式，如重点在新品种、新技术、新设施、新模式等方面进行示范，或在全产业链各环节、信息化管理、产品质量控制和废弃物资源化利用等方面发挥示范展示的作用。

**第三，辐射带动功能**。主要探索发展"企业+合作社+养殖户""园区+企业+养殖户""园区+养殖大户"等多种经营模式，完善园区畜牧业产业链及社会服务功能，开展多种形式的现代畜牧业新技术、新工艺的培训学习，有效带动和组织养殖户，走畜牧产业化发展之路，以此发挥带动与辐射的功能。

**第四，科技创新与成果转化功能**。如鼓励企业自主创新，加强与当地畜牧科研院所合作，采用多种方式推动畜牧科技成果快速转化，重点开展畜禽品种遗传改良、饲料精准配方、粪污资源化利用等方面的先进工艺、技术与装备的研发，促进畜牧业转型升级，不断发挥科技创新与成果转化的作用。

**第五，休闲观光功能**。考虑到卫生防疫要求，一般畜牧养殖园区不允许闲杂人员进入，更不能接受外人参观。为了配合园区总体功能定位，在保证畜牧业正常生产的前提下，有些现代养殖园区专门建设参观走廊供游客参观；或有的园区另辟专区，养殖鸵鸟、孔雀、鳄鱼等特种动物专供游客观赏；或划出特定区域作为市民认养园等。以此体现休闲观光的功能。

**第六，生态保护功能**。由于畜牧养殖污染较大，大多数新建园区都避开该产业。若园区畜禽养殖基础较好，又确定为园区未来主导产业发展的重点，在维持正常生产的同时还应加大环境污染治理力度，促进种养结合和畜禽废弃物资源化利用，实现生产与生态协调发展。

（2）功能分区

功能分区是按功能要求将园区中各种物质要素，如良种繁育、示范养殖、废弃物处理、休闲观光等方面进行分区布置，组成一个互相联系、布局合理的有机整体，为园区的各项活动创造良好的环境条件。园区功能分区是否合理，各区建筑物布局是否得当，不仅影响建设投资、经营管理、生产组织、劳动生产率和经济效益，而且影响整个园区的环境状况和防疫卫生。为了确保园区各生产环节能高效、有序地进行，必须对园区进行科学的空间布局。

根据上述功能定位和分区原则，综合考虑园区的发展目标、土地利用现状等因素，在园区一级分类的基础上进行更详细的划分。根据园区畜牧业现状和发展方向，通常可划分为科技研发与良种繁育区、标准化规模养殖示范区、畜禽粪污处理与防疫隔离区、畜牧养殖观赏区和配套服务区等二级功能区。详见表12-4。

表12-4 畜牧养殖功能板块二级功能分区规划参考表

| 一级类 | | 二级类 | | 三级类 | | 面积（亩） | 备注 |
|---|---|---|---|---|---|---|---|
| 编码 | 名称 | 编码 | 名称 | 编码 | 名称 | | |
| | | | 面积合计 | | | — | |
| 04 | 畜牧养殖功能板块 | 041 | 科技研发与良种繁育区 | 0411 | 科技研发区 | | 根据具体园区畜牧养殖发展情况对各功能分区进行取舍 |
| | | | | 0412 | 良种繁育区 | | |
| | | | | …… | …… | | |
| | | 042 | 标准化规模养殖示范区 | 0421 | 生猪养殖示范区 | | |
| | | | | 0422 | 家禽养殖示范区 | | |
| | | | | 0423 | 奶牛养殖示范区 | | |
| | | | | 0424 | 肉牛养殖示范区 | | |
| | | | | 0425 | 肉羊养殖示范区 | | |
| | | | | …… | …… | | |
| | | 043 | 畜禽粪污处理与防疫隔离区 | 0431 | 污水处理区 | | |
| | | | | 0432 | 粪肥加工区 | | |
| | | | | 0433 | 防疫与消毒区 | | |
| | | | | 0434 | 病死畜禽无害化处理区 | | |
| | | | | 0435 | 绿化隔离区 | | |
| | | | | …… | …… | | |
| | | 044 | 畜牧养殖观赏区 | 0441 | 专用参观走廊区 | | |
| | | | | 0442 | 特种养殖观赏区 | | |
| | | | | 0443 | 市民认养区 | | |
| | | | | 0444 | 畜禽竞技娱乐区 | | |
| | | | | …… | …… | | |
| | | 045 | 配套服务区 | 0451 | 饲料调配区 | | |
| | | | | 0452 | 办公生活区 | | |
| | | | | 0453 | 仓储区 | | |
| | | | | 0454 | 消毒区 | | |
| | | | | …… | …… | | |

### 12.2.4 功能小区规划与布局

#### 12.2.4.1 功能小区规划

**（1）科技研发与良种繁育区**

**建设思路**。立足园区畜禽良种繁育现状，针对畜牧产业发展关键环节，加强与当地畜牧研究单位的攻关合作，探索产学研合作模式，以市场需求为导向，以提升良种繁育科技创新为目标，合理配套各级种畜禽场，加强高水平畜牧科技人才的引进与培育，引进和应用品种遗传改良、人工授精、繁育智能化管理或胚胎移植等技术，加强种畜禽场内与场外测定，不断提高区域优质畜禽良种供应能力。

**建设目标**。通过加强科技研发，不断引进新技术与新品种，强化种畜禽质量测定，通过结合地方建成的各级种畜禽场，完善园区相关良种繁育设施，确保优质良畜禽的有效供应，促使区域畜禽良种覆盖率达到95%以上。并预测各级种畜禽场年良种繁育能力。

**功能小区划分**。该区还可进一步划分为科技研发区和良种繁育区等功能小区（表12-5）。并说明各功能小区划分的理由、繁育种类、划分边界、占地面积、分布位置、繁育方式与繁育技术等。其中良种繁育繁区还可根据繁育品种不同，再细分为生猪、家禽、奶牛、肉羊等繁育区；具体根据园区实际繁育基础与条件进行选择。

表12-5 科技研发与畜禽良种繁育区规划参考表

| 序号 | 分区名称 | 种类 | 单位 | 占地面积 | 结构比例 | 分布位置 | 备注 |
|---|---|---|---|---|---|---|---|
| 1 | 科技研发区 | | — | — | — | — | — |
| 2 | 畜禽良种繁育区 | 生猪繁育区 | — | — | — | — | — |
| | | 家禽繁育区 | — | — | — | — | — |
| | | 奶牛繁育区 | — | — | — | — | — |
| | | 肉牛肉羊繁育区 | — | — | — | — | — |
| | | …… | | | | | |
| | 合计 | | | | | | |

**建设内容**。分别说明各功能小区重点项目的建设名称、建设理由、分布位置与所发挥的功能作用，以及科研攻关方向与所采用的繁育技术、与临近项目的衔接关系。一是土建工程，如对于畜禽核心育种场，根据农业部建场要求，要加强种畜测定舍和配套设施建设，建成后达到计划年可测定种畜的数量；根据育种场总体要求和测定能力，计算测定舍总建筑面积、建设栋数、单栋建筑尺寸和分布位置等；规划建议该舍尽量布置在良种繁育中心的下端位置，并靠近生活管理区；并说明该建筑群的占地面积、结构形式、建筑面积和布置朝向等；以此类推，对其余如实验室、采精室/胚胎室、孵化厅、各类种畜舍等建筑也作类似说明；并在此基础上，汇总出该区土建工程总建筑面积。二是场区工程，主要描述场区污道与净道、粪肥堆放场、排污沟/管道、水电设施等方面的工程量和具体做法；在此基础上，汇总出该场区工程总量。三是仪器设备，主要描述需要配置的实验、人工授精、种畜测定、舍内监控、卫生防疫、水电和运输等仪器设备；在此基础上，汇总出该区仪器设备配置总量。

（2）标准化规模养殖示范区

**建设思路**。以实施"科技兴牧、质量强牧、生态立牧"战略为统领，以标准化规模养殖示范场建设为重点，加快转变畜牧业生产方式，按照"畜禽良种化、养殖设施化、生产规范化、防疫制度化、粪污无害化"等"五化"要求，加强畜禽养殖设施的升级改造，推动畜禽标准化规模养殖，提高畜牧业综合效益，推进区域现代畜牧业的协调发展。

**建设目标**。到规划期末，促进全园区标准化规模养殖比重达到85%以上，畜禽标准化规模养殖场生产水平进一步提高，畜禽粪污基本实现资源化综合利用、达标排放，畜产品质量安全水平明显提升。并预测各年存栏出栏各类养殖品种的数量和肉蛋奶产量。

**功能小区划分**。根据养殖品种的不同，该区还可进一步划分为生猪养殖示范区、家禽养殖示范区、奶牛养殖示范区、肉牛养殖示范区、肉羊养殖示范区和其他养殖示范区等功能小区（表12-6）。并说明各功能小区划分的理由、示范养殖品种、功能作用、边界范围、占地面积、分布位置、饲养工艺、养殖方式、养殖技术和养殖水平等。具体根据园区实际生产基础进行选择。

表 12-6　标准化规模养殖示范区规划参考表

| 序号 | 分区名称 | 单位 | 占地面积 | 结构比例 | 分布位置 | 备注 |
|---|---|---|---|---|---|---|
| 1 | 奶牛养殖示范区 | — | — | — | — | |
| 2 | 肉牛养殖示范区 | — | — | — | — | |
| 3 | 肉羊养殖示范区 | — | — | — | — | |
| 4 | 生猪养殖示范区 | — | — | — | — | |
| 5 | 家禽养殖示范区 | — | — | — | — | |
| 6 | 其他养殖示范区 | — | — | — | — | |
| | …… | | | | | |
| | 合计 | — | — | — | — | |

**建设内容**。分别说明各功能小区重点项目的建设名称、建设理由、分布位置和所发挥的功能作用，以及与临近项目的衔接关系。一是土建工程，如示范场需要新建和改造各类养殖舍，其建筑形式各地表现不一，如在东北区，为了冬季防寒，要求墙体要封闭与厚实，舍内要配置保温设施；而在热带地区，墙体为全敞开式或半敞开式，舍内还要配置通风、降温设施等；该养殖舍尽量布置在防疫隔离效果较好的地段，并靠近废弃物处理区；还要根据养殖量计算新建养殖舍的栋数，并说明单个养殖舍的占地面积、建筑面积、建筑结构、建筑尺寸和布置朝向等；以此类推，对其余建筑如料塔、仓库等也作类似说明；并在此基础上，汇总出该区土建总建筑面积。二是场区工程，主要描述场区道路、青贮窖、粪肥堆放场、排污沟/管道、水电设施等方面的具体工程量与工程做法；在此基础上，汇总出该场区工程总量。三是仪器设备，主要配置所需要的养殖栏位、环境监控、水电和运输等设施设备；在此基础上，汇总出该区仪器设备配置总量。

（3）畜禽粪污处理与防疫隔离区

**建设思路与功能小区划分**。该区还可进一步划分为污水处理区、粪肥加工区、防疫与消毒区、病死畜禽无害化处理区和绿化隔离区等功能小区（表12-7）。其中针对粪污处理区，当前应用比较多的是"沼气工程+有机肥生产"处理方式，然后形成"养殖—有机肥/沼液—种植"生态循环模式，即通过干湿分离装置，污水通过厌氧发酵制成沼气，用于发电或燃料等；干粪、沼渣用于生产固体有机肥，沼液直接浇灌或用于生产液体有机肥，均可施用到蔬菜、水果、花卉等生产上，实现粪污资源化利用。对于防疫与消毒区，主要建设兽医室、消毒房、消毒池、药用池等设施，达到防疫、消毒的效果。对于无害化处理区，首先通过建设隔离畜舍或填埋井，对具有生病症状的畜禽进行隔离饲养；对抢救无效的病死畜禽，通过建设深埋井、焚烧房进行填埋或焚烧；若园区所在区县建有病死畜禽无害化处理中心，则及时上报，及时运走集中处理。该区最好布置在养殖园的常年主导风向的下风处或园区地势低洼处，并与养殖区之间设置一定的防疫间距和绿化隔离带，以免交叉感染，防止发生重大疫病。

表 12-7　畜禽粪污处理与防疫隔离区规划参考表

| 序号 | 分区名称 | 单位 | 占地面积 | 结构比例 | 分布位置 | 备注 |
|---|---|---|---|---|---|---|
| 1 | 污水处理区 | — | — | — | — | |
| 2 | 粪肥加工区 | | | | | |

（续表）

| 序号 | 分区名称 | 单位 | 占地面积 | 结构比例 | 分布位置 | 备注 |
|---|---|---|---|---|---|---|
| 3 | 防疫与消毒区 | — | — | — | — | |
| 4 | 病死畜禽无害化处理区 | — | — | — | — | |
| 5 | 绿化隔离区 | — | — | — | — | |
| | …… | | | | | |
| | 合计 | — | — | — | — | |

**建设目标**。通过建设一系列粪污处理工程，并配套完善的防疫、隔离、消毒等设施，促进畜禽粪污无害化处理率达到100%、动物重大疫病发生率降为0；尽量减少或降低废弃物的排放量，不断提高畜禽养殖废弃物资源利用率。

**建设内容**。分别说明各功能小区重点项目的建设名称、建设理由、占地面积、分布位置、处理工艺、排放标准和所发挥的功能作用等，以及与临近项目的衔接关系。一是土建工程，如为了卫生防疫要求，需要建设消毒室和消毒池，消毒室一般布置在进门位置的两边；而消毒池布置在门中间（车消毒）或消毒室内（人消毒），消毒室内配置有淋浴房、紫外线或喷雾消毒等设施。并说明消毒室占地面积、建设层数、建筑面积、建筑结构、建筑尺寸和布置朝向等；以此类推，对其余建筑如兽医室、隔离室、有机肥加工车间、防雨棚等也作类似叙述；在此基础上，汇总出该区土建工程总建筑面积。二是场区工程，主要描述堆粪场、消毒池、污水处理池/沼气池、药用池、排污沟/管道、绿化隔离带、安全填埋井等设施的建筑面积与具体工程做法；在此基础上，汇总出该区场区工程总量。三是仪器设备，主要描述所配置的有机肥加工、消毒、防疫、污水处理、焚烧炉和运输等设备；在此基础上，汇总出该区仪器设备配置总量。

**（4）畜牧养殖观赏区**

**建设思路**。主要依托畜禽养殖场现状与规划，充分挖掘当地畜禽养殖娱乐资源，突出创新创意理念，并划出一定区域为游客提供专用走廊进行全方位观察，或提供特种畜禽观赏、市民认养等场所，充分拓展畜牧养殖的休闲观光功能，满足游客畜禽类别辨认入门、科普知识讲座或与动物零距离接触的需求，达到既生产又娱乐的目的。

**建设目标**。不断丰富休闲观光内容，促进畜牧产业深度融合发展。并预测年接待游客人数、带动就业人数和休闲观光收入。

**功能小区划分**。该区还可进一步划分为专用参观走廊区、特种畜禽观赏区、市民认养区、畜禽产品品尝区和畜禽竞技娱乐区等功能小区（表12-8）。并说明各功能小区划分的理由、创意项目数量、边界范围、占地面积和分布位置等；在此基础上，预测休闲畜牧业市场潜在需求量。

表12-8 畜牧养殖观赏区规划参考表

| 序号 | 分区名称 | 单位 | 占地面积 | 结构比例 | 分布位置 | 备注 |
|---|---|---|---|---|---|---|
| 1 | 专用参观走廊区 | — | — | — | — | |
| 2 | 特种畜禽观赏区 | — | — | — | — | |
| 3 | 市民认养区 | — | — | — | — | |
| 4 | 畜产品品尝区 | — | — | — | — | |
| 5 | 畜禽竞技娱乐区 | — | — | — | — | |
| | …… | | | | | |
| | 合计 | — | — | — | — | |

**建设内容**。分别说明各功能小区重点项目的建设名称、建设理由、分布位置与发挥的功能作用,以及创意设计特性、满足需求取向、与临近项目的衔接关系等。一是土建工程,如对于认养舍建设,应根据市民不同需求进行设计,分析现场调查资料,了解认养人群的类别和年龄阶段,分不同区域和大小进行认养,并说明认养品种、认养费用和经营管理方式等;该小区布置建议远离畜牧养殖地段,并靠近生活管理区;并说明不同类别认养舍单个舍的占地面积、结构形式、建筑面积和布置朝向等;以此类推,对其余如参观走廊、特种养殖舍、防护围栏、观赏台、驯养舍、特色餐厅等建筑也作类似叙述;在此基础上,汇总出该区土建工程总建筑面积。二是场区工程,主要描述人行道、场地平整等方面的建设面积与工程做法;在此基础上,汇总出该区场区工程总量。三是仪器设备,主要配置摄像机、宣传展板、体验用具、认养设施、游览车、餐厅用具和环卫设施等;在此基础上,汇总出该区仪器设备配置总量。

(5)配套服务区规划

**建设思路**。由于该区与外界联系较为频繁,造成疫病传播的几率较大,为了做好疫病防治,保证安全生产,一般养殖场都将生产区和管理区严格区分开来,该区的主要职责是做好各项配套服务,推动繁育区与养殖区顺利生产,并带动休闲畜牧快速发展。

**建设目标**。以园区为载体,力争扶持与培育一批各环节的经营主体,竭力打造出1~2个著名商标或知名品牌,不断加强经营管理和业务培训,力争提高配套服务整体水平。

**功能小区划分**。该区还可进一步划分为办公服务区、饲料调配区、仓储区和生活区等功能小区(表12-9),并说明各功能小区划分的理由、服务类别、占地面积、分布位置等;规划建议该区尽量布置在距离大门较近的位置,并通过绿化带与养殖区隔离开来。在此基础上,还要分析是否具备配套服务的全面性和综合性。

表12-9 配套服务区规划参考表

| 序号 | 分区名称 | 单位 | 占地面积 | 结构比例 | 分布位置 | 备注 |
|---|---|---|---|---|---|---|
| 1 | 饲料调配区 | — | | | | |
| 2 | 办公服务区 | — | | | | |
| 3 | 仓储区 | — | | | | |
| 4 | 生活区 | — | | | | |
| | …… | | | | | |
| | 合计 | — | | | | |

**建设内容**。分别说明各功能小区重点项目的建设名称、建设理由、布置位置和所发挥的功能作用与配套服务要求等,以及与临近项目的衔接关系。一是土建工程。如为了有针对性地、快速地做到营养配方和饲料配制,应根据养殖品种、生长阶段与喂料要求,需要在该区建设饲料调配车间,若是大型奶牛养殖场,还要配置TMR搅拌机和舍内专用饲喂通道等;为了避免噪音影响,一般将该车间布置在生活管理区较偏位置;还要根据不同养殖品种和生产能力,说明该车间的占地面积、建筑面积、建筑结构、建筑层数、建筑尺寸、布置朝向和墙面与屋面的材料与颜色等;以此类推,对其余如办公室、接待室、产品检验室、仓库、职工宿舍、职工食堂等建筑也按照这个思路进行详细叙述;在此基础上,汇总出该区土建工程总建筑面积。二是公用工程,主要描述配电室、锅炉房、水泵房和网络监控室等设施的建筑面积与具体工程做法;在此基础上,汇总出该区公用工程总量。三是仪器设备,主要描述需要配置的办公、饲

料加工、质检、监控系统、水电、食堂和运输等设施。在此基础上,汇总出该区仪器设备配置总量。

#### 12.2.4.2 功能板块布置

**(1)布置原则**

——尽量将良种繁育、标准化规模养殖、休闲观光、畜禽粪污处理、配套服务等功能区进行独立分开,便于生产与管理;

——合理组织园区内外的人流与物流,按照尽可能为畜禽生产创造最有利的环境条件和便捷的生产联系方式进行布局;

——在尽量满足生产工艺要求的前提下,合理利用园区地形地物,因地制宜地安排好各类用地;

——尽量做到将生产区与生活区隔离,净道与污道严格分开,正常畜禽类与有病畜禽类分开,种畜禽与商品畜禽分开,并要求配套场区绿化隔离带,保证卫生防疫安全;

——在体现建园方针、任务的前提下,做到节约用地,并要为园区今后的发展留有余地。

**(2)布置形式**

畜牧养殖功能板块场区平面布置主要取决于建筑物的排列形式,一般按照横向成排、竖向成列的形式进行布置。而排列方式的合理与否,关系到畜舍内的小气候、光照、通风、降温等,其园区布置主要呈现以下几种形式:

**单列式**。单列式布置是指各类畜舍按照竖向进行一字型排列;这种排列形式有利于场区的净道、污道分工明确,比较适合于小规模和场地狭长的养殖场。

**双列式**。双列式布置是指各类畜舍按照竖向两队式排列。这种排列形式是最经济实用的布置方式,既能保证净道、污道分工明确,又能缩短道路和工程管线的长度。

**多列式**。多列式布置是指各类畜舍按照竖向多队式排列。这种排列形式比较适用于大型养殖场,能避免因线路交叉而引起的相互传染。

**(3)布置图绘制**

园区布置图应依据国家相关制图标准,采用计算机专业制图软件进行绘制。图片上要显示二级、三级功能区分布位置,以及各类畜舍、沼气工程、有机肥加工车间、生活管理用房、道路网络等具体项目的布置位置。一般通过平面布置图或平面效果图进行展示。示例选择多列式排列形式。

示例:某畜牧养殖功能板块场区平面布置示意图

### 12.2.5 重点或亮点工程项目推荐

#### 12.2.5.1 标准化规模养殖示范场

**项目位置与建设规模**。该项目一般布置在畜牧养殖区中部。其用地规模根据相关要求和不同饲养品种来确定，一般按照200~500亩进行设计为宜。

**主攻方向**。针对园区畜牧业目前存在规模养殖比重低、标准化水平不高、粪污处理压力大等问题，规划将以标准化生产为核心，以畜禽养殖标准化示范创建为载体，加快畜牧业生产方式转变，深入推进标准化规模养殖，以规模化带动标准化，以标准化提升规模化，促进畜产品质量安全生产，推进园区现代畜牧业健康平稳发展。

#### 12.2.5.2 生态循环农业示范项目

**项目位置与建设规模**。该项目一般布置在粪污处理区与大田连接处。其用地规模根据粪污产生量和消纳地大小来确定。对于存栏1.5万头生猪当量以上的养殖场，一般要求粪污处理区占地100~200亩，消纳基地用地10 000亩左右。

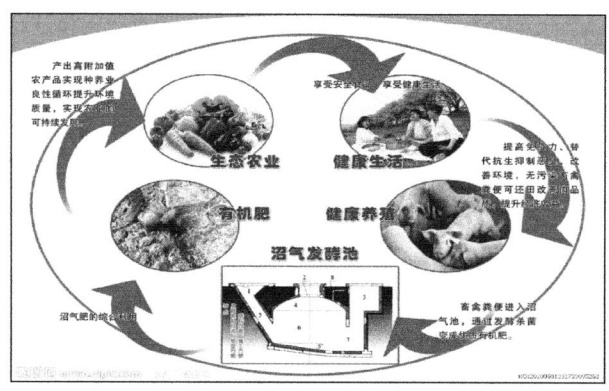

"生猪—沼—作物"生态循环农业模式示意图

**项目内容**。依托园区农作物和畜牧产业基础，以标准化养殖场为核心，以沼气工程为纽带，结合测土配方施肥，大力推广"畜禽—沼气工程—作物"循环农业发展模式，加强养殖场粪污处理设施和消纳基地田间工程建设，不断推广绿色生产方式，探索出可推广、可复制的建设模式与管理模式，促进区域生态循环农业可持续发展。

#### 12.2.5.3 现代化畜禽养殖场

**项目位置与建设规模**。现代化畜禽养殖场一般布置在养殖区中部。该项目的用地规模根据实际需求来确定。

**项目内容**。在条件较好的园区，按照现代化养殖场相关建设标准，建设和完善畜禽养殖场基础设施，配置与完善自动化饲喂、自动化饮水、自动化清粪等设施，以及计算机信息管理监控系统，不断提高养殖场规模化水平。另外，考虑到卫生防疫要求，一般养殖场严禁外人参观，有的场通过设置一道透明的、全封闭的参观走廊，供游客观赏自动化饲养设施及智能化管理方式，从中学到现代畜禽饲养技术。

#### 12.2.5.4 畜禽养殖数字农业建设试点项目

**项目位置与建设规模**。该项目布置在配套服务区内。该项目用地规模以园区所能覆盖的范围为宜。

**项目内容**。一是建设自动化精准环境控制系统。配置畜禽圈舍自动化通风、温控、空气过滤和环境监测等设施设备，实现饲养环境自动调节。二是建设数字化精准饲喂管理系统。配置电子识别、自动称量、精准上料、自动饮水等设备，支持采用发情监测软件，实现精准饲喂与分级管理。三是建设机械化自动产品收集系统，配置自动集蛋、挤奶、包装设备，降低人工成本、提高生产效率。四是建设无害化粪污处理系统，配置节水养殖设施设备，改造漏缝地板、刮粪板、传送带自动清粪等粪便清理收集设施设备，建设粪便厌氧发酵池、沼液收集池、好氧处理池、粪肥田间贮存池等设施，有配套消纳土地的可铺设肥水输送管道，实现粪污无害化处理和资源化利用。

### 12.2.6 现代畜牧养殖技术示范

工艺技术方案与设施设备选型密不可分，采用哪种方案取决于养殖场的自然条件和经济条件。此处重点推荐国内应用较为普遍的先进的饲养工艺和技术，供选择参考。

#### 12.2.6.1 良种繁育新技术

**生猪**。生猪优良品种主要有长白猪、大白猪、杜洛克猪等国外引进品种，以及金华猪、荣昌猪等地方良种。主要采用性能测定、人工授精等技术，进行良种扩繁、杂交改良、选育提高。推广精准智能化饲喂、可自动调温猪床、新型组合式分娩栏等新工艺与新设备有机结合。

**牛羊**。奶牛优良品种主要是荷斯坦奶牛（黑白花），也可发展娟姗牛、奶水牛等特色品种。肉牛优良品种主要有西门塔尔牛、利木赞、鲁西黄牛等；肉羊优良品种主要有波尔山羊、小尾寒羊等。可采用同期发情、人工授精、超数排卵、胚胎移植等技术加快良种繁育，还可以通过生产性能测定选育提高种畜的生产性能。

**鸡**。主要有AA肉鸡、艾维茵肉鸡、"三黄鸡"等优良品种；蛋鸡主要有海兰褐、尼克红肉鸡等优良品种。主要采用生产性能测定、人工授精技术等，促进品种选育、良种扩繁水平提高。

#### 12.2.6.2 标准化养殖技术

**生猪**。年出栏5 000～30 000头商品猪的标准化规模养殖场宜采用空怀配种—妊娠期—哺乳期—仔猪保育期—生长育肥期五阶段饲养技术，每单元猪实行"全进全出"

全年均衡生产的工艺流程；规模在3万头以上时，宜按猪群类别多点布局、分段饲养，各个饲养点之间保持足够的防疫间距。各类猪舍宜采用自动喂料系统和自动饮水设备，其中哺乳仔猪、培育仔猪、生长猪、育肥猪宜采用自动料箱自由采食，种猪和后备猪宜采用食槽限量饲喂。舍内夏季宜采用湿帘—风机通风降温系统，冬季采暖可采用地暖、热风炉或中央空调，舍内环境可通过电气控制系统实现自动化控制。

**牛羊**。奶牛养殖宜采用分群散栏或散放饲养方式，可分为犊牛—育成牛—青年牛—成年母牛（包括泌乳牛、干乳牛和围产期牛）四阶段饲养。肉牛宜采用分群栓系或散放饲养方式，肉羊宜采用半舍饲分群饲养方式。肉牛、肉羊短期盈利技术主要有架子牛（羊）集中育肥、春季肉牛快速育肥、羔羊快速育肥等。牛羊饲喂宜采用全混合日粮（TMR）机械搅拌自动投料饲喂，自由采食；采用青贮饲料技术、氨化秸秆技术、牧草/秸秆压块饲料技术等保证粗饲料的持续有效供给。饮水宜采用自动恒温饮水槽集中式供给，自由饮水。夏季炎热地区可设置强制通风和喷淋降温设施，牛（羊）舍外应设运动场，运动场内设遮阴棚。奶牛场采用挤奶厅集中机械挤奶方式，日挤奶2～3次，采用直冷式奶罐贮奶。

**鸡**。规模化养鸡场必须遵循单栋舍、小区或全场的"全进全出"制。蛋鸡宜采用育雏、育成、产蛋三阶段或育雏育成、产蛋两阶段饲养方式；肉鸡宜采用一阶段饲养方式。蛋鸡宜采用栖架式或笼养，自动料线给料，自动饮水器饮水，可应用自动捡蛋分类装备。肉鸡宜采用地面垫料或网上平养，自动料线给料，自动饮水器饮水。鸡舍内夏季宜采用湿帘—风机纵向通风降温系统，冬季采用横向自然通风辅助热风炉采暖，舍内环境可通过电气控制系统实现自动化控制。

#### 12.2.6.3 疫病防控技术

主要是针对畜禽传染病而采取的必要措施，主要通过定期疫苗免疫、定期畜舍消毒、严格控制场内外人员出入、严格人员车辆消毒等方式进行防疫；为减少抗生素的使用，可添加相应的益生菌添加剂。一旦发生疫病，则根据不同类别的动物疫病进行控制、扑灭。

#### 12.2.6.4 粪污清除与处理新技术

**生猪**。养猪场清粪可采用水冲粪、刮粪板自动清粪或水泡清粪技术。粪污处理宜采用沼气池发酵技术和堆肥技术，生产的沼气可为本场提供热能和电能，沼液、沼渣作为有机肥料。

**牛羊**。牛场宜采用自动刮板式清粪或清粪铲车机械清粪，羊场宜采用人工清粪或机械清粪。牛羊粪可采用沼气池发酵技术和堆肥技术，腐熟粪便可作为菌菇类生产的优良基料，奶牛场也可将腐熟干燥粪便作为牛床垫料使用。

**鸡**。网上平养或笼养的养鸡场可采用刮板式或输送带式清粪机清除粪便。粪污处理可采用堆积发酵或沼气法。

### 12.2.7 投资与效益

#### 12.2.7.1 投资估算

畜牧养殖功能板块投资主要是对其固定资产进行估算，即工程费用、工程建设其他费用和预备费用。土建工程投资主要包括各类畜舍、饲料间和配套工程及场区工程投资；仪器设备包括生产性设施、配套设施和公共设施投资等。其中基础设施投资参考同类项目相关标准；其他单位投资参照当地概算定额；将各单项投资汇总后即为畜牧养殖功能板块固定资产总投资。如表12-10。

第12章 畜牧养殖功能板块规划

表 12-10 畜牧养殖功能板块投资估算参考表

| 序号 | 项目名称 | 建设内容 | 投资额（万元） | 备注 |
|---|---|---|---|---|
| 一 | 工程费用 | | — | |
| （一） | 建安工程投资 | — | — | |
| 1 | 科技研发与良种繁育区 | — | — | 见相应功能小区 |
| 2 | 标准化规模养殖示范区 | — | — | …… |
| 3 | 畜禽粪污处理与防疫隔离区 | — | — | …… |
| 4 | 畜牧养殖观赏区 | — | — | …… |
| 5 | 配套服务区 | — | — | …… |
| | …… | | | |
| （二） | 仪器设备 | | — | |
| 1 | 实验仪器 | — | — | 各功能小区汇总 |
| 2 | 育种仪器 | — | — | …… |
| 3 | 测定仪器 | — | — | …… |
| 4 | 繁育仪器 | — | — | …… |
| 5 | 养殖设备 | — | — | …… |
| 6 | 防疫设备 | — | — | …… |
| 7 | 饲料加工设备 | — | — | …… |
| 8 | 水电设施 | — | — | …… |
| 9 | 休闲观光设施 | — | — | …… |
| 10 | 有机肥加工设备 | — | — | …… |
| 11 | 污水处理设备 | — | — | …… |
| 12 | 网络监控设备 | — | — | …… |
| 13 | 运输车 | — | — | …… |
| | …… | | | |
| （三） | 其他基建投资 | | — | |
| 1 | 引种费 | — | — | |
| 2 | 土地流转费 | — | — | |
| | …… | | | |
| 二 | 工程建设其他费 | — | — | |
| 三 | 预备费 | — | — | |
| | 合计 | | — | |

#### 12.2.7.2 效益分析

**经济效益**。畜牧养殖功能板块实施后其销售收入按照各功能区产品生产量和销售单价进行汇总后求得。主要包括良种收入、畜禽产品收入、体验产品收入、推广培训收入或饲料加工外销收入等；扣除引种费、土地流转费、研发费、饲料费、防疫费、人工费、能源消耗费、广告宣传费、管理与维修费、折旧费与摊销等后；最后进行利润、投资回收期等经济指标的测算，其计算值可作为多个规划方案选择的判断依据。如表12-11。

表 12-11 畜牧养殖功能板块收入—支出估算参考表

| 序号 | 项目名称 | 单位 | 数量 | 单价 | 金额 |
|---|---|---|---|---|---|
| 一 | 经营收入 | — | — | — | — |
| 1 | 良种外销收入 | — | — | — | — |
| 2 | 畜禽产品收入 | — | — | — | — |
| 3 | 体验产品收入 | — | — | — | — |
| 4 | 推广培训收入 | — | — | — | — |
| 5 | 饲料加工外销收入 | — | — | — | — |

（续表）

| 序号 | 项目名称 | 单位 | 数量 | 单价 | 金额 |
|---|---|---|---|---|---|
| 6 | 其他产品收入 | - | - | - | - |
|  | …… |  |  |  |  |
| 二 | 直接支出 | - | - | - | - |
| 1 | 土地流转费 |  |  |  |  |
| 2 | 引种费 |  |  |  |  |
| 3 | 饲料费 |  |  |  |  |
| 4 | 防疫费 |  |  |  |  |
| 5 | 人工费 |  |  |  |  |
| 6 | 水费 |  |  |  |  |
| 7 | 电费 |  |  |  |  |
| 8 | 油费 |  |  |  |  |
| 9 | 研发费 |  |  |  |  |
| 10 | 折旧与摊销费 |  |  |  |  |
| 11 | 管理与维修费 |  |  |  |  |
| 12 | 广告宣传费 |  |  |  |  |
|  | …… |  |  |  |  |
| 三 | 利润 | - | - | - | - |

**社会效益**。社会效益分析主要体现以下几个方面：

——有利于促进园区农业结构调整，推动园区畜牧业优化升级；

——通过加强基础设施建设，发展标准化规模养殖，有利于提高畜牧养殖综合生产能力；

——有利于充分发挥示范、辐射作用，促进当地养殖技术的进步，推动畜牧生产向专业化、标准化、规模化、现代化方向发展，促进畜牧业增效与农民增收；

——有利于丰富城乡居民的"菜篮子"，满足多元化消费需求，保证畜产品有效供应；

——有利于扩大就业，促进农村劳动力就地转移和社会稳定。

应根据园区具体情况对上述几方面进行展开叙述。

**生态效益**。生态效益分析主要关注畜禽粪污治理和环境保护等方面。畜牧养殖产生的废弃物主要是粪便和污水，以沼气工程和有机肥加工为纽带，将畜禽产业与种植业有机结合，促进畜禽粪便无害化处理、资源化利用，使畜禽污染得到生态化治理。通过治理后不仅不会对环境产生不利影响，还可作为绿色能源和有机肥使用，实现种养结合、资源化利用。生态效益分析主要体现以下方面：

——发展沼气工程，有效降低粪便污水对土壤和水体的污染程度，实现达标排放或还田；

——污水通过生物发酵，可以杀灭病菌、病毒和寄生虫卵，减少人畜病害；

——粪便、沼渣可进一步加工为有机肥，沼液进行灌溉，通过种植和养殖相结合，促进畜禽粪便、污水等废弃物就地就近利用；

——沼气可以作为农村能源的有效供给途径，减少林木砍伐，有效地保护森林植被。

注：具体编制此类园区规划时可参考《现代农业园区规划案例精选》一书第88~103页"畜牧养殖园规划案例"相关内容。

# 第13章 水产养殖功能板块规划

中国水产养殖业历史悠久，其生产的水产品产量约占全世界养殖总产量的2/3。渔业作为我国的一个传统产业，改革开放以来取得了长足的发展，作为大农业的一个重要组成部分，渔业在农业总产值的比重逐渐呈上升趋势，已成为新时期农村经济发展的新亮点。由于水产品富含人类所需的优质蛋白、维生素、氨基酸和矿物质等，其营养比例比较切合人体的需要，导致水产品消费比重一直居高不下。再加上，园区宜养水面辽阔，随时随地表现出一定的动感与灵气，呈现出的渔业生产形式多样、渔文化底蕴深厚、特色鱼品风味可佳等，不断吸引游客前来参与休闲娱乐、渔事体验、垂钓餐饮、渔文化节庆、水上游乐等活动。可见，水产养殖业在丰富居民"菜篮子"产品的同时，还能在拓展渔业功能、转变渔业发展方式、提高水产品质量、促进渔民就业与增收等方面发挥着巨大作用。对于具有一定水域面积和渔业养殖基础的园区，应开展水产养殖功能板块的规划与研究。本章节所研究的方向与思路同样适用于独立成型的水产养殖产业园规划。

## 13.1 概述

### 13.1.1 涵义界定

渔业，又称水产业，是指利用各种宜用水域或开发潜在水域（包括低洼地、坑塘、沼泽地、滩涂等），以培育、增殖、养殖和捕捞具有经济价值的鱼类或其他水生动植物产品的行业。按水域可分为海洋渔业和淡水渔业；按生产特性分为养殖业和捕捞业。本章主要研究的是水产养殖业。

水产养殖是指在人为控制下繁殖、培育、养殖和捕获水生动植物的生产活动。一般包括在人工饲养管理下从苗种到养成水产品的全过程。水产养殖分为粗养、一般精养和高密度精养等方式。粗养是在天然水域中投放苗种，完全靠天然饵料养成水产品，如湖泊与水库养鱼或浅海养贝等；一般精养是指在较小水体中用投饵、施肥方法养成水产品，如池塘养鱼、网箱养鱼和围栏养殖等。高密度精养采用流水、控温、增氧和投喂优质饵料等方法，在小水体中进行高密度养殖，从而获得高产，如流水高密度养鱼、养虾等。

### 13.1.2 特性

渔业特性表现是多方面的，但正确认识渔业的特性、尊重渔业的特性则至关重要。因此，在规划编制过程中，不仅要强调渔业与"三农"各产业的紧密关系，同时还要认真思考渔业自身的特性，研究符合渔业发展的内在规律，通过全产业链整合，提高渔业整体发展水平。要实现这些目标，需要切实关注、研究和认识渔业的相关特性。

**第一，营养成分的特殊性**。水产品富含优质蛋白、维生素、氨基酸和矿物质等，营养价值很高，容易被人体消化吸收；同时鱼体内还存在一些特殊的对人体健康有利的生理活性物质，其营养比例比较切合人体的需要，是人类不可多得的特殊消费品。

**第二，食用价值的可替代性**。主要农副产品如粮食和肉食的食用功能具有基础性和不可替代性，而水产品属于高端消费品，在绝大部分消费群体中具有可替代性，如在粮食和肉蛋奶比较充足的情况下，不吃水产品不影响身体健康。

**第三，养殖产品的鲜活性**。按照国内居民饮食消费习惯，水产品鲜吃口感最佳，表现出明显的鲜活性，变质腐烂导致商品价值低廉。因此应加强保鲜、冷藏、加工、冷链运输等部门的相互合作，尽量减少与降低其经济损失，保持和提高水产品品质。

**第四，养殖品种的不稳定性**。粮油和肉蛋奶等品种相对于水产品的多样性而言，总体是稳定的，其种养技术也是相对稳定的。而渔业除四大家鱼养殖广、规模大、产量高之外，其他养殖品种受环境、气候、水资源、市场等多因素的影响，其生命周期较短，更换周期速度快，很难形成全国性的规模化生产。

**第五，功能拓展的多元性**。渔业首先具有生产和供给水产品、获取收入的经济功能，随着城镇化的快速推进和人们生活水平的不断提高，渔业越来越彰显出生态、社会和文化等多方面的功能。如休闲渔业的发展开辟了渔业新的增长领域。

**第六，生产方式的多样性**。种植业经营主体主要是家庭农户，而渔业生产工业化组织和小农经营模式同时存在。从生产方式看，水产养殖业既有原始的自然捕捞，也具有现代工业化生产，既有家庭承包经营，也有工厂化养殖，显示出特殊的行业特性。

### 13.1.3 规划意义

由于渔业在农业生产中所处的重要地位，其规划意义不胜枚举，通过归纳可以从以下几方面加以叙述：

**第一，有利于丰富居民"菜篮子"产品**。随着经济社会发展，人们对水产品等优质动物蛋白需求不断增长，居民消费结构不断升级，随之带来的是对水产品的种类和质量要求越来越高，这样不仅丰富了居民的"菜篮子"，还为渔业发展提供了广阔的市场空间。

**第二，有利于改变渔业发展方式**。由于渔业受资源和环境条件的约束限制，加快转变传统渔业生产方式迫在眉睫，实现渔业资源有序开发、绿色生产与水资源保护并重发展，必将推动现代渔业的健康发展。

**第三，有利于提高标准化水平**。通过开展区域标准化养殖示范区、水产健康养殖示范场、现代渔业种业示范场等方面的创建工作，推行标准化生产、规模化经营和品牌化营销，加强鱼塘标准化改造、完善进排水渠系、配套渔用设施等方面的建设，有利于提升区域渔业标准化水平和水产品质量。

**第四，有利于调整优化产业结构**。如按照优质、高效、生态的总体要求，推动渔业供给侧结构性改革，不断引进与培育适销对路的水产品种，优化渔业布局，调整水产品结构；加快发展设施渔业，不断提高水产养殖效益；在水稻主产区，引导发展稻田养渔，推行生态养殖方式；拓展渔业多种功能，发展休闲渔业，不断提高水产养殖综合效益。

**第五，有利于发展水产加工物流业**。按照技术创新、产业集聚的要求，加快水产品初级加工、冷藏保鲜和冷链物流等方面的技术应用，不断促进其向水产加工物流产业园集聚，建立水产品现货交易和电商交易平台，不断提高信息化和产业化水平。

**第六，有利于发展休闲渔业**。按照多元化、精品化和规范化的要求，突出区域特点和渔业特色，着重培育适应不同层次、不同需求、不同规模、不同类型的精品休闲渔业，不断丰富和拓展渔业的休闲功能和文化内涵，增强休闲渔业发展活力，促进渔业增效、渔民增收。

## 13.2 规划编制
### 13.2.1 选址与规模确定
#### 13.2.1.1 影响因素
影响水产养殖功能板块选址的因素很多，主要从以下几方面进行考虑：

——应符合本地区水产业发展规划和生态环境保护规划的要求，具有产地环境认证证明，符合水产环境质量相关规定；

——当地水资源丰富，水质无污染，水面流动性强，至少符合无公害水产养殖用水标准，总体符合健康养殖的要求；

——建设单位具备有效的《水域滩涂养殖使用证》和《水产苗种、水产品生产许可证》，能为标准化渔业生产提供资质保障；

——地形平坦，适宜鱼塘集中连片和规模化开发；

——场区内环境整洁，进排水渠分设且无淤积，电力容量满足生产需求，道路平整通畅，有利于园区短时间顺利实施；

——养殖品种较多，当地居民具有一定的养殖基础，有利于生产人员招聘与组织；

——在满足生产要求的前提下，尽量少占或不占耕地，或在水稻主产区，尽可能推广稻渔共生模式。

#### 13.2.1.2 规模确定
水产养殖功能板块应重点体现专业化、标准化和规模化等特点。按照《农业部水产健康养殖示范场创建标准》，以池塘精养为主的园区，其养殖水面面积应在200亩以上，池塘建设面积应不低于总面积的65%，并要求水源充足、池塘水深1.5米以上、水质良好等，且符合无公害水产养殖用水标准；另外还需配套人工湿地面积不低于养殖总面积的10%。以工厂化养殖为主的园区，要求具有一定规模的固定用地，设施养殖水面面积在3 000平方米以上，并具有循环水处理设施或设备；其他养殖方式面积不限。在此基础上，还要求园区内环境整洁、现状设施良好、水源无污染、进排水渠配套和养殖废水达标排放等条件。

对于参与农业部开展的"数字农业建设试点项目"的水产园区，要求池塘养殖覆盖面积不低于4 000亩、工厂化养殖或深水网箱养殖水体不低于1万立方米；对于参与农业部与国家旅游局联合开展的"创建现代农业庄园"的园区，原则上要求渔业类庄园面积不少于1 000亩。

### 13.2.2 现状与问题
#### 13.2.2.1 现状调查与分析
现状调查是了解水产园区渔业基本情况，收集规划所需的直接信息源，调查内容可以通过一系列指标来表示：

**产业规模**。主要调查园区及周边地区养殖水面、可利用水面与水质情况等；养殖品种、品种结构、各品种单产与产量、名特优品种所占比例、各品种集中分布情况等；标准化养殖池塘面积及所占比例；渔业产值、渔民收入情况等。

**苗种繁育**。了解水产良种、苗种引进渠道。主要调查园区及周边地区遗传育种中心、原种场、良种场、苗种繁育场等建设数量、分布情况、品种数量、供种能力、良种覆盖率、遗传改良率和供种范围等。

**饲料供给**。渔用饲料主要包括精饲料和小杂鱼饵料。调查园区及周边地区精饲料与小杂鱼饵料供货渠道、供应量、供应方式及可开发潜力等。

**基础设施**。主要调查园区良种繁育设施、标准鱼塘建设面积、渔用饲料加工设备、水产品加工与冷藏设施等方面情况，了解各分项占地面积、建筑面积、设施设备等方面的情况。

**产业化经营**。主要调查园区及周边地区从事水产品生产与加工的龙头企业数量、级别、带动能力以及养殖专业大户、渔民合作社数量及参与人数；水产品加工厂数量、生产能力、现代化设施水平以及深加工所占比重等；冷库数量与冷藏能力，市场营销方式、渠道、范围；商标品牌数量；"三品一标"产品数量、养殖面积与产量等。

**疫病防治**。主要调查园区池塘淤积状况、清塘面积、消毒方式、水质恶化等方面情况，水霉病、白斑病或败血症等疫病发生频率、发病鱼类、流行范围、发病特点、发病死亡率等，以及造成的危害、所采取的防护措施等。

通过上述资料整理后，计算园区优质水产苗种覆盖率、健康养殖所占比重、池塘水循环利用率、水产品加工转化率等指标，分析其在该区域行业发展所处的位置，不断寻找产业发展空间，为下一步规划做铺垫。

#### 13.2.2.2 存在问题

对水产园区存在问题的剖析是一个完整规划的重要组成部分，通常从以下几方面查找问题：

**第一，建设模式探索**。如有些园区规划建设没做到因地制宜、通盘考虑、合理规划等。有些园区没有融入水产特色元素，给人感觉就是另一个园区模式的复版。这些有可能是造成同质乏味、特色不明显、缺少创新等症结的影响因素。

**第二，水产苗种供应**。如当地可能存在水产原种场、良种场、苗种繁育场等比例配置不当、数量分配不足，或者存在品种退化、繁育技术落后、鱼苗成活率低等问题，从而导致苗种供应能力不足、良种覆盖率偏低等后果。

**第三，基础设施配套**。如有可能存在鱼塘建设标准偏低、或年久失修、进排水渠不配套、增氧机等渔用机械配置不足等；或者随着现代渔业的发展，水产工厂化育苗或设施养殖等方面的温室建设数量不够或标准不高，或者网箱数量有限或规格不全等。这些都有可能是导致渔业标准化水平不高、物质装备程度低等症结的影响因素。

**第四，农业科技支撑**。如有可能存在渔业科技支撑能力不强，科技与产业结合不紧、科研成果转化速度慢等；或渔业缺少新技术、新产品开发带头人，特别是既懂技术、又懂管理的复合人才严重不足。这些都有可能是导致渔业发展停滞不前、产量与品质不高等症结的影响因素。

**第五，水产品质量安全**。近年来水产品安全问题引起了社会的广泛关注，药物残留超标和养殖水域生态环境破坏是影响质量安全的主要原因。例如，一是长期使用抗生素、激素等，造成水产品药物残留超标；二是水域生态环境如富营养化现象日趋恶化，自身污染造成养殖病害频发、养殖生产遭到破坏等；三是水产品质量检测设施不配套，不能做到及时到现场监测。这些都有可能是影响渔业产量与品质、渔民收入与养殖积极性等症结的主要因素。

**第六，全产业链打造**。如园区缺少具有较强竞争力的大型龙头企业，导致优势产业难以做强、做大；或可能存在加工工艺技术落后、厂房建设标准不高、冷链系统不配套、品牌产品开发意识不强等，均有可能导致水产品加工率不高、渔业产业化经营水平低、市场竞争力不强等后果。

上述问题是一般水产园区存在的普遍问题，但针对不同园区应通过详细调查和分析，进行有针对性的客观评价与判定。

#### 13.2.3 规划方案

水产养殖功能板块规划方案应在规划原则的基础上，确定发展思路和规划目标，然后进行功能定位与分区。

#### 13.2.3.1 规划原则

水产养殖功能板块规划原则是规划方案设计的前提，决定园区未来发展思路与方向，其规划原则主要从以下几方面进行论述：

**第一，坚持因地制宜与合理布局相结合原则。** 如主要从围绕水产结构调整、渔业增产增效、渔民增收等方面入手，结合当地水域环境、渔业资源特点和水产养殖发展需求等方面，做到因地制宜、统筹规划和合理布局等。

**第二，坚持结构调整与夯实基础相结合原则。** 如从调整渔业结构、提高产业化水平等方面入手，加强渔业基础设施与物质技术装备建设，不断拓展渔业生态休闲、观赏教育等多种功能，实现渔业整体水平的提升。

**第三，坚持科教兴渔与不断创新相结合原则。** 如通过科技研发与自主创新，加快水产实用技术成果转化，大力推行科教兴渔战略；注重"以人为本"，加强带头人和实用技术人才的培养，不断提高科技支撑能力。加快推进渔业生产方式转变，推动粗放经营向集约化经营方面转化，促进渔业优化升级。

**第四，坚持水产品质量安全与有效供给相结合原则。** 如在保障水产品有效供给的同时，应加强水产品质量监管，排除质量安全隐患，建设水产健康养殖示范基地，推行良好养殖规范（GAP）、危害分析与关键控制点（HACCP）等国际标准在渔业生产中的广泛应用，促进水产品养殖总量、质量、效益和竞争力明显提高。

**第五，坚持一二三产业融合发展原则。** 如从充分发挥比较优势，促进优势区域与优势品种相匹配、示范养殖与加工流通等环节相衔接、渔业生产与休闲渔业等相关产业相协调等，加快推进养殖、加工、流通一体化进程，拓展休闲渔业功能，加速提高二三产业比重，促进渔业一二三产业深度融合。

**第六，发展生产与生态保护相结合原则。** 如应树立"在保护中开发，在开发中保护"的观念，针对现有的养殖水面，开展水面承载能力科学评估，合理搭配养殖品种，严格控制养殖密度，不断探索"以渔养水""以渔保水"生态渔业模式，促进区域渔业可持续发展能力。

#### 13.2.3.2 规划思路

以渔业发展为主导产业的园区，其规划思路应具有全局观点和战略高度，并始终贯穿可持续发展的理念，重点从以下几个角度考虑规划思路：

**第一，从提高水产苗种繁育能力方面。** 由于水产苗种繁育科技含量高、操作过程复杂、技术难度大等，在规划思路中应重点把握水产苗种繁育技术引进与推广，加强基础设施建设，不断提高优质苗种的市场供给能力。

**第二，从标准化健康养殖方面。** 这是推进水产养殖方式转变、确保水产品质量安全的重要环节，在规划思路中应强调大力推行水产健康养殖方式，不断提高绿色生产水平。

**第三，从产业化开发方面。** 这是满足现代渔业的基本要求，标准化养殖是基础，加工与物流是水产品增值的重要环节，在规划思路中应强调加快龙头企业培育、推进水产品加工物流设施升级改造、发展精深加工和冷链物流等，以此打造水产产业集群，不断提高水产品加工转化率。

**第四，从拓展渔业功能方面。** 这是渔业增效、渔民增收的主要途径，应将完善配套服务设施、挖掘渔业餐饮特色与文化等融入到规划思路中，不断开拓文化娱乐型、观光体验型、展示教育型等多元化、精品化现代休闲渔业，不断提升渔业附加值。

> **示例：某水产养殖功能板块规划思路**
> 　　整合园区现有渔业资源，加快渔业发展方式转变，以优质水产苗种繁育为源头，以健康养殖示范为重点，以水产品加工与物流为引领，以科技研发与创新为支撑，以水产配合饲料、鱼病防治、技术推广等服务为配套，积极发展现代渔业，做精做强水产加工物流，大力培育水产新兴产业，不断拓展渔业功能，促进渔业三产深度融合发展，加强水资源环境保护，积极创建水产健康养殖示范场，不断提高渔业综合竞争力。

### 13.2.3.3　规划目标

**（1）总体目标**

发展总体目标大致可描述为：到规划期末，园区渔业结构将进一步优化，产业布局基本形成，水产优质苗种繁育率达到95%以上，积极创建水产健康养殖示范场1~2个，最终将园区建成区域水产健康养殖示范区和渔业三产融合发展先行区。

**（2）具体目标**

水产养殖功能板块具体目标需要通过制定一系列规划指标来完成，重点关注以下几方面（表13-1）：

**经济效益目标**。通过预测不同规划阶段的渔业产值、渔业产值占农业总产值的比重等指标及其增减幅度等，来实现园区的渔业效益目标。

**渔业产出目标**。通过预测不同规划阶段的各品种养殖水面、常规品种养殖年产量、特色品种养殖年产量、水产品年加工量和水产品质量年抽检合格率等指标及其增减幅度，来实现园区的渔业产出目标。

**基础设施与物质装备目标**。通过预测不同规划阶段的规模化健康养殖示范基地数量、标准化鱼塘建设面积、水产品加工厂建筑面积、冷库储存能力和水产养殖机械化水平等指标及其增减幅度，来实现园区渔业固本强基的目标。

**农业科技与信息服务目标**。通过预测不同规划阶段的水产苗种覆盖率、新品种引进或培育数量、持证上岗人员比重、渔用饲料抽检合格率和鱼塘自动化监控水平等指标及其增减幅度，来实现园区渔业科技与信息服务目标。

**农业经营管理目标**。通过预测不同规划阶段的市级以上龙头企业数量、渔民专业合作社数量、家庭养殖数量、水产养殖大户数量、水产品加工转化率和"三品一标"认证数量/面积等指标及增减幅度，来实现园区渔业现代化经营管理目标。

**可持续发展目标**。通过预测不同规划阶段的增殖放流渔业面积、湖泊拆围面积、水库限养面积和稻渔共生面积等指标及增减幅度，来实现园区渔业可持续发展目标。

**辐射带动目标**。通过预测不同规划阶段的渔民人均纯收入、年培训渔民人次、直接参与渔民就业数量和带动周边水产养殖面积等指标及增减幅度，来实现园区社会效益目标。

表 13-1　水产养殖功能板块规划目标参考表

| 类别 | 目标名称 | 单位 | 基期年 | 近期目标 | 远期目标 | 年均增减（%） | 指标属性 |
|---|---|---|---|---|---|---|---|
| 经济效益目标 | 渔业产值 | 万元 | — | — | — | — | 预测值 |
| | 渔业产值占农业总产值比重 | : | — | — | — | — | 预测值 |
| | …… | | | | | | |

（续表）

| 类别 | 目标名称 | 单位 | 基期年 | 近期目标 | 远期目标 | 年均增减（%） | 指标属性 |
|---|---|---|---|---|---|---|---|
| 渔业产出目标 | 各品种养殖水面 | 亩 | — | — | — | — | 预测值 |
| | …… | | | | | | |
| | 常规品种养殖年产量 | 万t | — | — | — | — | 预测值 |
| | …… | | | | | | |
| | 特色品种养殖年产量 | 万t | — | — | — | — | 预测值 |
| | …… | | | | | | |
| | 水产品年加工量 | 万t | — | — | — | — | 预测值 |
| | …… | | | | | | |
| | 水产品质量年抽检合格率 | % | — | — | — | — | 约束值 |
| | …… | | | | | | |
| 基础设施与物质装备目标 | 规模化健康养殖示范基地数量 | 个 | — | — | — | — | 预测值 |
| | 标准化鱼塘建设面积 | m² | — | — | — | — | 预测值 |
| | 水产品加工厂建筑面积 | m² | — | — | — | — | 预测值 |
| | 冷库储存能力 | m³ | — | — | — | — | 预测值 |
| | 水产养殖机械化水平 | % | — | — | — | — | 预测值 |
| | …… | | | | | | |
| 农业科技与信息服务目标 | 水产苗种覆盖率 | % | — | — | — | — | 预测值 |
| | 新品种引进或培育数量 | 个 | — | — | — | — | 预测值 |
| | 持证上岗人员比重 | % | — | — | — | — | 预测值 |
| | 鱼用饲料抽检合格率 | % | — | — | — | — | 预测值 |
| | 鱼塘自动化监控水平 | % | — | — | — | — | 预测值 |
| | 电商销售水产品占比 | % | — | — | — | — | 预测值 |
| | …… | | | | | | |
| 经营管理目标 | 市级以上产业化龙头企业数量 | 个 | — | — | — | — | 预测值 |
| | 渔民专业合作社数量 | 个 | — | — | — | — | 预测值 |
| | 家庭养殖场数量 | 个 | — | — | — | — | 预测值 |
| | 水产养殖大户数量 | 个 | — | — | — | — | 预测值 |
| | 水产品加工转化率 | % | — | — | — | — | 预测值 |
| | "三品一标"认证数量/面积 | 个/亩 | — | — | — | — | 引导值 |
| | …… | | | | | | |
| 可持续发展目标 | 增殖放流渔业面积 | 万亩 | — | — | — | — | 引导值 |
| | 湖泊拆围面积 | 万亩 | — | — | — | — | 约束值 |
| | 水库限养面积 | 万亩 | — | — | — | — | 约束值 |
| | 稻渔共生面积 | 万亩 | — | — | — | — | 引导值 |
| 辐射带动目标 | 渔民人均纯收入 | 元 | — | — | — | — | 预测值 |
| | 年培训渔民人次 | 人次/年 | — | — | — | — | 预测值 |
| | 直接带动渔民就业数量 | 人 | — | — | — | — | 预测值 |
| | 间接带动周边水产养殖面积 | 万亩 | — | — | — | — | 预测值 |
| | …… | | | | | | |

#### 13.2.3.4 功能定位与分区

**（1）功能定位**

水产养殖功能板块规划首先应解决功能定位，由于区位不同、养殖品种不同，导致功能也因园而异。只有准确定位好园区的主导功能，后续的功能分区和建设内容才能与之相匹配。具体功能应重点关注以下几方面：

**第一，生产示范功能**。这是园区的基本功能，要求按照绿色、优质、安全的生产方式，才能保障当地居民享受到鲜活、质优的水产品。位于水稻主产区的园区，应探索"稻—渔（虾、蟹等）"共生种养循环模式，并在新品种、新技术、新设施等方面进行示范与展示。

**第二，科技创新功能**。引进国内外优良品种，开展养殖新模式、新技术等方面的创新研究，筛选出适合本地区养殖的新品种，进行扩繁推广。同时，通过技术培训、现场指导和"公司+基地+农户"等经营方式，辐射带动周边养殖户应用新技术，达到科技兴渔的目的。

**第三，休闲观光功能**。结合水产养殖基地，打造廊亭观鱼、趣味垂钓、慈善放生和渔家乐等娱乐项目，开展水乡休闲旅游活动，不断拓展渔业功能，推动休闲渔业健康发展。

**第四，环境协调功能**。利用"人放天养"的天然增殖模式，全面禁止大水面投饵施肥养鱼，拆除湖泊、水库养鱼围网和网箱，尽快恢复其自身的生态功能，改善水域环境，保持水域滩涂生态系统平衡。推行无公害标准化生产，开展池塘养殖废水的处理与循环利用，促进水产养殖与水环境的协调发展。

（2）功能分区

根据上述功能定位和分区原则，综合考虑园区的发展目标、土地利用现状等因素，在园区一级分类的基础上进行更详细的划分。根据水产养殖板块的发展方向和重点建设内容，一般划分为水产苗种繁育区、水产健康养殖示范区、水产养殖观赏区和配套服务区等二级功能区。详见表13-2。

表13-2 水产养殖功能板块二级功能分区参考表

| 一级类 | | 二级类 | | 三级类 | | 面积（亩） | 备注 |
|---|---|---|---|---|---|---|---|
| 编码 | 名称 | 编码 | 名称 | 编码 | 名称 | | |
| 面积合计 | | | | | | — | |
| 05 | 水产养殖功能板块 | 051 | 水产苗种繁育区 | 0511 | 水产种质资源保护区 | — | 根据具体园区渔业发展状况，对各功能小区进行适当补充 |
| | | | | 0512 | 外来品种驯化区 | — | |
| | | | | 0513 | 工厂化鱼苗繁殖区 | — | |
| | | | | 0514 | 新品种展示区 | — | |
| | | | | 0515 | 水产原良种场 | — | |
| | | | | 0516 | 水产鱼苗扩繁场 | — | |
| | | | | …… | …… | | |
| | | 052 | 水产健康养殖示范区 | 0521 | 设施水产健康养殖示范区 | — | |
| | | | | 0522 | 池塘健康养殖示范区 | — | |
| | | | | 0523 | 稻渔共生种养示范区 | — | |
| | | | | …… | …… | | |
| | | 053 | 水产养殖观赏区 | 0531 | 市民认养区 | — | |
| | | | | 0532 | 观赏鱼养殖区 | — | |
| | | | | 0533 | 趣味垂钓区 | — | |
| | | | | 0534 | 渔家乐餐饮区 | — | |
| | | | | 0535 | 渔类放生区 | — | |
| | | | | 0536 | 渔事体验区 | — | |
| | | | | 0537 | 渔类知识科普区 | — | |
| | | | | …… | …… | | |
| | | 054 | 配套服务区 | 0541 | 办公管理区 | — | |
| | | | | 0542 | 科技研发与技术培训区 | — | |
| | | | | 0543 | 渔用饲料加工与配制区 | — | |
| | | | | 0544 | 水产品加工与仓储区 | — | |
| | | | | 0545 | 游客接待与产品推销区 | — | |
| | | | | …… | …… | | |

### 13.2.4 功能小区规划与布局

#### 13.2.4.1 功能小区规划

**(1) 水产苗种繁育区**

**建设思路**。立足园区水产苗种繁育现状,加强与当地水产科研单位或大专院校等机构的技术合作,以市场需求为导向,以科技创新为支撑,合理调整与确定各级水产原良种场与扩繁场的匹配数量,推进地方水产原种保护和良种培育,加强水产繁育人才的引进与培养,不断提高水产良种覆盖率和供种保障能力。

**建设目标**。加强科技研发与育种创新,不断引进新品种与新技术,通过配套建设各级水产种苗场,形成层级分明、结构合理、联系紧密的水产苗种繁育体系,促进区域优质水产苗种覆盖率达到95%以上。并预测各级苗种场年繁育苗种能力。

**功能小区划分**。该区还可进一步划分为水产种质资源保护区、外来品种驯化区、工厂化鱼苗繁殖区、新品种展示区、水产原良种场和水产鱼苗扩繁场等功能小区,并重点描述各功能小区的建设数量、占地面积和分布位置,以及育种科研攻关方向和所采用的繁育技术与培育的品种等(表13-3)。

表 13-3 水产苗种繁育区规划参考表

| 序号 | 分区名称 | 单位 | 占地面积 | 结构比例 | 分布位置 | 备注 |
|---|---|---|---|---|---|---|
| 1 | 水产种质资源保护区 | — | — | — | — | |
| 2 | 外来品种驯化区 | — | — | — | — | |
| 3 | 工厂化鱼苗繁殖区 | — | — | — | — | |
| 4 | 新品种展示区 | — | — | — | — | |
| 5 | 水产原良种场 | | | | | |
| 6 | 水产鱼苗扩繁场 | | | | | |
| | …… | | | | | |
| | 合计 | — | — | | | |

**建设内容**。分别说明各功能小区重点项目的建设名称、建设理由和所发挥的功能作用,以及与临近已建成的同类项目的衔接关系。一是土建工程,如为了提高冬季鱼苗的成活率,条件较好的园区需要建设工厂化育苗车间,据此,应依据周边鱼苗市场需求和水资源情况,预测育苗车间建成后的鱼苗生产能力,以此确定该车间的总建筑面积、建设栋数、单栋建筑尺寸和分布位置等;并建议该车间布置在苗种繁育区的中心位置,尽量靠近水源附近,以便配置循环水设施和污水处理设施;以此类推,对其余如亲鱼池、培育池、暂养池、孵化池等工程也作类似说明;在此基础上,汇总出该区土建工程总建筑面积。二是场区工程,主要描述场区道路、灌排管网等方面的工程量和具体做法;在此基础上,汇总出该区场区工程总量。三是仪器设备,主要描述需要配置的实验、繁育、循环水利用、防疫、运输和水电等设施设备;在此基础上,汇总出该区仪器设备配置总量。

**(2) 水产健康养殖示范区**

**建设思路**。加快高标准鱼塘建设与改造,确定健康养殖模式,配备与完善渔用机械、水质处理、进排水等方面的设施,大力发展以智能温室、钢架大棚、工厂化循环水利用和新型网箱为主的设施渔业。加强水生动物防疫和水产品质量安全设施设备配置,推进水产养殖向机械化、自动化方向发展,加快提升水产养殖装备水平,积极开展水产健康养殖示范场创建活动,加快园区现代渔业建设步伐。

**建设目标**。到规划期末,园区健康养殖规模比重不断提高,水产养殖质量可追溯体系基本形成,渔用药残抽检合格率达到100%,渔业生产综合实力不断增强,示范带动周边养殖渔民增收10%以上,促进水产养殖综合生产效率不断提高。并预测各功能小区养殖品种的数量和水产品产量,包括常规品种和名特优品种产量。

**功能小区划分**。该区还可进一步划分为设施水产健康养殖示范区、池塘水产健康养殖示范区和稻渔共生种养示范区等功能小区(表13-4)。并重点描述各健康养殖小区的建设个数、占地面积、分布位置、养殖方式和单产水平等。

表13-4 水产健康养殖示范区规划参考表

| 序号 | 分区名称 | 单位 | 占地面积 | 结构比例 | 分布位置 | 备注 |
|---|---|---|---|---|---|---|
| 1 | 设施水产健康养殖示范区 | — | — | — | — | |
| 2 | 池塘健康养殖示范区 | — | — | — | — | |
| 3 | 稻渔共生种养示范区 | — | — | — | — | |
| | …… | | | | | |
| | 合计 | | | | | |

**建设内容**。分别说明各功能小区重点项目的建设名称、建设理由和所发挥的功能作用,以及与其他工程项目的衔接关系。一是土建工程,如为了提高渔业生产标准化水平,需要建设标准化鱼塘;据此,依据水产品年生产量确定养殖鱼塘规模,按照塘成方、路成网、渠相通等要求,对鱼塘进行新建或改造,根据养殖品种和养殖方式确定各类鱼塘的长宽深尺寸;并建议鱼塘布置最好集中连片,位置选在养殖区的中间位置,要求配置增氧设施和废水处理设施;以此类推,对其余如投料台、温室车间和其他设施等工程也作类似说明;并在此基础上,汇总出该区总工程量。二是场区工程,主要描述池塘区道路、灌排渠系、渔用电力设施等方面的工程量与具体工程做法;在此基础上,汇总出该区场区工程总量。三是仪器设备,主要配置所需要投料机、增氧机、捕捞设备、废水净化设备、环境监控设备、水电设备和运输车辆等设施;在此基础上,汇总出该区仪器设备配置总量。

**(3)水产养殖观赏区**

**规划思路**。依托现有水产养殖场现状,因地制宜、突出特色地发展多元化休闲渔业,开拓休闲观赏、渔事体验和鱼类科普等方面的功能,不断开发观赏鱼养殖、市民认养、渔事体验、趣味垂钓和渔家乐等娱乐项目,为休闲渔业发展搭建展示平台,积极开展渔文化表演、垂钓比赛、水族器材(包括钓具、钓饵等)展销、鱼类放生等各类活动,不断增加渔民收入,促进当地渔业转型升级。

**建设目标**。充分挖掘渔业文化内涵,突出科技创新理念,丰富休闲观光内容,增强休闲渔业转化增值能力,避免盲目发展和低水平重复建设,努力建成适应不同层次、不同需求、不同类型的休闲渔业场所,引领和带动区域休闲渔业全面发展。并预测规划期末年接待游客人数、带动就业人数和休闲观光收入。

**功能小区划分**。该区还可进一步划分为市民认养区、观赏鱼养殖区、趣味垂钓区、渔家乐餐饮区、鱼类放生区、渔事体验区和渔类知识科普等功能小区;并分别描述各功能分区的建设个数、占地面积和分布位置等;在此基础上还要分析当地休闲渔业的市场需求和发展潜力(表13-5)。

表 13-5　水产养殖观赏区规划参考表

| 序号 | 分区名称 | 单位 | 占地面积 | 结构比例 | 分布位置 | 备注 |
|---|---|---|---|---|---|---|
| 1 | 市民认养区 | — | — | — | — | |
| 2 | 观赏鱼养殖区 | — | — | — | — | |
| 3 | 趣味垂钓区 | — | — | — | — | |
| 4 | 渔家乐餐饮区 | — | — | — | — | |
| 5 | 鱼类放生区 | — | — | — | — | |
| 6 | 渔事体验区 | — | — | — | — | |
| 7 | 渔类知识科普区 | — | — | — | — | |
| | …… | | | | | |
| | 合计 | — | — | — | — | |

**建设内容**。分别说明各功能小区重点项目的建设名称、建设理由和所发挥的功能作用,以及与其他工程项目的衔接关系。一是土建工程,比如,为了实现渔业生产的功能拓展,结合园区的水资源情况、区位优势和消费需求等,需要建设趣味垂钓园;据此,应依据园区水面大小和客户潜在需求量确定建设规模和建筑尺寸;并建议垂钓园尽量布置在环境幽静、生态良好的区域;垂钓园内要布置垂钓台和休闲区,并配有渔具和鱼饵;周边还要注重生态绿化、植被搭配,最好建设一条环湖绿道;以此类推,对其余如体验园、认养园、观赏塘、科普展示橱窗等工程也作类似说明;并在此基础上,汇总出该区总工程量。二是仪器设备,主要配置摄像机、投放设施、体验用具、认养设施、垂钓用具、餐具、游览车、水电设施和游览车等;在此基础上,汇总出该区仪器设备配置总量。

（4）配套服务区

**建设思路**。做好水产养殖园区的日常管理和配套服务,负责园区的规划实施、科技研发、技术培训、信息咨询和旅游接待等方面的工作。同时兼顾渔用饲料加工与配置、水产品初级加工与冷藏等业务,保障园区经营正常运行。

**建设目标**。以市场为导向,以个性化消费需求为目标,开发便捷化、多样化、个性化的配套服务,不断拓宽经营与管理模式,力争完成1~2个科研攻关项目,保质保量完成水产品初级加工与冷藏任务,培育与打造1~2个特色品牌,不断提高园区配套服务整体质量。

**功能小区划分**。该区还可进一步划分为办公管理区、科技研发与技术培训区、渔用饲料加工与配制区、水产品初级加工与仓储区、游客接待与产品推销区等功能小区（表13-6）。并重点描述各功能小区的建设数量、占地面积、分布位置和园区配套服务综合要求等。

表 13-6　配套服务区规划参考表

| 序号 | 分区名称 | 单位 | 占地面积 | 结构比例 | 分布位置 | 备注 |
|---|---|---|---|---|---|---|
| 1 | 办公管理区 | — | — | — | — | |
| 2 | 科技研发与技术培训区 | — | — | — | — | |
| 3 | 渔用饲料加工与配制区 | — | — | — | — | |
| 4 | 水产品初级加工与仓储区 | — | — | — | — | |
| 5 | 游客接待与产品推销区 | — | — | — | — | |
| | …… | | | | | |
| | 合计 | | | | | |

**建设内容**。分别说明各功能小区重点项目建设名称、建设理由和所发挥的功能作用，以及与其他工程项目的衔接关系。一是土建工程，如为了方便配置渔用饲料的营养配方和取用，结合鱼类各阶段生长情况，需要建设饲料加工与配制间；据此，应依据园区水产养殖量和饲料需求量确定建设规模和建筑尺寸；再者，为了避免加工设备噪音影响，建议饲料间尽量布置在配套服务区的边缘位置；以此类推，对其余如办公室、水产品初级加工车间、接待室与展示厅、检验室、各类仓库、研发与培训室、职工食堂等建筑也作类似说明；在此基础上，汇总出该区土建总工程量。二是场区工程，主要描述配电室、锅炉房、水泵房和网络监控室等设施的建筑面积与具体工程做法；在此基础上，汇总出场区工程总工程量。三是仪器设备，主要描述所配置的办公、研发与培训、饲料加工、水产品初级加工、水质检测、病害诊断、监控系统、水电设施和运输车辆等仪器设备；在此基础上，汇总出该区仪器设备配置总量。

#### 13.2.4.2 功能板块布置

**（1）布置原则**

根据上述功能定位和土地利用分区要求，对其内部进行功能分区时主要把握：

——功能独立。尽量将水产良种繁育、生产示范、服务管理与塘泥或污水处理独立分开，方便生产与管理。

——协调好各类用地。因地制宜地安排好各类用地，协调好水产养殖用地与其他农用地之间的矛盾。

——位于主导风下风方向。由于水产养殖所散发的特殊腥味，会对环境和人类味觉产生不良影响，一般应布置在园区主导风下风方向，并与外部水域相连接。

——交通便利。一是有利于水产品进出方便；二是有利于游客前来参观、捕获或垂钓交通便捷。

**（2）布置形式**

**集中式布置**。这是比较常用的布置形式，便于生产与管理。如选择200亩水面为一个单元，选择集中连片的鱼塘进行工程与生态改造，明确池塘功能，规范池塘布局，实现规模化经营；并留出10%的湿地面积作为水质净化生态沟或生态塘，沟塘内配套种植水培蔬菜、莲藕等不同水层植物，为绿色渔业生产提供生态保证。

**分片式布置**。由于受地形、水面分布等因素影响，造成池塘不集中只能分片式布置，有利于各种鱼类在不同环境里生长，防止病菌相互传染，造成水产品减产。

**上种下渔立体式布置**。通过挖塘抬田进行池塘与农田相间布置，要求池塘与台田所占比例约为1:1，其间最好要留有沿台，其宽度在0.3~0.5米。这种布置方式有利于水产养殖与农作物种植之间的协作生产，并充分利用土地空间，比较适合南方耕地相对紧张的地区或盐碱地较重区域；一般池塘以养殖大宗鱼类为主，台田可种植瓜果和观赏树木等，以此促进渔农复合系统物质循环利用。

**稻渔（鱼、龙虾、螃蟹等）共生式布置**。一般在水稻主产区选择这种布置方式，如选择200亩稻田为一个单元，在稻田周边围成1~1.5米宽的田埂，田埂边上建网围栏，以防龙虾、螃蟹逃逸；在距田埂1米左右沿四周挖成2~4米宽的养渔水沟，要求该水沟占稻田面积的10%。以此形成水田中间种植水稻、四周水沟养鱼，实现稻渔共生种养循环生态发展模式。

**（3）布置图绘制**

结合园区水产养殖现状和水资源分布情况，选择最适合的布置形式，有利于优化园区渔业结构和布局。如下示例图中将园区划分为鱼苗繁育区、四大家鱼养殖区、稻渔（鸭）生态种养区、休闲渔业观赏区（野生龟鳖保护区、鳄鱼观赏区、特色水产博物馆）等功能小区，方便鱼类生长和游人观赏等，图中还包含有路网、水系等相关要素。示例选择的是集中式布置形式。

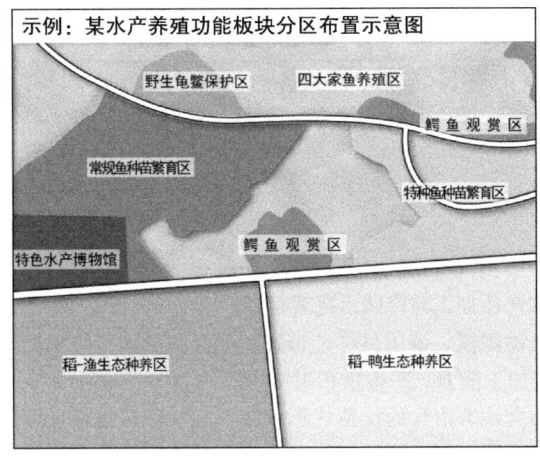

示例：某水产养殖功能板块分区布置示意图

### 13.2.5 重点或亮点工程项目推荐

#### 13.2.5.1 水产健康养殖示范场

**项目位置与建设规模**。水产健康养殖示范场最好布置在水产健康养殖区中部。该项目占地规模一般以不少于200亩养殖水面为宜。

**项目内容**。按照农业部组织开展的《水产健康养殖示范场创建》中有关设施完备化、经营规模化、生产标准化、产品安全化、营销品牌化和产业一体化等相关要求，重点加强高标准鱼塘建设，配套设施水产或水库网箱养殖等方面的设施，完善园内主要道路、进排水渠系、农用电力等基础设施建设，做好循环水净化处理，推行健康养殖方式。最终将其打造成产业布局合理、生产要素集聚、设施装备先进、生态效益明显的健康养殖示范基地。

#### 13.2.5.2 水产苗种繁育示范项目

**项目位置与建设规模**。水产苗种繁育示范项目尽量布置在园区上风向；该项目用地规模一般根据园区及周边养殖户对水产苗种需求量来确定。

**项目内容**。做好与地方水产苗种繁育体系（水产遗传育种中心、原良种场、扩繁场等）相关层级的有效对接，寻找园区水产苗种繁育的突破点，明确其功能定位，加强与当地水产科研院所的紧密合作，完善苗种繁育环节基础设施建设，通过新品种的引进、培育与扩繁等，建成区域优质水产苗种繁育基地，不断扩大优质水产种苗的供应范围。

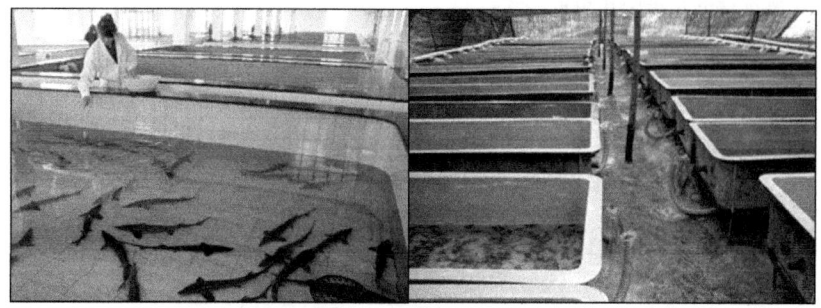

#### 13.2.5.3　水产品加工与冷储示范项目

**项目位置与建设规模**。该项目尽量布置在配套服务区；应根据园区及周边地区水产品养殖量来确定加工能力、冷藏量和用地规模。

**项目内容**。结合地方出台的扶持优惠政策，加快园区投资环境优化，不断吸引龙头企业入驻园区，按照高起点设计、科学化布局的要求，联合当地水产科研院所，完善水产品加工车间的改造升级，配置自动化的加工设备，不断研发出新产品、新技术和新工艺等，加快发展水产品精深加工，推动现代高效渔业快速发展；为了延长水产品的保质期，鼓励建设以大中型冷库为主体、恒温库为配套的冷藏设施，不断提高产品质量。

#### 13.2.5.4　休闲渔业项目

**项目位置与建设规模**。休闲娱乐项目点尽量布置在水产养殖区各个角落，而观赏鱼养殖和垂钓区需要划出特定区域。该项目用地规模应根据具体园区实际、娱乐项目相关要求和游客潜在市场等因素来确定。

**项目内容**。以园区水资源为基础，以游客市场需求为导向，以渔业发展为依托，加快完善相关配套服务设施，打造不同层次、不同类型、不同需求的休闲渔业节点，开发渔业体验、生产劳作、渔村文化欣赏、特色餐饮和渔品购物等休闲娱乐活动，培育与打造休闲观赏渔业知名品牌，形成区域消费者水上娱乐的最佳去处。

#### 13.2.5.5 水产养殖数字农业建设试点项目

**项目位置与建设规模**。该项目尽量布置在配套服务区；其用地规模应以覆盖全园范围为宜。

**项目内容**。一是建设在线监测系统。配置水质监控、视频监控等监测设备，建设养殖现场无线传输自主网络，实现数据实时采集和自动监控，建设和升级改造自动监控平台。二是建设生产过程管理系统。配置自动增氧、饵料投喂、底质改良、水循环等设施设备，实施养殖池塘、车间或网箱的标准化改造，配置便携式生产移动管理终端，提升水产养殖的机械化、自动化、智能化水平。三是建设综合管理保障系统。配置水质检测、品质与药残检测、病害检测等设备以及水产养殖环境遥感监测系统，研发鱼病远程诊断系统和质量安全可追溯系统，不断提高园区水产养殖信息化水平。

### 13.2.6 健康养殖技术示范

要发展现代水产养殖业，首先应了解以下相关的健康养殖技术：

（1）**水产良种繁育技术**。重点示范工业化循环水繁育技术，如在养殖水体半封闭或全封闭的条件下，通过水质循环、水流与水温、投饵与排污等环节的自动控制，实现苗种繁育过程中的种质、饲养、病害防治等环节的全面监控，以实现最佳的生理发育、生长环境和稳定孵化目标。有条件的园区还可进一步示范系统生物学、生物信息学和全基因相关联分析等现代水产育种技术，例如家系选育与分子标记相结合的繁育技术可以改进品种经济性状，促进鱼群品种结构的优化。

（2）**水产健康养殖技术**。重点示范工厂化循环水高效养殖、网箱养殖、种草养殖、稻渔共生等养殖方式，突破多元化生态健康养殖、池塘集约化养殖等关键技术，推广养殖水体营养、有益微生物、水生植物等调控技术和水产养殖废水处理技术，全面提高园区集约化健康养殖水平。

（3）**水产重大病害防控技术**。针对水产养殖病害频发地区，重点示范鱼类重大病害的监测、预警与诊断技术，创新生态物理防治新技术，加强禁用渔药替代技术的研究，不断降低水产养殖病害发生率。

（4）**水产品质量安全监管技术**。针对水产品质量安全问题日显突出的实际情况，加强水质、投入品、养殖、加工冷藏、保鲜运输等全过程的质量安全监管技术的研究，全面提高水产品质量安全水平。

### 13.2.7 投资与效益

#### 13.2.7.1 投资估算

水产养殖功能板块投资主要是对其固定资产进行估算，即工程费用、工程建设其他费用和预备费用。土建与场区工程投资主要包括苗种繁育温室、饲料调制间、水产品加工厂房、各类仓库、鱼塘等方面的投资；仪器设备主要包括研发、繁育、养殖、病害防疫、饲料加工、水产品加工、养殖废水净化、智能化监控、冷链运输、休闲渔业服务和水电等方面的设施设备。其中鱼塘投资参考同类项目建设标准与规范；其他工程单位投资参考当地概算定额；将各单项投资汇总后即为水产养殖功能板块固定资产总投资。如表13-7。

表13-7 水产养殖功能板块投资估算参考表

| 序号 | 项目名称 | 建设内容 | 投资额（万元） | 备注 |
|---|---|---|---|---|
| 一 | 工程费用 | | | |
| （一） | 建安工程投资 | — | — | |
| 1 | 水产苗种繁育区 | — | — | 见相应功能小区 |
| 2 | 水产健康养殖示范区 | — | — | …… |
| 3 | 水产养殖观赏区 | — | — | …… |
| 4 | 配套服务区 | — | — | …… |
| | …… | | | |
| （二） | 仪器设备 | — | — | 各功能小区汇总 |
| 1 | 研发仪器 | — | — | …… |
| 2 | 繁育仪器 | — | — | …… |
| 3 | 养殖设备 | — | — | …… |
| 4 | 病害防疫设备 | — | — | …… |
| 5 | 饲料加工设备 | — | — | …… |
| 6 | 水产加工设备 | — | — | …… |
| 7 | 循坏水利用设备 | — | — | …… |
| 8 | 水电设施 | — | — | …… |
| 9 | 休闲渔业设施 | — | — | …… |
| 10 | 养殖废水净化设备 | — | — | …… |
| 11 | 智能化监控设备 | — | — | …… |
| 12 | 冷链运输设备 | — | — | …… |
| | …… | | | |
| （三） | 其他基建投资 | — | — | |
| 1 | 引种费 | — | — | |
| 2 | 土地流转费 | — | — | |
| | …… | | | |
| 二 | 工程建设其他费 | | | |
| 三 | 预备费 | | | |
| | 合计 | | | |

#### 13.2.7.2 效益分析

**经济效益**。水产养殖功能板块规划实施后，其销售收入主要是指销售鱼苗及鱼种（若有苗种场）、外销饲料（若有渔用饲料加工厂）、鲜活水产品、水产加工品和休闲渔业服务等方面收入的总和。其支出主要包括引种费、饲料加工原料费、水电费、病害防治费、包装费、人工费、折旧费、管理费和维修费等。最后进行项目利润、投资回收期、投资回报率等技术经济指标的大致测算，其结果可作为规划方案设计合理与否的评判依据。如表13-8。

表 13-8　水产养殖功能板块收入支出估算表

| 序号 | 项目名称 | 单位 | 数量 | 单价 | 金额 |
|---|---|---|---|---|---|
| 一 | **经营收入** | — | — | | — |
| 1 | 鱼苗外销收入 | — | — | — | — |
| 2 | 鲜活水产品收入 | — | — | — | — |
| 3 | 水产加工品收入 | — | — | — | — |
| 4 | 休闲渔业服务收入 | — | — | — | — |
| 5 | 推广培训收入 | — | — | — | — |
| 6 | 饲料外销收入 | — | — | — | — |
| 7 | 其他产品收入 | — | — | — | — |
| | …… | | | | |
| 二 | **直接支出** | — | — | | — |
| 1 | 土地使用费 | — | — | — | — |
| 2 | 引种费 | — | — | — | — |
| 3 | 饲料费 | — | — | — | — |
| 4 | 病害防治费 | — | — | — | — |
| 5 | 人工费 | — | — | — | — |
| 6 | 水电油等 | — | — | — | — |
| 7 | 差旅费 | — | — | — | — |
| 8 | 包装费 | — | — | — | — |
| 9 | 研发费 | — | — | — | — |
| 10 | 广告宣传费 | — | — | — | — |
| 11 | 折旧与摊销费 | — | — | — | — |
| | …… | | | | |
| 三 | **利润** | | | | |

**社会效益**。水产养殖功能板块规划实施后，其社会效益主要体现在以下几方面：

——有利于促进园区水产养殖品种结构调整，加大名优品种养殖，不断提高园区渔业综合生产能力；

——有利于丰富城乡居民的"菜篮子"，满足水产品多元化消费需求；

——园区通过外销一定数量的水产苗种，供应周边鱼塘实现优质水产品种养殖，可带动提高当地渔民经济效益；

——可增加地方财政收入和税收，或实现出口创汇，还可间接带动包装、饲料、渔药和运输等行业的发展。

应根据园区具体情况从上述几方面进行展开叙述。

**生态效益**。水产养殖功能板块规划实施后，产生的污染源主要是鱼塘污泥和废水，通过综合治理后都不会对环境产生影响。如塘泥通过处理后可以当做农家肥，直接供应周边农民用于种植果树、蔬菜和花卉等；还可以推广塘基立体生态种养模式。养殖污水可以建设污水处理池，通过几级生化处理后可以达标排放或循环利用。上述处理不仅充分利用了废弃物，变废为宝，也大大改善了园区生态环境。

注：具体编制此类园区规划时可参考《现代农业园区规划案例精选》一书第104~124页"水产养殖园规划案例"相关内容。

# 第14章 农产品加工功能板块规划

农产品加工业连接工农、沟通城乡、后接商贸与休闲农业，行业覆盖面宽、产业关联度高、带动农民就业增收作用强，是产业融合发展的关键环节，已经成为农业现代化的支撑力量和农村经济发展的支柱产业。随着城乡居民收入水平的提高，工业化城镇化的快速发展，以及多年来主要农产品的增产与丰收，农产品销售难、农民增收难等问题日显突出，发展农业的主要矛盾由总量不足转变为结构性矛盾，对农产品加工制品需求越来越大、要求越来越高，正从大路货、原字号、初字号、粗字号转向名特优精新和绿色农产品加工制品。面对新需求、新市场和新形势，各地更加需要建设农产品加工园区这个平台，形成区域加工企业和市场连接的桥梁和纽带。因此，对于具有一定的优势特色产业基础、经济实力较强的园区，应开展农产品加工功能板块的规划与研究。本章节所研究的方向与思路同样适用于独立成型的农产品加工产业园。

## 14.1 概述
### 14.1.1 涵义界定

广义的农产品加工业是指以人工生产的农业物料和野生动植物资源及其加工品为原料所进行的工业生产活动；狭义的农产品加工业是指以农、林、牧、渔产品及其加工品为原料所进行的工业生产活动。本书的农产品加工业是指狭义的农产品加工业；而农产品加工又分为初级加工与精深加工，其中农产品初级加工是指对农产品的一次性的、不涉及对农产品内在成分改变的加工；农产品精深加工是指对农产品二次以上的加工，主要是指对其蛋白质、油脂、营养等资源及活性成分的提取与利用。以加工原料为对象，结合农业系统划分标准，本书将农产品加工大致分为粮油加工、果蔬加工、畜产品加工、水产品加工、特色农产品加工和其他农产品加工等类别。

### 14.1.2 特性

农产品加工所具有的特性居多，通过归纳总结，主要表现在以下几方面：

**第一，产业关联性大**。由于农产品加工是以农、林、牧、渔初级产品为原料进行加工的生产活动，其发展态势与规模将极大地影响着整个产业的发展，从而也带动包装、运输、储藏、能源等相关产业的发展，关联性极大，有利于解决劳动力就业和农民增收。

**第二，涉及领域多**。农产品加工涉及农业、饮料、皮革、制糖和生物质等多个领域。例如水果可以加工成各类饮料，橡胶可以加工成轮胎，甘蔗可以制成糖料等。其生产活动涉及的领域极其广泛。

**第三，初级加工产品偏多**。尽管近几年我国农产品加工发展迅速，但与先进国家相比，我国蔬菜、水果、肉类等农产品加工转化率不到20%，精深加工还不到10%。究其原因一方面可能与国人喜欢鲜活产品习惯有关；另一方面也可能受传统加工技术、工艺设备等方面的限制。

**第四，品种繁多**。与工业品相比，农产品加工既涉及粮棉油、园艺作物等种植品种，又涉及肉类、水产品等养殖品种；既有初级加工产品，又有精深加工产品。所表现出的种类、品系极其繁多。

**第五，储藏量大**。由于农产品体量大，加上其收获的季节性、集中性等特点，需要大量的仓储设施进行周转；再经过高温、消毒、干燥等环节处理后保存期长，为了满足市场均衡供应，也需要大量的仓储设施完成周转。

**第六，质量管控难**。由于农产品加工前连原料基地后连销售市场，各环节都需要进行质量管控。尤其原料生产分散于千家万户，其质量监管难度更大。如奶粉中抽查出的三聚氰胺、猪肉中的瘦肉精等违禁品都出现在原料生产环节上。

### 14.1.3 规划意义

建设农产品加工功能板块是加快区域农业经济发展的重要切入点，是解决"三农"问题的重大举措，是促进农业结构调整的重要内容，是推进工业化与城镇化的主要任务。因此，规划农产品加工板块意义深远，主要从以下几方面加以阐述：

**第一，有利于解决"三农"问题**。农业效益低、农民收入增长缓慢是当前农业和农村经济发展中的突出问题。通过规划与建设农产品加工板块，可以延长农业产业链，实现农产品多重增值，能促进农村劳动力近地就业，在推动现代农业发展、农村经济繁荣、农民增收和农业增效等方面意义重大。

**第二，有利于推进农业产业化**。农产品加工板块搭建的平台，能聚集大量的企业与信息，延伸农业产业链条，培育壮大加工龙头企业群，辐射带动原料基地标准化生产，是促进产业化发展的具体实践和发展现代农业的必然要求。

**第三，有利于提高农业核心竞争力**。规划与建设农产品加工板块有利于按照行业标准规范企业行为，提高农产品加工企业的生产效率；尤其在打造农产品知名品牌、提高区域农业核心竞争力等方面意义重大。

**第四，有利于满足居民多元化需求**。随着全面建设小康社会步伐的加快，城乡居民生活水平不断提高，食物消费结构正向着安全卫生、营养保健、经济方便、风味可口等方向转变。这对农产品加工产品的种类、品质提出了更高的要求。因此，大力发展农产品加工板块，不断研发与加工多类型品种，可以满足人们消费不断变化和多元化需求。

**第五，有利于推动四化同步发展**。在推动四化同步发展过程中，农业是短板，农产品加工业更是弱势产业，况且目前农产品加工存在规模小、基础薄弱、发展缓慢、加工水平低、产品名牌少和竞争力弱等问题，与工业化、现代化要求存在较大差距。因此，加快发展农产品加工板块，使之成为区域发展新的增长点，有利于推动四化同步发展。

## 14.2 规划编制

农产品加工功能板块规划内容包括：首先了解该板块的选址及确定规模；再分析园区及所在区域农产品加工发展现状，明晰产业发展基础，了解发展农产品加工的有利条件、特色资源及存在的问题；在此基础上提出规划思路与目标，以及确定功能定位及布局，并明确各功能分区规划内容、推荐重点或亮点工程项目、示范推广农产品加工高新技术，最后进行投资估算与效益分析等。

### 14.2.1 选址与规模确定

#### 14.2.1.1 影响因素

农产品加工功能板块位置选择应重点考虑以下因素：

**第一，自然因素**。自然因素包括自然资源和自然条件。自然资源包括水资源、土地资源、气象资源等。自然条件包括地形地貌、土地资源、工程地质、水文气象等。这些因素均影响该板块位置的选择，况且加工园区应尽量避免设在强烈地震带、断层、泥石流等不良地段，或地下建筑物、构筑物、工程管线等分布较多的地段。

**第二，交通因素**。运输是农产品加工活动中重要的影响因素，它牵涉到运输成本的高低。因此该板块选择位置时，要综合考虑原材料、燃料和产成品的输入与输出。

**第三，土地因素**。土地价格尽量适中，并要求土地尽量平整、自然坡度不宜太大；或地势较高的地方，尽量避免洪水和海潮灾害，便于防洪排涝。

**第四，合规因素**。应符合当地城乡建设总体规划、产业发展规划和生态环境保护规划等方面的相关要求。

**第五，卫生防护因素**。尽量避开受污染的水体及产生有害气体、烟雾、粉尘、放射性污染或其他污染源的工业企业或场所；加工车间的非清洁区与居住区、学校和医院的卫生防护距离应符合现行国家标准《农副食品加工业卫生防护距离第1部分：屠宰及肉类加工业》（GB 18078.1）的相关规定。

#### 14.2.1.2 规模确定

综合考虑上述选址因素、周边原料供应范围、市场需求潜力和企业经济实力等因素，依据所需加工的品种、各品种加工设计能力（大、中、小型）、加工周期和销售方式等，来确定农产品加工板块用地规模。依据各加工产品的种类，园区还可进一步划分为粮油、蔬菜、水果、畜产品和水产品等加工功能小区。各功能小区在确定加工设计能力后，根据配置加工生产线的长度、宽度测算加工车间的建设面积，并在考虑仓库、晒场、废弃物处理、防火间距和绿化带等设施所占面积的基础上，预留出一定的发展空间，以此计算各功能小区的占地面积，最后将各功能小区占地面积进行汇总后即为整个农产品加工板块用地规模。如表14-1。

表14-1 农产品加工能力与园区建设规模确定参考表

| 类别 | 小型 | | 中型 | | 大型 | |
|---|---|---|---|---|---|---|
| | 加工能力 | 占地面积 | 加工能力 | 占地面积 | 加工能力 | 占地面积 |
| 粮油类加工区 | | | | | | |
| 良种加工 | ≤1 t/h | ≤20亩 | 3~5 t/h | 20~50亩 | 8~10 t/h | ≥50亩 |
| 饲料加工 | ≤5万t/年 | ≤20亩 | 5~10万t/年 | 20~50亩 | ≥10万t/年 | ≥50亩 |
| 面粉加工 | ≤100 t/d | ≤15亩 | 100~400 t/d | 15~45亩 | ≥400 t/d | ≥45亩 |
| 食用油加工 | ≤200 t/d | ≤50亩 | 200~1 000 t/d | 50~120亩 | ≥1 000 t/d | ≥120亩 |
| …… | | | | | | |
| 蔬菜类加工区 | ≤2 t/h | ≤30亩 | 2~10 t/h | 30~100亩 | ≥10 t/h | ≥100亩 |
| 水果类加工区 | ≤2 t/h | ≤20亩 | 2~10 t/h | 20~80亩 | ≥10 t/h | ≥80亩 |
| 畜产品类加工区 | | | | | | |
| 生猪 | 70~120头/h | ≤50亩 | 120~300头/h | 50~100亩 | ≥300头/h | ≥100亩 |
| 肉牛 | 100~150头/班 | ≤50亩 | 150~300头/班 | 50~100亩 | ≥300头/班 | ≥100亩 |
| 肉羊 | 500~1 500只/班 | ≤50亩 | 1 500~3 000只/班 | 50~80亩 | ≥3 000只/班 | ≥80亩 |
| 肉鸡 | 3 000~6 000只/h | ≤50亩 | 6 000~10 000只/h | 50~80亩 | ≥10 000只/h | ≥80亩 |
| 鲜奶 | 5~10万t/年 | ≤60亩 | 10~30万t/年 | 60~100亩 | ≥30万t/年 | ≥100亩 |
| …… | | | | | | |
| 水产品类加工区 | 1万~2万t/年 | ≤30亩 | 2~5万t/年 | 30~60亩 | ≥5万t/年 | ≥60亩 |
| 园区用地汇总 | — | — | — | — | — | — |

## 14.2.2 现状与问题
### 14.2.2.1 现状调查与分析

农产品加工功能板块现状调查主要从产业基础、加工企业情况、加工原料基地生产情况、参与中介组织情况和产品质量安全等方面入手，通过问卷调查、现场访谈和典型抽样等方式，详细了解规划区农产品加工业发展现状。

**第一，产业基础**。主要调查农产品加工园区及周边区域产业化龙头企业数量、年加工能力、年实现产值、利税总额、从业人员数量与年均纯收入等。分析农产品加工业在该区域所处的地位、是否为区域工业的重要组成部分或支柱产业等。

**第二，加工企业**。主要调查园区及周边区域各农产品加工企业的名称、数量、加工品种与结构、年加工能力、经营范围、注册资金、占地规模、从业人员、年加工产值、销售渠道和市场份额，以及近年来获得的荣誉称号、著名商标名称和具有影响力的知名品牌等。

**第三，带动原料基地生产**。主要调查农产品加工直接带动的园区及周边区域原料生产基地的数量与规模，或订单农业面积、与农户连接的经营模式、参与生产的经营主体数量、带动农民增收情况等。

**第四，中介组织**。调查了解参与农产品加工的中介组织，如加工协会、运销协会、农民合作社、经销公司、产销协会等单位的基本情况。

**第五，农产品质量安全**。主要调查园区及周边区域加工农产品出现的质量问题案例、危害程度，以及农产品质量追溯系统、加工各环节制定的质量管理手册等，是否发放了农业生产卡、畜禽耳标、产品条形码等方面的配置或标示情况，以及加工产品质量安全的配套措施等。

通过外调资料整理后，测算出园区农产品加工转化率、精深加工产品所占比重、农产品加工业产值占农业总产值的比重、订单农业面积占农业种植面积的比例、农户参与数占总农户的比例、品牌数量占加工企业数量的比例、加工固体废弃物处理率等指标，分析园区在该区域行业发展所处的位置，寻找产业发展空间，为后续进一步规划作铺垫。

### 14.2.2.2 存在问题

当前，尽管农产品加工业在发展中取得了一定的成效，但与现代农业的要求相比，还存在一定的差距，问题还比较多，主要从以下几方面进行分析：

**第一，企业核心竞争力方面**。如企业可能存在规模不大、技术创新能力不足、经济实力不强、生产工艺落后、产品更新缓慢、产品档次低、初级产品多、名牌产品缺乏等方面的问题。这些均可导致农产品加工转化率低、产品市场占有率不高等后果。

**第二，加工原料基地配套方面**。如可能存在专用或优质原料基地缺乏或分散、原料生产规模化或标准化程度不高、品质不能满足加工需要、原料采购成本较高等方面的问题。这些均可导致加工原料产能不够、加工业发展后劲不足等后果。

**第三，园区合理布局方面**。如有可能存在缺乏科学的规划、加工园区位置偏远、功能定位不明确、总体布局不合理、各功能小区目标任务不明确、企业聚集效应效果不明显等方面的问题。这些均可导致园区发展空间不大、外观建设形象差等后果。

**第四，科技创新方面**。如园区大多数企业可能存在自主创新能力不够、设备陈旧落后、引进消化新技术能力低、高科技人才队伍缺乏、创新发展后劲不足等问题。这些均可导致加工产品科技含量低、企业核心竞争力不强等后果。

**第五，园区基础设施配套方面**。如有可能存在园区建设拆迁难度大，影响了园区规划与布局；或者道路系统没连通或路面没有硬化，影响施工进度或车辆出入；或者园区用电负荷不够，影响机械设备运转或企业正常生产；或者园区地势低，雨水或污水达不到自流排放，自来水、天然气等管网也没有安装到位等。这些均可导致园区基础设施建设滞后、规划实施不同步等后果。

**第六，加工产品质量安全方面。**如加工产品可能会存在农兽药残留较多、土壤重金属含量高、畜禽疫病发生率较普遍、使用较多违禁药品与添加剂等问题。这些均可导致产品质量安全没保障、市场竞争力不高等后果。

### 14.2.3 规划方案

#### 14.2.3.1 规划原则

规划原则是根据功能定位和规划思路来确定的，对于未来规划与建设的农产品加工功能板块，其规划原则可从以下几方面进行重点考虑：

**第一，坚持市场导向原则。**如从瞄准国内外两个市场、立足消费者多样化需求等方面考虑，重点发展具有比较优势和特色的加工产品，培育与壮大农产品加工企业，不断整合优势资源，发挥规模效益，改善园区基础设施和配套设施建设，完善服务功能，提高园区吸引力，达到提质增效的目的。

**第二，坚持突出特色原则。**如从结合区域资源优势和特色产业等方面考虑，培育与壮大一批加工龙头企业，促进加工企业向园区集聚，加强特色原料基地标准化建设，着力打造特色产品著名商标与知名品牌，形成具有地方特色的加工板块。

**第三，坚持科技创新原则。**如从加强产品加工重要环节的技术攻关和自主创新等方面考虑，注重引进、开发应用高新技术、新设备和新工艺等，加快传统技术改造步伐，不断培育与增强企业自主研发实力，加快农产品精深加工技术研发，不断提高加工产品的科技含量与质量档次。

**第四，坚持产业化经营原则。**如发展壮大农产品加工龙头企业，培育一批市场竞争力强的新型经营主体，促进农产品加工企业与原料基地紧密结合、上下游产品有机衔接、产加销一体化经营。按照"突出主业、强化特色、产业集聚、优势互补"的要求，鼓励龙头企业在做好现有产业的同时，积极向原料、包装、物流等关联性产业延伸拓展。

**第五，坚持循环经济发展原则。**如通过绿色加工、综合利用，实现节能降耗、环境友好，形成"资源—加工—产品—资源"模式，开发营养安全、绿色生态、美味健康、方便实惠的系列产品；积极研发与采用先进的工艺技术与设备，不断加强加工副产品的资源化利用，切实推行清洁生产，促进加工产品资源循环发展。

#### 14.2.3.2 规划思路

为了进一步明确农产品加工功能板块未来发展方向，重点从以下几个角度考虑规划思路：

**第一，优化区域布局。**在充分了解区域产业布局、要素集聚、功能配套、集约发展等方面的基础上，提出如何优化区域布局、拓宽发展空间、促进城乡与产业间协调发展的思路。

**第二，特色品牌培育。**在充分了解区域的资源优势、特色产业、规模效应与优势品牌等方面的基础上，提出如何抓住关键重点环节、突出特色、打造品牌的发展思路。

**第三，完善全产业链。**在充分了解区域加工原料来源、基地保障、标准化与规模化基地建设、经营合作模式、农工贸一体化开发等方面的基础上,提出如何加强原料基地建设、完善全产业链的发展思路。

**第四,科技创新**。在充分了解规划区产学研合作、技术攻关或自主研发、创新团队建设等方面的基础上,提出如何提高科技创新能力和企业核心竞争力的发展思路。

**第五,循环农业**。在充分了解当地对稻壳、米糠、麦麸、饼粕、果蔬皮渣、畜禽骨血、水产品皮骨内脏等副产品处理方式的基础上,提出如何更好地循环利用加工副产物的发展思路。

**第六,宣传推广**。在充分了解园区品牌意识、名牌数量、产品展示与推介活动、地理标志产品认定等方面的基础上,提出如何实施名牌战略、提升品牌影响力的发展思路。

---

**示例:某农产品加工功能板块规划思路**

以区域优势特色产业为基础,以农产品加工板块为载体,以国内外市场为导向,以科技创新为支撑,以培育壮大加工企业为龙头,以强化农产品加工业供给侧结构性改革为目标,进一步整合各种资源与生产要素,不断优化空间布局,推进产业集群发展,加强标准化、规模化原料基地建设,强化农产品初级加工与精深加工,引进与创新先进的加工工艺,推动农产品加工副产物的循环利用,加强产品质量全程监控,大力实施名牌产品战略,着力推进全产业链和全价值链建设,不断推进农产品加工业与一三产业交叉融合、互动发展。

---

#### 14.2.3.3 规划目标

**(1)总体目标**

发展总体目标大致可描述为:到规划期末,积极扶持与壮大一批加工龙头企业,引进与培育一支加工产品研发团队,带动一批标准化原料基地,开发一批优质系列产品,打造一批特色品牌与知名商标,初步形成原料生产基地化、企业经营规模化、技术装备高新化、加工产品优质化、产品营销品牌化、产业布局集约化的农产品加工业发展格局。力争将园区打造成区域领先、特色突出、产业链完整、利益联结机制紧密的农产品加工示范基地,促进区域农产品市场竞争力明显提高。

**(2)具体目标**

农产品加工功能板块具体目标需要通过制定一系列规划指标来完成,重点关注以下几方面(表14-2):

**经济效益目标**。预测不同规划阶段的规模以上农产品加工业产值、农产品加工业产值与农业总产值之比等系列指标及其增减幅度。

**加工产出目标**。预测不同规划阶段的年总加工能力、各品种加工能力、总仓储能力、加工企业自建基地拥有率等系列指标及其增减幅度。

**基础设施与物质装备目标**。预测不同规划阶段的加工车间建筑面积、辅助车间建筑面积、各类仓储容量、凉棚建筑面积和晒场建筑面积等系列指标及其增减幅度。

**农业科技与信息服务目标**。预测不同规划阶段的农产品加工转化率、精深加工产品所占比重、加工设备自动化水平和电商销售加工产品占比、农产品电子商务交易额等系列指标及其增减幅度。

**农业经营管理目标**。预测不同规划阶段的带动原料基地建设规模、产业化龙头企业数量、知名品牌数量、著名商标数量和销售收入过亿元的加工企业数量、ISO质量体系认证数量和HACCP认证数量等指标及增减幅度。

**辐射带动目标。** 预测不同规划阶段的从业人员人均纯收入、年培训人员和辐射带动就业人数等指标及增减幅度。

表14-2 农产品加工功能板块规划目标参考表

| 目标类别 | 具体目标名称 | 单位 | 基期年 | 近期目标 | 远期目标 | 年均增减(%) | 指标属性 |
|---|---|---|---|---|---|---|---|
| 经济效益目标 | 1. 规模以上农产品加工业产值 | 万元 | — | — | — | — | 预测值 |
| | 2. 农产品加工业产值占农业总产值之比 | : | | | | | 预测值 |
| | …… | | | | | | |
| 加工产出目标 | 1. 年总加工能力 | 万t | — | — | — | — | 预测值 |
| | 2. 各品种加工能力 | 万t | | | | | 预测值 |
| | 3. 总仓储能力 | 万t | | | | | 预测值 |
| | …… | | | | | | |
| | 4. 加工企业自建基地拥有率 | % | | | | | 预测值 |
| | …… | | | | | | |
| 基础设施与物质装备目标 | 1. 加工车间建筑面积 | $m^2$ | — | — | — | — | 预测值 |
| | 2. 辅助车间建筑面积 | $m^2$ | | | | | 预测值 |
| | 3. 各类仓储容量 | $m^3$ | | | | | 预测值 |
| | 4. 凉棚建筑面积 | $m^2$ | | | | | 预测值 |
| | 5. 晒场建筑面积 | $m^2$ | | | | | 预测值 |
| | …… | | | | | | |
| 科技信息服务目标 | 1. 农产品加工转化率 | % | | | | | 预测值 |
| | 2. 精深加工产品所占比重 | % | | | | | 预测值 |
| | 3. 加工设备自动化水平 | % | | | | | 预测值 |
| | 4. 电商销售加工产品占比 | % | | | | | 预测值 |
| | 5. 农产品电子商务交易额 | 万元/年 | | | | | 预测值 |
| | …… | | | | | | |
| 经营管理目标 | 1. 带动原料基地建设规模 | 个 | — | — | — | — | 预测值 |
| | 2. 产业化龙头企业数量 | 个 | | | | | 预测值 |
| | 3. 知名品牌数量 | 个 | | | | | 预测值 |
| | 4. 著名商标数量 | 个 | | | | | 预测值 |
| | 5. 销售收入过亿元的加工企业数量 | 个 | | | | | 预测值 |
| | 6. ISO质量体系认证数量 | 项 | | | | | 引导值 |
| | 7. HACCP认证数量 | 项 | | | | | 引导值 |
| | …… | | | | | | |
| 辐射带动目标 | 1. 从业人员人均纯收入 | 元/人 | | | | | 预测值 |
| | 2. 年培训生产与管理人员 | 人次/年 | | | | | 预测值 |
| | 3. 辐射带动就业人数 | 人 | | | | | 预测值 |
| | …… | | | | | | |

### 14.2.3.4 功能定位与分区

#### （1）功能定位

围绕上述发展思路与规划原则，农产品加工功能板块除具备一般园区的基本功能外，还应具备生产加工、企业孵化、产业聚集、物流配送、提质增效、休闲观光、产业融合和辐射带动等功能。具体表现在以下几个方面：

**第一，生产加工功能**。这是农产品加工功能板块的主要功能。不经加工直接销售到市场的产品，很难实现农业增效与农民增收，必须采用先进的加工技术与工艺，实现产品的加工、处理和转化等，才能满足不同消费者需求，达到产品增值、农业增效的目的。

**第二，企业孵化功能**。园区是产业和企业集聚的载体。大力引进与培育大型加工龙头企业，通过提供一定的资金、人才、土地、管理等方面的支持，帮助举步维艰的小微企业走出困境，不断加强合作与交流，使小微企业做大做强，降低其创业风险，实现小微企业向大中加工企业或加工集团迅速迈进，进而发挥大型企业的孵化功能。

**第三，产业集聚功能**。是指园区加工企业集中布局、产业集群发展、资源集约利用、功能集合构建等，从而形成园区生产要素的集聚效应，进而发挥园区的总体规模效益。

**第四，物流配送功能**。农产品加工与物流配送是密不可分的，作为流通环节的重要组成部分，在发挥基本功能的同时，还应拓展加工产品后期的仓储、配送、交易等集散功能，更好地发挥加工物流的效率，挖掘潜力创造更大的综合效益。

**第五，提值增效功能**。园区发展应以市场为导向，以经济效益为中心，以企业盈利为目标，通过不断开发高科含量、高市场占有率、高附加值的产品，追求利润最大化，获取最高经济效益，达到提值增效的目的。

**第六，休闲观光功能**。主要是发挥展示、体验、科普等休闲农业功能，作为区域示范的窗口以及企业形象的展示节点，园区是促进人们沟通交流、激发创意与潜能的重要场所，在为人们提供参与互动的机会与平台的同时，进而发挥一定的休闲观光功能。

**第七，产业融合功能**。由于农产品加工业连接工农、沟通城乡，行业覆盖面宽、产业关联度高、带动农民就业增收作用强，是产业融合的必然选择，在推进农业供给侧结构性改革的过程中，应充分发挥农产品加工业引领带动作用，大力发展休闲农业与乡村旅游，促进农村一二三产业融合发展。

**第八，辐射带动功能**。主要是通过农产品加工和农业高新技术在园区的产业化开发，可以辐射带动种植、养殖加工原料基地的生产、包装、运输等相关产业的发展。

#### （2）功能分区

根据上述功能定位，综合考虑农产品加工功能板块产业现状、基础条件、发展目标、建设用地条件等综合因素，在全园一级功能分区的基础上，再次划分为农产品加工区、农产品仓储区、精品商贸区、配套服务区、废弃物综合利用区和加工原料生产区等二级功能小区及多个三级小区。由于农产品加工功能板块以生产为主，休闲观光项目不能设置太多，一般不单独划出一个区域进行项目布置，具体规划见第16章相关内容。详见表14-3。

表 14-3 农产品加工功能板块功能分区推荐表

| 一级类 | | 二级类 | | 三级类 | | 面积（亩） | 备注 |
|---|---|---|---|---|---|---|---|
| 编码 | 名称 | 编码 | 名称 | 编码 | 名称 | | |
| | | | 面积合计 | | | — | |
| 06 | 农产品加工功能板块 | 061 | 农产品加工区 | 0611 | 粮油加工区 | — | 根据园区农产品加工业发展现状进行适当补舍 |
| | | | | 0612 | 果蔬加工区 | — | |
| | | | | 0613 | 畜产品加工区 | — | |
| | | | | 0614 | 水产品加工区 | — | |
| | | | | 0615 | 特色产品加工区 | — | |
| | | | | 0616 | 其他农产品加工区 | — | |
| | | | | …… | …… | | |
| | | 062 | 农产品仓储区 | 0621 | 理货区 | — | |
| | | | | 0622 | 原料常温仓储区 | — | |
| | | | | 0623 | 成品常温仓储区 | — | |
| | | | | 0624 | 产品冷藏区 | — | |
| | | | | …… | …… | | |
| | | 063 | 精品商贸区 | 0631 | 会展经贸区 | — | |
| | | | | 0632 | 总部经济区 | — | |
| | | | | 0633 | 精品展示区 | — | |
| | | | | 0634 | 餐饮住宿接待区 | — | |
| | | | | …… | …… | | |
| | | 064 | 配套服务区 | 0641 | 加工技术与产品研发区 | — | |
| | | | | 0642 | 办公生活区 | — | |
| | | | | 0643 | 产品质量检测区 | — | |
| | | | | 0644 | 传统工艺体验区 | — | |
| | | | | …… | …… | | |
| | | 065 | 废弃物综合利用区 | 0651 | 固态废弃物处理区 | — | |
| | | | | 0652 | 加工污水处理区 | — | |
| | | | | 0653 | 废物堆放区或污水暂储区 | — | |
| | | | | …… | …… | | |
| | | 066 | 加工原料生产区 | 0661 | 粮油加工原料生产基地 | — | |
| | | | | 0662 | 果蔬加工原料生产基地 | — | |
| | | | | 0663 | 畜产品加工原料生产基地 | — | |
| | | | | 0664 | 水产品加工原料生产基地 | — | |
| | | | | 0665 | 特色产品加工原料生产基地 | — | |
| | | | | …… | …… | | |
| | | …… | | | | | |

### 14.2.4 功能小区规划与布局

#### 14.2.4.1 功能小区规划

从表 14-3 看出，一般农产品加工功能板块可划分为农产品加工区、农产品仓储区、商贸服务区、配套服务区、废污处理区和加工原料生产区等功能小区。每个小区按照工艺要求和生产流程进行适当分隔，实现专业化生产、流水化作业，互不干扰；同时上下游产业链又相互衔接，密不可分。各功能小区规划简述如下：

（1）农产品加工区

**建设思路**。立足市场需求，选择合适的加工品种与加工方式，确定适宜的加工能力，不断加强科技研发与创新，引进与推广先进的加工工艺与技术，扶持与壮大参与农产品加工各环节的经营主体，促进从传统产品向特色、系列产品转变，从短链条、粗利用、低附加值产品向长链条、综合利用、高附加值产品发展，积极开发功能性、专用性、方便性和休闲性加工产品，实现产品结构的不断优化，推动农产品加工业从数量增长向质量提升、要素驱动向创新驱动、分散布局向集群发展转变，促进农产品加工业持续健康发展。

**建设目标**。不断加强科技研发与自主创新，进一步优化加工产品结构，促进加工环节关键技术和装备取得较大突破，城乡居民消费需求能力进一步增强，不断地发挥示范推广和辐射带动能力。如农产品加工转化率达到60%以上、农产品精深加工达到30%以上、农产品加工业与农业总产值之比达到2倍以上。并预测该区农产品年加工能力。

**功能小区划分**。该区还可进一步划分为粮油加工区、果蔬加工区、畜产品加工区、水产品加工区、特色产品加工区和其他农产品加工区等功能小区（表14-4）。并说明各功能小区的产品定位与功能职责，重点描述加工品种与数量、加工方式（初级或精深加工）、各品种加工设计能力、所需用地面积和布局位置等。

表14-4 农产品加工区规划参考表

| 序号 | 分区名称 | 单位 | 占地面积 | 结构比例 | 分布位置 | 备注 |
|---|---|---|---|---|---|---|
| 1 | 粮油加工区 | — | — | — | — | — |
| 2 | 果蔬加工区 | — | — | — | — | — |
| 3 | 畜产品加工区 | — | — | — | — | — |
| 4 | 水产品加工区 | — | — | — | — | — |
| 5 | 特色产品加工区 | — | — | — | — | — |
| 6 | 其他农产品加工区 | — | — | — | — | — |
| …… | | | | | | |
| 合计 | | — | — | — | — | — |

**建设内容**。分别说明各功能小区重点项目的建设名称、建设理由和所发挥的功能作用，以及与其他工程项目的衔接关系。一是土建工程，如对于具有良好加工基础的园区，为了进一步提升农产品加工水平和辐射带动能力，需要改建或新建加工车间，该车间建设规模应根据园区周边原料生产量和市场需求量而定，附带说明加工车间的建筑结构、建筑尺寸和外观设计等，结合生产工艺流程和安全防火要求，确定主车间或辅助车间的耐火等级、布置位置等；为了减少运输费用和人工成本，建议加工车间尽量布置在原料基地附近；以此类推，对其余如计量包装车间、各类仓库、晒场等工程也作类似说明。在此基础上，汇总出该区土建总建筑面积。二是场区工程，主要描述场区道路、水电等工程的建设理由、工程量确定依据和具体工程做法等；在此基础上，汇总出加工场区总工程量。三是仪器设备，主要描述所需配置的加工生产线或移动式加工设备、计量设备、包装设备、水电设备和运输设备等；在此基础上，汇总出该区仪器设备总配置量。

**（2）农产品仓储区**

**建设思路**。随着农产品物流业的快速发展，应对市场变化、宏观调控和自然灾害、突发事件等方面的物资供应保障能力的不断加强，仓储设施规划发挥着不可替代的功能与作用。该区规划应根据农产品加工能力和市场需求潜力，结合园区及周边仓储设施现状调查资料与规划目标，确定未来仓储设施类别与仓储能力，按照一定的标准、操作规范进行分区分类，配备机械化与自动化设施，不断提高物流作业效率和仓库利用率。

**建设目标**。根据不同品种和储藏要求，加强储藏条件的改善，不断提高仓储利用率。如满足农产品加工原料仓储周转率达到80%以上、加工成品仓储周转率达到90%以上，以及肉类与水产品全部能冷藏，并配套完整的冷链运输系统。并预测该区年储藏或保鲜、周转能力和用地规模。

**功能小区划分**。该区还可进一步划分为理货区、原料常温仓储区、成品常温仓储区、产品冷藏区与冷冻区等多个功能小区（表14-5）。并重点描述各功能小区的仓储品种、仓储数量、仓储方式（常温或冷藏等）、所需用地面积与布置位置等。

表14-5 农产品仓储规划参考表

| 序号 | 分区名称 | 单位 | 占地面积 | 结构比例 | 分布位置 | 备注 |
|---|---|---|---|---|---|---|
| 1 | 理货区 | | – | – | – | – |
| 2 | 原料常温仓储区 | | – | – | – | – |
| 3 | 成品常温仓储区 | | – | – | – | – |
| 4 | 产品冷藏区与冷冻区 | | – | – | – | – |
| | …… | | | | | |
| | 合计 | | – | | | |

**建设内容**。分别说明各功能小区重点项目的建设名称、建设理由和所发挥的功能作用，以及与其他工程项目的衔接关系。一是对土建工程，比如对于具有良好仓储基础的园区，应结合原料收购量、农产品加工量和农产品收储特性，改造或新建各种类型的仓库，包括常温库、恒温库和冷冻库等；再根据产品加工量、市场需求量和周转次数等，确定其建设规模、建筑尺寸和立面设计等；为了减少运输成本，建议仓库尽量靠近原料基地和加工车间附近布置。以此类推，对其余如理货间、磅房、值班室等建筑也作类似说明；在此基础上，汇总出该区土建工程总建筑面积。二是场区工程，主要描述场区道路、水电、停车场等工程的建设理由、工程量确定依据和具体工程做法等；在此基础上，汇总出该场区总工程量。三是仪器设备，主要描述所需配置的自动化升降设备、冷冻机组、保鲜机组、电子磅秤、水电设备和运输设备等方面的种类和数量；在此基础上，汇总出该区仪器设备配置总量。

**（3）精品商贸区**

**建设思路**。对于小型园区或某一单独功能的加工区，其相关内容一般归并到配套服务区内进行建设。针对较大规模的加工园区，着力将名特优产品展示作为优化加工产品结构、转变生产方式的重要突破口，不断促进区域集聚、产业集群、内涵发展和品牌提升，全力推动现代农产品加工业、总部经济和电子商务等方面的协调发展，营造良好的发展环境，加快培育与建设总部经济区，错位发展精品展示区，全力打造会展经贸区，配套餐饮、住宿接待区等，不断提高园区商贸服务质量与水平。

**建设目标**。依托园区名特优产品，不断完善加工场区基础设施建设，最终将其打造成当地规模较大、特色鲜明、服务一流、综合效益显著的商贸核心区。并预测整个功能区占地规模、年举办会展数量和名特优商品贸易量等。

**功能小区划分**。该区还可进一步划分为会展经贸区、总部经济区、精品展示区和餐饮住宿接待区等多个功能小区（表14-6）。并重点描述精品展示种类、商贸种类与数量、各功能小区所需用地面积与布局位置等。

表14-6 精品商贸区规划参考表

| 序号 | 分区名称 | 单位 | 占地面积 | 结构比例 | 分布位置 | 备注 |
|---|---|---|---|---|---|---|
| 1 | 会展经贸区 | — | — | — | — | |
| 2 | 总部经济区 | — | — | — | — | |
| 3 | 精品展示区 | — | — | — | — | |
| 4 | 餐饮住宿接待区 | — | — | — | — | |
| | …… | | | | | |
| | 合计 | | — | — | | |

**建设内容**。分别说明各功能小区重点项目的建设名称、建设理由和所发挥的功能作用，以及与其他工程项目的衔接关系。一是土建工程，比如对于具有一定产业规模的园区，为了扩大宣传推广力度和产品贸易量，需要建设会展中心；该中心应依据投资大小和影响力确定其建设规模、建筑尺寸和外观设计等；在此基础上，还要突出会展中心的建筑特色和职能任务，并注重外观立体效果描述和分布位置；以此类推，对其余如总部大楼、精品展示厅、直销店、酒店客房等建筑也作类似说明；在此基础上，汇总出该区土建工程总建筑面积。二是场区工程，主要描述场区道路、水电、停车场等工程的建设理由、工程量确定依据和具体的工程做法等；如为了解决货物运输问题，需要配置运输车辆和停车场，根据车辆配置数量、类型、外形尺寸和所选位置，确定停车场建设数量和单个停车场的大小；以此类推，其他工程也如此叙述；在此基础上，汇总出该场区总工程量。三是仪器设备，主要描述所需配置的多媒体设施、展厅货架、客房床位、餐饮用具、水电设备和运输设备等方面的种类与数量；在此基础上，汇总出该区仪器设备配置总量。

（4）加工原料生产区

**建设思路**。原料是农产品加工发展的基础，是全产业链的前端。规划应以"市场牵龙头、龙头带农户、农户连基地"为发展思路，加快原料基地良种化、标准化和规模化建设，大力推广"企业+合作组织+基地+农户"的经营模式，从源头上保证农产品加工原料的数量与质量，不断提高加工原料的订单率和合同保证率。

**建设目标**。依托当地优势特色产业，开展自产或订单农业经营模式，加强标准化生产基地建设，完善田间工程设施，不断提高原料基地标准化水平。根据园区加工量预测原料需求量，并估算基地建设规模。

**功能小区划分**。根据加工原料的品种类型，该区还可进一步划分为粮油、果蔬、畜产品、水产品和特色产品等加工原料生产区（表14-7）。并重点描述所需原料品种、来源方式、种植制度、基地产量、建设规模、布局位置以及生产经营模式等。

表14-7 加工原料生产区规划参考表

| 序号 | 分区名称 | 单位 | 占地面积 | 结构比例 | 分布位置 | 备注 |
|---|---|---|---|---|---|---|
| 1 | 粮油加工原料生产基地 | — | — | — | — | |
| 2 | 果蔬加工原料生产基地 | — | — | — | — | |
| 3 | 畜产品加工原料生产基地 | — | — | — | — | |
| 4 | 水产品加工原料生产基地 | — | — | — | — | |
| 5 | 特色产品加工原料生产基地 | — | — | — | — | |
| 6 | 其他产品加工原料生产基地 | — | — | — | — | |
| | …… | | | | | |
| | 合计 | | — | — | | |

**主要建设内容**。分别说明各功能小区重点项目的建设名称、建设理由和所发挥的功能作用,以及与其他工程项目的衔接关系。一是土建工程,比如针对选择"公司+基地"经营模式的园区,比较注重原料生产基地的建设;考虑基本农田不许建厂房,或加工区与生产基地可能存在一定的距离,为了方便产品收割后临时储存,需要在基地中心位置建设临时仓库和晒场,其建设规模应根据原料产量、与加工区距离、周转次数和当地收获季节气候条件等因素来确定,并分别说明临时仓库与晒场的结构形式、建筑尺寸和分布位置等;以此类推,对其余如看守房、水泵房等建筑也作类似说明;在此基础上,汇总出该区土建工程总建筑面积。二是田间工程,主要包括田间道路、灌溉渠、排水沟、灌排站/机井和沤肥池等分项建设理由、工程量确定依据和具体工程做法等;在此基础上,汇总出该区田间工程总量。三是仪器设备,主要描述各基地所需的耕地、播种、收割、植保等农机具,以及灌排设施、生产工具、运输车辆等配备型号与数量;在此基础上,汇总出该区仪器设备配置总量。

### (5) 配套服务区

**建设思路**。该区是促进农产品加工板块顺利实施的重要后勤保证,应布置在靠近大门的位置,其主要职责是配套做好各项服务,保障各生产性功能区顺利实施。

**建设目标**。以园区为载体,不断探索现代化经营管理模式,调动各经营主体的能动性,培育和打造特色品牌,不断提高该区整体服务水平。

**功能小区划分**。该区还可进一步划分为加工技术与产品研发区、办公生活区、产品质量检测区、传统工艺体验区等多个功能小区(表14-8)。并重点描述各功能小区占地面积和分布位置。

表14-8 配套服务区规划参考表

| 序号 | 分区名称 | 单位 | 占地面积 | 结构比例 | 分布位置 | 备注 |
|---|---|---|---|---|---|---|
| 1 | 加工技术与产品研发区 | — | — | — | — | |
| 2 | 办公生活区 | — | — | — | — | |
| 3 | 产品质量检测区 | — | — | — | — | |
| 4 | 传统工艺体验区 | — | — | — | — | |
| | …… | | | | | |
| | 合计 | — | — | | | |

**建设内容**。分别说明各功能小区重点项目的建设名称、建设理由和所发挥的功能作用,以及与其他工程项目的衔接关系。一是对土建工程,比如,对于具有一定信息化服务基础的园区,为了进一步提升自动化管理水平和劳动生产率,需要在管理区建设监控室,通过配置电脑、液晶电视、探头和监控系统等设施,实现对产品加工全过程的监控;并根据加工产品种类、加工设备自动化程度和加工区大小确定监控室的建设规模和建筑尺寸;为了扩大监控范围,建议监控室布置在服务区的中心位置;以此类推,对其余如办公室、产品初级加工车间、接待室与展示厅、检验室、各类仓库、研发与培训室、职工食堂等建筑也作类似说明;在此基础上,汇总出该区土建工程总工程量。二是场区工程,主要描述该区新建场区道路、锅炉房、配电站、水房和停车场等分项的建设理由、工程量确定依据和具体工程做法;在此基础上,汇总出该场区工程总量。三是仪器设备,主要描述该区所需的办公设施、科研仪器、检测仪器、培训设施、体验设施、运输车辆和供水、供电等方面的配备型号与数量;在此基础上,汇总出该区仪器设备配置总量。

## （6）废弃物综合利用区

**建设思路**。农产品加工是园区农业生产的重要组成部分，妥善处理好农产品加工过程中产生的废水与固体废弃物，是保护园区环境及农产品加工业可持续发展的前提。应积极发展循环农业，提高农产品加工废弃物综合利用率，降低能源消耗，减少污水排放，保护生态环境，改善园区生产与生活环境。

**建设目标**。遵循生产生态并重，牢固树立节约集约循环利用的资源观，通过绿色加工、综合利用，实现节能降耗、环境友好，形成"资源—加工—产品—资源"模式，推动绿色发展方式，促进园区可持续发展。并预测年处理废弃物能力和污水总量，在此基础上估算该区建设规模。

**功能小区划分**。该区还可进一步划分为固态废弃物处理区、污水处理区、废物堆放区或污水暂储区等多个功能小区（表14-9）。并重点描述该区处理废弃物的种类、处理方案、处理工艺、所需面积和分布位置等。

表14-9　废弃物综合利用区规划参考表

| 序号 | 分区名称 | 单位 | 占地面积 | 结构比例 | 分布位置 | 备注 |
|---|---|---|---|---|---|---|
| 1 | 固态废弃物处理区 | — | — | — | — | |
| 2 | 加工污水处理区 | — | — | — | — | |
| 3 | 废物堆放区或污水暂储区 | — | — | — | — | |
| | …… | | | | | |
| | 合计 | — | — | — | | |

**建设内容**。分别说明各功能小区重点项目的建设名称、建设理由和所发挥的功能作用，以及与其他工程项目的衔接关系。一是土建工程，比如为了保持加工厂清洁卫生，减少加工废弃物的污染，必须对加工固体废弃物和污水进行处理，需要建设处理车间，其建设规模应根据废弃物种类、数量、处理工艺和处理设备外形尺寸大小等而定；在此基础上，还要注重建筑尺寸和外立面的设计等；考虑到异味和噪音的因素，建议处理车间最好布置在加工区的下风向；以此类推，对其余如办公用房、值班房、发酵池、氧化塘、堆放场和发酵棚等工程也作类似说明；在此基础上，汇总出该区总工程量。二是场区工程，主要描述该区新建场区场区道路、停车场等分项建设理由、工程量确定依据和具体工程做法等；在此基础上，汇总出该场区总工程量。三是仪器设备，主要描述该区所需的污水处理设备、固体废弃物处理设备、常规检验仪器和运输车辆等方面的配备型号与数量；在此基础上，汇总出该区仪器设备配置总量。

### 14.2.4.2　功能板块布置

（1）布置要求

加工板块各功能小区布置应以工艺流程为依据，以设施设备为中心，以各功能小区为衔接，以节约用地为原则，使之主次分明、错落有致、综合配置、布局合理。根据生产和工艺流程，可将加工功能板块分为厂前区（配套服务区、商贸服务区）、厂中区（加工与仓储区）和厂后区（废水与固体废弃物处理区）。一般厂前区应布置在加工区上风向，厂后区布置在加工区下风向。在布置厂中区时，为保证产品的卫生、安全等条件，将原料库、加工车间、成品库按工艺要求顺序布置，即成品区位于原料区上风向，并且原料进厂和产品出厂分别有各自道路和大门，以保证整个生产过程的卫生、防疫。另外各生产辅助设施布局，应根据工艺和生产车间布局要求，尽量缩短各种管道布设线路，分设于生产车间两旁，确保安全生产和运输，降低能源损耗。

## （2）布置形式

受工艺要求限制，一般农产品加工功能板块排列式布置形式较少，主要呈现渠道型、放射型和四方型等多种形式，如图14-1。

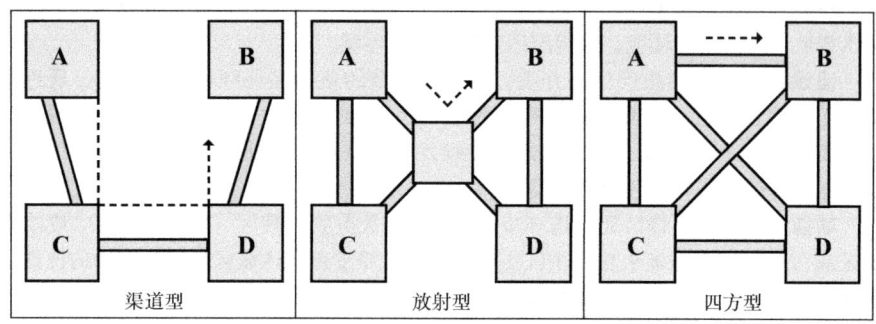

图 14-1　农产品加工功能板块布置形式示意图

**渠道型布置**。这种布置形式比较常见，属于开敞式布置。进大门后，中间开阔地一般是晒场，两边布置原料库或成品库，里面布置加工车间、包装车间或冷藏库等，这种布置形式比较适合大宗农作物加工工艺要求。

**放射型布置**。有的加工园把加工车间布置在正中心比较显眼的地方，四周布置仓库、办公室、冷藏库和晒场等。射线有可能朝着一个方向瞄准，也可能向四周多个方向发射，应根据园区范围和所处地形进行选择，此种布置形式有利于各建筑间联系紧密。

**四方型布置**。此种布置形式与渠道型布置原理类同，不同点在于形成的是较为封闭的空间布局，此种布置形式比较适合肉类、鱼类加工工艺要求。

## （3）布置图绘制

结合园区加工企业分布现状和原料生产情况，按照加工工艺流程，将加工板块划分为商贸服务核心区、农产品加工集中片区、物流综合服务区和商贸综合服务片区等二级功能区，为方便生产和运输等，园区布置采用放射型布置形式。

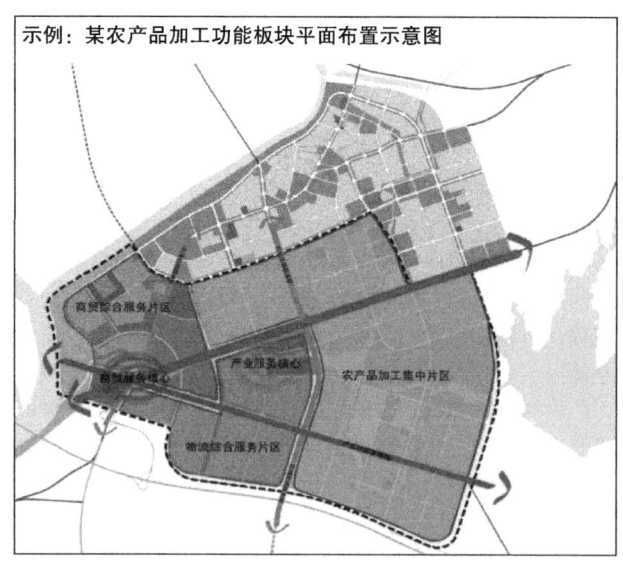

示例：某农产品加工功能板块平面布置示意图

### 14.2.5 重点或亮点示范项目

#### 14.2.5.1 粮食产地烘储示范项目

**项目位置与建设规模**。选择位于粮食主产区的园区，该项目布置尽量靠近粮食生产基地。其规模测算首先应根据区域历年粮食周转量来确定烘干设备尺寸与仓储容量，推算出建筑面积和占地面积，然后在考虑晒场面积和预留空间的基础上确定用地规模。

**项目内容**。据有关部门测算，因产后处置不当造成当季粮食损失达10%左右，或因过度加工每年损失粮食150亿斤（1斤=0.5千克，全书同）以上，成为影响粮食增产与农民增收的重要因素。位于粮食主产区的农产品加工园区，应根据园区功能定位与发展目标，开展粮食产地烘储项目试点示范，大力推广先进适用的粮食烘储技术，在享受农产品产地初加工补助政策的同时，联合农民合作社、家庭农场和种植大户等经营主体共同出资建设和完善产地初加工设备、烘干设备、自然通风仓与烘储仓等设施，确保水稻、玉米等粮食作物能够及时烘干、安全收储，促进当地粮食减损提质、粮食稳定供应和农民就业增收等。

#### 14.2.5.2 粮食加工示范项目

**项目位置与建设规模**。该项目尽量选择在粮食主产区的园区，靠近粮食生产基地和园区交通比较方便的地方。其建设规模应根据粮食生产商品量、市场需求潜力、国家与地方粮食储备任务和年实际加工能力来确定。

**项目内容**。以粮食生产基地为依托，引进或研发先进的粮食加工工艺、生产技术和现代化加工设备，以促进粮食加工转化、满足居民多样化需求为目标，鼓励发展粮食生产、保鲜及食品加工、直销配送或餐饮服务一体化经营，重点培育小麦、玉米或水稻等粮食加工产业集群，建设一批技术水平高、带动力强的粮食加工示范企业，打造粮食全产业链条，建设各具特色的中央厨房，增强粮食加工技术自主创新能力，加

快完善粮食加工配套设施和设备，不断开发品种多样、功能专一、营养丰富的粮食加工产品，提升区域粮食加工企业整体技术水平，促进当地粮食资源转化增值，缓解农民卖粮难的现状，促进粮食产业可持续发展。

#### 14.2.5.3 肉类加工示范项目

**项目位置与建设规模**。该项目在园区布置尽量与粮食加工、果蔬加工等厂房隔开，最好布置在园区的下风向。其建设规模应根据肉类加工品种、区域养殖量和加工工艺与设备选型来确定。

**项目内容**。随着人们生活水平的不断提高和生产节奏的日益加快，消费需求正朝着健康、安全、味美方向转变，冷鲜肉将逐步成为居民肉类消费的主流。冷鲜肉又称排酸肉，是指严格执行兽医检疫制度，对屠宰后的畜禽胴体迅速进行冷却处理，并在后续加工、流通和销售过程中始终保持在0~4℃的生鲜肉，形成特有的冷却链系统，各个链条紧密相连、从不间断，通过此系统提供的冷鲜肉安全卫生、味道鲜美、口感细嫩、营养价值高等。该项目通过引进与培育肉类加工龙头企业，依托标准化规模养殖场，加快完善肉类加工车间设施改造和全自动生产线设备配置，按照相关规范加工生产系列冷鲜肉，以此满足居民多样化需求。

#### 14.2.5.4 乳品加工示范项目

**项目位置与建设规模**。该项目尽量靠近奶牛养殖区布置。其年加工能力和建设规模应根据区域泌乳奶牛的养殖量、市场需求量和周边同类项目建设规模等多种因素来确定。

**项目内容**。随着人们生活水平的提高，对营养和健康的要求也越来越高，逐渐认识到乳品在饮食中的重要性。乳品是指以牛乳或羊乳为主要原料，不加入或加入适量的维生素、矿物质和其他辅料等，按照相关加工工艺、生产标准和消费者喜好等，加工制成巴氏消菌奶、超高温灭菌奶、酸奶、含乳饮料等系列产品。乳品具有营养成分

齐全、风味香甜、易于饮用等特点。该项目通过引进与培育乳品加工龙头企业，完善与提升加工车间标准化建设水平，配置全自动乳品加工生产线，不断提高园区奶制品加工质量。

#### 14.2.5.5 果蔬采后处理示范项目

**项目位置与建设规模**。随着人们生活水平的提高，对农产品品质和要求越来越多，果蔬整理与分级包装项目应运而生，而且发展越来越快。由于该项目涉及的产品体量较大，应尽量布置在园区的交通枢纽处。其建设规模应根据区域果蔬生产量、市场潜在需求量和年实际交易量等多种因素来确定。

**项目内容**。由于部分果蔬产地采后处理基础设施不完善，导致果蔬损失率达到30%左右，可见采后处理是果蔬流通中比较重要的环节，直接影响到产品的损耗、品质和贮藏时间。果蔬有优劣之分，存在形状、大小、着色程度的不一致，甚至还会附带风磨、病虫害等产品，采后如混在一起既不便于贮藏运输，也不便以质论价销售。实践证明，该项目通过引进与培育相关环节的龙头企业，建立与完善处理车间和相关设施设备，按照全程质量追溯管理体系，实行产品分级包装标识，不断提高产品的商品性和市场价值，促进区域果蔬产业快速发展。

#### 14.2.5.6 加工副产物综合利用示范项目

**项目位置与建设规模**。该项目尽量布置在农产品加工区附近。其建设规模应根据农产品加工品种、加工能力、副产品产生量和市场潜在需求量等方面来确定。

**项目内容**。鼓励与培育农副资源加工企业，通过工程、设备和工艺的组装物化，集成与推广废弃物综合利用技术，制定与完善相关标准与操作规程，开展粮油、果蔬、畜禽、水产品等加工副产物综合利用的试点示范，延长农产品加工产业链，拓宽加工转化增值空间，推行清洁生产，有利于提高农副资源的回收利用率。例如将稻谷加工成精米的同时，其副产品之一稻壳通过完全燃烧进行发电，燃烧后产生的灰粉可加工成白炭黑和活性炭，其中白炭黑是很好的橡胶乳剂，而活性炭则可以制作过滤剂；其副产品之二米糠可以用来榨油，米糠油是改善"三高"问题的健康营养油，还具有防止肌肤干燥、延缓肌肤老化等功效，以此可将稻谷全身变成宝，减少其废弃物对周围环境的污染，能最大限度地开发稻谷资源的利用价值。此法用在果皮渣、畜禽骨血、水产品皮骨内脏等副产物开发上，也能产生同样的效果。

### 14.2.6 农产品加工高新技术示范

引进与示范农产品加工高新技术时，首先应关注高新技术的先进性、创新性、成熟性和实用性。如高新技术是否属国内首创，或处于国内外同领域领先水平；或该技术在技术原理、工艺流程或产品系列开发等方面较其他同类产品有重大的改进，能显著提高产品的性能或功能；或该技术实用性强，容易实现规模化大生产，对区域农业发展具有辐射带动作用。目前，国际上广泛应用于农产品加工领域的高新技术，主要包括生物工程技术、超临界萃取技术、膜分离技术、包装保鲜技术等。这些高新技术的应用使得农产品加工业水平大大提高，同时使农产品的利用价值得以充分发挥，提高了农产品的商用价值。目前农产品加工高新技术主要表现在以下几方面：

**（1）生物工程技术**

生物工程技术主要包括基因工程、细胞工程、酶工程、发酵工程等方面的技术：

**基因工程**。是指分子克隆或重组技术，是指用酶学方法，将异源基因与载体在体外进行重组，将形成的重组子转入受体细胞，使异源基因在其中复制表达，从而改造生物特性，大量生产出目标产物的高新技术。例如大豆经过基因工程改造后，抗虫、抗除草剂性能会增强。还能利用基因工程，延缓果蔬成熟，控制果实软化，提高果蔬抗病抗冻能力。

**细胞工程**。采用细胞生物学的方法，依照研究人员预先的设计，改造遗传物质和细胞培养技术，主要包括细胞融合技术、动物细胞工程和植物细胞工程等。例如食品添加剂中的天然香料、天然色素等。

**酶工程**。酶是由活性细胞产生的生物催化剂，具有强催化活性，专一性特点。酶工程主要是把游离的酶固定化，以此实现控制生产能力。例如，广泛应用于玉米淀粉加工，经酶法液化、糖化、葡萄糖异构化后，生产出高果糖浆，代替蔗糖的使用，能有效防止食品氧化，起到保鲜的作用。

**发酵工程**。也称微生物工程，直接把微生物用于生产的一种技术体系。例如通过菌种的培育与选育，将基因工程和细胞工程融合生产出甜味剂，代替蔗糖使用，改良酸奶或饮料的口感，还有利于人类身体健康。

**（2）农产品加工技术**

农产品加工技术主要包括超临界流体萃取、膜分离、微波等方面的技术：

**超临界流体萃取技术**。采用超临界流体可从多种液态或固态混合物中萃取出待分离的成分，一般用$CO_2$作为萃取剂。用$CO_2$萃取大豆油，在温度压力适宜的条件下，得到的大豆油色泽清亮，Fe、P 等杂质含量少，不需要精炼，还可以提取风味物质，例如香辛料等。

**膜分离技术**。该技术是利用天然或人工合成的、具有选择透过性的高分子膜，以外加压力或化学位差等为推动力，对双组分或多组分的溶液进行分离、分级、提纯和富集的技术。其基本原理是利用高分子膜的选择透过性，以浓度差梯度、压力梯度或电势梯度作为推动力，在膜相际之间进行传质，以达到不同组分的分离和纯化的目的。现代膜分离技术在农产品加工业中的应用不仅改变了传统的加工工艺，简化了操作，降低了成本，而且还提高了产品的质量，增加了产品的品种。据统计，目前膜分离技术在乳品加工业应用占37%、果汁加工业占18%，未来将在农产品加工业中扮演越来越重要的角色。

**微波技术**。微波是指波长为1毫米至1米，频率在30兆赫至30吉赫的电磁波，是应用微波对物料加热来达到生产要求。微波膨化技术用于淀粉膨化、蛋白质食品膨化和瓜果蔬菜类的膨化加工。微波灭菌技术用于对肉制品、蛋制品、蔬菜水果、乳制品、豆制品都有杀菌的效果。

（3）杀菌技术

杀菌技术主要包括脉冲磁场杀菌、辐照杀菌和超高温杀菌等方面的技术：

**脉冲磁场杀菌技术**。该技术是利用高强度的脉冲磁场发生器，向螺旋线圈发出强脉冲磁场，微生物受强脉冲磁场的作用，使细胞跨膜电位，感应电流，带电粒子，离子能量发生变化，致使细胞结构被破坏，生理活动受制约，微生物死亡。具有杀菌时间短、能耗低、温度低、保持原味等特点。研究结果表明，经磁场杀菌后的牛奶，菌落总数和大肠菌群数能达到无菌要求。该技术已经广泛用于牛乳、果汁、茶等液体饮料加工生产中。

**辐照杀菌技术**。用于杀菌的辐射源有电子束和γ射线。产品经过辐照可达到杀菌、杀虫，抑制发芽、延迟果实后熟等方面的效果。

**超高温杀菌技术**。超高温杀菌是最有效的途径之一，高温杀菌对杀灭和抑制有害微生物起着重要的作用。在热力对食品品质影响控制在最小限度内，迅速杀死存在物料中的有害微生物，达到安全生产标准。将流体、半流体在2~8秒内加热到135~150℃，再迅速冷却到30~40℃，这个过程能起到灭菌的作用。

（4）包装保鲜技术

包装保鲜技术主要包括微胶囊、真空冷冻干燥、气调包装、纳米保鲜和无菌包装等方面的技术：

**微胶囊技术**。微胶囊技术是将固态、液态或气态微细核心物质，包埋在半透性或密闭性微胶囊内的技术。微胶囊技术能保持食品的色香味、营养成分和生理活性，能防止不稳定的成分挥发、氧化和变质。

**真空冷冻干燥技术**。真空冷冻干燥技术是世界上公认为最先进的食品加工技术，其加工的产品具有保留新鲜的色香味与营养成分、良好的速溶性与复水性、便于运输与贮藏等特点。采用微波与冻干联合、远红外与冻干联合、热风与冻干联合等技术，能缓解生产成本高、运输成本高等方面的问题。

**气调包装技术**。气调包装又称充气包装，选择密封性好的材料进行包装，利用$N_2$、$CO_2$和它们的混合气体置换包装内的气体，从而减少氧化、抑制微生物滋长、防止酶促反应的发生，起到保鲜的作用。例如，对于果蔬的保鲜，通过调节包装内气体组成与浓度的大小，能有效地抑制果蔬的呼吸，延长贮存期，减少质量损失，延缓成熟软化。

**纳米保鲜技术**。纳米保鲜技术是采用纳米包装材料、纳米保鲜剂等对产品进行保鲜处理的方法。例如采用纳米包装果蔬，能保证果蔬在贮藏过程中的色泽鲜亮、口感良好，还有防腐的作用。

**无菌包装技术**。无菌包装是将产品、容器、材料及辅助材料等分别采取杀菌处理，并在无菌的环境下进行充填封合的包装技术。一般为液态的、半液态流动性的产品，其中流动性产品要先进行高温杀菌，确保进入无菌灌装系统的物料、容器设备、环境等都是无菌的。该技术广泛应用于牛奶、果汁、矿泉水等产品的无菌包装。

#### 14.2.7 投资与效益

##### 14.2.7.1 投资估算

农产品加工功能板块投资主要是对其固定资产进行估算，包括工程费用、工程建设其他费用和预备费用等方面的投资和构成。土建工程投资主要包括加工车间、各类仓库、副产品加工用房、检验室、办公用房和场区工程等方面的投资；仪器设备包括检验仪器、成套加工生产线设备、移动加工设备、包装设备、称重设备和场区公用设施等方面的投资。其中土建投资参考同类项目相关标准；其他单位投资参照当地概算定额；将各单项投资汇总后即为农产品加工功能板块固定资产总投资。如表14-10。

表14-10 农产品加工功能板块投资估算参考表

| 序号 | 项目名称 | 建设内容 | 投资额（万元） | 备注 |
| --- | --- | --- | --- | --- |
| 一 | 工程费用 | | — | |
| （一） | 建安工程投资 | — | — | |
| 1 | 农产品加工区 | | | 见相应功能小区 |
| 2 | 农产品仓储区 | — | — | …… |
| 3 | 精品商贸区 | — | — | …… |
| 4 | 配套服务区 | — | — | …… |
| 5 | 废弃物综合利用区 | — | — | …… |
| 6 | 加工原料生产区 | — | — | …… |
| | …… | | | |
| （二） | 场区工程 | | | 各功能小区汇总 |
| 1 | 场区道路 | — | — | …… |
| 2 | 水电工程 | — | — | …… |
| 3 | 停车场 | — | — | …… |
| | …… | | | |
| （三） | 田间工程 | | | 各功能小区汇总 |
| 1 | 田间道路 | — | — | …… |
| 2 | 灌排渠系 | — | — | …… |
| 3 | 土壤改良 | — | — | …… |
| 4 | 排灌站/机井 | — | — | …… |
| | …… | | | |
| （四） | 仪器设备 | — | — | 各功能小区汇总 |
| 1 | 检测仪器 | — | — | …… |
| 2 | 成套加工生产线 | — | — | …… |
| 3 | 加工辅助设备 | — | — | …… |
| 4 | 包装设备 | — | — | …… |
| 5 | 会展设备 | — | — | …… |
| 6 | 多媒体设施 | — | — | …… |
| 7 | 固体废弃物处理设备 | — | — | …… |
| 8 | 污水处理设备 | — | — | …… |

（续表）

| 序号 | 项目名称 | 建设内容 | 投资额（万元） | 备注 |
|---|---|---|---|---|
| 9 | 水电设备 | — | — | …… |
| 10 | 运输设备 | — | — | …… |
|  | …… |  |  |  |
| （五） | 其他基建投资 |  | — |  |
| 1 | 征地费用 | — | — |  |
| 2 | 加工技术转让费 | — | — |  |
|  | …… |  |  |  |
| 二 | 工程建设其他费 |  | — |  |
| 三 | 预备费 |  | — |  |
|  | 合计 |  |  |  |

### 14.2.7.2 效益分析

**经济效益**。农产品加工功能板块经济效益分析是对规划方案中按开发意向和目标所达到的效果分析，该规划实施后，其销售收入主要包括主产品加工收入、副产品加工收入和其他收入等；支出包括原料收购费、辅料费、包装费、人工费、能源消耗费、广告宣传费和折旧摊销费等；最后进行利润、静态投资回收期等指标的测算，其结果可作为多个总体规划方案选择的评判依据。如表14-11。

表 14-11　农产品加工功能板块收入—支出估算表

| 序号 | 项目名称 | 单位 | 数量 | 单价 | 金额 |
|---|---|---|---|---|---|
| 一 | 经营收入 | — | — | — | — |
| 1 | 加工主产品收入 |  |  |  |  |
| 2 | 加工副产品收入 |  |  |  |  |
| 3 | 仓库租赁收入 |  |  |  |  |
| 4 | 配送收入 |  |  |  |  |
| 5 | 会展收入 | — | — | — | — |
|  | …… |  |  |  |  |
| 二 | 直接支出 | — | — | — | — |
| 1 | 土地使用费 |  |  |  |  |
| 2 | 原料收购费 |  |  |  |  |
| 3 | 辅料费 |  |  |  |  |
| 4 | 包装费 |  |  |  |  |
| 5 | 人工费 |  |  |  |  |
| 6 | 水电费 |  |  |  |  |
| 7 | 配送费 |  |  |  |  |
| 8 | 废弃物处理费 |  |  |  |  |
| 9 | 广告宣传费 |  |  |  |  |
| 10 | 折旧与摊销费 |  |  |  |  |
|  | …… |  |  |  |  |
| 三 | 利润 |  | — |  | — |

**社会效益**。社会效益分析主要体现以下几方面：

——该规划的实施可缓解农产品难卖问题，能延长农产品产业链，扩大农产品增值空间；

——该规划的实施能发挥龙头引领示范作用，辐射带动原料基地建设，促进包装、运输、能源等相关产业的发展；

——该规划的实施能调整加工产品结构，拓展市场空间，满足消费者多元化的需求；

——该规划的实施可促进当地农业结构调整，提高农业综合生产效益；

——该规划的实施可扩大就业，促进农民增收和社会稳定；

——该规划的实施能前接一产，后连三产，有利于一二三产业深度融合发展。

应根据园区具体情况对上述几方面进行展开叙述。

**生态效益**。农产品加工过程中产生的副产品和废弃物，能为农业提供大量的饲料和肥料，只要利用得当，不仅不会污染环境，还能促进农业生态良性循环。但是对部分农产品加工企业，由于资金、技术的不足，以及环保意识欠缺，加工过程中产生的废水、废气、固体废弃物及噪音等污染得不到有效控制，有可能对农业环境带来一定的污染。因此，引导企业增强环保意识，开展农副产品的综合利用技术研究，推广清洁生产工艺，尽量将污染控制到最低。对已投产但未按环保要求建设的园区，应尽快改进生产工艺，尽量减少环境污染。

注：具体编制此类园区规划时可参考《现代农业园区规划案例精选》一书第126～146页"农产品加工园规划案例"相关内容。

# 第15章 农产品物流功能板块规划

农产品物流业是现代农业的重要组成部分，是农业产业化的必然要求，是提高农民收入的重要手段。近年来，我国现代农业发展势头良好，国务院颁布了《物流业调整和振兴规划》，其中提到加强农副产品批发市场建设，完善鲜活农产品储藏、加工、运输和配送等冷链物流设施；后来又印发了《关于促进物流业健康发展政策措施的意见》，提出要把农产品物流业发展放在优先位置，加大政策扶持力度。2015年，商务部等10部门联合发布了《全国农产品市场体系发展规划》，提出将于2020年年初步建成中国特色农产品市场体系。基于上述文件精神，建立现代化、规模化农产品物流节点是大势所趋，也是我国农产品物流发展的必然结果。在有条件的地区，建设农产品物流园区是农产品物流的关键环节，是链接农产品物流企业与物流设施聚集的重要载体，是推动物流经济发展的强大引擎，既将成为一个新的发展趋势和发展重点。目前，我国农产品物流还处于建设和发展的起步阶段，对于拥有一定区域支柱产业、物流条件基础较好、经济实力较强的园区，可以开展农产品物流功能板块的规划与研究。本章节所研究的方向与思路同样适用于独立成型的农产品物流产业园规划。

## 15.1 概述

### 15.1.1 涵义界定

物流是舶来语，目前已经中国化，其基本要素包括"物""流""信息""管理"和"服务"等方面，物流是供应链上的重要组成部分，是通过高效率、低成本的手段，使商品或服务在正确时间、以良好的状态正反向流动及储存而进行的计划、实施与控制过程。农产品物流是指为了满足用户需求、实现农产品价值而进行的农产品物质实体及相关信息从产地送到消费地之间的一系列经济活动，包括农产品收购、流通加工、包装、储存、展示、商务、交易、配送、运输、信息服务等一系列活动，并在这一过程中实现农产品价值增值。

由于物流概念形成时间不长，一直没被看成一个独立的产业，而是归属于其他产业领域。如在《国民经济行业分类与与代码》划分中，不包括物流行业，如同它的范畴一样，均是历史遗留和管理分工问题，长此导致其范围与边界模糊不清，也影响到物流产业的现状调查和官方数据的收集。

### 15.1.2 特性

#### 15.1.2.1 物流业的基本特性

随着物流业的不断发展，主要表现出如下基本特性：

**第一，系统化**。物流产业横跨一二三产业，涵盖运输、包装、储存、流通加工、配送、贸易等多个领域，从业人员牵涉千家万户，形成了一个复杂、庞大的流通系统，各部门之间联系紧密、盘根错节，牵一发而动全身，显示出其完整的系统性。物流系统化是现代流通发展的基本特征。

**第二，集中化**。考虑到资金的有限性，或避免同类项目的重复建设，一个区域物流园区建设数量不能过多，一般需要整合有限的资金进行集中打造。考虑到农产品季节性、集中上市和大体量等因素，进而充分体现了物流的密集性。物流集中化是现流通发展的主要特征。

**第三，信息化**。信息是物流的神经系统，其特征主要表现为商品化、数据化、条码化、电子化和网络化等。因此，应注重大数据、条形码、电子商务、数据交换等技术在物流管理方面的充分利用，将信息流、资金流、现代物流进行同步推进与实施，不断提高物流效率。因此，物流信息化是现代流通发展的必备要素。

**第四，标准化**。未来社会的经济发展，将越来越呈现国际化、全球化的趋势，这对农产品物流业提出了更高的要求，农产品物流标准化水平的高低直接关系到物流各环节的功能、要素之间的有效衔接，如产品的层级、包装、器具等均要统一标准，还要方便运输与储存。因此，物流标准化是现代流通发展的重要环节。

**第五，专业化**。随着市场经济的发展，专业化分工越来越细，其物流经营应由专业的物流企业来完成，这不仅能实现集约化物流，还可节约生产者大量的物流成本，既能提高经济效益，又可提高社会效益。因此，物流专业化是现代流通发展的必然趋势。

#### 15.1.2.2 农产品物流的特殊性

农产品属于具有生命的动物性或植物性产品，在物流过程中的时效性、鲜活性等要求较高。农产品物流的特殊性主要体现在以下几方面：

**第一，数量大、品种多**。农产品物流种类繁多，如有水果、蔬菜、畜禽产品、水产品等。这些产品除部分自用外，大部分需要变成商品参与物流活动。因此，农产品品种多、数量大、体积大为农产品物流的显著特征。

**第二，难度大**。农产品与工业品不同，是有生命的动物性与植物性产品，为保持其在物流过程中不变形、不变质、不串味、不损耗等，一般对加工、包装、储藏、装卸和运输等方面都要求较高。因此，在物流过程中突出表现为包装难、仓储难、装卸难、运输难等特点。

**第三，要求高**。一是由于农产品生产的季节性，需要物流具有时效性；二是为保证大中城市"菜篮子"产品有效供给，需要建设农产品绿色通道来保障；三是为满足粮食的散装运输、水产品与肉类的冷链运输、奶制品的恒温运输等要求，对物流条件具有一系列的特殊要求；四是为调剂农产品的市场余缺，需要形成农产品进出口物流等。

根据以上农产品现代物流的特征表现，园区为农产品物流业发展确定了目标与方向，为加快推进园区农产品现代物流业发展，应重点实现农产品物流的系统化、信息化、标准化和社会化等方面的有机衔接和协调发展。

### 15.1.3 规划意义

由于农产品存在生产的季节性与消费的全年性、生产的地域性与消费的普遍性或有些产品一地生产与全国消费的矛盾，发展农产品现代物流成为必然。它不仅能使农产品在物流过程中增值，还能降低农产品生产与流通的成本，提高农业的整体效益。其意义主要从以下几方面阐述：

**第一，有利于科学管理**。目前农副产品多以农贸或集市的形式进行交易，布局分散且规模较小，缺少规范的管理而混乱不堪。建设农产品物流板块，通过搭建系统的、现代的电子商务和交易平台，提供快捷式信息化服务，有利于实现园区科学化管理。

**第二，有利于提高流通效率**。现代农业物流通过运用计算机网络和信息技术，将原本分离的商流、物流、信息流和采购、运输、仓储、代理、配送等环节紧密联系起来，形成一条完整的农产品供应链，运用先进的物流技术和现代化的物流设备，为农产品物流提供高效率的服务，有利于降低物流成本、提高流通效益、增强企业与产品的竞争能力。

**第三，有利于促进居民消费升级**。一方面随着居民收入水平提高与生活质量的提升，农产品消费结构持续升级并趋于多样化，鲜活农产品的市场需求潜力将进一步释放；另一方面为了克服农业生产的地域性和农产品消费的分散性带来的空间障碍，作为一种先进的组织方式和管理理念，现代物流是联系生产和消费的纽带，通过提供高效率的产品信息、运输配送等系统服务，促进物流业从保供为主向量质并重提升。

**第四，有利于实现农业产业化**。按照现代物流业的要求，在园区内配备先进的物流加工与包装设施，提供从原料质检、加工与包装、装卸与配送等全程服务，不断提高农产品附加值，从而提升农产品市场竞争力。

**第五，有利于减轻交通压力与环境影响**。在城乡一体化不断推进的过程中，交通拥堵问题是日常生活面临的老大难问题；而物流活动随之带来的交通混乱、噪声污染、废弃物增多等，对区域交通、环境污染造成了更大的影响。通过农产品物流板块建设，把以往在城镇中心的农贸市场转移到城郊边缘，能缓解货运交通与客流交通并存的压力。

## 15.2　规划编制

农产品物流功能板块规划内容包括：首先要了解该板块的选址及规模确定；再分析其所在区域农产品物流业发展现状，主导产业发展基础，明确发展农产品物流业的有利条件、特色资源及存在的问题；在此基础上提出规划思路和目标，以及确定功能定位及布局，并明确各功能分区规划内容、推荐重点或亮点项目、示范推广现代农产品物流交易方式，最后进行投资估算与效益分析等。

### 15.2.1　选址与规模确定

#### 15.2.1.1　影响因素

综上所述，农产品物流功能板块具有种类繁杂、体积庞大、投资多、回收期长、固定建筑难以拆迁等特点，一旦建成将很难更改。因此，其选址应主要考虑以下几方面因素：

——尽量与当地城乡建设总体规划、环境保护规划等专项规划相统一、相衔接；

——尽量靠近城镇周边地区，由于城镇商业网点集中，是农产品物流服务的主要需求者和供配货对象，具有区位好、运距短、运费低、供货迅速等特点；

——尽量靠近主要交通要道出入口，由于公路是商贸流通供配货和转运货物的主要货运方式，靠近其出入口，交通便捷，有利于物流的及时通达；

——尽量靠近原料产地，由于农产品具有鲜、湿、体积大等特定属性，为了减少损耗，缩短运距，园区建设应尽量靠近原料产地；

——周边应具备较高素质的劳动力条件，因为园区建成后，现代化的机械设备需要高素质的劳动力来操作，规划区内应具备一定数量和较高素质的劳动者；

——具有适宜的土地价格，因为园区以盈利为目的，比较注重投资回报率，园区的地价高低直接影响到投资成本，一般来说，距离市中心越近，土地价格越高，配送运输费用越低，反之亦然，因此选址应根据具体情况进行综合考虑；

——能缓解环境压力，因为园区占地面积较大、噪音污染较重、对周围设施具有一定的影响，选址应尽量远离交通拥挤、人口密集的城镇中心区，以便缓解环境压力；

——尽量利用现有仓储设施，因为在诸多物流基础设施中，仓储设施以其庞大的规模和资产比率，成为物流企业投资的主流；据不完全统计，一般仓储设施用地占整个园区用地的40%左右，仓储设施建设投资大、回收期长且难以拆迁，规划时如果能依托周边已有的仓储设施，既可优化投资结构，也可提高现有设施利用率，是园区选址的捷径之一；

——尽量选择地形、地质条件好，供水、供电充足的地方。

### 15.2.1.2 规模确定

农产品物流功能板块建设涉及物流业务种类、设施条件、自然因素、产业基础、交通环境、资金实力和成本费用等诸多方面，是一项复杂的系统工程，其规模确定包括定性与定量的计算方法，而定量计算方法又包括线形回归法、指数平滑法、灰色与聚类建模法等多种。下面推荐两种比较简便易行的方法：

**（1）定量估算方法**

**区域物流计算方法。** 农产品物流功能板块建设规模确定常用的方法，大都参考区域物流需求量。东南大学李玉民博士提出从区域物流量入手得出物流园区建设总体规模的观点，并给出了经验计算公式和各系数的具体计算方法。假若每年作业天数按365计，则物流园区的建设总规模为：

$$S = L \cdot i_1 \cdot i_2 \cdot a / 365$$

式中，$S$为物流园区建设总面积，$L$为预测规划目标年规划区物流总量，$i_1$为规划年第三方物流总量占规划区物流总量的比例，$i_2$为规划年第三方物流通过物流园区发生的作业量占第三方物流总量的比例，$a$为单位生产能力用地参数。

**扩大指标估算方法。** 农产品物流功能板块一般划分为流通加工区、理货区、现货交易区、仓储区和配套区等多个功能区。其中理货区和现货交易区占地较大，一般根据年交易量来测算。据经验估算，每吨交易量占地面积为500平方米，再考虑附属工程、防火间距、绿化等，以及未来发展预留空间，最后确定该板块总用地规模。

**分区面积相加计算方法。** 由于农产品物流业发展历史不长，其园区建设规模确定方法缺少历史积累和成功案例，一般采用分区面积相加的方法比较普遍。如应在流通加工区（$S_1$）、理货区（$S_2$）、交易区（$S_3$）、仓储区（$S_4$）、配套区（$S_5$）和发展预留区（$S_6$）等各功能小区面积测算的基础上，最后汇总相加即为农产品物流板块建设用地总面积（$S$）。

$$S = S_1 + S_2 + S_3 + S_4 + S_5 + S_6 + \cdots\cdots$$

**（2）定性估算方法**

参考上述农产品物流功能板块建设规模计算方法，结合当地经济发展水平和物流需求状况，确定农产品物流板块规划的建设规模。考虑到影响未来发展因素的错综复杂性，因此在实际应用中，还应广泛咨询和参考各相关专家的意见与建议，进行定性的分析与选择，并作适当的调整，从而最终完成物流板块规模的确定。为计算方便，并根据同类园区规模推荐，一般小型园区规模控制在100亩左右，介于中小型之间园区规模控制在500亩左右，中型园区规模控制在800亩左右，大型园区控制在1000亩左右，针对上规模的园区应因园而异（表15-1）。

表15-1 农产品物流功能板块建设规模参考表

| 类别 | 上规模园区 | 大型园区 | 中型园区 | 介于中小型之间园区 | 小型园区 |
| --- | --- | --- | --- | --- | --- |
| 投资总额 | 10亿元以上 | 2亿元以上 | 4000万元以上 | 800万元以上 | 300万元以上 |
| 年交易额 | 15亿元以上 | 3亿元以上 | 6000万元以上 | 1000万元以上 | 300万元以上 |
| 自有运输车辆 | 1500辆以上 | 400辆以上 | 150辆以上 | 80辆以上 | 30辆以上 |

（续表）

| 类别 | 上规模园区 | 大型园区 | 中型园区 | 介于中小型之间园区 | 小型园区 |
|---|---|---|---|---|---|
| 总载重量 | 7 500 t以上 | 2 000 t以上 | 750 t以上 | 400 t以上 | 250 t以上 |
| 自有仓储面积 | 20万m²以上 | 8万m²以上 | 3万m²以上 | 1万m²以上 | 4 000 m²以上 |
| 货物跟踪 | 90%以上 | 70%以上 | | 50%以上 | |
| 客户查询 | 建立自动查询和人工查询系统 | | | 建立人工查询系统 | |
| 业务辐射面 | 国际范围 | 全国范围 | 跨省区 | 省内范围 | |

#### 15.2.2 现状与问题

##### 15.2.2.1 现状调查与分析

**第一，物流原料基地**。调查区域原料进货渠道、生产面积、单产、销售产值、农民人均纯收入，以及标准化生产或出口基地数量、经营模式、经营主体类别与数量、品牌与商标数量等。

**第二，物流业发展现状**。调查近五年来，区域社会物流总额、农产品物流产值、农产品物流产值年均增长率、农产品物流产值占区域物流总额比重、农产品物流产值占农业总产值比重；区域物流货运量、农产品物流量、年均增长率；区域货物运输周转量、农产品物流周转量、年均增长率等。见表15-2。

表15-2 近五年农产品物流现状调查表

| 类别 | 单位 | 第1年 | 第2年 | 第3年 | 第4年 | 第5年 | 年均增长率 |
|---|---|---|---|---|---|---|---|
| 社会物流总额 | 万元 | — | — | — | — | — | — |
| 农产品物流产值 | 万元 | — | — | — | — | — | — |
| 农产品物流产值占区域物流总额比重 | % | — | — | — | — | — | — |
| 农产品物流产值占农业总产值比重 | % | — | — | — | — | — | — |
| 区域货物运输量 | 万t | — | — | — | — | — | — |
| 农产品运输量 | 万t | — | — | — | — | — | — |
| 农产品运输量占区域货物运输量比重 | % | — | — | — | — | — | — |
| 区域货物运输年周转量 | 万t | — | — | — | — | — | — |
| 农产品运输年周转量 | 万t | — | — | — | — | — | — |
| 农产品运输周转量占区域货物运输周转量比重 | % | — | — | — | — | — | — |
| …… | | | | | | | |

**第三，物流设施状况**。调查目前园区建成的各类仓储设施现状，包括常温库、保鲜库、气调库、冷库等建设数量、库容量和贮藏能力；货运车、冷藏车数量及运输能力；园区物流信息服务平台、区域电信网、电子商务网等覆盖情况，以及电子数据交换和地理信息系统研发与应用情况等。

**第四，经营主体**。调查区域内目前从事农产品物流经营的企业数量，市级以上龙头企业所占比例，企业所涉及的流通加工、仓储、运输、配送等服务环节，各企业的注册资金、物流能力、年经营收入、辐射带动原料基地面积等；以及主要存在的问题和未来规划与建议等。

通过上述资料收集与整理，测算出园区未来农产品物流、储藏、周转能力，分析园区在该区域行业发展中所处的位置，寻找产业发展空间，为下一步规划作铺垫。

##### 15.2.2.2 存在问题

由于农产品物流功能板块建设处于初级阶段，难免会存在一些问题，主要从以下几方面进行分析：

**第一，园区合理化布局**。目前很多地区都建成了区域农产品物流园区，结果造成部分园区厂房闲置、设施利用率低下、资源浪费严重等。究其原因主要是农产品布局分散、全局意识差等，造成"一地一园"的混乱局面，进而导致园区规模小、入驻企业数量不多、规模效应不明显等。最终可能会阻碍园区集聚效益和辐射带动作用的发挥。

**第二，产业链完整性**。主要从上下游产业关联紧密环节查找问题，如：一是原料基地建设滞后、供应不足等，或者集约化程度不高、品质不佳等；二是农产品加工缺少科技含量，粗加工多、精加工少，或有数量没质量、有产量没产业，或档次低、优质率不高等。最终均可导致农产品物流品质不优、产业化程度不高等后果。

**第三，人才资源配置**。物流行业作为新兴行业其人才需求旺盛，虽然国内部分高校开设了物流管理专业，但是人才培养数量、结构与速度远远满足不了快速发展的物流业的迫切需求，尤其是既懂物流又懂农业的优秀人才更是奇缺，已成为物流业难以突破的瓶颈。最终均可导致农产品物流业科技含量低、信息化水平不高等后果。

**第四，市场流通渠道**。如有可能没有形成从生产到消费终端的营销网络，导致辐射带动能力不强；或者存在农产品在冷藏、仓储、运输过程中损耗大，导致专业化、规模化水平不高等；或者存在市场准入门槛低、相互压价与无序竞争，出现行业垄断、部门分割、地区封锁等。最终均可导致物流市场渠道不畅、行业总体效益不高等后果。

**第五，信息化建设**。如园区可能存在信息化设备相对落后、农产品网络化建设不完善等，或者缺乏专门的信息机构和信息平台，导致信息获得不及时、不准确，或者盲目生产、产品滞销等。最终均可导致市场供求信息不灵、物流产品销售不畅等后果。

### 15.2.3 规划方案

#### 15.2.3.1 规划原则

农产品物流功能板块规划遵循的原则较多，主要从以下几方面加以论述：

**第一，坚持多规合一原则**。如应坚持规划引导，做好园区规划与当地城乡建设总体规划、土地利用总体规划及生态环境保护规划等专项规划的有效衔接，优先发展园区物流基础设施建设，合理布局物流重大工程与重点项目，促进园区现代物流业与其他产业的协调发展。

**第二，坚持市场合理化配置原则**。如以市场需求为导向，充分发挥市场资源有效配置的作用，探索直销、配送、电子商务等多种营销模式，加快推进园区与超市、学校、社区等消费群体的有效对接，不断满足人们的多元化需求，提高园区现代物流运行效率。

**第三，坚持科技引领原则**。如以科技创新为支撑，不断促进园区物流业与互联网融合发展，加快物联网技术的开发与应用，推动电子商务与物流服务的有效集成，加快技术标准体系构建，不断创新发展理念，建立创新人才引进与培育机制，积极发挥不同领域专家的智囊团作用，不断促进区域农产品物流业转型升级。

**第四，坚持高起点规划的原则**。现代农产品物流板块是关联性、整合性、集聚性和规模性的集合，要求规划起点要高、定位要准，并强调先进性与综合性的有机结合，加强现代物流基础设施建设，以第三方物流企业经营为重点，不断提升园区物流服务水平。

**第五，坚持农产品绿色物流原则**。如主要通过整合园区现有资源，优化资源配置，推广绿色包装、绿色仓储与绿色运输等，降低环境污染，减少资源消耗，不断探索农产品绿色物流发展模式，开展回收物流与废弃物物流等物流活动，大力开发绿色物流通道，形成区域化高效率、无污染、低成本的物流网络系统。

#### 15.2.3.2 规划思路

为了探索园区农产品物流业未来发展路径，重点从以下方面考虑规划思路：

**第一，产业配置**。通过调查了解规划区农业发展的主导产业数量、标准化生产基地建设规模、田头或产地批发市场分布情况等的基础上，寻找物流园区如何与主导产业相结合的发展思路。

**第二，物流经营模式**。通过了解物流企业与电商企业的合作情况，探索"物流园区（产地批发市场）+电商企业+终端配送"等不同经营模式，结合流通方式创新，寻找物流园区与超市、学校、社区良好对接的发展思路。

**第三，基础设施配套**。在了解园区业务范围、仓储设施、水电与通信设施等现状基础上，结合现代物流产业的总体要求，提出如何加强基础设施配套建设，提高园区现代设施化水平的发展思路。

**第四，业务功能拓展**。在了解园区仓储、运输等基础功能的基础上，结合消费市场与产业提质增效等方面的需求，提出如何拓展流通包装、商务结算、物流咨询和信息服务等复合功能的发展思路。

**第五，提高核心竞争力**。在调查了解生产企业和消费群体的同时，积极引进与发展第三方物流专业企业，促进经营主体同电商企业的通力合作，加强农产品标准生产与分等定级，培育与打造农产品知名品牌，以此提出如何提高服务质量、增强企业核心竞争力的发展思路。

> **示例：某农产品物流功能板块规划思路**
> 
> 充分利用园区区位和集散优势，以农产品物流市场需求为导向，以现代信息技术为支撑，结合原料生产基地，加强物流基础设施和公共信息平台建设，不断探索物流经营模式，引进具有竞争实力的第三方物流企业，完善鲜活农产品冷链物流系统，促进经营主体与电商企业的通力合作，充分发挥园区商品集散、流通加工、分级包装、储藏保鲜、信息传播和物流配送等服务功能，着力培育农产品知名品牌，不断提高物流服务整体质量和核心竞争力。

#### 15.2.3.3 规划目标

（1）总体目标

发展总体目标可以大致描述为：到规划期末，不断加强基础设施建设，提高物流装备水平，建成一个区域物流中心和多个田头市场或产地批发市场，快速培育与壮大一批物流龙头企业，带动一批标准化原料生产基地，不断扩大鲜活农产品冷链运输比例，建立起有形与无形相结合、线上与线下相融合、产地与销地相匹配的区域农产品物流中心，形成经营规模化、设施现代化、功能多元化、营销网络化和监管规范化的农产品现代物流新格局。

（2）具体目标

农产品物流功能板块具体目标需要通过制定一系列规划指标来完成，重点关注以下几方面（表15-3）：

**经济效益目标**。制定不同规划阶段的农产品物流业产值、农产品物流业产值占农业总产值比重等指标及其增减幅度。

**物流产出目标**。制定不同规划阶段的农产品物流总量、农产品物流周转量、仓储能力和货物质量年抽检合格率等指标及其增减幅度。

**基础设施与物质装备目标**。制定不同规划阶段的产地批发市场建设数量、田头批发市场建设数量、各类仓库容量、田头预冷库容量和流通加工设施建筑面积等指标及其增减幅度。

**农业科技与信息服务目标**。制定不同规划阶段的信息化服务水平、电商销售流通产品占比、农产品电子商务交易额等指标及其增减幅度。

**农业经营管理目标**。制定不同规划阶段的原料生产基地建设面积、各级物流企业数量、知名品牌创造数量和绿色物流所占比重等指标及增减幅度。

**辐射带动目标**。制定不同规划阶段的从业人员人均纯收入、年培训人员和辐射带动就业人数等指标及增减幅度。

表 15-3　农产品物流功能板块规划目标参考表

| 目标类别 | 具体目标名称 | 单位 | 基期年 | 近期目标 | 远期目标 | 年均增减% | 指标属性 |
|---|---|---|---|---|---|---|---|
| 经济效益目标 | 1. 农产品物流业产值 | 万元 | — | — | — |  | 预测值 |
|  | 2. 农产品物流业产值占农业总产值比重 | ： | — | — | — |  | 预测值 |
|  | …… |  |  |  |  |  |  |
| 物流产出目标 | 1. 农产品物流总量 | 万t | — | — | — |  | 预测值 |
|  | 2. 农产品物流周转量 | 万t | — | — | — |  | 预测值 |
|  | 3. 仓储能力 | 万t | — | — | — |  | 预测值 |
|  | …… |  |  |  |  |  |  |
|  | 4. 货品质量年抽检合格率 | % | — | — | — |  | 约束值 |
| 基础设施与物质装备目标 | 1. 产地批发市场建设数量 | 个 | — | — | — |  | 预测值 |
|  | 2. 田头批发市场建设数量 | 个 | — | — | — |  | 预测值 |
|  | 3. 各类仓库容量 | m³ | — | — | — |  | 预测值 |
|  | 4. 田头预冷库容量 | m³ | — | — | — |  | 预测值 |
|  | 5. 流通加工设施建筑面积 | m² | — | — | — |  | 预测值 |
| 科技信息服务目标 | 1. 信息化服务水平 | % | — | — | — |  | 预测值 |
|  | 2. 电商销售流通产品占比 | % | — | — | — |  | 预测值 |
|  | 3. 农产品电子商务交易额 | 万元/年 | — | — | — |  | 预测值 |
|  | …… |  |  |  |  |  |  |
| 经营管理目标 | 1. 原料生产基地建设面积 | 万亩 | — | — | — |  | 预测值 |
|  | 2. 各级物流企业数量 | 个 | — | — | — |  | 预测值 |
|  | 3. 知名品牌创造数量 | 个 | — | — | — |  | 预测值 |
|  | 4. 绿色物流所占比重 | % | — | — | — |  | 预测值 |
|  | …… |  |  |  |  |  |  |
| 辐射带动目标 | 1. 从业人员人均纯收入 | 元/人 | — | — | — |  | 预测值 |
|  | 2. 年培训流通生产/管理人员 | 人次/年 | — | — | — |  | 预测值 |
|  | 3. 辐射带动就业人数 | 人 | — | — | — |  | 预测值 |
|  | …… |  |  |  |  |  |  |

### 15.2.3.4 功能定位与分区

**（1）功能定位**

农产品物流功能板块所承担的功能纵多，但在实际中表现比较突出的功能主要体现在以下几方面：

**第一，加工包装功能。** 主要是根据商品流通和消费者的总体要求，需要对农产品进行加工与包装。一是为了提高农产品商品价值，需对农产品进行整理清洗、分等定级等初级处理或精深加工等；二是为了配合物流组合运输，需要对商品进行贴签或拼装、加固所进行的外形包装或打包等。以此体现园区的基本特征。

**第二，集中仓储功能。** 这是园区最原始的功能，主要起着周转、储藏、保鲜的作用。一是由于农产品生产的季节性和消费的全年性，需要园区提供仓库进行集中库存与调节，发挥园区的存储保管功能；二是由于消费者对农产品鲜活性要求较高，需要提供保鲜冷藏库等进行温度、湿度的调控，以此延长农产品保鲜时间，达到提高产品品质的目的。

**第三，理货配送功能。** 为了保障货运畅通，根据不同区域和辐射范围，建设分销配送点，制订不同的配送方案。并对配送的货物进行有序的整理、拣选、配货、包装、核对、喷码与复核等，满足不同消费群体对农产品的多元需求。

**第四，商品交易功能。** 园区通过基础设施建设具备一个良好的交易环境，积极推进现货交易、电子结算、远程交易、竞价拍卖和期货市场等交易方式，规范交易市场管理，达到便捷、快速的农产品交易目的。

**第五，信息服务功能。** 建立农产品物流网络信息平台、电话语音平台和微信、微博平台等，提供产品订单与库存、农业扶持政策、农产品市场等服务信息及客户需求信息，确保农产品物流信息的通畅与便捷。

**第六，商贸会展功能。** 搭建园区会展贸易平台，鼓励不同企业依托园区举办各类产品展示推介、产销洽谈、节庆活动、技术研讨、产业论坛等活动，扩大会展影响，促进行业交流与合作，推动园区后期招商引资进程。

**第七，货款结算功能。** 建立电子商务平台，采用会员制的方式，发放IC卡，进行统一的物流费用和代理货款的收取与结算。

**第八，价格形成功能。** 通过现代化信息交流系统，对农产品生产、供应、存量及市场需求等信息进行汇总分析，根据不同品种的大宗交易和众多供求价格之间的竞争，汇总出实际的交易价格，形成区域农产品的价格指数，通过市场信息发布系统将产生的价格和供求信息进行传递，引导商品流通和农产品生产。

**第九，休闲观光功能。** 园区可以开发现代物流设施展示、电子商务交易体验、特色农产品采购、果菜冷藏与分选展示、物流配送等旅游项目，让游客亲眼目睹园区现代化物流的场景，亲身体验农产品电子交易的全过程。

**（2）功能分区**

根据上述功能定位，综合考虑规划区产业发展现状、交易市场数量及规模、市场需求等因素，在全园一级功能分区的基础上，再次划分为二级功能小区及多个三级小区。由于农产品物流板块涉及的功能分区种类很多，本节推荐常见的几种功能分区种类。由于该板块以生产为主，休闲观光项目不宜设置太多，一般不单独划出一个区域进行项目布置，具体规划见第16章相关内容。见表15-4。

表 15-4  农产品物流功能板块功能分区参考表

| 一级类 | | 二级类 | | 三级类 | | 面积（亩） | 备注 |
|---|---|---|---|---|---|---|---|
| 编码 | 名称 | 编码 | 名称 | 编码 | 名称 | | |
| | | | | 面积合计 | | — | |
| 07 | 农产品物流功能板块 | 071 | 流通加工区 | 0711 | 蔬菜初级加工区 | — | 根据区域产业发展现状和市场需求进行适当的增舍 |
| | | | | 0712 | 水果初级加工区 | — | |
| | | | | 0713 | 茶叶初级加工区 | — | |
| | | | | 0714 | 畜禽屠宰区 | — | |
| | | | | 0715 | 水产品初级加工区 | — | |
| | | | | …… | …… | | |
| | | 072 | 集中仓储区 | 0721 | 理货区（暂存、集货、分类等） | — | |
| | | | | 0722 | 仓储区（常温、恒温、低温等） | — | |
| | | | | 0723 | 其他仓储区 | — | |
| | | | | …… | …… | | |
| | | 073 | 农产品交易区 | 0731 | 产品现货交易区 | — | |
| | | | | 0732 | 生产物资交易区 | — | |
| | | | | 0733 | 远程交易区 | — | |
| | | | | 0734 | 电子商务区 | — | |
| | | | | 0735 | 竞价拍卖区 | — | |
| | | | | 0736 | 期货交易区 | — | |
| | | | | 0737 | 信息服务区 | — | |
| | | | | …… | …… | | |
| | | 074 | 农产品配送区 | 0741 | 产品整理区 | — | |
| | | | | 0742 | 订单处理区 | — | |
| | | | | 0743 | 分销配送区 | — | |
| | | | | 0744 | 装卸搬运区 | — | |
| | | | | …… | …… | | |
| | | 075 | 配套服务区 | 0751 | 科技研发区 | — | |
| | | | | 0752 | 生活管理区 | — | |
| | | | | 0753 | 商贸会展区 | — | |
| | | | | 0754 | 店铺直销区 | — | |
| | | | | 0755 | 道路及停车区 | — | |
| | | | | …… | …… | | |

### 15.2.4 功能小区规划与布局

#### 15.2.4.1 功能小区规划

根据农产品物流需求，在满足园区总体功能的前提下，应对各功能区进行详细规划，体现每个功能区自身的特点和职能。

**（1）流通加工区**

**建设思路**。为满足流通、装卸和运输需要，减少物流过程中的浪费与损耗，单独建设流通加工区，通过引进大型加工企业，形成关联产品及加工企业的集聚地，进行分级、包装、分拣、配货等商品化处理，规范包装标示管理，打造特色品牌，不断提高农产品的附加值。

**建设目标**。为配合流通和配货的需要，应加强不同物流品种的初级加工，不断提高农产品的商品性能和物流效率。并预测每年满足物流需要的农产品加工量。

**功能小区划分**。该区还可进一步划分为蔬菜初级加工区、鲜花初级加工区、水果初级加工区、畜禽屠宰区、水产品初级加工区等多个功能小区。并说明各功能小区的产品定位与功能职责，重点描述该区建设规模、年加工设计能力、物流能力、所需用地面积和布置位置等。

**建设内容**。分别说明各功能小区重点项目的建设名称、建设理由和所发挥的功能作用，以及与其他工程项目的衔接关系。一是重点描述该区新建房屋如各品种加工车间、包装车间、周转库、办公室、检验室、配电室和停车场等分项的建筑面积、结构形式、建筑尺寸、布置朝向和具体工程做法等。二是重点描述物流加工需要配置的加工设备、检测仪器、包装设备、传送带、计量封口机、喷码机、运输车辆和水电设施等方面的种类与数量。

（2）集中仓储区

**建设思路**。依托物流服务对象、货物特点、物流规模、物流方向与距离等，加强仓储设施与设备建设，加快智能仓储管理系统开发，加大冷链物流硬件设施投入，培育和完善物流仓储经营主体，优化仓储规划和网点布局，推动地方仓储行业标准制定，加快结构升级与优化，不断提高物流仓储效率。

**建设任务**。加强仓储区基础设施建设，具备鲜货贮藏、现货交易、产品周转等功能，实现短期和长期分段存储，不断提高仓储能力。在此基础上，重点预测年仓储量与保鲜量、货物周转次数和仓储能力等。

**功能小区划分**。该区还可进一步划分为理货区（包括进出货暂存、集货、分类）、仓库储存区（常温、冷冻和保鲜）和其他仓储区等。并说明各功能小区的产品定位与功能职责，重点描述该区建设规模、年仓储能力、所需用地面积和布置位置等。

**建设内容**。分别说明各功能小区重点项目的建设名称、建设理由和所发挥的功能作用，以及与其他工程项目的衔接关系。一是重点描述该区新建房屋如各品种理货车间、常温库、恒温库、低温冷库、办公室、检验室、配电室和停车场等分项的建筑面积、结构形式、建筑尺寸、布置朝向和具体工程做法等。二是重点描述物流仓储所需的检测仪器、电子秤、运输车辆和供电供水设施等方面的配备种类和数量。

（3）农产品交易区

**建设思路**。为了满足园区的主要交易功能，完成农产品的各类交易等相关内容，配套完善相应的基础设施，为客户提供优质、快捷的交易服务，提高农产品集散、产品交易、信息服务等物流效率。

**建设任务**。重点描述各种农产品交易数量、交易方式、各交易区所需用地面积和布局位置，整个功能区的土建建筑面积、场区工程量和仪器设备配置数量；整个功能区占地规模、年交易总量和各品种交易量。

**功能小区划分**。该区还可进一步划分为产品现货交易区、生产物资交易区、远程交易区、电子商务区、竞价拍卖区、期货交易区和信息服务区等多个功能小区。一般该区应布置在整个园区的中心位置。

**建设内容**。分别说明各功能小区重点项目的建设名称、建设理由和所发挥的功能作用，以及与其他工程项目的衔接关系。一是重点描述该区新建房屋如交易楼或电子交易厅、电子拍卖厅、期货交易厅、现货交易棚、农资农膜交易厅、办公室、检疫室、信息管理中心、临时周转库房和配电室等分项的建筑面积、结构形式、建筑尺寸、布置朝向和具体工程做法等。二是重点描述物流交易所需的计算机、电子交易软件、结算软件、商务用车和供电供水设施等方面的配备种类和数量。

（4）农产品配送区

**建设思路**。为了满足客户需求，按照订单顺利完成配送任务，应划分不同区域和品种进行配送,并对配送货物按照要求和标准,完成采购、进货、整理、分拣配货、包装、喷码、发货等环节,快速完成配送任务。

**建设任务**。重点描述各农产品配送种类、配送方式、各配送区所需用地面积和布局位置,整个功能区的土建建筑面积和仪器设备配置数量;以及占地规模、年配送总量和各品种配送量。

**功能小区划分**。该区还可进一步划分为产品理货区、订单处理区、分销配送区和装卸搬运区等多个功能小区。

**建设内容**。分别说明各功能小区重点项目的建设名称、建设理由和所发挥的功能作用,以及与其他工程项目的衔接关系。一是重点描述该区新建房屋如货物周转间、理货间、分拣间、配货间、订单处理间、办公室和检疫室等分项的建筑面积、结构形式、建筑尺寸、布置朝向和具体工程做法等。二是重点描述货物配送所需的装卸机、电子秤、运输车和供电供水设施等方面的配备种类和数量。

(5)配套服务区

**建设思路**。该区是农产品物流园区重要的管理服务枢纽。主要建设研发中心、办公中心、会展中心、酒店餐馆、游客接待等内容,配套停车场、绿化等设施。为市场运转提供科技支撑服务和后勤保障服务。

**建设任务**。重点描述建设配套服务区所占地面积和分布位置,以及该区的土建总建筑面积、购置仪器设备数量和场区工程配套建设数量。

**功能小区划分**。该区还可进一步划分为科技研发区、生活管理区、商贸会展区、店铺直销区、道路及停车区等多个功能小区。

**建设内容**。分别说明各功能小区重点项目的建设名称、建设理由和所发挥的功能作用,以及与其他工程项目的衔接关系。一是重点描述该区新建房屋如办公室、研发室、检验室、会展厅、商务厅、会议室、酒店、餐饮厅、接待室、培训室、运输调度室、信息处理中心、物业管理中心、汽配汽修中心和地磅房等分项的建设理由、规模确定依据、建筑面积、结构形式、建筑尺寸、布置朝向和具体工程做法等。二是重点描述该区新建工程如锅炉房、配电站、水房和停车场等分项的建设理由、工程量确定依据和具体工程做法。三是重点描述该区需要配置的办公设施、科研仪器、检疫仪器、培训设施、运输车辆、音响设备和供水、供电等方面的配置种类和数量。

15.2.4.2 功能板块布置

(1)布置原则

农产品物流板块应根据上述功能定位和土地利用分区要求,布局时应重点把握以下原则:

**近距离原则**。货物搬运路线设计要合理,用尽量短的距离,保证物料搬运、物资移动距离的最小化,促进物流量的最小化和成本代价的最小化,以最快的速度到达用户手中,提高整个园区物流效率和整体运作的有序性。

**工艺流程通畅原则**。尽量满足园区基本功能要求,符合物流总体技术路线,确保工艺流程通畅、流程时间短,连接效果好,促进物流增值。

**布局优化原则**。尽量使彼此之间物流量大、关系密切的功能区与设施靠近,物流量小、关系不密切的功能区远离,避免货物运输的迂回和倒流,达到布局最优化。

**系统优化原则**。在园区功能定位的基础上,确定园区核心竞争力,落实物流关系的合理占比,优化园区物流效率。

**柔性化原则**。尽量保留足够空间及环境资源来满足未来战略调整、客观发展的需要。

**（2）布置形式**

农产品物流板块布置主要包括排列式、放射式、中心式和环状式等多种形式，如图15-1。

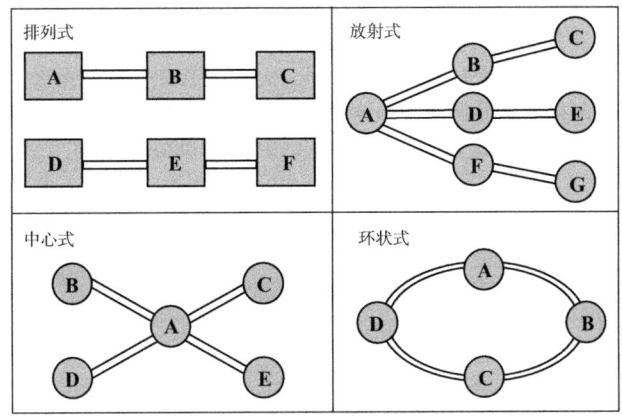

图 15-1 农产品物流功能板块布置形式示意图

**排列式布置**。比较适合地形较为狭长的区域，各建筑沿街道或主道进行两边或单边布置，这种布置形式简洁、明了，是比较常用的布置形式。

**放射式布置**。以某个主导建筑为中心以放射状形式布置其他辅助建筑，形成多个开放式空间布局射线，有利于辅助建筑与主导建筑之间的相互牵制、相互联系。

**中心式布置**。以某个主导建筑为中心向四周辐射，以最方便生产的形式布置其他辅助建筑，使辅助建筑与主导建筑处于紧密关系状态，形成较为自由的空间布局形式。

**环状式布置**。由于受地形所限，只能围绕某个特征建筑以环状形式布置其他仓储物流建筑，形成较为封闭的空间布局形式。

**（3）布置图绘制**

结合园区发展现状和原料分布情况，按照功能和工艺布置要求，示例农产品物流功能板块包含研发区、会展中心、物资交易区、果品冷藏区、加工区和综合服务区等多个功能区。为方便生产和管理，该示例选择排列式布置形式。

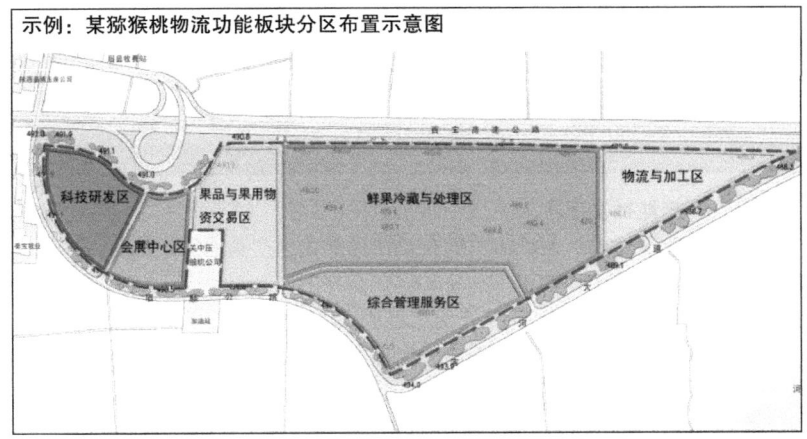

### 15.2.5 重点或亮点项目推荐
#### 15.2.5.1 农产品现代物流中心

**项目位置与建设规模。** 该中心尽量布置在主要交通出入口处。其占地规模应根据物流市场和年交易能力来确定。

**项目内容。** 通过建设现代化交易大厅、展示大厅、现货交易大棚、各类仓库与冷库等，并配备电子交易、远程交易、竞价拍卖和期货交易等设施，实现商品集散、价格发现、信息集成、加工配送和信息服务等，努力打造农产品交易平台，探索各种物流交易模式，将园区农产品源源不断销售到全国各地和消费市场，实现农产品快速物流，带动区域相关产业发展。

#### 15.2.5.2 物流会展服务中心

**项目位置与建设规模。** 该中心布置在园区的中心处。其占地规模应根据年交易能力和参加会展的人数来确定。

**项目内容。** 一是通过不定期举办农产品博览会、产品推介会、产销洽谈会、技术研讨会、产业论坛会等活动，搭建会展平台，扩大会展影响，促进行业交流与合作，提升产业影响力和产品知名度。二是定期集中展示各地的优质特色农产品、现代农业新技术、新设施与新设备等，通过宣传与推广以提高影响力。三是建成集农村干部教育培训、大学生村官培训、农民技术培训、农村实用人才培训等于一体的综合培训基地，重点培养农产品贮藏加工、冷链物流和交通运输等方面人才。

#### 15.2.5.3 产地批发市场

**项目位置与建设规模。** 该市场一般布置在标准化生产基地周边。其占地规模应根据基地产量和市场需求量来确定。

**项目内容。** 产地批发市直接服务于"三农"，是区域农产品流通体系的重要环节。该项目应以农产品标准化生产基地为依托，加强批发市场基础设施建设，主要配套现货交易大棚、预冷保鲜库或周转库等内容，购置分级包装设备、快速检验检测仪器和定点配送运输车等，达到一定设计规模的市场批发能力。

### 15.2.6 现代农产品物流交易方式推荐

农产品物流功能板块在实现现货交易、网络交易平台、定点配送等营销方式外，还应注重目前市场比较流行的营销方式，重点推荐如下：

**推广农产品绿色物流**。绿色物流是一种全新的物流形态，是指在物流过程中抑制对环境造成危害的同时，实现对物流环境的净化，使物流资源得到更充分的利用，它涵盖了集约资源、绿色运输、绿色仓储、绿色包装和逆向物流等环节与内容，强调全局与长远的利益，体现了园区的绿色形象。

**农产品交易实现IC卡统一结算**。随着科技发展和信息产业的高速发展，为满足物流园区流通业发展的需要，交易大厅均配置LED屏幕，及时发布权威的价格信息。交易区内建立所有商户的信息档案，并给商户发放了IC卡，交易时IC卡通过网络与电子结算中心相连，实现IC卡统一结算，即时交易、即时结算，不需要使用现金，具有快捷、便利、放心等特点。

**农产品竞拍交易**。目前农产品拍卖作为新兴领域逐渐崭露头角，在蔬菜、水果、花卉、茶叶、水产品、肉类等鲜活农产品在市场推行拍卖交易将是大势所趋。参加拍卖前，拍卖人要到产地筛选出合格的产地供货商，双方签订短期的供货合同；然后供货品种到达农产品拍卖市场后，需要进行分级、分品种、标明产地、数量、代码编号等，然后采用拍卖交易方式，进行集中竞价交易。该交易方式能在短时间内反应出市场供求的有效价格，省去讨价还价的时间，有效降低交易费用。

**农产品期货交易**。所谓农产品期货交易是指农产品销售的一种订购合同、协议形式，是先找市场后生产，可谓是当代进步的一种市场经营模式。具有市场性、契约性、预期性和风险性，合同或协议中规定了农产品收购数量、质量和最低保护价，双方享有相应的权利、义务和约束力，可以更好实现价格发现和规避价格风险。

**微信平台交易**。微信是腾讯公司推出的社交软件，目前注册用户已达4亿人以上。微信具有互动性强、目标群体大、用户黏性强等特点，微信营销是新兴的网络营销模式。在微信营销中，首先认证公众平台，然后注册微信服务号和订阅号，并完成微信调研系统、交易系统和网络支付接口，通过订阅号向目标群体定向发布广告，提供售

现代农业园区规划方法概论

前咨询和售后服务。

**旗舰店交易。**在开展传统和微信营销的同时,在北京、上海、广州等一线城市的核心商圈,设立产品销售旗舰店。旗舰店分为展示区、体验区和交易区。展示区配备声光电等多种展示设备,通过实物与虚拟相结合的方式进行宣传推广;在体验区可设立产品品尝体验区,让顾客亲口品尝特质所在。交易区除实现现场交易外,还提供相应的配送服务。

**概念性产品交易。**主要通过塑造产品的绿色、高品质和时尚等概念,为产品销售提供支撑。一是绿色概念。它预示着希望和活力,代表健康向上。二是高品质概念。是由量到质的转变,能将消费与享受高品质生活联系在一起。三是时尚概念。追求时尚是中高收入人群的重要特点,通过赋予产品时尚的内涵,将购买与时尚生活相连接,能够发挥时尚产品的追随效益。

**推行会员制交易。**针对中高收入的消费个体和高档宾馆、酒店、跨国公司等消费群体,建立产品会员制,会员只需在网络平台上开立账户号并缴纳一定的会费,即可享受产品定期配送、参与体验活动、健康知识讲座和派送活动等。

### 15.2.7 投资与效益

#### 15.2.7.1 投资估算

农产品物流功能板块投资主要是对其固定资产进行估算,包括工程费用、工程建设其他费用和预备费用等方面的投资和构成。土建工程投资主要包括交易大厅、交易大棚、加工车间、各类仓库、检验室、办公用房和配套工程等投资;仪器设备包括办公设备、检验仪器、电子交易设备、加工设备、包装设备、称重设备和场区公用设施等方面投资。其中土建投资参考同类项目相关标准;其他单位投资参照当地概算定额;将各单项投资汇总后即为农产品物流功能板块固定资产总投资。详见表15-5。

表 15-5　农产品物流功能板块投资估算参考表

| 序号 | 项目名称 | 建设内容 | 投资额(万元) | 备注 |
| --- | --- | --- | --- | --- |
| 一 | 工程费用 | | | |
| (一) | 建安工程投资 | — | — | |
| 1 | 流通加工区 | | | 见相应功能小区 |
| 2 | 集中仓储区 | | | …… |
| 3 | 农产品交易区 | | | …… |
| 4 | 农产品配送区 | | | …… |
| 5 | 配套服务区 | | | …… |
| | …… | | | |
| (二) | 场区工程 | — | — | 各功能小区汇总 |
| 1 | 流通加工区 | | | …… |
| 2 | 集中仓储区 | | | …… |
| 3 | 农产品交易区 | | | …… |
| 4 | 农产品配送区 | | | …… |
| 5 | 配套服务区 | | | …… |
| | …… | | | |
| (三) | 仪器设备购置 | — | — | 各功能小区汇总 |
| 1 | 流通加工设备 | | | …… |
| 2 | 电子交易设备 | | | …… |
| 3 | 配送设备 | | | …… |
| 4 | 仓储设备 | | | …… |
| 5 | 信息处理设备 | | | …… |

第 15 章 农产品物流功能板块规划

（续表）

| 序号 | 项目名称 | 建设内容 | 投资额（万元） | 备注 |
|---|---|---|---|---|
| 6 | 检测仪器 | — | — | …… |
| 7 | 称重设备 | — | — | …… |
| 8 | 包装设备 | — | — | …… |
| 9 | 废弃物处理设备 | — | — | …… |
| 10 | 运输车辆 | — | — | …… |
| 11 | 水电等公用设备 | — | — | …… |
|  | …… |  |  |  |
| （四） | 其他基建投资 |  | — |  |
| 1 | 征地费用 | — | — |  |
| 2 | 仓储技术转让费 | — | — |  |
|  | …… |  |  |  |
| 二 | 工程建设其他费 |  |  |  |
| 三 | 预备费 |  |  |  |
|  | 合计 |  |  |  |

#### 15.2.7.2 效益分析

**经济效益**。农产品物流功能板块经济效益分析是对规划方案中所确定的项目进行经济分析，该规划实施后的收入主要包括交易、配送、仓储租赁、会展、住宿、餐饮、物业等服务收入等；支出包括加工费、仓储费、运输费、装卸费、废物处理费、人工费、能源消耗费、折旧费和车辆维修费等；最后进行利润、静态投资回收期、投资回报率等指标测算，其结果作为多规划方案推荐的评判依据。见表15-6。

表15-6 农产品物流功能板块收入—支出估算表

| 序号 | 项目名称 | 单位 | 数量 | 单价 | 金额 |
|---|---|---|---|---|---|
| 一 | 经营收入 | — | — | — | — |
| 1 | 农产品交易收入 | — | — | — | — |
| 2 | 配送收入 | — | — | — | — |
| 3 | 仓库租赁收入 | — | — | — | — |
| 4 | 会展收入 | — | — | — | — |
| 5 | 住宿收入 | — | — | — | — |
| 6 | 餐饮收入 | — | — | — | — |
| 7 | 物业收入 | — | — | — | — |
|  | …… |  |  |  |  |
| 二 | 直接支出 | — | — | — | — |
| 1 | 土地使用费 | — | — | — | — |
| 2 | 原料收购费 | — | — | — | — |
| 3 | 产品加工费 | — | — | — | — |
| 4 | 包装费 | — | — | — | — |
| 5 | 人工费 | — | — | — | — |
| 6 | 水电费 | — | — | — | — |
| 7 | 配送费 | — | — | — | — |
| 8 | 折旧与摊销费 | — | — | — | — |
| 9 | 广告费 | — | — | — | — |
|  | …… |  |  |  |  |
| 三 | 利润 |  |  |  | — |

**社会效益**。主要体现以下几方面：

——规划实施后有利于解决农产品难卖问题，直接服务于"三农"；

——规划实施后有利于带动物流原料基地建设，促进农产品专业化、区域化和规模化发展；

——规划实施后有利于满足市场需求，完善农产品市场流通体系；

——规划实施后有利于集加工、周转、批发、储运等于一体，满足区域居民"菜篮子"产品的需要；

——规划实施后有利于集聚企业、产品和信息，降低物流成本，提高农产品市场竞争力；

——规划实施后有利于调整农业产业结构，繁荣农贸市场，增加农民收入，促进社会稳定。

以上根据具体园区实际情况进行展开叙述。

**生态效益**。根据农产品物流在农产品供应链中的作用不同，农产品物流全过程可以分成农产品生产物流、农产品销售物流和农产品废弃物物流。由于农产品生产和销售及消费过程必然产生大量的废弃物，如蔬菜销售可以产生20%的尾菜和烂叶，通过配套废弃物处理利用设施，推广提倡绿色物流，实现物流环境的净化与保护，抑制物流对环境造成的危害，促进物流废弃物的综合利用。

注：具体编制此类园区规划时可参考《现代农业园区规划案例精选》一书第147～165页"农产品物流园规划案例"相关内容。

# 第16章 农业休闲观光功能板块规划

农业休闲观光是新时期发展起来的重要的民生产业和新型消费业态,是现代农业的重要组成部分,也是深度开发农业资源潜力、调整农业产业结构、增加农民收入和改善农村环境的重要举措,是促进城乡居民消费升级、发展农村新经济与培育新动能的必然选择。它以区域自然景观、旅游资源和田园景观为依托,结合农林牧渔生产、农村乡土文化及农家生活习性,彰显农业经营特色的产业。对于拥有一定的休闲观光资源、具有较强经济实力、有意发展休闲观光产业的农业园区,可以开展农业休闲观光功能板块的规划与研究。本章节所研究的方向与思路同样适用于独立成型的农业休闲观光园规划。

## 16.1 概述

早在1865年,意大利就成立了"农业与旅游全国协会",专门引导城市居民到农村去体验农业野趣;20世纪中后期,出现了以观光为主要职能的观光农园,使得观光内容日益丰富,农园内的活动以观光为主,并结合食、住、游、娱、购等多种方式进行经营,相应找到了旅游业与农业共同发展、相互结合的交汇点,标志着新型交叉产业的产生;20世纪80年代以来,随着人们对旅游、度假需求的日益增大,农业观光园由单纯的观光性质,扩展到度假、劳作等功能。如日本的市民农园、农业公园和体验农业园等;英国出现的农村公园等。这些观光农园均为游客提供娱乐、休闲、度假设施。我国农业观光园始建于20世纪80年代末期,当时主要形式是观光果园和农家乐,90年代初主要是以高新农业科技园形成的观光园,发展至今又出现了各种类型和功能复合式的农业休闲观光园。

### 16.1.1 涵义

休闲观光农业目前存在很多定义与理解,但归纳起来大致涵义是:以乡村空间环境为依托,以独特的自然资源、田园风光、农林牧渔生产、民俗风情、乡土文化和特色民居等为对象,利用城乡差异进行规划设计和产品组合,为游客提供休闲、观光、体验、度假、娱乐、养老与养生等多项需求的旅游经营活动。简单地说,就是农业与旅游业相结合一种的新兴产业,是现代城郊型农业发展的新思路和新模式。

### 16.1.2 类别与特性

由于休闲观光园分类采取的标准不一样,目前出现了多种分类,本章主要介绍农业旅游资源分类和休闲观光分类两部分内容。

#### 16.1.2.1 农业旅游资源分类

旅游资源是旅游业发展的基础,国家颁布的《旅游资源分类、调查与评价》(GB/T 18972—2003)制定了旅游资源类型体系以及旅游资源调查方法参考标准,将旅游资源分为8主类、31亚类和155基本类型,是目前运用最为广泛、最具权威和可操作性的分类方法。休闲观光园是建立在农业资源的基础上,形成的农业与旅游相结合的产物。由此可见,农业资源是农业园区开展休闲观光活动的基础条件。

农业旅游资源的类型划分,可以从多个角度来进行,如可从产业部门、功能定位、经营主题、地域分布和本体属性等方面进行划分。

**按产业部门划分**。农业旅游资源主要包括观光种植业、观光林果业、观光畜牧业和观光渔业等类别。

**按功能定位划分**。农业旅游资源主要包括农业观赏、农耕体验、休闲度假、科普教育、康体养生和生态养老等类别。

**按经营主题划分**。农业旅游资源主要包括观光农园、生态农园、体验农园、教育农园和休闲农庄等类别。

**按地域分布划分**。农业旅游资源主要依托的是都市型、景区型和田园综合体等类别。

**按本体属性划分**。农业旅游资源主要包括自然资源和人文资源等类别。

#### 16.1.2.2 休闲观光园区分类

目前,休闲观光园区呈现出五花八门的类型,本书通过归纳总结,主要罗列以下几种类型:

**第一,科技创新型**。主要针对省级以上的农业科技园区,该园区在与当地农业科研院所合作的同时,不断开展新技术、新品种、新设施和新模式的引进、试验与示范,积极聚集当地先进的生产要素,配套现代化的农业设施和先进的生产装备,搭建智能化生产管理、农产品质量追溯和电子商务交易等平台,不断开展技术创新和机制创新,提升当地农业发展的档次和效益,成为游客观看农业高新技术、现代农业生产过程的好场所。

**第二,产业基地型**。主要针对以主导产业生产为主的园区,依托园区的优势特色产业,建立一批标准化粮油棉糖高产示范基地、园艺作物标准示范园、畜禽标准化规模养殖示范场和水产健康养殖示范场等,向游客展示现代农业标准化生产流程与全景,着力打造绿色、有机农产品等知名品牌。

**第三,生态循环型**。主要针对含有规模化养殖场和种植基地的园区,向游客展示种养内部循环、立体生态农业种养等,以及以沼气为纽带的生态循环农业模式,成为游客了解废弃物综合利用、低碳农业与循环农业生产的场所。

**第四,产业融合型**。主要针对含有种养生产基地、农产品加工与仓储、电子商务和休闲农业的园区。随着农业供给侧结构性改革的推进,在稳定传统农业发展的同时,充分发挥农产品加工与商贸的引领作用,大力发展休闲农业和乡村旅游,促进一二三产业融合发展,是转变农业发展方式、拓展农民增收渠道的必然选择。

**第五,科普教育型**。主要是面向中小学生和城镇青年等群体,是室内教育功能的拓展。规划以寓教于乐为设计主线,采用集中培训式、体验式和互动式等教育方式,开展农业科普知识学习,示范航天育种、无土栽培、植物无性繁殖、绿色或有机栽培等技术,并展示传统作坊式加工器具,促使他们在轻松愉悦的环境中以"自然吸收"的方式学习了解农业发展历史、现代农业发展过程和生态环境保护等方面的知识。

**第六,农事体验型**。主要针对位于大中城市郊区的园区,为了推进市民参与农耕生产而开展的特色果园、菜园和茶园等方面的采摘活动;或蔬菜认种、动物认养和树木认领等方面的市民农园活动;还有让游客动手参与到打谷、磨面、酿酒等劳作活动中去。开展农事体验活动,可以享受亲身体验、参与生产的乐趣,是广大市民所熟悉与喜而乐见的活动。

**第七,康体养生型**。主要针对自然风景较好的园区。如借助当地山体林场、水体或温泉等自然特色资源,配套菜园、果园、药园、茶园等劳作项目和健步走、自行车越野、垂钓等运动项目,形成健康养生的休闲场地。

**第八，特色餐饮型**。主要针对具有一定特色餐饮基础的园区。以自然生态与环境美化为物质载体，通过开发独特的地方菜肴系列吸引游客。绿色生态的环境、健康安全的食品、精心美化的景观空间等使人们远离烦闹喧嚣的城市，让游人体验一种既置身于世外桃源，又能品尝人间佳肴的感受。

**第九，民俗风情型**。主要是指位于少数民族集聚地区的园区。通过挖掘当地的民族风俗、节日习俗和传统礼仪等文化，展示与开发民族服饰、民族歌舞、民族节庆和传统手工工艺，以及少数民族特色村寨建筑等，打造出富有浓郁特色的民族文化系列产品。

**第十，生态养老型**。主要针对具有一定养老基础的园区。依托当地良好的生态景观，建设不同档次的养老公寓和医院，配套体检、康复及护理等医疗服务，建立个人健康资料档案，制订个人健康计划，举办健康养生讲座，设立适合不同年龄阶段的休闲娱乐项目。为退休老人提供养老的好去处。

**第十一，风土文化型**。挖掘当地的民间文化和地方风俗，让游客充分体验乡土风情与文化，多以古建筑为空间构架、以风俗文化活动为内容、以特色服务为纽带吸引游人，配以多姿多彩的节庆活动等，不断丰富休闲观光内容。

**第十二，水上游乐型**。主要针对具有一定规模开发潜力水面的园区。根据当地水资源条件，结合市场需求，开发亲水旅游产品，充分利用不同层次和界面的水体，挖掘水上游乐特色项目，不断丰富旅游产品内容。

**第十三，村寨古镇型**。主要以民俗文化村、古镇文化、民居院落和新农村建筑等特色吸引游客，通过扩大观光旅游景点范围及精品旅游线路设计，成为农业休闲和乡村旅游的新景点。

#### 16.1.2.3 特性

休闲观光农业具有农业产业和旅游产业的双重特点，除了具有一般的地域性、季节性和多样性外，还具有休闲性、高科技性、参与性、艺术性和综合性等特点。通过归纳其特性主要体现在以下几方面：

**第一，功能综合性**。休闲观光农业是以农业产业为基础，但又不完全以农产品生产、加工与销售为主要功能。还要满足休闲观光、参与体验、商务会展和科普教育等多功能要求，体现出功能的综合性。

**第二，设施装备高科技性**。休闲观光农业是现代农业科技成果展示的窗口，是农业实用技术推广的平台，通过示范果菜组织培养繁育技术、工厂化育苗生产、自动化环境监控和物联网管理等现代技术，让游人在了解农业生产前沿技术的同时，并获得了现代农业的相关知识。

**第三，景观艺术性**。在农业正常生产的基础上，采用统一、对比、协调等艺术处理手法，着力打造建筑小品、园艺景观和乡土文化等，充分体现自然与人文景观的艺术性，在空间布局、景点设计和艺术造型等方面体现更高的观赏价值。

**第四，地域差异性**。中国地大物博，幅员辽阔，经常出现北国万里雪飘之时，南国部分省市却依然温暖如春。不同的地理环境特征孕育着不同的优势特色产业，如陕西黄土高原地区的苹果和红枣产业；新疆风蚀地貌上的葡萄和哈密瓜产业；处于亚热带区域的椰子、香蕉、荔枝等热作产业。

**第五，文化创意性**。依托园区的自然景观和地方风俗文化，通过技术、创意和产业化的开发，从视觉艺术、展示艺术、工艺生产艺术、环境艺术等不同角度进行创意设计，以此吸引游客眼球，不断提高游客欣赏水平。

**第六，参与体验性**。随着对"体验经济"概念的重视，旅游业已经从以观赏为主的休闲方式逐渐向亲身体验的方式转变。而休闲观光农业就为体验经济提供了一个良好的物质环境。游人不仅可以欣赏到丰收的农特产品、奇异的花果,还可以采摘成熟的果品、投入农耕生产或亲手加工农产品等,能满足城镇居民回归田园的多种需求。

### 16.1.3 规划意义

发展休闲观光农业是促进农业结构调整、拓展农业功能、增加农民就业增收、传承农耕文化、改善农村环境的重大举措,规划意义深远,主要从以下几方面加以阐述:

**第一,促进农业结构调整**。如通过发展休闲观光农业,能够围绕农业生产过程、农民劳动生活和农村风情风貌,遵循乡村自身发展规律,以"做强一产、做优二产、做活三产"为途径,调整优化产业结构,提高农业整体效益。

**第二,增加农民收入**。如通过发展休闲观光农业,有利于带动农产品加工、餐饮住宿、交通运输、文化教育等关联产业发展,延伸农业产业链,推动一二三产业良性互动;通过增加农业单位面积多功能产出,进而增加农民的生产性收入;通过把农家的前庭后院变为经营场所,附带增加农民的财产性收入。

**第三,促进农民就业**。如通过发展休闲观光农业,能够有效吸引资金、技术、人才等要素流向农村,增加就业容量,实现农民就地就近就业;通过培养一批有文化、懂经营、会管理的新型农民,不断提高农民的综合素质,带动农业生产、农民生活和乡风文明水平的提高。

**第四,传承农耕文化**。如通过发展休闲观光农业,能够系统整合农业生产过程、农民劳动生活、农村风情风貌中的文化要素,推动传统文化和现代文明有机融合;能够顺应城乡居民文化消费习惯,把农业文化遗产、历史古村、特色民居等作为历史文化资源和景观资源加以开发利用,实现在发掘中保护、在利用中传承。

**第五,建设美丽乡村**。如通过发展休闲观光农业,能够有效带动农村基础设施建设,改善村容村貌,促进农村生态环境的改善;有利于农业产区向景区的发展转变,推动美丽乡村建设,促进农村生态、景观等资源优势转化为产业经济优势。

## 16.2 规划编制

农业休闲观光功能板块规划内容包括:首先确定规划区的建设位置及规模大小;再分析所在区域旅游资源、产业基础和游客来源等,了解发展休闲观光农业的有利条件及存在的问题;在此基础上提出规划思路与目标,确定功能定位及布局,明确各功能分区规划内容与布局、重点项目打造、景观设计、旅游产品开发、旅游线路组织与配套设施规划,最后进行投资估算与效益分析等。

### 16.2.1 选址与规模确定

#### 16.2.1.1 选址要求

休闲观光功能板块建设与一般农业生产选址要求不同,应重点关注以下几方面:

**第一,区域经济水平**。一方面,休闲观光农业是在传统农业的基础上发展起来的,为了满足休闲观光需求,需要引进先进技术、提高产品质量和培育新业态等,配套改善相应的设施和环境,由此需要大量的物力和财力支持,而经济发达地区恰好具有雄厚的资金实力和物质基础,能够保证园区建设的水准。另一方面,随着发达地区经济和科技的快速发展,居民收入的大幅提高,带给了人们生活之外的更多需求,增加了居民节假日外出旅游的机会。由此为园区建设提供了良好的基础和客源。

**第二,交通条件**。交通条件是决定休闲观光农业建设与发展的关键因素。道路的通达性差,会导致客源少,发展缓慢。对于居民出行,一般按交通圈层来划分,如半小时圈层、1小时圈层和2小时圈层等,不同圈层内居民决定不同类型的活动。据不完

**第三，产业基础**。休闲观光农业发展依托传统农业，园区建设离不开农业生产基础和农业资源的利用。良好的区域农业资源是园区建设的基础条件，同时所在地域主要农副产品的种类和数量也会影响休闲观光产业的开发方向。

**第四，旅游资源**。发展休闲观光农业必须借助区域内丰富的旅游资源、优美的自然风光、独特的气候条件、深厚的人文资源和丰富的农业资源等，才能扩大品牌影响力，吸引、留住外来客源。

**第五，基础设施建设**。发展休闲观光农业不仅要满足传统农业生产和一般休闲观光需求，还要结合农业高新技术发展现代农业与旅游业相关设施，如配套完善的园区道路、水电、通讯等基础设施是不可缺少的必要条件，关系到园区开发建设的规模、投资额度和实施进度。

**第六，客源市场**。客源市场是发展休闲观光农业的基础，而主要客源是久居城镇渴望和亲近自然的居民。因此，园区应位居城镇周边，依托当地旅游资源，开发特色旅游项目，吸引一定数量的游客前来休闲、观光和旅游，才能为园区发展带来良好的经济效益。

#### 16.2.1.2 规模确定

##### 16.2.1.2.1 概述

影响园区用地规模的主要因素包括园区类型、功能定位、投资规模、服务范围、土地资源和交通可达性等。

针对以休闲观光农业为主题的园区，用地规模一般控制在3 000亩以内。据不完全统计，占地面积0~500亩的园区约占30%；500~1 500亩的约占50%；大于1 500亩约占20%。

针对以农业生产为主的休闲观光园区，一般不会为农业休闲观光划出一个的特定区域，而是依托各产业功能区，通过拓展生产、生活、生态等功能，在其基础上打造一系列特色娱乐项目来增加其附加效益，其用地面积已计算到各产业功能区的面积之中，不再单独列出。

##### 16.2.1.2.2 园区规模确定

农业休闲观光功能板块用地规模主要根据游客容量来确定，而游客容量主要涉及生态环境容量和旅游设施容量，通过参考有关文献资料，其计算方法如下：

**（1）生态环境容量**

生态环境容量主要取决于园区自然生态系统净化污染物的能力，即园区内人工系统处理污染物的能力以及单位时间内人均产生的污染物数量。其产生污染物的数量主要包括游客和园区管理人员、服务人员和当地居民等。园区生态环境容量主要包括大气环境容量$P(a)$、固体垃圾环境容量$P(g)$、生物环境容量$P(V)$和水体环境容量$P(w)$。

**1）大气环境容量**

$$P(a) = S \cdot f / S_k$$

式中：$P(a)$—大气环境容量；$S$—实际游览面积；$S_k$—人均绿地面积；$f$—森林覆盖率。

**2）固体垃圾环境容量**

$$P(g) = 日处理固体垃圾总量/人均固体垃圾生产量。$$

3）生物环境容量

$P(v)$＝游览面积/人均对生物影响承受的标准面积。

生物环境容量是指游客对植被的破坏，主要是指游客对游线两侧植被的踩踏及顺路采摘的破坏程度。

4）水体环境容量

$P(w)$＝每天人工对污水处理的能力/每位游客每天产生的污水数量。

（2）旅游设施容量

1）住宿设施容量。由于园区一般处于城镇郊区，来往的游客大部分是当地的城镇居民、旅游团和散客。而当地居民大部分是来享受休闲生活的，一般不用住宿；多数旅游团已事先安排好了住宿，逗留时间较短。所以一般重点计算散客的数量和所需的床位。

2）公共交通容量。主要是通过统计公交运营班车、往来间隔、乘坐人数等指标进行计算游客数量。

3）停车场容量。根据停车场个数、占地面积、车容量、停车位、开放时间等来计算游客数量。

### 16.2.2 现状与问题

#### 16.2.2.1 现状调查

现状调查主要包括自然社会经济现状和农业休闲观光资源调查两方面，前者是指规划区域内自然条件、社会经济发展现状和农业产业发展等方面，这些内容在前面相关章节已经作过叙述。本节主要介绍农业休闲观光资源现状调查。

农业休闲观光资源现状调查主要包括周边旅游资源调查、同行业竞争调查、市场客源调查和园区内观光资源调查以及人文资源调查等。

第一，周边旅游资源调查。此项调查是分析农业休闲观光现状的前提条件，决定该产业发展的规模和前景。主要对所在区域各类旅游景观进行调查分析，如具有一定影响力的自然景观、人文景观、人工景观和生产景观等，从中了解当地旅游资源的特征、规模、结构、利用状况和开发潜力等。

第二，同行业竞争调查。在调查区域旅游资源的同时，还应对周边地区同类园区进行调查与对比分析，查找自身的特色和亮点，明确园区的定位、规模和客源，实现差异化、错位化发展，避免同类项目的重复建设。

第三，市场客源调查。首先应调查周边地区客源情况，才能正确确定观光产品系列、产品组合和最佳推销渠道等。主要调查包括一级市场（以吸引所在区域的客源为主）、二级市场（以延伸或辐射周边客源为主）和三级市场（以吸引省内外客源为主）的潜在客源人数和客源结构的调查与分析。

第四，园区内观光资源调查。通过多年的发展，园区已经具备一定数量和相对稳定的客源市场，形成了丰富多样的休闲观光农业项目。并重点调查上规模或者上星级的休闲观光农业的类型、项目名称、建设地点、实施主体、业务范围、主要产品、年接待人数、年经营收入和从业人员数量等。

第五，人文资源调查。主要包括园区内部及周边区域的农耕文化资源、民居古建资源、民间艺术资源、特色美食资源和历史文化资源等，是拓展农业功能需要考虑的重要因素，另外，农产品品牌开发，也与当地历史文化背景有一定的关系。主要调查内容见表16-1。

表 16-1　园区人文资源调查表

| 序号 | 大类 | 主要调查内容 |
|---|---|---|
| 1 | 农耕文化资源 | 主要调查犁耙、石磨、纺车等传统农具；传统耕作方式；原生态农业生产模式、传统农产品加工和储藏技术等；特色农产品资源等 |
| 2 | 民居古建资源 | 主要调查具有地方特色的古建筑。如北京的四合院、上海的石库门、陕北的土窑洞、湘西土家族的吊脚楼、内蒙的蒙古包、朝鲜族的大屋顶、云南傣家的竹楼等 |
| 3 | 民间艺术资源 | 主要调查具有地方特色、民族特色的民间艺术，是各类非物质文化遗产申报的主要来源。如潍坊的风筝、贵州的蜡染、南通的扎染、常熟的花边、东阳的黄杨木雕、青田石刻以及各种刺绣、草编、竹编、泥人、面人等民间艺术 |
| 4 | 特色美食资源 | 主要了解具有地方特色的美食，有的已记入"舌尖上的中国"。如四川的麻辣豆腐、湖南的臭豆腐、绍兴的梅干菜、内蒙古的涮羊肉、新疆的羊肉串、北方的水饺、南方的早茶等 |
| 5 | 历史文化资源 | 主要了解园区及所在区域的各类历史典故、著名人物和历史事件等 |

#### 16.2.2.2　观光资源评价

（1）观光资源分类

参考国家《旅游资源分类、调查与评价》（GB/T 18972—2003）标准，通过对园区农业休闲观光资源现状的调查，对休闲观光资源大致分为主类、亚类和基本类型三类，调查统计园区各类观光资源的数量、构成比例，并分析各类资源所占的优势，尤其是自然资源、人文资源和人文景观的构成与所占优势等（表16-2）。

表 16-2　园区休闲观光农业资源分类表

| 主类 | 亚类 | 基本景观 | 备注 |
|---|---|---|---|
| A 地文景观 | AA 综合自然旅游地 | — | |
| | AB 地质地貌 | — | |
| | AC 其他 | — | |
| B 水域风光 | BA 河段 | — | |
| | BB 天然湖泊与池沼 | — | |
| | BC 其他 | — | |
| C 生物景观 | CA 树木 | | |
| | CB 草原与草地 | | |
| | CC 花卉地 | | |
| | CD 野生动物栖息地 | | |
| | CE 其他 | | |
| D 天象与气候景观 | DA 光现象 | | |
| | DB 天气与气候现象 | | |
| E 遗址遗迹 | | | 依文物保护法，一般不划入 |
| F 建筑与设施 | FA 综合人文旅游地 | — | |
| | FB 单体活动场馆 | — | |
| | FC 景观建筑与附属型建筑 | — | |
| | FD 居住地与社区 | — | |
| | FF 交通建筑 | | |
| | FG 水工建筑 | | |
| G 旅游商品 | GA 地方旅游商品 | | |
| H 人文活动 | HA 人事记录 | | |
| | HB 艺术 | | |
| | HC 民间习俗 | | |
| | HD 现代节庆 | | |

注：上表中基本景观根据亚类归属和具体园区实际情况进行统计与填写

### （2）休闲观光农业资源分级

参考国家《旅游资源分类、调查与评价》（GB/T 18972—2003）标准，对园区休闲观光农业资源进行评价，并分出等级，参考表16-3。

表16-3　园区休闲观光农业资源评价表

| 评价项目 | 评价因子（权重） | | | | | | | | 总评分 | 资源等级 |
|---|---|---|---|---|---|---|---|---|---|---|
| | 资源要素价值（X） | | | | | 资源影响力（Y） | | 附值（Z） | | |
| | 观赏游憩价值(X1) | 历史文化艺术价值(X2) | 珍稀奇特程度(X3) | 规模与丰度(X4) | 完整性(Xi) | 知名度或影响力(Y1) | 适游期或使用范围(Yi) | 环保与安全(Zi) | | |
| AA综合自然旅游地 | — | — | — | — | — | — | — | — | — | — |
| BA河段 | — | — | — | — | — | — | — | — | — | — |
| BB天然湖泊与池沼 | — | — | — | — | — | — | — | — | — | — |
| CA树木 | — | — | — | — | — | — | — | — | — | — |
| CB草原与草地 | — | — | — | — | — | — | — | — | — | — |
| CC花卉地 | — | — | — | — | — | — | — | — | — | — |
| CD野生动物栖息地 | — | — | — | — | — | — | — | — | — | — |
| CE农作物 | — | — | — | — | — | — | — | — | — | — |
| DA光现象 | — | — | — | — | — | — | — | — | — | — |
| DB天气与气候现象 | — | — | — | — | — | — | — | — | — | — |
| FA综合人文旅游地 | — | — | — | — | — | — | — | — | — | — |
| FB单体活动场馆 | — | — | — | — | — | — | — | — | — | — |
| FC景观建筑与附属型建筑 | — | — | — | — | — | — | — | — | — | — |
| FD居住地与社区 | — | — | — | — | — | — | — | — | — | — |
| FF交通建筑 | — | — | — | — | — | — | — | — | — | — |
| FG水工建筑 | — | — | — | — | — | — | — | — | — | — |
| GA地方旅游商品 | — | — | — | — | — | — | — | — | — | — |
| HA人事记录 | — | — | — | — | — | — | — | — | — | — |
| HC民间习俗 | — | — | — | — | — | — | — | — | — | — |
| HD现代节庆 | — | — | — | — | — | — | — | — | — | — |

根据具体园区休闲观光农业资源实际情况，假设园区休闲观光资源评价总分为100分，根据影响大小赋予资源要素价值、影响力和附加值等评价因子一定的权重，再按百分比对各休闲观光资源分项进行评价打分，最后计算出园区休闲观光资源总分值。根据各地休闲观光资源评价实践，一般由高到低分为五级，具体评级范围如下：

总分值域≥90分，归类五级；

总分值域75～89分，归类四级；

总分值域60～74分，归类三级；

总分值域45～59分，归类二级；

总分值域30～44分，归类一级；

总分值域≤29分，没有观光价值。

从上述评价结果，针对具体某园区，大致了解该园区休闲观光资源所占有的级别，作为园区未来规划的参考和依据。

#### 16.2.2.3 存在的问题

由于休闲观光农业是近些年发展起来的新型产业，尚处于起步与探索阶段，在建设与发展过程中难免存在一些困难与问题，主要表现在以下几个方面：

**第一，规划的整体性**。如有些园区的休闲观光景点大多处于自发状态，缺少统一的规划与布局，存在景点分散、建设随意和布置混乱等问题，没有体现系统的由点串线、由线盖面的设计思路，可能会影响到园区总体形象和主导产业的统筹发展。

**第二，品牌的特色性**。如有些园区可能缺乏充足的市场调研，没把休闲观光农业看作是农业与旅游业相结合的产业，或者存在特色品牌培育意识不强、开发模式单一、项目雷同、重复建设现象严重等，这些均是导致地域特色不鲜明、创新产品不多、发展后劲不足等方面的影响因素。

**第三，功能的多元性**。如有些园区主要以农业生产为主，或者休闲观光农业仅局限于采摘、餐饮等简单的服务产品，缺乏多功能性和深度开发的项目，高品位、内涵丰富的项目更是少见，农业特色、乡村文化没有充分挖掘出来，很难满足游客多样化的需求。

**第四，配套设施建设**。如有些园区由于资金实力不够，建设投资到位率不高，结果导致观光项目小而分散、基础设施建设标准低、住宿餐饮设施简陋等。这些均是导致游客的出行心情和回头客数量等方面的影响因素。

**第五，接待服务质量**。如有些园区从业人员可能没有经过系统的正规培训，结果导致服务质量差、服务流程不规范和饮食卫生不达标等，这样直接会影响到产业的整体服务质量和发展水平等。

**第六，市场竞争性**。由于目前休闲观光产业大多缺乏总体规划和市场监管，导致一些园区出现恶性竞争、故意相互压价、坑害游客的现象时有发生，这样直接会影响到整个产业的地位和声誉等。

**第七，规模化经营**。如经营休闲观光农业需要一定的建设规模，才能产生较好的经济效益。但是有些园区土地流转可能受到诸多因素的制约，分散的土地很难吸引有经济实力的大企业来投资开发，大多是由农户或乡村集体出资兴建的，结果导致产品档次低、功能单一、精品少、知名度不高等，这样会制约休闲观光农业向规模化、多功能、高效益和品牌化方向发展。

### 16.2.3 规划方案

#### 16.2.3.1 规划原则

规划原则是园区发展定位和目标制定的前提，休闲观光农业的发展与项目设置必须受规划原则的制约，休闲观光板块规划原则涉及的方面较多，下面推荐几项有代表性的规划原则。

**第一，坚持因地制宜与突出特色的原则**。考虑到休闲观光板块选择具有明显的地域性，规划时应结合市场需求，依托当地独特的气候条件、优势特色产业和地域乡土文化等，打造集景观观赏、农事体验、科技展示和户外拓展等诸多功能于一体的系列特色娱乐项目，满足游人"求新、求特、求奇、求趣"的需求。因此，应做到因地制宜、因景而设，力争将资源优势转化为观光优势，推动休闲观光农业快速发展。

**第二，坚持以农为本与强农兴旅的原则**。考虑到休闲观光板块是依托农业生产而设置的，规划时应坚持以农业为基础、农民为主体、农村为单元，按照生产、生活、生态的发展理念，推行强农兴旅战略，促进一二三产业融合发展。在依托农业生产的同时，着力打造农业特色景观，不断挖掘地域文化内涵，吸引更多游客前来参观与游玩，实现农业增产、农民增收和农村整洁的配套改善。

**第三，坚持生态保护与可持续发展的原则**。一方面，充分利用园区绿色植物对小环境的调节能力，不要为了开发而随意破坏原始生态环境，而应维护好生物的多样性，尽量营造天蓝、地绿、水净的宜人场景，为休闲观光农业发展提供良好的环境支持；另一方面，在环境承载力允许的范围内，适度发展休闲观光娱乐项目，大力推进农业资源综合利用，促进休闲观光农业可持续发展。

**第四，坚持一业为主与产业融合发展的原则**。由于休闲观光农业是第一产业向第三产业的延伸，是农游结合的交叉产业，所以应合理规划农业与旅游业的协同发展。在做大做强农业产业的同时，应依托园区资源优势，从游、吃、玩、购、娱及教等方面入手，选择市场前景好、观赏价值高、风格多样、互动性参与强的旅游项目，实现多元化开发，促进各产业融合发展。

#### 16.2.3.2　规划思路

规划思路是休闲观光功能板块规划的核心，应重点围绕园区功能定位和规划目标，依托当地气候条件、旅游资源和产业基础，按照"完善配套、拓展功能、提升服务、打造品牌、促进发展"的思路，以园区农业生产、农事体验和乡土文化为载体，不断提高园区综合实力。重点从以下几个角度考虑规划思路。

**第一，完善基础设施**。完善的基础设施是休闲观光农业发展的前提，规划应重点突出园区道路、水电、通讯等基础设施的建立与配套，参照行业生产规范与建设标准，改善住宿、餐饮、娱乐、环卫等服务设施，为入园企业提供较好的基础条件；通过招商引资拓展融资渠道，集中资金进行重点项目策划与打造，进一步完善垃圾净化、环境美化、园容绿化等方面的设施建设。

**第二，拓展多元功能**。农业的多功能性在于它能满足不同消费群体的多元需求，规划时应强调在维持农业基础生产功能的基础上，结合当地旅游资源和产业发展状况，通过市场化运作，拓展农业的多种功能，不断满足城乡居民日益增长的物质、文化和精神需求，兼顾生态环境保护，促进休闲观光农业快速发展。

**第三，提升服务水平**。接待服务质量好坏是衡量园区观光水平高低的标志，也是行业间互相竞争的重要手段。规划时应重点提出多种类、分时段的培训方式，加强经营管理和从业人员的职能、岗位培训，不断提升园区综合素质和整体服务水平。

**第四，打造特色品牌**。品牌建设是推动休闲观光农业发展的一张名片，是促进园区可持续发展的源动力。规划时应重点围绕"农"字展开，突出项目的个性与精品设计，改变过去单一的采摘与餐饮功能，拓展文化娱乐等多种功能，不断开发出四季有精品、产品有特色的休闲观光产品系列，积极开展示范点创建和星级认定工作，树立典型，提升影响力和认知度，引领休闲观光消费热点，促进休闲观光农业向更高层次发展。

**第五，加强宣传推介**。重点打造一批休闲农业与乡村旅游特色景点和精品线路；依托电子商务网站、微博、微信、报纸、杂志等平台，形成稳定的网络、报纸、杂志、广播宣传推介渠道，满足消费者在线购买、线下消费的需求，形成报纸有文章、网络有专题、微信有视频、广播有声音的格局。

> **示例：某农业休闲观光功能板块规划思路**
>
> 　　依托区域旅游景点和园区观光项目，结合农业产业发展和产业结构调整，加强园区水电、道路、通讯等基础设施建设，不断挖掘具有文化内涵和特色的旅游项

目，拓展农业的多种功能，不断改善和提高休闲观光服务质量，按照特色化、现代化、高效化的要求，打造融生态性、参与性、娱乐性和前沿性于一体的观光特色品牌，积极开展全国或省级休闲农业与乡村旅游示范点、星级示范企业、美丽乡村或特色小镇等申报工作，加强宣传与推广力度，促进农业休闲观光园区健康发展。

#### 16.2.3.3 规划目标

**（1）总体目标**

一般是从不同的角度，对未来所要实现的目标做定性的描述。

**从总体定位的角度**。如将休闲观光园区建成国家级或省市级休闲农业与乡村旅游示范点或田园综合体、一二三产业融合示范园等。

**从城乡统筹的角度**。如将农业休闲观光园区建成城乡统筹试验区、特色小镇、城乡一体化示范区等。

**从主体培育的角度**。如将园区某企业或合作社及家庭农场打造成星级示范企业或星级农家乐。

**从特色打造的角度**。如将园区某个村庄建成美丽乡村或精品旅游村寨等。

**从教育培训的角度**。如将休闲观光园区建成青少年科普教育培训基地。

**从生态保护的角度**。如将休闲观光园区建成生态旅游示范点。

**从文化追寻的角度**。如将休闲观光园区建成区域文化旅游示范点。

**（2）具体目标**

应通过制定一系列规划指标来体现，主要从以下几方面来考虑（表16-4）：

**经济效益目标**。制定不同规划阶段的休闲观光农业产值、休闲观光农业产值占农业总产值比重等指标及其增减幅度。

**休闲农业产出目标**。制定不同规划阶段的年接待人数、年采摘产品与田头超市销量等指标及其增减幅度。

**基础设施与物质装备目标**。制定不同规划阶段的特色旅游项目打造数量、精品旅游线路设计数量、园区游览道路通达率、指示牌配置覆盖率等指标及其增减幅度。

**农业科技与信息服务目标**。制定不同规划阶段的持证上岗人员所占比重、新媒体传播率和无线网络覆盖率等指标及其增减幅度。

**农业经营管理目标**。制定不同规划阶段的休闲观光示范点与星级企业创建数量、龙头企业参与经营数量、合作社参与经营数量、家庭农场参与经营数量等指标及增减幅度。

**辐射带动目标**。制定不同规划阶段的从业人员年均纯收入、从业人员年培训次数、辐射带动周边就业数量等指标及增减幅度。

表16-4 农业休闲观光功能板块规划目标参考表

| 类别 | 目标名称 | 单位 | 基期年 | 近期目标 | 远期目标 | 年均增减（%） | 指标属性 |
|---|---|---|---|---|---|---|---|
| 经济效益目标 | 1. 休闲农业与乡村旅游产值 | 万元 | — | — | — | — | 预测值 |
|  | 2. 休闲农业与乡村旅游产值所占比重 | % | — | — | — | — | 预测值 |
|  | …… |  |  |  |  |  |  |
| 休闲产出目标 | 1. 年接待游客人数 | 人 | — | — | — | — | 预测值 |
|  | 2. 年采摘产品与田头超市销量 | t | — | — | — | — | 预测值 |
|  | …… |  |  |  |  |  |  |

（续表）

| 类别 | 目标名称 | 单位 | 基期年 | 近期目标 | 远期目标 | 年均增减（%） | 指标属性 |
|---|---|---|---|---|---|---|---|
| 基础设施与物质装备目标 | 1. 特色旅游项目打造数量 | 个 | — | — | — | — | 预测值 |
| | 2. 精品旅游线路设计数量 | 个 | — | — | — | — | 预测值 |
| | 3. 园区游览道路通达率 | % | — | — | — | — | 预测值 |
| | 4. 指示牌配置覆盖率 | % | — | — | — | — | 预测值 |
| | …… | | | | | | |
| 科技信息服务目标 | 1. 持证上岗人员所占比重 | % | — | — | — | — | 预测值 |
| | 2. 网站、微博、微信等新媒体传播率 | % | — | — | — | — | 预测值 |
| | 3. 无线网络覆盖率 | % | — | — | — | — | 预测值 |
| | …… | | | | | | |
| 经营管理目标 | 1. 各级休闲农业与乡村旅游示范点创建数量 | 个 | — | — | — | — | 引导值 |
| | 2. 星级企业或园区创建数量 | 个 | — | — | — | — | 引导值 |
| | 3. 特色小镇创建数量 | 个 | — | — | — | — | 引导值 |
| | 4. 田园综合体创建数量 | 个 | — | — | — | — | 引导值 |
| | 5. 龙头企业参与经营数量 | 个 | — | — | — | — | 预测值 |
| | 6. 合作社参与经营数量 | 个 | — | — | — | — | 预测值 |
| | 7. 家庭农场参与经营数量 | 个 | — | — | — | — | 预测值 |
| | …… | | | | | | |
| 辐射带动目标 | 1. 从业人员年均纯收入 | 元 | — | — | — | — | 预测值 |
| | 2. 从业人员年培训次数 | 人次/年 | — | — | — | — | 预测值 |
| | 3. 辐射带动周边就业数量 | 人 | — | — | — | — | 预测值 |
| | …… | | | | | | |

#### 16.2.3.4 功能定位与分区

**（1）功能定位**

休闲观光农业既体现了农业和旅游业各自原有的功能，又具有休闲、体验、观赏、科普、养生等拓展功能。

第一，休闲功能。主要体现在：一是以打造度假村或农家小院的形式，开展游览、避暑、度假和娱乐等休闲活动，大多布设在依山傍水、靠近大片林地园地等环境优美的地方。让人沐浴在空气清新、蓝天白云、气候宜人、舒适幽静的乡野环境中，达到享受自然，放松身心的目的；二是以特色农家乐的形式，以每户为经营单元，提供农家餐饮、乡村民宿等服务。

第二，体验功能。主要提供农事活动和农耕文化的体验。一是农事体验包括采摘体验和认种、认养体验，其中采摘活动是在果实成熟的季节，游人可到果园、菜园和花园去观赏和采摘，既欣赏了果实挂满枝头的景观，又能体验到采摘活动的情趣；认种与认养体验，如对园区的蔬菜果林（纪念林和认养林等）进行认种，对特色畜禽进行认养等。二是农耕文化体验，是在农业机械化日益普及、农业耕作制度发生根本性变化的当今时代，利用历史文明传承下来的石磨、纺车、水车、土炕等农耕文化要素进行展示和体验，使游客在休闲、观景的同时，增添体验的乐趣，并经受一次农耕文化的熏陶。

第三，观赏功能。是指到农田、园地和林地去赏花、观果和郊游。冬去春来，大面积桃花、杏花、梨花或南方的油菜花等竞相开放，呈现出一片绚丽的乡村美景，成为观光农业的重要内容。春华秋实，游人又去观叶采果，呈现出色彩绚丽、农家丰收的美丽景象。

**第四，科普功能**。一方面，引导青少年到农业园区参观学习，了解现代农业的相关知识；另一方面，有些园区珍藏有历史古迹、乡风民俗或宗教文化等相关游览元素景点，游人既能观赏到很多名人、名事和名情的文字记载，从中了解到历史文化，又能学到书本中学不到的知识。

**第五，养生养老功能**。一方面，有些园区开设农园劳作、各类球场、环湖健步道、趣味垂钓园等运动项目，让游人在休闲的同时也能锻炼身体；另一方面，有些环境条件较好的园区，建成了养老公寓，配套体检、康复及护理等医疗设施，为退休老人提供养老养生的好去处。

（2）功能分区

休闲观光功能板块规划应突出娱乐项目体验、农事活动参与、乡村特色文化探寻、名优植物观赏和地方特色美食品尝等复合功能，开展农业观光旅游规划设计，应将休闲观光旅游活动与园区的农业生产、生态环境的保护有机融合。

休闲观光农业功能划分应体现既相互联系又各具特色的不同区域，以利于观光农业活动的展开。各区应遵循"区内相似性、区间相异性、乡村风貌与生产环境的完整性"等原则。

根据休闲观光功能板块功能定位与规划原则，综合考虑园区及周边旅游资源、游客需求等因素，依托各产业功能板块，在其基础上打造成设施园艺观赏区、大田作物观赏区、林果种植观赏区、畜牧养殖观赏区、水产养殖观赏区、农产品加工与物流观赏区和乡村文化观赏区等多个二级功能区，休闲观光项目分布在各农业观光功能区内。一般农业休闲观光园区涉及的功能区很多，本节推荐常见的几种功能区种类如表16-5。

表16-5 农业休闲观光区功能板块功能分区推荐表

| 一级 | | 二级 | | 面积（亩） | 备注 |
|---|---|---|---|---|---|
| 编码 | 名称 | 编码 | 名称 | | |
| 面积合计 | | | | — | |
| 08 | 农业休闲观光功能板块 | 081 | 设施园艺观赏区 | — | 根据区域旅游资源和市场需求进行适当取舍 |
| | | 082 | 大田作物观赏区 | — | |
| | | 083 | 林果种植观赏区 | — | |
| | | 084 | 畜牧养殖观赏区 | — | |
| | | 085 | 水产养殖观赏区 | — | |
| | | 086 | 农产品加工与物流观赏区 | — | |
| | | 087 | 乡村文化观赏区 | — | |
| | | …… | …… | | |

### 16.2.4 功能小区规划与布局

#### 16.2.4.1 功能小区规划

主要包括设施园艺观赏区、大田作物观赏区、林果种植观赏区、畜牧养殖观赏区、水产养殖观赏区、农产品加工与物流观赏区和乡村文化观赏区等各功能区的功能设置和景点打造等方面的规划。

（1）设施园艺观赏区

设施园艺观赏区是休闲观光园的核心区，发挥着科技示范、品种展示、教育培训和创新创意等多种功能，也是游人参观考察的必经之地，应着力打造与设计一批创意项目和精品旅游线路，满足游人好奇、体验和学习的需求。依托设施农业园区的产业基础，在条件较好的园区，打造不同类型的观光点。如一是凭借设施集约化育苗项目，向游人展示组培育苗技术或工厂化育苗技术；或依托标准示范种植基地，向游人展示水耕栽培、立体栽培、管道栽培、无土栽培等技术，或物联网自动管理技术；让城镇居民到郊外呼吸新鲜空气的同时，还能学习到现代农业新知识。二是依托园区各产业打造休闲观光节点，如观光采摘、市民认种、手工制作、生态餐饮等娱乐项目，让游人既能享受到劳作体验、又能品尝到特色美味。

　　(2) 大田作物观赏区

　　大田作物观赏区是休闲观光园的背景衬托区，发挥着生产、示范和体验等多种功能，可以激发市民回忆起"到广阔的农村去，在那里大有作为"的历史场景。通过怡人的田园景观，打造一批特色观光项目，将各景点串连起来，形成开放式的观赏、体验、娱乐于一体的游乐空间。如：一是在遵循农田原有机理的同时，结合景观美学特征和生产管理的便捷性，在保证正常生产的前提下，通过道路和明渠将粮田整齐地划分为各类生产示范区，形成开阔、广袤的田园风光，为游人提供天然、安宁、芬香、祥和的乡村美景；二是考虑大田园艺生产与休闲功能，结合园林景观设计思路，采取绘图布景的手法打造不同特色的园类，如根据园区品种布设蔬菜园或花卉园、药草园等景观，做到从田外观园，形成水渠田块交错、四季产品各异的景观效果；三是划出特定区域专设市民农园，让市民亲临其感播种、收获的劳作心情；或专设采摘区或餐饮区，让游人既能体会到采摘的愉悦心情，又能品尝到不同的地方风味。

　　(3) 林果种植观赏区

　　林果种植观赏区不仅能为休闲观光园提供丰富的氧离子，还能为园区带来可观的经济效益，发挥着示范生产、观赏体验和生态保护等多种功能。可将各景点串起来，形成适合休养、观光、采摘和度假的场所。如：一是打造百果园，让游人能欣赏和品尝到来自不同国家和地区的最新品种的产品，获得"静坐园区一方，享受天下美餐"的满足感；二是利用参观道搭建不同藤品的长廊，通过平面的拉长和立体产品吊垂感的设计，为游人提供一个遐想、悠闲、慢步、歇脚的环境空间；三是划出一定区域作为认种园，让市民可以亲手种植亲情树或纪念果，将辛勤劳作和寄托相思相结合，体现出意义的更加深远；四是在有条件的园区，专设果区和手工制作区，让游人在品尝新鲜水果的同时，还能参与到亲手制作水果沙拉或葡萄酒酿制等活动中；五是将乔木、灌木、花木等进行搭配种植，形成立体层次的景观效果，促进绿色植被覆盖率的提高；或在成树林中，设置户外拓展区，让游人充分感受与大自然进行零距离接触的快感。

　　(4) 畜牧养殖观赏区

　　一是为了卫生防疫安全，很少将畜牧养殖项目列入到休闲观光活动中，以免相互交叉感染；二是尽管畜禽粪污经过了无害化处理，但难闻的气味很难从空气中消失，以免影响游客的游览心情。因此，一般休闲观光园很少配置畜牧养殖观察区。若是针对某一规模化养殖场，为了满足参观考察的需求，一般会在养殖区外围空间设置专门的参观走廊，一圈走下来对畜禽生活习性大致有所了解。而针对一些园区专门设有特种动物养殖基地，如孔雀、鳄鱼、长颈鹿等养殖，要求在安全设施配置齐全的条件下，才能对游客开放；还可结合该基地，举办类似赛马、耍猴、斗鸡等竞技活动，让游客尽享喂饲、骑玩、表演等乐趣。

### (5) 水产养殖观赏区

水产养殖区是休闲观光园不可缺少的区域，碧波荡漾的水面能让游人心旷神怡。针对具有一定养殖水面的园区，通过引进一些特色品种进行标准化养殖，并在湖汊、池塘等堤埂上配套种植水果和蔬菜或乔灌木，既能达到美化景观的效果，又能促进种养循环，形成集观赏、体验、美食、垂钓、娱乐等为一体的休闲渔业。分布在南方或东北水稻种植的园区，还可探索"稻—渔（虾、蟹、鸭等）"生态种养模式，吸引游客前来参观与学习；有的园区在水产养殖核心区，建设特种水产品博览园，兼具文化传承、科普教育等功能，让游客在观水赏景的同时还能了解到鱼类相关知识；有的园区还在养殖水面上设计木栈道及观景亭等设施，为游人提供观景、歇息的场所，或划出一块特定区域，供人放生等；有的园区还划出特定区域作为垂钓园，提供垂钓、捕捞工具，营造静谧、舒适、祥和的气氛，或设置专门的认养区，供市民亲自体验渔业劳作的乐趣；有的园区还配置各种风味的渔家乐餐馆，供游客在体验垂钓、捕捞的同时还能品尝到当地水产品的特色风味。

### (6) 农产品加工与物流观赏区

农产品加工与物流区是休闲观光园提质增效的区域，一般标有"生产重地，闲人免进"的提示牌，但是为了满足游人对现代化设施和农产品加工整个流程的好奇心，一般会划出一片特定的区域，供游客参观与体验。有些园区还在生产区设置参观走廊，让游人从中感受到农产品加工与物流的现代化设施和自动化管理的场景，领略到现代农业生产的先进性和超前性；有些园区围绕参观主题，设置专门的农产品加工体验区，如石磨磨面、果汁制作等场所。让游人具有亲临其境的感受，从中寻找作为生产主人的乐趣。

### (7) 乡村文化观赏区

乡村文化观赏很难形成集中连片的区域，大多分布在各配套区内。在乡村文化浓郁的园区，一般由多个民族特色和乡土风情等景点串联起来。如有的园区搭建民族歌舞表演大舞台，如刘老根大舞台、华西村歌舞台等；或者是建设农耕文明传承广场，模仿传统农业生产工具，如水车、犁耙等，通过雕塑或模型的形式展现给大家，让游人具有身临其境之感；有的园区是建设村落文化游乐园，通过橱窗、展板、动漫形式或标志性节点景观，营造浓郁的乡土文化气息，强化特色地方元素，吸引过往游客；有的园区建设农家乐美食一条街，营造一个原生态、乡土味较浓的餐饮环境，让游人不仅能体验农事、了解村落文化，还能品尝到当地丰富的美食风味。

#### 16.2.4.2 功能板块布置

### (1) 布置形式

休闲观光功能板块布置取决于系统的空间结构要素，要使系统在给定的条件下发挥其最大功效，就必须对各要素进行合理的布置与组织。一般布置呈现如下三种形式：

**藤蔓式布置形式**。各类要素所属功能区明确且单一、彼此间互不干扰，整体上呈现对称布局；旅游服务要素往往布置在园区主要入口，以服务游客并保持与园区外界联系的便利性；休闲观光项目、农业生产要素以及园林景观要素分布在园区主干道两侧，这类模式结构形似藤蔓，故称为"藤蔓式"。该形式将规整的土地划分为若干区域，便于结构要素的规划布置和区域管理。如图16-1所示。

**环状式布置形式**。各要素联合发展，整体上构成一个特色主题与内容，呈现环状结构；该模式提高了土地的利用效率，密切了农业生产功能与旅游活动的关联性。如

图16-1所示。

**组团式布置形式**。各要素分散于园区内，整体上构成若干个特色旅游组团，每一个组团都包含了若干类要素，各功能区间通过道路相连接，各类要素构成了组团式的布局形式。该类模式在土地利用上比藤蔓式和环状式效率更高，而且更具有针对性。如图16-1所示。

**分散式布置形式**。由于各功能区景观打造比较随意，各要素分散于园区内，整体上构不成片状或环状，呈现出的是一种比较分散的布置形式。

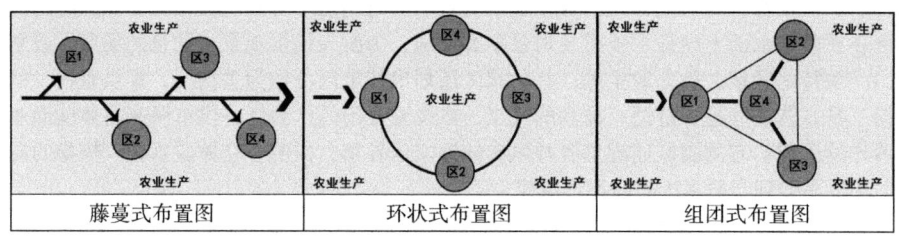

图 16-1 休闲观光农业功能板块布置形式示意图

综上所述，休闲观光园的空间布局在充分考虑各类要素的有机耦合基础上，一般推荐组团式布置形式，此形式能更好地提高土地利用效率，密切农业生产与休闲观光活动的关联性。

（2）布置图绘制

依据国家相关制图标准，采用计算机专业制图软件进行绘制。图面上要显示二级、三级功能区分布位置，以及各休闲观光节点的具体位置和精品旅游线路走向等。一般通过平面布置图或平面效果图、意向图等进行表示。示例选择分散式布置形式。

### 16.2.5 重点项目打造

（1）设施园艺观赏区

由于各地设施农业区资源和产业基础不同，选择建设景点应因园而异，下面推荐几个比较常用的观赏项目，仅供参考。

# 第16章 农业休闲观光功能板块规划

专栏16-1 设施园艺区观赏项目打造推荐表

| 类别 | 项目描述 | 景观意向图 | |
|---|---|---|---|
| 高新技术研发中心 | 针对条件较好的园区，搭建农业高新技术研发平台，促进科技攻关；展示农业高科技成果，满足游人对高科技的好奇，发展农业科技教育游 | 农业科技研发节点意向图 | 生物技术研发节点意向图 |
| 物联网技术示范 | 针对条件较好的设施园区，引进与应用物联网技术，实现温室集约化、网络化远程管理，通过开放游览，满足游人对"物联网+农业"应用了解 | 物联网技术应用节点意向图 | 物联网技术应用节点意向图 |
| 花卉展示基地 | 针对条件较好的园区，通过打造花卉工厂化育苗与精心培植场景，展示设施农业集约化生产的场面，满足游人对现代农业生产的认知 | 珍稀植物培育节点意向图 | 珍稀植物培育节点意向图 |
| 蔬菜高科技栽培基地 | 针对条件较好的园区，为了提高光合利用率，利用LED光源不同波长组合对植物进行照射；或采用吊挂气雾栽培，或通过分层摆放充分吸收营养成分，以达到高产、高效的目的 | LED灯栽培节点意向图 | 蔬菜气雾节点意向图 |
| 特色生态餐厅 | 针对条件较好的园区，将现代设施农业与绿色餐饮有机结合，通过营造封闭的绿色环境与园林景观氛围，为就餐者提供绿色、生态、舒适、宜人的就餐环境 | 生态餐厅节点意向图 | 生态餐厅节点意向图 |

## （2）大田作物观赏区

由于受气候、水资源和土壤等因素的影响，各地农田所种植的作物品种和种植模式因地而异，下面推荐几个比较常见的观赏项目，仅供参考。

# 专栏 16-2　大田作物种植区观赏项目打造推荐表

| 类别 | 项目描述 | 景观意向图 | |
|---|---|---|---|
| 田园慢生活景观 | 依托园区千亩良田的生态背景，结合原有农田肌理及田园慢生活目标，引入一条灵动、曲折的红色观光带，或配置临田架空步道、观景平台等设施，形成一道美丽的风景线 | 田园慢生活节点意向图 | 田园慢生活节点意向图 |
| 精准农业示范区 | 在条件较好的园区，展示地理信息系统、定位系统、遥感技术和自动控制技术等，根据土壤肥力和作物生长状况调节作物地力动态。让游客随地都可观赏到精准农业生产的场景 | 精准农业节点意向图 | 精准农业节点意向图 |
| 市民农园 | 如将土地划分成若干小块出租给市民，让其利用节假日时间，来农村享受田园生活，与乡村、田野、小溪、花草为伴，体验农村耕耘和收获的乐趣 | 市民农园意向图 | 市民农园意向图 |
| 五谷杂粮展示园 | 位于干旱地区的园区，大都适宜种植当地特色的杂粮，通过品种集中展示，让游人在领略田园风光的同时，加深对五谷杂粮品种的辨认、种植技术的了解与农业知识的学习 | 五谷杂粮种植意向图 | 五谷杂粮种植意向图 |
| 露地蔬菜园 | 通过种植适合各季的蔬菜品种，进行分类展示，吸引游客在观赏蔬菜园景观和种植场景的同时，可参与蔬菜生产的操作过程，还可亲手采摘喜欢的蔬菜带回家 | 蔬菜园意向图 | 吊瓜长廊意向图 |
| 露地花卉园 | 按不同季节的种植要求，配置喷灌和滴灌设施，种植丰富多彩的花卉品种，兼具花卉生产与场景观赏等功能，形成花田交错、四季不同的景观效果，供游客观赏 | 花卉园意向图 | 花卉园意向图 |

（续表）

专栏 16-2 大田作物种植区观赏项目打造推荐表

| 类别 | 项目描述 | 景观意向图 | |
|---|---|---|---|
| 露地药材园 | 结合中医五行之说，建设金木水火土五行保健园，配置养肺、养肝、养肾、养心和养脾的保健说明，让游人在识别各种药材的同时，也能获得丰富的保健养生知识 | 药材园意向图 | 药材园意向图 |

### （3）林果种植观赏区

对于适宜种植果品和花木的地区，通过集中展示各类新品种和新技术，吸引游客前来观赏或品尝。下面推荐几个比较常见的观赏项目，仅供参考。

专栏 16-3 林果种植区观赏项目打造推荐表

| 类别 | 项目描述 | 景观意向图 | |
|---|---|---|---|
| 百果展示园 | 按照"五化"标准果园建设要求，建设百果园。通过现代科学技术的控制，集中展示各类水果品种，并要求一年四季都有果实成熟，游客可以到果园进行观赏、采摘、品尝、购买与游乐 | 水果采摘意向图 | 水果采摘意向图 |
| 苗木培育圃 | 按照苗圃的标准化要求进行建造，在为园区及周边地区提供优质苗木的同时，通过品种集中展示，可吸引游客前来观赏，游客还可亲自参与苗圃生产活动 | 苗木培育意向图 | 苗木培育意向图 |
| 花木大世界 | 在花卉园区，建设集中连片的花卉基地，用不同的品种和颜色进行装扮，展现出万紫千红、争奇斗艳的景象，给人以喜庆、轻松、愉悦和舒畅的感觉 | 苗木培育意向图 | 苗木培育意向图 |
| 葡萄长廊 | 在园区中轴线上或广场两侧建设葡萄长廊。在葡萄成熟季节，廊下还摆设与葡萄有关的品评、绘画、摄影等作品，将其观赏、采摘、文化融为一体，吸引游人观赏与品尝 | 葡萄长廊节点意向图 | 葡萄长廊节点意向图 |

（续表）

专栏 16-3  林果种植区观赏项目打造推荐表

| 类别 | 项目描述 | 景观意向图 | |
|---|---|---|---|
| 户外拓展 | 户外攀岩、树上穿越是一项健康而又时尚的绿色户外活动，既便于户外呼吸新鲜空气，又是一项有氧运动，一举双得，逐渐成为一种引领户外休闲的新时尚 | 户外攀岩节点意向图 | 树上穿越节点意向图 |

**（4）畜牧养殖观赏区**

针对拥有畜禽养殖的园区，通过建设参观走廊让游人对畜禽养殖过程与方式有所了解，或划出一定区域进行特种养殖供游人观赏，或开发多种娱乐项目供游人游玩。下面推荐几个比较有特色的观赏项目，仅供参考。

专栏 16-4  畜牧养殖区观赏项目打造推荐表

| 类别 | 项目描述 | 景观意向图 | |
|---|---|---|---|
| 规模化养殖场 | 引进优质畜禽种群，采用最先进的饲养技术，配套现代化养殖设施，让游人在参观畜牧养殖的同时还能见识到现代化的养殖设施设备，同时也对畜产品的安全性有所了解 | 现代化挤奶设施意向图 | 生猪规模化养殖设施意向图 |
| 动物认养园 | 划出特定区域，提供畜禽种苗、养殖技术和生产设施，让有兴趣的市民前来认养，如放养土猪、土鸡或给动物喂料等，享受养殖过程和收获养殖成果 | 土鸡认养意向图 | 肉牛喂料意向图 |
| 畜禽竞技娱乐园 | 结合动物生活习性和观赏性，可设置赛马、斗鸡、耍猴等项目。赛马场提供骏马和场地，不定时举行赛马比赛；斗鸡场组织专业人员进行斗鸡表演，供游客观赏取乐。耍猴场通过投料引猴摆出各种POSE供游人拍照 | 赛马体验意向图 | 斗鸡体验意向图 |

(续表)

专栏 16-4　畜牧养殖区观赏项目打造推荐表

| 类别 | 项目描述 | 景观意向图 | |
|---|---|---|---|
| 动物生肖广场 | 以传统十二生肖的动物形象为主题，结合地形和场景打造不同形态，或建造12个生肖动物雕塑，配上各生肖的寓意说明，供游客观赏与自身对照 | 十二生肖雕塑意向图 | 十二生肖雕塑意向图 |

### （5）水产养殖观赏区

针对拥有一定水面和水产养殖基础的园区，特划出一定区域养殖观赏鱼，或开发垂钓园、渔家乐、水上乐园等娱乐项目供游人观赏与体验。下面推荐几个比较有特色的观赏项目，仅供参考。

专栏 16-5　水产养殖区观赏项目打造推荐表

| 类别 | 项目描述 | 景观意向图 | |
|---|---|---|---|
| 渔家乐 | 按照当地渔民习惯和风俗，配置渔家村宅、渔船和餐饮等设施，构成具有地方特色的渔村景观，展现水儿清鱼儿肥、味美全鱼宴的渔家乐景象 | 渔家乐意向图 | 渔家乐意向图 |
| 垂钓园 | 按照垂钓园的游戏规则，划出一块特定水面，配置垂钓设施和饵料等，营造安静、私密的宽松环境，供游客享受清净、放松的垂钓乐趣 | 趣味垂钓意向图 | 趣味垂钓意向图 |
| 特种水产观赏园 | 建设龟鳖、螃蟹、红鲫等特色水产养殖区，配置鱼类知识与文化宣传栏，展示特色品种和养殖技术，供游客前来观赏与学习 | 特种养殖意向图 | 观赏鱼意向图 |

(续表)

专栏 16-5　水产养殖区观赏项目打造推荐表

| 类别 | 项目描述 | 景观意向图 | |
|---|---|---|---|
| 水上乐园 | 水上乐园多数娱乐设施与水有关，包括人工冲浪、水上竹筏、水上滑梯、水上碰撞、水上排球等，并开展滨水、亲水、赛水等娱乐活动，让游人在尽享放松的同时寻求冒险、刺激的乐趣 | 水上乐园意向图 | 水上乐园意向图 |
| 荷塘风韵园 | 利用园区天然水体引种各地荷花品种，打造几处具有风雅情趣的荷塘景观，将荷花作为园区的核心元素加以展现，开发观荷、赏荷、游荷等系列观光项目，打造特色品牌 | 湖中荷塘意向图 | 湖中荷塘意向图 |

（6）农产品加工与物流观赏区

针对拥有一定农产品生产规模和加工物流基础的园区，通过建设参观走廊让游人对现代农产品加工物流技术与流程有所了解，特别是针对城镇游客，让他们了解从田头到餐桌生产的全过程，促使他们对食品安全性的了解。下面推荐几个比较有代表性的观赏节点，仅供参考。

专栏 16-6　农产品加工与物流区观赏节点推荐表

| 类别 | 项目描述 | 景观意向图 | |
|---|---|---|---|
| 现代农产品加工节点 | 引进与研发农产品加工关键技术，配置现代农产品加工设备，搭建专用参观走廊，让游人领略现代化设施生产大场景的同时，加深对现代农业的感知与领悟 | 肉类加工节点意向图 | 农产品加工节点意向图 |
| 特色农产品加工节点 | 在对已形成规模的特色农产品加工项目宣传与推广的同时，引导游人参观加工工艺流程，激发其购物冲动，将产品带回给家人与朋友，无意中成了该产品的活广告 | 豆瓣酱加工节点意向图 | 食醋发酵节点意向图 |

（续表）

专栏 16-6　农产品加工与物流区观赏节点推荐表

| 类别 | 项目描述 | 景观意向图 | |
|---|---|---|---|
| 绿色农产品加工节点 | 选择绿色基地生产的产品作为原料，利用原始洁净的生产工具（石磨和石碾等器具）进行传统加工，生产绿色农产品。供游人体验、观赏与采购 | 石磨加工节点意向图 | 石碾加工节点意向图 |
| 果蔬分级包装节点 | 依托设施农业区、露地园艺区种植的果蔬产品，通过整理、分级、包装、喷码等初级加工过程，供游人参观、品尝和采购 | 分级包装节点意向图 | 分级包装节点意向图 |
| 现代农产品物流节点 | 对于具有一定生产规模的产业园区，依托农产品加工区配套农产品物流区，通过引进现代物流设施，按照柜台结算、分类储藏、定点配送和超市专供等经营模式，吸引游人前来参观，让其对现代农产品物流设施有所认识与了解，并从中熟知农产品从田头到餐桌生产的全过程，让他们放心消费该园区生产的安全农产品 | 结算平台节点意向图<br>定点配送节点意向图 | 分类仓储节点意向图<br>超市专供节点意向图 |

### （7）乡村文化观赏区

针对拥有一定乡村文化基础的园区，通过打造特色文化氛围，吸引游客前来观赏与学习。下面推荐几个比较有特色的娱乐，仅供参考。

专栏 16-7　村落文化观赏景点打造推荐表

| 类别 | 项目描述 | 景观意向图 | |
|---|---|---|---|
| 农耕文化雕塑展示 | 通过采用雕塑仿造、文字介绍、标本设置和场景再现等手法，展示当地具有的传统农耕文化，叙说历史文化的渊源流长，兼带一定的观赏、考察与怀旧的情怀 | 农耕文化意向图 | 农耕文化意向图 |

（续表）

专栏 16-7　村落文化观赏景点打造推荐表

| 类别 | 项目描述 | 景观意向图 | |
|---|---|---|---|
| 特色民族文化展示 | 挖掘当地村落文化，传承历史文脉，不断赋予农业观光内涵，展示当地历史悠久、底蕴深厚、地域特色浓郁的剪纸、歌舞、耍龙、踩高跷等娱乐项目，以其独具特色的文化形式和内涵不断吸引游客的视野，满足其游玩及娱乐的需求，成为园区文化传承打造的亮点与景点 |   特色民族文化意向图 |   特色民族文化意向图 |
| 农家乐 | 农家乐是以"吃农家饭、住农家屋、干农家活、享农家乐、购农家品"为主要内容，凸显返璞归真、回归自然的主题，其具有乡土味鲜明、平民性明显、原生美突出、参与性强劲、消费价低廉等优势，让游客回忆起该地马上想到具有休闲玩头、有舒适住头、有后备箱买头、有美味吃头、有快乐享头、有再来念头等特色来，不断满足游客此地无虚行的要求 |   农家乐意向图 |   农家乐意向图 |
| 新农村社区 | 在有条件的园区，按照"项目依托、产业支撑"的思路，建设公寓型农村新社区。配套路、水、电、气、通信等基础设施，展现新农村建设新风貌，满足农民职业化和村民市民化美好愿景 | 新农村社区意向图 | 新农村社区意向图 |

### 16.2.6　景观设计

从风景园林学角度分析，景观要素主要是指山水、地形、植物、建筑小品等要素，景观设计应依托生态环境条件、农业景观资源和乡土风貌等，设计出独具风格的特色景观，但是不同景观类型和塑造手法，其角度不同，呈现出的效果也会大不一样。

#### 16.2.6.1 景观类型

景观类型关系休闲观光园整体景观的风貌、质量和品位，结合园区丰富多样化的景观要素，一般将园区划分为自然景观、生产景观、人文景观和人工景观等景观类型，整体上形成以水体、山体、田园等自然景观为背景，生产景观为主体，人文景观画龙点睛，人工景观为衬托等总体格局。景观类型如表16-6所示。

表16-6 农业休闲观光园旅游景观类型表

| 景观类型 | | 景观项目 |
| --- | --- | --- |
| 自然景观 | 水体景观 | 河流、湖泊、池塘、湿地及水岸所形成的多种水体景观等 |
| | 山体景观 | 地貌、森林、疏林地、茶园、果园及荒草地等所形成的山体景观 |
| 生产景观 | 田园风光 | 粮田、园地、人工草场等所形成的各种田园风光 |
| | 体验景观 | 参与农业生产各环节所呈现的各种体验景观 |
| | 系列产品开发景观 | 园区主导产业所生产的优质农产品系列 |
| 人文景观 | 人文景观 | 民族风俗、古典传说、古建遗存、名人传记、村规民约、家族家谱、古树名木、地方美食等所形成的人文景观 |
| 人工景观 | 人工景观 | 生产建筑、温室大棚、主题广场、雕塑小品等所装饰的人工景观 |

#### 16.2.6.2 不同景观类型规划

**（1）自然景观规划**

自然景观是存在于园区内的原始景观，它赋予园区最初的原始风貌。自然景观规划应遵循自然发展内在规律，尽量减少对自然景观的破坏，保持和维护园区场地原有的生态环境。自然景观规划包括水体景观和山体景观规划。

**水体景观**。水体作为构成自然景观的重要要素，具有多种造景功能，规划时应认识到各要素的自身特性，并将其有机组合，充分挖掘其规律及潜能。不同的水体能形成不同的景观形态，如湖泊、河流等成片或线型的水面可作为景观的基底，跌水、瀑布等点状水体能给人垂直的视角感受，均比较容易形成景观的焦点。规划时应以园区丰富的水系或良好的湿地生态系统为基础，围绕某个主题进行水面总体造景设计，并在某些节点上配置亲水平台、水榭、栈道和船只等观景设施，还可开发设计各种体验娱乐项目，如结合水体开展垂钓、划船、漂流、嬉水、冲浪等活动，满足游客观赏、体验等多种需求，充分感受不同水体景观带来的爽目和愉悦，突出园区"水之魂"的特色。同时水系还能发挥空气净化和生态保护的作用。

**山体景观**。主要由复杂的地貌和植被所构成的立体生态景观特征，体现出园区的生态功能，不同的山体特征构成不同的景观。如逶迤的山峰和起伏跌宕的地形构成山体的骨架，广袤的山林构成规划的背景底色，由此形成山地相映、林草相间、风景独好的特色景观。规划时应抓住山体的主要特征，不断丰富景观的层次，打造出山体的主景和蕴景。如以茂密的森林、丰富的果木和良好的生态为基础，通过新品种和新技术的引进，打造多种乔灌结合、果树成荫、花草共存、错落有致的生态空间景观；或者根据当地地形引入攀岩、野营、树上穿越等户外拓展项目，突出山体的原生态和天然氧吧的自然景观，满足游客勇于探险、寻求刺激、回归自然的多种心境。

**（2）生产景观规划**

生产景观是指在满足农、林、牧、副、渔等作业的同时而塑造出的景观类型，涉及农田、养殖场、水塘、林地、草地等各类农业用地，以及相关的生产方式、生产设施和特色产品等。通过合理挖掘生产景观的潜在价值，满足多样的游憩观光需求。生产景观规划包括田园风光、体验景观和系列产品开发景观等。

**田园风光**。根据园区功能定位,一般将园区划分为大田作物种植区、花卉水果种植区和饲草饲料种植区等多个功能区,在完成农业生产作业的同时,附带为游客展示大场面田园自然美色,并为其提供参与体验现代农业的机会。比如大田作物种植区由于长期从事农业生产,形成了一马平川沃野、视线阔达、土壤肥沃、粮田菜畦、春花秋实的生动景象。根据当地的气候条件和种植经验,在规划田园风光景观时,可以设计各类种植园、蔬菜园、花卉园和药材园等,让园区不同产品在不同季节呈现出不一样的风景线,如:金灿灿的麦浪、微波荡漾的鱼塘、碧青嫩绿的草场和流金溢彩的油菜花等;或同一品种作物采用不同的颜色来搭配,如通过紫色、黄色、绿色、红色、黑色等花色或果色来点缀,给人绚丽般的感觉。因此,按照场景、季相和色相的不同变化来随机设计,必将展现出丰富多彩和宏伟壮丽的田园景观。

**体验景观**。体验景观涉及的内容多样,一般通过各种形式展现出来,以满足游园观赏、农事体验和科普教育的不同需要。如多以实物表现、图片展示、影像投放和人物表演等方式,将其景观全貌进行直观地展现,以便让游客体会到更深层次的蕴意。在进行体验景观设计时,应重点关注:一是划出特定区域,作为市民农园、农家菜园或认种林园等,让城市居民享受辛勤劳作、体验农事、亲临自然的乐趣,同时也呈现出此处生产风景独好的画面;二是通过图片展示、影像投放等方式,宣传现代农业新技术、新设施、新模式和新成效等,让青少年对农业知识有所了解,起到科普教育的作用,学习也是生产景观一道不错的风景线;三是通过栽培各种作物,并提供相应的制作工具,吸引游客前来采摘或现场制作,如采果榨汁、采蔬做菜、采茶泡茶、采果制酒等,体现出亲自劳作和享受生活的美好场景。这样通过将产业生产过程和农事体验有机结合,可以全方位地开发出多姿多彩的生产景观。

**系列产品开发景观**。要体现休闲观光园的特色,园区核心产品系列开发也是很重要的方面。如日本富田农场就是以开发薰衣草的干花、香水、香皂和饮食等系列产品而声誉远扬,让薰衣草一举成为北海道的代名词;还有台北某植物园种植有2000多种药草,在满足观光和科普教育的同时,重点开发旅游产品和休闲健康食品;并凭借无污染有机栽培和生物原生态培育技术,推广一系列如植栽、茶饮、香包、精油和沐浴等高科技养生保健食品,每年吸引大批国内外游客前往观光与购物,同时还能获取到养生保健的知识。

(3) 人文景观类型规划

人文景观主要体现当地乡土文化、饮食文化和民俗风情等方面的相关景观。一个地区在长期历史发展过程中,孕育了丰厚的历史典故和文化底蕴,规划时应充分了解当地的历史人文资源,注重资源利用的合理性与多样性。一是尽量保留园区人文景观资源的遗迹,在传承宝贵历史文化的同时,进行合理的整合与开发,并不断注入新的活力,助推地域文化的传播,如某区域有着悠久的农耕历史,以犁、锄、耙、锹、镰刀、碾、水车等传统设施为主题打造人文景观,增强其观赏性与参与性,方便游客了解当地的人文背景;二是结合地域产业特色,拓展相应的文化内涵,如各地的茶文化、酒文化与食文化等,通过在深度和广度上的拓展,形成系列性观光文化活动,如茶文化可以展示茶场、茶馆、茶博物馆等景观,并将其生产方式与人文景观充分融合,不断拓展各种文化的内涵;三是体现地域民俗风情,如在少数民族地区,园区可以苗族独特的吊脚楼或民族服饰等为主体打造人文景观,或通过定期举办节庆活动,开展歌舞表演、说笑调侃等多种形式宣传地域民俗文化。规划时应进行充分的调查与了解，从不同侧面进行人文景观的打造。

**（4）人工景观类型规划**

人工景观主要是指分布于园区的一些配套硬件景观设施的外观上，如各类建筑物、道路、水工建筑和花圃、草坪等外形上的人工装饰与点缀。人工景观设计应与整个园区的风格相协调，功能性和艺术性相结合，做到统一规划、合理布局，尽量减少对自然生态环境的破坏。为了避免园区景观的单调性与同一性，人工景观尽量布置在全园的各个角落。在满足各种设施所承担功能的基础上，辅以打造其外观特色，如配备建筑小品或卡通设施等。在进行人工景观规划时，应重点关注：一是农业建筑外形打造，如生产房屋造型上应体现地方建筑特色；或注重建筑外墙颜色与园区主调颜色相辉映；或在垃圾桶、指示牌等附属设施外形上采用卡通表现方式；或在农田水利设施如生产桥、涵洞和闸门外形设计上别具风格等，这些造型都能为整个园区的景观锦上添花。二是要突出地域特色，极具本土化的风格可以给外来游客带来强烈的吸引力，如南方某园区其主导产品之一是竹材，为了突出其功能和内涵，园区各类建筑都用竹材来装饰，如竹楼竹房、竹亭竹廊、竹筷竹碗等，都极具本土化特色。

#### 16.2.6.3 景观塑造手法

在现有景观设施的基础上，充分依托园区内地形、水系、植被等自然景观资源，结合生产景观、人文景观和人工景观，形成"点""线""面"多层次相结合的总体景观格局。

**景观"点"**。主要是指园区内小型绿地、景观广场和标志性建筑等设施所形成的"点"状景观。小型绿地景观一般以花坛、苗圃和草坪等植被为设计对象，通过空间布局、颜色搭配和主干线型设计，打造出让人耳目一新的"点"状景观，达到外形上看似繁花似锦、细节上精雕细琢的效果。景观广场顾名思义是借助开阔的广场布景来形成"点"状景观，主要目的突出的是园区的特色与主题，一般通过假山喷泉、卡通造型、建筑群等集景形式表现出来，其景观也可以布设在园区重要的出入口、码头、停车场、桥头等位置。标志性建筑是一个园区的时代精神和文化灵魂的的载体，并承受长时间的历史洗礼，一般以雕塑立体视角效果表现，还可借着宝塔、楼阁、牌坊等建筑形式体现，常给人以强烈的冲击和震撼来加深记忆与印象。因此，在构筑园区总体景观设计时，应让各类"点"状景观犹如一颗颗璀璨的明珠镶嵌在整个园区中，让其充分发挥画龙点睛的作用。

**景观"线"**。在园区总体景观系统设计中，景观"线"一般以两种方式来表现：一是以园区旅游主干道为主线，将园区各类"点"景观和"面"景观串连起来，形成多条特色鲜明、主题各异的参观走廊；二是借助园区现成的水系、山脉等自然轮廓，将分散在水面、山体的"点"状景观分别串连起来，构画出园区多条意景轴线，形成观光主线路。通过上述各类景观"线"的勾绘，将园区零散的建筑小品、田园风光、人文景点等串联起来，形成景观资源合力，达到"步移景异而意不移"的景观效果。

**景观"面"**。依托园区内现有的产业基础和景观资源，以各种观光主题为核心，将园区划分成多个景观功能区，如各类作物种植观赏区、特色养殖观赏区和农家餐饮体验区等，形成多个特色的景观"面"，各类"面"景观又以不同的田园风光、建筑群、水系、山体等景观要素构成，从而形成以自然景观为背景，以生产、人文、人工景观为帮衬的园区景观格局。

### 16.2.7 休闲观光产品开发规划

休闲观光产品是园区规划的核心。在新的体验经济背景下，规划应充分结合园区特色旅游资源,在考虑产品体验性与参与性的同时,不断"求异求新",开发出更具文化内涵和体验元素的多元化休闲产品。本文将休闲观光产品大致划分为田园风光、科普考察、农事体验、文化探寻、户外拓展、康体养生、水上游乐和特色餐饮等系列。

（1）田园风光系列

**产业依托**。水稻、小麦、玉米、油菜、蔬菜、花卉等产业。

**规模要求**。200～10000亩。

**项目定位**。观赏、考察、游览等。

**客源市场**。以城镇居民、青少年学生、涉农人员等群体为主。

**项目构思**。"我们的家乡,在希望的田野上",这句歌词是对社会主义新农村建设的美好赞颂,进入田园就是走进自然,就是体验生活,田园带给人们的不仅是风景,更是对美好生活的期盼。

**创意内容**。结合田园本色,通过不同颜色和字图拼接与组合,赋予田园更多的内涵,不断打造田园系列产品,开发玉穗麦浪园、七彩花田园、稻蟹共养示范园、荷香蛙鸣观赏园、油菜梨树赏花园等项目,充分展示多样化的乡村田园韵味和乡村意境等。

**主要盈利点**。种植产品收入、考察培训收入、消费收入和购物收入等。

（2）科普考察系列

**产业依托**。设施农业、大田作物等。

**规模要求**。100～10000亩。

**项目定位**。观赏、考察、学习等。

**客源市场**。以涉农技术与管理人员、青少年学生群体为主。

**项目构思**。注重先进性、知识性与实用性相结合,不断推陈出新,开展新品种、新技术、新设施和新模式的展示与示范,并通过考察参观、学术交流和技术培训等,不断发挥示范推广和辐射带动作用。

**创意内容**。针对具有一定科研基础和经济实力的园区,重点打造科普考察系列项目,如在农业设施区,打造工厂化育苗、智能化农业、光伏农业、高效农业等项目;在大田种植区重点打造精准农业和粮食作物高产创建等项目。

**主要盈利点**。种植产品收入、考察培训收入、消费收入和购物收入等。

（3）农事体验系列

**产业依托**。设施农业、大田作物、林果、畜禽、水产等产业。

**规模要求**。50～1000亩。

**项目定位**。劳作、体验等。

**客源市场**。以家庭、学生群体为主。

**项目构思**。几千年来古老的农耕文化是中华文明发展的重要象征,城市居镇通过参与体验农事活动,在亲临大自然的同时,可以享受劳作、休闲、健身的乐趣,增加观光农业游览的趣味性。

**创意内容**：结合产业规划和景点打造,重点开发农事体验系列项目,如市民农园、少儿农庄、五谷种植园、认养园、创意瓜果乐园等,为游客提供生产劳作、果蔬采摘、市民认种、水上垂钓、畜禽认养和手工制作等体验活动。

**主要盈利点**。种养产品收入、体验收入、消费收入和购物收入等。

（4）文化探寻系列

**产业依托**。历史古迹、特色小镇、新农村、新社区、美丽乡村、古宅民居等。

**规模要求**。不限。

**项目定位**。品评、观赏、考察、学习等。

**客源市场**。以青年学生、考古学家、考察团体等群体为主。

**项目构思**。结合园区观光资源现状，不断探寻与挖掘当地"多彩文化"资源，在保留传统文化具有的"原始、古朴、真实、自然"特性的基础上，结合市场需求和功能定位，不断开发当地民俗风情、村落文化、农耕文化或名人文化、红色文化、佛教文化等旅游资源，在挖掘历史文化的基础上，进行文化传承品牌的打造。

**创意内容**。结合当地历史发展现状，融合地域文化元素，突出特色鲜明主题，重点打造特色文化探寻系列产品，如古城一条街、农耕广场、民俗歌舞舞台、手工艺制作坊、红色旅游基地、寺庙等，为游客提供瞻仰、考察和学习的场所。

**主要盈利点**。门票收入、消费收入、购买纪念品收入等。

### （5）户外拓展系列

**产业依托**。苗木、林业、果业、草业等产业。

**规模要求**。100~1000亩。

**项目定位**。树上穿越、户外拓展、创意体验等。

**客源市场**。以青年学生、户外爱好者、单位团体等群体为主。

**项目构思**。为了放松心情与忘记烦恼，加强与大自然的亲密接触，挑战自身极限和寻求刺激，促进沟通与交流，提高各种应变能力，增强自信心和团队精神。

**创意内容**。结合产业规划和当地户外资源，重点开发户外拓展系列项目，如树上穿越乐园、打靶场、狩猎乐园、帐篷野营、攀岩墙等，让游客体验各类挑战、军营生活、极限锻炼、野外打猎等刺激活动。

**主要盈利点**。种养产品收入、会员收入、体验收入等。

### （6）康体养生系列

**产业依托**。苗木、林果、水产、中药材等产业。

**规模要求**。500~10 000亩。

**项目定位**。休闲、度假、养生等。

**客源市场**。以成功人士、体育爱好者、退休老干部、体弱病残等群体为主。

**项目构思**。以康体保健、休闲养生、生态度假为目的，开发保健品生产、运动健身、绿色食品和健康讲座等活动，促进人们身体健康、长寿。

**创意内容**。依托园区山体、河流等自然资源，重点打造康体养生系列项目，如网球场、健身房、老年公寓、康体SPA、有机农园等，为游客提供锻炼、休闲和疗养的场所。

**主要盈利点**。种养产品收入、养生消费收入、健身收入、运动场租赁收入和有机产品带回收入等。

### （7）水上游乐系列

**产业依托**。水产业。

**规模要求**。100~10 000亩。

**项目定位**。休闲、度假、运动等。

**客源市场**。以水上运动爱好者、垂钓爱好者和青少年群体为主。

**项目构思**。"仁者乐山，智者乐水"，针对有水域分布的园区，为了突出水的灵性，在促进生态和文化融合的同时，不断展现"天人合一"的文化内涵，充分利用水的不同层次和界面，不断开发亲水旅游产品，增强旅游产品的丰度，大大增加游客的逗留时间。

**创意内容**。依托园区水上景观，不断开发水上游乐系列景观，如水上乐园、趣味垂钓园、水生动物观赏园、放生处、亲水平台、荷花观赏园、水上游艇、睡莲等水生植物观赏园、水上冲浪运动等，为爱水、嬉水爱好者提供游乐场所。

**主要盈利点**。渔业收入、水上运动收入、垂钓收入、参观门票收入和产品带回收入等。

### 8、特色餐饮系列

**产业依托**。种养产业。

**规模要求**。10~100亩。

**项目定位**。休闲、品尝等。

**客源市场**。以美食爱好者、休闲观光群体为主。

**项目构思**。结合当地的餐饮文化和地方小吃，依托市场需求和功能定位，开发设施生态餐饮、农家小院餐饮和美食集萃餐饮等特色餐饮项目，并在特色餐饮开发的基础上进行品牌打造。

**创意内容**。结合当地餐饮文化，打造系列特色餐饮项目，如农（渔/牧/林）家乐、设施生态餐厅、野外烧烤地、豆腐宴、美食一条街等，为游人提供地方美食和特色小吃。

**主要盈利点**。种养产品收入、餐饮收入和产品带回收入等。

#### 16.2.8 观光线路设计与游程安排

##### 16.2.8.1 设计原则

**有利于展现各景点的特色风貌**。观光线路设计与各景点构景特征和最佳观赏时间有关。一般来说，清晨的水体风平浪静、水面如镜或柳枝倒影、宁静明秀等，对于围绕水体的园区一般安排早上游览为最佳；而以观赏植物为主的园区，午后风起或花瓣纷飞、清香飘远、松涛万里……呈现出"香境"或"声境"，以及富于变化的动态美，一般安排午后游览为最佳。若以山体丘陵为背景的园区，黄昏夕阳映照，能勾勒出山峰起伏连绵的线型，山后余辉散射的云天，更显山体的雄浑气势，一般以傍晚游览较好。另外各景点游览时间还应结合旅游功能来确定，譬如，水体浴场或冲浪嬉水等项目应安排在午后水温升高之后；登高攀岩类户外拓展项目，需要晴空明朗的天气，加上身体耗热量较大，最好安排在天晴的上午进行。所以在设计观光线路时，应充分考虑各景点在不同时辰所带来不同的观赏效果。

**有利于节省时间，避免走回头路**。游览活动不仅限于旅游景点上，沿线的景观也是旅游观赏的对象。在游览过程中，如果出现走回头路，意味着游人要在同一线路上重复往返，这对游览者来说，便是一种时间与金钱的浪费，是旅客不愿意接受的。因此，观光游线设计时应尽量避免重复，最好能将所有景点串联成环行游线，这样不仅能满足游人尽量多地游遍园区所有景点的需求，还有利于避免旅途劳累与节省时间。

**有利于开展旅游购物活动**。购物活动是旅游过程所不可缺少的重要环节。旅游购物不仅能给园区带来丰厚的经济收益，还能让游客获得心理上的满足与慰藉。在线路设计时，应尽量考虑游人的购物心理，并将商品最丰盛、购物环境最理想的景点安排在游线最后，当纪念品被带回他乡后，又能成为"无声义务宣传员"，所以，线路设计时，对旅游购物应予充分的关注。

**有利于动静节奏的相互调剂**。观光线路设计时，要注意整个旅游活动的节奏，最好松弛有度。节奏太松，游人觉得时间没有充分利用而不尽兴；节奏太紧，可能游览效果不好，还容易发生各种意想不到的状况。因此观光线路设计时，应尽量做到松紧适度搭配。另外，游览景点也有动静之分，应根据其消耗的体能不同错开设置。如游览乘船、坐缆车或观看各种表演等项目，游人处于相对静止的状态，消耗体能较少；而像划船、登山、滑雪、跳舞等项目，游人处于"动"的状态，其体能消耗较大。因此，在游线设计时，两者尽量交错安排，让游人选择适合自身的游览线路。

#### 16.2.8.2 观光线路设计形式

归纳目前各地休闲观光园的线路设计方式，大致可分为以下几种形式：

**串珠式**。游客进入园区，沿直线顺次游览园区内的若干景点，然后原路返回，如图16-2。该类组织形式主要适宜用于景点或者要素呈串珠状的园区。

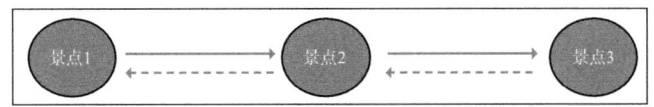

图 16-2　串珠式线路

**放射式**。游客沿某中心点不断到园区若干景点进行游览，然后再回到起点，来回反复形成放射状，如图16-3所示。该类组织形式适宜用于景点或者要素呈放射状布局的园区。

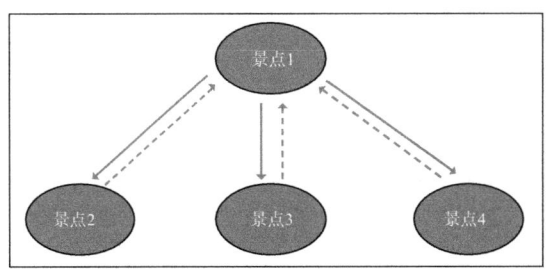

图 16-3　放射式线路

**基营式**。游客从起点出发，到达某一目的地之后，以该目的地为根据地，分别游览该目的地或者该园内的若干景点，然后出发到下一个目的地或者返回起点，如图16-4该类组织形式适宜用于景点或者要素呈组团式布局的园区。

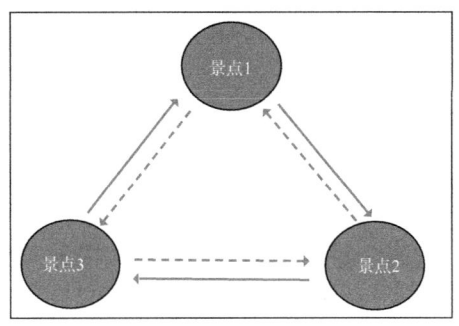

图 16-4　基营式线路

#### 16.2.8.3 游程安排

合理的游程安排可以使游客在有限的时间内尽可能多地欣赏到园内的各类景观，

达到获取农业观光体验的目的。根据园区观光农业景点的分布与特色，一般可将园区农业观光日程安排为短日游和多日游。

**短日游**：短日游一般分为半日或一日游，观光旅游线路和特色景点皆可在半日或一日之内游完，当天返回。其游览主题主要是以参观和考察为主。

**多日游**：多日游主要是超过两日的游程。其游览主题除参观考察外，还有农事体验、商务会议、摄影写生或者养生度假等旅游活动，休息住宿可选择园区农家乐、民宿或度假村等。

### 16.2.9 配套服务设施规划

配套服务设施是指观光园向游客提供旅游服务所依托的各项物质设施与装备，主要包括景观道路、食宿接待、旅游购物和其他公共等方面的设施内容。

**景观道路系统**。园区主干道路系统安排在基础设施规划章节具体介绍，但是景区道路对走向、宽度、路面材料和道路两旁绿化等方面都有一定的要求，尽量达到小桥流水、曲幽通径、路面各异、绿树成荫等效果，满足游人一路爽心悦目、美景尽收的快乐心情。

**食宿接待设施**。根据园区日最大客容量，确定接待餐饮和住宿设施规模。一般住宿设施规模不应太大，如休闲农庄床位配置在5个以上、特色民居床位配置在20个以上等，客流量大时可分散布置于各景区及周边村庄的家庭旅馆。餐饮设施主要布置在园区集中的美食园或分散的农家乐中，禁止在农用地上设置餐饮设施。食宿接待服务质量应达到国家规定标准水平；食品卫生要符合国家有关规定，其中餐具、饮具、厨具应分类存放，应配备消毒设施，禁止使用对环境造成污染的一次性餐具。

**旅游购物设施**。旅游商品包括园区主推产品、纪念品、土特产和日用品等，为了满足游客购物需要，布置娱乐购物网点应做到集中与分散相结合。大型购物场地尽量布置在田头超市、产品直销店或花木交易市场与果蔬交易市场等处。另在主入口和人流集中的区域，建设小商亭，既方便游人购物，又有利于出售园区特色产品，也可发放销售许可证由园区周边村民代销。

**其他公共设施**。为了给游人营造方便舒适的游览环境，使园区内各种公共服务设施配套齐全，布局合理。根据全园各区的功能特点与游览特色，主要安排如下公共设施：一是服务中心，园区设置多处服务中心，满足管理维护、参观接待、旅游产品销售、品牌宣传、医疗卫生、安全救护等服务。二是建立宣传橱窗，尽量布置在主入口和人流集中区域，在精品线路和特色景点处以彩图、照片和文字的方式进行展示，利于游客游览方便。三是建设公用电话亭，结合园内特点和游客数量，在重要地段设置不同造型的电话亭，方便游客内外联系。四是建设生态厕所，按照《公园设计规范》的相关要求，并考虑园区生态环境、色调与选型，选择适当地方布置生态厕所。五是建设休息亭，考虑游人的年龄阶段和间息时间的要求，选择园区重要地段合理布置休息亭。六是建设垃圾收集站，按照服务半径不超过70米的距离，设置垃圾收集站，并在人群集散地设置活动分类垃圾桶。七是建立标牌指示系统，为了方便游客顺利到达重要景点或服务设施，在考虑功能分区和道路系统布局的基础上，结合游客的游览方式，在主要出入口和道路分岔路口，设置指示牌或宣传栏。以此形成园区一整套的标示系统。

### 16.2.10 投资与效益

#### 16.2.10.1 投资估算

农业休闲观光功能板块投资主要是对固定资产进行估算，包括各类农业观赏区景点打造、配套工程和场区工程投资及设施设备配置等。其中土建工程投资，先确定规模和具体工程做法后，按当地同类工程概算定额进行估算；设施设备根据实际需要进行配置；将各单项工程投资汇总后即为休闲观光功能板块固定资产总投资。详见表16-7。

表16-7 休闲观光功能板块投资估算参考表

| 序号 | 项目名称 | 建筑形式 | 单位 | 工程量 | 单位投资 | 投资匡算 | 备注 |
|---|---|---|---|---|---|---|---|
| 一 | 工程费用 |  |  |  |  | — |  |
| （一） | 土建工程 |  |  |  |  | — |  |
| 1 | 各功能观赏区 |  |  |  |  | — |  |
| 1.1 | 生产景观打造 |  |  |  |  |  |  |
| 1.1.1 | 设施园艺观赏区景观打造 | — | — | — | — | — | 见相应功能小区，与其他章节投资重复的扣除 |
| 1.1.2 | 大田种植观赏区景观打造 | — | — | — | — | — | …… |
| 1.1.3 | 林果种植观赏区景观打造 | — | — | — | — | — | …… |
| 1.1.4 | 畜牧养殖观赏区景观打造 | — | — | — | — | — | …… |
| 1.1.5 | 水产养殖观赏区景观打造 | — | — | — | — | — | …… |
| 1.1.6 | 加工与物流观赏区景观打造 | — | — | — | — | — | …… |
| 1.2 | 乡村文化体验区 |  |  |  |  | — | …… |
| 1.3 | 自然景观塑造 |  |  |  |  | — | …… |
| 1.4 | 人文景观打造 |  |  |  |  | — | …… |
|  | …… |  |  |  |  |  |  |
| 2 | 配套服务工程 |  |  |  |  | — |  |
| 2.1 | 景观道路 | — | — | — | — | — | 见相应功能小区，与其他章节投资重复的扣除 |
| 2.2 | 食宿接待设施 | — | — | — | — | — | …… |
| 2.3 | 接待室 | — | — | — | — | — | …… |
| 2.4 | 特色民宿 | — | — | — | — | — | …… |
| 2.5 | 美食一条街 | — | — | — | — | — | …… |
|  | …… |  |  |  |  |  |  |
| 3 | 旅游购物设施 |  |  |  |  |  |  |
| 3.1 | 产品直销店 | — | — | — | — | — | 见相应功能小区，与其他章节投资重复的扣除 |
| 3.2 | 田头超市 | — | — | — | — | — | …… |
| 3.3 | 小商品货亭 | — | — | — | — | — | …… |
|  | …… |  |  |  |  |  |  |
| 4 | 其他公共设施 |  |  |  |  |  |  |
| 4.1 | 服务中心 | — | — | — | — | — | 见相应功能小区，与其他章节投资重复的扣除 |
| 4.2 | 宣传橱窗 | — | — | — | — | — | …… |
| 4.3 | 电话亭 | — | — | — | — | — | …… |
| 4.4 | 生态厕所 | — | — | — | — | — | …… |
| 4.5 | 休闲亭 | — | — | — | — | — | …… |

（续表）

| 序号 | 项目名称 | 建筑形式 | 单位 | 工程量 | 单位投资 | 投资匡算 | 备注 |
|---|---|---|---|---|---|---|---|
| 4.6 | 垃圾收集站 | — | — | — | — | — | …… |
| 4.7 | 生态停车场 | — | — | — | — | — | …… |
|  | …… |  |  |  |  |  |  |
| （二） | 场区工程 |  | — | — | — | — |  |
| 1 | 园区主干道路系统 | — | — | — | — | — | 见相应功能小区，与其他章节投资重复的扣除 |
| 2 | 电力通信系统 | — | — | — | — | — | …… |
| 3 | 给排水系统 | — | — | — | — | — | …… |
|  | …… |  |  |  |  |  |  |
| （三） | 设施设备 |  | — | — | — | — |  |
| 1 | 娱乐器械 | — | — | — | — | — | 见相应功能小区，与其他章节投资重复的扣除 |
| 2 | 商品货柜 | — | — | — | — | — | …… |
| 3 | 厨房器具 | — | — | — | — | — | …… |
| 4 | 接待床位 | — | — | — | — | — | …… |
| 5 | 超市货架 | — | — | — | — | — | …… |
| 6 | 垃圾处理设施 | — | — | — | — | — | …… |
| 7 | 供电通信设备 | — | — | — | — | — | …… |
| 8 | 给排水设施 | — | — | — | — | — | …… |
| 9 | 录音、录像、播放设施 | — | — | — | — | — | …… |
|  | …… |  |  |  |  |  |  |
| 二 | 工程建设其他费 |  | — | — | — | — |  |
| 1 | 土地流转费 | — | — | — | — | — | …… |
| 2 | 宣传推广费 | — | — | — | — | — | …… |
|  | …… |  |  |  |  |  |  |
| 三 | 预备费 |  | — | — | — | — |  |
|  | 合计 |  | — | — | — | — |  |

#### 16.2.10.2 效益分析

（1）经济效益

1）收入计算

主要包括种养产品销售收入、门票收入、体验消费收入、娱乐消费收入、餐饮与住宿收入、商务性消费收入和购物收入等（表16-8）。

——种养产品销售收入。指各产业功能板块生产的农副产品销售收入。

——门票收入。门票是园区主要收入来源之一，其价格随地域和季节而变动。

——体验消费收入。通过在园区内举办各种节庆活动，吸引游客前去采摘、品尝、劳作等农事体验活动，如各地举办的西瓜节、草莓节、葡萄节等活动，是增加园区消费收入的主要形式之一。

——娱乐消费收入。向游客提供特定的场所、器械和专业的服务指导等，使游客在观光度假的同时还能修身养性、强身健体。

——餐饮与住宿消费收入。主要是指到农家乐餐饮和特色民居居住所消费的收入。

——商务性消费收入。主要指机关、企事业单位在园区举办会议、培训等活动。
——购物收入。主要包括采摘、垂钓等参与体验收入；园区直营店或田头超市为游客提供特色农产品的外购收入；农产品定点配送收入；观赏品或装饰品销售收入等。

2）成本费用核算

成本核算的具体内容包括：材料费、人工费、管理费、折旧费和摊销费等。

表 16-8　休闲观光功能板块收入—支出估算表

| 序号 | 项目名称 | 单位 | 数量 | 单价（元/单位） | 金额（万元） |
|---|---|---|---|---|---|
| 一 | 经营收入 | — | — | | — |
| 1 | 种养产品销售收入 | — | — | | |
| 2 | 门票收入 | — | — | | |
| 3 | 体验消费收入 | — | — | | |
| 4 | 娱乐消费收入 | — | — | | |
| 5 | 餐饮消费收入 | — | — | | |
| 6 | 住宿消费收入 | — | — | | |
| 7 | 商务消费收入 | — | — | | |
| 8 | 购物收入 | — | — | | |
| 9 | 纪念品销售收入 | — | — | | |
| | …… | | | | |
| 二 | 直接支出 | — | — | | — |
| 1 | 土地流转费 | — | — | | |
| 2 | 人工费 | — | — | | |
| 3 | 材料费 | — | — | | |
| 4 | 广告宣传费 | — | — | | |
| 5 | 水电费 | — | — | | |
| 6 | 折旧与摊销费 | — | — | | |
| | …… | | | | |
| 三 | 利润 | | | | — |

根据表16-8，该规划效益分析方法主要采用净现值计算法，通过测算该项目支付一定费用后，在保证预定收益的条件下，每年可以净赚的利润。一般是在了解该行业基准收益率的前提下，测算园区内部收益率或投资回收期，以此评定该项目的可行性。

（2）社会效益

通过规划实施，使园区休闲观光农业在当地影响力明显提升。

——通过特色景点打造，避免区域旅游资源异质少、同质多现象，基本能实现资源互补、景点互用、市场共享、产品互补和信息共享的目的，促进园区休闲观光产业快速发展。

——通过规划实施，不断促进当地城乡统筹发展、推进产城融合发展、美丽乡村或特色小镇、田园综合体建设和农村一二三产业融合发展等。

——通过规划实施，带动当地部分农民就业与致富，培养带动一批有文化、懂生产的新型农民，不断提高区域农民整体素质。

——通过品牌打造，宣传推广，不断提高园区的影响力，吸引游客前来参观与旅游，既能拓展关联产业链，又能增加当地财政投入。

应根据园区具体情况对上述几方面进行展开叙述。

### （3）生态效益

休闲观光功能板块规划将资源开发与环境保护有机结合，并纳入当地旅游发展规划之中。

——园区景点、饭店餐厅、交通设施和其他旅游服务设施的开发建设均要求通过环评，严格落实环保措施，防止和杜绝建设性的破坏。

——充分挖掘和发挥园区潜力，不断开发绿色和生态系列产品。

——大力倡导文明旅游、环保旅游和卫生旅游，督促游客讲究卫生、垃圾定点投放、动植物保护等，使游客在享受大自然的同时保护大自然。

——大力推广节水与节电技术，减少废物废水排放，建设生态环保停车场，加强环保宣传，增强绿色旅游意识，提倡绿色旅游。

注：具体编制此类园区规划时可参考《现代农业园区规划案例精选》一书第168~199页"农业休闲类园区规划案例"相关内容。

# 第17章 科技创新与配套服务功能板块规划

## 17.1 概述

### 17.1.1 涵义界定

科技创新与配套服务区是从科技支撑与改善投资环境入手,以围绕服务主导产业链条上的科技攻关与示范生产、增加区域优势与农民增收为目标,由多个功能聚集而形成的以服务园区为主、周围区域为辅的集中区。其建设的根本目的是提供改善农业发展的配套条件,进一步调整与优化产业结构,为园区内各企业提供多项配套服务,辅助园区塑造品牌,发挥其科研推广、产品营销和农业增效的作用。可见,科技研发与配套服务功能板块(以下简称综合服务板块)是整个园区的"智慧大脑""服务大厅"与"神经中枢",是园区高效运转的核心、整体形象展示的重要窗口和园区人流、货流的重要节点,是以科研、办公以及相关配套服务设施为主,商贸、科普、会展、交易、居住等其他配套设施为辅的集群式专业化服务区。

### 17.1.2 特性

**第一,创新性**。在全国正蓬勃兴起的大众创业、万众创新的大背景下,综合服务区应举全园之力,实施创新驱动发展战略,以科技创新支撑为引领,以发展农业高新技术为主攻方向,加快搭建创业创新平台,大力培育农业高新技术产业,不断提升园区农业科技创新能力,加快转变农业发展方式,实现农业绿色发展。

**第二,综合性**。一是承担的功能复杂,包括园区科技研发与创新、运行管理、生活服务配套、信息传递和教育培训等多个方面;二是涉及面广,综合服务区不仅是管委会、科研专家、各派驻机构的办公集中区,也是企业入驻园区的第一站、入园务工人员生活集中区,游客进入园区的接待服务区。要求规划必须有全局观念,合理选址、优化布局,发挥综合服务区的"神经中枢"作用。

**第三,建设用地集中**。与其他功能区以农业生产为主不同,该区以生活、办公、服务功能为主,需要建设一定体量的永久性建筑物,是整个园区建设用地集中区域,需要有一定的建设用地指标才能进行综合服务区的建设。且由于该区承担功能较多,涉及的建设用地类型丰富,如商服用地、商业用地、公共管理与公共服务用地、工矿仓储用地、住宅用地等。

**第四,受上位规划刚性约束**。我国实行严格的土地用途管制制度,综合服务区必须选址在土地利用总体规划划定的允许建设区或有条件建设区内,综合服务区的用地性质、建筑密度、容积率、绿化率等经济指标必须符合城乡建设规划的控制性要求。

### 17.1.3 规划意义

综合服务板块的规划意义可从以下几方面进行阐述:

**第一,有利于科研创新与成果转化应用**。综合服务板块的规划与建设,通过完善基础设施和配套服务设施,有利于吸引国内外高新技术企业、知名科研院所入园建设科研基地、试验基地以及新品种、新技术、新设施的推广示范基地,增强区域农业科研创新与成果转化应用能力,加快农业转型升级步伐。

**第二,有利于农业园区高效运转**。综合服务板块的规划与建设,为园区的综合管理、招商、信息交流、科技培训、农产品展销、农产品安全检测提供场所，并配套良好的硬件设施，为入驻的企业和客户提供完善的配套服务，利于园区物流、技术流、信息流的流动，提高园区运转效率。

**第三，有利于宜居宜业美丽乡村建设**。综合服务板块利用高技术、规模化、集约化、高质量的配套设施，通过辅助产业发展带动区域发展，为宜业美丽乡村建设提供产业支撑；通过完善路水电气等基础设施和配套商服、教育等公共设施，为宜居美丽乡村建设提供良好的区域环境。

**第四，有利于园区品牌打造与推广**。综合服务板块的规划与建设，发展具有地方特色、技术高、市场前景好的农产品辅助产业，开展会展、休闲体验、节庆等活动，利于培育、推广富有地方特色的农业品牌，能提高农业的市场竞争力和发展后劲。

### 17.2 规划编制

综合服务板块规划内容包括：首先了解综合服务板块的选址及规模确定；再分析其立地条件、功能及所在区域的配套服务设施建设现状，弄清楚该板块建设的有利条件及存在的问题；在此基础上提出规划思路与目标，以及确定功能定位及布局，并明确各功能分区规划内容、推荐重点或亮点工程项目，最后进行投资估算与效益分析等。

#### 17.2.1 选址与规模确定

##### 17.2.1.1 选址原则

综合服务板块选址应根据园区现状、地形地貌和拟承担功能来确定，为了实现科学区域布局，下面介绍几种比较常用的选址原则：

**第一，安全性原则**。选址要规避泥石流、滑坡、洪涝等各种灾害或减少灾害的伤害与损失。尽量避开河洪、海潮、山洪、泥石流、滑坡、风灾等灾害影响以及生态敏感的地段；避开水源保护区、文物保护区、自然保护区和风景名胜区；避开有开采价值的地下资源和地下采空区以及文物埋藏区。安全需求还包括交通安全、防火等因素，应避免被铁路、重要公路、高压输电线路、输油管线和输气管线等所穿越。

**第二，合规性原则**。规划选址应符合土地利用总体规划、城乡建设总体规划、生态环境保护规划等上位规划的要求。

**第三，方便性原则**。体现在对外交通便捷，应有快捷的通道与主要交通干线相连，利于人流、物流的聚集疏散；综合服务区应尽量处于园区中心位置，或交通中心，便于与园区其他功能区紧密联系；所选地址要求水源充足、水质良好，能保证科研、办公与生活用水。

**第四，经济性原则**。体现在用地的节约性和各类建设的经济性。用地节约性是指人均建设用地指标要符合国家、省（市）确定的镇、村建设用地强制性控制要求，建设选址尽量少占或不占耕地，通过城乡建设布局优化调整，尽量实现园区内建设用地总量平衡；各类建设的经济性是指选址应利于经济地实现各类基础设施和社会服务业的配置。

##### 17.2.1.2 范围确定

根据城乡建设用地的相关标准，不同用地性质、用地指标也不同，综合服务板块用地规模预测可采用功能区面积累加法。以主要功能为配套服务和科技研发的综合服务区为例，该区包括生活管理建设用地和科技研发与试验用地，用地规模（M）可采用如下公式预测：

$$M = M_1 + M_2 = M_1 + k\sum_{i=1}^{m} T_i$$

式中：$M_1$—生活管理建设用地；$M_2$—科技研发与实验用地；$T_i$—各类科研与试验建构筑物面积；$K$—系数，$K=15\sim20$。

生活管理建设用地规模（$M_1$）按人均用地面积测算。参照《城市用地分类与规划建设用地标准》（GB 50137—2011），依据建筑气候区划不同，规划人均居住用地面积23.0~38.0平方米，人均公共管理与公共服务用地面积不应小于5.5平方米，人均交通设施用地面积不应小于12.0平方米，人均绿地面积不应小于10.0平方米。

最后园区具体位置描述为：重点在于交代清楚综合服务区的交通区位，如邻近什么道路，与主要交通道路怎么连接；在邻近城镇的什么方位，多长时间距离；距离车站、机场等交通站点多远等；与园内其他主要功能区怎么连通等。

### 17.2.2 现状与问题

现状调查内容可依据综合服务板块拟承担的功能来确定。分析该板块要实现拟承担的功能，必需具备哪些条件，调查清楚已经具备哪些条件，存在哪些问题，需要进一步新建、完善哪些项目，为规划功能分区及建设内容的确定提供依据。

#### 17.2.2.1 现状调查与分析

**立地条件调查**。主要了解拟建地点的地形地貌、工程地质、水文条件、风向等自然因素；了解现有土地类型和土地用途管制情况，弄清楚有多大的建设发展空间；了解园区内道路、给排水、电、通信通讯、气、热等基础设施是否完善、容量是否与拟承担的功能匹配等。

**发展基础调查**。主要了解园区现在具有哪些综合配套服务功能，分布在哪里，规模有多大，相应的硬软件设施配备是否完善。具体为：一是**科技研发方面**，重点调查现有科研机构、科研人员、科研场所、占地面积、试验基地、科研设施等情况。二是**公共管理服务方面**，重点调查现有管理机构、人员编制、管理组织方式、占地面积、土地/建筑有效利用率等情况。三是**培训会展方面**，重点调查现有培训机构、培训对象、培训设施、培训规模、会展内容、会展辐射范围、现有培训/会展场所的可容纳规模等。四是**居住商服方面**，重点调查园区人口规模（含常住人口、流动人口），户数，居住方式，餐饮、住宿、购物、医疗、银行网点等便民设施配套情况。

#### 17.2.2.2 存在问题

根据上述几方面的调查，分析在园区内建设集中连片综合服务板块的有利条件及存在问题，可以从以下几个角度分析可能存在的问题：

**第一，功能是否完善**。综合服务板块规划与建设的根本目的在于提供改善农业发展的条件，综合分析园区类型、主导产业等信息，明确功能板块需要承担的功能，并与功能板块承担的现有功能匹配，得出功能是否完善的结论。如农业科技园区，目前仍以规模化种养为主，缺乏科技服务支撑，科研推广功能缺失，需要建设科技研发中心或平台，吸引科研院所相关科研团队入驻园区。以便为各功能板块规划提供依据。

**第二，空间布局是否合理**。重点分析综合服务板块的现有布局是否利于交通组织、污染的控制、土地节约集约利用、建设/运行成本的控制等，为功能区布局调整提供依据。

**第三，基础设施是否配套**。主要从土地平整度、道路通达度、道路等级、人车分流、水源、给排水管线、污水处理、垃圾收集与处理、强弱电、天然气和绿化等方面查找问题，为土建工程项目规划提供依据。

### 17.2.3 规划方案

#### 17.2.3.1 规划原则

综合服务板块的规划与发展必须受规划原则的制约，该板块规划原则涉及方面较多，下面推荐几项比较突出的规划原则加以论述：

**第一，坚持弹性发展原则**。园区建设是一项长期的系统工程，综合服务板块的规划不仅应立足当前，满足目前园区发展的需要；还应统筹考虑园区发展的长远需求，留足发展空间。

**第二，坚持科技创新原则**。科技创新是园区建设与持续发展的立足之本，坚持创新驱动发展现代农业，大力培育农业高新技术产业，不断围绕创新链完善资金链，努力提升园区土地产出率、资源利用率和劳动生产率。

**第三，坚持统筹兼顾原则**。综合服务板块的规划合理与否将影响到整个园区的运行，不仅要考虑该区域的功能完善性，还要考虑与其他用地区的共性及设施共享性，合理进行空间布局。

**第四，坚持资源节约原则**。综合服务板块的用地性质以建设用地为主，建设用地资源稀缺，应遵循"最严格的节约集约用地制度"和"最严格的耕地保护制度"，用地规模确定严格遵循国家、地方的用地标准。

**第五，坚持因势利导原则**。一般情况下，综合服务板块的规划不是在"白纸上画画"，应充分考虑现有的建设条件，包括已有的公共、基础设施，存量建设用地，乡村聚落或建筑，改建与新建相结合，因势利导利用现有条件，完善综合服务板块功能。

#### 17.2.3.2 规划思路

遵循生产、生活、生态"三生"融合原则，以服务园区产业发展为宗旨，建设资源节约、环境友好、功能完善、运转高效的综合服务板块。重点从以下几个角度考虑规划思路：

**第一，科技创新的角度**。重点围绕规划区优势特色产业发展面临的重大科技问题，引进与培育创新团队与主体，建设区域一流的科技创新平台或基地，实现农科教有效对接，推动实用农业科技成果快速转化，不断丰富创新服务内容与服务方式，努力提高科技创新与成果转化水平。

**第二，高效宜业的角度**。综合服务板块承担的功能应能满足园区发展的需要，并且为园区的产业链延伸、功能拓展留足空间；同时，从园区发展需要、周边区域已有功能等方面进行工程项目的必要性分析，避免低水平重复建设。

**第三，生态宜居的角度**。体现在三个方面：一是针对入驻企业的宜居，综合服务板块应为入驻企业提供良好的发展环境，配套建设住宿、会议、会展等商务服务设施。二是针对园区产业工人和当地居民的宜居，配套建设超市、医疗室、学校、活动中心等便民服务设施。三是生态环境友好，科学配置垃圾、污水、废水等环境保护设施，合理配置绿化带，美化园区景观。

**第四，资源节约的角度**。体现在三个方面：一是土地资源的节约集约利用，以挖掘现有建设用地资源潜力为主，提高土地利用效率，尽量少占或不占用耕地，必须占用耕地时，应遵循"占劣不占优"原则。二是水资源的节约利用，尽量配套节水设施，科学配置污水收集管网、处理设施，净化处理成再生水用于绿化灌溉。

> **示例：某科技创新与配套服务功能板块规划思路**
> 　　以园区新农村或社区建设现状为基础，以科技创新为动力，以综合配套服务为宗旨，不断整合园区涉农资金，尽量少占或不占耕地，促进居民点适度集聚，配套建设科技研发、旅游接待、会议会展、超市商店、医院学校和康体健身等服务设施，加快培育科技创新与配套服务团队，努力提高园区土地利用率和农业废弃物利用率，最终将其打造成区域高效宜业、生态宜居的综合配套服务区。

#### 17.2.3.3　发展目标

**（1）总体目标**

一般是从不同的角度，对未来所要实现的目标作定性的描述。

——以建设宜业宜居宜游园区为总体目标，因地制宜，促进居民点适度集聚，为促进规模化产业发展创造条件，建设环境美好、生产方便、生活舒适的居住社区。

——以园区总体目标为导向，细化综合服务板块功能，建设功能完善、规模适度、服务快捷的综合服务板块。

——培养一批农业科技领军人才与创新团队，建设一批农业科技研发试验基地，培育一批具有市场竞争力的农业高新技术企业，促进农业科技创新能力和水平显著提升。

——建立一批更具特色、更接地气的农业农村创新创业基地，促进一二三产业深度融合发展，实现服务更加高效便捷、对象更加广泛和农民收入持续增加的双创目标。

——通过制定相关优惠政策，培育几张有影响力的名片，促进龙头企业向园区集聚，不断提高园区整体服务水平。

——区内配套建设完善的路、水、电、气、通信等基础设施，建设与综合服务板块规模匹配的教育、卫生、文化、商业等公共设施。

**（2）具体目标**

具体目标主要量化综合服务板块各项功能的实现程度，可以通过制定一系列规划指标来体现，主要从以下几方面来考虑（表17-1）：

**配套服务产出目标**。制定不同规划阶段的年培训人数、年接待游客数量、举办会展/节庆次数、农业科技成果转化率、电商销售农产品所占比重等指标及其增减幅度。

**基础设施与物质装备目标**。制定不同规划阶段的房屋占地面积、总建筑面积、容积率、建筑密度、绿化率等指标及其增减幅度。

**农业科技与信息服务目标**。制定不同规划阶段的创新团队建设数量、双创基地建设数量、科技试验与转化基地建设数量、物联网技术应用覆盖率等指标及其增减幅度。

**农业经营管理目标**。制定不同规划阶段的年引入科技企业数量、年融涉农资金规模、年培育市级以上经营主体数量等指标及增减幅度。

**辐射带动目标**。制定不同规划阶段的园区从业人员纯收入、年提供就业岗位、辐射带动面积等指标及增减幅度。

表17-1　综合配套服务板块规划目标推荐表

| 类别 | 目标名称 | 单位 | 基期年 | 近期目标 | 远期目标 | 年均增减（%） | 指标属性 |
|---|---|---|---|---|---|---|---|
| 配套服务产出目标 | 1. 年培训人数 | 人次/年 | — | — | — | — | 预测值 |
| | 2. 年接待游客数量 | 人次/年 | — | — | — | — | 预测值 |
| | 3. 举办会展/节庆次数 | 次/年 | — | — | — | — | 预测值 |

（续表）

| 类别 | 目标名称 | 单位 | 基期年 | 近期目标 | 远期目标 | 年均增减（%） | 指标属性 |
|---|---|---|---|---|---|---|---|
| 配套服务产出目标 | 4. 农业科技成果转化率 | % | — | — | — | — | 预测值 |
|  | 5. 电商销售农产品所占比重 | % | — | — | — | — | 预测值 |
|  | …… | | | | | | |
| 基础设施与物质装备目标 | 1. 房屋占地面积 | 亩 | — | — | — | — | 预测值 |
|  | 2. 总建筑面积 | m² | — | — | — | — | 预测值 |
|  | 3. 容积率 | % | — | — | — | — | 约束值 |
|  | 4. 建筑密度 | % | — | — | — | — | 引导值 |
|  | 5. 绿化率 | % | — | — | — | — | 约束值 |
|  | …… | | | | | | |
| 科技信息服务目标 | 1. 创新团队建设数量 | 个 | — | — | — | — | 预测值 |
|  | 2. 双创基地建设数量 | 个 | — | — | — | — | 预测值 |
|  | 3. 科技试验与转化基地建设数量 | 个 | — | — | — | — | 预测值 |
|  | 4. 物联网技术应用覆盖率 | % | — | — | — | — | 预测值 |
|  | …… | | | | | | |
| 经营管理目标 | 1. 年引入科研企业数量 | 个 | — | — | — | — | 预测值 |
|  | 2. 年融涉农资金规模 | 万元 | — | — | — | — | 预测值 |
|  | 3. 年培育市级以上经营主体数量 | 个 | — | — | — | — | 预测值 |
| 辐射带动目标 | 1. 园区从业人员纯收入 | 元 | — | — | — | — | 预测值 |
|  | 2. 年提供就业岗位 | 个 | — | — | — | — | 预测值 |
|  | 3. 辐射带动面积 | 万亩 | — | — | — | — | 预测值 |
|  | …… | | | | | | |

#### 17.2.3.4 功能定位与分区

（1）功能定位

综合服务板块的功能定位因园区类型不同而异，一般包括以下几种功能：

第一，**科技创新功能**。在基础条件较好的园区，开展现代农业技术研发、集成与创新；在一般型园区，加强与当地高等院校和科研院所等单位的密切合作，建设农业试验和成果转化基地，开展新品种、新技术的引进试验与展示，不断提高农业科技成果转化率。

第二，**公共管理功能**。包括园区管理与运营、开展宣传和招商引资、企业入园服务、环境优化和后期开发；对入园企业进行资格审查，开展项目环境评价与监督等。

第三，**生活服务功能**。包括住宿、餐饮、休闲娱乐、商业服务等功能。

第四，**培训交流功能**。包括农村实用人才、经营管理者、新型/职业农民、大学生村官等人员的培训；在有条件的园区，开展大型会展、技术交流和商贸活动，提高园区农产品的商品率和社会影响力。

第五，**电子商务服务功能**。在基础条件较好的园区，力争与阿里巴巴网络技术有限公司建立合作关系，积极探索"物联网+农业"营销模式，不断拓展电商产业链，创建区域电子商务示范基地。

第六，**旅游服务功能**。包括游客接待休息、区域展览、综合服务、旅游商品购物、景点售票、区内旅游企业展示、投诉和旅游集散等功能。

## （2）功能分区

功能分区是各项功能聚集、落地的过程，分区合理与否，直接关系到投资建设、运营成本的高低和运行效率。综合考虑地形、区位、水土资源条件以及功能需求，结合各产业功能区配套服务小区建设情况，一般可分为公共管理区、生活服务区、科技研发与推广区、电子商务区和培训交流区等功能小区（表17-2）。由于综合服务区主要以科研、管理、服务、居住等为主，休闲观光项目不能设置太多，具体规划见第16章相关内容。

表17-2　科技创新与配套服务功能板块功能分区参考表

| 一级类 | | 二级类 | | 三级类 | | 面积（亩） | 备注 |
|---|---|---|---|---|---|---|---|
| 编码 | 名称 | 编码 | 名称 | 编码 | 名称 | | |
| 面积合计 | | | | | | | |
| 09 | 科技创新与配套服务功能板块 | 091 | 公共管理区 | 0911 | 行政办公区 | — | 根据园区性质、综合服务板块的功能进行取舍 |
| | | | | 0912 | 后勤服务保障区 | — | |
| | | | | 0913 | 产品质量检测区 | — | |
| | | | | 0914 | 自动化管理监控区 | — | |
| | | | | 0915 | 旅游接待区 | — | |
| | | | | …… | | | |
| | | 092 | 生活服务区 | 0921 | 农村新社区 | — | |
| | | | | 0922 | 餐饮服务区 | — | |
| | | | | 0923 | 社区活动区 | — | |
| | | | | …… | | | |
| | | 093 | 科技研发与技术推广区 | 0931 | 科技研发实验区 | — | |
| | | | | 0932 | 科技成果转化试验基地 | — | |
| | | | | 0933 | 专家大院 | — | |
| | | | | …… | | | |
| | | 094 | 电子商务区 | 0941 | 电子商务产品展示区 | — | |
| | | | | 0942 | 电子商务运营区 | — | |
| | | | | 0943 | 仓储物流区 | — | |
| | | | | 0944 | 电商培训区 | — | |
| | | | | …… | | | |
| | | 095 | 培训交流区 | 0951 | 农业技术培训区 | — | |
| | | | | 0952 | 科普知识展览区 | — | |
| | | | | 0953 | 会展商务区 | — | |
| | | | | …… | | | |

### 17.2.4　功能小区规划与布局

#### 17.2.4.1　功能小区规划

**（1）公共管理区**

**建设思路**。该区是整个园区高效运转的"神经中枢"，是推动规划顺利实施的后勤保障。其职责主要是做好组织管理、协调关系、土地落实、招商引资、后勤服务和游客接待等各项服务，促进园区正常运行。该区一般布置在靠近正大门的位置。

**建设目标**。以园区建设为平台，将现代企业管理模式应用到园区日常经营管理中，制定相关优惠政策，培育几张有影响力的"名片"，促进新型经营主体向园区集聚，不断提高园区整体服务水平。并预测每年接待游客数量、产品质量检测数量等。

**功能小区划分**。该区还可进一步划分为行政办公区、后勤服务保障、产品质量检测区、自动化监控区和旅游接待区等多个功能小区（表17-3）。

表 17-3  公共管理区规划参考表

| 序号 | 分区名称 | 单位 | 占地面积 | 结构比例 | 分布位置 | 备注 |
|---|---|---|---|---|---|---|
| 1 | 行政办公区 | — | — | — | — | — |
| 2 | 后勤服务保障区 | — | — | — | — | — |
| 3 | 产品质量检测区 | — | — | — | — | — |
| 4 | 自动化管理监控区 | — | — | — | — | — |
| 5 | 旅游接待区 | — | — | — | — | — |
|  | …… |  |  |  |  |  |
|  | 合计 | — | — | — |  |  |

**主要建设内容**。分别说明各功能小区重点项目建设名称、建设理由和所发挥的功能作用，以及与其他工程项目的衔接关系。一是土建工程，如为了管理服务方便，需建设一座行政办公大楼，技术推广、培训交流等办公室有可能一并布置在该楼内，也有可能单独建设；并说明该楼具体布置位置，以及占地面积、建筑面积、建筑结构、立面与屋面颜色等；同样对其余如服务大厅、业务办公室、会议室、资产管理室、基建办公室、档案室、质检室、网络监控室和旅游接待室等建筑也作类似说明；在此基础上，汇总出该区土建工程总建筑面积。二是场区工程，主要描述该区水电等公共用房和停车场等分项建设的工程量和具体做法，并汇总出该区场区工程总量。三是仪器设备配置，主要描述所需的办公设施、服务设施、检验仪器、自动化监控设施、运输车辆和供水、供电等方面的规格型号与数量，并汇总出该区仪器设备配置总量。

（2）生活服务区

**建设思路**。该区主要承担居住、餐饮与商业服务等功能。生活居住区可结合新农村建设标准，满足园区职工和产业工人居住需求；餐饮服务区主要汇集地方特色美食、农/牧/渔家乐等餐饮；商业服务区是农村信用社、田头超市、产地批发市场、社区医院、社区招待所等集聚区，满足园区居民商务、购物和娱乐活动的需要。该区一般布置在园区中间位置。

**建设目标**。强化生活区服务功能，利用社会资源解决居民热点、难点问题，促进社区政治、经济、文化、环境协调和健康发展，不断提高全区居民的生活水平和生活质量。并预测每年接待考察谈判人数、餐饮人数等。

**功能小区划分**。该区还可进一步划分为农村新社区、餐饮服务区和商业服务区等多个功能小区（表17-4）。

表 17-4  生活服务区规划参考表

| 序号 | 分区名称 | 单位 | 占地面积 | 结构比例 | 分布位置 | 备注 |
|---|---|---|---|---|---|---|
| 1 | 农村新社区 | — | — | — | — | — |
| 2 | 餐饮服务区 | — | — | — | — | — |
| 3 | 商业服务区 | — | — | — | — | — |
|  | …… |  |  |  |  |  |
|  | 合计 | — | — | — |  |  |

**主要建设内容**。分别说明各功能小区重点项目的建设名称、建设理由和所发挥的功能作用，以及与其他工程项目的衔接关系。一是土建工程，如为了向游客提供餐饮服务，需建设美食集聚区，包括地方美食集萃、设施生态餐厅、各种特色小吃等，餐馆建设应与社区进行隔离，沿街道或主干道布置，并说明餐饮建筑群的具体布置位

置，以及占地面积、建筑面积、建筑结构、建筑尺寸、立面与屋面颜色等；同样对该区其余如居民楼、社区活动中心、餐饮建筑群、田头超市、产地批发市场、社区医院、社区招待所、社区幼儿园和园区农村信用社等分项也作类似说明；在此基础上，汇总出该区土建工程总建筑面积。二是场区工程，主要描述该区水电等公共设施用房建设的工程量和具体做法。三是仪器设备配置，主要描述该区所需配置的医疗设施、办学设施、餐饮设施、健身器材、超市货架和水电等方面的规格型号与数量，并汇总出该区仪器设备配置总量。

**(3) 科技研发与技术推广区**

**建设思路**。在条件基础较好的园区，促进园区与当地科研院所的密切合作，形成新业态、新品种、新技术、新设施、新机械等高新技术成果"孵化"区，承担着科技研发、成果转化、示范展示等职能，重点建设科技研发中心、专家大院、试验示范基地等。科技研发中心是园区新产品开发和新技术引进、试验、推广应用的常设机构，是保障农业园区科技创新能力的重要支撑；专家大院是为外聘农业技术专家准备的临时居所和工作场地，一般能容纳5~7名专家同时进驻，有会议室、会客室、卧室、厨房、实验室、适当的健身场地和实验场地等，也可作为外聘专家与园区工作人员以及辐射区职业农民小范围的交流场所。试验示范基地是入园专家进行田间试验的场所，为科研成果进入中试阶段作准备。

**建设目标**。强化科技研发和技术推广功能，加强与当地科研院所等机构的大力合作，积极营造"请进来、走出去"良好学习氛围，推动园区自主创新与引进创新相结合，促进科技成果转化力度，不断提高园区农产品科技含量和档次。并预测每年培育新品种、新技术的数量和农业科技成果推广数量等。

**功能小区划分**。该区还可进一步划分为科技研发实验区、科技成果转化试验基地和专家大院等多个功能小区（表17-5）。

表17-5 科技研发与技术推广区规划参考表

| 序号 | 分区名称 | 单位 | 占地面积 | 结构比例 | 分布位置 | 备注 |
| --- | --- | --- | --- | --- | --- | --- |
| 1 | 科技研发实验区 | — | — | — | — | |
| 2 | 科技成果转化试验基地 | — | — | — | — | |
| 3 | 专家大院 | — | — | — | — | |
| | …… | | | | | |
| | 合计 | | — | — | | |

**主要建设内容**。分别说明该功能小区重点项目的建设名称、建设理由和所发挥的功能作用，以及与其他工程项目的衔接关系。一是土建工程，如为了相关专家的亲临指导，需建设专家大院，供外来专家工作、生活、交流之用，该院位置靠近试验基地，生态环境较好且相对安静，并说明其占地面积、建筑面积、建筑结构、建筑层次、立面与屋面颜色等，同样对该区其余如田头实验室、专家公寓、试验基地看守房、试验基地温室大棚等分项也作类似说明；在此基础上，汇总出该区土建工程总建筑面积。二是场区工程，主要描述该区水电等公共设施用房建设的工程量和具体做法，并汇总出该区场区工程总量。三是仪器设备，主要描述该区所需配置的实验仪器、专家生活设施、生产农具、农机具、运输车辆、水电等方面的规格型号与数量，并汇总出该区仪器设备配置总量。

**(4) 电子商务区**

**建设思路。** 把握电子商务新机遇，积极探索"互联网+农业"营销模式，培育完善园区电商产业链，加强与淘宝、京东等电商企业的深度合作，搭建园区农产品电商销售平台，实现线上线下销售，促进区域电商产业蓬勃发展。

**建设目标。** 规划将进一步把握信息化技术、物联网技术在农业中的广泛应用，不断加强园区基础设施建设，开展各类网店营运培训和体验活动，力争创建区域电子商务示范基地。并预测到规划期末，入驻园区的电商企业数量和年营业收入。

**功能小区划分。** 并将该区进一步划分为电商运营区、仓储物流区、电商培训区和产品展示区等多个功能小区（表17-6）。

表17-6 电子商务区规划参考表

| 序号 | 分区名称 | 单位 | 占地面积 | 结构比例 | 分布位置 | 备注 |
|---|---|---|---|---|---|---|
| 1 | 电子商务产品展示区 | — | — | — | — | — |
| 2 | 电子商务运营区 | — | — | — | — | — |
| 3 | 仓储物流区 | — | — | — | — | — |
| 4 | 电商培训区 | — | — | — | — | — |
|  | …… |  |  |  |  |  |
|  | 合计 | — | — | — | — | — |

**主要建设内容。** 分别说明该功能分区重点建设项目的名称、建设理由和所发挥的功能作用，以及与其他工程项目的衔接关系。一是土建工程，如为了提高农产品商贸效率，需建设电子商务大厅，配置交易柜台和液晶显示屏等，方便浏览供需双方的交易时间、交易价格和交易量；最好将商务大厅布置在电子商务区的中心位置，靠近仓储区，方便货物提取；并说明该厅具体占地面积、建筑面积、建筑结构、建筑层数、立面与屋面颜色等；同样对该区其余产品展示厅、营运办公室、快递收发厅、电商培训教室和各类仓库等分项的也作类似说明；并在此基础上，汇总出该区土建工程总建筑面积。二是场区工程主要描述该区水电等公共设施用房建设的工程量和具体做法，并汇总出该区场区工程总量。三是仪器设备配置，主要描述该区所需配置的计算机、液晶显示屏、商品交易系统、电商培训设施、货运车、冷链运输车和水电、网络设备等方面规格型号与数量，并汇总出该区仪器设备配置总量。

**(5) 培训交流区**

**建设思路。** 该区是园区对外交流的重要窗口，是农业高新技术重要的"辐射源"，承担着农业技术培训、农业科普展示、商务会展等多种职能，重点建设培训区、科普展览区等。培训区是针对园区技术人员与上岗员工培训、辐射对象种养大户成员等进行培训的重要场所，一般由培训教室、教学设施、学员餐厅、客房（宿舍）等设施构成；科普知识展览区是为了普及农业科学知识、展示农业发展动态、传承农耕文化的场所，是新品种、新技术、新设施的展示平台；商务会展区是为园区提供举办大型会展、商务洽谈的场所，建成园区龙头企业集聚和商务中心。

**建设目标。** 强化技术培训、科普展示和商务会展等功能，突出产业特色和地域特征，形成园区主推产品的展览会、交易会、推介会和技术论坛会等重要场所，不断提高园区农产品的社会影响力和商品价值。并预测每年培训职业农民数量、进行农业科普知识学习的人数、通过交易会销售的农产品数量等。

**功能小区划分。** 该区还可进一步划分为农业技术培训区、科普知识展览区和商务会展区等多个功能小区（表17-7）。

表 17-7 培训交流区规划参考表

| 序号 | 分区名称 | 单位 | 占地面积 | 结构比例 | 分布位置 | 备注 |
|---|---|---|---|---|---|---|
| 1 | 农业技术培训区 | - | - | - | - | |
| 2 | 科普知识展览区 | - | - | - | - | |
| 3 | 商务会展区 | - | - | - | - | |
| …… | | | | | | |
| | 合计 | - | - | - | - | |

**主要建设内容**。分别说明该功能小区重点建设项目的名称、建设理由和所发挥的功能作用，以及与其他工程项目的衔接关系。一是土建工程，如为了带动周边地区农民参与到现代农业建设中来，需要定期举行农民技术培训，要求建设相关培训配套设施，位置最好靠近科研区，有利于现场教学；并说明其占地面积、建筑面积、建筑结构、建筑尺寸、建筑层数、立面与屋面颜色等；同样该区其余的培训教室、学员宿舍、科普展览室、会展大厅、商务洽谈室等分项也作类似说明；并在此基础上，汇总出该区土建工程总建筑面积。场区工程主要描述该区水电、网络等设施用房建设的工程量和具体做法。仪器设备主要描述该区所需配置的教学设备、展览设施、投影设备、音响设备、展厅设施、水电等方面的配备型号与数量。

#### 17.2.4.2 功能板块布置

**（1）布置原则**

功能板块布置应遵循以下原则：

——节约集约用地原则，尽量利用存量建设用地，不占或少占耕地；

——与土地利用总体规划和城乡建设总体规划相衔接，集中布局，避免过度分散；

——充分结合地形地貌、山体水系等自然环境条件，形成与自然环境相融合的自由空间形态；

——充分考虑地形地貌对该区布局的影响，建议顺应地形走势布局；

——尽量沿主要道路布置连续的公共服务设施和住宅，形成一处或多处公共空间，提升服务区活力。

**（2）布置形式**

**规整式布置**。方格网式、几何形式道路是规整式布局形成的基础，以这样的道路形成的肌理为底，建筑及室外空间的布置呈现出规整的状态。主要与次要功能节点的空间变化对比是这类空间布局形式的最大特点。例如，大体量的科研、展览位于轴线的变化位置，而办公等其他辅助用房成为规整部分。

**自由式布置**。与规整空间相对应的是自由式空间，这类空间的营造没有特定的变化规律，其路网结构通常以模仿生物的有机生成、自然生长为底，随地形地貌的变化布局不同的功能空间，形成"大分散、小聚集"的格局。这种布置形式主要运用于地形比较复杂、需要营造独特景观视觉效果的园区。

**中心—放射（围合）式布置**。以某个主导功能为中心进行其他辅助功能的布局。有两种形式：一是围绕中心进行放射式地布局其他次要功能，形成多个开敞界面的开放式空间布局；二是是围绕中心进行围合布置其他辅助功能，形成较为封闭的空间布局。中心—放射（围合）式布局有利于突出服务区整体空间格局的亮点，有利于辅助功能与主导功能区之间的联系。

**线性式布置**。线性式布局通常适合地形较为狭长的区域，各功能建筑沿道路两边布置，道路两端与中间节点的变化是布局的重点。这类空间要注意利用线性的变化组织轴线的过渡，尤其注意空间界面的变化，控制视线、景观小品等要素，避免因为直线空间过长和单调而产生乏味。

**（3）布置图绘制**

依据国家相关制图标准、采用相关计算机专业制图软件进行绘制。图面上要显示二级、三级功能区分布位置，以及综合办公楼、培训交流中心、产品检测中心、商贸中心等项目的具体位置，以及道路系统布置等。一般通过平面布置图或意向布置图等进行表示。示例采用规整式意向布置形式。

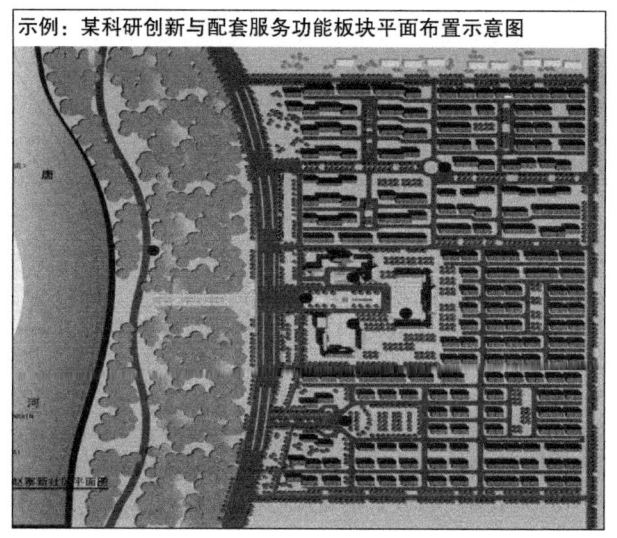

示例：某科研创新与配套服务功能板块平面布置示意图

### 17.2.5 重点或亮点示范项目推荐

#### 17.2.5.1 科技研发中心

**项目位置与建设规模**。在条件基础较好的园区，应建设科技研发中心，该中心一般布置在科技研发区内，紧邻公共管理区，便于共享其他服务资源。建设规模取决于研究开发任务的大小和园区的规模，一般建筑面积可以选择200~5 000平方米不等。

**项目内容**。根据研究任务的需要确定具体建设内容，一般由工作室、实验室、会议室和农业试验基地、小规模设施场所等构成，是园区与科研院所进行科研合作的平台。

#### 17.2.5.2 科普展览中心

**项目位置与建设规模**。在条件基础较好的园区，应建设科普展览中心，该中心一般布置在培训交流区，紧邻旅游服务区，便于来园游客进行科普学习。建设规模取决于展览主题和园区辐射规模，一般建筑面积可以选择100～10000平方米不等。

**项目内容**。科普展览中心是普及农业科学知识、展示农业发展动态、传承农耕文化的场所。可通过橱窗陈列、实物展品、图片、微缩场景、沙盘、铜像、石雕、硅胶人物、声光电、4D等手段进行展示，宣传当地农业发展的历史、现状和发展趋势。可分设农业史科普馆、种植科普馆、林果科普馆、畜牧科普馆、农业工程科普馆和现代农业科普馆等。

#### 17.2.5.3 农民培训中心

**项目位置与建设规模**。农民培训中心一般布置在培训交流区，紧邻科技研发区，便于共享科技资源。建设规模取决于规划的培训内容与人数，可根据园区的经营目标定位以及所推广的技术来具体确定，一般建筑面积可以选择200～2000平方米不等。

**项目内容**。农民培训中心是培训新型农民经营主体的常设场所，一般由培训教室、必要的演示与教学设备、学员餐厅、客房（宿舍）等设施构成，主要对园区辐射区域的种养大户成员、家庭农场成员、职业经纪人、新型农民等进行技术培训，兼顾对园区技术人员和员工的培训。

#### 17.2.5.4 农产品电子商务中心

**项目位置与建设规模**。农产品电子商务中心一般布置在电子商务区，紧邻出入口和交通要道，便于货物运输快捷。建设规模取决于园区大小和农产品生产量，一般建筑面积可以选择500～2000平方米不等。

**项目内容**。把握电子商务新机遇，积极探索"互联网+农业"营销模式，培育完善园区电商产业链，加强与阿里巴巴集团紧密合作，重点建设产品展示区、电商运营区、仓储物流区和电商培训区等功能小区，组建网络开发和电子营销专业团队，开发APP销售平台，实现线上线下销售，力争创建区域电子商务示范基地。

#### 17.2.5.5 宜居新社区

**项目位置与建设规模**。宜居新社区一般位于生活服务区，选择相对独立、不受人流和车流干扰的区域布局，营造舒适的生活居住环境。建设规模取决于规划的园区拟提供就业岗位和拟安置搬迁区居民的人数，根据人均用地标准、人均建筑面积确定其建设规模。

**项目内容**。新社区一般由住宅区、社区活动中心、物业服务中心和商业服务区等方面构成，配套完善基础设施，建设成布局优化、村庄绿化、道路硬化、环境净化、建筑美化、沿路亮化的"六化"新社区。主要为园区产业工人和园区所在地农民就地城镇化提供生活居住场所。

### 17.2.6 投资与效益

#### 17.2.6.1 投资估算

综合服务板块投资主要是对固定资产进行估算，包括工程费用、工程建设其他费用和预备费用等方面的投资和构成。土建工程投资汇总各功能小区的综合办公用房、居民住宅、旅游接待中心、电子商务中心、科技研发与技术推广中心、技术培训与交流中心、各类仓库和配套工程等投资；场区工程汇总各功能小区的道路、水电、网络宽带等投资；仪器设备包括办公、科研、检验、电子商务、网络监控、推广培训、旅游接待、公用设施和运输车辆等方面投资。其中土建投资参考同类项目相关标准；其他单位投资参照当地概算定额；将各单项投资汇总后即为综合配套服务板块固定资产总投资。见表17-8。

表17-8 科技创新与配套服务功能板块规划投资估算参考表

| 序号 | 项目名称 | 建设内容 | 投资额（万元） | 备注 |
|---|---|---|---|---|
| 一 | 工程费用 | — | — | |
| （一） | 建安工程投资 | — | — | |
| 1 | 公共管理区 | — | — | 见相应功能小区 |

第17章　科技创新与配套服务功能板块规划

（续表）

| 序号 | 项目名称 | 建设内容 | 投资额（万元） | 备注 |
|---|---|---|---|---|
| 2 | 生活服务区 | — | — | …… |
| 3 | 科技研发与技术推广区 | — | — | …… |
| 4 | 电子商务区 | — | — | …… |
| 5 | 培训交流区 | — | — | …… |
|  | …… |  |  |  |
| （二） | 场区工程 | — | — | 各功能小区汇总 |
| 1 | 公共管理区 | — | — | …… |
| 2 | 生活服务区 | — | — | …… |
| 3 | 科技研发与技术推广区 | — | — | …… |
| 4 | 电子商务区 | — | — | …… |
| 5 | 培训交流区 | — | — | …… |
|  | …… |  |  |  |
| （三） | 仪器设备购置 | — | — | 各功能小区汇总 |
| 1 | 办公设备 | — | — | …… |
| 2 | 科研仪器 | — | — | …… |
| 3 | 检测仪器 | — | — | …… |
| 4 | 电子商务系统 | — | — | …… |
| 5 | 网络监控设备 | — | — | …… |
| 6 | 推广培训设备 | — | — | …… |
| 7 | 旅游接待设施 | — | — | …… |
| 8 | 水电等公用设备 | — | — | …… |
| 9 | 货运及冷链运输车辆 | — | — | …… |
|  | …… |  |  |  |
| （三） | 其他基建投资 |  |  |  |
| 1 | 征地费用 | — | — | …… |
| 2 | 宣传推广费 | — | — | …… |
|  | …… |  |  |  |
| 二 | 工程建设其他费 | — | — |  |
| 三 | 预备费 | — | — |  |
|  | 合计 |  | — |  |

#### 17.2.6.2　效益分析

**（1）经济效益**

主要分析综合服务板块建成运营后产生的直接经济效益，公共管理区、科技研发与技术推广区、培训交流区属于公益性质，一般不测算经济效益；本节主要测算生活服务区产生的经济效益，主要包括以下方面：

——所建住房的销售或租赁收益；

——餐饮、购物、娱乐等活动场所的运营收益；

——年接待游客的门票收益。

**（2）社会效益**

规划实施后，综合服务板块的社会效益主要体现在以下几个方面：

——辐射带动区域现代农业发展。通过新业态、新品种、新技术、新设施和新模式的展示与示范，形成周边区域现代农业发展的样板。

——围绕规划区主导产业，开展全产业链条上的重要环节科技攻关，推广"互联网+农业"服务，形成智能设施、智能装备、智能生产和智能经营等，不断提高规划区科技研发与信息化服务水平。

——促进农民就业与增收。一是通过开发建设餐饮、快递等服务行业，为园区与周边农民提供就业岗位，能增加农民的工资性收入；二是为职业农民提供培训交流的机会，提高农民综合素质和创收能力。

——加速美丽乡村建设进程。通过大幅提升规划区基础设施、公共服务等方面的配置水平，不断改变园区新农村建设风貌，为打造美丽乡村提供支撑。

规划实施后，综合服务板块的社会效益分析应针对具体规划区实际情况，参照上述几方面进行展开叙述。

（3）生态效益

综合配套服务板块的生态效益体现在以下几个方面：

——建设园区职工、产业工人的集中居住区和配套服务区，实现生活垃圾、生活污水的集中处理，有效控制农村面源污染；

——通过完善综合服务板块内的绿化与美化工程，不断改善规划区生态环境和社区风貌。

注：具体编制此类园区规划时可参考《现代农业园区规划案例精选》一书第282~302页"农业科技类园区规划案例"相关内容。

# 第18章 园区基础设施专项规划

近年来，随着各级政府加大对农业固定资产的投资，农业基础设施逐步得到改善，农业信息化水平明显提高，为农业发展提供了一定的基础保障。但面对新形势和新要求，现有基础设施还远不能满足现代农业发展的需求，急需进一步加大基础设施建设，不断提高农业综合生产能力。农业园区基础设施是指为规划区生产和生活提供公共服务的工程设施，是保证园区经济活动正常运行的服务系统，是园区赖以生存发展的先决物质条件。规划通过进一步完善基础设施建设，以期实现园区的标准化、信息化和现代化，彰显现代农业发展的重要特征。本章节主要介绍园区出入口及围墙设施、道路系统、灌排系统、电力系统、给水系统、排水系统、燃气系统、供热系统、通信系统、信息化设施和环卫设施等方面的工程规划。科学规划园区基础设施，有效利用各项优惠政策，为顺利推动园区快速发展提供坚强的基础后盾。

## 18.1 概述

### 18.1.1 涵义界定

基础设施一般有广义和狭义之分。广义的基础设施包括工程性基础设施和社会性基础设施等"硬件"和"软件"系统。狭义的基础设施是指有形的资产部门，即技术性、工程性的基础设施。我国通用文件上一般是指上述两者的结合，包括工程设施的"硬件"和"软件"系统，该系统能为园区提供生产和生活所必需的基础资料，是园区进行招商引资所必备的先决条件。

**出入口及围墙设施**。主要包括园区门前的广场、停车场、大小门庭、围墙等方面的设施。代表着园区的门面与外部形象，是园区规划不可或缺的重要部分。

**道路系统**。主要是指由园外道路和园内的主路、支路、田间路等部分组成的道路系统。

**灌排系统**。主要是为防控园区的干旱、水涝和盐碱等自然灾害，而组成的农田灌溉与排水系统。

**电力系统**。主要包括发电、输电、变电、配电和用电等环节，由电能生产与用户使用而组成的系统，以保证用户获得安全、经济、优质的电能。

**给水系统**。主要包括取水、输水、水质处理和配水等环节，通过配置管道及辅助设备，按照生产、生活和消防需要，而组成的输水网络。

**排水系统**。主要包括雨污收集、输送、处理和排放等环节，并以一定方式组合成的一个网络系统。

**燃气系统**。主要包括气源、切换装置、调压装置、终端用气点、监控及报警装置等环节，根据生产、生活需要，而组成的供气网络系统。

**供热系统**。热源分为热水、蒸汽等形式，由一个或多个热源通过热网向园区用户提供热能的方式。

**通信系统**。主要包括电话、网络和有线电视等方面的建设和提升，实现通信设施共建共享，示范引领区域电信网、电视网、互联网三网的有机融合。

**农业信息化设施**。主要是由计算机硬件、软件、网线和通讯设备，以及基站、平台、信息源、用户和相关制度组成的人机一体化系统，通过"互联网+农业"新业态，推动"互联网+生产""互联网+经营""互联网+管理"和"互联网+服务"等方面的融合发展。

**环卫设施**。主要包括园区垃圾收集与转运、生态厕所等相关设施建设。

### 18.1.2 特性

园区基础设施所表现的特性较多，通过归纳主要体现在以下几方面：

**第一，公共性**。基础设施不是为特定某个部门、企业、住户设置的，而是为全园社会经济发展整体服务的，大家共同参与、共同享用，大多由国家投资或各企事业单位联合投资建成，充分体现其公共特性。

**第二，多重性**。基础设施既为农业生产服务，也为人们生活服务，两者难以截然分开。如道路上既有行驶拉货的运输车，也有旅客乘坐的大巴；电话或网络既输送着商品信息，也传递着亲人的问候；水电更是农业生产和人们生活必不可少的基础条件。这些充分体现着它的多重性。

**第三，系统性**。基础设施是一个有机的综合系统，如交通道路、灌溉排水、电力通信、给排水等既互相独立又互相依存，已成为当地社会经济发展的支撑保障。各类基础设施既按其自身要求形成独立的系统；同时，在空间布局、建设规模、实施进度等方面又需要互相协调形成一个有机的整体。

**第四，长期性**。基础设施一般具有建设规模大、资金占用多、建设难度大、施工周期长、回报期长等特点。一旦建成，维护得当，可运营数十年甚至上百年，其社会影响是长期的、深远的。

**第五，间接性**。基础设施的投资效益往往体现在服务对象的效益上，这种间接效益远远超过其直接效益。因为基础设施建设的目的并不完全着眼于获得自身的经济效益，而在于为整个区域经济社会发展服务，以发挥整体实力和总体效益为目的，其经营效果往往表现在用户效益的增长点上。

### 18.1.3 规划意义

基础设施建设是实现园区经济、社会、环境等综合效益的重要条件，对区域经济发展具有重要作用，主要从以下几方面进行叙述：

**第一，有利于促进区域经济运行**。基础设施是区域经济发展的物质基础和支撑条件，虽然它本身不能直接产生物质产品，但却是物质产品再生产过程中必不可缺的重要环节，离开配套的基础设施，正常的农业生产很难维持与发展。

**第二，有利于实现农业现代化**。基础设施是生产力要素的一个方面，它反映了一个社会的现代化程度。如人类社会从人力、畜力劳作到机械化生产，再进入自动化时代，代表着科学技术的进步和现代化特征的体现。同样，发达的交通系统、超速的通讯网络和完善的给排水系统等均代表着一个区域的现代化发展水平。

**第三，有利于提高农业综合生产力**。如针对大田种植板块，配套完善的农田水利设施，不仅能挖掘农作物单产，还能提高抗御自然灾害的能力，降低农户随时面临的自然灾害风险和经济风险，能有效地提高农业综合生产能力。

**第四，有利于拉动区域经济增长**。基础设施建设是社会发展的基础和必备条件，具有涉及面广、产业关联度大、劳动密集型强等特点，应加强与一二三产业的密切合作，创造出更多的就业岗位，不断增加当地农民工资性收入，从而带动区域经济的快速发展。

**第五，有利于改善园区环境**。基础设施建设使环境被破坏，妨碍了生态环境的保护工作，破坏了园区生态平衡，还影响着居民身体的健康。因此，在基础设施建设中，必须研发出适合于生态保护的基础设施，通过良好的生态基础设施建立，使园区生态结构得到良好的改善，并促进园区可持续发展。

## 18.2 现状与问题

### 18.2.1 现状调查与分析

**（1）农田基础设施**

农田基础设施主要调查农田灌排、土壤肥力、水文地质、旱灾涝灾等方面现状情况：

**自然条件**。包括园区降水、蒸发、气温、日照、水质、水温、湿度、风力、风向、霜期、冰冻期、冻土深度等，地表径流量、地下水可利用量等。

**土壤条件**。调查土壤物理性质（土壤类型、质地、结构、分布状况、容重、比重等）、土壤化学性质（含盐量、pH值以及氮、磷、钾和有机质含量等）、土壤水分特性（饱和含水量、渗透系数、田间持水量等）。

**自然灾害情况**。调查历年发生旱、涝、渍、盐碱等自然灾害的频率、影响范围及其成因与损失分析等。

**工程水文与地质条件**。调查主要建筑物的工程地质勘探资料，如地下水类型、理化性质、含水层特征和可开采量，建筑材料分布、储量、运输方式和运距等。

**农田工程建设情况**。按水源、灌排水系统和田间道路等工程类别进行调查，明确水源工程类型、水源位置与运行情况；灌排水系统形式、路线长度与运行状况等；田间道路布局、道路级别及主要结构、长度与宽度和完好程度等。

**（2）园区市政设施**

园区市政设施主要调查园区及周边地区现有公用设施建设情况。包括：

**道路**。园区所在地域总体交通状况，园区周边区域主要道路系统。园内交通现状，包括主干道路布置形式、里程、等级、路面状况、道路交叉口等现状情况，以及与园外道路的衔接情况。

**供电**。园区周边区域就近高压线路走向；园内目前变配电电源位置、供电能力、容量、电压等级，供电线路走向、敷设方式，了解用电负荷、最大用电负荷等。

**给水**。园区主要供水点位置、可供水量，供水管网的布置位置、长度、管径、管材等情况。

**排水**。园区雨、污排水体系建设状况，包括污水处理厂位置、处理能力、现有污水管网布置、各类排污处理设施。

**供气**。园区及周边区域气源厂和储配站的数量、位置与容量、管线走向、敷设方式等。

**供热**。园区及周边区域热源的供热能力、数量、布局、管线走向和敷设方式等，园区现有热负荷量。

**通信**。园区电信现状和历史资料，如电信业务、话机数量、局所位置、传输方式与走向、电话普及率、宽带敷设等，临近城镇通信布局规划和建设情况等。

**（3）出入口及围墙**

主要调查园区及周边同类园区门前广场、停车场、大小门、围墙等规模大小、外观设置情况，以避免出现雷同和仿冒。

通过对上述园区基础设施建设现状调查与资料整理，计算园区道路通达率、灌溉用水有效利用系数、田间工程配套率、主要农作物综合机械化水平、市政设施覆盖率等相关指标，通过与全国平均水平、发达地区、所在省（市）或地域条件相似地区进行比较，了解园区基础设施建设所处的位置。

#### 18.2.2 存在问题

近年来，农业基础设施建设投入一直在增加，速度在提升，建设内容在不断拓展丰富，取得的成效比较显著，但是由于以前建设的起点较低、底子太薄，与现代农业发展要求相比，仍然存在很大差距。主要从以下几方面进行查找：

**生产方式**。家庭联产承包使农民习惯于各自分散的耕种方式，由于耕地面积小，不能形成规模经营，现代大型农机具无法发挥作用。落后的生产手段，分散的耕种方式，使农业生产科技含量偏低、土壤肥力下降、投入成本偏高等。家庭联产承包制使排灌渠系的维护受到影响，年久失修，损毁严重，减灾抗灾能力变弱。

**市政设施配套**。由于农业基本建设投入不足，一是有可能存在园区道路网密度低、建设质量不合格、各级道路衔接不够等方面的问题；二是有可能存在供水量不够、水质不符合饮用标准或供电设施落后、设备陈旧性能低下、电增容困难、高低压线路衔接不够、电缆线材料不合格等问题。结果导致公用设施发展缓慢、道路系统不完善、供电可靠性不高等，严重影响园区经济的快速发展。

**农田水利设施**。我国大部分地区现有的农田水利工程还是二十世纪五六十年代修建的，大部分年久失修、设施老化，渠系灌溉设施不配套，如有些水库带病运行、河道淤积、干旱地区渠道缺少防渗措施等，起不到灌溉和排涝的作用。结果导致部分农田排涝不畅、农业基础设施脆弱、抵御自然灾害能力差等。

**农业信息化**。有可能存在农业信息化技术和信息资源共享工程覆盖面小、互联网普及率不高、从业人员素质低等方面的问题。结果导致园区农业信息化水平低、现代农业发展缓慢等。

**管护机制**。由于农业基础设施管理涉及的部门较多，大多政策都是行业部门单独制定，导致职能交叉重叠、政出多门、责权不清等。由于管理体制的不完善，导致基础设施建设项目审批难、资金申请难、实施难和维护难等，重建设轻管理的现象时有发生。

### 18.3 规划原则、建设思路与发展目标

#### 18.3.1 规划原则

农业基础设施规划要坚持的原则比较多，通过归纳总结，主要从以下几方面加以叙述：

**坚持规划引领的原则**。如坚持先规划、后建设，切实加强规划的科学性、权威性和严肃性，发挥规划的统筹和引领作用，严格依据园区总体规划和土地利用规划，防止农业基础设施布局混乱，避免重复建设，有序推进园区农业基础设施分阶段实施。

**坚持基础优先的原则**。坚持先地下、后地上，优先加强供水、供气、供热、供电、通信、道路等基础设施建设，加快现有基础设施改造，防止大拆大建，保障公用设施和田间设施配套完善，不断提高设施水平和服务质量，满足园区生产生活需求。

**坚持安全为重的原则**。着力提高园区管网、道路和通信等方面的建设质量、运营标准和管理水平，消除安全隐患，增强防灾减灾能力，保障园区运行安全。

**坚持绿色优质的原则**。为全面落实集约、智能、绿色、低碳等生态文明理念，应不断提高园区基础设施建设水平，营造节能建筑、绿色建筑发展环境，推广应用相关标准体系和规范，落实"节水、节地、节能、节材"等方针，促进节能减排和污染防治，提升园区生态环境质量。

**坚持科技创新的原则**。不断依靠科技进步、现代化技术装备和提高劳动者素质等来提升园区基础设施建设,增强农业基础设施技术含量,加强标准化建设,不断提高农业基础设施建设总体水平。

**坚持多方筹资的原则**。逐步引导龙头企业、工商资本和民间资本参与投资和建设,调动各级财政的积极性和参与性,不断提高资金投入水平;同时用足用好各项涉农优惠政策,积极申报农业基本建设扶持项目,不断扩大农业基础设施建设投资规模。

### 18.3.2 规划思路

园区基础设施的规划思路因专业类型、层次不同及规划区域而不同,没有统一的标准,应结合当地实际情况制定。但一般来说应从以下几方面加以考虑:

**第一,要有战略高度**。基础设施规划必须具有长远的战略高度,考虑宽广的地域和时间的长久性,明确其性质、功能、特点等,及其在区域中的经济、生活、运输等方面的地位和作用;根据规划区域本身的结构、布局、区位和资源特点,使规划具有广泛的适应性、长久的连续性,并能很好地适应未来,为农业现代化服务。

**第二,要有全局观念**。基础设施系统是多个错综复杂的系统,规划必须从全局、整体出发,将各子系统视为一个相互联系的有机整体,进行全面的综合分析和总体控制,局部服从全局、个别服从整体、微观服从宏观、眼前服从长远、子系统服从大系统,只有这样,才能形成合理、经济、最优的建设方案,不断提高规划的综合效益和总体水平。

**第三,要体现可持续发展理念**。我国土地资源与能源相当缺乏,环境污染已经相当严重,而基础设施系统要消耗大量的土地资源与能源,同时影响生态环境。规划应本着绿色的发展思路,采用低能耗、低污染的发展方式,促进整个系统的可持续性发展。

**第四,要符合经济发展要求**。基础设施直接为园区农业经济、居民生活服务,其建设质量影响当地社会、经济的发展;同时,其发展又依赖于社会、经济发展水平。因此,规划应处理好与社会、经济、生活水平的关系,使之协调发展,彼此促进。

具体应从了解园区农业基础设施现状和主导产业规划的基础上,寻找规划的突破口,提出如何"总体筹划、重点突破、夯实基础、绿色发展、提升质量"的发展思路。

### 18.3.3 规划目标

**(1)总体目标**

农业基础设施建设总体目标可以大致描述为:到规划期末,按照"九通一平"的总体要求,加快园区场地平整和道路、灌溉与排涝、供水与排水、供电与通讯、供热供气等基础设施配套建设,逐步形成田成方、路相通、林成网、旱能灌、涝能排的农田格局,不断提高农业信息化水平,促进基础设施建设与农业现代化协调发展,逐步形成"发展匹配、技术先进、功能齐全、布局合理、相互协调"的农业基础设施体系,使园区发展更加合理、保障更加充足、服务更加完善等。

**(2)具体目标**

具体目标主要量化各项基础设施工程的实现程度。可以从田间工程目标、市政公用设施目标等方面进行设置,基础设施规划目标参考表18-1进行制定。

表 18-1  园区农业基础设施规划目标参考表

| 目标类别 | 具体目标名称 | 单位 | 基期年 | 近期目标 | 远期目标 | 年均增减（%） | 指标属性 |
|---|---|---|---|---|---|---|---|
| 田间工程 | 1. 农田灌溉水有效利用系数 | | — | — | — | — | 引导值 |
| | 2. 旱涝保收高标准农田面积所占比重 | % | — | — | — | — | 预测值 |
| | 3. 水工建筑完好率 | % | — | — | — | — | 预测值 |
| | 4. 灌溉设计保证率 | % | — | — | — | — | 预测值 |
| | …… | | | | | | |
| 市政公用设施 | 1. 道路通达率 | % | — | — | — | — | 预测值 |
| | 2. 路网密度 | km/km² | — | — | — | — | 预测值 |
| | 3. 给排水系统覆盖率 | % | — | — | — | — | 预测值 |
| | 4. 供气系统覆盖率 | % | — | — | — | — | 预测值 |
| | 5. 电力系统覆盖率 | % | — | — | — | — | 预测值 |
| | 6. 供热系统覆盖率 | % | — | — | — | — | 预测值 |
| | 7. 农户计算机拥有率 | 台/百户 | — | — | — | — | 引导值 |
| | 8. 农业信息化水平 | % | — | — | — | — | 引导值 |
| | 9. 垃圾无害化处理率 | % | — | — | — | — | 引导值 |
| | …… | | | | | | |

## 18.4 各项工程规划

### 18.4.1 出入口及围墙设施规划

#### 18.4.1.1 概述

出入口代表着一个园区的外部形象，设计的好坏影响其社会的知名度。以前由于园区的功能性较单一，以从事农业生产为主，出入口及围墙建设标准要求不高，建筑结构比较简易，仅有简单的围栏和大门。随着近几年休闲观光农业的发展，园区的功能越来越多元化，来园区休闲、体验等的游客越来越多，注重出入口及围墙的外观、安全等方面的作用尤显重要。

#### 18.4.1.2 目标任务

为了对外展示园区农业现代化水平，树立企业的外部形象，提高其社会知名度，需要着力打造一个代表园区主题、体现农业高科技水平、造型独特的出入口及围墙。尤其是主出入口，应结合休闲观光功能，进行场景布设，形成所谓的"门景区"。同时，为了把园区和外界分隔开来，保护园内土地的整体性、技术的隐蔽性和产品的安全性，一般沿园区红线设置一道防护屏障，即所谓的围墙，围墙建设应通过外形、材质和颜色的合理搭配，使其与出入口融为一体，并与园区的主色调相呼应。

#### 18.4.1.3 规划内容

（1）出入口

农业园区一般由一个主出入口、多个次出入口或专用出入口及多处停车场等部分组成。主出入口拟选择靠近交通要道位置，以利出行方便；并按照园区大小和所处的方位，设置数量不等的次出入口；另外根据园区功能，还应设置不同类型的专用出入口，方便农业生产资料与农产品的运输，如粮菜专用出入口、畜禽粪便专用出入口。并根据园区功能和客流多少确定停车场的位置与大小。

1）主出入口

主出入口建设要求比较高，是园区对外展示的主要门面，一般由门前广场、门景区和门房区等部分组成，以中心景观为轴线形成串珠结构。

**门前广场**。一般以喷泉水池或假山为中心，两边形成对称式布局，整体设计上要求体现出大气开阔、形式简约的风格，并具有现代感和时尚感，广场两侧可衬托各种花带、果树、树丛和草坪等，以美化环境。

**门景区**。主要包括大门、两边立柱和站岗亭等，这些建筑最好采用原生态、仿古或卡通等外形，彰显园区主题，尽显美观大方，并提倡使用环保材料，也可以作为园区观光一景。

**门房区**。主要设置在出入口的两侧，建成具有一定特色和风格的建筑小房，一般包括门卫值班室和接待室，建筑面积不大，但是设计风格一定要新颖。

2）次出入口或专用出入口

次出入口一般布设在主出入口相对应的方向，主要为了疏通客流和车流，其门房区和门前广场建设标准一般要求不高，设计相对比较简单。其中门前广场大小以方便错车为主，地面应硬化，门房建成简易的平房即可。

专用出入口主要是为了避开主要交通要道、减少环境污染而专门设置的附属出入口，如方便农资运输、畜禽运输、饲料运输、粪便运输等的专用通道。

3）停车场

停车场是园区内外交通道路的连接点，也是道路设计的起终点。停车场的位置选择与布置应根据整个园区的整体道路交通组织规划来安排，以方便、经济、安全为原则，一般包括生产用车停车场和游览用车停车场。生产用车停车场主要结合生产场地和道路的布局来设置；游览用车停车场则应设在主入口区附近，其大小根据预测客源车位多少来确定，并配置空心砖或多孔砖，砖内点种绿草，形成生态停车场。

（2）围墙

为了方便园区形成独立的空间，保证安全，方便管理，一般园区都要设置围墙。围墙结构一般有多种形式，如砖混结构、金属围栏和绿篱等，其长度由园区外红线围成的长度和各功能小区需要配置围墙的长度而定。

**砖混结构**。其墙体全部用实体砖或空心砖砌成。

**金属围栏**。围墙一般由铁网、钢柱和基础组成。铁网材料可以选择不锈钢、铸铁、镀锌钢材、焊接式铁艺等；钢柱根据铁网材料的重量选择钢柱的粗细，并按照一定的距离进行布设；基础可以由砖体砌成墙基与不锈钢栅栏墙体结合形成围栏整体，也可以在钢柱的底部焊接钢板，由混凝土浇筑而成。

**绿篱**。凡由灌木或小乔木以一定株行距、栽成单行或多行、且紧密结合的一种种植形式，称为绿篱。栽植的树种可修剪成各种造型，并通过相互搭配组合成不同景观，从而提高其观赏效果和艺术价值。此外，绿篱还能起到遮盖不良视点、隔离防护、防尘防噪、引导游人观赏路线等作用。常用绿篱品种有：黄杨、女贞、红叶小檗、龙柏、侧柏、木槿、黄刺梅、蔷薇、竹子等，选择园区所处区域的适宜品种，进行搭配种植。

#### 18.4.1.4 规划布置

出入口及围墙布置原则如下：

——应与当地城乡建设总体规划、新农村建设规划相协调；
——应坚持统筹规划、分步实施，并留有发展余地；
——主出入口应面向主干道或人口集中区，便于出入交通方便；
——围墙、门景等色调尽量与周边建筑相协调，与园区主题相符合；
——出入口及围墙应布置在地势较高、排水条件较好的地段；
——景观绿化应多品种、多颜色搭配，相得益彰，突出个性特色。

#### 18.4.1.5 工程量估算

园区出入口及围墙工程量参考表18-2进行估算，具体园区根据实际情况进行适当增减。

表18-2  园区出入口及围墙工程量估算参考表

| 序号 | 类别 | 单位 | 数量 | 建筑形式/规格型号 | 工程量 | 布置位置 | 备注 |
|---|---|---|---|---|---|---|---|
| 一 | 土建工程 | — | | | — | | |
| 1 | 围墙 | m | — | — | — | — | |
| 2 | 门卫房 | m² | — | — | — | — | |
| 3 | 生态停车场 | m² | — | — | — | — | |
| 4 | 门庭绿化 | m² | — | — | — | — | |
| 5 | 门景打造 | 项 | — | — | — | — | |
| …… | | | | | | | |
| 一 | 仪器设备 | — | | | | | |
| 1 | 大门 | 个 | — | — | — | — | |
| 2 | 接待车 | 辆 | — | — | — | — | |
| 3 | 货车 | 辆 | — | — | — | — | |
| 4 | 指示牌 | 个 | — | — | — | — | |
| …… | | | | | | | |

### 18.4.2 道路系统工程规划

#### 18.4.2.1 概述与分类

（1）概述

所谓园区道路系统规划是指依托规划区交通系统的现状，科学预测交通系统的发展趋势及交通需求量，确定各规划时期交通系统的建设任务、建设规模及管理模式等，以达到道路系统交通需求与交通供给之间的平衡，实现道路系统的安全、畅通、节能、环保的目的。道路系统是园区总体规划的骨架，是园区发展的先决条件，是农业生产活动的枢纽，对合理地组织园区的科研、生产和生活起着关键作用。安全、便捷、畅通的道路系统有利于现代农业的高效生产和高质量生活水平的提高。园区道路不仅承担着运送生产资料、农副产品等功能，还担负着观光游览引导的功能。同时，还应满足消防、救护等车辆的应急运输和管线铺设的要求。

（2）道路分类

园区道路系统主要包括园外道路和园内道路两类。

1）园外道路

园外道路承担园区与周边村镇的客货流运输，如园区所需的生产资料运进、农产品的运出以及前来观光游客的出行，均需通过园外道路才能抵达园区。

**2）园内道路**

园内道路承担园区内部的客货运输，连接各个功能板块的观光节点，担负一定的运输、生产与游览方面的功能。园内道路按功能、等级可分为主路、支路、小路（田间道）三类。

**主路**。主路指园内的主要道路，为园区与园外道路之间的连接路，以及园区内联系各个功能板块、主要景点和活动设施的道路。

**支路**。支路指园内的次级道路，为设在各个功能板块内的路，它联系各个活动设施和景点，对主路起辅助作用。

**田间道**。包括机耕路和生产路，机耕路方便机械作业，生产路方便生产人员行走。

### 18.4.2.2 目标任务与标准规范

**目标任务**。根据区域道路系统建设现状和发展规划，结合园区对外公路、各功能板块、居民点、农贸市场集散点等位置，布置园区主要交通线路，构建通畅、便捷、经济、适用的园区道路网络，不断满足客流、农机具、农用物资和生产人员等方面的运输或通行需求，不断提高园区道路运输供给能力。

**工程建设标准与规范**。道路规划应符合农业部《高标准农田建设技术规范》（NY/T 2949—2016）、国土资源部《高标准基本农田建设标准》（TD/T 1033—2012）中有关田间道路建设的相关要求；道路设计应符合《公路工程技术标准》（JTG B01—2014）、《公路路线设计规范》（JTG D20—2006）的相关规定。

### 18.4.2.3 规划内容

道路系统规划主要包括交通量预测、线路布置和道路工程设计等方面的内容。

**（1）交通量预测**

交通量是指在单位时间内，通过道路上某一地点或者某一断面实际拥有交通参与者的数量。是道路截面实际通行能力的测算指标，也是道路分级和确定道路等级的主要依据。交通量（$Q$）的预测包括货物运输量$Q_1$、客流量$Q_2$和过境车辆增加流量$Q_3$三方面。

$$Q = Q_1 + Q_2 + Q_3$$

**1）货物运输量**

货物运输量计算公式如下：

$$Q_1 = \frac{W}{365} \cdot \alpha \cdot \rho$$

式中：$Q_1$——为每日货物运输交通流量；$W$——为全年货物运输量（生产资料运进与产品运出量）；$\alpha$——为年内货物通行不均衡系数（取1.5~2）；$\rho$——为货车日平均载重量。

**2）观光游客车流量**

$$Q_2 = \frac{P}{3} \times \beta$$

式中：$Q_2$——为每日旅客交通流量；$P$——为每日观光游客数量，按3人同坐一辆车；$\beta$——为日均道路重复系数（取1.5~2）。

**3）过境车辆流量**

规划实施后，由于园区道路条件的改善，过境车辆将会增加。根据调查现有过境车辆数量，预测规划实施年过境车辆数量$Q_3$。

根据上述交通量预测结果，参照《公路路线设计规范》（JTG D20—2006），确定道路设计等级和路面宽度。

**（2）道路**

**1）园外道路**

园外道路是当地交通部门按照《公路工程技术标准》（JTG B01—2014）进行规划和建设的（表18-3），一般直接纳入园区道路系统，不作为本节规划的重点内容。如全国开展的村村通道路基本实施完成。

**2）园内道路**

**主路**。一般推荐采用国家《公路工程技术标准》（JTG B01—2014）中三级公路标准，为双车道，设计时速30~40千米/时，每天通行能力400~700车次，路面宽度控制在6.5~7米，路基宽度7.5~8.5米，最大纵坡为7%~8%，转弯半径控制在30~125米。硬化路面。

**支路**。采用国家《公路工程技术标准》（JTG B01—2014）中四级公路标准，为双车道，设计时速20千米/时，每天通行能力小于400车次，路面宽度3米，路基宽度6~6.5米，最大纵坡为6%~9%，转弯半径控制在15~60米。硬化或砂石路面。

**小路**（田间道）。机耕路为单车道，路面宽度控制在3.5米，最大纵坡1%~3%，转弯半径12~15米。硬化或砂石路面；生产路为等外道路，宽度设在1~2米，多为改造类型，路面为砂石、立砖或土路等。

表 18-3　道路四级划分参考表

| 类型 \ 速度（km/h） | 一级 | | | 二级 | | 三级 | | 四级 |
|---|---|---|---|---|---|---|---|---|
| | 100 | 80 | 60 | 80 | 60 | 40 | 30 | 20 |
| 车道数 | 8 | 6 | 4 | 6 | 4 | 2 | 2 | 2 | 2 | 1 |
| 车道宽度（m） | 3.75 | | 3.75 | 3.50 | 3.75 | 3.5 | 3.5 | 3.25 | 3 | 3.50 |
| 路基宽度（m） | 26~44 | | 24~32 | 23 | 12 | 10 | 8.5 | 7.5 | 6.5~4.5 | |
| 最大纵坡（%） | 4 | | 5 | | 6 | 5 | 6 | 7 | 8 | 9 |

注：参照《公路工程技术标准》（JTG B01—2014）

**（3）道路工程设计**

道路工程设计一般包括平面设计、横断面设计和纵断面设计。

**平面设计**。主要包括平面线形设计、弯道部分的特别设计和沿线桥梁、隧道、道口、平面交叉口、广场和停车场等的平面布设。平面设计原则如下：

——尽量遵循当地城镇道路网规划；

——平面线形设计应考虑园区地形、地质、水文等，并应符合各级道路的技术指标；

——平面设计应处理好直线与平曲线的衔接，合理地设置缓和曲线、超高、加宽等，适当确定行车视距和保证措施；

——应根据道路类别、等级，合理地设置交叉口、沿线建筑物出入口、停车场出入口、分隔带断口、公共交通停靠站位置等；

——应考虑道路照明及道路绿化的平面布置。

**横断面设计**。横断面是指沿道路中心线方向的道路断面。道路横断面设计应结合道路性质、道路类别、道路规划红线以及交通组织方式等，其设计内容包括行车道、中间带、路肩、边坡、边沟、护坡道等，以及专设的取土坑、弃土堆、环保设施等，其主要任务是合理确定各组成部分的几何尺寸及其相互布置关系。其基本要求为：

——稳定性。在自然因素、荷载的共同作用下，不滑动、不沉陷、不塌方等。

——经济性。要求工程量小，节省投资。

——规范性。断面的尺寸必须符合公路建设规范和设计标准。

——兼顾性。要兼顾农田基本建设的需要，在取土、弃土以及挡土墙设置等方面应与农田改造、水利灌排系统相配合。

**纵断面设计**。通过道路中线的竖向剖面称为路线纵断面。由于地形、地物、地质、水文等自然因素的影响以及满足经济性的要求，道路路线在纵断面上是一条有起伏的空间线。纵断面设计主要包括纵坡设计、竖曲线设计和与平面配合设计等。

### 18.4.2.4 规划布置

（1）选线原则

道路选线是根据路线基本走向和技术标准，结合地形、地质等条件，考虑安全、环保、土地利用和施工条件以及经济效益等因素，通过全面比较最终确定路线方案，最后达到行车快捷、安全与畅通等，并方便农机作业的全过程。道路选线原则如下：

——充分利用现有道路、桥梁、涵洞和堤坝等工程建筑物，减少修建田间灌排建筑物的工程量，并考虑远景发展的需要；

——充分利用园区的地形地势，回避不良地段，尽量减少隐蔽工程，保证线形的均衡性，力求平面短捷顺畅、纵断面平缓均匀、横断面稳定经济等；

——因地制宜地与沟、渠、林、田块和村庄结合布置，道路线路布局尽可能平直、线长最短，联系便捷，避开低洼沼泽地段，减少土方量，节约用地，少占耕地；

——满足农业机械、物资运输等车流和生产人员的安全与畅通要求，与上一级道路连接顺畅，形成纵横交错网络体系；

——要做到经济合理，一方面在不增加工程造价的情况下，尽量提高技术标准，或在不降低技术标准的情况下，尽量降低工程造价，另一方面要综合考虑提高工程经济效益和运营经济效益，选择既经济又合理的选线方案。

（2）布置形式

道路系统布置常见的有方格网、环形、放射状、混合型等几种形式，为了方便通行和农机作业，农业园区一般选择方格网式。该种形式具有布置严整、结构简洁、方向性强、线路分布均匀、交叉口组织容易等特点，但同时也存在交叉口多、车流运行连贯性差、主次道功能不明显、不利于交通分流等缺点。规划时应发挥其优点，避开其缺点，并根据具体园区提出改进方案与措施。

（3）路网布置

园区主路应与对外主干交通相衔接，支路与村级公路相连接，并起着承上启下的作用，在特定位置设置必要的错车点和末端调头点。机耕主路一般设在连片田块单元的短边，与支、斗沟渠协调一致；机耕路应保证农业机械尽可能少跨越田埂的情况下到达任意一个田块，生产路能通达机耕道不通达的田块，机耕路及生产路的间隔距离可按地块连片单元的大小和走向等因素确定。机耕次路一般设在连片田块单元的长边，与斗、农沟渠相邻。生产路可沿沟渠或田埂灵活设置。另外山地或丘陵区的道路应尽可能与等高线平行，生产路可按梳式结构在机耕路的一侧或两侧设置。

### 18.4.2.5 工程量估算

根据上面平面设计原则，选取最优道路线型走向，最终形成纵横交错的道路网络。园区道路系统工程量估算见表18-4。

表 18-4　园区道路系统工程量估算参考表

| 序号 | 道路名称 | 建设性质 | 等级 | 条数 | 里程（m） | 面宽/基宽 | 路面结构 | 始终点位置 |
|---|---|---|---|---|---|---|---|---|
|  | 道路长度合计 |  |  |  | — |  |  |  |
| 一 | 设施农业板块 |  |  |  |  |  |  |  |
| 1 | 主路 | — | — | — | — | — | — | — |
|  | …… |  |  |  |  |  |  |  |
| 2 | 支路 | — | — | — | — | — | — | — |
|  | …… |  |  |  |  |  |  |  |
| 3 | 小路 | — | — | — | — | — | — | — |
|  | …… |  |  |  |  |  |  |  |
| 二 | 种植板块（大田、林果） |  |  |  |  |  |  |  |
| 1 | 主路 | — | — | — | — | — | — | — |
|  | …… |  |  |  |  |  |  |  |
| 2 | 支路 | — | — | — | — | — | — | — |
|  | …… |  |  |  |  |  |  |  |
| 3 | 小路 | — | — | — | — | — | — | — |
|  | …… |  |  |  |  |  |  |  |
| 三 | 养殖板块（畜禽、水产） |  |  |  |  |  |  |  |
| 1 | 主路 | — | — | — | — | — | — | — |
|  | …… |  |  |  |  |  |  |  |
| 2 | 支路 | — | — | — | — | — | — | — |
|  | …… |  |  |  |  |  |  |  |
| 3 | 小路 | — | — | — | — | — | — | — |
|  | …… |  |  |  |  |  |  |  |

### 18.4.3　农田灌排系统工程规划

#### 18.4.3.1　概述

水事关乎民，水事大于天，水利是农业的命脉。改革开放以来，我国水利建设取得了较大的成就，江河防洪能力不断提升，农田灌排设施不断完善，为现代农业发展提供了重要的保障。但是目前农田灌排仍然面临"最后一公里"问题，如农田灌排系统不配套、建设标准不高、水资源利用率低等，制约着现代农业建设与发展。规划应加快完善灌排系统工程，制定相应的配套措施，调节农田水分状况，满足农业生产需要，促进农业稳产高产，为发展现代农业创造良好的条件。

农田灌排系统主要由水源工程、输配水工程、田间灌排工程和水工建筑物等部分组成。各部分之间彼此联系、相互制约，形成一个统一的有机整体，并同相应的灌排技术与农艺措施相结合，助推园区农业高产稳产。

**水源工程**。按照不同的灌溉水源（河川径流、地面径流和地下水等）修建的取水工程。如在丘陵山区，汇集地面径流进行蓄水，修建水库、塘堰作为灌溉水源；在河网发达的地区，水源水位高于农田地面时，可修筑进水闸引水作为自流灌溉水源，或水源水位低于农田地面时，可修建泵站提水作为灌溉水源；在缺水地区，大多采用钻井抽取地下水作为灌溉水源。

**输配水工程**。根据园区所处的灌区地形条件、渠道设计流量和灌溉面积大小等，灌溉渠系一般划分干、支、斗、农、毛渠等级别。地形复杂的大型灌区，还可设总干渠、分干渠、分支渠、分斗渠等多级渠道，而较小的灌区渠级会少些。干渠主要起输水作用，即从渠首取水输送到各灌溉区域，也称输水渠道；支、斗级渠道将干渠输送来的水量分配给各需水单位，主要起配水作用，也称配水渠道；农（毛）渠是末级渠道，直接灌溉农作物。各级渠道应加强防渗处理与配套加固，有利于节约水量、提高渠系水利用系数。

**农田灌溉工程**。一般指农（毛）渠系及其临时田间灌水渠道、地下暗管系统、水工建筑物等。根据不同灌水方式，可筑成畦田、灌水渠、格田等形式，并将临时毛渠、输水垄沟等与其相连，把水输送到田间。为了节省土地并方便机械耕作，临时毛渠和输水垄沟等可用渠道上加盖或暗管替代。

**农田排水工程**。一般与灌溉渠系相呼应，也划分为干、支、斗、农、毛沟等级别，或总干沟、分干沟、分支沟等。主要是排除因降雨过多而形成的地面径流，或排除农田积水和土壤多余水分，以降低地下水位。此外，还要加强各级排水沟维护，防止破损坍塌，定期清淤除草，确保排水通畅。

**水工建筑物**。其作用是保证渠道安全穿越障碍物，调控水位和水量，主要包括引水、配水、交叉、衔接、泄水和量水等几种类型，水工建筑物由于数量多、分布广，一般采用装配式、定型化的轻型结构，以节省材料，便于施工。

#### 18.4.3.2 目标任务与标准规范

**目标任务**。依托园区水土资源和灌排系统现状，结合园区总体功能定位与基本要求，以建设旱涝保收、高产稳产农田为目标，通过完善灌排系统工程，实行沟、渠、田、林、路综合治理，缓解园区水资源供需矛盾，提高抵御自然灾害能力，示范推广多种节水灌溉方式，提高水资源利用效率，建成布局合理、功能完备、运行高效的灌排工程体系，不断提升园区土地综合生产能力。具体规划目标如下：

——灌溉设计保证率达到95%以上；

——渠系硬化率达到85%以上；

——渠道灌溉水利用系数达到0.7以上，喷灌灌溉水利用系数达到0.85以上，微灌灌溉水利用系数达到0.9以上；

——推行节水灌溉方式，亩节约灌溉用水达到15%以上；

——排涝标准达到10年一遇；

——水工建筑物配套率达到100%。

**工程建设标准与规范**。主要参考以下工程规范：

——灌溉设计保证率、灌溉制度、灌水率以及灌溉水利用系数的选定与计算应符合《灌溉与排水工程设计规范》（GB/T 50288—1999）的相关规定；

—— 设计排涝标准、排渍标准取值和排涝模数、排渍模数计算应符合《灌溉与排水工程设计规范》（GB/T 50288—1999）、《农田排水工程技术规范》（SL 4—2013）等的相关规定；

——灌溉渠道、排水沟和其他灌排建筑物的防洪标准，应根据其分类和级别，达到《灌溉与排水工程设计规范》（GB/T 50288—1999）的相关要求；

——灌排水质应符合《农田灌溉水质标准》（GB 5084—2005）、《灌溉与排水工程设计规范》（GB/T 50288—1999）的相关要求；

—— 节水灌溉应符合《节水灌溉工程技术规范》（GB/T 50363—2006）、《喷灌工程技术规范》（GB/T 50085—2007）、《微灌工程技术规范》（GB/T 50485—2009）、《农田低压管道输水灌溉工程技术规范》（GB/T 20203—2006）、《渠道防渗工程技术规范》（GB/T 50600—2010）等的相关要求；

——地下水、地表水灌溉应符合《机井技术规范》（GB/T 50625—2010）、《泵站设计规范》（GB 50265—2010）、《灌溉与排水工程设计规范》（GB/T 50288—1999）等的相关规定；

——水资源平衡分析应符合《水资源供需预测分析技术规范》（SL 429—2008）的相关要求；

——水利工程投资与效益分析依据《水利工程设计概（估）算编制规定》（水总〔2014〕429号文件）和《水利建设项目经济评价规范》（SL 72—2013）的相关要求。

#### 18.4.3.3 规划内容

主要包括灌溉系统和排水系统规划。

**（1）灌溉系统**

灌溉系统规划主要包括以下几方面的内容：

——对水文水利现状分析及水质评价，确定水源工程；

——确定灌区的范围与规模，进行水土资源平衡分析；

——根据灌区土壤、水文地质、地形、地貌及农业结构等条件，将全园划分为不同灌溉方式的区域；

——根据作物生产计划，拟定灌溉制度和灌水方法，计算灌溉总用水量；

——选定渠首工程类型布置方式，满足渠首水位和水量调节的要求；

——规划布置灌溉渠系和典型地块的田间工程；

——确定水工建筑物的布置及其工程结构形式；

——经方案比选后，确定最佳方案。

根据上述规划流程，部分内容已经在第8章水土资源平衡分析章节中叙述过，本节重点介绍水源工程、输配水系统和田间灌溉方式选择等相关内容。

**1）水源工程**

水源工程包括地表水水源工程（蓄水工程、引水工程、提水工程等）和地下水源工程。

**——地表水水源工程**

**蓄水工程。** 蓄水工程指具有蓄水功能的湖泊、水库、塘堰等。其规模大小应根据灌区灌溉设计保证率、水资源可利用量、灌溉用水量等，经调节计算和技术论证后确定。其中水库调节计算方法和正常蓄水位、死水位的确定应符合《灌溉与排水工程设计规范》（GB/T 50288—1999）的相关规定。

**引水工程。** 引水工程是指自流引取河川径流为水源进行灌溉的工程。根据水源类型、水位水量、地形地质等状况，选取不同的引水方式和渠首工程布置方式，如采用有坝或无坝引水方式、岸边式或引渠式渠首工程布置方式等。渠首工程的引水口位置、闸前设计水位、设计流量、引水比等应符合《灌溉与排水工程设计规范》（GB/T 50288—1999）的相关规定。

**提水工程。** 提水工程主要指泵站建设。泵站布置应根据站址的地形、地质、水流、供电、环境条件等，结合整个水利枢纽或供水系统进行布局确定。其内容包括泵房进出水建筑物、变电站、配套枢纽建筑物和管理用房等设施。针对从河流取水的灌溉泵站，当河道岸边坡度较缓时宜采用引渠式布置，并应在引渠渠首设进水闸；当河道岸边坡度较陡时，宜采用岸边式布置。具体泵站站址选择、布置形式应符合《灌溉与排水工程设计规范》（GB/T 50288—1999）和《泵站设计规范》（GB 50265—2010）的相关规定。

**——地下水源工程**

地下水源工程主要是指钻打机井。机井应根据水文地质条件和地下水资源可利用情况进行规划布置，并经技术经济论证后确定。一般应优先开采浅层地下水，严格控制开采深层地下水。在长期超采引起地下水位持续下降的地区，应限量开采；已造成不良后果的地区，应停止开采；机井类型应根据含水层分布状况及凿井机具、施工条件等优先选用管井、筒井或筒管井等。机井布置应符合《灌溉与排水工程设计规范》（GB/T 50288—1999）和《机井技术规范》（GB/T 50625—2010）的相关规定。

**2）输配水系统**

输配水系统包括渠道系统和管道系统。

**渠道系统**。渠道系统规划应重点关注以下几方面：

——灌溉渠道应按干渠、支渠、斗渠、农渠顺序设置固定渠道，30万亩以上灌区可增设总干渠、分干渠、分支渠或分斗渠，灌溉面积较小的灌区可减少渠道级数；

——万亩以上灌区的干渠、支渠应采用续灌方式，斗、农渠应采用轮灌方式，轮灌组数以2～3组为宜，各组供水量应协调一致；

——对于土壤渗漏量大、渠系水利用系数达不到规范要求，以及水资源紧缺地区或有特殊要求的渠道，应进行衬砌，衬砌材料尽量就地取材，有条件地区尽量采用混凝土、薄膜、土工布等防渗材料；

——渠道横断面应根据灌溉面积、地形地质以及边坡条件等因素，按接近水力最佳断面进行设计；

——灌溉渠道系统布置、防渗衬砌等应符合《灌溉与排水工程设计规范》（GB/T 50288—1999）和《渠道防渗工程技术规范》（GB/T 50600—2010）的相关规定。

**管道系统**。管道系统规划应重点关注以下几方面：

——将水源、泵站、输水管道系统及田间灌排工程作为一个整体进行统一规划，做到技术先进、经济合理、效益显著；

——山区、丘陵地区宜利用地形落差自压输水，需要在管道系统进水部位设置加压泵站或其他相应提水设施时，应对方案的合理性进行技术经济论证；

——管道布置尽量平行于沟、渠、路方向，或避开填方和可能产生滑坡或山洪频发地段；

——管道布置形式应根据水源位置、地形、田间工程配套和用户用水情况，通过方案论证后确定；管道级数应根据灌溉面积、流量和地形等因素确定；

——管道系统的取水口，宜设在供水有保证的干、支渠上，且应使管道输水工程的输水过程与供水渠道的行水过程相协调；

——管道布置、主要技术参数应符合《灌溉与排水工程设计规范》（GB/T 50288—1999）和《农田低压管道输水灌溉工程技术规范》（GB/T 20203—2006）的相关规定。

**3）灌溉方式选择**

随着灌溉农业的快速发展，水资源变得日趋紧张。因此在规划灌溉系统时，要求最大限度地节约用水，节省能源；在工程上，尽量减少各级渠道的渗漏损失，凡有条件的地区尽量采用衬砌渠道；在干旱地区尽量采用管灌、喷灌、微灌或组合灌溉等节水灌溉方式。

**渠灌**。结合地表水水源位置、作物种类、地块大小和分布位置等，按照各功能板块要求划分灌溉小区，并形成各自的灌溉系统；在此基础上，确定灌溉面积、提水泵站位置与建设数量，然后布设田间斗农两级固定渠系，按田块设计各自的长度、断面与间距；为防止渗漏与蒸发，渠道应尽量做防渗衬砌。

**管灌**。管道灌溉是利用管道将水直接输送到田间进行灌溉的一种方式，以减少水在明渠输送过程中的渗漏和蒸发损失。常用的管材有混凝土管、塑料硬（软）管及金属管等。管道布置应结合水源位置、地块大小和作物种类等，铺设干、支两级地下低压输水管道，一般干管沿田块短边布置、支管沿长边布置，各类管道管径根据作物需水量进行测算。

**喷灌**。一是针对灌溉作物，如经济作物、园林绿地及蔬菜、果树、花卉等高附加值的作物可选择喷灌方式；二是针对灌溉区域，如在水资源缺乏地区、高扬程提水灌区、受土壤或地形限制难以实施地面灌溉的地区、有自压喷灌条件的地区和集中连片作物种植区等，也可选择喷灌方式。一般喷灌系统分为固定式、半固定式、移动式和机组式等类别，具体应综合考虑水源类型与位置、地形地貌、地质土壤、风速风向、灌溉对象及动力条件等因素，因地制宜选择各自需要的类型。选型原则如下：

——在地形起伏较大、灌水频繁、劳动力缺乏，且灌溉对象为经济作物及园林、果树、花卉和绿地的地区宜选用固定式喷灌；

——在地面较为平坦、灌溉对象为大田作物，或气候严寒、冻土层较深的地区宜选用半固定式或移动式喷灌；

——在土地开阔连片、田间障碍物少、管理水平和集约化程度较高，以及灌溉对象为大田作物、牧草的地区，宜选用大中型机组式喷灌；

——在耕地零星分散的丘陵地区和水源、电源无保障的地区，宜选用小型机组式喷灌；

**微灌**。微灌系统宜用于灌溉瓜果、蔬菜、茶叶、花卉、食用菌等作物，干旱缺水地区也可用于大田作物灌溉。微灌方式应根据水源、气象、地形、土壤、作物和管理水平等条件，因地制宜地选择滴灌、微灌和涌泉灌等灌水方式。微灌系统包括水源、首部枢纽和管网。按毛管在田间的布置方式分为地面固定式、地下固定式和移动式等。地面固定式微灌系统适用于果园和宽行大间距作物灌溉；地下固定式适用于菜园、花卉、草坪灌溉；移动式适用于零散的果树、蔬菜及其他经济作物等灌溉。

（2）排水系统

排水系统规划应结合当地的灾害类型、地形地貌、土地利用、排水措施和管理运用要求等，按洪、涝、渍、盐、碱综合治理的要求，进行排水分区，确定排水任务和排水标准。排水系统一般分为干、支、斗、农四级，可按排水面积大小增减级数。干、支级宜选用明沟，斗级以下应视灾害成因和排水任务因地制宜地选取明沟或暗管。排水系统规划主要包括以下内容：

——确定排水区的范围与排水任务；

——按地形地貌、水文地质、土壤及现有水利设施等条件进行排水分区；

——根据排水区域的地形，选择排水出路和容泄区；

——合理选定排水方式，布置排水系统，计算排水流量；

——布置排水系统建筑物；

——协调各排水分区的排水要求，并通过水文水利计算，确定各级排水沟、水工建筑物的规模；

——分析排水效果和经济效益；

——进行方案比选后，确定最佳方案。

另外，排水系统大都采用明沟排水和暗管排水系统。

**明沟排水系统**。在地形平坦地区宜采用与灌溉渠道相同的双向排水形式；在地面向一侧倾斜的地区宜采用与灌溉渠道相邻的单向排水形式；排水承泄区应具备稳定的河槽或湖床、安全的堤防和足够的承泄能力，若受下级排水沟水位顶托而不能自流排水时，应设置抽排泵站；工程布置应尽量避开流沙、淤泥等不良地质地段。

**暗管排水系统**。暗管排水一般由吸水管、集水管、附属建筑物和排水出路等部分组成，其管道级别、规格类型等应考虑排水规模、排水要求、地形、土质、管材和施工条件等因素，经技术经济论证后确定。暗管排水工程布置应符合《农田排水工程技术规范》（SL 4—2013）的规定。对于地形平坦和作物种类相同的地段，宜进行分区排水控制；在无自流排水条件时，应视工程具体情况，采取集中或分片抽排。

（3）水工建筑物

按作用不同，水工建筑物一般分为引水、配水、交叉等类型，规划中比较常用的是引水建筑物、配水建筑物和交叉建筑物等。

1）引水建筑物

从河流无坝引水灌溉时的引水建筑物就是渠首进水闸，其作用是调节引入干渠的流量；有坝引水时的引水建筑物是由拦河坝、冲沙闸、进水闸等组成的灌溉引水枢纽，其作用是壅高水位、冲刷进水闸前的淤沙、调节干渠的进水流量、满足灌溉对水位、流量的要求。需要提水灌溉时修筑在渠首的泵站和需要调节河道流量满足灌溉要求时修建的水库，也均属于引水建筑物。

2）配水建筑物

配水建筑物主要包括分水闸和节制闸。

**分水闸**。建在上级渠道向下级渠道分水的地方。上级渠道的分水闸就是下级渠道的进水闸。斗、农渠的进水闸惯称为斗门、农门。分水闸的作用是控制和调节向下级渠道的配水流量，其结构形式有开敞式和涵洞式两种。

**节制闸**。节制闸垂直渠道中心线布置，其作用是根据需要抬高上游渠道的水位或阻止渠水继续流向下游。

3）交叉建筑物

渠道穿越山岗、河沟、道路时，需要修建水工建筑物，常见的水工建筑物有涵洞、桥梁、隧洞、渡槽、倒虹吸等。

**涵洞**。当渠道与道路相交时，渠道水位低于路面，而且流量较小时，常在道路下面埋设平直的管道，叫做涵洞。或当渠道与河沟相交，河沟洪水位低于渠底高程，而且河沟洪水流量小于渠道流量时，可用填方渠道跨越河沟，在填方渠道下面建造涵洞。

**桥梁**。当渠道与道路相交时，渠道水位低于路面，而且流量较大、水面较宽时，应在渠道上修建桥梁，满足通行要求。

**隧洞**。当渠道要经过山岗时，因石质坚硬，开挖工程量大，一般不需要深挖渠道；若沿等高线绕行，会导致渠道线路长、工程量大等。在此条件下，应在山岗石薄的地方凿洞穿过，即所谓的隧洞。

**渡槽**。当渠道穿过河沟、道路时，如果渠底高于河沟最高洪水位或高于路面净空大于行驶车辆要求的安全高度时，可架设渡槽，让渠道从河沟、道路的上空通过。当渠道穿越低洼地时，若挖渠工程量太大，也可采用渡槽。

**倒虹吸**。当渠道穿过河沟、道路时，如果渠道水位高出路面或河沟洪水位，但渠底高程却低于路面或河沟洪水位时；或渠底高程虽高于路面，但净空不能满足交通要求时，就要用压力管道代替渠道，从河沟、道路下面通过，压力管道的轴线向下弯曲，形似倒虹，称之为倒虹吸。

#### 18.4.3.4 规划布置

（1）灌溉渠系布置

灌溉渠系布置原则如下：

——渠系尽量布置在各灌区地势较高点，以便控制较大的灌溉面积，局部地形高差采用提水方式解决；

——斗、农渠的布置要满足机耕要求，其间距要有利于机耕作业；

——渠系应尽可能短直，上、下级管道尽可能垂直，以减少占地和工程量；

——灌排渠系要配套，尽可能实现自流灌溉及排水，尽量避免沟、渠交叉，以减少交叉建筑物工程量；

——尽量与园区土地利用规划相结合，尽量避免穿越居民点，方便生产和生活；

——渠系应根据分区特点选择典型区，应与道路、桥涵布置相协调。

（2）排水渠系布置

排水渠系布置原则如下：

——尽量利用已整治过的原有河沟，减少挖填土方量；

——应遵循高水高排、低水低排、就近排泄、力争自流的原则，尽量将排水沟布置在园区低洼地带，并充分利用天然沟道，以满足自排的要求；

——各级排水沟布置应与灌溉渠系互为参考、互相配合、通盘考虑。

（3）灌排系统布置形式

灌排系统一般有两种布置形式。

**灌排相间布置**。在地形平坦或地形有微起伏的地区，宜将灌溉渠道和排水沟交错布置，沟、渠进行两侧控制，工程量较省。这种布置形式称为灌排相间布置，如图18-1（a）所示。

**灌排相邻布置**。在地面向一侧倾斜的地区，渠道只能向一侧灌水，排水沟也只能接纳一边的径流，灌溉渠道和排水沟只能并行，上灌下排，互相配合。这种布置形式称为灌排相邻布置，如图18-1（b）所示。

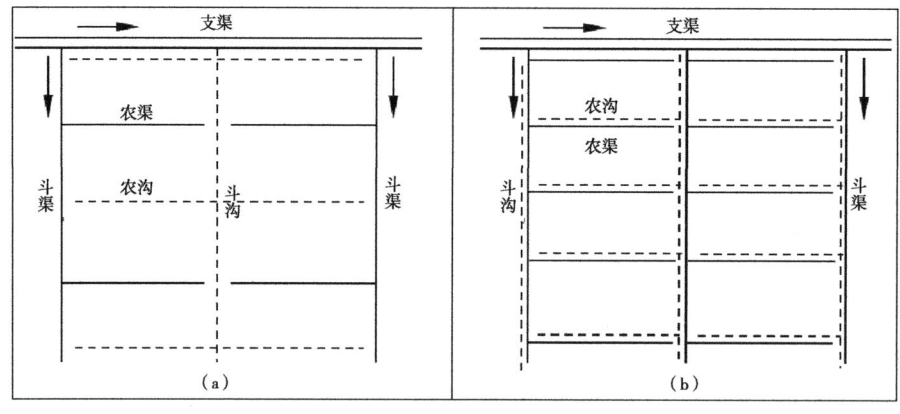

图18-1 灌排系统布置示意图

### (4) 水工建筑物布置

水工建筑物布置原则如下：

——应根据工程量、运行特点和灌区总体布置要求，选择条件适宜和地质良好的地段进行布置；

——应满足灌排系统水位、流量、地质、施工、管理的要求，适应交通和生产、生活的需要，宜采用联合建筑物的形式；

——应根据工程特点、作用和运行要求，结合当地建筑材料来源和施工条件等，因地制宜选定，如末级水工建筑物可采用定型设计，有条件的宜采用装配式结构。

### (5) 喷灌工程布置

喷灌工程布置原则如下：

——应根据灌区地形地貌、气象土壤、水文地质以及作物种类等条件，通过技术经济论证后确定；

——尽量与道路、林带、供电等系统以及居民点规划相结合，进行统筹安排；

——在保证喷灌质量、运行安全和管理方便的前提下，尽可能考虑喷灌设备的综合利用，降低运行费用；

——综合考虑水源水位，充分利用自然水头，尽量采用加压喷灌方式；

——支管尽量与田块垄向一致、与等高线平行，避免平行风向布置。

#### 18.4.3.5 不同灌区典型田块设计

在总体规划阶段，通过不同灌区典型田块设计，为园区田间工程总体布置和预算提供基础数据和设计依据。在每个灌排分区中应进行1~2个典型田块设计，每个典型田块设计应覆盖1~2个独立的配水系统。一般典型田块设计面积不应小于灌区总面积的5%。典型田块设计主要是指灌溉面积1万亩以下或农田排水面积3万亩以下的灌溉排水工程设施，也包括大中型灌区中的斗渠（一个流量以下，控制灌溉面积1万亩以下的渠道）及以下灌溉渠道、排水沟、水工建筑物等。相关设计应符合《灌溉与排水工程设计规范》（GB/T 50288—1999）的相关规定。下面就某个灌区典型田块设计做简单介绍。

#### (1) 灌区概况

该园区位于南方某地区，有条河流从灌区西侧通过，地面高程介于90~100米。根据地形，将田块分为A和B两区，其中，A区位于某江的冲洪积平原上，地势低平，地下水资源丰富，地表水系不发达，宜选用机井灌溉；B区位于该江东南侧的河谷地带，地表水系发达，地势自东北向西南倾斜，采取明渠、明沟灌排。灌区分布如图18-2所示。

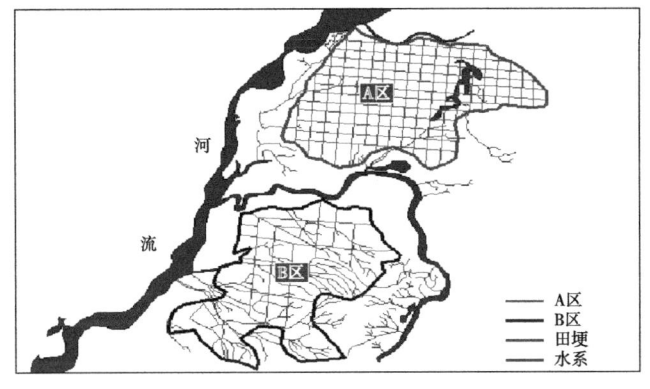

**图 18-2　灌区分布示意图**

### (2)水资源供需平衡分析

将灌区作物需水量和供水量计算数据列入表18-5、表18-6。

表18-5 作物各生育期需水量、灌水量估算表

| 发育阶段 | 生长天数（d） | 生长期需水 | | 每日平均 | |
|---|---|---|---|---|---|
| | | 占全期天数（%） | 需水量 $m^3$/亩 | 占全期需水量（%） | 需水量（$m^3$/亩） |
| — | — | — | — | — | — |
| — | — | — | — | — | — |
| …… | | | | | |
| 全生长期 | — | — | — | — | — |

表18-6 作物灌溉定额、灌水量一览表

| 灌水方式 | 灌水定额 | 灌水时间（d） | 灌水时长（h） | 灌水次数 | 灌水周期（d） | 灌溉面积（亩） | 灌水总量（$m^3$） | 每亩灌水量（$m^3$） |
|---|---|---|---|---|---|---|---|---|
| — | — | — | — | — | — | — | — | — |
| — | — | — | — | — | — | — | — | — |

### (3)渠灌区典型田块设计（B区）

#### 1)输配水渠系布置

灌溉渠系分为干渠、支渠、斗渠、农渠四级，干、支渠的末端设退水渠道。干、支渠布置如图18-3。

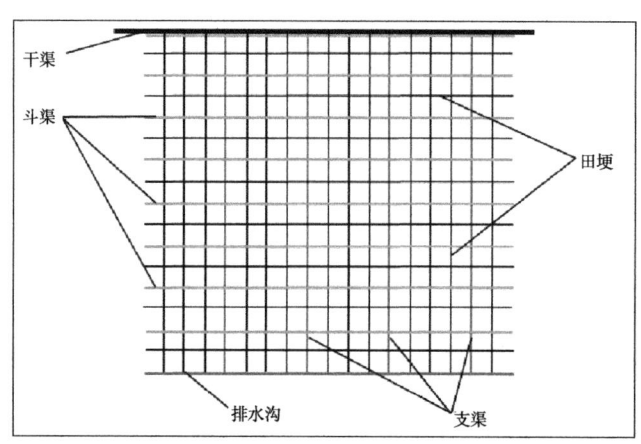

图18-3 某灌区干、支渠布置示意图

某河流从灌区西侧穿过，可作为引水渠，也是最末一级的排洪区，干渠东西走向，支渠与干渠相正交，支渠间距3~5千米，干渠、支渠长度和控制面积统计如表18-7。

斗、农渠布置。本灌区斗渠的间距主要根据机耕要求确定，和农渠的长度相适应，一般斗渠间距为800~1000米，长度为2000米，控制面积3000~5000亩；农渠间距为100~200米，长度为500~1000米。本灌区典型斗渠间距为1000米，长度设为2000米；典型农渠间距为150米，长度设为780米。斗渠、农渠长度和控制面积统计如表18-7。

表 18-7　渠灌区渠道布置统计表

| 序号 | 渠道名称 | 长度（km） | 控制面积（亩） | 灌溉面积（亩） |
|---|---|---|---|---|
| 一 | 干渠 | — | — | — |
|  | …… |  |  |  |
| 二 | 支渠 | — | — | — |
|  | …… |  |  |  |
| 三 | 斗渠 | — | — | — |
|  | …… |  |  |  |
| 四 | 农渠 | — | — | — |
|  | …… |  |  |  |

2）排水系统布置

**干沟布置**。灌区南面为天然河道排洪渠，灌区北面开挖有一条排水沟，作为北部地区的排水沟；灌区排水干沟沿南北边线布设两条。由于B区地势自东北向西南倾斜，适合选用灌排相邻布置形式，见图18-1（b）。

**支、斗沟布置**。均采用灌排相邻的布置方式，支、斗沟间距与支、斗渠间距相同，其间距取150米为宜。

3）田间灌溉工程布置

① **条田布置**。条田大小既要考虑排涝和机耕作业的要求，又要考虑田间灌溉要求，一般宽度为100～200米，长度为400～800米。本典型条田宽度设为150米，长度设为780米，田间需修建临时灌水沟、畦。由于本灌区地势自东北向西南倾斜，适合选用纵向布置：灌水方向垂直农渠，毛渠与灌水沟、畦平行布置，灌溉水流从毛渠流入与其垂直的输水垄沟，然后再进入灌水沟、畦（图18-4）。

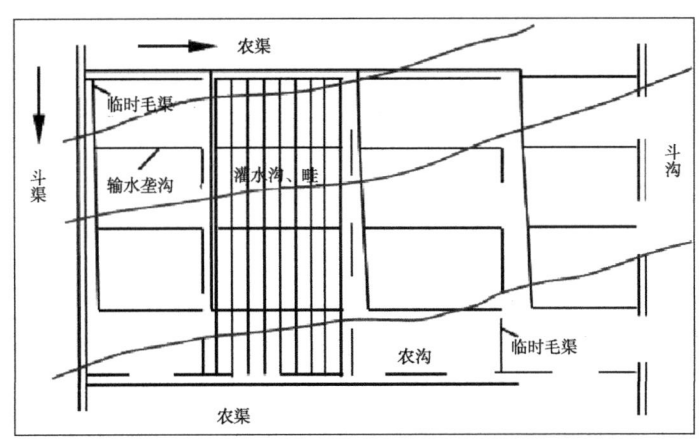

图 18-4　条田渠系纵向布置图

② **格田布置**。格田的长边通常沿等高线方向布置，其长度一般为农渠到农沟之间的距离，若选择沟、渠相邻布置，格田长度一般为200～300米；格田宽度根据田间管理要求而定，一般为15～20米。本灌区典型格田长度设为250米，宽度为15米。该工程不需要修建田间临时渠网。农渠直接向格田供水，农沟接纳格田排出的水量，每块格田都配有独立的进、出水口（图18-5）。

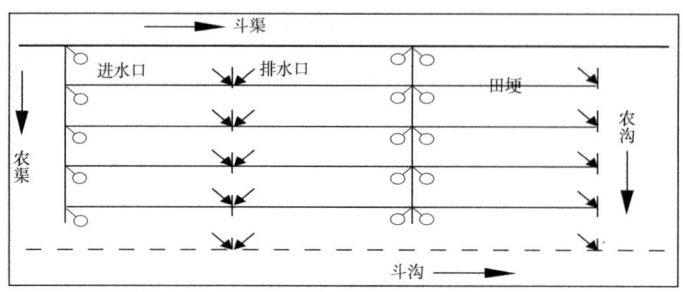

图 18-5　格田灌排工程布置图

③ **机耕路布置**。其布置形式如图18-6。

**沟—渠—路**。即靠渠修路，其优点是：机耕道兼生产道，农机具下地方便；路靠渠，因其路面高，雨天不易积水，行车安全。其缺点是：路过渠，路面起伏较大，需建交叉桥涵，成本较高，渠靠沟，渗漏损失也较大。

**路—沟—渠**。即靠沟修路，其优点是：道路布置在耕作田块的下端，路靠田，下地方便；渠靠田，灌水便利；挖沟修路，用于填方；路过沟，路面起伏小。其缺点是：路过沟需要修建小跨度的交叉建筑物，沟易坍塌；渠靠沟，渠道渗漏损失较大。

**沟—路—渠**。即路在沟渠之间，其优点是：机耕道兼生产道；渠靠田，灌水与管理方便；渠距沟远，渗漏少。其缺点是：进入田间需修建跨度较大的交叉建筑物。

本典型设计根据地形因素考虑，采用沟—路—渠布置形式。

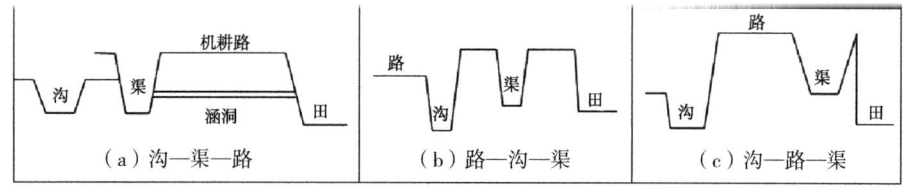

图 18-6　机耕路布置形式

④ **水工建筑物布置**。以闸门、农用桥、涵洞等为例，进行布置说明。

**闸门布置**。闸门具有挡水和过水的作用，在渠道分流、纵向坡度较陡的区域，为保障各级渠道内水位满足田间灌溉需求，应修建闸门进行调控。闸门应布置在地形开阔、岸坡稳定、岩土坚实和地下水位较低的地段。

**农用桥布置**。当道路与沟渠交汇时，为方便通行和农机具下地，需架设农用桥梁。农用桥布置应符合安全可靠、经济合理、技术先进、环保美观的相关要求。

**涵洞布置**。沟渠通过道路、山体等障碍物时，需要修建涵洞，其布置应与道路等级、使用任务、建设性质和发展需要相适应，并遵循因地制宜、就地取材和便于施工的原则，同时要考虑到农田排灌的需要。

将以上水工建筑物统计后填入表18-8。

表 18-8　水工建筑物布置统计表　　　　　　　　　　（单位：个）

| 序号 | 分类 | 闸门 | 农用桥 | 涵洞 | …… |
|---|---|---|---|---|---|
| 一 | 渠道 | — | — | — | |
| 1 | 干渠 | | | | |
| 2 | 支渠 | | | | |
| 3 | 斗渠 | | | | |

（续表）

| 序号 | 分类 | 闸门 | 农用桥 | 涵洞 | …… |
|---|---|---|---|---|---|
|  | …… |  |  |  |  |
| 二 | 排水沟 | — | — | — |  |
| 1 | 干沟 | — | — | — |  |
| 2 | 支沟 | — | — | — |  |
| 3 | 斗沟 | — | — | — |  |
|  | …… |  |  |  |  |
|  | 合计 | — | — | — |  |

4）渠灌区工程量估算（表18-9）

表18-9　渠灌区典型田块工程量估算表

| 编号 | 类别 | 单位 | 结构形式 | 数量 | 备注 |
|---|---|---|---|---|---|
| 一 | 灌排系统 |  |  |  |  |
| 1 | 平场清障剥离 | 项 | — | — |  |
| 2 | 沟渠挖填土方量 | m³ | — | — |  |
| 3 | 垫层土方量 | m³ | — | — |  |
| 4 | 泵房 | m² | — | — |  |
| 5 | 水泵 | 台 | — | — |  |
| 6 | 机组 | 套 | — | — |  |
| 7 | 输电线路 | m | — | — |  |
| 8 | 其他配件 | 项 | — | — |  |
| 二 | 水工建筑物 |  |  |  |  |
| 1 | 闸门 | 个 |  |  |  |
| 2 | 农用桥 | 个 |  |  |  |
| 3 | 涵洞 | 个 |  |  |  |
|  | …… |  |  |  |  |

（4）井灌区典型设计（A区）

1）取水工程设计

水源井。水源宜采用组井开采形式，一田块一井，水源地设计开采量19.2万立方米/天，设计单井出水量2 000立方米/天；开采井组均按矩形布置，合理井距设为1 600米，共打机井96眼，如图18-7。水源尽量布置成矩形网格，有利于钻井施工和输水管道的铺设。

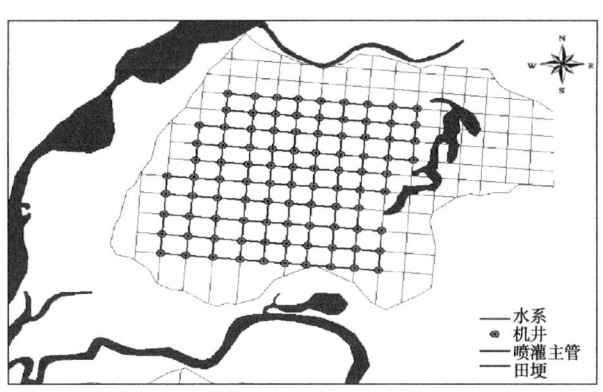

图18-7　A区井灌区机井布置示意图

**机井设计。** 机井由井口、井管、过滤器、沉沙管等部分组成。其中井口封闭深度不宜小于3米；井径设为450～500毫米，井深为16～30米，沉沙管长不小于3米；在保证要求的条件下，应尽量采用较大孔隙率的过滤器。

2）喷灌工程设计

因A区西侧河流落差小，地形坡度较缓，土质较好，拟采用加压喷灌。又因地形为一面坡地块，便于支管移动，拟采用半固定式喷灌系统，即干管为固定管道，支管为移动管道。根据地形，主干管应平行等高线布置，分干管采用梳子形布置，垂直于等高线和干管，移动支管垂直于分干管、平行等高线布置，并且垂直于主风向。

考虑运行方便，喷灌主要管材选用PVC-U型管。主干管选用管径$\phi 110$或$\phi 160$管，进口处设置一进水闸阀；分干管选用管径范围为$\phi 63$～$\phi 90$管，与干管连接处设节制阀，末端设泄水阀；出地管选用管径$\phi 63$以下管材，下端由三通和分干管相接，上端与给水栓相接。为便于运行管理，各支管接头设置给水栓，并配置快速接头。

3）井灌区工程量估算（表18-10）

表18-10　A区井灌区典型田块工程量估算表

| 序号 | 名称 | 单位 | 结构形式 | 工程量 | 备注 |
|---|---|---|---|---|---|
| 一 | 打井工程 | | | | |
| 1 | 井台 | m² | — | — | |
| 2 | 打井挖填土方量 | m³ | — | — | |
| 3 | 井房 | m² | — | — | |
| 4 | 水泥井管 | 根 | — | — | |
| 5 | 其他配件 | 项 | — | — | |
| 二 | 喷灌系统工程 | | | | |
| 1 | 管材 | | | | |
| 1.1 | 主干管 | m | — | — | |
| 1.2 | 分干管 | m | — | — | |
| 1.3 | 出地管 | m | — | — | |
| 1.4 | 附件 | 项 | — | — | |
| | …… | | | | |
| 2 | 设备 | — | | | |
| 2.1 | 水泵 | 台 | — | — | |
| 2.2 | 变压器 | 台 | — | — | |
| 2.3 | 输电线路 | m | — | — | |
| 2.4 | 附件 | 项 | — | — | |
| | …… | | | | |

18.4.3.6　工程量汇总

根据上述不同灌溉类型的典型田块设计，按照扩大指标法，最后汇总出全园区灌排渠系工程量。如表18-11。

表18-11　园区灌排系统工程量估算参考表

| 序号 | 类别 | 建设性质 | 级别 | 条数 | 工程量 | 断面尺寸 | 方位 | 主要节点 |
|---|---|---|---|---|---|---|---|---|
| 一 | 灌溉系统 | | | — | — | | | |
| （一） | 蓄、引、提水系统 | | | — | | | | |
| 1 | 河流、湖、塘等 | — | — | — | — | — | — | — |
| 2 | 机井 | | | | | | | |
| 3 | 引水渠 | | | | | | | |

（续表）

| 序号 | 类别 | 建设性质 | 级别 | 条数 | 工程量 | 断面尺寸 | 方位 | 主要节点 |
|---|---|---|---|---|---|---|---|---|
| 4 | 泵站 | — | — | | — | — | — | — |
| | …… | | | | | | | |
| （二） | 输配水系统 | | | — | — | | | |
| 1 | 渠道 | — | — | — | — | — | — | — |
| | …… | | | | | | | |
| 2 | 管道 | — | — | — | — | — | — | — |
| | …… | | | | | | | |
| （三） | 田间灌排 | | | | | | | |
| 1 | 渠灌区（A） | — | — | — | — | — | — | — |
| 2 | 井灌区（B） | — | — | — | — | — | — | — |
| | …… | | | | | | | |
| （四） | 水工建筑物 | | | | | | | |
| 1 | 农用桥 | — | — | — | — | — | — | — |
| 2 | 闸门 | — | — | — | — | — | — | — |
| 3 | 涵洞 | — | — | — | — | — | — | — |
| | …… | | | | | | | |
| | 合计 | | | — | — | | | |

### 18.4.4 电力系统工程规划

#### 18.4.4.1 概述

随着我国经济的快速发展，电力供应显得越来越重要，它直接关系到区域经济的快速发展。在当今社会，网络迅速发展，电力无处不在，电力发展已经跨入一个崭新的发展时期。一个完整的电力系统主体结构由电源、变电所（站）与输配电线路和电力用户等部分组成。各电源点还互相联接以实现不同地区之间的电能交换和调节，从而提高供电的安全性和经济性。输电线路与变电所构成的网络通常称电力网络。电力系统的信息与控制系统由各种检测设备、通信设备、安全保护装置、自动控制装置以及监控自动化、调度自动化系统组成。电力系统的结构应保证在先进的技术装备和高经济效益的基础上，实现电能生产与消费的合理协调。如图18-8。

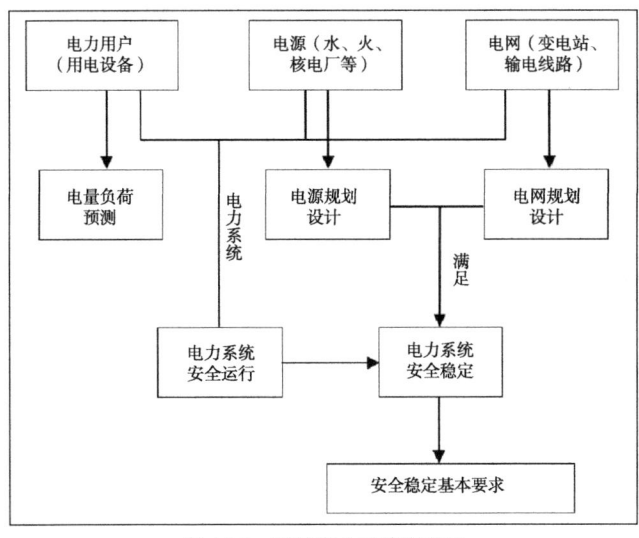

**图 18-8　园区电力系统构成图**

**电源**。按一次能源介质主要划分为火力发电厂、利用水位能的水力发电站、利用核能发电的核电站等。火力发电厂燃料以煤炭为主，天然气燃料为辅。水力发电厂成本低且没有环境污染。外部电源不属于园区规划范畴，应由当地供电部门统一规划与建设。

**变电所（站）**。变换电能电压和接受分配电能的场所，是联系发电厂和用户的中间枢纽。一般园区配置的是降压变电，将高压适当降低后，对园区用户供电。这也不属于园区规划范畴，应由当地供电部门统一规划与建设。

**输配电线路**。电力网是输送电能和分配电能的通道，联系发电厂、变电所和电力用户的纽带。它由各种不同电压等级和不同结构类型的线路组成。通常将220千伏及以上的电力线路称为输电线路，110千伏及以下的电力线路称为配电线路，110千伏线路常又称为供电线路。园区通常使用的是110千伏及以下的供电线路。园区电压一般有8个等级，通过多次变电才能为用户所用。园区通常利用的是10千伏中压和380／220伏低压配电。

**电力用户**。包括园区农产品加工用户、农业用户和居民用户。

综上所述，电力系统的先行建设，是保证园区经济发展的先决条件。合理的系统规划是电力系统安全、可靠、经济运行的前提，也是园区电力系统今后发展的方针和原则。系统地做好电力系统规划，才能为后续产业规划提供科学的参考依据。

### 18.4.4.2　目标任务与标准规范

**目标任务**。根据园区电力实际需求，结合园区产业发展和建设规模，科学预测未来电力负荷，力求配备多元化新能源负荷，加强智能电网建设，优化园区电网布局，促进电网结构合理，不断满足安全、可靠的供电要求，促进电网规划与园区经济发展有效衔接，不断提高园区电网承载力和利用效率，为园区发展奠定坚实的物质基础，为产业发展和经济转型提供充足的动能。

**工程建设标准与规范**。园区供电系统设计应符合《城市电力规划规范》（GB/T 50293—2014）、《供配电系统设计规范》（GB 50052—2009）的相关要求；管线布置应符合《城市工程管线综合规划规范》（GB 50289—2016）、《低压配电设计规范》（GB 50054—2011）的相关要求与规定。

### 18.4.4.3　规划内容

据园区经济发展、产业发展规划和居民生活用电的需求，确定适合于本园区的用电指标，预测未来电力负荷，在确定电力电量平衡的基础上，拟定变电所布局方案和线路走向。

**（1）用电负荷预测**

园区用电负荷是指在园区内或园区局部片区内，所有用电户在某一时刻实际耗用的电功率之总和。电力负荷预测包括总用电量、最大负荷和负荷密度等内容。

1）预测方法

电力总体规划阶段负荷预测方法有单耗法、综合分析法、弹性系数法、扩大指标法等。

**单耗法**。根据产品（或产值）用电单耗和产品数量（或产值）来推算用电负荷，是工业、部分农业生产用电负荷比较直接、简单的预测方法。

**综合分析法**。分别对工业、农业、运输、电讯和生活用电等方面进行预测，然后加以汇总，最后得出全园区未来用电负荷。

**弹性系数法**。是将规划年电力增长水平与农业生产总值增长水平之比来预测未来电力负荷，其系数应大于等于1。

**扩大指标法**。根据预测规划年人口、建设占地面积或建筑面积乘以单位面积用电指标，进而推出园区电力负荷。

以上各种预测方法可以互相检验、校正，最后确定一个相对准确的负荷水平。

2）**用电负荷分类**

农业园区用电分类一是农、林、牧、副、渔、水利等生产基地用电；二是农产品加工与物流用电；三是居民生活用电；四是公共设施用电。

3）**用电指标**

用电指标是反映一定历史时期内的园区电能消费水平，衡量一个园区的综合经济实力的重要标志之一。规划用电指标的确定，受一定规划期内的园区经济发展、生产规模、资源条件、电力供应程度等因素制约。当园区电力总体规划阶段采用扩大指标法进行负荷预测，其居住、公共设施、工业等部门用电应根据用地类别、数量、负荷特征，并结合所在城镇的单位建设用地用电现状水平，参考表18-12，经综合分析比较后选定。

表18-12 单位建设用地/建筑面积用地电力负荷测算指标参考表

| 序号 | 类别 | 单位建设用地电力负荷指标（kW/km²） | 单位建筑面积电力负荷指标（W/m²） |
|---|---|---|---|
| 1 | 居住用地用电 | 100~400 | 20~60 |
| 2 | 公共设施用地用电 | 300~1200 | 30~120 |
| 3 | 工业用地用电 | 200~800 | 20~80 |

当上述三类建设用地中建筑物的类别、建筑面积能够确定时，应参考表18-13，经综合分析比较后选定。

表18-13 各类建筑物的单位建筑面积用电指标参考表

| 建筑类别 | 用电指标（W/m²） | 变压器容量指标（VA/m²） | 建筑类别 | 用电指标（W/m²） | 变压器容量指标（VA/m²） |
|---|---|---|---|---|---|
| 住宅 | 15~40 | 20~50 | 剧场 | 50~80 | 80~120 |
| 公寓 | 30~50 | 40~70 | 医院 | 40~70 | 60~100 |
| 旅馆 | 40~70 | 60~100 | 高等院校 | 20~40 | 30~60 |
| 办公 | 30~70 | 50~100 | 中小学 | 12~20 | 20~30 |
| 商业 | 一般：40~80<br>大中型：60~120 | 60~120<br>90~180 | 展览馆<br>汽车库 | 50~80<br>8~15（17~23） | 80~120<br>12~34（25~35） |

4）**电力电量平衡分析**

园区电力电量平衡分析是在电力负荷预测和电源出力分析的基础上，对园区电力、电量进行的平衡结果计算，从而确定电力工程的布局和规模。该分析在电力系统规划中起到约束作用。

电力电量平衡分析首先通过负荷预测确定各水平年系统最大负荷，再结合各类电源的出力分析，最后得出电力电量盈亏平衡，从而确定电力系统所需的发电、变电设备容量，并预留出一定的备用容量。一般电力需求量加上供电备用量就是需要的设备容量，由此估算各规划年电源设备容量的大小。

在各种电气计算结果的基础之上，从安全性、可靠性、实施性、适应性和经济性等方面进行分析，从而对各方案的设计及运行做出评价，并选择最优者作为推荐方案。

### (2) 供电电源规划

供电电源规划主要是根据园区电力需求预测未来的电源容量、类型和配置问题等。其规划内容主要包括变配电所形式、变压器容量选择、变配电所建设面积和备用电源设置等。

#### 1) 变配电所 (站) 形式

变配电所 (站) 一般分为土建变配电所、箱式变电站和架空变压器等三种形式。不同形式各有适用的范围和优缺点。在确定选择时，应综合比较变压器容量、占地面积、建设周期、经济性和外形美观等多方面因素。

**土建变配电所**。其优点是变压器容量大、安全性好、在建筑风格、外观上更易与周围建筑协调统一；其缺点是造价高、占地面积大、建设周期长、独立建设的土建变配电所用地需要上报规划手续。

**箱式变电站**。其优点是占地面积小、建设周期短、建设手续简单；其缺点是变压器容量不大、安全性稍差、与周围建筑不协调等。

**架空变压器**。与箱式变电站基本一致，只是架空变压器容量更小、更不利于环境美观。

一般而言，大规模的建筑群、重要建筑物、用电量大的建筑物应选择土建变配电所 (站)；小型建筑物、用电量小的建筑物可以选择箱式变电站；分散的建筑物、农业设施在不影响环境美观的情况下可以选择架空变压器。

#### 2) 变压器容量

常用的变压器容量包括50、100、200、315、400、500、630、800、1000、1250千伏安等不同规格。单台变压器最大容量由小到大依次为：架空变压器、箱式变电站、土建变配电所 (室)。单台架空变压器最大容量为500千伏安 (有的地区为400千伏安)，单台箱式变电站内变压器最大容量为800千伏安 (有的地区为630千伏安)，土建变配电所 (室) 内单台变压器最大容量为1250千伏安 (有的地区为1000千伏安)。

#### 3) 土建变配电所 (站) 面积

土建变配电所 (站) 的设计应尽量节约用地，其用地面积应根据变压器容量、高低压接线方式和设备的外形尺寸来确定。应尽量考虑与其他建筑物混合建设，条件允许时可建设半地下、地下变配电所 (室)。10千伏变配电所独立建设时，用地面积可参考下列情形估算：设有1台变压器时，变电所的用地面积宜为80~100平方米；设有2台变压器时，变电所的用地面积宜为150~200平方米。如建筑形状和柱网设置不利于设备布置，所需面积将有所增加。以上面积不包括在变配电所内设置的卫生间、休息室、维修库房、发电机房等建筑面积。

#### 4) 备用电源设置

由于农业园区往往位于郊区或农村地区，市政电网供电可靠性不高，且农业园区面积大，各功能区比较分散，再加上夏季用电高峰期当地有分片断电计划，所以农业园区一般都应在重要的建筑物 (用户) 处设置备用电源，以减少断电带来的影响。

备用电源一般是指园区自设的柴油发电机组、应急电源装置 (EPS) 和不间断电源装置 (UPS)。应急电源装置 (EPS)、不间断电源装置 (UPS) 一般只作为建筑物内少量的一、二级负荷的应急电源用，最常用的备用电源就是柴油发电机组。

柴油发电机组容量的选择在规划阶段一般按各区用电负荷容量的10%~20%进行估算。作为应急电源的柴油发电机组宜选用单台机组，且机组的额定容量不宜超过2000千伏安。当需要多台机组为同一系统并联供电时，发电机组的总台数不宜超过3

台,此时单台机组的额定容量不宜超过1000千伏安。柴油发电机组一般应设置在专用的柴油发电机房内,机房一般与变配电室合建,也可以独立建设。独立建设的柴油发电机房应靠近变电所的低压配电室或靠近重要的用电户,以便减少线路损耗,便于运行管理。柴油发电机房所需的建筑面积与机组的型式、容量和布置等因素有关。规划阶段,单台机组机房面积约为60~100平方米。在农业园区初期建设中,当建设柴油发电机房较困难时,可采用搭建发电机棚的形式,亦可采用室外专用的防护等级高的柴油发电机组。

当园区内有大量稳定的分布式电源时,也可以作为备用电源。但分布式电源不能作为保障消防等重要负荷的应急电源。例如园区内有沼气发电站、太阳能光伏发电站,可以作为备用电源供园区用电。容量较大的可再生能源发电的分布式电源除了供园区自用,如有多余电力,还可考虑向市政电网并网输电,规划阶段应考虑并网的可行性。

**(3)电网规划**

合理的电网结构是保持电力系统安全稳定运行的物质基础,电力系统是否稳定,主要取决于电网结构的强弱。要形成合理的电网结构,必须做好合理的电网规划工作,统筹规划、分步实施。一般能源资源和燃料运输,决定电源布置;电源布置和电力负荷分布决定电网结构。常规的电网规划主要采用方案比较法,应按以下步骤进行:

一是根据负荷分布、增长预测以及电源布置排序,进行分区分层电力电量平衡,确定分区之间典型方式下电力流向、变电所布点和规模。

二是根据送端和受端网架发展要求、分区之间交换容量安排、电网结构特点,拟定若干个主网方案。

三是对拟定方案进行技术经济比较。技术上主要是按照《电力系统安全稳定导则》和《电力系统技术导则》,通过电气计算,对各方案技术上的可行性进行分析;经济上主要是计算各方案年运行费用来判断其财务上的可行性;同时还需要对各方案进行适应性分析,最后推荐出最佳方案。

**18.4.4.4 规划布置**

**(1)土建变配电所(站)布置**

**1)布置原则**

土建变配电站(站)布置原则如下:

——尽量接近负荷中心,进出线路短;

——尽量接近电源一侧,或方便与其他变电站的相互联系;

——尽量避开剧烈振动或高温的场所,避开易燃易爆及严重污染地区;

——尽量避开多尘或有腐蚀性气体的场所,当无法远离时,尽量位于污染源上风向,并采取有效的防护措施;

——尽量避开厕所、浴室、厨房或其他经常积水的场所,或地势低洼和可能积水的场所,或沿海地区受海潮影响的场所;

——尽量避开对防电磁干扰有较高要求的设备机房。

**2)变配电站(站)布置**

根据各功能板块总体规划布局,选择用电负荷集中区,对变配电所(站)进行分区布置,一般农产品加工与物流板块用电负荷较大,配置多个变配电所;对于用电负荷不大的种植与养殖板块,配电室就能满足其需求。

### （2）电力线路布置

**1）布置原则**

园区电力线路分为架空线路和地下敷设线路两类。架空线输送方式造价低，但景观效果差。地下敷设方式其造价高，技术复杂，但景观好。电力线路的布置应按园区总体规划布局和道路综合管线的布置要求，统筹安排。其布置原则如下：

——尽量沿道路敷设，少走转弯，保证线路短捷；

——尽量减少与其他管线的交叉；

——尽量保证安全距离。

**2）电力线路布设**

**架空电力线布设。** 架空电力线路应根据地形、地貌特点和管网规划，沿道路、河渠和绿化带架设；路径宜短捷、顺直；方便机耕，少占农田，并应减少同道路、河流、铁路的交叉；应避开易受山洪、雨水冲刷的地方，严禁跨越存放易燃、易爆物的场院和仓库。

**地下线路布设。** 地下敷设的方式又可分为直埋敷设、沟槽敷设、排管敷设和隧道敷设。直埋敷设是最经济、简便的敷设方式，适用于人行道下、公园绿地及建筑物的边沿地带，应优先采用，直埋敷设电缆同路径条数一般不超过6条。沟槽敷设适用于不能直接埋入地下且无机动车负载的通道。排管敷设适用于电缆条数较多，且有机动车行驶的重载地段，如园区主干道路，穿越公路、穿越小型建筑等，电缆同路径条数一般以6~20条为宜。隧道敷设适用于变电站出线及重要街道，电缆条数多或多种电压等级电缆并行的地段。

另外电缆管沟、隧道的修建，应按终期规模一次建设，避免重复修建管沟，开挖路面，给居民生活带来不便，造成人力和资源的浪费。

#### 18.4.4.5　工程量估算（表18-14）

表18-14　园区电力系统工程量估算参考表

| 序号 | 类别 | 单位 | 建筑尺寸/规格型号 | 工程量 | 布置位置 | 备注 |
|---|---|---|---|---|---|---|
| 一 | 土建工程 | — | | | | |
| 1 | 开闭所 | $m^2$ | — | — | — | — |
| 2 | 变电站 | $m^2$ | — | — | — | — |
| 3 | 配电室 | $m^2$ | — | — | — | — |
| 4 | 电缆管沟 | m | — | — | — | — |
| …… | | | | | | |
| 二 | 仪器设备 | — | | | | |
| 1 | 变压器 | 台 | — | — | — | — |
| 2 | 柴油发电机组 | 组 | — | — | — | — |
| 3 | 高压电缆线路 | m | — | — | — | — |
| 4 | 低压电缆线路 | m | — | — | — | — |
| 5 | 高压配电柜 | 台 | — | — | — | — |
| 6 | 低压配电柜 | 台 | — | — | — | — |
| 7 | 室外配电箱 | 台 | — | — | — | — |
| 8 | 电线杆 | 个 | — | — | — | — |
| …… | | | | | | |

### 18.4.5 给水系统工程规划

#### 18.4.5.1 概述

水是人们生活和生产活动中必不可少的物质条件，也是农业园区基础设施建设重要的组成部分，缺水将直接影响园区农业产值和人们生活的质量。只有提供足够的水量、合格的水质、充足的水压才能保证园区正常的生产与生活用水。给水系统规划是在对未来用水的系统性、合理性和长期性进行全面考量后，提出的系统规划设计方案，以达到合理用水、节约用水和规范用水的目的。

给水系统是由园区各用水单位和输配水管网组成的系统，即通过从室外给水管网取水，依靠水压作用，经配水管网，以各种方式将水分配到各用水单位。主要包含水源、水质和用水量等内容。

**水源**。假若园区靠近城镇周边，可以直接引入市政水网作为园区水源；若园区位于地表水资源丰富的地区，可以选择河流、湖泊、水库等作为水源；若位于干旱或半干旱地区，只能通过开采地下水作为水源。

**水质**。生活饮用水的水质应达到《生活饮用水卫生标准》（GB 5749—2006）的相关标准；生产用水水质应符合生产工艺对水质的要求。为节约用水，应尽量选用非饮用水冲洗卫生器具等。

**用水量**。生活用水量应根据消费人数、建筑物性质、卫生设备和地区条件等因素确定；生产用水量应按工艺方案要求确定。

给水系统一般包括生活用水、生产用水、消防用水和市政环境工程用水等部分。

**生活用水**。主要是指供给机关、事业单位、学校、部队、企业、旅馆、家庭等居住建筑、公共建筑以及生产企业内部等餐饮、洗涤、清洁等方面的用水。

**生产用水**。主要是指供生产车间用水，如加工过程用水、设备清洗用水、冷却用水和锅炉用水等。

**消防用水**。主要是指预备供扑救火灾的用水。

**市政环境工程用水**。主要是指浇洒道路和绿化地等方面的用水。

#### 18.4.5.2 目标任务与标准规范

**目标任务**。以园区给水设施现状为基础，以综合开发利用水资源为宗旨，适当选择园区给水水源，科学预测园区需水量，合理配置各功能板块用水，不断提高给水系统的安全性、先进性和应变性，促进园区给水系统的协调发展。

**工程建设标准与规范**。场区给水管网设计应符合《室外给水设计规范》（GB 50013—2006）的要求；给水规划应符合《给水排水设计手册——常用资料》《给水排水设计手册——城镇给水》（第一册、第三册）的相关要求；生产与生活用水设计应符合《城市给水工程规划规范》（GB 50282—2016）；管网布置应符合《城市工程管线综合规划规范》（GB 50289—2016）的相关要求；水质标准应符合《生活饮用水水源水质标准》（CJ 3020—1993）和《生活饮用水卫生标准》（GB 5749—2006）的相关要求。

#### 18.4.5.3 规划内容

首先预测园区用水总量，然后进行给水工程规划，在此基础上确定供水方式和管网布置，最后估算给水系统总工程量。

**（1）需水量预测**

园区用水总量主要包括：

园区用水总量=居民生活用水量+公共设施用地用水量+工业用地用水量+道路绿化

用地用水量+其他用地用水量

**1）生活用水量**

由于园区所处的位置、用水人数不同，其参考用水定额也不同。如要对园区内最高日用水量进行预测，可结合园区总体规划、《城市给水工程规划规范》（GB 50282—2016）和《城市居民生活用水量标准》（GB/T 50331—2002）等的相关要求，采用"单位人口综合用水量指标法"进行预测。如表18-15。

表 18-15  居民生活用水量标准

| 地域分区 | 日用水量（升/人·天） | 适用范围 |
|---|---|---|
| 一 | 80～135 | 黑龙江、吉林、辽宁、内蒙古 |
| 二 | 85～140 | 北京、天津、河北、山东、河南、山西、陕西、宁夏、甘肃 |
| 三 | 120～180 | 上海、江苏、浙江、福建、江西、湖北、湖南、安徽 |
| 四 | 150～220 | 广西、广东、海南 |
| 五 | 100～140 | 重庆、四川、贵州、云南 |
| 六 | 75～125 | 新疆、西藏、青海 |

摘自《城市居民生活用水量标准》（GB/T 50331—2002）

**2）公共设施用地用水量**

公共设施用地用水依据《城市给水工程规划规范》（GB 50282—2016）相关要求进行估算，如表18-16。

表 18-16  公共设施用地用水量标准

| 序号 | 用地名称 | 用水量指标[万m³/（km²·d）] |
|---|---|---|
| 1 | 行政办公用地 | 0.50～1.0 |
| 2 | 商贸金融用地 | 0.5～1.0 |
| 3 | 文化体育用地 | 0.5～1.0 |
| 4 | 旅馆等服务业用地 | 1.0～1.5 |
| 5 | 教育用地 | 1.0～1.5 |
| 6 | 医疗用地 | 1.0～1.5 |
| 7 | 其他公共设施用地 | 0.8～1.2 |

摘自《城市给水工程规划规范》（GB 50282—2016）

**3）工业用地用水量**

工业用地用水依据《城市给水工程规划规范》（GB 50282—2016）的相关要求估算，如表18-17。

表 18-17  工业用地用水量指标

| 用地代号 | 用地名称 | 用水量指标[万m³/（km²·d）] |
|---|---|---|
| M1 | 一类工业用地 | 1.20～2.00 |
| M2 | 二类工业用地 | 2.00～3.50 |
| M3 | 三类工业用地 | 3.00～5.00 |

摘自《城市给水工程规划规范》（GB 50282—2016）

**4）道路绿化用地用水量**

道路绿化用地用水依据《城市给水工程规划规范》（GB 50282—2016）的相关要求估算，如表18-18。

表 18-18　道路绿化用地用水量指标

| 用地代号 | 用地名称 | 用水量指标[（万m³/（km²·d）] |
|---|---|---|
| W | 仓储用地 | 0.20 ~ 0.50 |
| T | 对外交通用地 | 0.30 ~ 0.60 |
| S | 道路广场用地 | 0.20 ~ 0.30 |
| U | 市政公用设施用地 | 0.25 ~ 0.50 |
| G | 绿地 | 0.10 ~ 0.30 |

摘自《城市给水工程规划规范》（GB 50282—2016）

5）其他用水量

其他用水包括消防用水、未预计水量及管网漏失水量等，按上述各地用水总水量的10%~20%进行估算。

上述各类用水量之和即为园区最高日用水量，根据不同情况，选取小时变化系数，进行日最高时用水量估算。

（2）给水工程规划

给水工程一般由取水工程、净水工程和输配水工程等部分组成。

1）取水工程

水源种类包括地表水、地下水和市政管网水等。取水工程是将原水取送到园区的蓄水设施，通过净化处理过程，即建水厂，为园区提供足够的水源。取水工程主要由取水口、取水构筑物、泵站以及输水管等部分组成，还包括在特殊情况下为蓄水、引水所筑的水闸、堤坝等水工设施；而取水水源一般包括河流、湖泊、池塘和地下水等。

2）净水工程

一般将原水经过净化处理后成为符合园区用水水质标准的净水，并加压输入到园区供水管网和用水单位。主要包括园区自来水厂、蓄水池、泵站和输配送设施等部分。

首先应拟定水厂的位置，如取河流水作为水源地，水厂应建在水深岸陡、泥沙量少的凹岸或河床稳定、水流快的较窄河段的顺岸，以及不受洪水淹没、安全可靠的城镇和工业区的上游地段。若取地下水作为水源地，应根据水文地质条件，水厂应建在临近集中用户、水质良好的富水地段。

3）输配水工程

输配水工程是将净水保质、保量、稳妥地输送至用户的过程。主要包括输配水管网、蓄水池、水塔、增压泵站等设施。其中从供水点（水源地或水厂）到管网的管道，一般不直接向用户供水，只起输水作用，称输水管；管网中同时起输水和配水作用的管道称干管；从干管分出向用户供水的管道，起配水作用，称支管，支管上一般配有消火栓；从干管或支管接通用户的的管道称用户支管，管上常设水表以记录用户用水量。水池、水塔的输水方式一般包括重力式和压力式。

园区给水工程布置一般有两种形式：一是集中型布置，即由一个大水厂供水，通过输水管网，统一供应全园区；二是分散型布置，即各功能区分别取水，就近布置输水管网，为便于互相补充和调剂，也可同时组成统一的输配送管网。

18.4.5.4　规划布置

为达到园区顺利供水的目的，给水系统应在水质、水量、水压等方面要满足园区的需求。并结合园区具体实际进行合理布局，从技术、经济和安全等方面进行综合论证。如从技术层面上，给水管网需要足够的水压和水量；从经济层面上，在合理设计的前提下，尽量缩短管网长度，减少费用并方便施工；从安全层面上，要注意事故防范，定时检修以保障供水。

**1）布置原则**

供水管网布置原则如下：

——尽量按照园区总体规划图布置，考虑分期分批建设，并留有发展余地；

——尽量选择环状布置方式，即按水流方向布置平行干管，保证供水安全可靠；

——管网尽量遍布整个园区，保证用户有足够的水量和水压；

——干管尽量布置在高地，其布置方向应按水流方向延伸，尽量和道路平行或垂直敷设，避开交通要道和构筑物；

——管网力求短捷，尽量少转弯、少交叉，以减少管线长度，降低供水费用；

——严禁生活饮用水管网与非生活饮用水管网相连交叉。

**2）布置形式**

给水管网布置形式主要有枝状、环状和综合状等类型。一般配水管网宜设计成环状，当允许间断供水时可设计为枝状，在园区建设初期一般选用枝状网。

**枝状网**。将从水厂泵站或水塔到用户的管线布置成树枝状。枝状网一般适用于各功能板块内。其特点是：供水可靠性较差，管中水流缓慢，水质容易变坏；但能节省投资。

**环状网**。配水干管或支管互相连接成环，组成贯穿环状，或把枝状管网末端用水管接通，将其转变为环状管网。其特点是：供水可靠性较高，但造价也较高。园区中心区和供水要求较高的功能板块内部，可采用环状管网布置。

**综合型管网**。将枝状网和环状网结合起来的管网称为综合型管网。一般在园区中心地区采用环状网，在分散区域则以枝状网的形式向四周延伸；或供水可靠性要求较高的功能板块采用环状网，并用枝状网或双管输水到较远的区域。

**18.4.5.5 工程量估算**

给水工程量主要包括管网的管径和管长的确定。

**（1）管径确定**

给水系统管网按最高日最高时流量设计，各管段的管径按下式计算：

$$D = \sqrt{4q/\pi v}$$

式中：$D$ ——管径（mm）；$q$ ——最高日最高流量（$m^3/s$）；$v$ ——通过管道的流速（m/s）。

但由于实际管网的复杂性，加之情况在不断变化，例如流量在不断增长、管网逐步扩展等，许多经济指标也随之变化，从理论上计算管径是相当复杂且有一定难度的。在条件不具备时，设计中一般采用平均经济流速来确定（表18-19）。

表18-19 按平均经济流速估算管径参考表

| 序号 | 管径D（mm） | 平均经济流速v（m/s） |
| --- | --- | --- |
| 1 | 100～400 | 0.6～1.0 |
| 2 | ≥400 | 1.0～1.8 |

一般大管径可取较大的平均经济流速，小管径可取较小的平均经济流速。

## 第18章　园区基础设施专项规划

**（2）管长确定**

在园区给水管网中，管段长度应依具体情况而定。平行的干管间距为500～800米，连通管间距为800～1000米。

**（3）工程量估算（表18-20）**

表18-20　园区给水系统工程量估算参考表

| 序号 | 类别 | 单位 | 建筑尺寸/型号 | 工程量 | 布置位置 | 备注 |
|---|---|---|---|---|---|---|
| 一 | 土建工程 | — | | | | |
| 1 | 水泵房 | $m^2$ | — | | | |
| 2 | 水塔 | $m^3$ | — | | | |
| 3 | 储水池/储水箱 | $m^3$ | | | | |
| 4 | 消防池 | $m^3$ | | | | |
| 5 | 埋管挖填土方量 | $m^3$ | | | | |
| 6 | 管线 | m | | | | |
| | …… | | | | | |
| 二 | 设备 | — | | | | |
| 1 | 水泵 | 个 | | | | |
| 2 | 主干管 | m | | | | |
| 3 | 干管 | m | | | | |
| 4 | 支管 | m | | | | |
| 5 | 储水箱 | 个 | | | | |
| 6 | 阀门井 | 个 | | | | |
| 7 | 消防泵 | 个 | | | | |
| 8 | 消防栓 | 个 | | | | |
| 9 | 其他相关配件 | 项 | | | | |
| | …… | | | | | |

### 18.4.6　排水系统工程规划

#### 18.4.6.1　概述

随着人们生活和生产水平的提高，用水量急剧增大，水在使用过程中受到不同程度的污染后会对生态环境造成一定的影响，解决和处理污水问题已提到议事日程。由于农业园区具有农业生产、休闲观光等功能，需要密集型劳动力参与生产，导致农业废水量增加，影响面不断扩大。因此，合理规划园区排水系统尤显重要。排水系统是农业园区建设不可缺少的一项重要设施，也是农业生产、居民生活的重要组成部分，同时也是控制水污染、改善生态环境的重要措施，在园区基础设施建设中占有较大的比重。只有将整个园区的污水和雨水顺利排出，园区水污染、水环境才能得到综合治理。

排水系统是指收集、输送、处理和排放等设施以一定方式组合的总体，主要包括排污系统和排雨系统，其中排污系统主要负责排出园区生产废水和生活污水，经处理达标后排出；排雨系统主要负责排放园区内的雨水，避免降水对园区生产生活造成不便。

#### 18.4.6.2　目标任务与标准规范

**目标任务**。以园区排水系统现状为基础，以水资源可持续发展为中心，与园区总体规划、水系统相协调，依据排水系统技术经济合理性要求，加强给排水系统的有机联系，规划排水体制采用雨污分流制，对园区废水、污水和雨水进行分别排放和处理，促进园区内废水的循环再利用，不断提高排水的高效性，尽量减少对生态环境造成污染，与园区给水系统、污水排放控制相结合，不断提高园区水资源循环利用率，促进园区健康持续发展。

**工程建设标准与规范。**园区排水系统设计应符合《室外排水设计规范》（GB 50014—2016）的要求；排水规划应符合《给水排水设计手册——常用资料》、《给水排水设计手册》（第五册——城镇排水）的要求；生产、生活排水设计应符合《城市排水工程规划规范》（GB 50318—2017）的要求；管网布置应符合《城市工程管线综合规划规范》（GB 50289—2016）的要求；水质标准应符合《地面水环境质量标准》（GB 3838—2002）的要求。

### 18.4.6.3 规划内容

首先预测园区污水排放总量，然后进行排水系统工程规划，在此基础上确定排水方式和管网布置，最后估算排水系统总工程量。

（1）排水量计算

1）污水量计算

园区污水量是由园区给水工程统一供水的用户和自备水源供水的用户排出的综合生活污水量和农业废水量的总和。农业废水主要是指牲畜饲养、农产品加工等过程排出的废水。园区污水量一般按前节叙述的设计用水量的70%~90%进行计算。

2）雨水量计算

雨水设计流量按下式计算：

$$Q = \varphi q F$$

其中：$Q$—雨水设计流量（L/s）；$\varphi$—径流系数，其数值小于1；$F$—汇水面积；$q$—设计暴雨强度[L/（s·hm²）]，根据当地暴雨强度公式确定。

上述公式根据一定的假设条件，由雨水径流成因加以推导而成，适用于小流域面积。

（2）排水系统工程规划

排水系统工程规划包括排污系统工程和排雨系统工程规划。

1）排污系统工程规划

排污系统通常由排污管道系统和污水处理等部分组成。

**排污管道。**排污管道系统工程主要由排污设备、检查井、管道和污水提升泵等设施组成。其主要规划内容包括：

——确定排污区界，计算污水量；

——选择排水体制和排水方向；

——确定污水处理及排水口位置，明确处理方式；

——计算污水管道的设计流量与水力，确定断面或管径；

——确定主干管、干管、支管布置走向、埋深，以及泵站设置数量与位置等。

**污水处理。**主要针对的是生活污水处理，一般采用生物处理方法。目前污水生物处理方法使用较多的是接触氧化法和人工湿地处理法。由于接触氧化法工艺存在工程投资高、能耗大、处理效果受进水水质及水量波动影响大等方面的不足；而人工湿地工艺在处理效果、工程投资、运行成本以及操作管理等方面均优于前者。因此本节就人工湿地工艺作简要说明。

为改善园区居民生活质量和生活环境，生活污水需要进行统一收集与处理，实现达标排放，促进园区居住环境明显改善。一般可选用无动力或微动力人工湿地污水处理工艺，如在园区各户庭院内建设污水预处理池，收集用户产生的生活污水，通过管道将污水输送到人工湿地进行集中处理，在湿地中加入硝化菌、碳源等介质，通过多级沉淀、过滤或吸附后,水质达到完全的净化,并符合《城镇污水处理厂污染物排放标准》(GB 18918—2002)一级A标准。其处理工艺如图18-9。

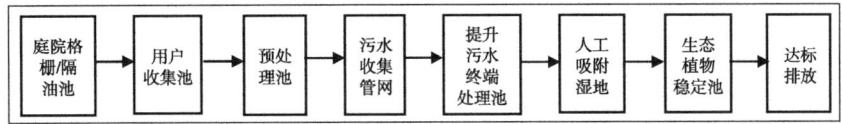

**图18-9 生活污水处理工艺流程图**

另外人工湿地中的植物根系要长期浸泡在水中和接触浓度较高且变化较大的污染物,因此所选用的水生植物除了耐污能力要强外,对当地的气候条件、土壤条件和周围环境都要有很好的适应能力,在这里可以推荐水葱、茭白、菖蒲、美人蕉、芦苇等植物。

**2)排雨系统工程规划**

排雨系统工程由雨水管渠、雨水收集口、雨水检查井等设施构成,主要发挥及时收集与排放雨水、排除积水的作用。其主要规划内容包括:

——根据当地气象与地理条件、工程要求等确定设计参数,计算雨水量及设计流量;

——拟定园区雨水排水方案,划分排水区界,确定排雨管渠的定线或防洪沟、调节池的位置等;

——确定排雨管线的走向、坡度、标高及埋深、排雨泵站或出水口的位置等。

#### 18.4.6.4 管线布置

**(1)分区要求**

——根据园区用地布局,结合废水受纳体位置,将园区分为若干个排污系统分区;根据分区规模和废水受纳体分布,一个分区可以是一个排水系统,也可以是多个排水系统。

——结合园区竖向规划和道路布局、坡向以及污水受纳体和污水处理设施位置,进行排水系统划分与布局,并按地形变化趋势选择污水汇集、输送、排放的位置。

**(2)布置形式**

管线布置形式多样,主要包括正交、平行、环绕、分区等多种形式。

**(3)管线布置**

**1)排污管线布置**

排污管线布置原则如下:

——应按全面规划、分区实施的原则,做到近期建设与远期发展相结合;

——符合当地环境保护规划和市政设施规划的要求;

——充分考虑园区地形,排水管线应布置在地势较低地带;尽量在管线较短和埋深较浅的条件下,让最大区域的废水自流排出;

——应符合《城市工程管线综合规划规范》(GB 50289—2016)的相关要求,如主干管走向取决于污水处理厂和出水口位置等;干管沿园区道路中心线平行布置,尽量避开快车道;

——尽量采用重力流形式,避免提升;

——充分考虑地质条件影响,尽量减少与河道、山谷、铁路及各种地下构筑物交叉;

——尽量简捷顺直,避免弯道,节约投资。

2）雨水管线布置

雨水管线布置原则如下：

——充分利用就近水体，以最短的距离排入附近池塘、河流、湖泊等水体；

——结合园区道路规划布置，充分利用道路两侧边沟排除地面径流；

——结合园区竖向规划，雨水排出口宜采用分散式布置，其间距主要取决于道路纵坡、路面积水以及雨水进水量等；

——尽量避免设置雨水泵站，必要时，应使经过泵站排泄的雨水径流量减少到最小限度；

——在缺水地区，考虑贮水要求，应配置雨水存储池，可用作园区绿化和灌溉用水等。

#### 18.4.6.5 工程量估算

（1）管径确定

一般排水管管径确定要考虑流量、流速和充满度等因素，不同管径其最大设计充满度是不同的。参考表18-21。

表 18-21 最大设计充满度下的管径确定参考表

| 序号 | 管径$D$（mm） | 最大设计充满度（h/D） |
|---|---|---|
| 1 | 200~300 | 0.55 |
| 2 | 350~450 | 0.65 |
| 3 | 500~900 | 0.70 |
| 4 | ≥1000 | 0.75 |

选择时还要注意最小管径和最小流速及最大流速，如最小管径为300毫米，最小流速为0.6米/秒；而金属管的最大流速为10米/秒，非金属管的最大流速为5米/秒，在满足上述要求的情况下，根据流量，查水力计算图或表，得出管径。

（2）管长确定

管线具体长度应根据实际情况而定，检查井的布置将管道分为若干管段，其最大间距参考表18-22进行估算，其间距之和即为污水管线的长度。

表 18-22 检查井最大间距确定参考表

| 序号 | 管径$D$（mm） | 检查井最大间距（m） | |
|---|---|---|---|
| | | 污水管道 | 雨污合流管道 |
| 1 | 200~400 | 40 | 50 |
| 2 | 500~700 | 60 | 70 |
| 3 | 800~1000 | 80 | 90 |
| 4 | 1100~1500 | 100 | 120 |
| 5 | 1600~2000 | 120 | 120 |

（3）工程量估算

园区排水系统工程量参考表18-23进行估算，具体园区根据实际情况进行适当增减。

表 18-23 园区排水系统工程量估算参考表

| 序号 | 类别 | 单位 | 建筑尺寸/型号 | 工程量 | 布置位置 | 备注 |
|---|---|---|---|---|---|---|
| 一 | 土建工程 | — | | — | | |
| 1 | 生活污水处理 | — | | — | | |

（续表）

| 序号 | 类别 | 单位 | 建筑尺寸/型号 | 工程量 | 布置位置 | 备注 |
|---|---|---|---|---|---|---|
| 1.1 | 格栅/隔油池 | m³ | — | — | — | |
| 1.2 | 预处理池 | m³ | — | — | — | |
| 1.3 | 分离池 | m³ | — | — | — | |
| 1.4 | 人工吸附湿地 | 亩 | — | — | — | |
| 1.5 | 生态植物稳定池 | 亩 | — | — | — | |
| 2 | 排水管线 | — | — | — | — | |
| 2.1 | 排污埋管沟 | m | — | — | — | |
| 2.2 | 雨水埋管沟 | m | — | — | — | |
| 2.2 | 检查井 | 个 | — | — | — | |
| …… | | | | | | |
| 二 | **仪器设备** | — | — | — | — | |
| 1 | 污水处理设施 | 套 | — | — | — | |
| 2 | 水泵 | 个 | — | — | — | |
| 3 | 排污管网 | m | — | — | — | |
| 4 | 雨水管网 | m | — | — | — | |
| 5 | 其他相关配件 | 项 | — | — | — | |
| …… | | | | | | |

### 18.4.7 燃气系统工程规划

#### 18.4.7.1 概述

随着人们生活水平的提高和环保意识的增强，各地对燃气等基础设施投资力度不断加大，燃气发展水平跃上了一个新台阶。由于农业园区具有科技研发、示范生产、加工物流和休闲观光等多种功能，导致燃气需求量不断增大，生态环境保护要求也越来越高。因此，发展清洁能源、优化能源结构尤显重要。燃气是农业园区发展的重要物质基础，也是园区基础设施的重要组成部分，是区域经济发展的能源保证。它不仅关系到园区人们的生活质量、生态环境和社会状况，还影响到园区社会经济的可持续发展，发挥着先导性、全局性的基础作用。科学合理地规划园区燃气系统，必将在改善环境质量、提高人们生活水平等方面发挥一定的作用。

燃气是各种气体燃料的总称，供居民和企业用来加热的气体，是一种高效无污染的清洁能源。燃气的种类很多，主要包括天然气、人工燃气、液化石油气和生物质气等。

**天然气**。是指在地下多孔地质构造中自然形成的烃类气体和蒸汽的混合气体。

**人工燃气**。是指以固体、液体为原料经加工转化所产生的可燃气体，根据制气原料和加工方式的不同，可生产多种类型的人工燃气。

**液化石油气**。是指在石油开采和炼制过程中，作为副产品而获得的一部分碳氢化合物。

**生物质气**。是指以生物质为原料，通过发酵、干馏或气化等方法而产生的可燃气体。如畜禽粪便在空气隔绝的条件下发酵，并在微生物作用下产生可燃气体，又称为沼气。

由于人工燃气具有污染大、毒性强等特点，目前处于缓慢发展阶段；液化石油气受石油价格的影响，供应量基本维持稳定；天然气与相同热值的燃气相比，能便宜30%～50%，具有较明显的经济性，同时随着国家日益重视环境保护，市场对清洁能源需求持续增长，作为清洁、高效、经济的能源，天然气消费必将获得快速发展。

#### 18.4.7.2 目标任务与标准规范

**目标任务。**结合区域资源状况、空气质量和燃料现状,加强燃气行业上下游的有效衔接;因地制宜,合理布局,实现资源的优化配置,确保燃气的供需平衡;强化自主研发与创新,改进能源消费方式,促进节能减排;加强基础设施建设,提高供气系统的保障能力;坚持多气互补,实现燃气供应的稳定性和持续性,促进燃气系统健康、安全发展,不断减少大气污染,提升燃气系统的安全保障水平。

**工程建设标准与规范。**园区燃气系统设计应符合《城镇燃气设计规范》(GB 50028—2006)的相关要求;燃气建设与使用应符合《城镇燃气管理条例》、《城镇燃气技术规范》(GB 50494—2009)和《城镇燃气设施运行、维护和抢修安全技术规程》等相关规定。

#### 18.4.7.3 规划内容

燃气系统规划内容主要包括:

——预测园区燃气负荷,合理选择气源种类;

——确定气源厂或气化站、储配站等的数量、位置与容量等,合理布置输配气管网系统;

——结合燃气供应来源、用气量及其分布、地形地貌、管材设备、运行与施工等因素,经过多方案比较后,择优选取技术经济合理、安全可靠的规划方案。

(1) **燃气负荷预测**

1) **设计用气量**

设计用气量应根据当地供气原则和条件确定,包括居民生活用气、公共建筑用气、工业企业生产用气等。应结合燃气发展规划和用气量指标,计算各用户的燃气设计用气总量,如下式:

$$Q=Q_1+Q_2+Q_3+\cdots\cdots$$

式中:$Q$—燃气设计用气总量($Nm^3$);$Q_i$—各类燃气负荷($Nm^3$)。

**居民生活用气。**居民生活用气量根据预测未来人口数量,并参考居民生活耗气指标计算。

**公共建筑用气。**公共建筑用气量根据公共建筑面积,并参考公共建筑耗气指标计算。

**工业企业生产用气。**可根据实际燃料消耗量折算,或按同行业的用气量指标分析确定。

**其他用气。**如商业用气、暖通用气及不可预见用气等。

2) **燃气负荷预测方法**

燃气负荷预测方法包括指标概算法、分类加和法、回归法、递增率法等。多以居民用气为基准并适当选择用气比例。主要的预测参数包括:人口(户数)、气化率、用气指标、用气比例、燃气热值、月高峰系数等。计算用气量时应注意高峰系数的使用。

在各类燃气负荷中,居民生活与公共建筑用气量可以较准确地计算,在其他各类负荷值不确定时,可通过预测未来居民生活与公用建筑用气在总用气量中的比例得出总用气负荷。

$$Q=Q_s/p$$

式中:$Q$—燃气总用量($Nm^3$);$Q_s$—居民生活与公用建筑用气量($Nm^3$);$p$—

居民生活用气占总用气量的比例（%）。

一般居民生活用气指标为0.23Nm³/（人·天），未预见量按10%计，气化率取80%，以此估算居民用户用气量；由于公共建筑用户工作性质复杂，较难进行详细的统计，可按居民用户用气量的20%进行估算。

**（2）燃气工程规划**

**1）供气方式**

由于园区面积大，各区土地分布情况不一，应有针对性地提出不同的供气方式。一是对于功能区比较分散的园区，实现全园燃气管网化比较浪费，建议采取瓶装供气方式；二是对于靠近城镇或地处园区核心区，且各功能区联系比较紧密的园区，建议采用集中供气的方式。

**2）供气原则**

园区供气对象主要是居民生活用户、公共建筑用户和工业企业用户。其供气原则大致为：优先满足居民日常生活用气，尽量满足公共建筑用气，适当发展工业用气，并根据气种选择燃气供应用户。

**3）工程规划**

**① 瓶装供应站规划**

由于气化站、储配站等一般由当地市政部门统一规划与布局，农业园区用户通过申请批准后即可接入。而对于比较分散、偏远的功能板块，一般设置液化石油气瓶装供应站。供应站主要供应瓶装气，储存一定数量的空、实瓶，提供换瓶服务，用地面积一般为500~600平方米。供应站一般布置在负荷中心区域，大多设在居民区内，从安全的角度考虑，供应规模不宜过大，一般5000~7000户设置1个，服务半径不宜超过500~1000米。供应站的瓶库与站外建筑物、构筑物的防火间距按照《城镇燃气设计规范》（GB 50028—2006）的要求设置。

**② 燃气管网工程规划**

对于靠近城镇区域内的气源和管网布置，当地市政部门已按城镇规划要求建成，园区规划时首先要了解其位置、储存量、开口位置等现状，便于衔接，然后开展延伸规划与布置。燃气管网规划，首先应根据气源类型、规模、压力、位置等因素选择管网系统的压力级制和形式，然后估算各级管网的管径，并根据园区各功能板块布局和道路规划，确定各级管网的走向和布局。

#### 18.4.7.4 规划布局

**（1）气源供应站布置**

主要布置原则如下：

——尽量与当地城镇燃气系统规划相协调；

——因地制宜地选择技术可行、安全可靠、经济合理的气源；

——合理利用现有气源，充分利用周边工矿企业的余气，以便节省投资；

——根据建设规模和负荷分布，确定气源数量和空间分布，并考虑各燃气间的互换性；

——尽量占用贫瘠地和荒地，不占或少占耕地，要预留发展用地；

——选择具备良好的工程地质条件和较低地下水位的地段；

——选择具有良好的交通区位、尽量靠近煤气负荷中心、能满足环保要求的位置；

——站外建筑应保持规范所规定的防火间距。

### （2）燃气管网布置

**1）布置方式**

燃气管网布置一般包括环状管网和枝状管网两种布置方式。

**2）布置原则**

主要布置原则如下：

——尽量与当地城镇规划和燃气系统规划相衔接；

——为确保燃气的可靠供应，干管尽量靠近大户，并逐步连成环状；

——一般采用直埋敷设，尽量避开主要交通干道或繁华街道；

——各级管网尽量沿路单侧或双侧布置；

——尽量避免穿越大型河流和大面积湖泊、水库和水网区等；

——尽量满足与其他管线、建构筑物的安全防护距离；

——中压环形边长以2~3千米为宜、低压管网以300米左右为好。

#### 18.4.7.5 工程量估算

园区燃气系统工程量参考表18-24进行估算，具体园区根据实际情况进行适当增减。

表18-24 园区燃气系统工程量估算参考表

| 序号 | 类别 | 单位 | 建筑尺寸/型号 | 工程量 | 布置位置 | 备注 |
|---|---|---|---|---|---|---|
| 一 | 土建工程 | — | | — | | |
| 1 | 供气厂 | $m^2$ | — | — | — | |
| 2 | 储备站 | $m^2$ | — | — | — | |
| 3 | 瓶装供应站 | $m^2$ | | | | |
| 4 | 管护中心 | $m^2$ | | | | |
| 5 | 埋管挖填土方量 | $m^3$ | | | | |
| | …… | | | | | |
| 二 | 设备 | — | | | | |
| 1 | 瓶装灌气设备 | 套 | — | — | — | |
| 2 | 主干管 | m | | | | |
| 3 | 干管 | m | | | | |
| 4 | 支管 | m | | | | |
| 5 | 其他相关配件 | 项 | | | | |
| | …… | | | | | |

### 18.4.8 供热系统工程规划

#### 18.4.8.1 概述

我国是一个资源相对贫乏、能源消耗大、且自给率较低的国家，而在能源消耗总量中，以转化热能的消耗量占比较大，热源供应不足一直制约着我国社会经济的发展。近年来，随着农业园区建设的不断发展，智能温室、农畜产品加工物流等设施成为园区建设的主流，集中供热作为园区重要的基础设施，在促进生产、环境治理和保障北方居民正常工作与生活等方面发挥着越来越重要的作用。随着城乡一体化的不断推进，集中供热逐渐取代了分散的小火炉及小锅炉供热，既可以节约热源、减少运输、提高能源利用率，又在减轻面源污染、改善生态环境、提高供热质量等方面取得了可喜的成效。但目前仍存在如热源分散、管网布局分散及参数不合理、热能运行效率低等问题。因此，科学合理地规划园区供热系统，必将在提高供热效率、保证系统安全、环保节能等方面发挥着极其重要的作用。

集中供热是指以热水或蒸汽作为热媒，由一个或多个热源通过热网向覆盖区域热用户供应热能的方式。其中热源主要是热电站和区域锅炉房（工业区域锅炉房一般采用蒸汽锅炉，民用区域锅炉房一般采用热水锅炉），工业余热和地热也可作热源；热网分为热水管网和蒸汽管网，由输热干线、配热干线和支线组成；热用户主要包括加工业、设施农业、公共建筑设施和取暖家庭等单位。

#### 18.4.8.2 目标任务与标准规范

**目标任务**。结合当地气候、生活与生产需求，尽量做好与当地城镇供热系统的衔接关系；统筹规划，分期安排，合理布局，调整和优化现有热负荷，实现热源的优化配置；加强自主研发与创新，不断引进与开发新型能源，促进清洁、低碳供热系统发展；强化设施建设，逐步改善保温设施条件，提高自动化管理水平；大力发展集中供热系统，而集中连片区域以大型锅炉供热为主，形成科学合理的热源结构，积极改造小锅炉和陈旧管网，促进节能保温升级与综合利用，降低园区大气污染，不断提高整体供热水平，促进园区供热产业健康发展。

**工程建设标准与规范**。园区供热系统设计应符合《民用建筑供暖通风与空气调节设计规范》（GB 50736—2012）和《工业建筑供暖通风与空气调节设计规范（GB 50019—2015）》的相关要求；热力系统建设施工应符合《城镇供热管网工程施工及验收规范》（CJJ 28—2014）等方面的相关规定。

#### 18.4.8.3 规划内容

首先确定园区集中供热对象和热源种类，合理选择供热标准和供热方式，预测园区热负荷量；在此基础上确定热源数量、位置与容量等；再合理布置各级供热管网；最后进行供热系统工程量和投资估算等。

（1）**热负荷预测**

按照用途划分，热负荷主要包括采暖通风热负荷、生活热水热负荷和工艺热负荷等。

园区总热负荷估算大多采用概算指标法，最常见的方法是单位建筑面积热指标法，即根据采暖通风热指标、生活热水热指标和生产工艺热指标匡算热负荷，再将各类热负荷的计算结果相加，进行适当的校核处理后即得供热总负荷。热负荷预测结果的单位为KW或MW。一般园区内居住建筑集中供热普及率为80%，商业建筑为90%，工业建筑为60%（表18-25）。

表18-25 热力负荷控制指标估算参考表

| 序号 | 类别 | 建筑面积（m²） | 普及率 | 指标（W/m²） | 热负荷（kW、MW） |
|---|---|---|---|---|---|
| 1 | 居住建筑 | - | 0.8 | 50 | - |
| 2 | 办公 | - | 0.9 | 60 | - |
| 3 | 商店 | - | 0.9 | 70 | - |
| 4 | 仓储建筑 | - | 0.6 | 40 | - |
| 5 | 工业厂房 | - | 0.6 | 90 | - |
|  | 合计 |  |  |  |  |

注：热指标中已包括约5%的管网热损失

（2）**供热工程规划**

1）**热源规划**

热负荷计算出来后，再选择热源形式，然后确定热源布置位置。而热源选择一般包括公用周边热电厂、功能板块建锅炉房等形式。

**周边热电厂。**一般由市政进行统一规划与布局，热电厂的建设能实行热电联产，是城镇建设的主热源之一，一般具有产热规模大、节约燃料、提高能源利用率等特点；但对环境污染影响较大，工程投资也较大，对水源、运输条件和用地条件要求都较高。热电厂一般布置在城镇的中心地带，供热半径4~5千米不等。靠近城镇周边的园区，可以根据热电厂的供热能力、管线方向和留口位置等进行衔接。一般不主张园区自行建设热电厂。

**功能板块锅炉房。**具有供热量较大、使用灵活等特点，一般作为园区各功能板块的主热源，也可作为热电厂供热系统的辅助热源。锅炉房最好布置在负荷中心，具备良好的交通条件、出线条件和凝结水回收条件等；一般包括集中供热和分散供热两种供热方式，其中集中供热优点是用户使用方便、供热量大、绿色环保等，但缺点是投资大、维护困难等；而分散供热的特点是系统小、投资少、灵活多样等；园区应根据实际情况进行有针对性选择。据抽样调查，一般园区核心区的居民供热方式采取集中供热；分布在较偏远的社区，或有温室、畜禽产房与培育舍的园区采用分散供热方式。

2）管网规划

供热管网分类有多种，如根据热源与管网之间的关系，分为区域式和统一式；根据热媒介质的不同，分为蒸汽管网、热水管网和混合式管网；根据用户对介质的使用情况，分为开式和闭式；根据敷设的管道数，分为单管制、双管制和多管制等。一般热水热力网宜采用闭式双管制或多管制；蒸汽热力网宜采用单管制，特殊情况也可采用双管制或多管制等。

规划供热管网以园区供热锅炉房热源为主系统，采用不同布置方式，对多处热源的供热管网进行联网，能提高园区的供热可靠性。另外供热系统采用锅炉房与用户间接连接方式，设置表面式水—水换热器，确定一次网、二次网设计供回水温度。管网输送能力按最大负荷规划，供热管径根据热负荷和热水管网允许流速来确定。为避免交叉和搬迁，主干线、支线及用户线宜采用直埋敷设方式。

### 18.4.8.4 规划布置

（1）热源布置

1）周边热电厂

周边热电厂布置原则为：

——位于园区附近的城镇中心地带；

——符合城镇规划要求，并征得建设、电力、水利、环保、消防等部门的一致同意；

——有良好的供水条件和妥善的排灰条件；

——靠近热负荷中心，具有一定的安全防护地带；

——水陆交通条件便利，避开滑坡、塌方、断裂等不良地段；

——尽量占用荒地，不占或少占农田。

2）功能板块锅炉房

功能板块锅炉房布置原则为：

——靠近热负荷中心；

——具备良好的交通条件；

——具备良好的通风、采光与风向条件；

——具有较好的地质条件；

——有利于凝结水回收；

——根据远期规划留有余地。

（2）热力网布置

1）布置形式

其布置主要根据热负荷分布、园区状况、总体规划及地形地质等条件确定，热力网布置一般包括树枝状、辐射状、环状、梳齿状、网眼状等多种形式。

2）布置原则

热力网布置原则为：

——穿越街道时，应平行于中心线；穿越厂区时，设在易于检修的位置；穿越非建筑区时，应沿公路两侧敷设；

——尽量避开土质松软、地震裂带、滑坡地带以及地下水位较高等不良地段；

——力求管道短而直，尽量减少工程量与投资；

——尽可能地避开主要交通干道和繁华街道，以免承受过大荷载；

——与其他管道平行或交叉时，应预留一定的距离。

#### 18.4.8.5 工程量估算

园区供热系统工程量参考表18-26进行估算，具体园区根据实际情况进行适当增减。

表18-26 园区供热系统工程量估算参考表

| 序号 | 类别 | 单位 | 建筑尺寸/型号 | 工程量 | 布置位置 | 备注 |
|---|---|---|---|---|---|---|
| 一 | **土建工程** | — |  |  |  |  |
| 1 | 热电厂 | $m^2$ | — | — | — | — |
| 2 | 锅炉房 | $m^2$ | — | — | — | — |
| 3 | 检测室 | $m^2$ | — | — | — | — |
| 4 | 管护中心 | $m^2$ | — | — | — | — |
| 5 | 埋线挖填土方量 | $m^3$ | — | — | — | — |
|  | …… |  |  |  |  |  |
| 二 | **仪器设备** | — |  |  |  |  |
| 1 | 供热设备 | 套 | — | — | — | — |
| 2 | 锅炉 | 个 | — | — | — | — |
| 3 | 检测仪器 | 套 | — | — | — | — |
| 4 | 管线 | m | — | — | — | — |
| 4.1 | 主干管 | m | — | — | — | — |
| 4.2 | 干管 | m | — | — | — | — |
| 5 | 其他相关配件 | 项 | — | — | — | — |
|  | …… |  |  |  |  |  |

### 18.4.9 通信系统工程规划

#### 18.4.9.1 概述

我国通信业连续十几年实现了跨越式发展，业务量、业务收入和用户总数一直呈现快速增长趋势，一个覆盖全国、连通世界、技术先进、业务多样的现代通信网基本形成，长途传输、本地交换、移动电信全部实现了数字化。尽管如此，但目前仍存在增量不增收、人均通信水平低、监管手段薄弱、竞争不规范等问题。为了促进我国通信业早日达到世界先进水平，各地引入了竞争机制，逐步推行政企分开、破除垄断等方面的改革，通过加强通信基础设施建设与完善，有针对性地为客户提供差异化、个性化服务，促进通信服务水平不断提高。

#### 18.4.9.2 目标任务与标准规范

**目标任务**。依托园区及周边通信设施现状,按照统筹规划、合理布局、优化配置、适度超前的原则,做好与园区上级电信设施的有效对接,加强电话网、宽带网、无线网等基础设施建设和升级,加快推进当地网速提高的步伐,不断提高宽带网络普及水平和接入能力,促进电信网、电视网、互联网三网融合,实现通信基础设施共建共享,尽快为用户提供方便、简捷、有效的通信服务。

**工程建设标准与规范**。园区通信基础设施建设应符合《城市通信工程规划规范》(GB/T 50853—2013)、《低压配电设计规范》(GB 50054—2011)、《电力通信系统防雷技术规程》(CECS 341:2013)、《综合布线系统工程验收规范》(GB/T 50312—2016)等方面的要求。

#### 18.4.9.3 规划内容

##### 18.4.9.3.1 电话规划

主要包括用户预测和网路布置两部分内容。结合区域通信业发展趋势和园区基础现状,根据通信用户需求,参照当地电信交换局或所的服务容量和覆盖范围(如小城镇每个交换局容量10万~20万门,服务面积10~20平方千米),合理确定通信服务规模与容量,科学布局通信设施与线路。

(1)用户预测

园区通信用户预测宜采用普及率法、用地分类法、单位建筑面积分类法、时间序列法和增长率法等方法。

按照普及率法作预测和校验时,可结合园区的建设规模、作用地位、经济发展水平、家庭平均生活水平及其收入增长规律等,通过综合分析,按表18-27指标范围进行比较选定。

表18-27 按电话普及率法测算电话主线指标参考表　　　　　　(线/百人)

| 城市规模分级 | 特大城市/大城市 | | 中等城市 | | | 小城市 | | |
|---|---|---|---|---|---|---|---|---|
| | 一级 | 二级 | 一级 | 二级 | 三级 | 一级 | 二级 | 三级 |
| 远期 | 75~80 | 70~76 | 68~73 | 65~70 | 58~65 | 63~68 | 60~65 | 53~60 |

注:一级为经济发达地区城市;二级为一般地区城市;三级为欠发达地区城市。下同

按照分类用地法预测时,可参照表18-28技术指标范围进行比较选取。

表18-28 按用地分类法测算电话主线指标参考表　　　　　　(线/公顷)

| 城市用地性质 | 特大城市/大城市 | 中等城市 | 小城市 |
|---|---|---|---|
| 居住用地(R) | 80~280 | 60~180 | 40~140 |
| 商业服务业设施用地(C) | 100~300 | 80~200 | 60~160 |
| 政府社团用地(GIC) | 30~280 | 20~180 | 15~140 |
| 工业用地(M) | 30~100 | 15~80 | 10~60 |
| 仓储用地(W) | 10~15 | 8~12 | 8~12 |
| 对外交通用地(T) | 20~60 | 15~50 | 10~40 |
| 市政公用设施用地(U) | 20~160 | 15~140 | 10~120 |

按照单位建筑面积分类法预测用户指标时,可参照表18-29技术指标范围比较选取。

表 18-29　按单位建筑面积分类法测算电话主线指标参考表　　　（线/平方米）

| 类别 | 办公楼 | 商场 | 宾馆 | 医院 | 厂房 | 住宅 | 中学 |
|---|---|---|---|---|---|---|---|
| 特大城市/大城市 | 1/(25~35) | 1/(60~100) | 1/(25~30) | 1/(100~140) | 1/(100~180) | 1~1.2 线/户面积 | 5~10 线/校 |
| 中等城市 | 1/(30~40) | 1/(70~120) | 1/(30~40) | 1/(120~150) | 1/(120~200) | 1~1.1 线/户面积 | 4~8 线/校 |
| 小城市 | 1/(35~45) | 1/(80~150) | 1/(35~45) | 1/(130~160) | 1/(150~250) | 0.9~1.1 线/户面积 | 3~5 线/校 |

（2）网路布局

1）固定电话网路

一般电话网路分为三网五级，最顶端的是国际网，由国际局发送电信号；其次是长途网，包括一至四级交换中心；末端是本地网，也指端局，包含在同一个长途编号区范围内，一般由区域内若干分端局及有关线路、终端组成的电话网。园区接触到的仅是本地网，一般由当地城镇电信部门建设完成，园区在用户线路、管道传输等方面要加强与其衔接。

**中继网**。本地网的中继线以局间中继线占多数，约占90%以上，长途接线中继线约占1%~2%，各种专用中继线和各种业务中继线比重不大。当中继网规模较小，如电话编号四、五位制时，可通过汇接局中转汇接各种路由方式，形成星状或复合型网状结构。

**用户网**。用户网是把话机终端连接到交换局，一般通过地下或架空电缆连接，大多数由用户交接箱连接主干线路和配线线路。

**管道布置**。管道网是由各交换区用户管道网连接各交换局的中继电缆管道网构成，其埋设位置和走向受自然地形和道路管线工程影响，形态不一。管孔容量应满足交换局终级容量对线路的需求。电信管道宜设置在电力线走向的道路另一侧。

**传输方式**。一般有有线、无线和卫星等传输方式。

2）移动电话网

国内移动通信网分为GSM、CDMA、小灵通等多种设施。

① 移动通信。主要设施包括基站和（移动）电话局。

——基站其设置要求包括：天线高度25~45米、间距1千米左右，服务面积不应过大；

——用户超过1 500户可设移动电话局，单系统最大容量8万~12万用户。

② 移动电话网。移动电话网根据其覆盖范围，采用大区、中区或小区制形成组网结构。

——大区制系统在其业务区内有一个或多个无线频道，服务半径为30~60千米，频率450赫兹，用户容量小，一般几十至几百户，多到几千至一万户；

——中区制系统是界于大区制和小区制之间的一种系统，即每个无线基站服务半径为15~30千米，容量1 000~10 000用户；

—— 小区制系统是将业务区分成若干蜂窝状小区（基站区），基站区半径为1.5~15千米，频率900赫兹，一般用户容量大，可达100万户。

（3）通信设施

通信设施包括发送设备、传输线路和接收设备等部分内容。

——发送设备。把需要传送的信息（文字、话音、图像等）变成电信号的设备。

——传输线路。传输电信号的线路。

——接收设备。把经过传输线路送来的电信号转换为原来信息的设备。

#### 18.4.9.3.2 网络工程
（1）用户预测

园区网络用户预测一般采用单位建筑面积指标预测法，并结合当地实际情况，参照同类项目进行分析比较，根据不同用地性质预测相关技术指标（表18-30）。

表 18-30　按单位建筑面积分类法测算网络端口指标参考表

| 序号 | 用地性质 | 标准信号端口预测指标（端/m²） |
|---|---|---|
| 1 | 居住建筑 | 1/50 |
| 2 | 公共建筑 | 1/20 |

（2）网路布设

首先应设置网络总机房和建筑物总配线架。其中网络总机房一般结合电话总机房、有线电视总机房进行建设；而建筑物总配线架应根据建筑物网络系统规模大小进行布设，而网络管路布置一般结合电信管路及其他弱电系统管路进行统一布设。

#### 18.4.9.3.3 有线电视
（1）用户预测

园区有线电视用户一般采用单位建筑面积指标法进行预测，可参照表18-31。

表 18-31　按单位建筑面积分类法测算信号端口指标参考表

| 序号 | 用地性质 | 标准信号端口预测指标（端/m²） |
|---|---|---|
| 1 | 居住建筑 | 1/100 |
| 2 | 公共建筑 | 1/200 |

（2）有线电视网布设

有线电视网络前端包括区域网信号源总前端、局域网信号源总前端、网络中继分前端和光电适配站等。而有线电视网传输网层级划分为：信号源总前端至各局域网总前端和网络中继分前端的线路为1级；局域网总前端和网络中继分前端至各光电适配站的线路为2级；光电适配站至用户的线路为3级。在园区规划中最多有网络中继分前端、光电适配站2个级别。一般集中居住区网络中继分前端负荷不超过3万户，光电适配站不超过500户。

### 18.4.9.4　通信线路布置

通信线路布置要求如下：

——尽量符合当地城镇规划和通信发展规划要求；
——所有用户线路尽量与当地电信局联网；
——在保证线路畅通的前提下，尽量减少线路长度，节省投资；
——尽量沿主干道相对固定一侧布设；
——线径确定与敷设方式应满足有关技术规范要求。

### 18.4.9.5　工程量估算

根据上述通信类别，大致估算通信系统实施工程量和仪器设备配置量。如表18-32。

表 18-32　园区通信系统工程量估算参考表

| 序号 | 类别 | 单位 | 建筑尺寸/型号 | 工程量 | 布置位置 | 备注 |
|---|---|---|---|---|---|---|
| 一 | **土建工程** | — | | | | |
| 1 | 中继网站房屋 | m² | — | — | — | — |
| 2 | 用户网站房屋 | m² | — | — | — | — |
| 3 | 移动电话局房屋 | m² | — | — | — | — |
| 4 | 移动基站地台 | m² | — | — | — | — |
| | …… | | | | | |
| 二 | **仪器设备** | — | | | | |
| 1 | 中继网系统 | 套 | — | — | — | — |
| 2 | 用户网系统 | 套 | — | — | — | — |
| 3 | 移动电话网系统 | 套 | — | — | — | — |
| 4 | 固定电话网系统 | 套 | — | — | — | — |
| 5 | 基站设施 | 套 | — | — | — | — |
| 6 | 发送设备 | 台 | — | — | — | — |
| 7 | 交换机 | 台 | — | — | — | — |
| 8 | 传输线路 | m | — | — | — | — |
| 9 | 配线箱 | 台 | — | — | — | — |
| 10 | 路由器 | 台 | — | — | — | — |
| 11 | 网络管线 | m | — | — | — | — |
| | …… | | | | | |

### 18.4.10　农业信息化设施规划

#### 18.4.10.1　概述

随着人们消费水平的不断提高和农村劳动力的大量转移，农业逐步呈现规模化、集约化、智能化生产经营发展趋势。但有些地方仍然存在信息化水平低、精准监控不到位、劳动强度大等问题，结果影响了当地农业产出率、劳动生产率和资源利用率的有效提高。

党的十八大提出了"四化"同步发展战略部署，要求信息化与工业化深度融合、工业化和城镇化良性互动、城镇化和农业现代化相互协调。可见，信息化在现代农业发展中发挥着重要引领作用，必将成为当地经济社会发展的重要标志。面临目前农产品销售价格"天花板"、生产成本"地板"和资源环境约束等重大挑战，为力争变被动为主动，现代信息技术将带来重大机遇，它能通过"互联网+农业"的方式解决上述各类问题，如运用物联网对生产经营过程进行监控，实行智能农业、数字农业、精准农业等，从而降低成本、提高效率；通过建立电子商务平台，为农业生产和人们生活提供便利服务。因此，现代农业信息技术对确保重要农产品有效供给、解放劳动力和提高劳动生产率等方面意义重大。

#### 18.4.10.2　目标任务与标准规范

**目标任务**。依托园区及周边通信设施现状，在实现电信网、电视网、互联网三网融合的基础上，推动大数据、云计算、物联网、移动互联等现代信息技术在农业园区中的广泛应用，在大田种植、设施园艺、林果种植、畜禽养殖、水产养殖等功能区开展精准作业、精准控制等设施建设，探索数字农业技术集成应用模式，加快推进农业生产智能化、经营信息化、管理数据化、服务在线化，全面推进物联网与农业生产、经营、管理、服务等方面的深度融合，建成区域领先的"互联网+农业"示范基地。

**工程建设标准与规范**。园区农业信息化设施建设应符合《计算机场地通用规范》

（GB/T 2887—2011）、《计算机场地安全要求》（GB/T 9361—2011）、《电子信息系统机房设计规范》（GB 50174—2008）、《数据中心基础设施施工及验收规范》（GB 50462—2015）、《电信条例》、《互联网信息服务管理办法》和《关于维护互联网安全的决定》等相关规定与要求。

18.4.10.3　规划内容

针对具有一定经济实力、且产业基础较好的园区，应开展农业信息化设施建设。本节主要介绍物联网应用系统、电子商务平台和信息服务等方面的设施内容。

（1）物联网应用系统

物联网应用系统主要包括园区层面的总控制中心和各功能板块的分中心等相关设施。

1）园区总控制中心

将全园各功能板块采集到的生产信息数据实时传输至物联网综合服务平台，实现对各功能板块动植物生长的态势、环境条件变化、水肥料需求、病虫害侵蚀等方面的动态监测，为农业生产提供技术服务与指导，为管理者决策提供数据支持。主要搭建物联网综合服务平台，配置服务器、自动控制系统、数据/图像采集设备、视频监控设备、远程控制系统、数据/图像管理分析软件和专家诊断与分析系统等设施与装备（图18-10）。

图18-10　园区物联网系统总控制中心示例图

2）各功能板块分中心

各分中心主要依托设施园艺、大田种植、林果种植、畜禽养殖和水产养殖等功能板块建立起来的，实现专业化数据与图像采集、动态监测等功能，为农业生产提供信息服务。

**设施园艺板块**。一是建立温室大棚环境监控系统。配置气象站、环境传感器、视频监控等数据采集设备，建设数据传输及云存储系统，改造和配置环境控制设施设备。二是建设工厂化育苗自动化系统。在播种、嫁接、催芽、移栽等集约化育苗装备配置基础上，研发集约化种苗生产管理系统，实现育苗全程自动化管理、环境控制、智能移栽等。三是建设生产过程管理系统。在配置农机具、水肥药综合系统的基础上，研发生产加工过程管理、病虫害监测预警和专家远程服务系统。四是建设产品质量安全监控系统，配置质量管理设施设备、质量追溯系统，实现生产全程监控和产品质量可追溯（图18-11）。

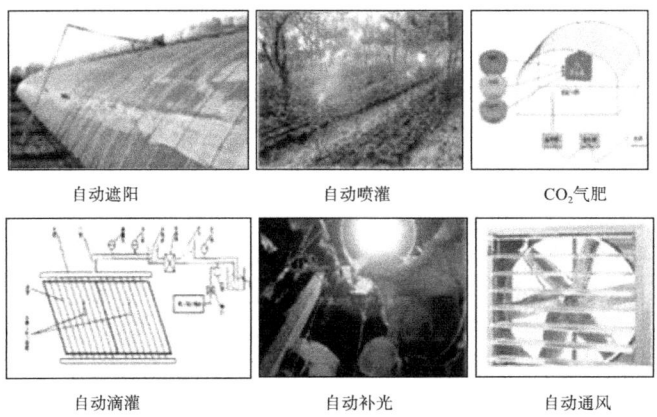

图 18-11 设施园艺板块数字化管理示例图

**大田种植板块**。一是建设精准时空服务基础设施。配置和升级改造动力机械、收获机械，实现高精度自动作业、精准导航与实时信息采集。二是建设农业生产过程管理系统。配置基于遥感信息、无人机观测、地面传感网等多源信息的耕地、整地、水肥一体化、精量播种、养分管理、病虫害防控、农情调度监测、精准收获和农机远程监测等系统装置，加强物联网设施设备建设。三是建设精细管理服务系统，配置病虫害和旱涝灾害预警等设施（图18-12）。

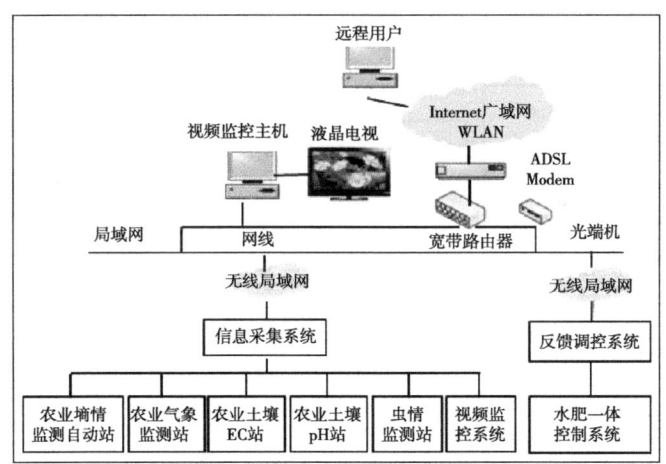

图 18-12 大田种植板块数字化管理示例图

**林果种植板块**。一是建设农业生产过程管理系统。配置地面传感网，以及幼树管护、水肥一体化、养分管理、病虫害防控、精准收获等系统装备，加强物联网设施设备建设。二是建设产品质量安全监控系统，配置生产过程质量管理设施设备、质量追溯系统。三是配置采后商品化处理自动化设备，提升采后处理全程自动化水平，为电商物流提供基础支撑（图18-13）。

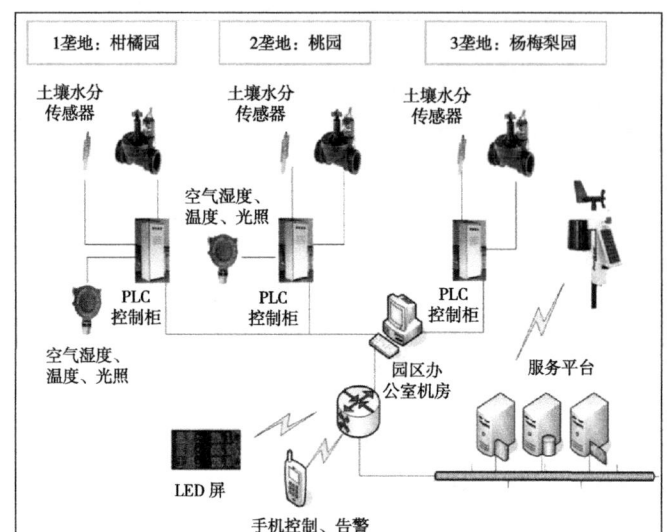

图 18-13　林果种植板块数字化管理示例图

**畜禽养殖板块**。一是建设自动化精准环控系统。配置畜禽圈舍自动化环境监测设施设备，实现饲养环境自动调节。二是建设数字化精准饲喂管理系统。配置电子识别、自动称量、精准上料、自动饮水等设备，实现精准饲喂与分级管理，不断提高生产效率（图18-14）。

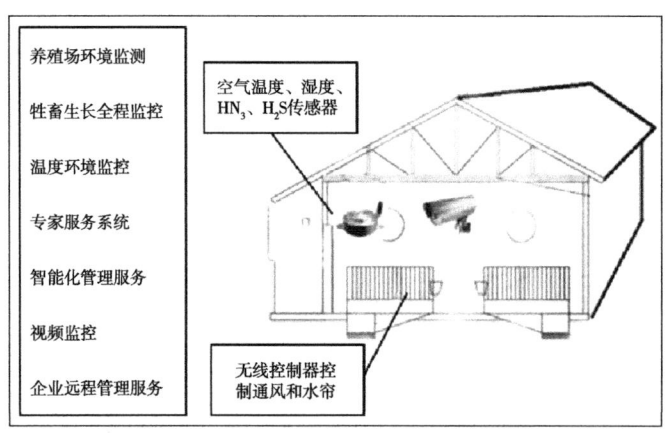

图 18-14　畜禽养殖板块数字化管理示例图

**水产养殖板块**。一是建设在线监测系统。配置水质监控、气象站、视频监控等监测设备。二是建设和改造自动监控平台。配置无线传输自主网络，实现数据实时采集和自动监控。三是建设生产过程管理系统。在配齐自动增氧、饵料投喂、水循环等设施设备基础上，开发便携式生产移动管理终端，提升水产养殖的机械化、自动化、智能化水平。四是建设管理保障系统。在配齐水质检测、品质与药残检测、病害检测等设备基础上，研发鱼病远程诊断系统和质量安全可追溯系统（图18-15）。

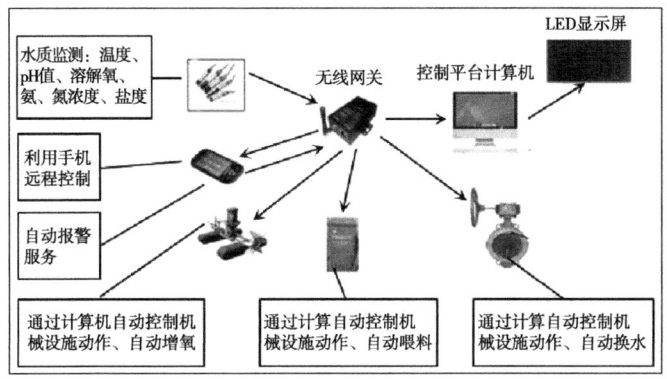

图 18-15　水产养殖板块数字化管理示例图

**（2）电子商务平台**

加强与电信运营商、IT企业合作，充分运用移动互联网、物联网、云计算和大数据等先进技术，搭建安全、可追溯、可认证的网上农产品供需平台，如展示平台、交易平台、商务平台、安全追溯与信用认证平台、广告平台等，透过Web门户、手机客户端、会员制等通道，实现农产品生产过程的可查询、交易、营销、推广等环节的信息化、自动化和智能化，力求为消费者提供一个新型的农产品购物环境，实现生鲜产品网上订购与费用支付，逐渐减少中间流通环节，实现仓储、卖场虚拟化，打破了原有农产品市场流通的秩序（图18-16）。

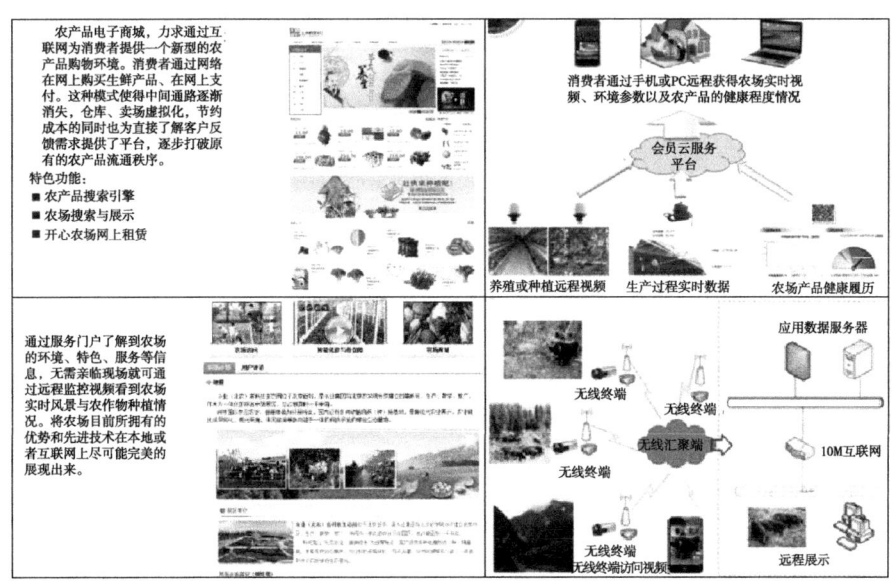

图 18-16　农产品电商销售平台示例图

**（3）信息服务**

信息服务主要包括农产品网上农业技术、市场供求信息和产品销售信息等方面的服务。其中农业技术服务主要包括线上生产技术培训与推广、农业科技与政策信息传播等；市场供求信息服务主要提供各种农产品市场动态与发布供求信息；产品销售信息主要是通过建设服务网点、商业网点和体验中心等，借助园区门户网、广播电视和手机报、短信、微信等，开展订单农业、加盟企业合作，建立农产品质量追溯系统，展示和销售各类特色农产品。

#### 18.4.10.4 规划布置

农业信息化设施布置基本要求：

——总控制中心、信息服务设施尽量布置在综合服务配套功能板块内，便于信息收集与发布；

——各子控室尽量围绕园区各功能板块位置进行布置；

——农产品电子商务综合平台布置在综合服务配套板块内，交易平台布置在各生产企业内；

——宽带网、无线网尽量覆盖全园区。

#### 18.4.10.5 工程量估算

根据上述农业信息化所涉及的建设内容，大致估算农业信息化实施的工程量和仪器设备配置量。主要参考表18-33。

表18-33 农业信息化设施工程量估算参考表

| 序号 | 类别 | 单位 | 建筑尺寸/型号 | 工程量 | 布置位置 | 备注 |
|---|---|---|---|---|---|---|
| 一 | 土建工程 | | - | | - | |
| （一） | 物联网系统 | | | | | |
| 1 | 园区总控制中心 | m² | - | - | - | |
| 2 | 设施园艺板块子控室 | m² | | | | |
| 3 | 大田种植板块子控室 | m² | | | | |
| 4 | 林果种植板块子控室 | m² | | | | |
| 5 | 畜禽养殖板块子控室 | m² | | | | |
| 6 | 水产养殖板块子控室 | m² | | | | |
| | …… | | | | | |
| （二） | 农产品电子商务平台 | - | | - | | |
| 1 | 电子商务室 | m² | - | - | | |
| 2 | 农产品周转库 | m² | | | | |
| | …… | | | | | |
| （三） | 信息服务平台 | | | | | |
| 1 | 广播电视网室 | m² | | | | |
| 2 | 电信网室 | m² | | | | |
| 3 | 计算机网络室 | m² | | | | |
| | …… | | | | | |
| 二 | 仪器设备 | | - | | - | |
| （一） | 物联网系统 | | - | | - | |
| 1 | 总控中心 | | - | | | |
| 1.1 | 服务器及辅助设备 | 套 | - | - | - | |
| 1.2 | 自动控制系统 | 套 | | | | |
| 1.3 | 数据采集设备 | 套 | | | | |
| 1.4 | 图像采集设备 | 套 | | | | |
| 1.5 | 视频监控设备 | 套 | | | | |
| 1.6 | 远程控制系统 | 套 | | | | |
| 1.7 | 数据库管理分析软件 | 套 | | | | |
| 1.8 | 图像库管理分析软件 | 套 | | | | |
| 1.9 | 专家诊断与分析系统 | 套 | | | | |
| | …… | | | | | |

第18章　园区基础设施专项规划

（续表）

| 序号 | 类别 | 单位 | 建筑尺寸/型号 | 工程量 | 布置位置 | 备注 |
|---|---|---|---|---|---|---|
| 2 | 设施园艺板块子控室 | — | — | — | — | |
| 2.1 | 设施环境监控系统 | 套 | — | — | — | |
| 2.2 | 工厂化育苗自动化系统 | 套 | — | — | — | |
| 2.3 | 生产过程管理系统 | 套 | — | — | — | |
| 2.4 | 产品质量安全追溯系统 | 套 | — | — | — | |
| | …… | | | | | |
| 3 | 大田种植板块子控室 | — | | — | — | |
| 3.1 | 大田精准服务系统 | 套 | — | — | — | |
| 3.2 | 气象自动观测设备 | 套 | — | — | — | |
| 3.3 | 节水智能灌溉系统 | 套 | — | — | — | |
| 3.4 | 土壤墒情监控系统 | 套 | — | — | — | |
| 3.5 | 测土配方施肥系统 | 套 | — | — | — | |
| 3.6 | 作物长势监控系统 | 套 | — | — | — | |
| 3.7 | 病虫害监测预报防控系统 | 套 | — | — | — | |
| 3.8 | 自然灾情监控系统 | 套 | — | — | — | |
| | …… | | | | | |
| 4 | 林果种植板块子控室 | — | — | — | — | |
| 4.1 | 农业生产过程管理系统 | 套 | — | — | — | |
| 4.2 | 产品质量安全监控系统 | 套 | — | — | — | |
| 4.3 | 产品采后自动化处理系统 | 套 | — | — | — | |
| | …… | | | | | |
| 5 | 畜禽养殖板块子控室 | — | — | — | — | |
| 5.1 | 养殖环境智能监控系统 | 套 | — | — | — | |
| 5.2 | 联合育种决策系统 | 套 | — | — | — | |
| 5.3 | 自动化精准饲喂系统 | 套 | — | — | — | |
| 5.4 | 产品自动化收集系统 | 套 | — | — | — | |
| 5.5 | 动物疫病诊断与预警系统 | 套 | — | — | — | |
| | …… | | | | | |
| 6 | 水产养殖板块子控室 | — | — | — | — | |
| 6.1 | 鱼塘环境智能监控系统 | 套 | — | — | — | |
| 6.2 | 鱼类生长监控系统 | 套 | — | — | — | |
| 6.3 | 鱼类病害诊断与预警系统 | 套 | — | — | — | |
| 6.4 | 鱼塘水质监控系统 | 套 | — | — | — | |
| 6.5 | 饲料配方管理系统 | 套 | — | — | — | |
| | …… | | | | | |
| （二） | 农产品电子商务平台 | — | — | — | — | |
| 1 | 电子商务网站系统 | 套 | — | — | — | |
| 2 | 订单农业系统 | 套 | — | — | — | |
| 3 | 加盟企业系统 | 套 | — | — | — | |
| 4 | 产品综合展示平台 | 套 | — | — | — | |
| 5 | 二维码追溯系统 | 套 | — | — | — | |
| 6 | CRM会员服务管理系统 | 套 | — | — | — | |
| 7 | 产品分级包装系统 | 套 | — | — | — | |
| | …… | | | | | |
| （三） | 信息服务平台 | — | — | — | — | |
| 1 | 液晶电视 | 台 | | | | |
| 2 | 台式、笔记本电脑 | 台 | | | | |
| 3 | 固定、移动电话 | 台 | | | | |

(续表)

| 序号 | 类别 | 单位 | 建筑尺寸/型号 | 工程量 | 布置位置 | 备注 |
|---|---|---|---|---|---|---|
| 4 | 对讲机 | 台 | — | — | — | |
| …… | | | | | | |
| (四) | 公用设备 | — | | | | |
| 1 | 供电设备 | 套 | | | | |
| 2 | 避雷设备 | 套 | | | | |
| 3 | 视频监控系统 | 套 | — | — | — | |
| 4 | 语音广播系统 | 套 | — | — | — | |
| 5 | 网络系统 | 套 | — | — | — | |
| …… | | | | | | |

#### 18.4.11 环境卫生设施规划

##### 18.4.11.1 概述

目前，农业园区正处于快速发展时期，随着产业和人口的不断集聚，脏、乱、差现象逐步会显现出来，而当前还存在环卫设施数量不足、环卫设施落后、档次水平低下等问题，严重影响了园区环境卫生质量和居民生活。党中央提出"生产发展、生活宽裕、乡风文明、村容整洁、管理民主"的社会主义新农村建设要求，其中村容整洁是一项重要内容。同时园区环境卫生综合整治也是建设现代农业园区的重要方面，对于保护劳动生产力、促进经济发展、改善环境质量具有十分重要的意义。

园区涉及的环卫设施内容很多，本节主要介绍垃圾收集与中转、公共厕所布置与建设等相关内容。通过环卫设施规划与实施，大力改善园区发展环境条件，提升园区整体形象和生活环境质量，不断促进园区社会、经济和环境的协调发展。

##### 18.4.11.2 目标任务与标准规范

**目标任务**。结合园区未来产业发展和各功能板块定位，按照无害化、减量化、资源化处理原则，调整完善现有垃圾、粪便收运处理系统，创造人与环境和谐发展空间，加大环境卫生设施改造力度，逐步实现垃圾收集分类化、垃圾运输密闭化、垃圾处理无害化、环卫管理科学化。到规划期末，促成园区垃圾清运率达到100%，垃圾无害化处理率达到80%以上，环境卫生公共设施基本满足园区需求，为创建生态文明示范园创造条件。

**工程建设标准与规范**。规划应符合《中华人民共和国环境保护法》《中华人民共和国固体废物环境污染防治法》和《中华人民共和国可再生能源法》等相关要求。工程设计达到《城市环境卫生设施规划规范》（GB 50337—2003）、《环境卫生设施设置标准》（CJJ 27—2012）和《城市公共厕所设计标准》（CJJ 14—2016）等相关标准的要求。

##### 18.4.11.3 规划内容

主要包括生活垃圾收集与中转站、公共厕所等方面的规划内容。

（1）生活垃圾收集与中转站

垃圾处理主要采用回收、堆肥、焚烧和填埋相结合的方式。根据相关资料分析，垃圾成分中有机物约占60%，无机物约占10%，可回收物约占30%，而可回收物中可利用的仅占总量的10%，其余部分很难再利用。在土地紧缺的地区，为了提高土地集约化利用，一般采用焚烧为主的处理方式。垃圾收集主要包括垃圾中转站和收集点。

**垃圾中转站**。对于小型园区，应根据园区规划人口产生的垃圾数量，最大日平均产生量达到4吨以上应设置垃圾中转站，能覆盖全园区；一般中转站占地面积1亩以上，与邻近建筑物之间保持5米以上间距，并配置3米的绿化隔离带。对于大型园区，以3~5平方千米的服务范围设置1个垃圾转运站为宜，转运量为10~40吨/（日·座），配合上一级的大型垃圾转运站，形成区域垃圾转运网络，进行集中焚烧或填埋；垃圾转运站应靠近核心区或垃圾产量多且交通方便的地方布设，其外观应与周围建筑物、环境相协调，还应配置绿化隔离带，其宽度不小于5米；对日转运量每天在15吨以上的，应设置抽风除臭系统、给排水设施以及更衣间和储藏室等相关设施。

**垃圾收集点**。在园区内，沿主干道旁或居民集中居住区，配置多处垃圾容器，按照可回收、有机物、无机物、其他等进行分类（容器盖上标有图案和文字说明），并指派专人负责收集，每天定时清洗、消毒、灭菌，并清运至附近中转站。每座垃圾容器间的占地面积应根据其服务区内及流动人口产生的垃圾量确定，一般不小于8平方米，以放置不少于4个0.8~1.0立方米垃圾容器为宜，垃圾容器间的服务半径不得超过80米。有害垃圾必须单独收集、运输、处理，其垃圾容器应封闭并具有识别标志，垃圾容器设置应方便居民、不影响园容园貌、有利于垃圾分类收集和机械化收运作业等要求。

**（2）公共厕所**

为了保持环境卫生，方便居民和生产人员随时随地如厕，园区各类用地应按照表18-34配置公厕；主干路、主要商业街按间距300~500米配建公共厕所，一般道路按间距800米左右配建，主要分布在道路的两侧。园区公共厕所应选择水冲公厕或生态公厕，禁止新建土厕、旱厕和简易公厕，均须符合文明、卫生、节水和防臭的原则，按照二类以上公共厕所建造，每座公厕用地面积控制为60~100平方米、建筑面积30~60平方米等。

表18-34 公共厕所布置参考表

| 序号 | 用地性质 | 用地代码 | 面积（km²） | 设置密度（座/km²） | 规划数量（座） |
|---|---|---|---|---|---|
| 1 | 居住用地 | R | — | 3 | — |
| 2 | 二类工业用地 | M2 | — | 1 | — |
| 3 | 仓储用地 | W | — | 1 | — |
| 4 | 公共设施用地 | C | — | 4 | — |
| | 合计 | | — | — | — |

注：计算中面积不足1 km²的，取整数进行计算

### 18.4.11.4 规划布置

**（1）生活垃圾中转站与收集点**

生活垃圾中转站与收集点布置原则如下：

——应与区域环境保护规划相协调，符合环境建设的要求；
——应按不同地区垃圾量和环卫标准进行配置，体现空间布置的合理性；
——四周应设隔离带，与周围建筑之间留出一定的间距；
——交通运输方便，市政条件较好；
——应体现立体生态效果。

**（2）公共厕所**

公共厕所布置原则如下：

——应与区域环境保护规划相协调，符合可持续发展的要求；
——应坚持统一规划，分步实施，统筹兼顾各方面的因素，并留有充分的发展余地；
——整合社会资源，充分利用现有公厕，避免重复建设；
——对室内外进行绿化布置，充分体现立体生态效果，尽量不影响园区景观。

#### 18.4.11.5 工程量估算

园区环卫设施工程量参考表18-35进行估算,园区根据具体实际情况进行适当增减。

表18-35 园区环卫系统工程量估算参考表

| 序号 | 类别 | 单位 | 数量 | 建筑尺寸/型号 | 工程量 | 布置位置 |
|---|---|---|---|---|---|---|
| 一 | 土建工程 | — | — | — | — | — |
| 1 | 垃圾中转站 | m² | | | | |
| 2 | 垃圾收集点 | m² | | | | |
| 3 | 公共厕所 | m² | | | | |
| | …… | | | | | |
| 二 | 仪器设备 | — | — | — | — | — |
| 1 | 垃圾转运车 | 台 | | | | |
| 2 | 垃圾收集容器 | 套 | | | | |
| 3 | 冲洗设备 | 套 | | | | |
| 4 | 消毒设备 | 套 | | | | |
| 5 | 货车 | 台 | | | | |
| 6 | 计算机网络管理系统 | 套 | | | | |
| 7 | 垃圾分类系统 | 套 | | | | |
| 8 | 标志牌 | 个 | | | | |
| 9 | 手推车 | 个 | | | | |
| | …… | | | | | |

### 18.5 投资与效益

#### 18.5.1 投资估算

园区基础设施投资主要是对固定资产进行估算。园区基础设施的工程主要包括出入口及围墙、道路系统、灌排系统、电力系统、给水系统、排水系统、燃气系统、热力系统、通信系统、信息化系统、环卫系统等方面的设施内容。工程费用按照各分项工程的土建与仪器设备投资估算进行汇总。见表18-36。

表18-36 园区基础设施投资估算汇总参考表

| 序号 | 项目名称 | 建筑形式/规格型号 | 单位 | 工程量 | 单位投资(元/单位) | 投资额(万元) | 备注 |
|---|---|---|---|---|---|---|---|
| 一 | 工程费用 | | | | | | |
| 1 | 土建工程 | | | | | | |
| 1.1 | 出入口及围墙 | — | — | — | — | | 见各工程规划内容 |
| 1.2 | 道路系统 | — | — | — | — | | …… |
| 1.3 | 灌排系统 | — | — | — | — | | …… |
| 1.4 | 电力系统 | — | — | — | — | | …… |
| 1.5 | 给水系统 | — | — | — | — | | …… |
| 1.6 | 排水系统 | — | — | — | — | | …… |
| 1.7 | 燃气系统 | — | — | — | — | | …… |
| 1.8 | 热力系统 | — | — | — | — | | …… |
| 1.9 | 通信系统 | — | — | — | — | | …… |
| 1.10 | 农业信息化设施 | — | — | — | — | | …… |
| 1.11 | 环卫设施 | — | — | — | — | | …… |
| | …… | | | | | | |

（续表）

| 序号 | 项目名称 | 建筑形式/<br>规格型号 | 单位 | 工程量 | 单位投资<br>（元/单位） | 投资额<br>（万元） | 备注 |
|---|---|---|---|---|---|---|---|
| 2 | 仪器设备 | | — | — | — | — | |
| 2.1 | 大门 | — | — | — | — | — | 见各工程规划内容 |
| 2.2 | 指路牌 | — | — | — | — | — | …… |
| 2.3 | 灌排系统 | — | — | — | — | — | …… |
| 2.4 | 电力系统 | — | — | — | — | — | …… |
| 2.5 | 给水系统 | — | — | — | — | — | …… |
| 2.6 | 排水系统 | — | — | — | — | — | …… |
| 2.7 | 燃气系统 | — | — | — | — | — | …… |
| 2.8 | 热力系统 | — | — | — | — | — | …… |
| 2.9 | 通信系统 | — | — | — | — | — | …… |
| 2.10 | 农业信息化设施 | — | — | — | — | — | |
| 2.11 | 环卫设施 | — | — | — | — | — | |
| | …… | | | | | | |
| 二 | 工程建设其他费 | — | — | — | — | — | |
| 三 | 预备费 | — | — | — | — | — | |
| | 合计 | | — | — | — | — | |

### 18.5.2 规划效益

#### 18.5.2.1 经济效益

园区基础设施建设具有公益性，因此不像一般经营项目以盈利为目的，力争以实现社会效益最大化为目标。当地政府也不应把基础设施部门作为税源的主要征收单位，但可以要求基础设施部门所提供的产品和服务价格不宜太高，充分体现为社会服务的公益性。

#### 18.5.2.2 社会效益

社会效益主要体现在以下几个方面：一是能为发挥园区的示范带动作用提供物质保障，配套完善的基础设施，能促进辐射能力的更好发挥；二是基础设施为各单位提供能源、水资源、交通运输条件和通信条件等，是推动园区顺利实施不可缺少的外部条件，否则正常的基本生产与生活将难以维持。因此，随着现代农业的不断发展，对基础设施的依赖性将会越来越强。

#### 18.5.2.3 生态效益

通过污水、环卫和农田道路、排灌渠系厕所屋顶绿化等方面的设施建设，不仅能实现污水、废弃物的集中收集与处理，有效控制面源污染，减少对生态环境的破坏；还能增加园区绿色植物覆盖面积，促进园区农业可持续发展。

# 第19章 园区农业资源环境保护规划

农业资源环境是农业发展的物质基础，也是农产品质量安全的源头保障。随着人口不断增长、消费结构升级和城镇化快速推进，农产品需求呈现刚性增长，对农业资源环境保护提出了更高要求。目前，我国农业资源环境遭受着多重压力，已成为制约农业健康发展的瓶颈。一方面，工业和城市污染向农业农村转移排放，农产品产地环境质量令人堪忧；另一方面，化肥、农药等农业投入品过量施用，畜禽粪便、农作物秸秆和农田残膜等农业废弃物不合理处置，导致农业面源污染日益加重，加剧了土壤和水体污染风险。开展农业资源环境保护与农业可持续发展的研究与规划，是确保园区农产品产地环境和质量安全的现实需求，是促进农业资源永续利用、实现农业健康发展的内在要求。

## 19.1 概述

### 19.1.1 涵义

农业资源环境是资源学、生态学和环境学在农业上的一个分支，是影响农业发展的土地资源、水资源、气候资源和生物资源等各种要素的总称，是农业生存和发展的前提，是人类社会生产发展最重要的物质基础。通过应用资源学、生态学和系统论的原理和方法，将农业生物、自然资源和生态环境看作一个整体，研究其中的相互关系、协同作用和可持续发展的生态学规律，探索不同区域农业生态良性循环的典型模式，促进农业可持续发展。

### 19.1.2 研究范围

由于农业生产覆盖面广、涉及的内容多、系统比较复杂。因此，应从不同的角度，抓住重要环节，开展分析和研究，做到有的放矢。如针对各地建成的农业园区，主要关注水土资源保护、产地环境保护、农业废弃物资源化利用、农业生态保护和农村人居环境治理等方面。

**水土资源保护**。主要开展水资源永续利用和耕地资源严格保护等方面的分析与研究。

**产地环境保护**。主要开展化肥农药施用、产地环境监测等方面的分析与研究。

**农业废弃物资源化利用**。主要开展畜禽粪便、农作物秸秆、农用残膜等资源化利用方面的分析与研究。

**农业生态保护**。主要开展水域与湿地保护、生物多样性恢复等方面的分析与研究。

**农村人居环境治理**。主要开展农村危房改造、饮用水安全、生活垃圾处理、房前屋后绿化等方面的分析与研究。

### 19.1.3 规划意义

重点从以下几个方面加以叙述：

**有利于水土资源保护**。如应严格控制耕地占用和水资源开发利用，特别是在地少水缺的地方，应示范推广水土资源保护及高效利用的新技术、新设施和新项目等，促进水土资源利用效率不断提高。

**有利于农业生态保护**。如应大力开展实施水土保持、退耕还林还草还湖等重点工程，加强农田、林地、草场、水域等生态系统的保护与建设，促进区域农业生态环境、生物多样性等往好的方向发展。

**有利于农产品质量安全**。园区大气、土壤、水体等产地环境，或农牧生产过程中使用的农药、化肥、添加剂等都会影响到农产品质量安全，如曾经出现过的毒韭菜、镉大米等事件。可见，保护好产地环境，科学使用投入品，对于保障食品安全具有重要的意义。

**有利于农村人居环境整治**。如积极推进农村危房改造、村庄环境整治、农村沼气和饮用水安全等方面的工程建设，加强生态村镇、美丽乡村创建与保护，促进农村人居环境逐步得到改善。

**有利于促进农业可持续发展**。如应协调好农业环境承载力和生产发展的关系，尽量减少农业发展对资源环境的破坏，合理利用自然资源，特别是生物资源和可再生资源，促进农业资源的永续利用。

## 19.2 现状调查与分析

### 19.2.1 水土资源

**耕地资源**。主要调查了解：一是园区耕地保有面积、高标准农田与中低产田所占比重、后备耕地资源状况，查找改变耕地性质的原因，分析耕地变化趋势，计算园区人均耕地占有量指标，并与区域平均值进行比较，了解其所处位置等；二是耕地复种指数、土壤有机质含量、耕地质量水平、用地养地状况等；三是土壤重金属污染状况、修复措施等，分析造成耕地污染的主要原因。

**水资源**。主要调查了解：一是园区及周边地区水资源总量，地表水的河流分布与径流量、或地下水蕴藏量、开采量或超采量、超采面积等，以及水质与污染状况；二是区域年均降水量、用水季节降水量及空间分布状况；三是园区农田水利设施配套情况、洪涝干旱等自然灾害发生频率等；四是计算人均水资源占有指标，与国际公认的人均水资源标准进行比较，判断其为丰水区，还是轻度、中度或重度缺水地区；五是查找影响水资源过度开发、造成水质污染的主要原因。

### 19.2.2 农业面源污染

**农田生产投入品**。主要调查了解农作物生产过程中使用的农药、化肥等投入品的种类、来源、使用数量及施用方法，以及农田土壤或地下水污染程度、分布位置和防控措施等。

**畜禽养殖污染**。主要调查了解园区及周边地区畜禽养殖量、养殖种类、粪便排放量、粪污处理设施配套建设情况、病死畜禽数量与无害化处理方式等。

**水产养殖污染**。主要调查了解园区水产养殖量、养殖种类、精养鱼池标准化建设与改造情况、排灌渠系配套情况、水产饲料与渔药监管情况等，以及养殖水体环境污染面积、分布位置与防控措施等。

**秸秆综合利用**。主要调查了解园区及周边地区主要农作物秸秆产生量、利用方式、加工企业经营状况、区域布局与收储运经营模式等。

**农膜利用**。主要调查了解园区及周边地区农膜用量、超薄地膜使用量、残膜回收量、利用方式，以及地膜残留污染程度、分布位置等。

### 19.2.3 农业生态保护

**生态保护**。主要调查了解园区有林地面积、活立木蓄积量、森林覆盖率、农田林网绿化率等，以及退耕还林、湿地保护和低效林改造等工程的数量与面积。

**水土流失**。主要调查了解园区水土流失面积、轻重程度、分布位置；湿地公园建设数量与面积、湿地保护率，以及湿地填占情况、开发与保护情况以及防控措施等。

**生物多样性**。主要调查了解园区及周边地区野生动植物自然保护区或保护点的数量与面积、占区域土地总面积的比重、野生动植物的种类与数量、划定的禁猎（伐）区与禁猎（伐）期，或野生动植物违法捕捞与砍伐、病虫害发生等情况及防控措施，查找影响农业生物多样性变化的主要原因。

### 19.2.4　农村环境综合整治

主要调查了解园区村庄实施"四清"（清垃圾、清杂物、清残垣断壁、清庭院）、"四化"（净化、绿化、亮化、美化）、"四改"（改水、改厕、改污水处理与垃圾处理方式）等工程建设情况与分布位置，以及获得市级以上的环保模范村、农村清洁工程示范村或优美生态村、美丽乡村等荣誉情况。

### 19.2.5　农产品认证

主要调查了解园区"三品一标"认证的产品数量、基地认证面积及产量等，通过ISO 9000、HACCP体系认证情况，以及有机食品、绿色食品质量认证的企业数量与名称。

## 19.3　总体规划方案

规划方案编制是农业资源环境保护规划工作的核心，是在考虑国家和地区有关环境保护的政策法规、目标任务和资金支持额度的前提下，提出具体的污染防控措施和环境保护对策的过程。

### 19.3.1　发展思路

发展思路是对该项规划的整体统领，明确农业资源环境保护的重点环节、发展路径及发展方向。园区资源环境保护规划发展思路可以这样来描述：以绿色发展理念为引领，以资源禀赋和环境承载力为依托，以提高农业资源利用效率和实现农业废弃物"零排放和全消纳"为目标，以减量化、再利用、资源化为途径，围绕"以水定种、以种定养"和"生态安全"等宗旨，强化水土资源、品种资源、野生动植物等农业资源保护，推进农作物秸秆、畜禽粪污、农用薄膜的资源化利用，形成具有区域代表性的生态循环农业集成技术和发展模式，促进种养结合、生态循环，保护和修复生物多样性；加强农村人居环境综合整治，建设美丽宜居乡村，再现"水清、岸绿、景美"的农村原生态风貌，实现农业农村全面转型升级，促进区域农业可持续发展。

### 19.3.2　规划原则

农业资源环境保护规划所遵循的原则比较多，主要从以下几方面进行重点关注：

**坚持因地制宜、科学布局原则**。依据园区农业资源环境现状和特点，遵循生态学和经济学发展规律，坚守耕地红线、水资源红线和生态保护红线，以农业资源环境承载力为基准，因地制宜，宜粮则粮、宜经则经、宜草则草、宜牧则牧、宜渔则渔，优化农业生产力布局，提高农业生产与资源环境匹配度，稳步发展园区域优势特色产业。

**坚持发展优先、生态并重原则**。综合考虑产业基础、资源禀赋、区位条件等因素，优先发展有比较优势的产业，突出重点品种、重点区域，夯实农业物质装备基础，促进农产品产能稳步提升。同时，要兼顾资源承载力和环境容量，推进农业废弃物资源化利用和农业面源污染治理，适度有序开展农业资源休养生息，加强农业生态保护与建设，增强农业防灾减灾能力。

**坚持科技创新、协调发展原则**。应将科技创新、适用技术引入到环境保护各环节中。推进科学种养，增强创新驱动能力。优化农业产业结构，以增产增效并重、良种良法配套、农机农艺结合、生产生态协调为基本要求，促进粮经饲三元种植结构协调发展，实现种养平衡发展，推进绿色发展、循环发展。

**依法推进，多措并举原则**。结合园情农情，遵循当地农业资源环境与生态保护法律法规,依法促进资源保护、环境治理,整体推进园区农业可持续发展。

**坚持规范生产、质量至上原则**。加强农产品质量认证与登记,严格按照"三品一标"标准体系和技术规程开展生产,不断打造高端农产品品牌,着力保障农产品质量安全。

### 19.3.3 规划目标

**(1)总体目标**

到规划期末,园区民众生态保护意识进一步提高,农业生态环境恶化得到基本遏制,农产品生产标准化体系基本形成,生物多样性得到有效恢复与保护,农业资源永续利用水平明显提升,农产品质量安全水平显著提升,产地环境安全监管能力进一步加强,生态系统功能得到有效恢复与增强,农业绿色化发展取得重要进展。最终形成农产品生产保障有力、资源利用高效、产地环境良好、生态系统稳定的农业可持续发展新格局。

**(2)具体目标**

具体目标通过一系列生态环境保护指标来表示,具体可参考表19-1所推荐的规划目标指标加以编制与考核。

表19-1 园区农业资源环境保护规划目标推荐表

| 类别 | 指标名称 | 单位 | 基期年 | 近期目标 | 远期目标 | 指标属性 |
|---|---|---|---|---|---|---|
| 耕地资源及利用 | 耕地保有量 | 万亩 | — | — | — | 约束值 |
| | 土壤肥力提升 | % | — | — | — | 引导值 |
| | 保护性耕作面积 | 万亩 | — | — | — | 约束值 |
| | 高标准农田建设面积 | 万亩 | — | — | — | 引导值 |
| | 土壤重金属含量降低 | % | — | — | — | 引导值 |
| | …… | | | | | |
| 水资源及利用 | 农业灌溉用水总量 | 亿m³ | — | — | — | 预测值 |
| | 农田有效灌溉面积 | 万亩 | — | — | — | 引导值 |
| | 农田灌溉水有效利用系数 | — | — | — | — | 引导值 |
| | 退减地下水超采量 | 亿m³ | — | — | — | 约束值 |
| | …… | | | | | |
| 农业废弃物及利用 | 农作物秸秆综合利用率 | % | — | — | — | 引导值 |
| | 畜禽粪便综合利用率 | % | — | — | — | 引导值 |
| | 病死畜禽集中无害化处理率 | % | — | — | — | 约束值 |
| | 水产养殖废水处理利用率 | % | — | — | — | 引导值 |
| | …… | | | | | |
| 农业投入品及利用 | 化肥施用减少率 | % | — | — | — | 引导值 |
| | 农药施用减少率 | % | — | — | — | 引导值 |
| | 农田残膜回收率 | % | — | — | — | 引导值 |
| | …… | | | | | |
| 农业生态保护 | 林地保有量 | 万亩 | — | — | — | 约束值 |
| | 森林覆盖率 | % | — | — | — | 约束值 |
| | 湿地保护率 | % | — | — | — | 约束值 |
| | 草场综合植被覆盖度 | % | — | — | — | 约束值 |
| 产品质量认证 | 农产品质量抽检合格率 | % | — | — | — | 约束值 |
| | "三品一标"认证基地面积 | 亩 | — | — | — | 引导值 |
| | "三品一标"认证产品数量 | 个 | — | — | — | 引导值 |
| | "三品一标"认证产品产量 | t | — | — | — | 引导值 |
| | "三品"认证企业数量 | 个 | — | — | — | 引导值 |
| | …… | | | | | |

### 19.3.4 规划重点

结合园区规划内容与总体发展目标,建设重点主要关注以下几方面:

**发展生态节水型农业、实现水资源可持续利用**。如针对北方缺水的园区,应实施最严格的水资源管理制度,加大地下水超采治理力度。优化农业种植结构和布局,发展旱作节水农业,大力推广耐旱、稳产、优质农作物品种,压减高耗水作物种植面积,推进生态高效节水型农业发展,提高水资源利用效率。推进规模化畜禽养殖场污水减量处理再利用。鼓励和引导水产养殖节水减排,重点支持废水处理和循环用水等环保设施装备的升级改造。

**严格保护耕地资源、提高耕地质量**。如稳定耕地面积,在已划定基本农田工作的基础上,将城镇周边、交通沿线易被占用的优质耕地优先划定为永久基本农田保护区,坚决守住耕地保护红线,严控新增建设用地占用耕地。实施耕地质量保护与提升行动,加快高标准农田建设,开展土地整治、中低产田改造、农田水利设施建设,推广深耕深松、保护性耕作、秸秆还田、增施有机肥、种植绿肥等方式,增加土壤有机质含量,提高园区耕地肥力等级。严格控制农业外源性污染,防治耕地污染。逐步建立休耕轮作制度,开展年度休耕和区域轮作试点,推进粮草轮作,发展青贮玉米、苜蓿等饲草作物,促进草食畜牧业发展。

**推进化肥农药减施、保障产地环境安全**。如优化肥料结构,改变传统施肥方式,实施农作物秸秆还田,遏制盲目施肥和过量施肥,推进测土配方施肥,实施果菜茶有机肥替代化肥行动,引导农民通过施用有机肥、种植绿肥、沼渣沼液还田等方式减少化肥使用。实施农药减量控害,推广生物、物理等绿色防控技术以及先进施药机械,施用高效低毒低残留农药,实施病虫害统防统治,建立产地环境监测点,推进产地环境监测能力提升。

**推行农业废弃物资源化利用、改善生态环境**。如加强现有规模化养殖场设施改造,推广畜禽养殖粪污资源化利用技术模式,促进畜禽养殖粪污资源化利用。全面推广秸秆肥料化、饲料化、基料化、原料化和能源化等"五化"利用技术模式,推动秸秆综合利用产业化发展。做好农田残膜回收资源化利用工作,推广使用0.01毫米以上厚度的地膜,建立残膜回收点和加工厂,示范推广可降解农膜,探索农膜使用量控制机制。

**加强农业生态保护与修复、提升生态功能**。如针对具有一定林地规模的园区,应因地制宜开展育林和造林工作,实施农田防护林工程,加强林地生态系统保育和可持续经营。针对具有一定草场规模的园区,应推行禁牧休牧、划区轮牧、牲畜舍饲圈养等,促进草场生态功能的恢复与提升。针对具有一定水面规模的园区,应保护与修复水生态环境,落实渔业资源保护措施,严格执行休渔禁渔制度。针对具有一定野生动植物栖息的园区,应加强野生动植物保护点建设,保护与维护生物的多样性,严格防范外来物种的入侵。

**推进农村环境综合整治、创建生态村或美丽乡村**。如以园区内自然村为单元,建设与完善田园、家园和水源等清洁设施,推进农业清洁生产,加快实施"四清""四化"与"四改"工程建设,积极开展农业清洁生产示范村、美丽乡村或优美生态村等申创工作。

## 19.4 探索农业可持续发展模式

统筹考虑不同区域资源禀赋、生态环境和产业基础等,围绕水土资源、农业面源污染和生态环境等突出问题,探索总结可复制、可推广的成功模式,因地制宜、循序渐进地扩大示范推广,推进区域农业可持续发展。农业可持续发展模式较多,通过归纳整理，下面推荐几种有代表性模式。

### 19.4.1 区域生态农业循环利用模式

选择部分产业基础良好、发展思路清晰、循环模式相对成熟、新型农业经营主体发育良好且推进生态循环农业意愿强烈的典型区域，以提高资源利用效率和实现区域农业废弃物"零排放和全消纳"为目标，采用种养结合的循环发展方式，以减量化、再利用、资源化为原则，与生态农业示范基地紧密结合，重点开展农药化肥减量施用、养殖废弃物处理和秸秆综合利用等相关建设，促进区域农业生产废弃物生态消纳和循环利用、种植业与养殖业相互融合发展（图19-1）。

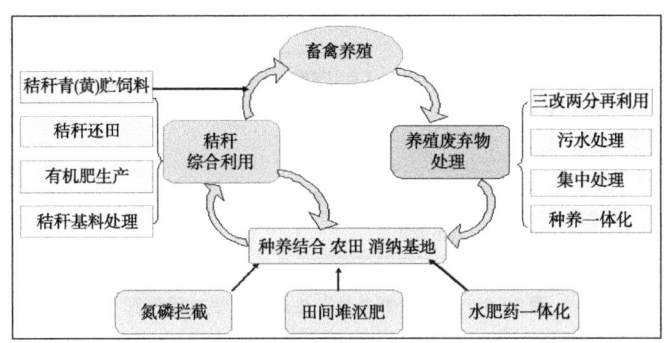

**图 19-1　区域生态农业循环模式示例图**

### 19.4.2 稻田共生共作生态种养模式

**（1）"稻蟹鱼豆四位一体"复合种养模式**

围绕水稻大豆、鱼蟹共生、农业废弃物资源化利用等产业，拉长农业产业链。通过示范带动，创新开展水田种稻、稻田养蟹、稻田养鱼、田埂种豆的"一水两用、一地四收"的稻蟹鱼豆"四位一体"农渔结合立体混养的生态高效循环模式，生产优质有机农产品，促进现代农业进一步提质增效（图19-2）。

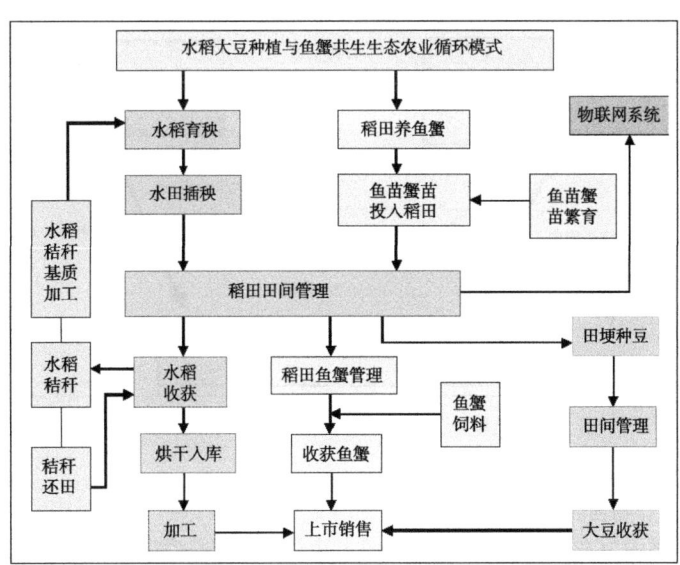

**图 19-2　"稻蟹鱼豆四位一体"生态种养模式示例图**

### (2) "稻—虾共生"生态种养模式

在稻虾共生生态系统中，水稻为生活在其间的小龙虾提供遮阴、栖息和蜕壳的场所，从稻株中落下的小昆虫、浮游生物及部分杂草等为小龙虾提供重要的饵料。同时生活在田间的小龙虾通过疏松土壤，促进土壤养分释放，清除杂草及稻株基部枯黄叶，虾粪为水稻生长提供良好的土壤肥力条件。从而促进物质就地循环，减少农药、化肥的施用，提升小龙虾和水稻的品质，充分发挥稻虾共生生态系统最大潜能与效益（图19-3）。

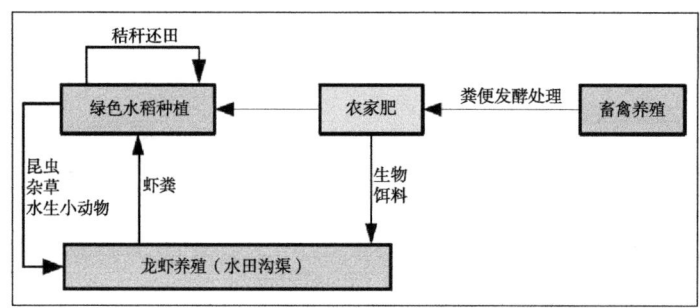

图 19-3  "稻—虾共生"生态种养模式示例图

### (3) "稻—鸭共作"生态种养模式

在稻田里，开展"稻—鸭共作"生态种养模式示范。例如建设示范基地1 000亩。鸭吃稻田里的杂草、鸭粪可以肥田，鸭脚来回走动松动土壤，并通过养鱼扩大鸭只活动的范围，极大降低农药化肥的使用，减少人力成本支出，提高农产品附加值，形成良好的经济效益。一般按单元设计，例如一个单元配置20亩稻田和一个能养400只鸭的鸭舍，稻田经过缓苗期后放入鸭苗，水稻分蘖出穗期间放入鲤鱼或草鱼鱼苗，鱼以水稻田里的浮游生物和小虫为生，鸭通过追赶捕捉小鱼进入稻田，并依靠稻田杂草和鱼苗生长，还起到松动土壤的作用，鸭在稻田养殖三个月后出田育肥后外销（图19-4）。

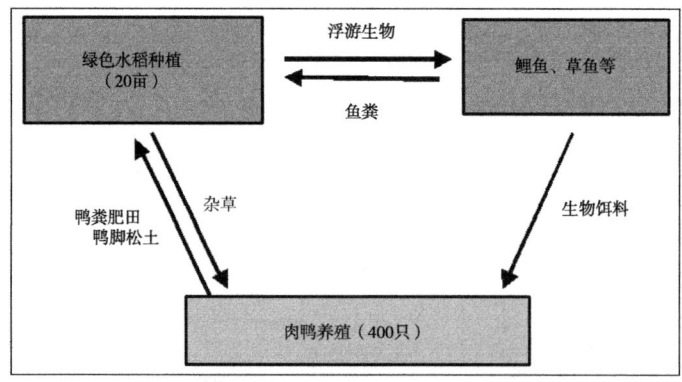

图 19-4  典型单元"稻—鸭共作"生态种养模式示例图

#### 19.4.3 农副资源综合利用模式

### (1) 农作物秸秆资源化利用

根据园区及所在区域的秸秆资源条件和市场需求，围绕收集、利用等关键环节，促进秸秆多元化综合利用，全面开展秸秆禁烧行动。一是鼓励经营主体购置秸秆粉碎还田机、捡拾打捆机等设备，结合保护性耕作技术，推进秸秆直接还田。二是结合农作物秸秆综合利用，进一步推进农作物秸秆肥料化、饲料化、燃料化、基料化和原料化利用，形成布局合理、多元利用的秸秆综合利用产业化格局，因地制宜的选择农作物秸秆资源化利用模式（图19-5）。

**饲料化**。因地制宜完善农作物秸秆收集、储运体系，针对不同的资源种类，采取脱水干燥、生物发酵、全株青贮等方式，为养殖场提供青贮饲料、干草料或全混合日粮等饲料。

**肥料化**。对农作物秸秆采取直接还田、腐熟还田、堆肥还田等，或与畜禽粪便混合加工生产有机肥，实现肥料化利用。

**基料化**。以农作物秸秆为主要原料，合理搭配牛粪、麦麸、豆饼等辅料，生产为微生物生长提供一定营养的有机固体物料，用于食用菌生产等。

**燃料化**。以农作物秸秆为原料，通过粉碎、压缩等，生产颗粒、块状、棒状等成型燃料，或者转化为清洁可燃气体，为生产生活提供优质能源。

**原料化**。以农作物秸秆为主要原料，通过加工、处理，生产包装、编织材料等。

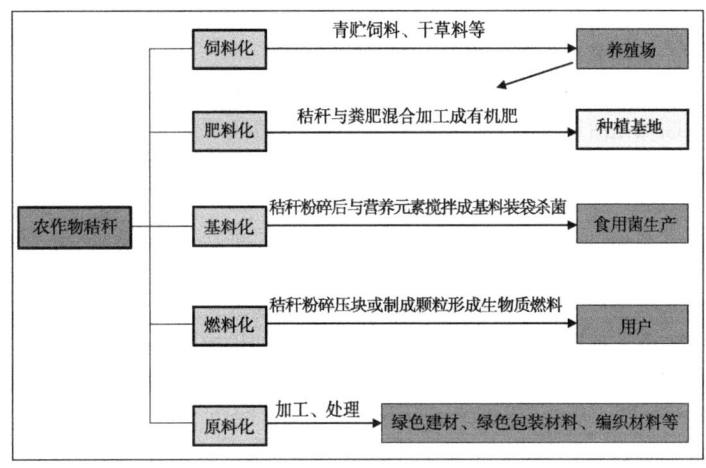

图 19-5　农作物秸秆资源化利用模式示例图

（2）农产品加工副产物资源化利用模式

鼓励资源化利用企业与农产品加工企业密切合作，使副产物更加符合循环利用要求和加工原料标准，把副产物制作成饲料、肥料、工业品原料等，构建"资源—产品—副产物—资源"的闭合式循环模式，实现综合利用和转化增值。下面以小龙虾加工废弃物综合利用为例进行说明：小龙虾被加工提取虾仁后，余下的虾头、虾壳等副产物，一是采用化学方法，可以从中提取甲壳素及其衍生产品，加工成氨基葡萄糖盐酸盐；二是通过精深化处理，加工成调味品或食品添加剂；三是采用溶剂萃取法，提取虾青素，生产化妆品原料等。通过配置副产物收集、处理和运输等设施，推进加工副产物向高值、梯次利用升级，不断提高加工副产物的有效供给和资源化利用水平，减少废弃物排放（图19-6）。

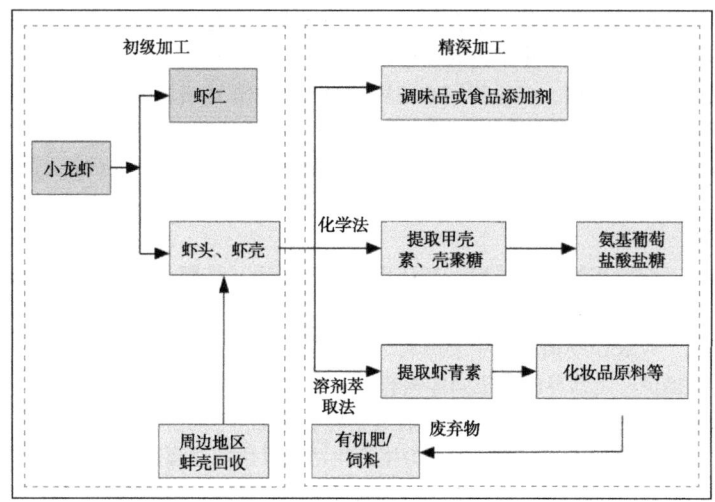

图 19-6　小龙虾加工废弃物综合利用模式示例图

#### 19.4.4　畜禽粪污资源化利用模式

按照以地定养、种养结合、循环发展的思路，以源头减量、过程控制、末端利用为核心，不断优化治理路径，推进畜禽粪污无害化处理和资源化利用。主要采取以下几类主导模式：

**（1）污水肥料化利用模式**

"干湿分离+种养一体化"模式。该模式适用于周边具有较充足消纳农田的规模化生猪养殖场（户）。首先改水冲清粪为干清粪、改无限用水为控制用水、改明沟排污为暗道排污，通过"干湿分离""雨污分离"等措施，减少污水量。养殖污水经过沼气或氧化塘等处理后转变为液肥，畜禽粪便经高温堆肥后生产固体有机肥。养殖场周边配套一定规模的消纳基地，养殖粪污处理后产生的液体和固体有机肥用于消纳基地发展绿色种植业，从而形成种养一体化良性格局（图19-7）。

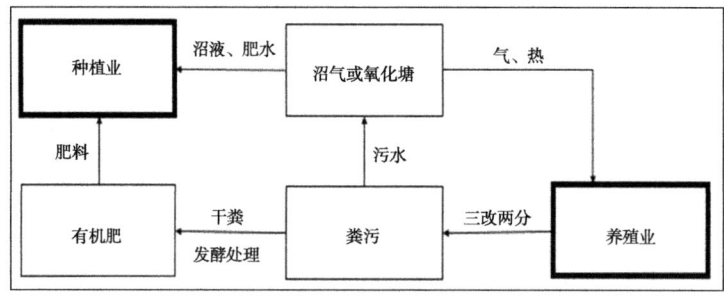

图19-7　"干湿分离+种养一体化"模式示意图

"粪污混合+大型沼气+三沼利用"模式。该模式适用于未实现干湿分离的万头以上规模猪场或第三方粪污处理企业。通过大型"盖泻湖"沼气工程或大型能源沼气工程，将粪污进行全混合发酵处理，通过厌氧发酵降解畜禽粪污，生产沼气，所产生的沼气发电上网或供养殖场使用；沼渣用于生产有机肥料，沼液进行还田利用（图19-8）。

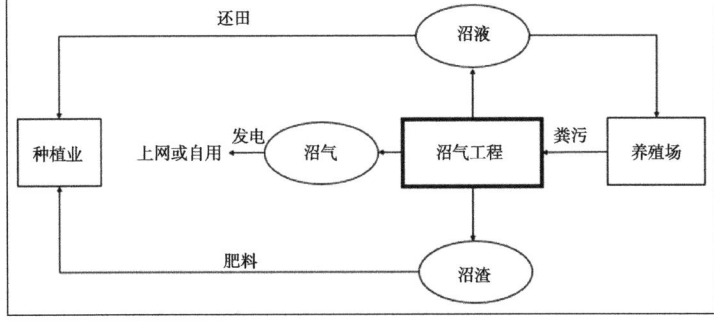

图19-8 "粪污混合+大型沼气+三沼利用"示意图

（2）异位发酵床模式

该模式适用于周边其他地区有有机肥需求的中小规模养殖场（小区）。粪污通过漏缝地板进入底层或转移到舍外，通过垫料和微生物菌进行发酵分解，生产有机肥，实现"零排放"（图19-9）。此种模式能避免舍内发酵床温度过高、费人工等弊端。采用"公司+农户"模式的家庭农场适宜舍外发酵床模式，规模化生猪养殖场适宜采用高架发酵床模式。

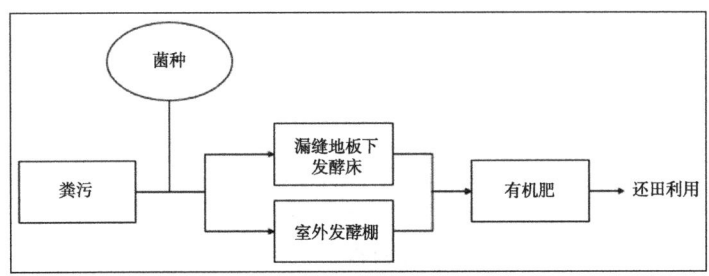

图19-9 异位发酵床模式示意图

（3）污水深度处理模式

该模式适用于无消纳农田的生猪规模养殖。即采用活性污泥法，将养殖场粪污进行厌氧好氧生化处理。粪污中的悬浮固体和胶状物质被活性污泥吸附，而粪污中的可溶性有机物被活性污泥中的微生物用作自身繁殖的营养，代谢转化为生物细胞，并氧化成为$CO_2$，非溶解性有机物先转化成溶解性有机物，而后被代谢和利用，粪污由此得到净化。净化后的废水由上层出水排放；剩余污泥，由系统排出（图19-10）。

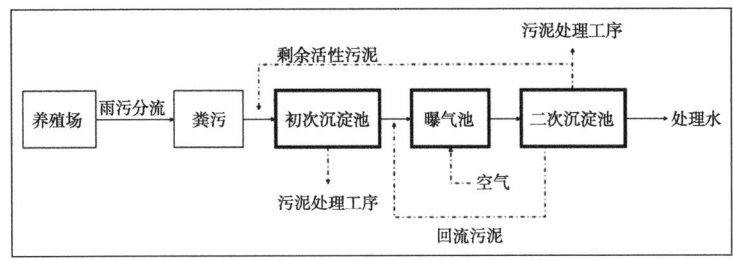

图19-10 污水深度处理模式示意图

### (4) 有机肥集中处理模式

该模式适用于区域内养殖场（小区）集中，同时实现畜禽粪污干湿分离的规模养殖场（户）。针对整个区域内的畜禽粪便，包括鸡粪、牛粪、羊粪、猪粪等，采用统一收集，集中处理的方式，生产商品有机肥，实现全国销售，提高肥料附加值（图19-11）。

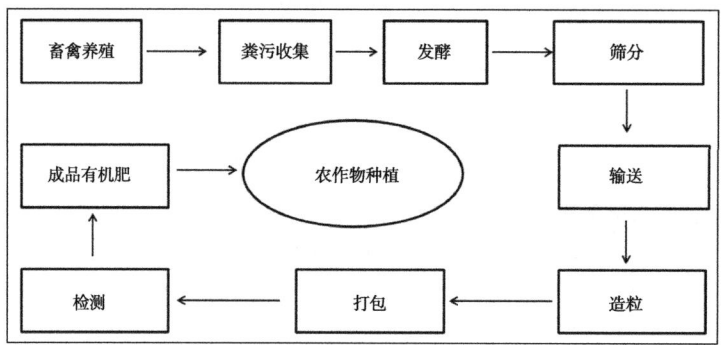

**图19-11　有机肥集中处理模式示意图**

### 19.5　示范推广资源节约型技术

**节肥**。重点推广作物测土配方施肥技术，规范取土、测土、配方、配肥、供肥和施肥等各个环节的操作，推广"一村一站、一户一卡"测土配方施肥模式，完善专家查询系统，实现"配方到户"，供肥到村，做到测土、配方、生产、供肥"一体化"。同时，全面实施土壤有机质提升计划，推广秸秆快速肥料化技术；恢复绿肥生产，全面提升耕地地力，提高肥料利用率，减少化肥施用量，实现减量增效。

**节药**。引导科学用药、合理用药，严禁销售和使用高毒、高残农药，推广应用高效、低毒、低残留农药，推广低容量喷雾技术，提高农药利用率。同时，开展病虫害综合防治和生物防治，降低农药用量，节约成本，实现减量控害，降低农业面源污染。

**节水**。加强高标准农田建设，普及非工程性抗旱节水技术，采取有机培肥、生物覆盖、地膜覆盖、保护性耕作等农艺节水技术，因地制宜推广喷灌、滴灌、管灌、微喷灌及非充分灌溉技术，完善节水灌溉制度，提高水资源利用率。

**节能**。推广免耕栽培耕作制度，将少耕、免耕、秸秆还田及机播、机收等技术综合在一起，减少机耕费用，实现节本节能。同时加快农机设备升级换代，降低农业装备能耗；进一步大力发展节油、节电、节煤等节能技术；大力普及使用沼气、太阳能等清洁能源及其技术。

注：具体编制此类园区规划时可参考《现代农业园区规划案例精选》一书第258~280页"区域生态环境农业示范园规划案例"相关内容。

# 第20章 规划投资与效益分析

## 20.1 规划投资
### 20.1.1 投资估算
#### 20.1.1.1 规划总投资

农业园区规划投资估算是指按照一定的估算方法与计算流程，在规划阶段对各功能板块重点项目从提出到建成所需要的固定资产投资总和。

为了顺利实施农业园区规划发展总目标，应加快推进设施农业、大田作物种植、林果种植、畜禽养殖、水产养殖、农产品加工、农产品物流、农业休闲观光、科技创新与配套服务等多个功能板块和农业基础设施专项的重点项目申报与实施。在明确各级财政重点支持领域和投资方向的基础上，首先估算各功能板块重点项目投资，再分项汇总成各功能板块投资，最后将各功能板块投资与基础设施投资汇总即为园区规划总投资。如表20-1所示。

从表20-1可以了解到实施农业园区规划所需的总投资、各功能板块投资和各单项投资以及各功能板块投资结构比例等。

表20-1 农业园区规划投资估算汇总参考表　　　　　　（单位：万元）

| 序号 | 项目名称 | 工程费用 | | | | | | 工程建设其他费用 | 预备费用 | 合计 | 投资结构 |
|---|---|---|---|---|---|---|---|---|---|---|---|
| | | 小计 | 土建工程 | 田间工程 | 场区工程 | 仪器设备 | 其他基建 | | | | |
| 1 | 设施农业功能板块 | — | — | — | — | — | — | — | — | — | — |
| 2 | 大田作物种植功能板块 | — | — | — | — | — | — | — | — | — | — |
| 3 | 林果种植功能板块 | — | — | — | — | — | — | — | — | — | — |
| 4 | 畜禽养殖功能板块 | — | — | — | — | — | — | — | — | — | — |
| 5 | 水产养殖功能板块 | — | — | — | — | — | — | — | — | — | — |
| 6 | 农产品加工功能板块 | — | — | — | — | — | — | — | — | — | — |
| 7 | 农产品物流功能板块 | — | — | — | — | — | — | — | — | — | — |
| 8 | 农业休闲观光功能板块 | — | — | — | — | — | — | — | — | — | — |
| 9 | 科技创新与配套服务功能板块 | — | — | — | — | — | — | — | — | — | — |
| 10 | 园区基础设施工程 | — | — | — | — | — | — | — | — | — | — |
| | 合计 | | | | | | | | | | |
| | 构成比例 | | | | | | | | | | |

#### 20.1.1.2 单项投资估算
（1）投资估算依据

投资估算依据主要包括以下几方面：

——国家发改委，《建设项目经济评价方法与参数》（第三版）；

——国家发改委，《投资项目可行性研究指南》；

——农业部，《农业建设项目投资估算内容与方法》（NY/T 1716—2009）；

——农业部，《农业非营利性建设项目经济评价方法》（NY/T 1718—2009）；

——农业部，《农田建设规划编制规程》（NY/T 2247—2012）；

——国土资源部，《全国土地整治规划（2016—2020年）》（国土资发[2017]2号）；

——国家林业局，《林业工程概预算编制方法》；

——国家林业局，《林业基本建设技术经济指标》；

——中国轻工业勘查设计协会，《轻工业建设项目可行性研究报告编制内容深度规定（QBJS 5—2005）》；

——中央部门和地方政府支持"三农"重点项目的申报指南；

——当地专门机构发布的建设工程造价和建筑材料市场价格；

——所需仪器设备厂家和市场询价；

——各园区当地省份同类项目概算定额；

——规划编制人员掌握的经验数据；

——委托方提供的基础资料。

（2）投资估算方法

投资估算方法一般采用扩大指标估算法和分项详细估算法。

**扩大指标估算法**。是套用已建的类似项目的实际投资指标，经过科学地、系统地分析整理后用于拟建项目的投资估算。

**分项详细估算法**。首先单独估算各项目的投资，然后在此基础上逐级汇总成工程投资、规划总投资的一种估算方法。按照国家发改委对投资项目管理的有关规定，单项投资固定资产投资主要由工程费用、工程建设其他费用和其他基建费用三部分构成（图20-1）。

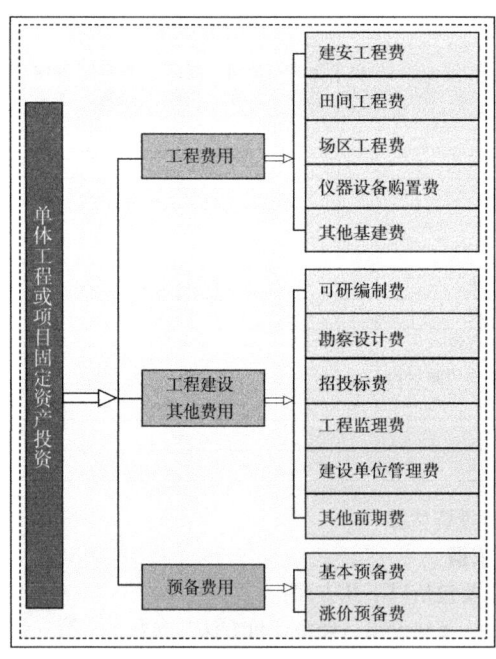

图20-1 单项投资估算构成框图

固定资产投资主要由工程费用、工程建设其他费用和预备费等部分组成。

1）**工程费用**。工程费用包括建安工程费、田间工程费、场区工程费、农机具与仪器设备购置费以及其他基建费等。

**建安工程费**。主要包括建筑物、构筑物和农业设施建筑等主体工程、附属配套工程以及水、电、热等场区工程方面的建筑、安装的投资。依据当地仓储、畜舍、温室、厂房等建设标准进行大致估算。

**田间工程费**。是指在农用地上修建的农业生产、服务性工程投资。主要包括土地平整、土壤改良、灌溉水源、灌排水设施、田间道路、晒场、防护林网、农用电、围栏、田埂、鱼塘等方面的工程投资，按照当地相关工程建设标准和投资定额进行大致估算。

**场区工程费**。是指在场区道路、给排水、供电、电信等方面的投资。

**仪器设备购置费**。是指购置相关育种、实验、检测等仪器，以及农机具、农产品加工物流等生产设备的费用。也包括为农业生产服务配置的各种运输、推广等专用车辆的费用。

**其他基建费**。主要是指引种费、土地使用费等。引种费是指种畜、种禽、种苗、种鱼等购置费或者列入投资中的新品种培育费等；土地使用费包括土地出让金和土地长期租赁一次性支付的费用等。

2）**工程建设其他费用**。主要包括可研编制费、勘察设计费、建设单位管理费、工程监理费、招投标费、环境影响评价费、研究试验费、工程保险费等。各项费用根据国家有关收费标准或所占比例进行计取。

3）**预备费**。预备费包括基本预备费与涨价预备费。基本预备费主要指设计变更及施工过程中可能增加的工程费用，其计算方法一般是以工程费用为基数，按有关部门规定的基本预备费率进行估算；涨价预备费是指项目在建设期内由于价格上涨可能引起工程投资增加而预留的费用，其计算方法一般是以工程费用为计算基数，分年度投资计划和价格上涨指数，计算建设期各年度的涨价预备费。

#### 20.1.1.3 分阶段投资

为了考虑园区的长远发展，一般按照总体规划、分期实施，根据各项目和工程的轻重缓急进行适当安排，计划各期的工程建设内容与规模，估算其投资，分析其结构，以便快速推动园区的建设进程。具体建设实施计划参考表20-2。

表20-2 园区分期实施进度安排表 （单位：万元）

| 序号 | 项目名称 | 合计 | | 其中 | | | | | | 备注 |
| | | 数量 | 投资 | 第一期 | | 第二期 | | 第三期 | | |
| | | | | 数量 | 投资 | 数量 | 投资 | 数量 | 投资 | |
|---|---|---|---|---|---|---|---|---|---|---|
| 1 | 设施农业功能板块 | — | — | — | — | — | — | — | — | |
| 2 | 大田作物种植功能板块 | — | — | — | — | — | — | — | — | |
| 3 | 林果种植功能板块 | — | — | — | — | — | — | — | — | |
| 4 | 畜牧养殖功能板块 | — | — | — | — | — | — | — | — | |
| 5 | 水产养殖功能板块 | — | — | — | — | — | — | — | — | |
| 6 | 农产品加工功能板块 | — | — | — | — | — | — | — | — | |
| 7 | 农产品物流功能板块 | — | — | — | — | — | — | — | — | |
| 8 | 休闲观光功能板块 | — | — | — | — | — | — | — | — | |
| 9 | 科技创新与配套服务功能板块 | — | — | — | — | — | — | — | — | |
| 10 | 基础设施工程 | — | — | — | — | — | — | — | — | |
| | 合计 | | | | | | | | | |
| | 比例结构 | | | | | | | | | |

### 20.1.2 资金筹措

资金筹措是在投资估算的基础上，分析项目的资金筹措渠道和各渠道的资金数量。农业园区实施规划所需的资金主要来自于各级政府财政投资、社会融资（银行贷款与民间资本投资）、建设单位自筹（企业投资和农民投劳）等渠道或通过PPP模式融资。详见表20-3。

表 20-3 农业园区资金筹措参考表　　　　　　　　　（单位：万元）

| 序号 | 项目名称 | 总投资 | 投资渠道 | | | | | 备注 |
|---|---|---|---|---|---|---|---|---|
| | | | 政府投资 | 金融机构贷款 | 工商资本投资 | 承建单位自筹 | 其他 | |
| 1 | 设施农业功能板块 | — | — | — | — | — | — | |
| 2 | 大田作物种植功能板块 | — | — | — | — | — | — | |
| 3 | 林果种植功能板块 | — | — | — | — | — | — | |
| 4 | 畜牧养殖功能板块 | — | — | — | — | — | — | |
| 5 | 水产养殖功能板块 | — | — | — | — | — | — | |
| 6 | 农产品加工功能板块 | — | — | — | — | — | — | |
| 7 | 农产品物流功能板块 | — | — | — | — | — | — | |
| 8 | 休闲观光功能板块 | — | — | — | — | — | — | |
| 9 | 科技创新与配套服务功能板块 | — | — | — | — | — | — | |
| 10 | 基础设施工程 | — | — | — | — | — | — | |
| | 合计 | — | — | — | — | — | — | |
| | 比例结构 | — | — | — | — | — | — | |

#### 20.1.2.1 政府投资

政府投资是指从中央到地方各级政府支持农业的财政资金，主要用于田间工程、良种工程、基础设施、生态循环农业等公益性或基础性工程的财政投资。其中，中央投资主要是指发改委、国家农综办、农业部、水利部等部门的涉农投资；地方政府投资是指园区所在的市、县财政对农业园区的投资。

#### 20.1.2.2 金融机构贷款

根据园区所处区位、产业基础和经济发展状况，可以申请国际金融组织、政策性发展银行、各类商业银行等金融机构的固定资产中长期贷款。

#### 20.1.2.3 工商资本投资

我国目前正处于城市支持农村、工业反哺农业的大好时期，社会上从事工业和商业所赚取的资本储量较大，是园区融资的重要来源，通过在土地、税收、市场等方面制定优惠政策，千方百计将民间资本引入到园区来，以缓解园区建设融资难、融资贵的问题。

#### 20.1.2.4 承建单位自筹

农业园区大多是政府搭台、企业唱戏，承建单位自筹资金占有很大比例，可以通过以下渠道进行资金筹措。

**建立专项农业投资公司。** 改变传统的招商引资形式，建立园区专项农业投资公司，探索建立"以奖代补、比例收回、奖优罚劣"有偿使用机制；依托政府支持优势和企业主体身份，加强与金融机构的战略合作，与商业银行签订综合授信合同；加大投资公司的担保功能，通过贷款担保和委托贷款等形式将资金逐级放大。以园区为载体，加强与投资者的合作，通过投资公司参股经营等形式整合社会资金，不断拓展融资渠道。

**成立股份制公司**。积极利用各种资本资源，引进战略合作伙伴进行加盟或投资，引导和支持股份公司规范设立，促进股份公司做大做强。

**到股市上融资**。充分利用新三板和创业板市场，优先推动科技含量高、成长性强、商业模式新的优质企业上市融资。

#### 20.1.2.5 PPP融资模式

通常称为"公共私营合作制"，是指政府与私人组织之间，为了合作建设城市基础设施项目，或是为了提供某种公共物品和服务，以特许权协议为基础，彼此之间形成一种伙伴式的合作关系，并通过签署合同来明确双方的权利和义务，以确保合作的顺利完成，最终使合作各方达到比预期单独行动更为有利的结果。

## 20.2 效益分析

园区效益主要是预测园区规划目标实施后所表现的经济效益、社会效益和生态效益的总和。经济效益主要是指园区建成后对园区本身及辐射区带来的直接经济利益和间接经济利益；社会效益主要表现在提供就业岗位与农民增收、示范带动、产业升级、社会稳定、财税增收等方面的效益；生态效益是在产业规划纳入生态循环系统之后，将农业发展建立在"绿色生产"基础上，构建生态农业全产业链，促进园区可持续发展等方面产生的效益。

### 20.2.1 经济效益

主要分析园区规划实施后所能带来的经济效益。如通过计算年均利润额、投资利润率、投资回收期等财务指标，来衡量园区的营运情况和规划实施的可行性（表20-4）。

**（1）销售收入估算**

销售收入指园区在一定时期内出售各种产品、半成品、副产品所获得的经营收入总和。

年销售收入＝∑（各功能板块年产品销售量×销售价格），详见各功能板块效益分析章节。

表20-4　农业园区销售收入汇总表

| 序号 | 功能区 | 销售收入（万元） | 占比（%） | 备注 |
|---|---|---|---|---|
| 1 | 设施农业功能板块 | — | — | 见该功能板块相关小节 |
| 2 | 大田作物种植功能板块 | — | — | …… |
| 3 | 林果种植功能板块 | — | — | …… |
| 4 | 畜牧养殖功能板块 | — | — | …… |
| 5 | 水产养殖功能板块 | — | — | …… |
| 6 | 农产品加工功能板块 | — | — | …… |
| 7 | 农产品物流功能板块 | — | — | …… |
| 8 | 休闲观光功能板块 | — | — | …… |
| 9 | 科技创新与配套服务功能板块 | — | — | …… |
| 10 | 基础设施工程 | — | — | …… |
|  | 合计 | — | — |  |

产品销售量按项目的设计能力和生产能力利用率计算，农业项目的生产能力要根据动植物本身的生长规律而定。

### (2) 成本估算

总成本是指项目在一定时期的生产经营活动中,为生产和销售产品而花费的全部成本和费用。一般采用要素成本估算方法(表20-5)。

总成本费用=外购原材料+燃料及动力+工资及福利费+折旧费+摊销费+修理费+财务费用+销售费用+其他费用

**外购原材料、燃料及动力**。生产产品耗用的原料与能源的耗用量主要根据产品设计方案规定的技术经济定额,并参照已建项目同类产品成本资料和已达到的单耗定额估算。然后将分项计算出的各类原材料、燃料及动力费用加总。

**工资及福利估算**。工资费用可参照项目所在地区同类项目近几年人均工资或劳务费用水平核定。即:工资费用=年人均工资(或劳务费用)×项目总定员人数。按国家企业财务会计制度规定,职工福利费按照人员工资费总额的14%计提。详见各功能板块效益分析章节。

表20-5 农业园区直接生产成本汇总表

| 序号 | 功能区 | 直接生产成本 | 占比(%) | 备注 |
|---|---|---|---|---|
| 1 | 设施农业功能板块 | — | — | 见该功能板块相关小节 |
| 2 | 大田作物种植功能板块 | — | — | …… |
| 3 | 林果种植功能板块 | — | — | …… |
| 4 | 畜牧养殖功能板块 | — | — | …… |
| 5 | 水产养殖功能板块 | — | — | …… |
| 6 | 农产品加工功能板块 | — | — | …… |
| 7 | 农产品物流功能板块 | — | — | …… |
| 8 | 休闲观光功能板块 | — | — | …… |
| 9 | 科技创新与配套服务功能板块 | — | — | …… |
| 10 | 基础设施工程 | — | — | …… |
| | 合计 | — | — | |

**固定资产折旧费**。固定资产折旧费一般按平均折旧年限法估算。

**摊销费**。是指在总投资中形成无形资产与递延资产需要在一定期限内摊入成本的其他基建费用。无形资产摊销,有规定的,按规定有效期限或受益年限分期摊销;没有规定的,按不少于10年的期限摊销。递延资产中的开办费,按照不小于5年的期限分期摊销。

**修理费**。按照修理费占固定资产原值的比率,或按占基本折旧费的比率提取。

**财务费用**。是指为筹集资金而发生的各项费用,包括生产经营期间发生的利息净支出、金融机构手续费以及筹资过程中发生的其他财务费用。

**销售费用**。是指为销售产品而发生的各项销售费用,包括由企业负担的运输费、装卸费、包装费、保险费、商品损失和销售服务费,以及差旅费、办公费、物料消耗和低值易耗品等费用。

**其他费用**。包括除上述费用以外的其他费用。

### (3) 盈利能力分析

规划阶段盈利分析一般仅做静态财务盈利能力分析,主要包括投资利润率、投资利税率、资本金利润率和投资回收期等指标。这些静态指标具有直观性,计算比较简便,便于决策者的了解与判断。

**投资利润率**。投资利润率是指园区达到设计生产能力后的一个正常年份的利润额或生产期年平均利润额与园区总投资的比,它是考察园区的单位投资盈利能力的指标。利润额一般是指所得税后的净利润。

$$投资利润率 = \frac{年均利润总额}{总投资} \times 100\%$$

其中：年均利润总额=（销售收入－销售税金及附加－总成本费用）÷生产期
　　　总投资=固定资产投资+建设期利息+铺底流动资金

**投资利税率**。投资利税率是指园区达到设计生产能力后的一个正常年份的利润和税金总额,或生产期年平均利税总额与总投资的比。

$$投资利税率 = \frac{年均利税总额}{总投资} \times 100\%$$

利税总额＝净利润＋所得税＋销售税金及附加

**资本金利税率**。资本金利税率是指园区达到设计生产能力后的一个正常年份的利润总额或生产期年平均利润额与资本金的比,它是考察园区的单位资本金盈利能力的指标。

$$投资金利润率 = \frac{年均利润总额}{资本金} \times 100\%$$

**静态投资回收期**（$P_t$）。是指通过园区的净现金来回收总投资所需要的时间,静态投资回收期利用各年现金流量的原值,静态投资回收期可用下式求得：

$$\sum_{t=1}^{P_t}(C_I - C_o)_t = 0$$

式中：$C_I$ 为现金流入量；$C_o$ 为现金流出量。

#### 20.2.2 社会效益

社会效益重点分析规划实施后对社会的贡献,描述其对园区及周边社会发展所带来的直接或间接效果。主要从以下几个方面来考虑：

**第一,现代农业产业体系形成方面**。如随着园区各功能产业的发展,带动了一二三产业的融合发展,逐步形成了园区完整的产业体系,为园区可持续发展奠定了基础。

**第二,农产品有效供应方面**。如规划实施后,每年可向社会提供一定的粮食、蔬菜、果品、畜产品、水产品等农产品,重点分析其对丰富农产品市场、保障供给方面所发挥的作用。

**第三,农民收入增加方面**。如随着园区功能产业的发展和产业链的延伸,对解决农民就业与增收、保障社会稳定等方面起到了很好的促进作用；加工物流产业不仅促使农业多次增值,还为当地财政增加了大量的税收,间接带动效益明显。

**第四,科技推广与示范带动方面**。如随着农业科技成果转化和实用技术的不断推广,良种覆盖率得到了很大提高,新技术推广面积在不断增加,辐射带动效应特征明显；此外通过加强新型农民技术培训,农民生产技能、科技素质和市场营销水平得到了不断提高。

#### 20.2.3 生态效益

生态效益主要研究规划实施后对园区生态环境、生态循环系统产生的正面影响,重点分析规划实施对于促进生态系统良性循环、改善生态系统功能、维护生态平衡产生的直接和间接的作用。主要体现在以下几个方面：

**第一，发展节水农业方面。** 如坚持"开源、节流、增效"，利用好天然降水、地下水、中水等各类水资源，探索工程节水、农艺节水、管理节水相结合的发展模式，尽可能减少对灌溉水的依赖，增加可用水总量；通过农田排灌设施、喷微灌等工程设施建设，减少渠道输送和农业生产过程的浪费和损失；通过节水品种、节水栽培技术、土壤培肥等农艺技术应用，努力提高农业水资源利用率。

**第二，治理农业面源污染方面。** 如以测土配方施肥、病虫害统防统治、农田生态拦截、农田残膜污染治理、秸秆综合利用等项目为重点，提高化肥、农药、农膜等农业投入品利用效率，减少农业面源氮磷污染排放和农膜残留。以实施《畜禽规模养殖污染防治条例》为契机，推进畜禽清洁养殖、规模养殖场标准化建设、以及畜禽养殖废弃物资源化利用。大力推行农业清洁生产和节能减排，积极发展生态农业和循环农业，促进园区农业可持续发展。

**第三，推广循环农业发展方面。** 如依托种植和畜禽产业为基础，以沼气工程和有机肥加工为纽带，大力推广"畜—沼—作物"生态发展模式，实现养殖场和农村废弃物再利用、农田有机肥力提高的良性循环，通过示范带动，促进园区循环农业的可持续发展。

**第四，促进生态环境保护方面。** 如坚持农业资源保护与农业生产相统筹、政府引导与社会参与相结合，通过构建政府引导，企业、农业合作组织和农民等多元主体共同参与的农业资源保护新机制，不断加强对基本农田、森林、草原、湖泊、河流、海洋等农业资源保护力度，如实施划定基本农田、加强生态防护林建设、大力实施退牧还草还林、加大海洋渔业生态保护力度、维护农业生态的多样性等措施，为农业可持续发展提供有力支撑。

## 20.3 风险评估

园区风险评估主要考虑园区经营管理过程中出现偏差时造成园区效益发生变化，威胁投资安全的问题。农业园区今后面临的主要风险包括市场风险、技术风险、政策风险、工程风险、投资风险、财务风险、社会影响风险、环境风险等。风险评估一般采用专家调查法、层次分析法和蒙特卡洛模拟法等基本方法进行。在开展园区规划与实施前，应认真分析园区建设的各项风险，基于具体风险因素提出相应对策和建议，并在实施过程中采取切实可行的方法，尽量降低园区规划实施过程中整体风险。

# 第 21 章　组织管理与运行机制

组织管理与运行机制是园区规划的重要组成部分，是园区建设和生产正常运行的重要条件。本章根据园区现状、建设类型和出资特点，提出园区组织管理架构、经营管理模式和运行机制的研究方案。

## 21.1　组织管理架构

### 21.1.1　概述

组织管理架构是根据现代企业管理制度的要求，结合园区农业综合开发需要而设置的，用于保障园区农业技术研发、示范生产、加工物流和休闲观光等方面的正常运行。

组织管理架构是园区整个管理系统的"框架"，是为实现组织战略目标，在管理工作中制定的一套分工协作体制，体现的是一种职、责、权三者的动态关系，以及各部门在排列顺序、空间位置、聚散状态以及相互关联的一种固定模式。

组织管理架构一般分为职能结构、层次结构、部门结构和职权结构。其中职能结构是指实现组织目标所需的各项业务工作安排及比例关系；层次结构是指管理层次的构成及所管理的人数；部门结构是指各分支管理部门的构成；职权结构是指各层次、各部门在权力和责任方面的分工及协作关系。

组织管理架构包括直线制、职能制、事业部制和委员会制等几种形式。其中直线制是最简单的组织形式，其特点是各级行政单位从上而下实行垂直领导，下属部门只接受直接上级领导的指令；职能制是各级行政单位除接受上级主管领导指令外，还要接受各职能部门的领导；事业部制是一种高度集权下的分权管理体制，是指按照产业类型或者产品类别将组织分成若干个事业部，各部单独经营、独立核算，多适用于规模庞大、产业繁多、技术复杂的大型企业；委员会制是指执行多层次的管理职能，并以集体统一行为为主要特征的组织形式。园区组织架构以管理委员会制为主，辅以职能制和事业部制，是一种特殊的、综合性的组织结构形式。

### 21.1.2　组织管理形式

园区组织管理结构形式多样，归纳起来，大多以政府主导型、院地联营型和企业独办型为主。但是不管方式如何，在园区实际建设中，均离不开政府的前面站台或背后支持。

#### 21.1.2.1　政府主导型

政府主导型是指由各级政府及有关主管部门直接投资建设与管理的园区组织管理形式。采用此种形式的园区往往以公益性园区为主，承担更多的社会公共职能。该类园区以政府投资为主兴建，建成后按照公司化运作。其组织机构如图21-1所示。为了保证园区的顺利实施，园区要成立相应的领导小组、管委会和职能部门等机构。

**园区领导小组**。领导小组组长一般由当地政府农业主管领导担任，副组长由政府办公室选派，小组成员由发改委、财政、土地、规划、科技、农业、水利、林业及工商等部门主要负责人组成。领导小组主要职责是负责园区的宏观指导、组织协调与重大决策制定等，重点解决园区用地、资金、招标等难点问题，优化园区政策环境和激励机制。

**管委会**。由政府主导的农业园区，一般要专设园区管委会，作为政府的派出机构，形式上是园区的一级行政组织。园区管委会具体负责招商引资、入园审批、园区规划与实施以及政府授权的其他行政管理职能。有些园区还成立农业投资公司或专项发展基金等。管委会下设职能部门，各部门各司其职，各负其责，共同对管委会负责。

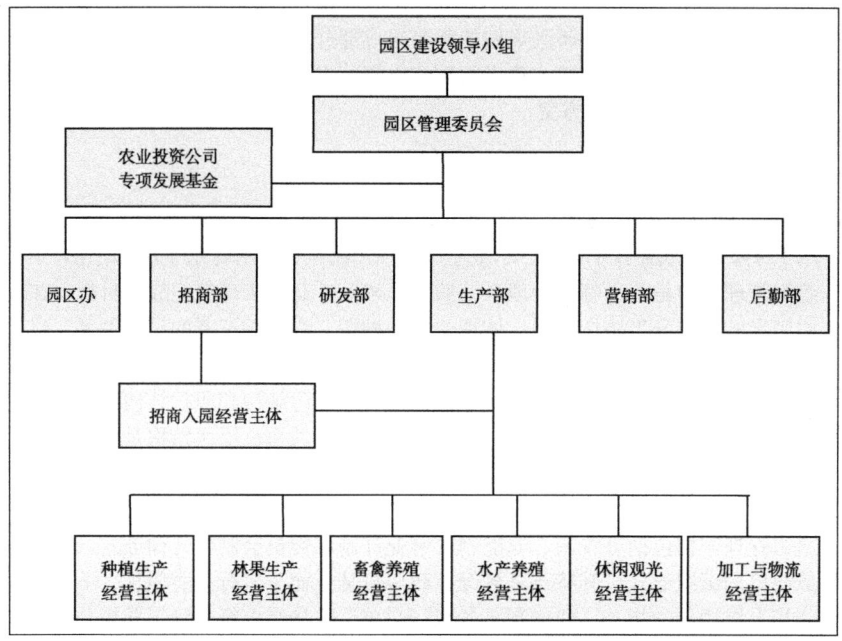

图 21-1 政府主导型园区组织管理示例图

**各职能部门**。主要包括园区办、招商部、研发部、生产部、营销部和后勤部等部门。

——园区办，具体负责园区的行政事务，以及园区建设的前期工作，包括园区总体规划、项目可研报告和实施方案的编制与审定等；园区设计、招标与监理等；园区建设的生产、财务管理、物资供应等方面的检查、审定和组织验收等。

——招商部，具体负责引进种植、养殖、加工物流和休闲观光等企业入驻园区。

——研发部，具体负责园区高新技术的引进、研发和试验工作，以及实用技术推广与生产人员培训等工作，为园区发展提供技术支撑。

——生产部，具体负责制定良种繁育、基地生产、加工物流与农业休闲观光等方面的生产计划和具体目标的实施。

——营销部，具体负责农资的采购与供应，开展产品市场调查与研究，制定产品营销方案，并进行市场开拓工作。

——后勤部，主要包括园区基建、人力资源和财务管理等方面的工作。具体负责项目工程建设、仪器设备采购与安装调试；人事招聘、人才引进、人事调配与管理等；编制年度财务预算与决算方案、资金运用与日常开支等方面的管理工作；生活卫生、车辆安排、生产安全和公用设施管理与维护等保障工作。

#### 21.1.2.2 院地联营型

众所周知，科技支撑是园区可持续发展的动力，对于具有丰富土地存量的地方政府来说，农业园区假若有科研院所加盟更能提高其建设水平和经营能力。因此，院地联营式是由中央或地方院校或科研院所与当地政府联合共建农业园区的一种组织形态。一般科研单位凭着获得的科研成果和成熟的研发团队以技术入股，地方政府提供用地场所、项目资金和优惠政策，共同组建成立园区委员会、农业开发公司和技术专家委员会，并推选公司总经理，由总经理全面负责园区的具体工作，下设总经理办公室、生产部、技术部、营销部和财务部等。技术专家委员会负责农业科技研发、技术咨询、新品种引进与培育以及生产人员的职业培训等。如图21-2所示。

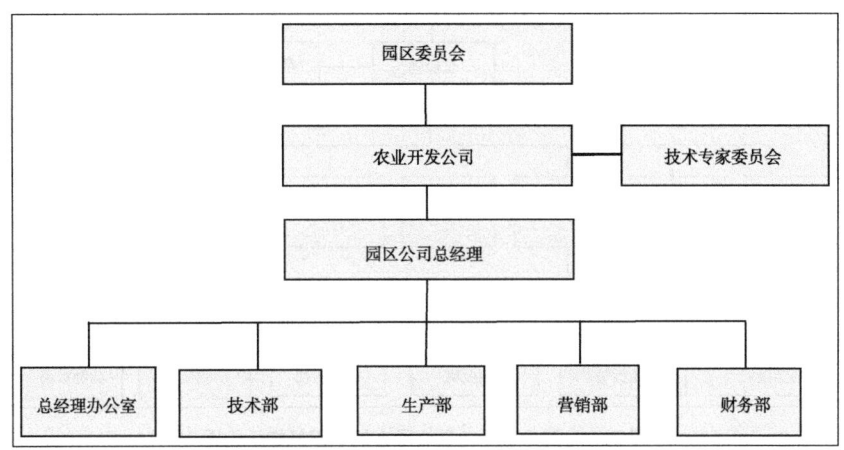

**图 21-2 院地联营型组织管理示例图**

#### 21.1.2.3 企业独办型

根据园区规模大小和发展潜力，由企业独立建设的园区可能由多家企业联合或仅由一家有影响力的大公司来承办。而联合企业大多采用总公司制，比如，成立股份有限公司，组建股东会、董事会和监事会等。这种形式的优点在于可以建立现代企业管理制度，能直接开展企业化运作，可以减少上级管理层面的干预，运作效率较高；但缺点是缺少行政管理部门参与，在前期征地、项目审批和人才引进等方面缺少主动权，园区发展受到诸多限制。

股份有限公司（主体公司）的总公司制由上层机构、职能部门和各功能分公司构成。

**上层机构**。由股东会、董事会、总经理和监事会组成。

——股东会可由各方股东委派一定数量的代表组成，按股份比例行使表决权。

——董事会可由股份比例最大的公司委派董事长，副董事长按照股份比例大小依次进行委派，需由单数人组成。

——总经理可由股份比例最大的公司提名，董事会聘任；其他经营班子成员由总经理提名，董事会聘任。

——监事会可由各方股东委派一定数量的代表组成，监事长由股份比例最大的公司委派。

**职能部门**。总公司下设行政部、基建部、生产部、市场部、技术部、人力资源部和财务部等职能部门，其主要职责是对园区进行统一规划、开发、建设和经营等，对种植、养殖、加工物流和农业休闲观光等功能板块进行宏观指导、服务、管理与监督等，负责农业生产资料的统一购买，终端产品进行统一品牌、包装和销售，现代农业科技的试验示范、组装集成、成果转化以及农业科技人才的培训等。

各功能板块成立分公司。各功能板块入驻企业可以由上级部门垂直领导，也可以通过招商引资成立分公司，但是行政事务、技术服务等方面由主体公司统一管理（图21-3）。

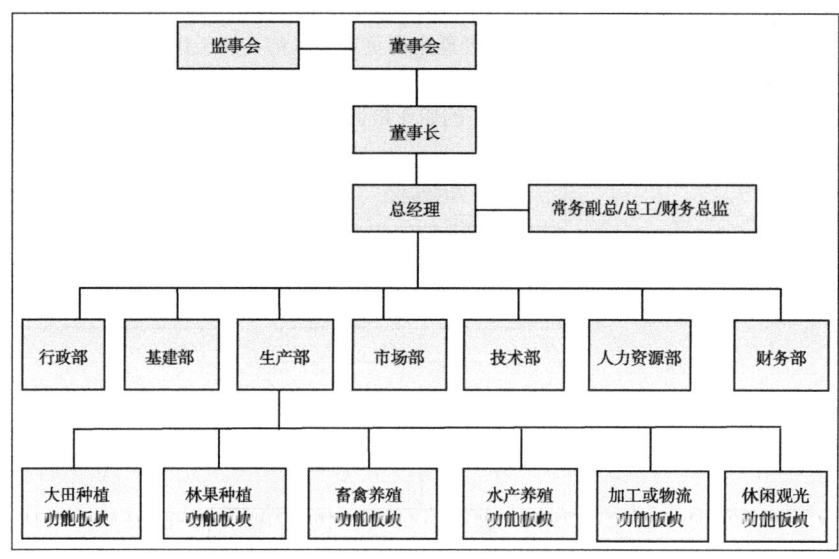

图21-3　股份制企业独立承办的组织机构示例图

### 21.1.3　园区建设期管理

农业园区建设属于大型的农业资源综合开发项目，具有占地面积大、工程项目多、投资规模大、建设周期长等特点，既包括前期的工程实施，又涵盖后期的生产活动，产业链条长，关键环节多且复杂。因此，加强园区建设期的组织与管理是确保园区顺利建成的关键。园区建设主体公司首先应对园区进行总体规划与设计，然后加强工程建设与实施管理，项目建设达到验收标准后才能交由各分公司运营。园区建设期间管理是对建设实施全过程的组织与监管，是保证园区建设按预定目标顺利实施的必要措施。管理内容包括制定各项规划，以及工程招标、工程建设、财务预算和专家团队等方面的管理。

**制定规划**。首先要求编制园区总体规划，该规划通过园区上级主管部门批准后，方可制定各功能板块的实施方案。其次凡在园区进行投资立项的项目或工程，应提供项目申请报告或可行性研究报告与有关配套资料等，方可批准建设。

**工程招标管理**。根据《中华人民共和国招投标法》和当地《工程招标投标管理办法》的有关规定，园区工程建设应按照规定的程序进行招投标管理。针对园区建设方，招标工作主要包括招标范围、组织形式、招标方式，其中招标范围根据工程投资大小选择全部招标或部分招标；招标组织形式根据工程建设性质选择自行招标或委托招标；招标方式根据要求选择公开招标或邀请招标。整个招标工程要做到公开、公平和公正，切实加强园区工程建设管理，确保工程质量和按期完工。

**工程建设管理**。主要包括园区各项目的工程设计、物资设备采购、施工监理和竣工验收等过程，牵涉到整个园区的工程质量。园区建设过程中，要根据园区建设进度，结合各部分的投资规模与先后顺序制定投资计划,保证建设资金及时到位;同时根据项目建设计划,配备专职人员负责设备、物资采购,在采购过程中,要进行多渠道的价格垂询,以保证所采购设备物资经济适用,不断推动园区建设按计划顺利实施。

**财务管理**。根据当地政府相关规定和财务管理制度,结合该园区建设实际情况,制定财务管理制度如下:

——根据园区各项工程内容认真编制财务计划;

——根据工程实施的具体内容、建造成本及正常开支等,参照当地定额编制项目资金使用计划;

——根据资金来源渠道和所需资金数量,编制资金筹措计划;

——按照财务管理办法,做到专款专用,以保证资金的顺畅使用;

——主动接受上级农业、审计机关的监督、检查,防止挪用、串项及违反财经纪律问题的发生。

**专家团队管理**。选聘一批优秀的农业专家作为园区的兼职顾问,专家队伍涵盖科研、生产、销售和管理等多方面的学术专家和专业人才。其主要任务是制定发展规划、进行技术指导和咨询服务等。

### 21.2 几种典型的经营管理模式推荐

现代化企业经营管理是现代农业园区正常运转的核心,而经营管理的重点是生产的组织模式,主要是指农业生产基本要素(如资本、土地和劳动力)的结合方式。生产组织模式组织的好与坏,直接影响着园区的经营效率和综合效益的发挥,也决定着园区建设的成败。下面推荐几种比较有代表性的经营管理模式:

**第一,公司间合作发展的经营管理模式**。在园区建设初期,由于受经营范围和技术人才等方面的限制,主体公司无法对各领域或各功能板块进行统一的经营管理,必须通过招商引资的方式引入专业生产公司,只有主体公司与各专业生产公司密切合作才能推动园区协调发展。在运营过程中,针对不同的专业公司类型,要采用不同的合作方式。对于专业性公司,招商时要设定门槛,让真正符合园区功能定位的企业入驻;对于一般性公司,主体公司可通过参股或者控股入驻公司,实现利益分享、风险共担,尽量减轻入驻公司的风险责任,引领园区主导产业快速发展(图21-4)。

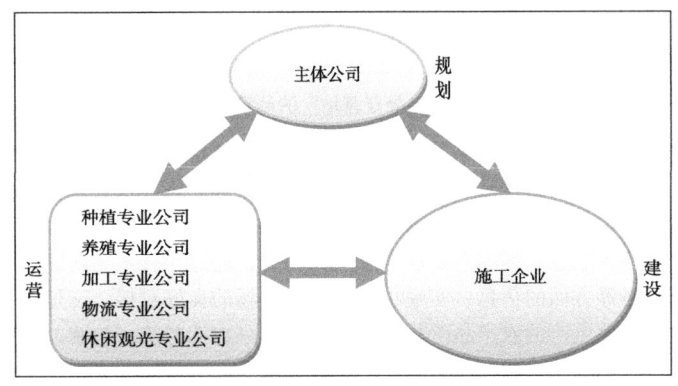

**图 21-4 公司间合作发展经营管理模式示例图**

**主体公司**。主要职责是负责园区总体规划、土地利用规划、产业发展规划、基础设施建设计划的编制和组织实施;对园区基础设施项目的招投标和现场实施进行管理,协调各项投资建设项目的推进;具体负责园区规划用地选址、详细规划审核、投资项目可研编制,以及科技研发、企业孵化、示范推广、安全生产监管、品牌建设和市场开发等。

**专业公司**。各专业公司具体负责各功能板块的生产、运营与管理。

——种植公司根据园区不同种植品种与生产计划,负责新品种引进与培育、良种繁育、基地种植、产品收获与储藏等,以及运营管理、农资调运和用工招募等。

——养殖公司根据园区养殖品种与生产计划,负责畜禽或渔业的良种繁育、示范养殖、饲料供应和疫病防治等,以及日常运营与管理工作。

——农产品加工公司根据园区及周边原料生产与计划,负责农产品初级与精深加工。

——农产品物流公司根据园区及周边农产品生产量与潜力,负责农产品的收储与调运等。

——休闲观光公司根据园区及周边旅游景点,结合各生产功能板块的景点打造,重点培育特色和知名品牌,不断吸引游客前来观光与旅游。

第二,"内建平台外建基地"的经营管理模式。当园区发展到一定阶段后,由于受空间范围限制,有些园区尝试:一是突破生产领域,重心从产中向产前产后延伸,其中产中通过技术、管理和标准来控制,产后通过市场组织来实现;二是突破生产空间,淡化直接生产,强化生产组织,基地向园区周边或省内外延伸。在这种思路指引下,有条件的园区大都在园内建设"科技、服务、加工、销售"等平台,到园外建基地,这种模式大都被城郊型园区所采用(图21-5)。

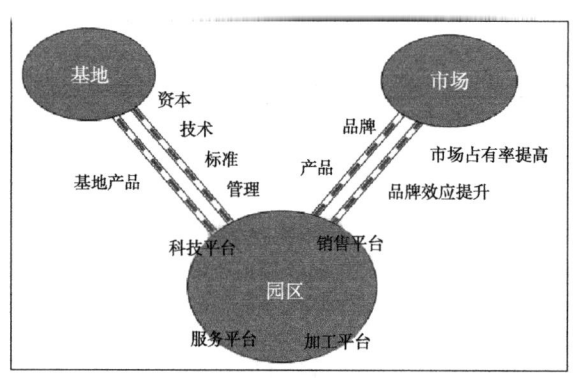

**图 21-5** "内建平台外建基地"的经营管理模式示例图

具体而言,园内建设平台主要包括:一是建立科技研发平台,如建设现代农业科技企业孵化园,以此为载体吸引国内外研发企业入驻园区,并从政策、资金、项目上给予支持与帮助。二是建立服务平台,如建设农产品质量安全检测平台,为基地提供全方位的检验检测服务;或建立农业信息交流平台,通过平台发布新品种、新技术、新行情、新价格等方面的信息,实现小农户与大市场的良好对接。三是建立农产品加工平台,对各基地生产的农产品进行统一收购、统一加工与统一包装,注册园区商标进行统一销售。四是建设农产品销售平台,通过电商网络和体验店,实现线上线下销售,不断加强宣传与推广,扩大园区品牌影响力。

第三,完全一体化现代农业经营管理模式。园区以规模化、集约化、现代化的农业资源开发与综合利用为主要特征,其运行机制大多采用产加销、农工商一体化的现代农业经营管理模式。该模式比较适用于大型企业独办式园区,其建设主体属于股份制,主体公司从事大规模的农业生产和资源开发,为了提高运转效率,大多采用完全一体化的经营管理模式。即通过产前、产中和产后的有机结合,建立从农资供应、良种繁育、基地生产、加工与营销到休闲观光景点打造、品牌培育、信息化服务等完全一体化的现代农业生产经营体系。如图21-6。

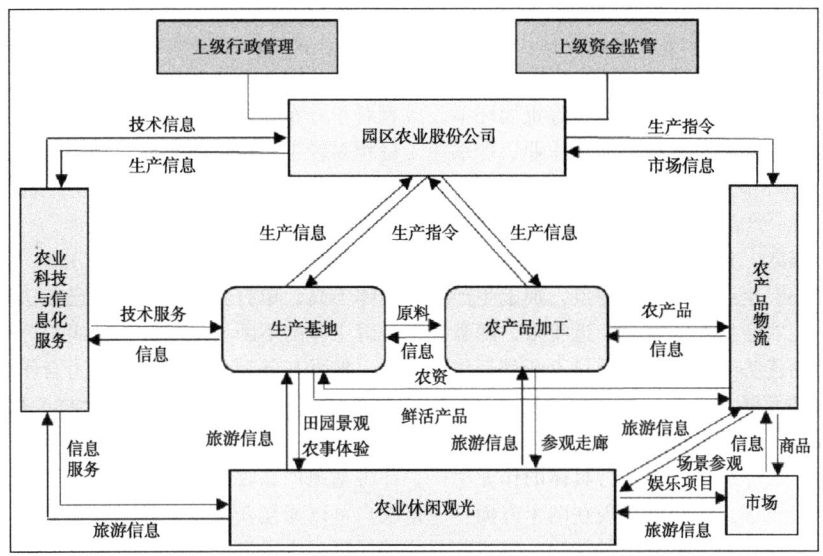

图 21-6 完全一体化的现代农业经营管理模式

**第四,垂直化经营管理模式**。垂直化管理是以实现效益最大化为目标,按照园区所经营的产业类型以垂直业务条线为主的组织架构,具有高效运作和组织协同等特点,能实现经营管理的标准化和专业化,有利于提高企业管理效率。例如,位于南方的园区,由于当地土地资源稀缺,园区建设规模相对较小,管理范围不大;或者园区以果菜茶等产业为主,其机械化程度较低,劳动用工较多,不利于分散管理。这类园区比较适合垂直化经营管理。其组织方式是将某个功能板块划分为若干生产单元,各单元按照统一标准配备管理人员、技术员、机械手、劳工以及种子、化肥、农药等,生产由主体公司通过指令对各生产单元进行统一管理。如图21-7。

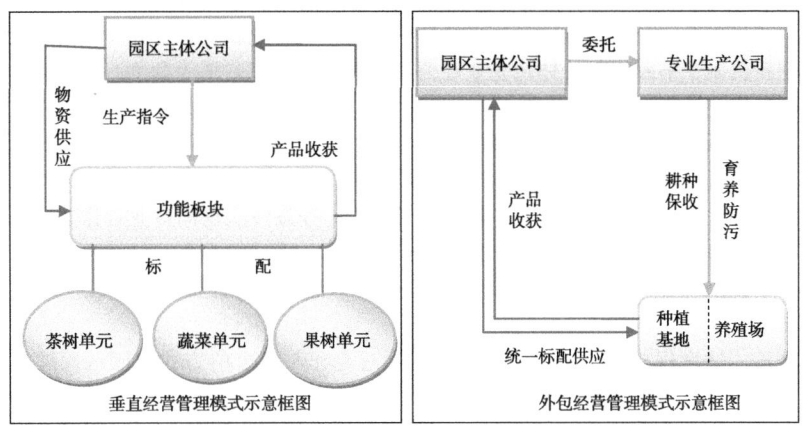

图 21-7 垂直或外包式经营管理模式示例图

**第五，外包式经营管理模式。** 近年来，随着工商资本快速进入农业领域，农村土地被大量流转，企业建设园区进行农业综合开发。针对此类特殊的投资主体，由于缺少农业资源开发运作经验和农业技术人才，通常在园区建设初期采用外包式的经营模式，与有生产经验的专业生产公司开展外包合作，将整地、种植、施肥、灌排与收获或畜禽育种、规模化养殖、饲料供应、疫病防治、粪污处理等具体环节委托给专业生产公司（如农民专业合作社、农机专业合作社、农民用水协会、养殖专业合作社等），由专业公司进行统一生产与管护；园区主体公司主要负责统一供种、统一农资供应、统一加工、统一销售等重要环节。或者对于分布在北方的粮食产业园，其土地面积辽阔，适宜全程机械化作业、劳动用工量相对较少，也可将整地、播种、植保、收获等环节外包给专业生产公司，园区主体公司只负责统一供种、统一生产资料供应、统一产品加工与销售等。如图21-7所示。

　　**第六，以新型经营主体为引领的经营管理模式。** 由于农业具有农户分散、经营规模小、生产周期长等特点，加上生产水平整体不高，单打独斗的小农户已无法满足现代化农业生产的需求。近年来，随着新型经营主体的不断发展壮大，在组织分散农户方面优势明显。园区通过不断创新体制机制，加强与新型经营主体的通力合作，谋求共同发展，逐步形成"主体公司+基地+农民合作社（家庭农场、种养大户）+分散小农户"的生产管理模式，主体公司提供资金、技术、人才和农资等，新型经营主体组织广大分散小农户进行具体的作业生产，并将基地产品收获后统一上交主体公司。这种经营模式的特点体现在两个方面：一是农户可以无偿获取生产技术和农业生产资料，劳作报酬直接与产量挂钩，农户收益能够保障，农民生产积极性较高，二是主体公司可以减少中间冗余环节，集中精力提高经营管理效率，有利于加快实现规模化生产的总体目标。

## 21.3 运行机制
### 21.3.1 园区运行机制探索

　　农业园区的建设和发展既是一个动态过程，又是一个系统工程，要实现其顺利发展，需要建立和培育良好的运行机制。现代企业运行机制是现代农业园区建设发展的核心保障，直接关系园区的健康发展和效益实现。多年来，园区形成了多种运行机制，综合起来主要体现在以下几个方面：

　　**第一，现代化企业管理运行机制。** 如参加建设与实施农业园区的多个企业，按照"自主经营、自负盈亏、自我约束、自我发展"的原则，实现统一运营与管理，逐步形成"产权明晰、责任明确、管理科学"的现代企业管理制度，通过完善市场导向与技术创新机制，不断推行一体化企业经营管理模式，向着"平等竞争、优势互补、协作共赢、共同发展"的目标迈进。

　　**第二，新型经营主体培育机制。** 园区按照"扶优、扶强、扶大"的原则，积极鼓励家庭农场和种养大户参与到园区进行农业生产，并不断规范发展农民合作社、提升壮大产业化龙头企业，激发农业园区发展活力。在逐步实现同行业合作、兼并、联合、收购等快速扩张的基础上，打造产业关联度大、带动能力强、科技含量高、市场前景好、发展后劲足、产品竞争力强的行业领军企业，着力提高园区农产品核心竞争力。

　　**第三，适度规模经营机制。** 鼓励农民通过合作与联合的方式在园区发展规模种养业、农产品加工物流业和休闲观光农业，开展农民以土地经营权入股农民合作社、产业化龙头企业参与园区建设试点，鼓励承包农户开展联户经营，引导发展农民合作社联合社，扩大生产经营面积，推动集约化规模经营。鼓励园区内新型经营主体开展"订单农业"经营方式，引导推广"龙头企业+基地+农户""农民合作社+农户""农民合作联合社+基层社+农户"等组织方式。

第四，**经营管理协调机制**。农业园区建设涵盖技术研发、基地生产、加工物流、科技推广、休闲观光、配套服务等多个领域和方面，范围广、综合性强。其建设和发展涉及政府宏观管理以及财政、规划、土地、农业、环保、交通、电力、通讯、水利等多个部门，需要各方面的积极支持和配合。因此要加强各部门间的沟通与协调，不断形成合力，努力提高效力，切实为园区建设提供及时有效的管理服务。

第五，**产学研相结合的技术创新机制**。不断引导园区主体加大科研投入，不断增强科技创新能力，建立与健全以企业为主体、产学研相结合的技术创新机制。通过建立科研基地、试验基地和科普基地等，开展良种繁育、土壤改良、病虫害防治、农业信息化服务等关键技术的攻关与试验，推动新品种、新技术、新设施、新模式、新业态等在农业生产中的应用，提高农业园区的技术创新与示范推广的能力。

第六，**多元化投入机制**。园区应建立以政府财政投入为引导、新型经营主体参与投入为重点、金融机构信贷投入为支撑、其他投入为补充的多渠道、多元化的农业投入机制。凡属园区水、电、路、通讯、热、气、绿化等公益性强的基础设施建设项目，要以政府财政投入为主，鼓励和引导集体、个人参与投入；对于符合国家产业政策的项目，政府部门也应在财政、信贷上给予扶持；对于一般的竞争性经营项目主要依靠企业投入为主。努力通过政府投资、社会投资、银行借贷或利用外资等渠道，通过产业引导、投融资平台搭建等多种途径和方式，解决好园区发展筹融资难等问题。

第七，**灵活的土地流转机制**。加快推进园区土地确权登记颁证，按照"落实集体所有权，稳定农户承包权，放活土地经营权"的原则，坚持在平等协商、自愿有偿的前提下，引导土地经营权流转。通过出租、反包、倒包和拍卖"四荒"等有效形式，促进土地资源的合理流动，引导土地向新型经营主体集中，或与园区通过土地入股或其他形式展开合作。通过建立灵活的土地流转机制，实现土地资源的优化配置，不断扩大园区农业生产经营规模，提高园区土地资源利用效率。

第八，**专业化的企业招商机制**。通过建立广告宣传、形象包装等多层面、系统化的品牌推广体系，树立园区品牌形象。组建招商团队，推进"集群化、系统化、专业化"的招商引资工作，实施产业链招商。通过开展"全程无忧管家式服务"，对入园企业实行封闭式管理，协助企业处理与政府各部门有关的事宜，为投资者营造良好的投资环境，并协助入园企业解决企业注册、项目申报与融资问题等。

第九，**集约化土地利用机制**。积极开展园区土地开发整理项目的申报，一方面通过园区田、水、路、林、村等综合治理，不断增加有效耕地面积，提高耕地质量；另一方面将影响土地集中整理的农村居民点迁移到指定地方，节约集约利用建设用地；建成大面积连片的高标准农田，优化区域土地利用布局，实现园区农地集中、居住集聚，用地集约。

第十，**创新利益联结机制**。经营主体、科研单位、农户等主体以资金、技术、土地等入股，通过建立产权技融合、利益共享、风险共担的利益联结机制，将其紧密地联系于一体。根据不同的生产要素，采取多形式、多层次、多环节的分配方式，如企业和农民利益联结，有多种合作机制，如股份合作，包括资产入股分红、资金入股分红、土地入股等；或土地返租倒包及托管带动；或订单合作，采取统一供物、统一营销、优惠让利或结算返利。以此促进经营主体与农民建立紧密、稳定的合作关系，不断提高经营主体带动农民增收致富的能力。

**第十一，风险防范机制**。探索建立以农业保险为基础的风险防范新机制。鼓励农业园区积极探索农业保险与信贷有机结合的模式，创新农业保险扶持政策，进一步提高农业保险保障水平，有效化解农业生产经营风险。建立农业高新技术应用风险储备金和农产品风险基金制度，尽量规避市场风险，分散投资风险。

以上推荐的运行机制比较广泛，针对具体园区应进行最优组合与适度取舍。

### 21.3.2 带动农民增收模式探索

农业园区建设的目的是为了带动农民就近就业与增收，带动农民参与到园区产业发展的各环节中，让农民分享二三产业增值的红利。为此，应大胆探索与完善多种利益联结模式。

**第一，"企业+基地"带动模式**。由企业一次性流转土地到第二轮土地承包期，其特点是企业建立标准化基地，既能保证加工原料优质，又提高其市场价格。被流转土地的农民，一部分由企业反租倒包，农民开展专业化种养，获得生产收益；一部分优先进入企业务工，获得工资收益；一部分发展农村三产，获得经营收益。

**第二，"企业+农户"带动模式**。由企业提供生产资料和种养规程，农户按规程自主种养，按订单价格卖给企业。其特点是企业与农民建立长期稳定的合作关系，企业实行定制式收购，农民实行标准化、规模化种养，既保证产品品质，又提升产品价值，农民获得产品价值逐年提升带来的收益。

**第三，"企业+合作社"带动模式**。由企业领办合作社，合作社入股企业。其特点是企业在资金、人才等方面支持合作社，增强合作社发展能力，农民在享受合作社保底收入和生产效益分红的同时，合作社以土地、资金等入股企业，农民再次享受企业二三产增值收益分红。

**第四，"合作社+企业"带动模式**。由合作社组建企业，农民享受全产业链分红。其特点是农民采取土地、资产折资入股或者以资金直接入股的方式加入合作社，合作社组建产品加工企业，合作社全体社员都持有不等股份，合作社实行统一生产、统一收购、统一加工、统一销售、按股分配，农民享受一二三产业增值收益。

# 第22章 规划保障措施

## 22.1 概述

### 22.1.1 保障措施的含义

保障措施是为保障规划顺利实施而采取的具体措施,主要体现规划主体范围内,人、财、物资源配置的总体安排。在规划中通常特指规划实施主体无法独自完成,需要政府各部门、社会各界协力完成的措施。

### 22.1.2 保障措施的组成

保障措施的组成较为广泛,涉及与规划实施相关的组织、政策、资金、科技、品牌等各个方面,可根据园区具体实际选择具体内容。

## 22.2 规划重点

### 22.2.1 组织保障方面

加快发展现代农业园区是推进区域经济跨越发展的重要抓手,当地各级组织要引起高度重视,不断提高认识,为推动园区发展奠定坚实的基础。

**加强组织领导**。充分发挥园区领导小组的职能作用,定期召开部门协调会,研究解决规划实施中存在的棘手问题,强化领导责任制,相关部门要把园区建设当作重要工作来抓,制定具体实施方案,落实完善和细化政策,建立健全工作推进机制。

**强化领导干部责任制**。落实各级领导干部责任制,主管领导和工作人员要善于发现和解决实施中的具体问题;技术人员应深入实际调查研究,不断研究解决技术方面的问题。

**实施目标责任考核制**。规划实施工作将列入年度目标责任重点考核内容,要分解考核目标任务,强化实施阶段各项工作的监督与检查,确保实施工作所取得的成效。

**制定严格的奖惩办法**。建立健全规划评估体系,对工作开展情况实行定期通报,优奖劣惩,对阶段性和综合考核完成好的予以项目资金支持,对未完成任务的要追究主要负责人责任,对在园区建设中做出突出贡献的单位和个人予以表彰奖励。

### 22.2.2 政策保障方面

建议地方政府制定和实施一系列优惠政策,创建宽松的区域政策环境,为园区建设提供良好的社会基础和氛围。

**加强宏观政策研究**。进一步落实好中央、省、市各项惠农政策,对重点产业、重点企业、重点项目进行重点扶持、持续扶持。加强资源环境保护、要素集约集成、新型主体培育、农业产业化发展、金融保险支持、农业科技创新、区域品牌共建等方面的政策研究,着力构建园区现代农业发展政策保障框架。

**制定相关优惠政策**。当地政府制定出台园区建设相关扶持与奖励政策,如对需要征用建设用地的入园企业,给予优惠征地成本价格;对租赁办公及厂房的企业,应减免部分房屋租金;入驻企业享受有关纳税优惠。

**提供一站式服务**。凡涉及立项、工商注册、规划、环保等相关手续,投资者可享受一站式行政服务。对于外来投资者或招聘的专业技术和管理人员,在职称评定、户口入籍、子女上学等方面按当地居民同等对待。

### 22.2.3 资金保障方面

园区基础设施建设属于公益性投资，涉及的方面较多，投资数量大，且一旦投入，很难短期收回。需要逐步建立以政府投入为引导，全社会各方面力量共同参与的多渠道、多层次、多元化的投融资机制，建议按照"中央政府拿一点、地方政府配一点、吸引企业出一点、引导农民拿一点"的原则进行筹集。

**增加财政资金投入**。建立农业园区，需要健全现代农业发展投入保障机制，按照园区规划列出的重点工程项目，积极开展前期工作，争取国家、省、市各级农业建设项目的支持；加大地方本级财政支农力度，统筹整合各类涉农资金，按照"渠道不变、用途不改、各负其责、各记其功"的原则，把涉农资金向园区主导产业倾斜；创新财政资金投入机制，采取贷款贴息、以奖代补等方式，发挥财政投入的杠杆作用和乘数效应，撬动社会资金投入。

**拓宽融资渠道**。加强银政银企合作，与各类金融机构开展涉农项目对接，引导金融机构开展涉农业务；鼓励入园企业纳入地方财政、工信部门支持范围，享受工业园区政策，如开展"财园信贷通"或"财政惠农信贷通"等融资试点，拓宽融资渠道；加强与当地国开行、农发行等政策性银行的通力合作，共建现代农业示范园区融资平台；举办各种贷款推介会，扩大银行对小微企业的信贷支持力度，缓解园区信贷供给不足；引导互联网金融、移动金融在园区规范发展；设立园区农业开发专项基金，以财政资金作为启动资金，联合政策性银行，承接商业银行等金融机构的股权投资，以资本金形式注入农业项目；引导和鼓励农民加入园区，推动"资源变资产、资金变股金、农民变股东"，带动农民致富增收。

**发展贷款担保抵押**。鼓励地方财政设立农业融资担保平台，重点对带动农民增收致富的新型经营主体提供贷款担保。引导地方财政设立风险补偿基金，引导合作银行向新型经营主体提供长期、低息贷款，出现风险时由该基金赔付。建立农村产权交易中心，引导农村资产进入市场，扩大农民的财产性收入。探索农村产权抵押担保，允许农村集体经营性建设用地质押，稳步推进农民住房财产权和农村土地承包经营权抵押、担保。创新信贷担保方式，将财政补贴作为原始金，融纳企业固定资金、合作社股金等作为贷款担保放大基金；聚合龙头企业、合作社、农户个体信用，发展联保互保贷款。

**探索PPP运作模式**。深化农业投融资体制改革，加强园区基础设施建设方面的政府与社会资本合作，积极申报PPP项目，鼓励政府以投资补助、资本金注入等方式支持农业PPP项目，强化政府投资的撬动和引导作用，择优选择具有相应运营管理经验、专业水平、投融资能力以及信用状况良好的社会资本方作为合作伙伴，拓宽社会资本参与现代农业建设的领域和范围，科学界定政府与社会资本的权利职责，规范项目投资管理和实施程序，明确操作规则与机制，促使园区相关产业从无到有、从分散到聚集、从初级到成熟，从而实现园区产业集聚与整体价值的提升。

### 22.2.4 科技保障方面

农业科技是园区发展的源动力，通过建立园区科技创新团队，不断加强适用技术推广与服务，加快人才引进与培训，促进园区现代农业跨越式发展。

**鼓励科技创新团队建设**。园区应采取多种形式合作建立农业科技创新团队，不断提高自主研发水平；支持园区承担各项农业科技成果转化、试验示范基地建设，不断提高园区科技创新与成果转化能力。加快关键适用技术创新与应用，充分调动科研院所、龙头企业、合作社等各类主体开展科技研发、示范推广活动，逐步形成技术创新应用联盟。围绕重点产业，加强关键技术设备研发与推广，逐步形成一批农业适用科研成果。

**加强现代农业科技推广**。依托地方农技推广服务网络，进一步改善设施设备，加强专业技术人员力量配备，不断增强服务功能。注重农业人才的引进与培养，着力激活农民身边的"土专家"和技术能手。构建集农业科技咨询、远程教学、远程科技推广等于一体的农业科技信息网络；结合主导产业发展需要，加快普及适用技术；围绕现代农业增产和标准化，推广农业机械化作业、节水灌溉与水肥一体化、节能环保温室生产、种养结合等技术。

**创新园区农业科技服务机制**。完善科技人才引进与激励机制，大力推行科技特派员制度，试验推广科技人员包干制，鼓励支持农技人员深入园区创新创业。结合园区主导产业，重点发挥农业科技试验示范基地和科技示范户在指导农业生产的主导作用。重点借助地方移动互联的农技推广服务云平台、农业科技网络书屋、微信平台、农业信息网、"12316"三农服务热线、农信通等，实现信息资源共享互用。围绕园区优势特色产业发展需要，以科技示范基地和示范户为载体，示范带动广大农民开展生产经营。

**加强人才引进与培训**。在人才引进方面，大力引进园外专家、学者到园区进行新技术、新产品的试验、示范工作，为其施展才华创造更好的物质条件；在人才培训方面，重视园区现有科技人员的脱产进修与短期培训，不断提高其接受新知识的能力。充分利用农业高等教育、农民职业教育等培训渠道，发挥好当地农业广播电视学校、农民职业中学、科技试验示范基地的作用。深入开展新型农业经营主体、新型职业农民和农村实用人才带头人培训，采取异地研修、集中办班和现场实训等方式，分层分类分批开展培训，不断提高园区职业农民整体素质。

### 22.2.5 品牌建设方面

实施农业品牌战略，加大宣传推介力度，不断提高园区产品市场占有率，为建设特色突出的现代农业园区提供名片标志与支撑保障。

**强化品牌培育**。在打造优势特色产业基础上，围绕区域公用品牌、企业品牌和产品品牌，以"三品一标"认证产品为重点，加大园区知名品牌创建力度，着力培育一批驰名商标、著名商标和名牌产品，形成一批影响大、效益好、辐射带动能力强的农产品品牌。引导企业诚实经营，信守承诺，增强自主创新能力，提高品牌培育能力，不断发挥品牌引领作用。

**拓展营销渠道**。推动园区入驻企业提高技术研发与精深加工能力，生产适销对路的功能产品，推行个性化定制、柔性化生产，不断开发新产品，丰富产品种类，提升产品品质，满足消费者差异化需求。积极开展农超对接，在连锁超市设立园区品牌农产品销售专区；建立农产品电子商务平台，支持创建线上线下商品销售渠道，扩大优质农产品销售范围；定期发布产品名录、商品交流、会展服务等相关信息，提高优质农产品影响力。加强农业供给侧结构性改革，不断推动需求结构升级。

**加大品牌营销力度**。加强品牌整合，搭建品牌农产品营销推介平台。聘请专业策划机构，对园区区域公用品牌进行整体打造，规范产品专用标识，注重产品包装形象设计，制定使用标准和推广方案；积极与各大媒体合作，通过互联网、微信、微博、电视、报刊等多种渠道，宣传推广园区公用品牌。引导企业凭借品牌优势，设立园区名优农产品品牌展销窗口；积极参加各类优质农产品展销会，推动优质绿色农产品尽快走出地方、走向全国。强化品牌农产品文化内涵，讲好自主品牌故事，加强品牌宣传与展示，倡导自主品牌消费。

# 第四篇　规划图件制作篇

　　园区规划一个重要的发展趋势就是越来越重视表现形式，图件在园区规划中的作用越来越大。本书将规划附图制作单列为一篇，作为农业园区规划的附属篇。本篇既介绍了规划绘图的一些规范性要求，同时也从资料收集、图件绘制方法等方面对操作性问题进行了回答。本章起抛砖引玉的作用，叙述不一定全面与到位，仅供参考。

# 第 23 章 规划图件制作与表达

## 23.1 概述与绘图原则

### 23.1.1 概述

农业园区规划方案确立后,下一步的任务是通过手绘或计算机对规划方案进行直观表现。规划图件要求总量精炼、表达清晰、逻辑合理,主要涵盖现状分析、上位规划解读、总体规划、功能分区规划、基础设施规划及成果表达等六大部分图件。

现状分析包括区位分析、周边农业产业分析、园区土地利用、道路、水系、地形地貌等现状分析图;规划解读包括约束性、指导性等相关规划及政策性规划图件(如土地利用规划图、城市或乡镇总体规划图、区域空间战略规划图等);总体规划包括概念演化、规划结构、空间布局、功能分区、总平面布置等图件;功能分区规划包括各功能区的功能分析、景观视线、平面布置、节点放大及相关效果图等;基础设施规划包括园区道路系统、给排水工程规划、电力电信工程规划、环卫工程规划等图件。

总体制图顺序是按"分析类图—平面类图—效果类图"依次进行。各种分析图是在现场测绘的基础上添加路线或区域绘制而成的;平面图可采用AutoCAD软件绘制,导入Adobe Photoshop中填色的方法,也可直接手工绘制;效果图手绘表现需要看区域的大小而定,若面积较大,适合用轴侧图来表现,面积较小,适合用透视图来表现;也可采用3dMAX建模、Adobe Photoshop后期处理的方法来实现。

### 23.1.2 绘图原则

图件绘制主要遵循以下几方面原则:

**整体性**。图纸绘制要求规范统一,整套图纸层次分明、结构清晰。

**美观性**。图纸绘制既能表现规划设计意图,又美观大方,在传递信息的同时给人以视觉美的享受。

**直观性**。图纸所要传递的信息可以清晰明了的展现在观者眼前,能够直观、全面、快速地传递规划的意图。

**专业性**。图纸绘制要求规范专业,蕴含丰富的专业知识。

## 23.2 资料收集

### 23.2.1 现状分析类

**图件资料**。园区所在行政区域行政区划图与交通现状图,以及园区内地形地貌图、最新版电子地形图(1:(1000~10000),标明用地范围)、土地利用现状图、植被现状图等。

**文字资料**。园区概况、规划范围;园区工程地质、水文、地形地貌、气象资料(包括风玫瑰图);园区及周边景观绿化情况;园区周边建设及厂区情况;园区周边道路情况(名称、位置、通向等);电力设施(电线走向、位置、负荷、引自何处等);电信设施(引自、线路、功能等);给水情况(水源地、水质情况、管网布局、给水方式、供应水量等);排水情况(排水沟或管道、污水排放量等);土壤报告(土壤结构、轻壤或中壤或重壤、pH值等)。

### 23.2.2 上位及相关规划类

（1）园区所在行政区域城乡总体规划、城镇体系规划、土地利用总体规划等法定规划。

（2）园区所在行政区域产业发展规划、旅游发展规划、交通发展规划、水利工程建设规划、生态环境保护规划等规划。

（3）园区所涉及的乡镇和村庄总体规划。

（4）周边邻近园区发展规划。

（5）其他与园区有关的规划资料。

## 23.3 绘图要求

### 23.3.1 图件要素

所有图件上应有以下元素：图题（含题名和规划期）、图界、正图、指北针（风向玫瑰）、比例尺、图例、署名、编制日期、编制单位等。

### 23.3.2 软件准备

拥有授权的Adobe Illustrator、Adobe Photoshop、AutoCAD、SketchUp、Alias Sketchbook、3dMAX、ArcGIS、Coreldraw等相关软件。要恰当地选择绘图软件，增强画面效果，提高绘图效率。下面介绍几种常用的图纸绘制软件。

Adobe Illustrator。功能超强的矢量绘图软件，文件量小，修改方便，所见即所得，软件兼容性高。

Adobe Photoshop。成熟完善的位图编辑软件，易于做出各类效果，但文件量较大，修改不方便。

AutoCAD。最强矢量绘图软件，尺寸精确，主要用于平面线条的绘制，也可完成三维表现。

SketchUp。方便快速的三维建模软件，拥有出色的细部表现能力，更可以为简单的体块模型塑造出类拔萃的空间效果。

Alias Sketchbook。逼真模拟各种手绘效果，尤其适合小幅面概念分析图创作。

3dMAX。最成熟的建筑可视化表达软件，可用于三维动画制作和渲染，常用于规划的效果图和多媒体制作。

ArcGIS。地理信息编辑、使用和管理的软件，该软件提供了一系列的工具用于数据采集和管理、可视化、空间建模和分析以及高级制图，常用于地图的制作。

Coreldraw。出色的平面设计软件，主要用于矢量图形绘制，提供矢量动画、页面设计、网站制作、位图编辑和网页动画等多种功能。

### 23.3.3 图幅规格与图号编排顺序

**图幅规格**。可分规格幅面的规划图和特型幅面的规划图两类。直接使用0号、1号、2号、3号、4号规格幅面绘制的图纸为规格幅面图纸，其他皆为特型幅面图纸（表23-1）。

表 23-1 规格图幅　　　　　　　　　　　　（单位：mm）

| 基本幅面 | 0号、1号、2号 | 3号、4号 |
|---|---|---|
| b×l | 841×1189、594×841、420×594 | 297×420、210×297 |
| c | 10 | 5 |
| a | 25 | |

在农业园区规划中，特型图幅的图尺不做统一规定，但同一项目的图纸规格宜与规划文本一致，以利于装订。

**图号顺序**。图纸顺序需要遵循：① 布局规划在前，工程规划在后；现状分析在前，规划成果在后的原则进行编排。② 图纸缺省时，编排顺序不可空缺。③ 图纸增加时，图纸编排顺序号应依次往后推。

#### 23.3.4 图面要素表达

##### 23.3.4.1 图标

**图题**。图题是农业园区规划的标题，是图纸必不可少的部分。有图标的图纸，应填写图标内的图名并书写图题。图题的内容应包括：规划名称（含规划期）、图号、图名，且图名的字号宜小于规划名称的字号。图题不应遮盖图纸中实质内容，位置宜选在图纸的上方或左方，不应放在图纸的中间。规划名称后应标注规划期限，且与规划文本中的期限一致，位于规划名称右侧或下方。

**指北针与风玫瑰**。规划平面图（不含立面和轴侧图）应标绘指北针和风向玫瑰，指北针可与风向玫瑰图一起标绘，也可单独标绘。

指北针的标绘，应符合现行国家标准《房屋建筑制图统一标准》（GB/T 50001—2010）的有关规定。风向玫瑰图应以细实线绘制风频玫瑰图，以细虚线绘制污染系数玫瑰图。风向玫瑰图与污染系数玫瑰图应重叠绘制在一起。指北针与风向玫瑰的位置应在图幅图区内的上方左侧或右侧。

**比例与比例尺**。除与尺度无关的规划图以外，都应在图上标绘出表示图纸上单位长度与地形实际单位长度比例关系的比例尺，位置通常在指北针或风向玫瑰图的下方。

##### 23.3.4.2 图界

图界是农业园区红线及周边纳入图面内应涵盖的用地范围，包括园区红线全部范围、周邻用地的直接关联范围和该规划图按规定应包含的范围。周邻用地的直接关联范围应至少包括规划用地及其以外50米内相邻地块的用地范围。

##### 23.3.4.3 图示

**图例**。图例由图形（线条或色块）与文字组成，文字是对图形的注释。单色图例应使用线条、图形和文字；多色图例应用色块、图形和文字。图例应绘在图纸的下方或下方的一侧。

**图标**。用于记录规划图编制过程中，规划设计人与规划设计单位技术责任关系和项目索引的内容，图标应位于规划图的下方。

**文字与说明**。图上文字说明主要包括：图题、比例、风向玫瑰（指北针）、图例、署名、编制日期、地名、路名、桥名、水系（河、江、湖、海）名、名胜地名、主要公共设施名称、规划参数等。所有文字均应笔画清晰、文字规范、字体易认、编排整齐、书写端正，标点符号的运用应准确、清楚。涉外的规划项目，可在中文下方加注外文；数字应使用阿拉伯数字，计量单位应使用国家法定计量单位；代码应使用规定的英文字母，年份应用公元年表示。

##### 23.3.4.4 图签

**署名**。所有图纸上都应署上规划编制单位的正式名称，并可加绘编制单位的徽记。有图标的图纸，需在图标内署名；没有图标的图纸，在图纸的右下方署名。

**编绘日期**。编绘日期是指全套成果图的完成日期；修改的图纸，应注明修改完成的日期，位置处于署名的正下方或者右方。

#### 23.3.4.5 底图制作

收集完园区场地高程数据(AutoCAD或者Map GIS)、土地利用现状数据(Map GIS矢量或者位图文件)和场地相关规划设计图册等图件后,下一步开展底图制作(图23-1)。

园区规划底图非常重要,其制作过程也较为复杂,综合因素相对较多,下面简述一下规划底图制作过程:

**地形制作**。将获取的CAD高程数据利用湘源控规转化为等高线地形图;或者将Map GIS地形数据转化为DEM高程数据,再利用Arc GIS将其转化为等高线地形图、将获取的等高线地形图栅格化处理,在Photoshop中分层设色,模拟出真实地形。

**地物提取**。综合土地利用现状数据和场地相关规划,提取河流、湖泊、道路水网、建筑、植物群落等重要要素,在Photoshop中重新分层绘制。

**图层整理与转换**。首先给不同图层命好名称,利用批量处理工具,将CAD输出的图纸变成透明的EPS格式图层;其次在Photoshop中打开文件,转换为Gray模式并将对比度调到最大;最后转换回RGB模式,按顺序分层叠加。

**要素叠加**。将提取的各地物要素、制作好的地形图和卫星影像图层进行综合叠加,并协调全图色彩,获取场地规划底图。

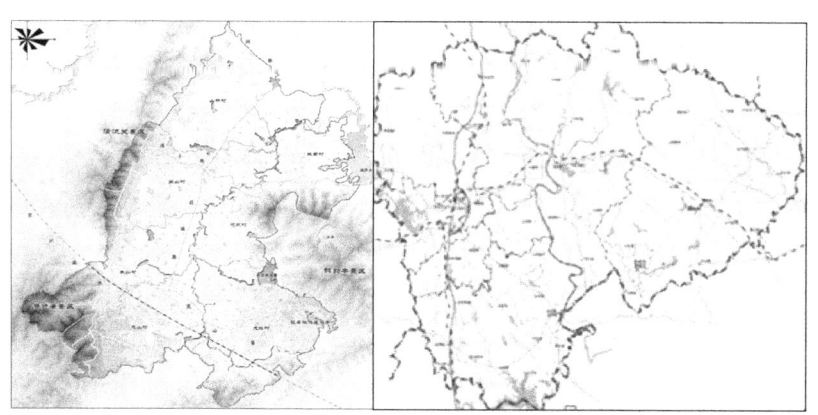

**图 23-1 规划工作底图制作示例图**

### 23.4 主要图纸绘制方法

图纸类别与数量根据具体规划需要而定,主要包括现状分析、规划解读、空间结构、功能分区、总平面布置、总平面布置细部、各功能小区、基础设施及成果表达等规划图件。下面简要概述其绘制方法。

#### 23.4.1 现状分析图绘制

记录规划工作起始状态和分析过程的图纸,包括区位、农业产业、土地利用、道路水系、地形地貌等各个方面的现状分析图。

##### 23.4.1.1 现状分析图绘制基本原则

**一图一事**。一张现状分析图只表达一个或一类信息,这类信息由设计者根据设计本身提取，通过简洁的图形传达给阅读者。

**有机分解**。将复杂的信息元素按照一定逻辑，如按设计过程先后、整体到局部等进行分解呈现。

**自我说明**。现状分析图本身应具有较强的说明能力，采用极容易被人理解的相关文字说明，主要起辅助阅读的作用。

**抽象加工**。适当地将具象元素向抽象图元素转化，使得图面关系更加协调、有特点、有新意，令人难忘。

#### 23.4.1.2 现状分析图绘制技巧

**底图加工**。简洁、明晰、美观，去除多余信息干扰。

**统一标准**。同类分析图系列化，统一好标准，实现底图一致、模板一致、绘制方法一致、尺寸一致。

**虚实搭配**。将边界、区域等确定元素与几何标记等不确定元素相结合等。

**抽象创造**。对图形元素进行艺术加工，实现抽象化、几何化和符号化等。

**图面效果**。注重色彩搭配，统一线形、箭头等几何元素。

#### 23.4.1.3 现状分析图绘制流程

下面以园区区位分析和土地利用现状图绘制为例进行说明。

**区位分析图**。首先绘制周边重要的江、河、湖等水系及山岳地形；其次绘制周边重要城市及行政界线，如各级市、县、镇乡等位置及行政界线；再次表现出主要交通干线及节点：包括机场、火车站、铁路、高速公路、国道、省道及高等级公路等；最后根据交通可达性分析等，叠加辐射半径，突出园区位置（图23-2）。

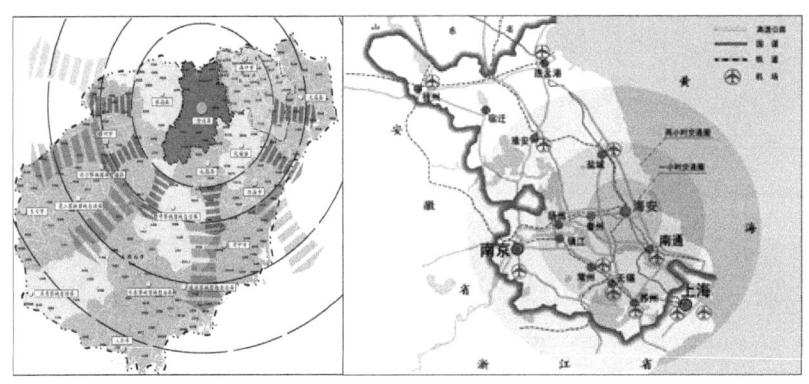

**图 23-2 区位分析示例图**

**土地利用现状分析图**。首先从Arc GIS或Map GIS中调取园区土地利用现状及高程地形图或者在AutoCAD中描绘园区遥感影像图；其次根据土地利用类型进行合理分类，如基本农田、一般农用地、道路、水体、林地、园地、村镇建设用地及设施农业用地等；再次结合现场勘查，绘制出基础设施、地物地标、水流方向、管线走向、植被情况、地形地貌等；最后结合遥感影像、做必要文字说明和图示放大（图23-3）。

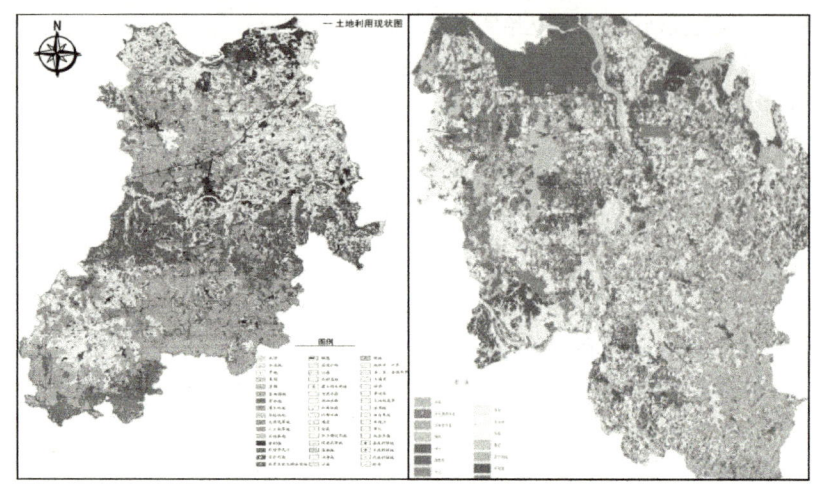

**图 23-3　土地利用现状分析示例图**

### 23.4.2　上位规划解读图绘制

上位规划解读包括约束性、指导性等相关规划及政策规划示意图，如土地利用总体规划、城市总体规划、区域空间战略规划等，是规划的宏观背景分析。绘制此类图时，首先描绘周边行政、交通及山水关系；其次依据各产业现状，表现出各产业园区、基地、农庄等位置及规模；再次依据上位规划，勾勒出城镇群、产业带、庄园组团等宏观结构及发展布局；最后突出园区所在区域的经济及地理区位（图23-4）。

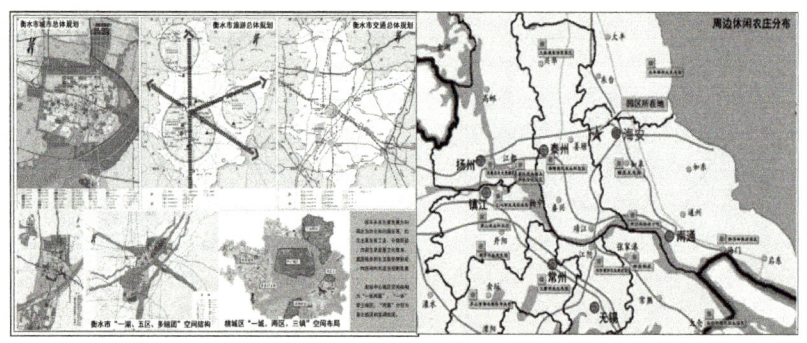

**图 23-4　上位规划解读示例图**

### 23.4.3　总体规划图绘制

总体规划图应是反映规划意图和总体规划层面的图纸，包括概念演化或空间结构图、功能区规划图、总平面布置图及细部制作等。具体绘制说明如下：

#### 23.4.3.1　空间结构图绘制

空间结构图主要反映空间关系和各功能组团的有机联系，属于方案过程的推敲，但是其绘制成图过程却是反向推导。首先将绘制好的总平面图进行简约化处理，作为本图背景；其次抓住各区域重点，理顺各功能区的关系；再次运用点、线、面等有机串联，将主要功能节点组合成心、核、廊、带、轴、环、翼、片等有机整体；最后可结合园区主题，概念化表达出空间立意和形态物化（图23-5）。

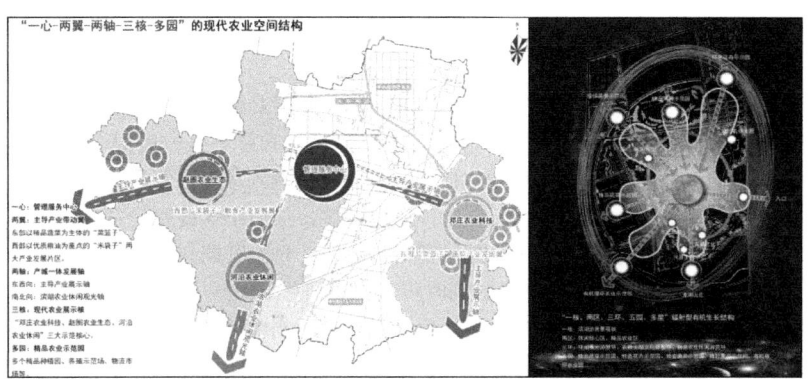

图 23-5　空间结构分析示例图

### 23.4.3.2　功能区规划图绘制

首先将总平面图简洁处理或者利用AutoCAD中的线稿作为规划底图，用复合线绘制各轴线、节点，在格式菜单栏点选线形打开线形管理器对话框，加载所需线形，点击特性按钮修改线形比例为合适值，然后输出PNG格式图像；其次在前一步基础上加半透明层，再将输出的功能图按住shift键拖入，沿主干道路将整个园区合理分区，注意各区域功能明确、边界清晰、体量相当；再次美化处理分区线形，如可采用倒圆角、点划线、色彩描边、半透明等处理手法；最后标注各区域名称、面积、比例尺、风向玫瑰、指北针等基本信息，并加入必要的文字说明（图23-6）。

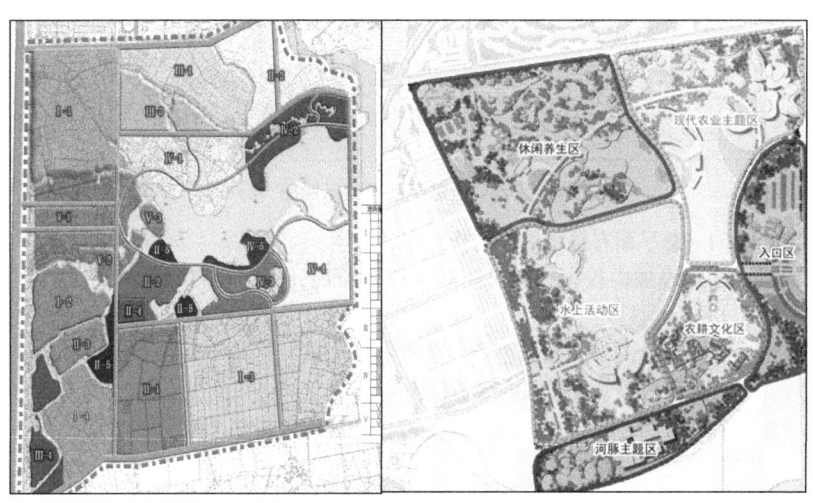

图 23-6　功能区规划布置示例图

### 23.4.3.3　总平面布置图绘制（图23-7）

**CAD图纸整理**。输出用地红线、道路轮廓、地面铺装、等高线、建筑物轮廓、植物（乔木、灌木以及绿篱等）、水体、文字标注等信息。具体过程如下：在打印设备选项卡中点击打印按扭，在弹出的打印对话框中选择名称为TIFF Version 6.pc3，点击名称右侧的特性按钮设置自定义图纸尺寸，设置输出文件的文件名和路径，进入打印设置选项卡，选择刚刚设置的图纸尺寸，点击窗口按钮框选打印范围，此时要注意先用矩形画外框，以确保以后每次选取都在相同的位置，单击确定按钮输出。然后按上述方法依次输出其他要素图层。

**分离图线**。将总平面CAD图形以tif格式输出，并合并输出文件到总平面图中。启动Photoshop，打开刚才输出的总平面图，在图像菜单选择调整—色相/饱和度，将饱和度调到最低，再选择调整—亮度/对比度，将对比度调到最大，复制背景层，在选择菜单中点取色彩范围，调大模糊度，选择白色区域，按Ctrl+X键删除白色区域留下黑色线条。同理，将其他tif格式图像饱和度调到最低，对比度调到最高，然后根据实际需要选取区域或线形，按住Shift键的同时将其拖动到总平面图中。

**图层填色**。在Photoshop中选取各个区域，填充适当的颜色或定义的图案，将各要素图层复制后填充为黑色，设置透明度为40%，然后按住Alt键用键盘上的上下左右键沿光线照射方向移动复制图像，产生阴影效果，保存图像。

**装饰及整饰**。布置建筑、温室、绿化、水体、铺装、田地纹理及基础装饰，并且做地物阴影、地形模拟、雾化虚化、统一色调等整饰工作。

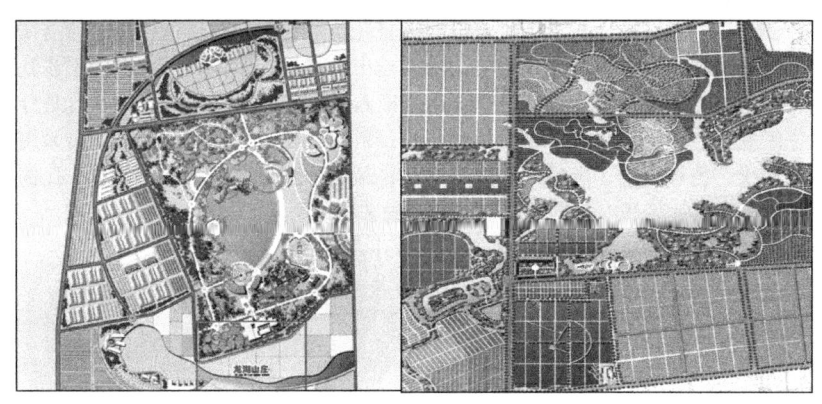

图 23-7　总平面布置示例图

### 23.4.3.4　总平面布置图细部制作（图23-8）

**水系**。图层添加内投影，也可用高斯模糊添加光感，也可用退晕，亦可用滤镜补光。

**草地**。注意红线内外要区分色象、明度和饱和度，尽量不要用真实的草地图片代替草坪，否则会不协调，且加大内存消耗。

**投影**。单独复制一层，放在投影物下方，低矮物体可用图层阴影做特效，但建筑等高大物体需单独做投影。

**地形**。制作较为复杂，在此简述一下过程：① 新建图层，根据草地面积的大小，用选框工具选出圆形选区；② 填充一个深于草地面积的绿色；③ 用椭圆工具建立一个较小的选区并羽化；④ 滤镜—杂色，滤镜—光照效果，用全光源调整中心点位置和强度，添加近黄色的光源色；⑤ 反选选区，按Del键删除；⑥ 柔角橡皮擦去选框周围，注意和选框保持一定距离；⑦ Alt+移动工具，拖动复制，调整之间的位置关系和透明度，合并各地形的图层。

**拉模**。用路径勾出形状，然后变换成选区，增添黄灰或蓝灰颜色，给适当透明度。

**植物**。先在CAD中画出轮廓和纹理，再导入Photoshop中，添加一种或几种颜色，乔木、花草和灌木同样如此。

**图 23-8　总平面布置细部制作示例图**

### 23.4.4　各功能分区图绘制

各功能分区图绘制类似于总平面图，但是其表达深度和细部设计更为详细，必要时可增加节点设计出平面图、立面图、剖立面图，增加分项和细部说明（图23-9）。

**功能分区平面图**。根据园区不同分区，划分若干局部，每个局部根据总体设计的要求，进行局部详细设计。一般比例尺为1∶500，等高线距离为0.5米，用不同等级粗细的线条，画出等高线、园路、广场、建筑、水池、湖面、驳岸、树林、草地、灌木丛、花坛、花卉、山石、雕塑等。功能小区平面图要求标明建筑平面、标高及与周围环境的关系；道路的宽度、形式、标高；主要广场、地坪的形式、标高；花坛、水池面积达小和标高；驳岸的形式、宽度、标高。同时平面上标明雕塑、园林小品的造型。

**横纵剖面图**。为更好地表达设计意图，在局部艺术布局最重要部分，或局部地形变化部分，做出剖面图，一般比例尺为1∶（200～500）。

**局部种植设计图**。在总体方案确定后，着手进行局部园区、景区、景点的详细设计的同时，要进行1∶500的种植设计工作。一般1∶500比例尺地图纸上，能较准确地反映乔木地种植点、栽植数量、树种。树种主要包括密林、疏林、树群、树丛、园路树、湖岸树的位置。其他种植类型，如花坛、花境、水生植物、灌木丛、草坪等的种植设计图可选用1∶300比例尺，或1∶200比例尺。

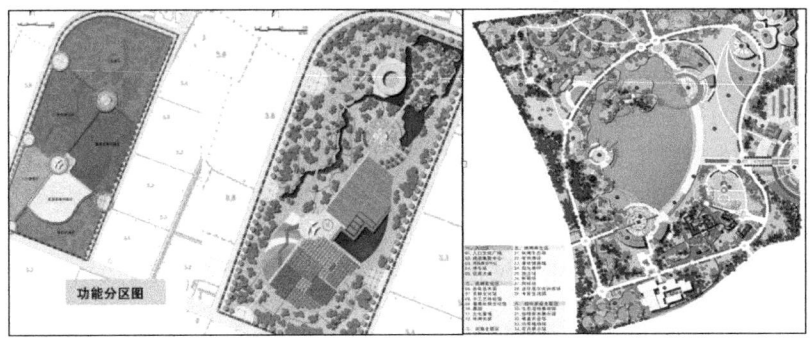

**图 23-9　各功能分区布置示例图**

### 23.4.5 基础设施规划图绘制

基础设施图纸内容相对较多，需要根据规划深度做具体增减，一般有道路系统、旅游线路组织、给水工程、污水工程、雨水工程、电力电信工程、环卫工程、防震减灾工程等。首先将简洁化处理后的总平面图作为工作底图；其次运用不同线形和色彩进行逐层逐级表达出流线等级、水路走向、控制节点等；再次选用不同图标标注出停车场、站点、交叉口、控制阀、雨污口等关键节点；最后明确标注出道路名称、水系名称、雨污流向、电力等级等重要信息（图23-10）。

**道路系统规划图**。图纸应标明规划主、次干道和支路的走向、红线、断面，主要控制点坐标、标高；主要道路交叉口形式和用地范围；主要村镇位置；园区内部交通和园区外部交通的关系。

**给排水工程布置图**。给水规划图应标明园区给水方式、主要水厂、输配水干管走向、管径等信息；排水（污水）规划图应标明园区污水处理方式、排水管渠干线位置、走向、管径和出口位置、污水处理厂位置等信息。

**电力电信工程布置图**。图纸应标明供电电源；变、配电设施位置、名称、容量、电压等级；供电线路主要走向、电压等级；高压走廊用地范围、电压等级；各种通讯设施布局，通讯线路走向。

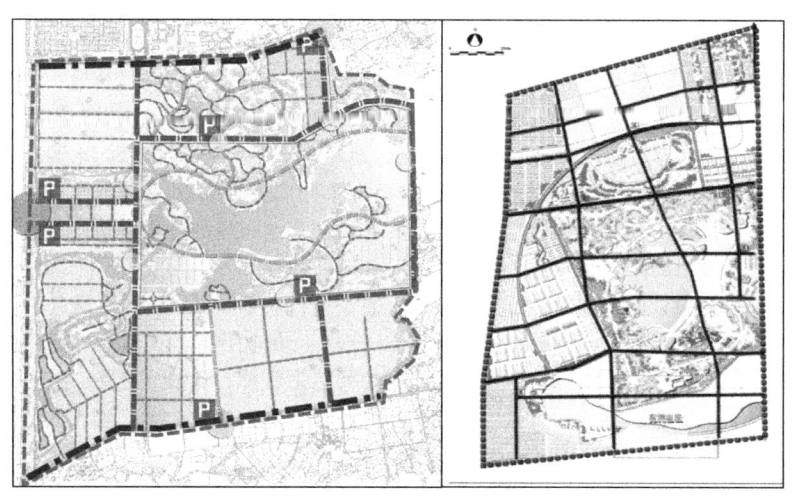

图 23-10　道路、电力系统工程布置示例图

### 23.4.6 成果图表达

#### 23.4.6.1 效果图

效果图根据视角一般可分为鸟瞰和人视图两类：鸟瞰图通常用来表达整个园的规划效果，图面较为宏观；人视图一般反映园区某一特定场景或建筑单体，表达更加形象具体（图23-11）。

效果图制作三步曲：CAD—3dMAX—PS（Photoshop CS）

（1）CAD平面图绘制

根据实地测量调查结果和对方提供的基础材料与要求，运用CAD软件绘制园区平面图。

**（2）3D模型创建**

将CAD平面图导入3D软件中，运用3D建模，即建立所需的建筑、水体、道路、地形等的三维模型，再用LS，VRAY等软件进行材质渲染。

**建模**。将总平面CAD图形导入3dMAX中，导入时注意勾选焊接选项。选择图形单击右键，在弹出的快捷菜单中选择[冻结选择的]将其冻结，在3dMAX中描线，布尔运算后将二维线挤出，简单建模。挤出时注意取消[封口始端]选项，以减少面数，挤出后根据需要可通过单击右键，打开[属性]命令对话框，取消[投影阴影]，使选择对象不投射阴影。对于有相同截面的模型可用二维线绘制截面，再绘制路径，用放样命令将其生成。绘制的线形可在修改命令面板中线的顶点、线段、样条线层级进行修改，以便提高线形的准确度。

**贴图**。模型建好后打开材质编辑器，设置材质球，并将材质指定给模型。对于表面凹凸的材质，勾选凹凸选项，并将漫反射贴图复制到凹凸贴图按钮上；对于玻璃材质需降低透明度，提高高光级别和光泽度；对于水材质需设置透明度，勾选反射选项进行光线跟踪，勾选凹凸选项设置燥波贴图。贴图设置好之后在修改命令面板中选择UVW Map贴图，设置贴图坐标，调整贴图大小。

**设置摄象机**。在创建命令面板中点选摄象机，选摄象机焦距为28mm、35mm，选相机观察点、目标点，平移Z轴设置视高，激活视图按C键转换为相机视口。

**设置灯光**。通常套用现成的灯光矩阵。

**渲染输出**。注意渲染输出文件时须设置文件大小、文件名及路径，并在渲染场景对话框的渲染器选项卡中勾选贴图、阴影、自动反射/折射和镜像复选框。

**输出用做选区的tga文件**。将3dMAX文件另存为新的文件在材质编辑器对话框中将材质配成不同的颜色，注意去掉[透明]、[高光]、[凹凸]、[反射]等通道上的贴图或材质，再将场景所有灯光和模拟天空球体删除，最后对场景进行渲染，图像大小及虚线框位置与前面的tga文件相同，注意修改渲染的文件名以免覆盖前面的文件。

**（3）PS效果处理**

将3D模型导入PS软件中，图像合成模型、植物、人物、车辆、天空等元素。首先通过前面渲染输出的文件建立选区，对其中各景观要素分层并调节其色彩、透明度、对比度、饱和度等参数，然后将选好的图片（天空、地面、近景、中景、远景）拖动到图像中，调整人物和配景大小以及与整体色调的关系，使其统一于整体光照环境之中。另外，适当加强建筑主体的明暗对比，注意天空与整体画面的搭配。

图 23-11　规划效果示例图（左图：人视图，右图：鸟瞰图）

#### 23.4.6.2 多媒体

规划成果表达的重要方法之一，通过多媒体宣传片、计算机实景模拟、激光布景演示等展示规划成果的技术手段（图23-12）。

**准备素材**。依据具体的视频剧本以及提供或准备好的素材文件可以更好地组织视频编辑的流程。素材文件包括：通过拍摄采集的数字视频AVI文件，由Adobe Premiere或其他视频编辑软件生成的AVI和MOV文件、WAV格式的音频数据文件、无伴音的动画FLC或FLI格式文件，以及各种格式的静态图像，包括BMP、JPG、PCX、TIF等。

**素材剪切**。各种视频的原始素材片断都称作为一个剪辑。在视频编辑时，可以选取一个剪辑中的一部分或全部作为有用素材导入到最终要生成的视频序列中。剪辑的选择由切入点和切出点定义。切入点指在最终的视频序列中实际插入该段剪辑的首帧；切出点为末帧。也就是说切入和切出点之间的所有帧均为需要编辑的素材，使素材中的瑕疵降低到最少。

**画面编辑**。运用视频编辑软件中的各种剪切编辑功能进行各个片段的编辑、剪切等操作，完成编辑任务。目的是将画面的流程设计的更加通顺合理，时间表现形式更加流畅。

**添加特效**。添加各种过渡特技效果，使画面的排列以及画面的效果更加符合人眼的观察规律，更进一步进行完善。

**添加字幕**。在做宣传片或者多媒体视频的片段中，必须添加字幕，以更明确地表示画面的内容，使规划表达更加清晰。

**处理声效**。在片段的下方进行声音的编辑（在声道线上），可以调节左右声道或者调节声音的高低、渐近、淡入淡出等效果。本工作可以减轻编辑者的负担，减少了使用其他音频编辑软件的麻烦，并且制作效果也相当不错。

**生成视频**。对建造窗口中编排好的各种剪辑和过渡效果等进行最后生成结果的处理称编译，经过编译才能生成为一个最终视频文件。最后编译生成的视频文件可以自动地放置在一个剪辑窗口中进行控制播放。在这一步骤生成的视频文件不仅可以在编辑机上播放，还可以在任何装有播放器的机器上操作观看，生成的视频格式一般为.avi。

图 23-12　多媒体展示示例图

### 23.4.6.3 沙盘（图23-13）

**（1）类别**

包括实体沙盘和电子沙盘两种。

**实体沙盘**。是指利用实物材料将等比例微缩规划实体做成供人参观学习的模型。其是以微缩实体的方式来表示地形地貌特征，并在模型中体现山体、水体、道路、建筑等物，使人们能从微观的角度来了解宏观的事物。

**电子沙盘**。通过真实的三维地理信息数据，利用先进的地理信息技术，实时动态表达出如三维坐标、高度、坡度、河流、道路及各种人工工程与设施、远景规划等信息，并能通过先进的三维仿真功能实时进行三维单点飞行、路径飞行、绕点飞行、工程设施查询、经济效益的分析以及其他各种智能分析等。电子沙盘又分为三维电子沙盘、声光电沙盘和多媒体触控沙盘。是由多媒体计算机（触摸屏一体机）、逻辑控制器、驱动器、舞台灯光控制器以及触摸式遥控器（PDA掌上电脑）等设备组成，与模型沙盘、大屏幕投影以及多媒体展示软件等配合，实现对模型灯光、舞台灯光动作进行自动、手动、遥控控制，以语音、文字、图片和视频图像等多媒体形式配合同步展示模型沙盘中的各类相关信息，达到全方位互动式的多媒体展示效果。

**（2）以实体沙盘为例制作流程概述**

**准备材料**。一是设备，主要包括电脑、AutoCAD设计软件、雕刻机、工作台、油漆喷枪等。二是原材料，主要包括各种厚度的有机玻璃板、各种厚度的PVC板、普通海绵、大孔海绵、背胶纸、各色绒线末、粗鱼线、铜丝电线、0.5毫米漆包线、涂料、各色油漆、绒面墙纸、三氯甲烷、干花、发胶、小彩灯等。三是工具，包括美工刀、锯条刀、木工工具、电工工具等。

**制作沙盘台子**。首先，要将规划平面布置图和施工图纸研究透，根据平面布置图及沙盘的比例来制作沙盘的台子。然后将台子做成台球桌状，如果是大型的沙盘，要做成几个小台子，拼到一起。

**PVC板喷漆**。根据规划图纸的设色调出相应颜色的油漆来，喷在对应的PVC板上，然后进行雕刻。

**雕刻模块部件**。根据施工图按比例设计出主体构筑物的结构，并在电脑上分解成不同的板块，按施工的要求设计出材料的立面、房顶、瓦棱、窗子等，然后发送到雕刻机在PVC板上雕刻出各板块，制作相关部件。

**组合楼房**。根据规划图纸、说明，选用适当的粘合方式，用三氯甲烷将PVC板块粘合成建筑、设施、温室等建构筑物的大致形状。窗子、网室、棚顶等部件形状直接雕刻在PVC板上，用薄而透明的材料板粘在内部窗子的位置当作有机玻璃等。

**置景**。根据组装的台子和平面图，在台子上划分出平面布局，用绿色绒面墙纸作为草地粘在绿化区，大孔海绵浸上绿色油漆晾干，裁成长条作为绿化带粘在小灌木区。如果布局中有水和湖泊，可以用波纹面的有机玻璃板，背面喷湖蓝色漆，裁成河流或湖泊的形状放在相应的位置。若是有高地，可将有机玻璃板或PVC板层层堆积并修整成形，再抹上涂料填充缝隙，晾干后覆上草地。用灰色的背胶纸粘成公路，用白色背胶纸刻成公路线标粘在上面。

**制作配件**。将铜丝电线剥皮，将铜丝拧成树干的形状，喷上漆。普通海绵浸漆，晾干后粉碎，将树干的枝丫浸胶，粘上碎海绵，做成树。若是绿树，海绵可浸上绿漆，若是秋天的树，可浸上橙色漆。柳树可用0.2毫米的漆包线拧成树干与树枝，然后在树枝上粘上绿色绒线末。松树是将粗鱼线剪成细段，用夹子夹住，再将两根0.5毫米的漆包线夹住绞动，松开夹子，就成了松树的形状，修剪一下，粘上绿色绒线末即可。其他的花草可以用干花剪下来染色来制作。用棉签或牙签做成路灯。泡沫塑料可以用刀片雕刻成假山石的形状并喷上灰褐色漆。

**整体组合**。将花草树木及楼房按布置粘在相应的地方并根据每栋建构筑物所在的位置，装上夜景彩灯并接好线路。同时，雕刻出建筑与公路的标识、文字，做成小标牌，粘在相应的位置。

图 23-13　沙盘制作示例图

# 参考文献

查金祥,徐辉.2002.论农业科技园区建设的理论基础.湖北农学院学报,22(2):181-183.
陈阜,王强.2008.农业科技园区规划理论与实践.北京.化学工业出版社.
丁为民.1999.园艺机械化.北京:中国农业出版社.
范志书.1993.土地利用工程手册.北京:中国农业出版社.
高煦照.2007.论农业产业化的理论渊源及特征.沿海企业与科技,89(10):24-25.
郭焕成,吕明伟,等.2007.休闲农业园区规划设计.北京:中国建筑工业出版社.
国家发改委联合农业部等七部委.2016.关于印发《农村产业融合发展试点示范方案的通知》(发改农经〔2016〕0833号).
国家发改委联合农业部等七部委.2017.关于印发《国家农村产业融合发展示范园创建工作方案的通知》(发改农经〔2017〕1451号).
国务院.2016.关于印发《全国农业现代化规划(2016—2020年)的通知》(国发〔2016〕58号).
国务院办公厅.2015.关于印发《推进农村一二三产业融合发展的指导意见》(国办发〔2015〕93号).
韩俊文,丁森林.2003.畜牧业经济管理[M].北京:中国农业出版社.
黄连贵,张照新,张涛,等.2008.我国农业产业化发展现状、成效及未来发展思路.经济研究参考(31):23-33.
黄修杰,何淑群,黄丽芸,等.2010.国内外现代农业园区发展现状及其研究综述.广东农业科学(7)289-293.
蒋和平,等.2002.农业科技园的建设理论与模式探索.北京:气象出版社.
蒋和平,辛岭.2008.建设中国现代农业的思路与实践.北京.中国农业出版社.
邝朴生,蒋文科,刘刚.1999.精确农业基础.北京:中国农业大学出版社.
李建民,王宏富.2010.农学概论.北京.中国农业大学出版社.
李中华,王国占,齐飞.2012.我国设施农业发展现状及发展思路.中国农机化:239(1):7-10.
厉无畏,王慧敏.2009.创意农业的发展理念与模式研究.农业经济问题,2(12):11-15.
梁增灵.2008.我国现代农业发展的现状、制约因素与对策研究.种业导刊,12(6):8-9.
刘继军,贾永全.2008.畜牧场规划设计.北京:中国农业出版社.
刘兴恕.2004.农产品加工工艺学.北京:中国农业出版社.
刘旭,赵方田.2010.中国农业园区与现代农业.北京.中国农业科学技术出版社.
卢布.2011.农业园区规划设计.北京.中国农业科学技术出版社.
马光红,伍培.2008.建筑制图与识图[M].北京:中国电力出版社.
孟凡胜.2008.中国农产品现代物流发展研究.北京:中国农业出版社.

农业部. 2010. 关于印发《创建国家现代农业示范区的通知》(农计发〔2010〕5号).

农业部财政部. 2017. 关于印发《开展国家现代农业产业园创建工作的通知》(农计发〔2017〕40号).

农业部联合八部委. 2016. 关于印发《贫困地区发展特色产业促进精准脱贫指导意见》(农计发〔2016〕59号).

秦向阳, 王爱玲, 张一帆. 2007. 创意农业的概念、特征及类型. 中国农学通报, 10 (23): 29-32.

全国注册咨询工程师(投资)资格考试教材编写委员会. 2008. 项目决策分析与评价. 北京. 中国计划出版社.

申忠海. 2010. 农业科技园区发展理论与实践. 北京. 中国经济出版社.

史亚军, 邓蓉, 等. 2008. 都市型现代农业发展研究. 北京: 中国农业出版社.

隋斌. 2011. 农业建设项目管理. 北京. 中国农业出版社.

孙燕琼, 等. 1998. 农业项目经济评价实用手册第二版. 北京: 中国农业出版社.

唐华俊, 罗其友, 等. 2008. 农业区域发展学导论. 北京: 科学出版社.

王厚俊. 2008. 农业产业化经营. 北京: 中国农业出版社.

王树进. 2011. 农业园区规划设计. 北京. 科技出版社.

王万茂, 韩桐魁. 2002. 土地利用规划学. 北京: 中国农业出版社.

王秀峰. 2000. 蔬菜工厂化育苗. 北京: 中国农业出版社.

王昀. 2005. 关于现代农业园区的调查和思考. 上海农村经济, 12 (9): 37-41.

魏文泽, 徐明, 等. 2001. 工厂化高效农业. 沈阳: 辽宁科学技术出版社.

吴晓芙, 柏方敏. 2007. 经济林产业化与可持续发展研究. 北京: 中国林业出版社.

谢瑾岚. 2008. 区域现代农业发展研究. 北京: 中国农业出版社.

徐胜, 姜卫兵, 翁忙玲, 等. 2010. 江苏省现代农业园区的建设现状与发展对策. 江苏农业科学, 12 (3): 465-468.

许世卫, 信乃诠. 2010. 当今世界农业. 北京. 中国农业出版社.

叶兴乾. 1995. 果品蔬菜加工工艺学. 北京: 中国农业出版社.

岳文斌. 2008. 畜牧学. 北京: 中国农业大学出版社.

张宏升. 2007. 中国农业产业集聚研究. 北京: 中国农业出版社.

张明玉, 张文松. 2005. 企业战略理论与实践. 北京: 科学出版社.

张天柱. 2007. 现代农业园区规划与案例分析. 北京: 中国轻工业出版社.

张文忠. 2009. 产业发展和规划的理论与实践. 北京: 科学出版社.

张占录, 张正峰. 2005. 土地利用规划学. 北京: 中国人民大学出版社.

中华人民共和国建设部. 2003-12-01. 城市规划制图标准[Z].

周光宏. 畜产品加工学[M]. 北京: 中国农业出版社, 2007.

周长吉. 2005 温室灌溉[M]. 北京: 化学工业出版社.

周长吉. 2007. 温室灌溉原理与应用. 北京: 中国农业出版社.

周长吉. 2009. 现代温室工程. 北京: 化学工业出版社.

朱绪荣. 2014. 国家现代农业示范区规划方法与案例. 北京. 中国农业科学技术出版社.

邹志荣. 2007. 农业园区规划与管理. 北京: 中国农业出版社.

中国台湾植物园外景图

中国台湾走马濑农场一角

中国台湾蔬菜园一角

山东寿光蔬菜园一角

蔬菜新品种展示

## 植物工厂

园艺天地

花卉园

果品园

## 小鸟世界